本書是國家社會科學基金項目成果

（項目編號：15BZW044）

簡帛文獻的
文體形態與譜系

于茀◎著

社會科學文獻出版社
SOCIAL SCIENCES ACADEMIC PRESS (CHINA)

于 茀

文學博士，哈爾濱師範大學文學院教授、博士生導師、出土文獻與古代學術研究中心主任、龍江學者特聘教授、享受國務院政府特殊津貼專家。從事出土文獻、古典文獻學及文藝學研究。承擔國家社科基金、黑龍江省社科基金等各級各類科研課題多項，出版《金石簡帛詩經研究》等學術著作五部，在《文物》《復旦學報》《古籍整理研究學刊》等學術期刊發表《新蔡葛陵楚墓竹簡中的繇辭》《楚簡〈周易〉革卦"改日"考釋》《阜陽漢簡〈詩經・二子乘舟〉被忽視的異文》等學術論文四十餘篇，曾獲第十二次黑龍江省社會科學優秀科研成果一等獎、第六屆國家圖書獎提名獎、第八屆全國優秀青年讀物獎一等獎等獎勵。論文《寫本學視域下安大簡〈詩經〉的幾個問題》入選《2023 年度中國十大學術熱點》一書。

目　録

緒　論 ………………………………………………………………… 1

第一章　易類簡帛文獻的文體形態及文體譜系………………………… 3

　　第一節　秦簡《歸藏》的文體形態 ……………………………… 3

　　第二節　秦簡《歸藏》的文體譜系 ……………………………… 8

　　第三節　上博楚簡《周易》的文體形態 ………………………… 18

　　第四節　上博楚簡《周易》的文體譜系 ………………………… 21

　　第五節　帛書《易經》的文體形態 ……………………………… 37

　　第六節　帛書《易經》的文體譜系 ……………………………… 39

　　第七節　帛書《易傳》的文體形態與文體譜系 ………………… 48

第二章　書類簡帛文獻的文體形態及文體譜系………………………… 59

　　第一節　書類簡帛文獻的文體形態 ……………………………… 59

　　第二節　書類簡帛文獻的文體譜系 ……………………………… 84

第三章　詩類簡帛文獻的文體形態及文體譜系………………………… 112

　　第一節　上博簡逸詩的文體形態及文體譜系 …………………… 112

　　第二節　清華簡《耆夜》五詩文體形態 ………………………… 115

　　第三節　清華簡《耆夜》五詩文體譜系 ………………………… 117

　　第四節　清華簡《周公之琴舞》寫本形態及寫本譜系 ………… 125

第五節　清華簡《周公之琴舞》十詩文體形態 ……………… 127

第六節　清華簡《周公之琴舞》十詩文體譜系 ……………… 132

第七節　清華簡《芮良夫毖》文體形態 …………………… 146

第八節　清華簡《芮良夫毖》文體譜系 …………………… 147

第九節　清華簡《周公之琴舞》《芮良夫毖》
　　　　與先秦傳詩文獻的形態及譜系 ……………… 161

第十節　上博簡《孔子詩論》文體形態與文體譜系 ………… 169

附　安大簡《詩經》的幾個問題 ………………… 176

第四章　禮類簡帛文獻的文體形態及文體譜系 ……………… 185
　第一節　禮類簡帛文獻的文體形態 …………………… 185
　第二節　禮類簡帛文獻的文體譜系 …………………… 198

第五章　樂類簡帛文獻的文體形態及文體譜系 ……………… 216
　第一節　樂類簡帛文獻的文體形態 …………………… 216
　第二節　樂類簡帛文獻的文體譜系 …………………… 220

第六章　春秋類簡帛文獻的文體形態及文體譜系 …………… 225
　第一節　春秋類簡帛文獻的文體形態 ………………… 225
　第二節　春秋類簡帛文獻的文體譜系 ………………… 257

第七章　論語類簡帛文獻的文體形態及文體譜系 …………… 276
　第一節　論語類簡帛文獻的文體形態 ………………… 276
　第二節　論語類簡帛文獻的文體譜系 ………………… 278

第八章　小學類簡帛文獻的文體形態及文體譜系 …………… 284
　第一節　小學類簡帛文獻的文體形態 ………………… 284
　第二節　小學類簡帛文獻的文體譜系 ………………… 290

第九章　儒家類簡帛文獻的文體形態及文體譜系⋯⋯⋯⋯⋯⋯ 294
　　第一節　儒家類簡帛文獻的文體形態 ⋯⋯⋯⋯⋯⋯⋯⋯ 294
　　第二節　儒家類簡帛文獻的文體譜系 ⋯⋯⋯⋯⋯⋯⋯⋯ 315

第十章　道家類簡帛文獻的文體形態及文體譜系⋯⋯⋯⋯⋯⋯ 318
　　第一節　道家類簡帛文獻的文體形態 ⋯⋯⋯⋯⋯⋯⋯⋯ 318
　　第二節　道家類簡帛文獻的文體譜系 ⋯⋯⋯⋯⋯⋯⋯⋯ 334

第十一章　陰陽、法、墨、雜家類簡帛文獻的
　　　　　文體形態及文體譜系 ⋯⋯⋯⋯⋯⋯⋯⋯⋯⋯⋯ 339
　　第一節　陰陽、法、墨、雜家類簡帛文獻的文體形態 ⋯⋯⋯ 339
　　第二節　陰陽、法、墨、雜家類簡帛文獻的文體譜系 ⋯⋯⋯ 346

第十二章　小説家類簡帛文獻的文體形態及文體譜系 ⋯⋯⋯⋯ 352
　　第一節　小説家類簡帛文獻的文體形態 ⋯⋯⋯⋯⋯⋯⋯ 352
　　第二節　小説家類簡帛文獻的文體譜系 ⋯⋯⋯⋯⋯⋯⋯ 355

第十三章　詩賦類簡帛文獻的文體形態及文體譜系 ⋯⋯⋯⋯⋯ 361
　　第一節　詩賦類簡帛文獻的文體形態 ⋯⋯⋯⋯⋯⋯⋯⋯ 361
　　第二節　詩賦類簡帛文獻的文體譜系 ⋯⋯⋯⋯⋯⋯⋯⋯ 370

第十四章　兵書類簡帛文獻的文體形態及文體譜系 ⋯⋯⋯⋯⋯ 375
　　第一節　兵書類簡帛文獻的文體形態 ⋯⋯⋯⋯⋯⋯⋯⋯ 375
　　第二節　兵書類簡帛文獻的文體譜系 ⋯⋯⋯⋯⋯⋯⋯⋯ 389

第十五章　數術類簡帛文獻的文體形態及文體譜系 ⋯⋯⋯⋯⋯ 393
　　第一節　數術類簡帛文獻的文體形態 ⋯⋯⋯⋯⋯⋯⋯⋯ 393
　　第二節　數術類簡帛文獻的文體譜系 ⋯⋯⋯⋯⋯⋯⋯⋯ 450

第十六章　方技類簡帛文獻的文體形態及文體譜系 ……………… 458

　　第一節　方技類簡帛文獻的文體形態 ……………………… 458

　　第二節　方技類簡帛文獻的文體譜系 ……………………… 480

參考文獻 ……………………………………………………… 484

緒　論

　　20世紀以來，我國出土的簡帛文獻越來越多，據不完全統計，迄今出土簡帛已達30餘萬枚（件）。涉及這些簡帛文獻文體問題的研究，學術史上有三條路綫：第一條路綫是在簡帛的分類研究方面涉及簡帛的文體問題，羅振玉、王國維《流沙墜簡》，陳夢家《漢簡綴述》，駢宇騫《二十世紀出土簡帛綜述》，沈頌金《二十世紀簡帛學研究》，鄭有國《簡牘學綜論》，張顯成《簡帛文獻學通論》，李均明《簡牘文書學》，李零《簡帛古書與學術源流》等著作，都在一定程度上涉及簡帛文獻的文體問題，但還不是專門的文體學研究；第二條路綫是在中國古代文體學研究中，學者們在一定程度上使用了簡帛文獻的材料，如吳承學的《中國古代文體形態》、過常寶的《先秦散文研究》、王靖宇的《中國早期敘事文研究》、董芬芬的《春秋辭令文體研究》等成果運用簡帛文獻材料，豐富了早期文體研究的內容，推進了某些文體的研究；第三條路綫是對簡帛文獻中的某篇文獻的文體問題進行專門研究，如劉信芳的《帛書〈稱〉之文體及其流變》、姚小鷗的《清華簡〈赤鵠〉篇與中國早期小説的文體特徵》等成果即是這種情況，但這種研究還非常少。從現在研究的動態來看，上述三條研究路綫還在延續，對全部簡帛文獻的文體問題進行系統研究，特別是對全部簡帛文獻的文體形態、文體種類及其源流譜系的研究還沒有出現。因此，從整體上對簡帛文獻作出文體學研究是必要的。

　　本書以簡帛書籍類文獻的文體形態及文體譜系爲研究對象，不包括簡帛文書。簡帛書籍類文獻，文體形態多種多樣，各種文體都有其相應的文體屬性和相應的文體形態（一種文體又有體式的不同，如賦體有韻體、散體之異），而各種簡帛書籍類文獻的文體也都有一個發生發展甚至合併消亡的過程，這就構成了簡帛書籍類文獻的文體源流譜系。本書主要在簡帛書籍類文獻的文體形態與種類，以及簡帛書籍類文獻的文體源流譜系方面進行研究。本書的主要目標是通過簡帛書籍類文獻的文體形態分析確定每篇（種）簡帛書籍類文獻的文體性質，揭示一些文體的早期及原始樣態，構建簡帛書籍類文獻文體的源流譜系。一方面這對於中國古代文體學研究具有切實意義和價值；另一方面，每篇（種）簡帛書籍類文獻文體的確定，對於確定其文獻性質具有重要作用。因此，此項工作對於簡帛學研究也具有切實意義，同時也有助於各學科更方便地研究利用簡帛文獻。本書所使用簡帛原始材料發布時間截至 2023 年 12 月。

第一章　易類簡帛文獻的文體形態及文體譜系

20 世紀以來，在陶器、甲骨、青銅器等出土器物上，發現了構成易卦的筮數等數量較多的易學材料，上海博物館藏戰國楚簡、馬王堆帛書、阜陽漢簡等簡帛文獻中還有《周易》文本，出土易類文獻越來越多，這爲探討易類文獻的文體形態及文體譜系提供了基礎。

第一節　秦簡《歸藏》的文體形態

秦簡本《歸藏》，1993 年在湖北省江陵縣荆州鎮郢北村王家臺 15 號秦墓出土。這批竹簡最初被荆州地區博物館所撰寫的墓葬考古發掘報告命名爲"易占"①，發掘報告發表後，王明欽等學者陸續指出王家臺秦簡易占應是《歸藏》②，於是這批"易占"簡便被學界稱爲秦簡《歸藏》。"王家臺秦簡《歸藏》編號者 164 支，未編號的殘簡 230 支，共計 394 支，總字數約 4000 餘字。由於殘缺過甚，至今尚未拼出一支整簡，順序也難以排定。在這批竹簡中，共有 70 組卦畫，其中 16 組相同，除去相同數，不同的卦畫有 54 種。卦畫皆以—表示陽爻，以八表示陰爻。卦名有 76 個，其中重複者 23 個，實際卦名 53 個。此外，卦辭也有一部分重複。竹簡有兩種，

---

① 荆州地區博物館：《江陵王家臺 15 號秦墓》，《文物》1995 年第 1 期。

② 參見王明欽《試論〈歸藏〉的幾個問題》，古方等編《一劍集》，第 101~103 頁；連劭名《江陵王家臺秦簡與〈歸藏〉》，《江漢考古》1996 年第 4 期；廖名春《王家臺秦簡〈歸藏〉管窺》，《周易研究》2001 年第 2 期；李家浩《王家臺秦簡"易占"爲〈歸藏〉考》，《傳統文化與現代化》1997 年第 1 期。（爲避免煩瑣，徵引圖書版本信息詳見書後參考文獻，下同）

一種寬而薄，而另一種窄而厚。因此，我們推測，這批《歸藏》有兩種抄本。秦簡《歸藏》的卦畫皆可與今本《周易》對應起來。"①

秦簡《歸藏》寫本的文本結構是由卦畫、卦名和卦辭構成的，目前已經刊布的這些竹簡裏還沒有發現爻辭，因此在文本結構上與《周易》不同。目前公布的秦簡《歸藏》的卦畫都是六畫卦，與今本《周易》的卦畫相同。

王明欽釋文卦名有：豪、天目、肶、訟、師、比、少督、履、奈、否、同人、右、大過、亦、困、井、肅、豐、大過、臨、灌、卒、復、毋亡、曜、散、節、渙、損、咸、恒我、罷、兌、麗、勞、陵、介、歸妹、漸、菩、明夷、夵、遂、亦、夜、筮、中絽②、大壯。③可以看出，秦簡本《歸藏》的卦名有一些與《周易》不同，當然有的是由通假字造成的，有的却是實質性不同。

如果把秦簡本《歸藏》的卦辭文字與輯佚所得傳世《歸藏》文字進行比較，就會發現大部分是相合的，這至少證明了《歸藏》在秦代就存在了，僞書之說當然不攻自破。秦簡本《歸藏》是不是商代的《歸藏》，或者《歸藏》是不是商代的易，這些問題還有待深入研究。

《歸藏》之名最早見於傳世文獻《周禮》。《周禮·春官·太卜》云："太卜掌三易之法：一曰《連山》，二曰《歸藏》，三曰《周易》。"④但是《漢書·藝文志》並没有著録《歸藏》，漢人桓譚《新論》却云："《易》一曰《連山》，二曰《歸藏》，三曰《周易》。《連山》八萬言，《歸藏》四千三百言。夏《易》煩而殷《易》簡，《連山》藏於蘭臺，《歸藏》藏於太卜。"⑤《隋書·經籍志》云："《歸藏》十三卷，晉太尉參軍薛貞注。"⑥易類《小序》云："《歸藏》，漢初已亡，案晉《中經》有之，唯載卜筮，不似

---

① 王明欽：《王家臺秦墓竹簡概述》，艾蘭、邢文編《新出簡帛研究：新出簡帛國際學術研討會文集》，第29~30頁。
② 絽，王明欽《王家臺秦墓竹簡概述》分卦釋文作此形，附表中作"絁"。
③ 參見王明欽《王家臺秦墓竹簡概述》，艾蘭、邢文編《新出簡帛研究：新出簡帛國際學術研討會文集》，第30~32頁。
④ （漢）鄭玄注、（唐）賈公彥疏《宋本周禮疏》（八），第42~44頁。
⑤ （漢）桓譚撰、朱謙之校輯《新輯本桓譚新論》，第38頁。
⑥ （唐）魏徵等撰《隋書》，第4冊，第909頁。

聖人之旨。以本卦尚存，故取貫於《周易》之首，以備殷易之缺。"①

《崇文總目》易類著録《歸藏》三卷，釋云："晉太尉參軍薛正注。《隋書》有十三篇，今但存《初經》《齊母》《本蓍》三篇，文多闕亂，不可詳解。"②其易類原叙云："周之末世，夏商之易已亡，漢初雖有《歸藏》，已非古經，今書三篇莫可究矣。"③

馬端臨云："《連山》《歸藏》乃夏、商之易，本在《周易》之前。然《歸藏》，《漢志》無之，《連山》，《隋志》無之。蓋二書至晉、隋間始出，而《連山》出於劉炫之僞作，《北史》明言。度《歸藏》之爲書，亦此類爾。"④

皮錫瑞云："桓譚《新論》曰：'《連山》八萬言，《歸藏》四千三百言。'不應夏易數倍於殷，疑皆出於依託。《連山》劉炫僞作，《北史》明言之，《歸藏》雖出隋唐以前，亦非可信爲古書。"⑤

鄭樵曾提出："《歸藏》，唐有司馬膺注十三卷，今亦亡。隋有薛貞注十三卷，今所存者，《初經》《齊母》《本蓍》，三篇而已。言占筮事，其辭質，其義古。後學以其不文，則疑而棄之，往往連山所以亡者復過於此矣，獨不知後之人能爲此文乎。"⑥

馬國翰認爲："殷易而載武王枚占、穆王筮卦，蓋周太卜掌其法者推記占驗之事附入篇中，其文非漢以後人所能作也。"⑦在秦簡本《歸藏》文本中，節卦的卦辭中出現了武王，其卦辭云"節曰昔者武王卜伐殷而支占老耂老耂占之曰吉"，卦辭說武王伐殷，很明顯這個武王就是周武王；在師卦的卦辭中出現了穆王，其卦辭云："師曰昔者穆天子卜出師而支占□□□□□龍降於天而□□□遠飛而中天蒼□"。如果《歸藏》是殷代的易，爲什麼會出現周武王及周穆王呢？馬國翰的解釋是"周太卜掌其法者推記

---

① （唐）魏徵等撰《隋書》，第4冊，第913頁。
② （宋）王堯臣等編次《崇文總目》，《叢書集成初編》，第1頁。
③ （宋）王堯臣等編次《崇文總目》，《叢書集成初編》，第5~6頁。
④ （宋）馬端臨撰《文獻通考》，第5226頁。
⑤ （清）皮錫瑞撰《經學通論》，第7頁。
⑥ （宋）鄭樵撰《通志二十略》，王樹民點校，第1449頁。
⑦ （清）馬國翰輯《玉函山房輯佚書》，第32頁。

占驗之事附入篇中”，但是從秦簡本《歸藏》的文本結構來看，周武王及周穆王都出現在卦辭文本的主要位置上，並不是“附入篇中”的。看來馬國瀚的解釋很難成立。

秦簡本《歸藏》的出土，證明《歸藏》是先秦文獻，這是毫無問題的。秦簡本《歸藏》中出現了周武王、周穆王是不是就證明了《歸藏》不是商代的易了呢？有學者主張，秦簡《歸藏》文本中出現周武王、周穆王，甚至還有“平公”“宋君”，說明《歸藏》不是商代的易。這樣的看法實際上是有問題的，是難以成立的。我們的典籍在印刷術出現以前是以寫本的形式存在與流傳的，寫本與印刷本相比，最大的特徵是流動性與變動性，而印刷本則具有文本的穩定性與固化性。秦簡《歸藏》的出土，説明《歸藏》文本在流傳過程中的變動性，這一點與寫本文獻的寫本學特徵是一致的。導致寫本的文本發生變異，因素是多方面的。對於《歸藏》來説，還有其文體形態及文體性質方面的原因。《歸藏》的卦辭是由往昔實占記録舉例及繇辭兩部分組成，而往昔實占記録舉例這一部分，是可以變換的，不是固定的，在商代舉商王的實占記録，在周代舉周王的實占記録，對《歸藏》來説並没有帶來性質上的改變。因此，並不能因爲秦簡《歸藏》中出現了周武王及周穆王就認爲《歸藏》不是商代的易。筆者認爲《歸藏》確應爲商代的易。

從總體上看，秦簡《歸藏》的文體是典型的三易文體，從文體形態和基本結構來看，由於出土時已經殘缺，是否由六十四卦構成，難以斷定。就每卦而言，像《周易》一樣，也是由卦畫、卦名、卦辭構成，但未見爻辭，也就是説秦簡《歸藏》文體的外部形態與《周易》是有一定區别的。就文體的内部形態來看，秦簡《歸藏》卦辭的文本結構與文體體式非常特殊，在目前已經公布的竹簡文字中，其大部分卦辭的結構是：“卦名”＋“曰”＋“昔者某某卜”。例如：“節曰昔者武王卜伐殷而支（枚）占老考，老考占之曰吉”；“毋亡出入湯湯室安處而壬安藏毋亡”[1]。不難看出，秦簡本《歸藏》卦辭的文本結構及文體體式與馬王

---

[1] 王明欽：《王家臺秦墓竹簡概述》，艾蘭、邢文編《新出簡帛研究：新出簡帛國際學術研討會文集》，第30~32頁。

堆帛書本《周易》、上博楚簡本《周易》及今本《周易》都明顯不相同。
下面我們用秦簡《歸藏》中一個相對完整的卦辭文本來分析一下《歸
藏》卦辭的基本結構。

　　☷ 䫒曰：昔者宋君卜封□而枚占巫蒼，蒼占之曰：吉。䫒之苍
苍，䫒之軑軑。初有吝，後果述。[①]

　　這一卦辭是由卦畫、卦名及卦辭構成，而卦辭又由兩部分構成，"昔
者宋君卜封□而枚占巫蒼蒼占之曰吉"是第一部分，"䫒之苍苍䫒之軑軑
初有吝後果述"是第二部分。第一部分是例舉了一個已往的實占記録，
第二部分是一首押韻的繇辭，"苍苍""軑軑"是押韻的，這兩個詞的具
體含義還有待探討。綜上所述，秦簡《歸藏》的卦辭是由已往實占記
録＋繇辭構成的。這一結構，實際上與傳世文獻《歸藏》的卦辭結構是
一致的。

　　（1）昔者桀筮伐唐而枚占於熒惑曰：不吉。不利出征，惟利安
處，彼爲狸，我爲鼠，勿用作事，恐傷其父。[②]
　　（2）昔女媧筮張雲幕而枚占，神明占之曰：吉。昭昭九州，日月
代極。平均土地，和合萬國。[③]

　　上揭兩例是嚴可均輯本《歸藏》的卦辭，與秦簡《歸藏》相比較，我
們發現輯本《歸藏》沒有卦畫和卦名，其餘部分的結構是一樣的。
　　按照甲骨卜辭叙辭、命辭、占辭、驗辭的文例構成來看，秦簡《歸
藏》卦辭由命辭和占辭構成，《周易》的卦辭卻沒有命辭，袛有占辭。

---

① 本書所引秦簡《歸藏》皆據王明欽《王家臺秦墓竹簡概述》，如無必要，不再出注。卦
　畫已轉録爲通行卦畫。
② （清）嚴可均校輯《全上古三代秦漢三國六朝文》，第 104 頁。
③ （清）嚴可均校輯《全上古三代秦漢三國六朝文》，第 104~105 頁。

第二節　秦簡《歸藏》的文體譜系

從起源來看，《歸藏》文體上承甲骨卜辭，其起源與甲骨卜辭密切相關。從發展源流來看，《歸藏》文體下啓《周易》，是《周易》卦爻辭創作的基礎，並對志怪文體產生一定影響。

一　甲骨卜辭文例與秦簡《歸藏》卦辭構成

劉勰在《文心雕龍》中追溯文章起源時講到《三墳》《五典》《八索》，但這些上古之書並沒有傳下來，是否真的存在也很難定論，不過，有一點是可以肯定的，那就是中國的文章起源甚早。《歸藏》是三易之一，其文例及文體是可以上推到甲骨卜辭的。我們比劉勰幸運的是，我們見到了甲骨卜辭。通過對甲骨卜辭文例的分析，我們很容易就可以看到，《歸藏》文體直接來源於甲骨卜辭。

卜辭是刻在龜甲和獸骨上的占卜文字，現在發現的卜辭主要是殷商和西周的。甲骨卜辭雖然是占卜文字，卻也是有明確的文例及文體形態的。學界對於甲骨卜辭文例的認識，經歷了一個較長時間的發展演變過程。甲骨卜辭文例主要包括行文行款、刻寫體例和卜辭結構體例等方面內容。在卜辭結構體例方面，1936 年唐蘭先生在《卜辭時代的文學與卜辭文學》中首次將卜辭分爲叙辭、命辭、占辭和驗辭四個部分，這是學界首次對甲骨卜辭結構體例作出分析，具有開創性。[①]1939 年胡厚宣先生在《釋㚻用㚻御》一文中提出了"用辭"[②]，1945 年胡厚宣先生在《甲骨學緒論》中又提出了"序辭"和"兆辭"[③]。2003 年裘錫圭先生在《釋厄》一文中提出"果辭"[④]，同年在《㸰公盨銘文考釋》中又將"果辭"改爲"孚辭"[⑤]。至此，

---

① 《清華學報》第十一卷第三期，1936 年。

② 《中央研究院歷史語言研究所集刊》第 8 本第 4 分，1939 年。

③ 胡厚宣：《甲骨學緒論》，成都齊魯大學國學研究所，石印本，1945 年。

④ 裘錫圭：《釋厄》，王宇信、宋鎮豪主編《紀念殷墟甲骨文發現一百周年國際學術研討會論文集》，第 125~133 頁。

⑤ 裘錫圭：《㸰公盨銘文考釋》，《中國歷史文物》2003 年第 6 期。

學界對甲骨卜辭結構體例方面的文例研究基本完備。綜上，一般來説，甲骨卜辭由前辭（或稱叙辭）、命辭、占辭、驗辭、用辭、孚辭、序辭、兆辭等部分構成。[①] 前辭交代占卜時間、地點及貞人；命辭是占卜事項；占辭是斷占之辭，即對占卜的結果作出判斷；驗辭記載事後是否應驗；用辭用來説明此次占卜是否被采用；孚辭用來説明是否相信此次占卜；序辭用來標示兆序；兆辭用來説明卜兆情況。當然，有的卜辭祇有前辭、命辭和占辭，没有驗辭、用辭、孚辭、序辭及兆辭，甚至，有的卜辭祇有前辭和占辭，而没有命辭。我們舉例説明如下：

（1）癸未卜，行貞：今日至于翌甲申雨。一二（《甲骨文合集》24665）

（2）癸未王卜，貞：旬亡憂。王占曰：吉。在四月。（《甲骨文合集補編》12927）

（3）庚戌卜：辛亥歲妣庚鬳、牝一，妣庚侃。用。一（《殷墟花園莊東地甲骨》132）

（4）丁酉卜，王〔貞〕：今夕雨，至于戊戌雨。戊戌允夕雨。四月。（《甲骨文合集》24769）

上例（1），"癸未卜行貞"爲前辭，"今日至于翌甲申雨"爲命辭；上例（2），"王占曰吉"爲占辭；上例（4），"戊戌允夕雨"爲驗辭。

我們再看看秦簡《歸藏》卦辭構成。爲稱引方便，兹選取竹簡文本相對完整的部分卦辭迻録於下（爲排印方便，卦畫轉録爲通行卦畫。每卦前面的標號爲本書所加）。

（1）☷順（坤）曰不仁昔者夏后啓是以登天啻弗良而投之淵𤔔共工以□江□☑

（2）☑肫曰昔者效龍卜爲上天而攴☑

---

① 參見孫亞冰《殷墟花園莊東地甲骨文例研究》，第 1~2 頁。

（3）䷆師曰昔者穆天子卜出師而攴占〔禹強〕☒龍降于天而☐☒
☒遠飛而中天蒼☒"①

（4）䷙履曰昔者羿射階比莊石上羿果射之曰履☐☒

（5）䷌同人曰昔者黃啻與炎啻戰☒＝咸＝占之曰果哉而有各☐☒

（6）䷮困曰昔者夏后啓卜元邦尚毋有各而攴占☒

（7）䷻節曰昔者武王卜伐殷而攴占耂耇耂耇占曰吉☐

　　如上文所述，秦簡《歸藏》的卦辭是由已往實占記錄＋繇辭構成的。實占記錄實際上與甲骨卜辭有非常緊密的關係。在上揭肫（屯）卦卦辭中的"昔者效龍"、節卦卦辭中"昔者武王"相當於甲骨卜辭的前辭，"伐殷"相當於甲骨卜辭的命辭，"耂耇占曰吉"，相當於甲骨卜辭的占辭。由此可以看出，秦簡《歸藏》的卦辭，在文例上確實是由甲骨卜辭演化而來的。不過，《歸藏》的卦辭已經有所省簡。在例舉往昔實占記錄這一部分時，前辭已經沒有了具體占卜時間，代之以"昔者"，而甲骨卜辭是有具體占卜時間的，這一具體時間是用干支來記錄的；在整體結構上，已經沒有了驗辭。

　　《歸藏》卦辭與甲骨卜辭相比已經發生了一些明顯的變化。這些變化，從根本上說，並不是由兩者屬於不同的占卜體系造成的。實際上，二者主要的不同是，一個是實占記錄，一個是占書。具體來說，甲骨卜辭是每一次實占的記錄，而《歸藏》則是占書。實占記錄是個別性的，而占書則具有普遍性或者說是通用性。可以斷定《歸藏》的卦辭，也是由一次一次的實占記錄演化而來的。從《歸藏》卦辭還錄有已往實占記錄來看，《歸藏》實際上處於由實占向占書發展過程中的初級階段，這一點與《周易》不同，《周易》已經徹底完成了從實占向占書的轉變，關於這一點下文在相關章節再具體展開論述。

　　順便說一下龜卜是否有卜書的問題。我們現在看到的殷墟甲骨卜辭，都是每一次具體占卜的記錄。我們從這些記錄中可以看到，每一次占卜，都要有斷占，也就是對占卜的結果作出判斷。商王或者其他人作出占卜結

---

① "禹強"，據輯本《歸藏》補。參見李家浩《王家臺秦簡"易占"爲〈歸藏〉考》，《傳統文化與現代化》1997年第1期，第47頁。

果的判斷，一定是有規則依據的，而這些規則依據如果寫在書上，便是龜卜的卜書，遺憾的是這些卜書並没有流傳下來。

雖然説《歸藏》處在由實占向純粹的占書演變的過程中，甚至是較爲初級階段，但是，其中的繇辭已經在一定程度上與實占事件相脱離，具有一定的隱喻性質，甚至可以説，這種繇辭實際上已經向隱喻發展。這一點非常重要，這是《歸藏》由實占記録轉變爲占書的最核心標誌。

至此，我們可以看到《歸藏》在文體上與甲骨卜辭的繼承性，但是，另一方面，我們也可以看到《歸藏》對甲骨卜辭的發展，可以説，二者在文體譜系上的關係是明顯的。

二　秦簡《歸藏》與《山海經》

《山海經》是我國古代一部重要典籍，《漢書·藝文志》已著録，列於數術略形法類。《山海經》性質及寫作時代均有爭議，但其爲先秦之書應該没有問題。漢哀帝建平元年（公元前 6 年），由劉歆編校而成。《山海經》古寫本三十二篇，劉歆校定爲十八篇。劉歆在《上山海經表》中認爲"《山海經》者，出於唐虞之際"，又進一步説："禹别九州，任土作貢，而益等類物善惡，著《山海經》，皆聖賢之遺事，古文之著明者也。"[①]此後，人們一直認爲《山海經》爲禹和益所作。到了唐代杜佑始懷疑其説。現在學界一般認爲《山海經》文本主體應該形成於戰國。

《歸藏》一書《漢書·藝文志》没有著録，其後《歸藏》見於晉郭璞《山海經注》等典籍。郭璞《山海經注》多次引用《歸藏》之文。

《歸藏》作爲三易之一，其創作時代自漢代以來一直存有爭議，甚至有僞書之説。不過，隨着秦簡《歸藏》的出土，《歸藏》爲僞書的講法已經難以成立。漢代杜子春[②]、唐代孔穎達[③]認爲是黄帝之書，漢代鄭玄則認爲是殷商之書[④]。相較而言，《歸藏》爲殷易之説，影響較大，流傳較廣。

---

① （漢）劉歆：《上山海經表》，《宋本山海經》，第 11 頁。
② 見馬國翰輯《周禮杜氏注》。
③ 見孔穎達《周禮正義》卷首。
④ 《禮記·禮運》載孔子"吾得《坤乾》焉"之語，鄭玄注："得殷陰陽之書也，其書存者有《歸藏》。"參見（漢）鄭玄注、（唐）陸德明釋文《宋本禮記》（二），第 100 頁。

從文本上看，《山海經》與《歸藏》之間有一定關聯，但是，由於二者成書時間孰先孰後一時難以斷定，本書在此也不過多探討，祇是在客觀上鈎沉二者在文獻上的關聯，以期對二者文本譜系研究起到切實推進作用。

首先，《山海經》郭璞注多次引用《歸藏》文本，足以說明《歸藏》文本與《山海經》文本在文獻上的關聯。現迻錄於表一。

表一　《山海經》郭璞注引《歸藏》文

序號	《山海經》篇卷	郭璞注引文	《山海經》原文	文獻出處
1	大荒南經	《啓筮》曰：空桑之蒼蒼，八極之既張。乃有夫羲和，是主日月，職出入，以爲晦明。又曰：瞻彼上天，一明一晦。有夫羲和之子，出于湯谷。	東南海之外，甘水之間，有羲和之國。有女子名曰羲和，方浴日於甘淵。羲和者，帝俊之妻，生十日。	《宋本山海經》第 225 頁
2	海內經	《開筮》曰：滔滔洪水，無所止極，伯鯀乃以息石息壤，以填洪水。	洪水滔天。鯀竊帝之息壤以堙洪水，不待帝命。帝令祝融殺鯀于羽郊。鯀復生禹。帝乃命禹卒布土以定九州。	《宋本山海經》第 253 頁
3	海內經	《開筮》曰：鯀死，三歲不腐，剖之以吳刀，化爲黃龍也。	洪水滔天。鯀竊帝之息壤以堙洪水，不待帝命。帝令祝融殺鯀于羽郊。鯀復生禹。帝乃命禹卒布土以定九州。	《山海經箋疏》第 394 頁
4	西山經	其類皆見《歸藏·啓筮》。《啓筮》曰：麗山之子，青羽人面馬身。	又西北四百二十里曰鍾山。其子曰皷，其狀如人面而龍身，是與欽鵶殺葆江于崑崙之陽，帝乃戮之鍾山之東，曰崝崖。欽鵶化爲大鶚，其狀如鵰而黑文，白首赤喙而虎爪，其音如晨鵠，見則有大兵。皷亦化爲鵔鳥，其狀如鴟，赤足而直喙，黃文而白首，其音如鵠，見即其邑大旱。	《宋本山海經》第 44 頁

序號	《山海經》篇卷	郭璞注引文	《山海經》原文	文獻出處
5	海外南經	《啓筮》曰：羽民之狀，鳥喙赤目而白首。	羽民國在其東南。其爲人長頭，身生羽。一曰在比翼鳥東南，其爲人長頰。	《宋本山海經》第163—164頁
6	大荒西經	《開筮》曰：昔彼《九冥》，是與帝《辯》同宫之序，是爲《九歌》。又曰：不可竊《辯》與《九歌》，以國于下。	西南海之外，赤水之南，流沙之西，有人珥兩青蛇，乘兩龍，名曰夏后開。開上三嬪于天，得《九辯》與《九歌》以下。此天穆之野，高二千仞，開焉得始歌《九招》。	《宋本山海經》第235頁
7	大荒西經	《啓筮》曰：共工人面蛇身朱髮也。	西北海之外，大荒之隅，有山而不合，名曰不周負子，有兩黃獸守之。有水曰寒暑之水。水西有濕山，水東有幕山。有禹攻共工國山。	《宋本山海經》第227頁
8	海外東經	《歸藏·鄭母經》云：昔者，羿善射，畢十日，果畢之。	下有湯谷，湯谷上有扶桑，十日所浴。在黑齒北，居水中，有大木，九日居下枝，一日居上枝。	《宋本山海經》第183頁
9	海外西經	《歸藏·鄭母經》曰：夏后啓筮御飛龍登于天，吉。	大樂之野，夏后啓於此儛九代，乘兩龍，雲蓋三層，左手操翳，右手操環，佩玉璜。在大運山北。一曰大遺之野。	《宋本山海經》第169頁

上揭九例是郭璞在爲《山海經》作注時所引的《歸藏》文本。郭璞用《歸藏》之文解釋《山海經》相關文本，可見二者在文獻上的關聯。下面我們按照《山海經》原文與郭璞所引《歸藏》文本的對應關係試作分析。

第一例，郭璞引的《歸藏》文本是《啓筮》的文字。“空桑”，在《山海經》中有兩個，一是東山經之東次二經有空桑之山，二是北山經之北次三經有空桑之山。《東山經》云：“東次二經之首曰空桑之山，北臨食水。"①郝箋疏云："此兗地之空桑也。"②《左傳·昭公二十九年》："少暤氏有四叔：曰重、曰該、曰修、曰熙，實能金木及水。使重爲句芒，該爲蓐收，修及熙爲玄冥。……世不失職，遂濟窮桑。"③杜預注："窮桑，地在魯北。"④袁珂認爲，"空桑之蒼蒼"之"空桑"指的是湯谷上之扶桑。⑤上揭第一例《歸藏》文本正好提到"羲和之子出于湯谷"，袁珂之説應可信。

《山海經·大荒南經》原文云："東南海之外，甘水之間，有羲和之國。有女子名曰羲和，方浴日於甘淵。羲和者，帝俊之妻，生十日。"⑥按照《山海經》文本，羲和是帝俊之妻，生十日。也就説羲和爲日母，這與郭璞所引《歸藏》文本"羲和，是主日月，職出入，以爲晦明"是一致的。《山海經》此處文本還講到了"羲和浴日於甘淵"這一神話。

第二例爲《歸藏》之《開筮》文字，第三例亦爲《歸藏》之《開筮》文字。"開""啓"同義，《開筮》當就是《啓筮》。在與第二、三例相對應的《山海經》原文裏講到"洪水滔天"，這與《歸藏》"滔滔洪水"文本是一致的；"鯀竊帝之息壤以堙洪水"，與"伯鯀乃以息石息壤，以填洪水"是一致的；"鯀死，三歲不腐，剖之以吳刀，化爲黄龍"與"帝令祝融殺鯀于羽郊。鯀復生禹"是一致的。通過比較，可以看出二者在文獻上至少有共同來源，甚至其中一個是另一個的來源也是可能的。

第四例爲《歸藏》之《啓筮》文字，"麗山之子，青羽人面馬身"。《山海經》説"又西北四百二十里曰鍾山。其子曰鼓，其狀如人面而龍身"，顯然，"人面馬身"與"人面而龍身"是對應的，而龍與馬也是一個饒有趣味的話題，在上古就有龍馬神話，龍馬是兼具龍和馬形狀的神話生物。《禮記·禮運》説"河出馬圖"⑦，孔穎達疏引緯書《尚書中侯·握河

---

① （清）郝懿行撰《山海經箋疏》，欒保羣點校，第133頁。
② （清）郝懿行撰《山海經箋疏》，欒保羣點校，第133頁。
③ （晉）杜預撰、（唐）陸德明音釋《宋本春秋經傳集解》（六），第188頁。
④ （晉）杜預撰、（唐）陸德明音釋《宋本春秋經傳集解》（六），第188頁。
⑤ 見袁珂《中國神話傳説詞典》"空桑"詞條。
⑥ （晉）郭璞注《宋本山海經》，第225頁。
⑦ （清）阮元校刻《十三經注疏》，第3090頁。

紀》云"伏羲氏有天下，龍馬負圖出於河"。^①可見，《歸藏》此處文本作"馬"，《山海經》作"龍"，二者並不完全衝突。然而，上引《歸藏》明明說鼓青羽人面馬身，而《山海經》原文祇説鼓人面而龍身，並沒有説是長着"青羽"。《山海經》此處下文又説鼓"與欽䲹殺葆江于崑崙之陽，帝乃戮之鍾山之東，曰崜崖。欽䲹化爲大鶚，其狀如鵰而黑文，白首赤喙而虎爪，其音如晨鵠，見則有大兵。鼓亦化爲鵕鳥，其狀如鴟，赤足而直喙，黄文而白首，其音如鵠，見即其邑大旱"。^②這段文字講到鼓聯合欽䲹殺葆江，帝因此殺了鼓和欽䲹，欽䲹化爲大鶚，而鼓亦化爲鵕鳥。鼓化爲鵕鳥，當然就會長羽，而説的"直喙""白首"與第五例説的"羽民之狀，鳥喙赤目而白首"，大致相合。

第六例説"昔彼《九冥》，是與帝《辯》同宫之序，是爲《九歌》。又曰：不可竊《辯》與《九歌》，以國于下"。《山海經》原文説，在西南海之外，赤水之南，流沙之西，有一個人佩戴着兩隻青蛇耳墜，乘着兩條龍，名字叫夏后開。夏后開上三嬪於天，得到《九辯》與《九歌》以後下到人間。二者所講内容也基本相合。

以上我們從郭璞注引用《歸藏》角度説明了《歸藏》與《山海經》在文獻上的關聯，下面再從古書人物角度看一看《歸藏》與《山海經》在文獻上的關聯。

秦簡《歸藏》，迄今爲止一共發布53卦，出現人物有夏后啓、共工、效龍、穆天子、羿、困京、黄帝、炎帝、巫咸、平公、神老、宋君、巫蒼、上帝、大明、小臣、中㐹、陼王、殷王、大大、武王、老耇、恒我、女媧、蚩尤、赤烏、北敢大夫、豐隆等人物；輯本《歸藏》有黄神、炎神、豐隆、河伯、洛、昆吾、常娥、西王母、羿、姮娥、有黄、鯀、夏后啓、皋陶、桀、熒惑、武王、耆老、穆王、禹强、殷王、東君、雲中等人物。以上《歸藏》中的人物，多數見於《山海經》。比如，夏后啓，《海外西經》兩見，《海外南經》一見，《大荒西經》一見，凡四見。這也説明二者在文獻上的關聯。

<hr>

① （清）阮元校刻《十三經注疏》，第3091頁。
② （晉）郭璞注《宋本山海經》，第44頁。

除以上兩個方面，我們還可以從上古神話角度看一看《歸藏》與《山海經》在文獻上的關聯。

我們都知道《山海經》裏面有非常豐富的神話材料，如羲和生日、羲和浴日、常羲生月、常羲浴月、夸父逐日、刑天斷首、鯀禹治水、黃帝蚩尤大戰、精衛填海、夏后啓御龍登天等等。這些神話有很多見於《歸藏》，例如夏后啓御龍登天神話，《山海經》中是這樣記載的：“西南海之外，赤水之南，流沙之西，有人珥兩青蛇，乘兩龍，名曰夏后開。開上三嬪于天，得《九辯》與《九歌》以下。”① “開上三嬪于天”，郝懿行箋疏曰：“開即啓也。……《離騷》云‘啓《九辯》與《九歌》’，《天問》云‘啓棘賓商，《九辯》《九歌》’，是‘賓’、‘嬪’古字通，‘棘’與‘亟’同。蓋謂啓三度賓于天帝，而得九奏之樂也。故《歸藏·鄭母經》云‘夏后啓筮御飛龍登于天，吉’，正謂此事。”② 秦簡《歸藏》有“明夷曰昔者夏后啓卜乘飛龍以登于天”。再如，黃帝與蚩尤戰爭神話，《山海經·大荒北經》中的記載是：“有係昆之山者，有共工之臺，射者不敢北嚮。有人衣青衣，名曰黃帝女魃。蚩尤作兵伐黃帝，黃帝乃令應龍攻之冀州之野。應龍畜水。蚩尤請風伯雨師，縱大風雨。黃帝乃下天女曰魃，雨止，遂殺蚩尤。魃不得復上，所居不雨。叔均言之帝，後置之赤水之北。叔均乃爲田祖。魃時亡之，所欲逐之者，令曰：‘神北行！’先除水道，決通溝瀆。”③ 秦簡《歸藏》有“同人曰昔者黃啻與炎啻□□＝咸＝占之曰果哉而有吝”。

秦簡《歸藏》中還見到了后羿射日神話：“履曰昔者羿射陼比莊石上羿果射之曰履□☑”。大家知道，今本《山海經》中並没有“后羿射日”神話，但是，宋代的類書《錦繡萬花谷·前集》卷一録有《山海經》文字：“堯時十日並出，堯使羿射九日，落沃焦。”④ 唐代成玄英的《莊子·秋水》疏也引《山海經》文字云：“羿射九日，落爲沃焦。”⑤ 由此可以推斷，古本《山海經》中應該有“后羿射日”神話的相關記載，祇不過今本已佚。由此

---

① （晉）郭璞注《宋本山海經》，第 235 頁。
② （清）郝懿行撰《山海經箋疏》，欒保羣點校，第 361 頁。
③ （晉）郭璞注《宋本山海經》，第 241~242 頁。
④ （宋）佚名：《錦繡萬花谷》，中華再造善本。
⑤ （晉）郭象注、（唐）成玄英疏《南華真經注疏》，第 329 頁。

觀之,《山海經》確實應該與《歸藏》在文獻上有緊密的淵源關係。

另外,《山海經·大荒西經》講到"十巫",其文云:"大荒之中,有山,名曰豐沮玉門,日月所入。有靈山,巫咸、巫即、巫盼、巫彭、巫姑、巫真、巫禮、巫抵、巫謝、巫羅十巫,從此升降,百藥爰在。"① 在秦簡《歸藏》中也出現了"巫咸",這也在另一側面説明了《歸藏》與《山海經》之間的某種關聯。

三　秦簡《歸藏》與志怪文體

志怪文體是中國古代既重要而又別具特色的一種文體,志怪作品是中國古典文學的瑰寶。考察志怪文體的起源,探尋志怪文體的譜系是非常重要的學術問題。

過去學界一般認爲志怪小説産生於魏晉。"志怪"一詞最早見於《莊子》。《莊子·逍遥遊》云:"北冥有魚,其名爲鯤。鯤之大,不知其幾千里也;化而爲鳥,其名爲鵬。鵬之背,不知其幾千里也;怒而飛,其翼若垂天之雲。是鳥也,海運則將徙於南冥。南冥者,天池也。《齊諧》者,志怪者也。《諧》之言曰:'鵬之徙於南冥也,水擊三千里,搏扶搖而上者九萬里,去以六月息者也。'"② 《莊子》所説的志怪,實際上就是後來的志怪小説,但是並沒有引起人們的重視。

現在從出土材料來看,實際上志怪文體起源非常早。清華簡中有一篇文獻《赤鵠之集湯之屋》③,學界多認爲是一篇小説,實際上應該是一篇志怪文獻。放馬灘秦簡有《志怪故事》④,北大秦牘《泰原有死者》⑤ 也是一篇志怪故事。從這幾篇出土志怪文獻來看,中國的志怪文體在先秦就已經形成,在秦漢之際就已經相當成熟。

實際上,從《山海經》和《歸藏》等先秦文獻中已經可以見到志怪文

---

① (晉)郭璞注《宋本山海經》,第 229 頁。
② (清)王先謙集解《莊子》,方勇點校,第 1 頁。
③ 參見李學勤主編《清華大學藏戰國竹簡》(叁),第 166 頁。
④ 參見孫占宇《天水放馬灘秦簡集釋》,概述,第 1 頁。
⑤ 參見李零《北大秦牘〈泰原有死者〉簡介》,《文物》2012 年第 6 期;北京大學出土文獻與古代文明研究所編《北京大學藏秦簡牘》(壹),第 107 頁。

體的影子。《山海經》和《歸藏》中記載的所謂神話，正是志怪。可以説，在志怪文體譜系中，《山海經》和《歸藏》正處於早期鏈條上。

《文心雕龍·諸子》云："繁辭雖積，而本體易總，述道言治，枝條五經。其純粹者入矩，踳駁者出規。《禮記·月令》，取乎《吕氏》之紀；《三年問》喪，寫乎《荀子》之書：此純粹之類也。若乃湯之問棘，云蚊睫有雷霆之聲；惠施對梁王，云蝸角有伏尸之戰；《列子》有移山跨海之談，《淮南》有傾天折地之説：此踳駁之類也。是以世疾諸子，混洞虚誕。按《歸藏》之經，大明迂怪，乃稱羿斃十日，嫦娥奔月。殷《易》如兹，況諸子乎！"① 劉勰徵聖宗經，對志怪多有打壓，其謂"純粹者入矩，踳駁者出規"，而《歸藏》之文即在踳駁者之列。

下面我們看一看《歸藏》中的志怪。《歸藏·開筮》曰："鯀死，三歲不腐，剖之以吴刀，化爲黄龍。"這實際上正是後來志怪文獻裏面的復生母題。類似的母題也見於《山海經》。《山海經·海内經》云："洪水滔天。鯀竊帝之息壤以堙洪水，不待帝命。帝令祝融殺鯀于羽郊。鯀復生禹。帝乃命禹卒布土以定九州。"②《山海經·大荒西經》云："有魚偏枯，名曰魚婦。顓頊死即復蘇。風道此③來，天乃大水泉，蛇乃化爲魚，是謂魚婦。顓頊死即復蘇。"④

《歸藏》中多次出現的"登天"母題，也被後世志怪小説所繼承。

綜之，從文體譜系上看，《歸藏》確實與後世志怪文體有緊密關聯。

第三節　上博楚簡《周易》的文體形態

1994 年 5 月，上海博物館入藏一批戰國竹簡，這批竹簡包括多種古書，《周易》是其中一種。⑤

---

① 王利器校箋《文心雕龍校證》，第 119~120 頁。
② （晉）郭璞注《宋本山海經》，第 253 頁。
③ "此"，郝懿行箋疏本作"北"。
④ （晉）郭璞注《宋本山海經》，第 236 頁。
⑤ 參見馬承源主編《上海博物館藏戰國楚竹書》（一），前言。

　　根據上海博物館整理報告公布的數據，抄寫上博楚簡《周易》竹簡的厚度大約 0.12 釐米，完整竹簡的長度大約 44 釐米，寬度大約 0.6 釐米，一共存有完、殘竹簡 58 支，這 58 支竹簡上抄寫文字的總數爲 1806 字，抄寫的内容是《周易》的蒙、需、訟、師、比、大有、謙、豫、隨、蠱、復、無妄、大畜、頤、咸、恒、遯、睽、蹇、解、夬、姤、萃、困、井、革、艮、漸、豐、旅、涣、小過、既濟、未濟一共 34 卦，由於竹簡殘斷或缺失，這 34 卦文本並不全都完整，其中缺失 9 個卦畫，祇存有 25 卦的卦畫，從殘存的卦畫來看，上博簡《周易》是六畫卦，卦爻辭結構與今本《周易》相同。但是，值得注意的是，上博簡《周易》寫本上抄寫了一些特殊符號，這些符號有的被抄寫在卦名與卦辭之間，有的被抄寫在卦辭結尾處，這些特殊符號爲今本所無，也不見於後世其他文獻。①

　　上博楚簡《周易》文本與傳世王注本《周易》較爲接近，與今本對校，異文數量並不是特別多，有一些屬於假借字造成的異文，可以看出兩者爲同一傳本體系，但是，也有一些實質性異文，這些實質性異文對於《周易》研究極爲重要。比如，訟卦的初六爻辭，上博楚簡《周易》作“不出御事”，而傳世王注本《周易》作“不永所事”。這處異文應該是實質性異文，兩者相比，上博楚簡《周易》的“不出御事”明顯優於傳世王注本《周易》的“不永所事”。再如，隨卦六三爻辭，上博楚簡《周易》作“隨求有得”，傳世王注本《周易》作“隨有求得”。這處異文也應該是實質性異文，兩者相比，上博楚簡《周易》的“隨求有得”也明顯優於傳世王注本《周易》的“隨有求得”，“隨有求得”從文法上來看，甚至難以講通。再如，謙卦上六爻辭，上博楚簡《周易》作“征邦”，傳世王注本《周易》作“征邑國”，兩者相比較，不難發現傳世王注本《周易》是在漢代避劉邦諱而將“邦”改爲“邑國”的。再如，無妄卦九五爻辭，上博楚簡《周易》作“勿藥有菜”，傳世王注本《周易》作“勿藥有喜”，這也應該是一處實質性異文，兩個語句所表達的意思明顯不同，“勿藥有菜”似乎是在説不要吃藥，而吃菜。《説文》：“菜，草之可食者。”從卦義來看，

① 參見馬承源主編《上海博物館藏戰國楚竹書》（三），第 131~260 頁。

上博楚簡《周易》"勿藥有菜"，優於傳世王注本《周易》"勿藥有喜"。再如，蹇卦九五爻辭，上博楚簡《周易》作"大訏（蹇）不來"，傳世王注本《周易》作"大蹇朋來"。這也是一處實質性異文，從卦義來看，上博楚簡《周易》的"大蹇不來"，優於傳世王注本《周易》的"大蹇朋來"。再如，革卦六二爻辭，上博楚簡《周易》作"改日乃革之"，傳世王注本《周易》作"巳日乃革之"。古來諸家解説《周易》對"巳日乃革之"的"巳日"多有不同解釋，但多半迂曲難通。上博楚簡《周易》作"改日"其義甚明，"改日"當爲改革曆法之事，所謂改正朔是也，與革卦主旨正合，上博楚簡《周易》的"改日乃革之"明顯優於傳世王注本《周易》的"巳日乃革之"①。再如，漸卦九三爻辭，上博楚簡《周易》作"婦孕而育"，傳世王注本《周易》作"婦孕不育"；姤卦九五爻辭，上博楚簡《周易》作"有憂自天"，傳世王注本《周易》作"有隕自天"，等等，都是非常重要的異文。

上博楚簡《周易》的文體總體上爲卜筮文體，屬於書記體。從每卦的文本結構及文體體式來看，是由卦畫、卦名、卦辭、爻辭構成的。上博楚簡《周易》卦畫是六畫卦，由—和八組成，—和八代表的是陽爻和陰爻，從書寫來看，上博楚簡《周易》的六畫卦畫書寫時有意在兩個三畫卦之間留有明顯的間隔，以表示六畫卦是由兩個三畫卦組成的，六畫卦的這種書寫方式與帛書《周易》及阜陽漢簡《周易》是一致的。上博楚簡《周易》的爻辭結構及形態與傳世王注本《周易》相同，也是由爻題和文字組成，爻題也是由代表爻性的九、六及代表爻位的初、二、三、四、五、上組成。

楚簡《周易》的卦畫是由陰陽爻兩種符號構成的，表示爻性的祇有九、六兩個數，這説明楚簡《周易》是占書，不是實占記録，實占不會祇有九、六兩個數，這同時也説明由陰陽爻兩種符號構成的卦畫起源是很早的，楚簡《周易》的發現，爲探討卦畫的起源與演變提供了重要材料。

楚簡《周易》寫本的爻辭中有爻題，這無疑具有重要意義。大家知

---

① 參見拙文《楚簡〈周易〉革卦"改日"考釋》，《復旦學報》（社會科學版）2016年第4期。

道，在傳世文獻《左傳》《國語》中記載了一些易占，但是，在這些實占記錄中並沒有出現爻題，《左傳》《國語》的實占記錄，都是以某卦之某卦來表示筮遇某卦某爻。正是由於這個原因，長期以來，學術界有一種較爲普遍的觀點認爲在《左傳》《國語》時代，爻題還沒有產生，《左傳》《國語》記春秋史事，上博楚簡《周易》是戰國中期寫本，寫本的抄寫時間雖然晚於《左傳》《國語》，但是文本的形成時間應該早於抄寫時間，所以在春秋時期《周易》的文本中就應該有爻題了。之所以《左傳》《國語》以某卦之某卦來表示筮遇某卦某爻，實際上與筮法有關，這種表述並不是由於沒有爻題而產生的一種特殊表述。

《漢書·藝文志·六藝略》云：“《易經》十二篇，施、孟、梁丘三家。”[1] 所謂的十二篇，是包括了經和傳而言的，經的部分分爲上、下兩篇，傳的部分包括七種，其中有三種分上、下篇，所以是十篇，經和傳加一起一共是十二篇。上博楚簡《周易》是目前發現的最早版本的《周易》，從上博楚簡《周易》寫本現存的部分來看，祇有經的部分，沒有發現傳的部分，馬王堆帛書《周易》寫本有經有傳，更爲重要的是，兩者在六十四卦卦序的排列上不同，明顯不屬於同一傳本體系，上博楚簡《周易》與傳世王注本《周易》較爲接近，二者應當是同一傳本體系。

第四節　上博楚簡《周易》的文體譜系

從起源來看，上博楚簡《周易》文體上承《連山》《歸藏》二易，其起源與《連山》《歸藏》密切相關。從發展源流來看，《周易》文體對其後詩歌文體、論説文體甚至叙事文體等諸多文體都具有源的性質，是其後諸多文體創制的基礎。

一　《連山》《歸藏》《周易》三易文體異同

《連山》《歸藏》《周易》三易並稱始見於《周禮》，然而，由於《周

---

[1]　（漢）班固撰、（唐）顏師古注《漢書》，第6冊，第1703頁。

禮》被很多人認爲成書較晚，所以《連山》《歸藏》是否存在也曾備受懷疑。秦簡《歸藏》的出土足以證明《周禮》三易之説不是虛妄之言，既然如此，比較三易在文體上的異同就顯得非常必要了。

首先，我們比較一下三易文體的基本結構。《周禮·春官》曰："太卜掌三易之法，一曰《連山》，二曰《歸藏》，三曰《周易》。其經卦皆八，其別皆六十有四。"[①] 按照《周禮》的説法，《連山》《歸藏》《周易》三易都是由八經卦與六十四別卦構成。如何來判斷這一説法是否正確呢？其實很簡單，如果《連山》《歸藏》像《周易》一樣，都是六畫卦，那麼也一定都是六十四卦。因爲六畫卦即所謂六十四別卦，是由三畫的八經卦組合而成的，而八經卦兩兩組合，祇有六十四種組合，也就是所謂的六十四別卦。甚至，陰爻和陽爻兩爻組合成六畫卦，也祇有六十四種組合。秦簡《歸藏》也是六畫卦，這無疑説明《歸藏》是六十四卦，與《周禮》所説相合。《連山》是不是六十四卦呢？輯本《連山》並沒有卦畫，所以尚不能知道《連山》易是不是六畫卦，也就無法推斷是不是六十四卦了。目前爲止，考古發現商代已經有用六個數字表示的六畫卦，即學界所謂的數字卦，[②] 這爲《歸藏》是商代的易提供了一定支撐。

《周易》和《歸藏》都是六畫卦，都有六十四卦。每一卦都有卦畫、卦名和卦辭。《周易》除了卦辭，還有爻辭，每卦六爻，每卦有六條爻辭。但是，目前公布的秦簡《歸藏》祇有卦辭，沒有爻辭。

下面我們比較一下《連山》《歸藏》《周易》三易卦辭的文體結構。

先來看看《連山》。爲稱引方便，茲將馬國瀚輯本《連山》逐録於下。[③]

（1）剝 上七曰：數窮致剝而終吝。（黄佐《六藝流別》引有曰字、吝字，羅泌《路史》引有而字。）象曰：致剝而終亦不知變也。（黄佐《六藝流別》引有曰字及上句，羅泌《路史》引有亦字。）

（2）復 初七曰：龍潛于神，復以存身，淵兮無眹，操兮無垠。

---

① （漢）鄭玄注、（唐）賈公彦疏《宋本周禮疏》（八），第42~44頁。

② 參見蔡運章《商周筮數易卦釋例》，《考古學報》，2004年第2期。

③ 以下十五條《連山》文本均見（清）馬國瀚輯《玉函山房輯佚書》，第24、25頁。

（羅泌《路史》引無日字，黄佐《六藝流别》引作"復上七曰：龍潛于淵，存神無畛"。）象曰：復以存神，可與致用也。（《六藝流别》引無與字，《路史》引無上句，作"象可與致用也。"）

（3）姤 初八曰：龍化于虵，或潛于窪，兹孽之牙。（《路史》引作"初六"，無曰字;《六藝流别》引作"姤 初八曰：潛蛇于窪兹孽之牙"。）象曰：陰滋牙，不可與長也。（《六藝流别》引無與字，《路史》引無"曰陰滋牙"四字，云："象：不可與長也。"）

（4）中孚 初八：一人知女，尚可以去。（黄佐《六藝流别》）象曰：女來歸，孚不中也。（同上）

（5）陽豫

（6）游徙（羅苹《路史注》："《春秋演孔圖》：'孔子成《春秋》，卜之，得陽豫之卦。'《史記》：'始皇得鎬池君璧，言明年祖龍死。卜之，得游徙，吉。'陽豫、游徙，《連山》卦也。"）

（7）有崇伯鯀伏於羽山之野。（酈道元《水經注》）

（8）鯀封於崇。（裴駰《史記集解》）

（9）禹娶塗山之子名曰攸女，生啓。（皇甫謐《帝王世記》，《太平御覽》卷一百三十五）

（10）有馮羿者得不死之藥於西王母，娘（姮）娥竊之以奔月，將往，枚筮於有黄，有黄占之曰："吉。翩翩歸妹，獨將西行，逢天晦芒，无恐无驚，後且大昌。"姮娥遂託身於月。（李淳風《乙巳占》）

（11）陽文啓筮享神于大陵之上（案：此條没注出處）

（12）帝出乎震，齊乎巽，相見乎離，致役乎坤，説言乎兑，戰乎乾，勞乎坎，成言乎艮。（干寶《周禮注》引云："此《連山》之易也。"羅泌《路史·發揮》亦云。）

（13）同復于父，敬如君所。（《春秋左傳》：閔二年，魯使卜楚丘之父，筮之，遇大有之乾。程迥《古占法》引之云："此固二易之辭也。"）

（14）千乘三去，三去之餘，獲其雄狐。（《春秋左傳》：僖十五年，晉卜徒父筮，卦遇蠱。）

（15）南國蹙，射其元王，中厥目。（《春秋左傳》：成十六年，戰于鄢陵，公筮之，史曰："吉，其卦遇復。"顧炎武《日知錄》引此二節云："即所謂三易之法也。"並附于此。）

從上揭《連山》文字來看，剥卦、復卦、姤卦和中孚四卦講到了"上七""初七"和"初八"，也就是說講到了爻辭，這就意味着《連山》是有爻辭的，而且這些爻辭和《周易》爻辭還很像，這很令人生疑。

我們再看看第7至第11例《連山》文字，不但沒有爻辭，而且文體風格、語言風格也與上揭剥卦、復卦、姤卦、中孚四卦爻辭明顯不同。我們看看輯本的來源，剥卦、復卦、姤卦、中孚四卦是從黃佐《六藝流別》、羅泌《路史》輯佚而來。黃佐是明朝人，羅泌是南宋人。

《隋書·劉炫傳》："時牛弘奏請購求天下遺逸之書，炫遂偽造書百餘卷，題爲《連山易》《魯史記》等，録上送官，取賞而去。後有人訟之，經赦免死，坐除名，歸于家，以教授爲務。太子勇聞而召之，既至京師，勑令事蜀王秀，遷延不往。蜀王大怒，枷送益州。既而配爲帳內，每使執杖爲門衛。俄而釋之，典校書史。炫因擬屈原《卜居》，爲《筮塗》以自寄。"①

劉炫是隋朝人，其所偽造《連山》並未被銷毀，到了宋代仍有流傳，從黃佐《六藝流別》、羅泌《路史》中輯佚而來的剥卦、復卦、姤卦和中孚四卦爻辭，文辭不古，應該本於劉炫所造偽《連山》。因此，《連山》有爻辭之説，尚不可信。

第7至第11例《連山》文字，沒有卦名，文字風格及文體風格與《歸藏》有些相似。其中，第10例是講嫦娥奔月，嚴可均將之輯入《歸藏》，今觀秦簡《歸藏》恰有此卦，兹録其卦辭如下：

歸妹曰：昔者恒我竊毋死之□☑□□奔月而枚占□□□☑

此卦辭雖然已經殘斷，但是，不難看出，與上揭嚴可均輯入《歸藏》

---

① （唐）魏徵等撰《隋書》，第6冊，第1720頁。

的卦辭是一致的，因此，可以斷定，馬國瀚輯入《連山》是不妥的。但是，也從另一側面説明《連山》《歸藏》卦辭文體也許有些相近。

如果把從傳世文獻中輯出的《連山》文字中可疑的文本排除，憑藉剩下的隻言片語還難以復原《連山》卦辭體例，但有一點是可以肯定的，《連山》文體比《歸藏》還要古樸。

在前文我們已經復原了《歸藏》卦辭的文體結構，爲了便於與《周易》文體結構進行比較，在此，我們略作回顧。

《歸藏》卦辭總體上由兩部分構成，一部分是例舉已往實占記録，一部分是緜辭。也就是已往實占記録＋緜辭的結構。

我們再看看上博楚簡《周易》卦辭的基本體例與結構。爲稱引方便，兹迻録部分卦辭如下。①

（1）䷄需：有孚，光卿，貞吉，利涉大川。

（2）䷅訟：有孚，窒惕，中吉，終凶。利用見大人，不利涉大川。

（3）䷆師：貞，丈人吉，无咎。

（4）䷇比：邍筮，元永貞，吉，无咎。不寧方速，後夫凶。

（5）䷎謙：亨，君子有終。

（6）䷏豫：利建侯行師。

（7）䷐隨：元亨，利貞，无咎。

（8）䷑蠱：元亨，利涉大川。先甲三日，後甲三日。

（9）䷘无忘（妄）：元亨，利貞。其非復，有眚，不利有攸往。

（10）䷙大畜：利貞，不家而食，吉，利涉大川。

（11）䷚頤：貞吉。觀頤，自求口實。

（12）䷞欽：亨，利貞，取女吉。

（13）䷟恒：亨，利貞，无咎。

（14）䷠遯：亨，小利貞。

（15）䷢睽：小事吉。

---

① 所引上博楚簡《周易》卦爻辭均見馬承源主編《上海博物館藏戰國楚竹書》（三），第131~260頁，如無必要，不再出注。采用寬式釋文及通行卦畫。

（16）䷨訐（蹇）：利西南，不利東北，利見大人。

（17）䷧解：利西南。无所往，其來復，吉；有攸往，吉。

（18）䷫姤：女壯，勿用取女。

（19）䷯井：改邑不改井，无喪无得。往來井井，汔至亦毋繘井，羸其瓶，凶。

（20）䷰革：改日乃孚，元永貞，利貞，悔亡。

以上是從上博楚簡《周易》中選出的 20 卦，從每一卦文體的基本結構來看，楚簡《周易》的卦辭，與《歸藏》卦辭明顯不同，並不是由已往實占記錄＋繇辭來構成的。具體分析楚簡《周易》每一卦的卦辭，我們發現其總體上是由占辭構成的，沒有前辭，沒有命辭，也沒有驗辭，更沒有實占舉例。

爲了更清楚看到楚簡《周易》與秦簡《歸藏》在卦辭結構上的區別，下面我們再舉幾例同卦卦辭。

以下是秦簡《歸藏》訟、師、比、井四卦：

（1）䷅訟曰昔者□□卜訟啓□□□☑

（2）䷆師曰昔者穆天子卜出師而攴占□□〔禺强〕□☑龍降于天而□□☑遠飛而中天蒼☑

（3）比曰比之茉茉比之蒼蒼生子二人或司陰司陽不□姓□□☑

（4）井曰昔者夏后啓貞卜☑

上揭秦簡《歸藏》四卦，其中有三卦的卦辭是已往實占記錄＋繇辭構成的，祇有比卦不是這種結構。比卦的卦辭開始就是繇辭，後面殘斷了，無法判斷是否有已往實占記錄。如果有已往實占記錄，那麼比卦的結構當是繇辭＋已往實占記錄。

上揭上博楚簡《周易》訟、師、比、井（汬）四卦，其卦辭主體上是占辭。與秦簡《歸藏》已往實占記錄中的占辭相比，《周易》卦辭中的占辭，在判斷吉凶時附加了前提條件。比如井卦，"无喪无得"是斷占判斷，而前面的“改邑不改荓”却是這一斷占的前提。

綜之，上博楚簡《周易》的卦辭結構與《歸藏》相比，發生了非常大的變化，這一變化使得《周易》不僅徹底完成了從實占向占書的轉變，同時也完成了從占書向思想書的轉變。關於這一問題，我們將在下文深入闡述。

二　楚簡《周易》的文體改造

楚簡《周易》與《連山》《歸藏》相比，在卦辭方面進行了全面徹底改造。

第一，楚簡《周易》卦辭不再例舉已往實占記錄，已經完全沒有實占痕迹，其卦辭主體上由占辭構成。

無論輯本《歸藏》，還是秦簡《歸藏》，已經不是實占記錄，就其性質而言，已經是筮書。但是，其卦辭中幾乎都例舉已往實占記錄。之所以要例舉已往實占記錄，是爲斷占提供依據。我們通過觀察，不難發現，《歸藏》所例舉已往實占記錄的筮占主體往往都是兩個人，包括問筮主體和占筮主體，而兩個人都是古史中重要人物，甚至，有的問筮主體是上古帝王。比如，井卦的問筮主體夏后啓，師卦的占筮主體是禺强，而禺强相傳是黃帝之玄孫[1]，都是大人物，例舉這些大人物的實占記錄，無疑是爲了增加筮占的可信度。在這背後，實際上是《歸藏》創作的一種思維模式，裏面體現出濃郁的神學色彩。

《周易》的卦辭，主體部分爲占辭，沒有前辭和命辭，而占辭不是針對每次具體筮占，因此具有了通用性。這使《周易》在《歸藏》基礎上，完全轉變爲筮書。

第二，《周易》卦辭中的占辭與《歸藏》相比，也發生了明顯的改造。具體有兩個方面：一是斷占的方向性限定；二是斷占的條件性限定。

所謂斷占的方向性限定，具體來說就是對斷占從時間或空間或事件

---

[1]　《山海經·大荒北經》：“北海之渚中，有神，人面鳥身，珥兩青蛇，踐兩赤蛇，名曰禺彊。”郝懿行箋疏云：《大荒東經》云：黃帝生禺虢，禺虢生禺京。禺京即禺彊也，京、彊聲相近。”

等方面作出限定。《歸藏》的斷占，是針對每一具體命辭的，所以也不需要限定。《周易》對此做了改造，作爲筮書的《周易》，具有通用性，可以用來應對所有的實占。《周易》六十四卦，每卦都有不同的主題。每一卦的卦辭針對不同的主題，大多做了斷占的方向性限定。比如，師卦的卦辭"貞，丈人吉，无咎"，我們看到，"吉"和"无咎"是斷占結果，但是，這一斷占並不是針對所有人的，而是針對"丈人"的，也就是我們所説的對斷占做了方向性的限定。再比如訟卦卦辭："有孚，窒惕，中吉，終凶。利用見大人，不利涉大川。"其中"吉"和"凶"同樣是斷占結果，但是，這一斷占結果是被"中"和"終"兩個表示時間的詞語限定的。

所謂斷占的條件性限定，具體來説，就是某一斷占結果是受某種條件限制的，在某種條件下，就會出現某種結果。我們還以訟卦爲例，"有孚，窒惕，中吉，終凶"，其中，"有孚，窒惕"是"中吉，終凶"的條件。

第三，《周易》在改造卦辭的同時，還創造了爻辭，使得《周易》在文體總體結構上比《歸藏》更豐富。秦簡《歸藏》及輯本傳世《歸藏》，在卦辭之外並沒有爻辭。《周易》的爻辭應該是《周易》在對卦辭進行全面改造時一同創作的。《歸藏》卦辭中，我們看到在實占記錄之後，還有繇辭。而在《周易》的卦辭中，這樣的繇辭已經非常少了，僅小畜卦的"密雲不雨自我西郊"、震卦的"震來虩虩笑言啞啞"、艮卦"艮其背不獲其身行其庭不見其人"、未濟卦的"小狐汔濟濡其尾"等與之相仿。但是，《周易》與《歸藏》相比却多了爻辭。有一些卦的爻辭是用韻的，與《歸藏》的繇辭有些像。可以推斷，《周易》的爻辭是受《歸藏》繇辭的啓發創作的，甚至有的就是在其基礎上創作的。下面我們來分析一下《周易》爻辭的構成。

從總體結構上看，《周易》爻辭大部分是由兩部分構成的，其中一部分類似於《歸藏》繇辭，另一部分則是占辭。比如，漸卦六四"鴻漸於木，或得其桷，無咎"、旅卦上九"鳥焚其巢，旅人先笑後號咷，喪牛於易，凶"。其中，"鴻漸於木，或得其桷""鳥焚其巢，旅人先笑後號咷"類似於《歸藏》繇辭部分，"無咎""喪牛於易，凶"是占辭部分。從性質上看，《周易》爻辭像卦辭一樣，也不是實占記錄，也没有前辭和命辭。

第四，象辭的創作。《周易》的文本改造，一個更重要的方面是象辭的創作。什麼是象辭，古來有不同的解釋。易傳（《十翼》）中有象傳，有人將之稱爲象辭，實際上這是不準確的。大家知道，在易傳中還有彖傳。爲什麼稱爲彖傳呢？因爲卦辭又稱爲彖辭，對彖辭進行解釋的文字，就是彖傳。所以把彖傳稱爲彖辭是錯誤的。準此，把象傳稱爲象辭也是錯誤的。象傳是對易象的解釋，這一解釋有兩部分，一部分是解釋卦象的，稱爲大象傳；一部分是解釋爻象的，稱爲小象傳。

《周易》的核心是象和數。象是由卦象和爻象構成的。卦象和爻象都由卦畫而來，卦象和爻象都由卦畫而生。象辭是對象的文字表達。王弼說："夫象者，出意者也。言者，明象者也。盡意莫若象，盡象莫若言。"[1]象辭可以分爲兩部分，一部分是對卦象的文字表達，可以稱爲卦象辭；一部分是對爻象的文字表達，可以稱爲爻象辭。卦象辭又可以分爲兩部分，一部分是卦名，另一部分在卦辭中。爻象辭也可以分爲兩部分，一部分是爻題，另一部分在爻辭中。下面我們通過舉例的方式說明《周易》象辭的形態和構成。

首先對易象進行表達的是卦名，卦名實際上就是象辭，具體來說就是我們所說的卦象辭的第一部分，六十四卦的卦名都是如此。比如䷂這個卦畫，是由☵和☳兩個三畫卦構成的，☵象徵水，☳象徵雷，二者組合在一起就構成了䷂這樣一個卦畫，這個卦畫就構成了一個卦象。象是用來表意的。這個卦象描寫的情形是烏雲密布，雷聲滾滾，可是雨在雷之上，沒有降下來。這是對世界某種實際情形的描寫，但是，《周易》的象並不止於寫實，而是通過某種寫實象徵某種意。就這一卦象而言，是象徵事物草創之際的情形。所謂始生而難生，難生就會積聚力量而堅韌地生。對這一卦象的象徵意蘊，《周易》通過象辭"屯"這一卦名來揭示。"屯"這一卦名是用來闡明象的，所謂"言者，明象者也"，所以我們稱之爲象辭是沒有問題的。"屯"這一卦名作爲象辭如何能闡明䷂這一卦畫所表示的卦象呢？《說文解字》云："屯，難也。象艸木之初生，屯然而難。从中貫一，一，地也。尾

---

[1]（三國魏）王弼撰《周易略例》，（三國魏）王弼、（晉）韓康伯注，（唐）陸德明釋文《宋本周易》，第202頁。

曲。《易》曰:‘屯剛柔始交而難生。’”甲骨文作↓[1]、↗[2]等形,象草木初生之幼芽。[3] 草木初生屯然而難的狀態與密雲不雨的狀態是相通的,“屯”這一卦名,作爲象辭,恰好可以表達☵☳這一卦畫所蘊涵的卦象。

卦名是卦象辭的第一部分,下面再看看卦象辭的第二部分。在《周易》六十四卦中,大多數卦的卦辭是占辭,但也有一部分卦的卦辭中含有繇辭,這種繇辭實際上就是象辭,是在卦名基礎上,對卦象的進一步闡明。比如,小畜卦卦辭中的“密雲不雨自我西郊”、震卦卦辭中的“震來虩虩笑言啞啞”、艮卦卦辭中“艮其背不獲其身行其庭不見其人”、未濟卦卦辭中的“小狐汔濟濡其尾”。

以上是象辭的第一部分,即卦象辭。下面再分析一下象辭的第二部分爻象辭。

爻象辭是由爻題和爻辭中的繇辭組成。爻題就是每一爻的題目或名稱。每卦有六爻,每爻皆有爻題。爻題由兩部分組成,一部分是表示爻位的,一部分是表示爻性的。所謂爻位,就是在一卦六爻中的位置。所謂爻性,就是一爻的性質,或者是陽爻,或者是陰爻。比如,乾卦初九,初九就是爻題,初表示是第一爻,九表示這一爻是陽爻。再如,坤卦六二,六二也是爻題,二表示是第二爻,六表示這一爻是陰爻。爻題作爲象辭,是用來闡明爻位之象和爻性之象的。爻位之象和爻性之象處於每一卦的卦畫所表示的卦象之中,我們可以觀察到,用語言把這一類象表達出來就是所謂的爻題,因爲爻題是表達這一類象的言,所以我們就可以稱之爲象辭。

爻題是爻象辭的第一部分。爻象辭的第二部分是爻辭中的繇辭。一般來説,爻辭由繇辭和占辭兩部分組成。像卦辭中的繇辭是象辭一樣,爻辭中的繇辭也是象辭,是在爻題象辭基礎上,對爻象的進一步言説。六十四卦,一共三百八十四爻,爻象辭非常豐富。比如乾卦,初九潛龍,九二現龍在田,九三君子終日乾乾,九四或躍在淵,九五飛龍在天,上九亢龍。比如坤卦,初六履霜,六二直方,六三含章,六四括囊,六五黃裳,上六

---

① 《甲骨文合集》36518。
② 《甲骨文合集》6560。
③ 參見蔣玉斌《釋甲骨金文的“蠢”兼論相關問題》,《復旦學報》2018年第5期。

龍戰於野其血玄黄。再如豐卦，初九“遇其配主”，六二“豐其蔀，日中見斗”，九三“豐其沛，日中見沬，折其右肱”，九四“豐其蔀，日中見斗，遇其夷主”，六五“來章，有慶譽”，上六“豐其屋，蔀其家，闚其户，闃其無人，三歲不覿”。

第五，占辭的象辭化。《周易》的象辭除了上述這些形式，還有一種特殊類型。這種特殊類型的象辭是由占辭衍生而來，是占辭的象辭化，可以稱之爲衍生類象辭。

占辭是如何衍生爲象辭的呢?《周易》的占辭可以分兩類，第一類由吉、凶、悔、吝、厲、無咎、利貞等組成，第二類由利見大人、利涉大川、利建侯、利居貞、利有攸往等組成。第一類占辭用於對占筮進行判斷時，具有通用性，可以用於所有人和事物，可以稱之爲通用性占辭。第二類占辭，用於對占筮進行判斷時，不具有通用性，祇可以用於某類事物。與通用性占辭相比，這類占辭的確不具有通用性，但是，這類占辭也並不是祇能用於某一個單一事物，而是可以用於某一類事物。“利涉大川”，字面意思是“利於渡過大江大河”，作爲占辭，並不僅僅指“利於渡過大江大河”，而是可以象徵利於戰勝大的困難，利於渡過大的難關。這樣的象徵性占辭，實際上就成了象辭，或者是占辭的象辭化，我們可以把這種象辭化的占辭，稱爲衍生類象辭。

以上從五個方面探討了《周易》在《連山》《歸藏》二易基礎上，全面改造文本的具體情況。《周易》文本的全面改造，具有多方面的意義，我們將在下文進一步討論。

三 楚簡《周易》文體改造的意義

從上文所論來看，楚簡《周易》的文體改造，是全面徹底的，不是局部的修修補補。《周易》文體改造對於文學史、思想史和易學史來説都具有重大意義。

第一，《周易》文體改造對於其後諸多文體的孕育、生成與發展具有重要意義，而且《周易》經過文體改造，其自身的文學性也隨之生成。因此，《周易》文體改造，對於中國文學史具有重大意義。

劉勰在《文心雕龍·宗經》篇中闡述各類文體起源時説："論、説、辭、序，則《易》統其首；詔、策、章、奏，則《書》發其源；賦、頌、歌、讚，則《詩》立其本；銘、誄、箴、祝，則《禮》總其端；記、傳、盟、檄，則《春秋》爲根：並窮高以樹表，極遠以啓疆，所以百家騰躍，終入環内者也。"① 所謂"宗經"，就是説各類文體都以"經"爲宗。劉勰所説的"經"就是《易》《書》《詩》《禮》《春秋》五經，論、説、辭、序四種文體起源於《易經》，詔、策、章、奏四種文體起源於《書經》，賦、頌、歌、讚四種文體起源於《詩經》，銘、誄、箴、祝四種文體起源於《禮經》，記、傳、盟、檄四種文體起源於《春秋》。劉勰本於宗經思想，得出上述諸種文體的起源結論，並不完全正確。實際上銘、誄、箴、祝四種文體的起源要比《禮經》早，記、傳、盟、檄四種文體的起源也早於《春秋》。不過，論、説、辭、序等文體的起源確實可以追溯到《周易》。

《周易》經過文體改造，其自身的文學性也隨之生成。《周易》文學性的核心是"象"。首先，"立象盡意"的表達方式與文學的表達方式具有通約性。其次，蘊涵豐富的象辭本身就是文學。易象的種類豐富，有自然社會之象，也有人心營構之象。有物象，也有事象。《周易》的物象，其稱名雖小，取類却大，數量衆多，對其後文學特别是詩歌影響深遠。《周易》的事象，其事肆而隱，蘊涵豐富，對中國叙事文學産生深遠影響，甚至連《石頭記》這樣偉大著作中也可以清晰看到《周易》傳統的影響。

綜之，《周易》象辭的文學意味及文學形態與《詩經》一道對後世文學文體形態産生了深遠的影響。

第二，《周易》文體改造對於思想史也具有重要意義。

劉勰在《文心雕龍·原道》中説："文王患憂，繇辭炳曜；符采複隱，精義堅深。"② 劉勰説《周易》的卦爻辭是周文王所作，未必準確，古史渺茫，難以考求。但劉勰説《周易》的繇辭"符采複隱，精義堅深"確爲不

---

① （南朝梁）劉勰撰、（清）黄叔琳注《黄叔琳注本文心雕龍》（一），第34~35頁。"記、傳、盟、檄"中的"記"，黄叔琳注本作"紀"；"盟"，黄叔琳注本作"銘"。此據英藏敦煌文獻 S.5478 寫本校改，參見中國社會科學院歷史研究所等編《英藏敦煌文獻》（第七卷），第183頁。

② （南朝梁）劉勰撰、（清）黄叔琳注《黄叔琳注本文心雕龍》（一），第23頁。

刊之論。《周易》爲何能獨拔於《連山》《歸藏》二易之上，而達到“符采複隱，精義堅深”的境界，實際上是得益於《周易》的文體改造。《周易》經過文體改造，從純粹的筮占之書轉變爲思想之書，其思想性的生成體現在卦名、卦辭、爻辭和六十四卦的整體結構等各個方面。

《周易》思想性的生成首先是由卦名完成的。《周易》與《連山》《歸藏》相比，卦名互有不同。《周易》是在《連山》《歸藏》基礎上，對卦名作了系統改造。而這一改造是按照一定的思想體系來進行的，這一思想體系的核心就是《周易》的宇宙生成論模式。《周易》六十四卦，每一卦都是由兩個三畫卦構成，而每個三畫卦又是由陰陽爻構成。陰陽爻是宇宙構成的兩個要素，而陰陽又是從太極而來。三畫的八卦象徵構成宇宙的八種事物，乾坤兩卦象徵天地，艮震坎離兌巽分別象徵山雷水火澤風。在六畫的六十四卦中，八經卦的象徵不變，而另外五十六卦則象徵五十六種事物，由此構成了《周易》獨特而系統的宇宙論。祇就卦名而論，每一卦名，不僅象徵了一種事物，而且卦名本身也包括豐富的思想。比如上揭屯卦這一卦名，其思想蘊含極其豐富。《周易》的屯卦是緊隨乾坤兩卦之後的第三卦，乾坤象徵天地，而天地生萬物，屯卦就是象徵生的主題。但是，始生、創生沒有那麼簡單，萬事萬物始生階段、草創階段都會很艱難，所謂始生而難生。但是，難生也要堅韌地生。古人對始生而難生觀察細緻入微，所以造了一個“屯”字。“屯”字在甲骨文中就出現了，可見，早在《周易》出現之前的殷商時期，人們就已經對草木初生的狀態有一定的認識。《周易》選取“屯”作爲卦名，不僅僅指草木初生的狀態，而且象徵了所有事物的始生而難生的狀態。

《周易》思想性的生成還體現在占辭之中。上文已經指出，《周易》的斷占已經有了條件限制，吉凶悔吝都是有前提有條件的。沒有前提條件的斷占，實際上是對神靈啓示的篤信，是迷信。有前提條件的斷占，是對事物進行分析之後的心智判斷，是思想。

《周易》思想性的生成更進一步體現在卦爻辭的結構中。《周易》六十四卦，每一卦都有一個主題，由其卦名來表達。《周易》各卦的卦名、卦辭及六條爻辭是一個整體，像一篇完整的文章，來表達一個主題。《周易》的卦辭是在總體上對某一主題作出吉凶悔吝的判斷，六爻的爻辭則是對這一主題的吉凶悔吝相互轉化作出判斷。在《周易》看來，任何事物的吉凶悔吝都是變化的，在一定條件下是能够相互轉化的，不存在一成不變的吉凶悔吝，任何吉凶悔吝都存在一個從没有到有的轉變過程，也可以存在一個從有到没有的轉變過程。這種轉變過程，《周易》是通過六爻爻辭的整體結構來完成的。《周易》通過爻位從低到高及爻性的變化關係，來反映事物發生、發展、鼎盛及衰退的過程。認定吉凶悔吝是一成不變的，是愚昧，是神學宿命論，認識到吉凶悔吝是可以相互轉化的，是智慧，是哲學唯物論。因此，可以説爻辭整體結構性是《周易》思想性生成的重要依托。

《周易》思想性的生成最後還體現在六十四卦卦序結構中。楚簡《周易》卦序與傳世王注本卦序相同。《周易》六十四卦的卦序不是隨機排列的，而是按照一定的思想理念排定的。今本《周易》的卦序結構形成非常早，應該是在《周易》文體改造時完成的。《周易》卦序結構的排定，是《周易》文體改造的一個有機組成部分，同時也是《周易》思想性生成的重要表現。

在歷史上，最早闡釋《周易》六十四卦卦序結構思想蘊涵的是《易傳》中的《序卦傳》。《序卦傳》云："有天地，然後萬物生焉。盈天地之間者唯萬物，故受之以屯。屯者，盈也；屯者，物之始生也。物生必蒙，故受之以蒙。蒙者，蒙也，物之稚也；物稚不可不養也，故受之以需。需者，飲食之道也。飲食必有訟，故受之以訟。訟必有衆起，故受之以師。"① 這是《序卦傳》對《周易》從乾到師前七卦卦序排定理由的闡釋。《序卦傳》全篇對《周易》六十四卦卦序排定理由做了全面闡釋，有的解説未必合理，我們也未必全信。儘管如此，對於《周易》卦序自身而言，它的排定的確是按照一定的思想意圖進行的，這是不爭的事實。比如，上篇始於乾坤，下篇始於咸恒，終篇於未濟，這的確是一個宇宙生成發展模式。乾坤象徵天地，有天地纔能有萬物。咸卦象徵夫婦男女之事，是人倫

---

① （三國魏）王弼、（晉）韓康伯注，（唐）陸德明釋文《宋本周易》，第183~184頁。

之基。終於未濟卦，更是饒有意味。濟就是渡河，既濟是已經渡過去了，未濟是没有渡過去。按照日常思維，《周易》當終於既濟，但是，實際上却是終於未濟，處於一個没有完成的狀態。這與《周易》變易思想完全吻合，相反，如果終於既濟，恰恰與《周易》自身的變易思想是矛盾的。

第三，《周易》文體改造對於易學史更具有劃時代的重大意義。

中國易學史源遠流長，《周易》之前有《連山》《歸藏》。就三易來説，《連山》《歸藏》是舊易學，《周易》經過文本及文體的全面改造開創了新易學。就整個易學史而言，《周易》開創了新易學，新易學誕生以後成爲三千年易學史的主流。在新易學中，孔子開創的“不占”易學，是主流中的主流。

《周易》經過文體及文本的全面改造成爲新易學，對於易學史來説具有劃時代意義。新易學與舊易學的區别主要體現在如下幾個方面。

其一，新易學對六十四卦從卦名到卦辭作了徹底改造。卦名體系體現出一個完整的思想體系。卦辭也不再例舉引用往昔名人實占記録。

其二，新易學徹底摒棄了《連山》《歸藏》舊易學的神啓色彩。在《連山》《歸藏》舊易學中，吉凶悔吝的斷占是神靈的啓示，而在《周易》新易學中，吉凶悔吝的出現是有前提和條件的，因此，是可以通過自我的心智來判定的。

其三，新易學是學術，是哲學，舊易學是神學，是數術。

其四，新易學創建了系統的陰陽哲學和變易哲學。

其五，孔子開創的“不占”易學，使新易學再度升級，並由此成爲中國易學史的主流。

《周易》作爲新易學，形成於殷周之際，雖然不能完全斷定其作者，但是當與文王周公有關。到了孔子，新易學再次提檔升級。在孔子之前，《周易》作爲新易學，仍然没有完全走出占筮的歸途。到了孔子時代，孔子開創了“不占”易學，此前的新易學再次成爲舊易學。

帛書易傳記載“夫子老而好《易》，居則在席，行則在橐”，對此，子貢非常不理解，並對老師孔子提出疑問：“夫子它日教此弟子曰：‘德行亡者，神靈之趨；知（智）謀遠者，卜筮之繁（繁）。’賜以此爲然矣。以此言取之，賜緡（惛）卝之爲也。夫子何以老而好之乎？"[1]子貢問老師：老師曾經教導學生説，缺失德行的人就會趨向神靈，疏遠智謀的人就會頻繁卜筮。我認爲老師説的是正確的。但是，老師爲什麼年歲大了却這樣喜好《周易》呢？孔子回答説，《周易》這部書很重要，裏邊有"古之遺言"。

子貢對老師的回答不太滿意，不依不饒，又追問道："夫子亦信其筮乎？"子曰："吾百占而七十當，雖周梁山之占也，亦必從其多者而巳（已）矣。"子曰：《易》，我後其祝卜矣！我觀其德義耳也。幽贊而達乎數，明（明）數而達乎德，又□□者而義行之耳。贊而不達於數，則其爲之巫；數而不達於德，則其爲之史。史巫之筮，鄉（向／嚮）之而未也，始（恃）之而非也。後世之士疑丘者，或以《易》乎？吾求其德而巳（已），吾與史巫同涂（塗／途）而殊歸者也。君子德行焉求福，故祭祀而寡也；仁義焉求吉，故卜筮而希（稀）也。祝巫卜筮其後乎！"[2]子貢追問老師説，老師您也相信筮占嗎？孔子回答的大意是説，對於筮占我與史巫不同，我看中的是其中的德義。君子有德行，怎還用得着求福，因此祭祀就少了。君子有仁義，怎還用得着求吉，因此卜筮就少了。

傳世文獻《論語·子路》中也記載了孔子關於卜筮的一段話：

> 子曰："南人有言曰：'人而無恒，不可以作巫醫。'善夫！'不恒其德，或承之羞。'"子曰："不占而已矣。"[3]

過去有一種解釋認爲孔子是説不能保持德行的人就不用去卜筮了，這種解釋似乎暗指衹有有德的人纔可以去卜筮，但是，從上引帛書易傳孔子對卜筮的態度來看，孔子的意思是不能保持德行的人就不用去卜筮了，因爲卜筮也沒有用，而有德性的人就更不用去卜筮了，所以卜筮纔會越來越少。正如《荀子·大略》所説："善爲《詩》者不説，善爲《易》者不占，

---

① 裘錫圭主編《長沙馬王堆漢墓簡帛集成》（叁），第116頁。
② 裘錫圭主編《長沙馬王堆漢墓簡帛集成》（叁），第116、118頁。
③ （宋）朱熹集注《宋本論語集注》（三），第136~137頁。

善爲禮者不相，其心同也。"①

從孔子開始，易學發生了新的轉型。孔子開創了"不占"易學，《周易》成爲儒家的經典，甚至是經典中的經典，以至成爲群經之首。自此，"不占"易學一直是中國易學的主流，而筮占易學祇能是易之末流，數術範疇，無關哲學。

第五節　帛書《易經》的文體形態

帛書《周易》，1973 年 12 月在湖南長沙馬王堆三號漢墓出土。本篇帛書與其他帛書放置於"東邊箱的 57 號長方形漆盒的下層"②。

"馬王堆三號墓的發現，使我們第一次獲知古代帛書的樣式，因而是極爲可貴的。馬王堆帛書的高度有兩種：一種 48 釐米左右，一種 24 釐米左右，即分別用整幅和半幅的帛横放直寫。出土時，整幅的摺疊成長方形，半幅的捲在二三釐米寬的竹、木條上，同放在一個漆盒內。書寫之前，有的先在帛上用朱砂或墨畫好寬七、八毫米的界格，整幅的每行六七十字，半幅的每行三十餘字。這和簡册的制度實際是一致的。"③因爲《周易》是經，所以"用整幅的帛書寫"④。

馬王堆帛書《周易》寫本由經和傳兩部分組成。經的部分是六十四卦，每卦由卦畫、卦名、卦辭、爻辭構成；傳的部分包括《繫辭》和《二三子問》《衷》《要》《繆和》《昭力》五篇佚書。

經的部分未發現篇題，于豪亮、張政烺都以《六十四卦》作爲篇名。⑤本篇寫本，實際上就是《周易》經的部分，經的部分一共有九十三行

---

① （唐）楊倞注、耿芸標校《荀子》，第 340 頁。

② 湖南省博物館、中國科學院考古研究所：《長沙馬王堆二、三號漢墓發掘簡報》，《文物》1974 年第 7 期，第 42~43 頁。

③ 中國科學院考古研究所、湖南省博物館寫作小組：《馬王堆二、三號漢墓發掘的主要收穫》，《考古》1975 年第 1 期，第 48 頁。

④ 中國科學院考古研究所、湖南省博物館寫作小組：《馬王堆二、三號漢墓發掘的主要收穫》，《考古》1975 年第 1 期，第 50 頁。

⑤ 參見于豪亮《帛書〈周易〉》，《文物》1984 年第 3 期，第 15 頁；張政烺《馬王堆帛書〈周易〉經傳校讀》，第 45 頁。

（1—93行），各卦卦畫抄寫在帛書的最頂端，向下依次抄寫卦名、卦辭、爻題、爻辭。馬王堆帛書《周易》爲六畫卦，其卦畫由—和✕✕兩種符號構成，卦畫書寫時，構成六畫卦的兩個三畫卦之間有意留有明顯的空隙。

馬王堆帛書《周易》六十四卦的卦名依次是：鍵（乾）、婦（否）、掾（遯）、禮（履）、訟、同人、无孟（无妄）、狗（姤）、根（艮）、泰蓄（大畜）、剝（剥）、損、蒙、繁（賁）、頤、箇（蠱）、習贛（坎）、襦（需）、比、塞（蹇）、節、既濟、屯、丼（井）、辰（震）、泰壯（大壯）、餘（豫）、少過（小過）、歸妹、解、豐、恒、川（坤）、泰、嗛（謙）、林（臨）、師、明夷、復、登（升）、奪（兌）、夬、卒（萃）、欽（咸）、困、勒（革）、隋（隨）、泰過（大過）、羅（離）、大有、溍（晉）、旅、乖（睽）、未濟、筮嗑（噬嗑）、鼎、筭（巽）、少藝（小畜）、觀、漸、中復（中孚）、渙、家人、益。

不難看出，馬王堆帛書《周易》六十四卦的卦序與傳世王注本《周易》的卦序不同。馬王堆帛書《周易》六十四卦分爲八組，上卦的次序是乾、艮、坎、震、坤、兌、離、巽，下卦的次序是乾、坤、艮、兌、坎、離、震、巽。上卦前四卦的次序是乾父領艮、坎、震三子，後四卦的次序是坤母領兌、離、巽三女。下卦的次序則是乾、坤父母領艮、兌、坎、離、震、巽六子。可以看出，馬王堆帛書《周易》這種卦序排列方式與《説卦傳》的“父母六子”之説有一定淵源關係，但是，不同的是，《説卦傳》“六子”的次序是長、中、少，而這裏“六子”的次序是少、中、長，關於這一點將在下文詳細論述。新近刊布的清華簡有七支被整理者命名爲《別卦》的文獻①，清華簡《別卦》的每支竹簡上書寫八個易卦，這八個易卦的下卦次序與馬王堆帛書《周易》是一樣的。馬王堆帛書《周易》出土以後，一直有人認爲馬王堆帛書《周易》的卦序是漢代人的排列，但是，從清華簡《別卦》來看，這種卦序早在先秦就已經出現了。

帛書《周易》經的部分就文體總體形態來看，也是由六十四卦構成，每卦也是由卦畫、卦名、卦辭、爻題、爻辭構成。就每一卦的結構來看，

---

① 李學勤主編《清華大學藏戰國竹簡》（肆），第130頁。

與楚簡《周易》是一致的。但是，就全篇來看，帛書《周易》六十四卦的排列次序以及由此而構成的文體結構與楚簡《周易》完全不同。帛書《周易》六十四卦的文體結構是"父母六子"結構，全篇分爲八個部分，也就是把六十四卦分爲八組，每組八卦。這是一種與楚簡《周易》及傳世本《周易》不同的文體形態，是獨立於楚簡《周易》之外的另一個易學系統。《周易》的這一文體系統也有一個形成、發展的軌迹與過程，並形成獨立的文體譜系，我們將在下節對其展開討論。

第六節　帛書《易經》的文體譜系

帛書《周易》六十四卦的文體結構及易學體系與先秦古易學説相對應，在先秦就已經成形，在漢代又得到進一步發展，並在其後作爲一個獨立的易學文本體系及文體體系在中國易學史中流傳。

一　《説卦傳》與帛書《易經》的文體結構

《説卦傳》是傳世本《易傳》七種十篇中的一篇，其來源學界説法不一。最傳統的説法是司馬遷的説法，認爲是孔子所作。今人金景芳先生認爲是古易遺説。

金景芳説："我一向認爲，《説卦傳》首章舊《易》遺説。……我認爲從'天地定位'到'坤以藏之'是《歸藏》的遺説。'坤以藏之'的'藏'字，與下文'萬物之所歸也'的'歸'字，透露出'歸藏'一名的痕迹，所以説這一段是《歸藏》遺文。從'帝出乎震'到'然後能變化，既成萬物也'，我認爲是《連山》遺説。這段話強調'艮'，説'艮'是'萬物之所成終而所成始'，而《連山》首艮，因此可以斷定是《連山》遺説。"① 對於古易遺説爲什麼會在《説卦傳》中，金景芳先生作了進一步解釋："我認爲《説卦傳》是孔子爲《周易》作傳時，有意識地保留下來的《連山》

---

① 金景芳:《〈周易·繫辭傳〉新編詳解》後語，氏著《周易通解》，第196頁。

《歸藏》二易遺説。"①

"帝出乎震"章爲《連山》遺説的觀點歷史上就有。干寶《周禮注》引"帝出乎震，齊乎巽，相見乎離，致役乎坤，説言乎兑，戰乎乾，勞乎坎，成言乎艮"這段話時説："此《連山》之易也。"②羅泌《路史·發揮》也持同樣看法，③馬國瀚的輯本《連山》亦輯入了相關文字④。

之所以會出現《説卦傳》爲《連山》《歸藏》古易遺説的看法，是因爲《説卦傳》中提出了與《繫辭傳》不同的易學理論。我們知道，《繫辭傳》提出了"天地絪緼萬物化生"的世界生成模式，而《説卦傳》中提出的是"父母六子"世界生成變化模式。

《説卦傳》云："乾，天也，故稱乎父。坤，地也，故稱乎母。震一索而得男，故謂之長男。巽一索而得女，故謂之長女。坎再索而得男，故謂之中男。離再索而得女，故謂之中女。艮三索而得男，故謂之少男。兑三索而得女，故謂之少女。"⑤

所謂的"父母六子"，就是乾、坤爲父母，震、巽、坎、離、艮、兑爲六子。其中，震、坎、艮爲長、中、少三子，巽、離、兑爲長、中、少三女。

從帛書《周易》的抄寫情況來看，六十四卦是按照八組排列的：

　　第一組：鍵（乾）、婦（否）、掾（遯）、禮（履）、訟、同人、无孟（无妄）、狗（姤）

　　第二組：根（艮）、泰蓄（大畜）、剝（剥）、損、蒙、繁（賁）、頤、箇（蠱）

　　第三組：習贛（坎）、襦（需）、比、塞（蹇）、節、既濟、屯、井（井）

　　第四組：辰（震）、泰壯（大壯）、餘（豫）、少過（小過）、歸

① 金景芳：《〈周易·繫辭傳〉新編詳解》附録二，氏著《周易通解》，第202頁。
② （清）馬國瀚輯《玉函山房輯佚書》（一），第25頁。
③ （宋）羅泌：《路史》，四部備要本，第236頁。
④ （清）馬國瀚輯《玉函山房輯佚書》（一），第25頁。
⑤ （三國魏）王弼、（晉）韓康伯注，（唐）陸德明釋文《宋本周易》，第180頁。

妹、解、豐、恒

第五組：川（坤）、泰、嗛（謙）、林（臨）、師、明夷、復、登（升）

第六組：奪（兑）、夬、卒（萃）、欽（咸）、困、勒（革）、隋（隨）、泰過（大過）

第七組：羅（離）、大有、瀋（晉）、旅、乖（睽）、未濟、筮嗑（噬嗑）、鼎

第八組：筭（巽）、少藂（小畜）、觀、漸、中復（中孚）、渙、家人、益

這八組卦每組的第一卦分別是：乾、艮、坎、震、坤、兑、離、巽。其中，艮、坎、震爲少、中、長三子，兑、離、巽爲少、中、長三女。因此，這八組卦又可以分爲兩個部分，第一部分爲前四卦，由乾父領艮、坎、震三子組成，第二部分爲後四卦，由坤母領兑、離、巽三女組成。

上揭《説卦傳》“父母六子”的排列順序是：乾、坤、震、巽、坎、離、艮、兑。其中，乾父領三子的順序是震、坎、艮，三子順序是按照長、中、少的順序排列的；坤母領三女的順序是巽、離、兑，三女順序也是按照長、中、少的順序排列的。

帛書《周易》六十四卦三子三女排列順序是少、中、長，與上述《説卦傳》文字所説的排列順序正好相反。儘管如此，帛書《周易》六十四卦的文體結構與《説卦傳》“父母六子”説之間的聯繫還是明顯的。

二　清華簡《別卦》與帛書《易經》的文體結構

清華簡《別卦》是清華大學 2008 年入藏的一批戰國竹簡中的一篇，[①]《別卦》原無篇題，現篇題《別卦》爲整理者所加。根據清華簡整理報告公布的數據，清華簡《別卦》現存竹簡七支，每支竹簡長度大約 16 釐米，竹簡寬度大約 1.1 釐米，在每支竹簡的右側有兩個契口，應該有兩道

---

① 參見李學勤主編《清華大學藏戰國竹簡》（壹），前言。

編繩。這七支竹簡上抄寫的內容是易卦的卦名及卦畫，每支竹簡上部不留白，文字頂頭抄寫，依次抄寫卦畫和卦名。每支竹簡上分別抄寫七個卦畫及卦名，非常特別的是每支竹簡上抄寫的七個卦畫完全相同。七支竹簡上抄寫的卦名分別是：啚（否）、敊（遯）、頪（履）、訟、同人、亡孟、縣（繫）、大箸、僕（剝）、敽（損）、恾（蒙）、譶（賁）、顁（頤）、皷（蠱）、大寴、介（豫）、少辻、歸妹、纏（解）、鄷（豐）、恒、泰、謙、謢（臨）、帀（師）、亡旦、遆（復）、撜（升）、夬（夬）、罙（萃）、慾（咸）、困、惢（革）、愳（隨）、大辻、小又、懿（晉）、遮（旅）、儵（睽）、漗（濟）、燮（噬）、鼎（鼎）、小箸、觀、蔿（漸）、中、悤（渙）、嗹、莽（益）。① 一共四十九卦。

  每支竹簡上抄寫的卦畫都是相同的三畫卦，第一支竹簡上抄寫的卦畫是☰，第二支竹簡上抄寫的卦畫是☶，第三支竹簡上抄寫的卦畫是☳，第四支竹簡上抄寫的卦畫是☷，第五支竹簡上抄寫的卦畫是☱，第六支竹簡上抄寫的卦畫是☲，第七支竹簡上抄寫的卦畫是☴，這七個三畫卦的次序是乾、艮、震、坤、兑、離、巽。這裏書寫的七個三畫的易卦應當是這些易卦的上卦，也就是說它們並不是真正的三畫卦，而是六畫卦的簡略書寫方式，這些易卦的下卦實際上都被省略了。這七支竹簡每簡上抄寫七個卦畫及卦名，但實際上，每支簡上應該是八個易卦，每支簡上的上卦與其相同下卦組合而成的六畫卦被省略未抄寫。如第一簡上的乾卦，第二簡上的艮卦。如此，這七支竹簡上的易卦的下卦，按照從上到下的順序，應該分別是乾、坤、艮、兑、坎、離、震、巽。如果是這樣，那麼現存的這七支竹簡上應該是五十六個別卦，如果按照六十四卦之數計算，實際上缺少了八個別卦，本篇寫本應該是殘缺了一支竹簡。從現存的七支竹簡上的七個三畫卦來看，這支缺失的竹簡上抄寫的易卦的上卦應當是坎卦，按照現存這七支竹簡上抄寫的易卦來推定，缺失的八個別卦從上到下依次是需卦、比卦、蹇卦、節卦、坎卦、既濟卦、屯卦、井卦，其中的坎卦同樣會被省略不抄寫。可以看出，這七支簡書寫的易卦的下卦是按照一定規律

---

① 參見李學勤主編《清華大學藏戰國竹簡》（肆），第128~130頁。

排列的。

清華簡《別卦》也是八組卦，上卦的八個卦應該分別是乾、艮、坎、震、坤、兌、離、巽，下卦應該分別都是乾、坤、艮、兌、坎、離、震、巽，所以每組卦的第一卦應該分別是乾、艮、坎、震、坤、兌、離、巽。就是説，清華簡《別卦》也是父母六子的次序，並且三子三女的順序也是少、中、長，次序與馬王堆帛書《周易》六十四卦是一致的。

馬王堆帛書《周易》抄寫時間爲漢文帝中期，在公元前 180—前 170年。[①] 所以，過去有一種觀點認爲，馬王堆帛書《周易》六十四卦的文體結構形成比較晚，甚至有人認爲是漢代人的發明。但是，現在從清華簡《別卦》來看，馬王堆帛書《周易》六十四卦的卦序結構在戰國時期就已經存在了。可以肯定的是，清華簡《別卦》的卦序排列方式與傳世文獻《説卦傳》父母六子説之間存在密切關係。

三　帛書《易經》的文體結構與漢代京房的“八宮卦”

京房（公元前 77—前 37），西漢人，本姓李，字君明，推律自定爲京氏，師從焦延壽，著有《京氏易傳》。[②]

《京氏易傳》創立了“八宮卦”學説。京房在《京氏易傳》中把六十四卦按照乾、姤、遯、否、觀、剥、晉、大有、震、豫、解、恒、升、井、大過、隨、坎、節、屯、既濟、革、豐、明夷、師、艮、賁、大畜、損、睽、履、中孚、漸、坤、復、臨、泰、大壯、夬、需、比、巽、小畜、家人、益、無妄、噬嗑、頤、蠱、離、旅、鼎、未濟、蒙、涣、訟、同人、兌、困、萃、咸、蹇、謙、小過、歸妹的順序排列，每八卦一宮，共爲八宮。每宮第一卦分別是乾、震、坎、艮、坤、巽、離、兌，這實際上就是乾父領三子，坤母領三女。三子三女順序是長、中、少，與《説卦傳》順序相同，而與清華簡《別卦》及馬王堆帛書《周易》的順序不同。[③]

---

① 參見裘錫圭主編《長沙馬王堆漢墓簡帛集成》（叁），第 4 頁。

② 參見《四庫全書總目·京氏易傳提要》。

③ （漢）京房撰、（吳）陸續注《京氏易傳》，《四部叢刊》本。

京房"八宮卦"的創立，總體上應該受到《説卦傳》父母六子説的影響。從時間上看，馬王堆帛書《周易》抄寫時間在公元前180—前170年[①]，時間在京房出生一百年前。京房作爲一代易學大家，應該能够見到馬王堆帛書《周易》易學體系的相應文本。因此，"八宮卦"的創立還應該受到馬王堆帛書《周易》文體的影響。不過，京房的"八宮卦"與馬王堆帛書《周易》的體系貌似相似，實則已經發生了根本性的變化。

京房"八宮卦"每宮第一卦與清華簡《別卦》及馬王堆帛書《周易》八組卦每組第一卦的排列方式都來源於《説卦傳》的父母六子説。表面上看，其差別祇是三子三女順序不同，實則不然，京房"八宮卦"每宮第一卦（以下簡稱爲純卦）之後的七卦（以下簡稱爲"七別卦"）與馬王堆帛書《周易》每組第一卦之後的七卦相比是不同的。看上去二者有同有異，實則完全不同，因爲二者產生的方式在本質上是完全不同的。

首先我們探討一下清華簡《別卦》及馬王堆帛書《周易》每組卦中的"七別卦"的產生方式。

爲稱引方便，我們把馬王堆帛書《易經》每組卦中的純卦及七別卦逐錄如下（采用寬式釋文，使用通行卦名）：

第一組：乾、否、遯、履、訟、同人、无妄、姤

第二組：艮、大畜、剥、損、蒙、賁、頤、蠱

第三組：坎、需、比、蹇、節、既濟、屯、井

第四組：震、大壯、豫、小過、歸妹、解、豐、恒

第五組：坤、泰、謙、臨、師、明夷、復、升

第六組：兑、夬、萃、咸、困、革、隨、大過

第七組：離、大有、晉、旅、睽、未濟、噬嗑、鼎

第八組：巽、小畜、觀、漸、中孚、渙、家人、益

通過觀察，我們發現，每組卦的上卦分別是乾、艮、坎、震、坤、

---

① 參見裘錫圭主編《長沙馬王堆漢墓簡帛集成》（叁），第4頁。

兑、離、巽，這來源於《説卦傳》父母六子説，不再贅述。

再來看每組卦的下卦。第一組卦的下卦是乾、坤、艮、兑、坎、離、震、巽；第二組卦的下卦是艮、乾、坤、兑、坎、離、震、巽；第三組卦的下卦是坎、乾、坤、艮、兑、離、震、巽；第四組卦的下卦是震、乾、坤、艮、兑、坎、離、巽；第五組卦的下卦是坤、乾、艮、兑、坎、離、震、巽；第六組卦的下卦是兑、乾、坤、艮、離、震、巽；第七組卦的下卦是離、乾、坤、艮、兑、坎、震、巽；第八組卦的下卦是巽、乾、坤、艮、兑、坎、離、震。這八組卦的下卦實際上都分別是乾、坤、艮、兑、坎、離、震、巽，其中的變化在於，當與上卦乾、艮、坎、震、坤、兑、離、巽八純卦組合時，把下卦中與純卦相同的卦與純卦組合，其餘下卦七卦再分別與上卦組合，並生成所在組的"七別卦"。

這樣一種生成"七別卦"的方式，實際上也來源於《説卦傳》。

《説卦傳》云："天地定位，山澤通氣，雷風相薄，水火不相射，八卦相錯。數往者順，知來者逆，是故易逆數也。"這段話中八卦排列順序是乾、坤、艮、兑、震、巽、坎、離。

《説卦傳》這段話，帛書易傳《衷》作："天地定立（位），山澤〔通氣〕，火水相射，靁（雷）風相薄（薄），八卦相盾（盾—錯）。數往者順，知來者逆，故《易》達數也。"[1]八卦排列順序是乾、坤、艮、兑、離、坎、震、巽。很明顯，帛書《周易》每組卦下卦的順序來源於此，祇是離坎的順序作坎離而已。

這樣一種生成"七別卦"的方式，就是《説卦傳》所説的"八卦相錯"。"八卦相錯"，就是按照上卦爲乾、艮、坎、震、坤、兑、離、巽的順序，下卦爲乾、坤、艮、兑、坎、離、震、巽的順序，兩兩組合，從而生成六十四卦。

爲了便於比較及稱引方便，現將京房"八宮卦"分宮迻録如下：

（1）乾、姤、遯、否、觀、剥、晉、大有

---

[1]　參見裘錫圭主編《長沙馬王堆漢墓簡帛集成》（叁），第97頁。

（2）震、豫、解、恒、升、井、大過、隨

（3）坎、節、屯、既濟、革、豐、明夷、師

（4）艮、賁、大畜、損、睽、履、中孚、漸

（5）坤、復、臨、泰、大壯、夬、需、比

（6）巽、小畜、家人、益、無妄、噬嗑、頤、蠱

（7）離、旅、鼎、未濟、蒙、渙、訟、同人

（8）兌、困、萃、咸、蹇、謙、小過、歸妹

通過觀察，同樣可以發現，京房“八宮卦”每組卦的上卦並不像帛書《周易》一樣都分別是乾、震、坎、艮、坤、巽、離、兌。

八宮卦，乾宮每卦的上卦分別是乾、乾、乾、乾、巽、艮、離、離；震宮每卦的上卦分別是震、震、震、震、坤、坎、兌、兌；坎宮每卦的上卦分別是坎、坎、坎、坎、兌、震、坤、坤；艮宮每卦的上卦分別是艮、艮、艮、艮、離、乾、巽、巽；坤宮每卦的上卦分別是坤、坤、坤、坤、震、兌、坎、坎；巽宮每卦的上卦分別是巽、巽、巽、巽、乾、離、艮、艮；離宮每卦的上卦分別是離、離、離、離、艮、巽、乾、乾；兌宮每卦的上卦分別是兌、兌、兌、兌、坎、坤、震、震。

再來看每宮卦的下卦。京房“八宮卦”每組卦的下卦也不像帛書《周易》一樣都分別是乾、坤、艮、兌、坎、離、震、巽。

乾宮每卦的下卦分別是乾、巽、艮、坤、坤、坤、坤、乾；震宮每卦的下卦分別是震、坤、坎、巽、巽、巽、巽、震；坎宮每卦的下卦分別是坎、兌、震、離、離、離、離、坎；艮宮每卦的下卦分別是艮、離、乾、兌、兌、兌、兌、艮；坤宮每卦的下卦分別是坤、震、兌、乾、乾、乾、乾、坤；巽宮每卦的下卦分別是巽、乾、離、震、震、震、震、巽；離宮每卦的下卦分別是離、艮、巽、坎、坎、坎、坎、離；兌宮每卦的下卦分別是兌、坎、坤、艮、艮、艮、艮、兌。

京房“八宮卦”中的八個純卦，即每宮首卦乾、震、坎、艮、坤、巽、離、兌之序取自《説卦傳》父母六子説，而每宮中的“七別卦”則是按照京房創制的一種特殊卦變方法生成的。

　　《四庫全書總目·京氏易傳提要》云："以八卦分八宫，每宫一純卦統七變卦，而注其世應、飛伏、游魂、歸魂諸例。"[①]

　　《京房易傳》卷下云："孔子云：'易有四易，一世二世爲地易，三世四世爲人易，五世六世爲天易，游魂歸魂爲鬼易'。"[②]

　　京房假託孔子之名來說明他的八宫卦的生成變化規則。具體規則如下：每宫以一個純卦爲統領，其他七卦都是從這個純卦變化而來。從純卦的初爻開始變化，變初爻生成一世卦，變至二爻，生成二世卦，變至三爻，生成三世卦；變至四爻，生成四世卦，變至五爻生成五世卦。變至五爻不再向上變了，而是返回來再變化第四爻，生成游魂卦，然後再把以下三爻、二爻和初爻全變回歸本宫，生成歸魂卦。六世卦也稱爲上世卦，就是把本宫純卦六爻皆變而生成的。比如，乾宫純卦是乾，初爻變，生成一世卦姤，變至二爻，生成二世卦遯，變至三爻，生成三世卦否，變至四爻，生成四世卦觀，變至五爻，生成五世卦剥，返回再變四爻，生成游魂卦晉，再變以下三爻，生成歸魂卦大有。本宫乾卦六爻皆變，生成六世卦坤。京房把其中的坤與剥稱爲天易，把姤與遯稱爲地易，把否與觀稱爲人易，把晉與大有稱爲鬼易。

　　綜上，京房"八宫卦"的文體結構與馬王堆帛書《周易》的文體結構實際上是根本不同的。不僅如此，二者在功能上也是不同的。從馬王堆帛書《周易》的文體結構來源於《説卦傳》來看，其文體功能並非完全用於筮占，而是有明確的易理蘊涵。京房"八宫卦"的文體功能則主要用於筮占。京房把"八宫卦"與納甲、二十四候等結合起來用於筮占，對後世卜筮影響深遠。其已完全遠離文王、周公及孔子開創的新易學。《四庫全書總目提要》説："陸德明《經典釋文》乃於《周易》六十四卦之下悉注某宫一世、二世、三世、四世、游魂、歸魂諸名，引而附合於經義，誤之甚矣。"[③]這一批評是公允的。

---

①　四庫全書整理所整理《欽定四庫全書總目》，第 1436 頁。

②　（漢）京房撰、（吴）陸續注《京氏易傳》，《四部叢刊》本。

③　四庫全書整理所整理《欽定四庫全書總目》，第 1436 頁。

第七節　帛書《易傳》的文體形態與文體譜系

帛書《易傳》一共有六篇，大部分不在今本《易傳》七種十篇之中。這些《易傳》是何時產生的，其基本文體形態如何，其流變譜系如何，這些問題的解決，對於認識先秦易學史具有重要意義。

一　帛書《易傳》的文體形態

帛書《易傳》，1973 年 12 月在湖南長沙馬王堆三號漢墓出土。本篇寫本與其他帛書放置於"東邊箱的 57 號長方形漆奩的下層"[①]。

馬王堆帛書易傳寫本一共有六篇，這六篇易傳寫本分別是《二三子問》《繫辭》《衷》《要》《繆和》和《昭力》。《二三子問》篇原無篇題，現篇題爲整理者所加，本篇寫本與六十四卦抄寫在同一幅帛上，《繫辭》《衷》《要》《繆和》和《昭力》五篇寫本抄寫在另一幅帛上，其中，《繫辭》篇的篇題殘泐，《衷》《要》《繆和》和《昭力》四篇寫本的篇題都是原有篇題。不過，馬王堆帛書的原整理者整理時沒有發現《衷》的篇題，而將其命名爲《易之義》，但後來發現本篇帛書原有篇題爲《衷》，現已改稱爲《衷》。

《二三子問》接抄在六十四卦後面，一共抄寫 36 行（94—129 行）。現篇題《二三子問》爲整理者據寫本內容擬定，這篇帛書易傳的文體體式是對話體，是孔子與弟子關於《周易》的問答，通觀本篇易傳，孔子與弟子之間的問答，涉及乾、坤、謙、豫、恒、蹇、艮、豐等卦。

目前，帛書《繫辭》有陳松長、張政烺、于豪亮、廖名春等四家釋文，各家釋文存在一定差別，其中最大的一個差別是于豪亮的釋文把《易之義》作爲《繫辭》的一部分合編在《繫辭》的後面。[②]帛書《繫辭》與

---

① 湖南省博物館、中國科學院考古研究所：《長沙馬王堆二、三號漢墓發掘簡報》，《文物》1974 年第 7 期，第 42~43 頁。

② 參見于豪亮《帛書〈周易〉》，《文物》1984 年第 3 期。又，《于豪亮著作二種·馬王堆帛書〈周易〉釋文校注》，第 125~127 頁。

傳世本相比差別不大，祇是比傳世本少了一部分内容。

《衷》（舊題《易之義》）接抄在《繫辭》後面，其一部分内容見於傳世本《說卦傳》及《繫辭傳》，本篇易傳突出陰陽、剛柔等易學範疇和思想。馬王堆帛書易傳《衷》的一部分内容與傳世本《説卦》前三章的内容大致相合，但是二者存在一定的區別，其中，最大的同時也是最主要的區別有兩個：一個是傳世本《説卦傳》"水火不相射"一句，馬王堆帛書易傳《衷》作"火水相射"；一個是所謂先天八卦的次序不同，傳世本《説卦傳》所講的先天八卦的次序是乾、坤、艮、兑、震、巽、坎、離，馬王堆帛書易傳《衷》所講的先天八卦次序是乾、坤、艮、兑、坎、離、震、巽。值得注意的是，馬王堆帛書易傳《衷》所講的先天八卦次序恰好與帛書《周易》六十四卦下卦次序相合。

馬王堆帛書易傳《要》的篇題寫在該篇寫本的篇尾，篇尾還記有該篇寫本的字數 1648 字。馬王堆帛書寫本易傳《要》的一部分内容見於今本《繫辭傳》，但還有一些内容不見於傳世文獻，其中最重要當屬孔子解釋自己爲何老而好易這一部分内容了。

馬王堆帛書易傳《繆和》篇的文體體式屬於對話體，所記爲繆和與先生的問答，繆和與先生問答的主要内容是闡釋《周易》的涣、困、謙、豐、屯、蒙、中孚、歸妹、復、訟、恒、坤、比、益、睽、明夷、觀等卦的卦爻辭。

馬王堆帛書易傳《昭力》篇的文體體式也是對話體，所記爲昭力與先生的問答。昭力與先生問答的主要内容是闡釋《周易》的師、大畜、比、泰、乾等卦的卦爻辭。

馬王堆帛書《繆和》和《昭力》兩篇易傳寫本，分別記繆和、昭力與先生的對話，繆和、昭力提問，但是，我們看到，在兩篇易傳中回答的並不是"先生"，而是以"子曰"領起。關於篇中的"先生"爲何人，目前學術界並没有達成一致意見，有的意見認爲文中的"先生"是傳易的經師，有的意見認爲文中的"先生"就是孔子，還有一種意見認爲文中的"先生"不知爲何人。

馬王堆帛書《周易》的出土對於思想史、易學史及書籍史等方面的研究都具有非常重要的學術意義。從易學史來看，馬王堆帛書《周易》對於《周易》經傳研究都具有重要意義。

首先，從《周易》經的文本研究方面來看，《周禮》講到《連山》《歸藏》《周易》三易。但是，《連山》《歸藏》早已亡佚，僅有少量輯佚文字，因此，在馬王堆帛書《周易》寫本出土前，世人從來沒有見到一個與傳世王弼注本有很大區別的《周易》文本，漢代京房的八宮卦、孟喜卦氣等卦序排列方式，雖然與傳世王弼注本《周易》不同，但是，這種用於筮占的卦序，實際上並不是易學史的主流卦序，傳世王弼注本《周易》的卦序一直是易學史的主流卦序。然而，馬王堆帛書《周易》的六十四卦排列方式，不僅與傳世王弼注本《周易》的卦序不同，而且與京房的八宮卦卦序也不同，這種卦序却來源於傳世文獻《説卦傳》。因此，馬王堆帛書《周易》的出土，爲研究《周易》經的文本形態及源流譜系提供了新的材料。

其次，從《周易》傳的研究來看，傳世王弼注本《周易》存有先秦易傳，一共是七種十篇。由於這十篇易傳來自先秦，而且又與孔子關係密切，相傳爲孔子所作，因此，漢代以後，這十篇易傳甚至逐步獲得與經同等的地位。漢代司馬遷云："先人有言：'自周公卒五百歲而有孔子。孔子卒後至於今五百歲，有能紹明世，正易傳，繼《春秋》，本《詩》《書》《禮》《樂》之際？'意在斯乎！意在斯乎！小子何敢讓焉。"[①] 在這段話裏，司馬遷爲自己提出的使命有"正易傳，繼《春秋》"。"繼《春秋》"應該是指他寫作《史記》，但是"正易傳"指的是什麼呢？後世幾乎無人探討。馬王堆帛書《周易》的出土，爲我們探究司馬遷的"正易傳"提供了新契機。馬王堆帛書《周易》寫本不僅有與傳世王弼注本《周易》不同的經文，而且還有多篇與傳世《易傳》不同的易傳寫本，這些易傳寫本包括《繫辭》和《二三子問》《衷》《要》《繆和》《昭力》五篇佚書。其中，《繆和》和《昭力》兩篇易傳寫本的內容全部不見於傳世文獻，《繫辭》雖然見於傳世本《繫辭傳》，但有很多不同，《衷》篇寫本易傳的部分內容見

---

① （漢）司馬遷撰、（宋）裴駰集解、（唐）司馬貞索隱、（唐）張守節正義《史記》，第 10 册，第 3296 頁。

於傳世本《說卦傳》和傳世本《繫辭傳》，帛書《要》篇寫本易傳的部分內容見於傳世本《繫辭傳》。我們仔細觀察馬王堆帛書《周易》的這六篇易傳，就會發現，其中《繫辭》及《衷》《要》三篇寫本易傳的內容較爲雜亂，由此可以看出，在漢代，易傳文本確實較爲混亂，司馬遷的"正易傳"應該與這種情況有關，"正易傳"應該是指"正易傳之亂"。

再次，從一些專題易學問題研究來看，馬王堆帛書《周易》當然具有更重要的意義。比如，傳世本易傳七種十篇的作者問題，從漢代開始一直認爲是孔子作的，但是，到了宋代，開始有人懷疑，歐陽修就曾經提出反對意見，現在，易傳非孔子作，幾乎成了學術界的主流觀點。然而，馬王堆帛書《周易》的出土，爲我們研究孔子與易傳的關係提供了新材料。我們看到，馬王堆帛書易傳的《二三子問》《要》等篇多記孔子與弟子關於《周易》的問答，《繆和》和《昭力》兩篇以"子曰"回答學生關於《周易》的提問，《要》篇寫本易傳甚至明確記載了孔子解釋自己爲何老而好易，並且進一步說明自己的易學與史巫之間的區別。通過這些新材料，我們不難發現孔子與易傳之間的緊密關係。如果我們把馬王堆帛書易傳中孔子的易學思想與傳世本七種十篇易傳中相關思想進行對比，就會發現二者大多是相合或相近的，這無疑爲孔子作易傳之說提供了有力證據。

最後，從易學的傳播來看，馬王堆帛書《周易》出土於楚國舊地，不難看出易學在楚國的興盛與發達，同時也說明楚國在易學承傳中的重要地位。

從文體上來看，帛書《二三子問》《繫辭》《衷》《要》《繆和》《昭力》六篇易傳，都屬於劉勰所說的論體中的經傳體。從各篇易傳來看，每篇之間在文體上又有個體差異。其中《二三子問》《繆和》《昭力》三篇爲對話體，《繫辭》《衷》《要》三篇爲論述體，其間多引孔子的話。對話體易傳不見於今本易傳，論述體易傳與今本《繫辭》《說卦》文體相似，並且有一些內容與今本《繫辭》《說卦》相同。通過《二三子問》《繆和》《昭力》三篇易傳，我們看到了先秦易傳在文體上的多樣性，通過《繫辭》《衷》《要》三篇易傳，我們看到了先秦易傳文本的豐富性。這些爲我們探討易傳的文體譜系提供了新的材料。

二　帛書《易傳》的文體譜系

傳世先秦文獻裏，除了《易傳》七種十篇，論《易》的文獻並不是很多。因此，長期以來人們一直認爲易傳祇有七種十篇，而且對於今本七種十篇《易傳》的作者及創作年代又存有很大爭議。因此，易傳的譜系研究一直很難有突破性進展。地不愛寶，如今包括馬王堆帛書《周易》在內的出土材料不斷涌現，這爲我們重新審視易傳形成及發展譜系提供了新的契機。

從傳世先秦文獻裏，我們可以看到諸家論《易》的情況。《管子》不談《易》，《韓非子》也不談《易》。《莊子》兩次出現《易》。《莊子·天運》："孔子謂老聃曰：'丘治《詩》《書》《禮》《樂》《易》《春秋》六經，自以爲久矣，孰知其故矣。'"①《莊子·天下篇》："其在於《詩》《書》《禮》《樂》者，鄒魯之士、搢紳先生多能明之。《詩》以道志，《書》以道事，《禮》以道行，《樂》以道和，《易》以道陰陽，《春秋》以道名分。其數散於天下而設於中國者，百家之學時或稱而道之。"②

《荀子》四次出現《易》：

> 凡言不合先王，不順禮義，謂之姦言；雖辯，君子不聽。法先王，順禮義，黨學者，然而不好言，不樂言，則必非誠士也。故君子之於言也，志好之，行安之，樂言之，故君子必辯。凡人莫不好言其所善，而君子爲甚。故贈人以言，重於金石珠玉；觀人以言，美於黼黻文章；聽人以言，樂於鍾鼓琴瑟。故君子之於言無厭。鄙夫反是：好其實不恤其文，是以終身不免埤汙傭俗。故易曰："括囊無咎無譽。"腐儒之謂也。（《非相》）③
>
> 易之咸，見夫婦。（《大略》）④
>
> 下臣事君以貨，中臣事君以身，上臣事君以人。易曰："復自道，

① （清）王先謙集解《莊子》，方勇點校，第173頁。
② （清）王先謙集解《莊子》，方勇點校，第391頁。
③ （戰國）荀況撰、（唐）楊倞注《宋本荀子》（一），第117~119頁。
④ （戰國）荀況撰、（唐）楊倞注《宋本荀子》（四），第133頁。

何其咎？”春秋賢穆公，以爲能變也。（《大略》）①

　　不足於行者，説過；不足於信者，誠言。故《春秋》善胥命，而《詩》非屢盟，其心一也。善爲《詩》者不説，善爲《易》者不占，善爲《禮》者不相，其心同也。（《大略》）②

《禮記》引《易》一共七次，論《易》兩次。引《易》：

　　《易》曰：“君子慎始。差若豪氂，繆以千里。”此之謂也。（《經解》）③

　　子云：“敬則用祭器。故君子不以菲廢禮，不以美没禮。故食禮：主人親饋，則客祭；主人不親饋，則客不祭。故君子苟無禮，雖美不食焉。《易》曰：‘東鄰殺牛，不如西鄰之禴祭，實受其福。’《詩》云：‘既醉以酒，既飽以德。’以此示民，民猶爭利而忘義。”（《坊記》）④

　　子云：“禮之先幣帛也，欲民之先事而後禄也。先財而後禮，則民利；無辭而行情，則民爭。故君子於有饋者，弗能見則不視其饋。《易》曰：‘不耕穫，不菑畬，凶。’以此坊民，民猶貴禄而賤行。”（《坊記》）⑤

　　子曰：“無辭不相接也，無禮不相見也；欲民之毋相褻也。《易》曰：‘初筮告，再三瀆，瀆則不告。’”（《表記》）⑥

　　子曰：“事君大言入則望大利，小言入則望小利；故君子不以小言受大禄，不以大言受小禄。《易》曰：‘不家食，吉。’”（《表記》）⑦

　　子曰：“事君，軍旅不辟難，朝廷不辭賤；處其位而不履其事則亂也。故君使其臣得志，則慎慮而從之；否，則孰慮而從之。終事而

---

① （戰國）荀況撰、（唐）楊倞注《宋本荀子》（四）第136頁。
② （戰國）荀況撰、（唐）楊倞注《宋本荀子》（四），第150頁。
③ （漢）鄭玄注、（唐）陸德明釋文《宋本禮記》（四），第5頁。
④ （漢）鄭玄注、（唐）陸德明釋文《宋本禮記》（四），第32~33頁。
⑤ （漢）鄭玄注、（唐）陸德明釋文《宋本禮記》（四），第36頁。
⑥ （漢）鄭玄注、（唐）陸德明釋文《宋本禮記》（四），第70~71頁。
⑦ （漢）鄭玄注、（唐）陸德明釋文《宋本禮記》（四），第82頁。

退，臣之厚也。《易》曰：'不事王侯，高尚其事。'"（《表記》）①

制十有二幅，以應十有二月，袂圜以應規，曲袷如矩以應方，負繩及踝以應直，下齊如權、衡以應平。故規者，行舉手以爲容，負繩、抱方者，以直其政，方其義也。故《易》曰："坤，六二之動，直以方也。"下齊如權、衡者，以安志而平心也。五法已施，故聖人服之。故規、矩取其無私，繩取其直，權、衡取其平，故先王貴之。故可以爲文，可以爲武，可以擯、相，可以治軍旅。完且弗費，善衣之次也。（《深衣》）②

我們看到，《荀子》和《禮記》都有對《易》的引用，引用實際上也是一種闡釋，引用是把《易》看作包含義理的文本，否則是不能引用的。《禮記》論《易》兩次（含一次既引又論）：

孔子曰："入其國，其教可知也。其爲人也，溫柔敦厚，《詩》教也；疏通知遠，《書》教也；廣博易良，《樂》教也；絜靜精微，《易》教也；恭儉莊敬，《禮》教也；屬辭比事，《春秋》教也。故《詩》之失，愚；《書》之失，誣；《樂》之失，奢；《易》之失，賊；《禮》之失，煩；《春秋》之失，亂。其爲人也，溫柔敦厚而不愚，則深於《詩》者也；疏通知遠而不誣，則深於《書》者也；廣博易良而不奢，則深於《樂》者也；絜靜精微而不賊，則深於《易》者也；恭儉莊敬而不煩，則深於《禮》者也；屬辭比事而不亂，則深於《春秋》者也。"（《經解》）③

子曰："南人有言曰：'人而無恒，不可以爲卜筮。'古之遺言與？龜筮猶不能知也，而況於人乎？詩云：'我龜既厭，不我告猶。'《兑命》曰：'爵無及惡德，民立而正事。''純而祭祀，是爲不敬；事煩則亂，事神則難。'《易》曰：'不恒其德，或承之羞。恒其德，偵，婦人

① （漢）鄭玄注、（唐）陸德明釋文《宋本禮記》（四），第84頁。
② （漢）鄭玄注、（唐）陸德明釋文《宋本禮記》（四），第129~130頁。
③ （漢）鄭玄注、（唐）陸德明釋文《宋本禮記》（四），第1~2頁。

吉，夫子凶。'"（《緇衣》）①

《論語》中出現兩次：

> 子曰："加我數年，五十以學易，可以無大過矣。"（《述而》）②
> 子曰："南人有言曰：'人而無恒，不可以作巫醫。'善夫！'不恒其德，或承之羞。'"子曰："不占而已矣。"（《子路》）③

《孔子家語》中記載孔子論《易》一共四次：

> 孔子常自筮其卦，得賁焉，愀然有不平之狀。子張進曰："師聞卜者得賁卦，吉也，而夫子之色有不平，何也?"孔子對曰："以其離耶！在《周易》，山下有火謂之賁，非正色之卦也。夫質也，黑白宜正焉，今得賁，非吾兆也。吾聞丹漆不文，白玉不雕，何也? 質有餘不受飾故也。"（《好生》）④
> 孔子讀《易》至於損、益，喟然而嘆。子夏避席問曰："夫子何歎焉?"孔子曰："夫自損者必有益之，自益者必有決之，吾是以歎也。"子夏曰："然則學者不可以益乎?"子曰："非道益之謂也。道彌益而身彌損。夫學者損其自多，以虛受人，故能成其滿博哉。天道成而必變，凡持滿而能久者，未嘗有也。故曰：'自賢者，天下之善言不得聞於耳矣。'昔堯治天下之位，猶允恭以持之，克讓以接下，是以千歲而益盛，迄今而逾彰；夏桀昆吾，自滿而極，亢意而不節，斬刈黎民如草芥焉，天下討之，如誅匹夫，是以千載而惡著，迄今而不滅。觀此，如行則讓長，不疾先，如在輿遇三人則下之，遇二人則式之，調其盈虛，不令自滿，所以能久也。"子夏曰："商請志之，而終

---

① （漢）鄭玄注、（唐）陸德明釋文《宋本禮記》（四），第101~102頁。
② （宋）朱熹集注《宋本論語集注》（二），第25頁。
③ （宋）朱熹集注《宋本論語集注》（三），第136~137頁。
④ 楊朝明注說《孔子家語》，第137頁。

身奉行焉。"（《六本》）①

孔子曰："入其國，其教可知也。其爲人也，温柔敦厚，《詩》教也；疏通知遠，《書》教也；廣博易良，《樂》教也；潔静精微，《易》教也；恭儉莊敬，《禮》教也；屬辭比事，《春秋》教也。故《詩》之失愚，《書》之失誣，《樂》之失奢，《易》之失賊，《禮》之失煩，《春秋》之失亂。"（《問玉》）②

齊太史子與適魯，見孔子，孔子與之言道。……遂退而謂南宫敬叔曰："今孔子先聖之嗣，自弗父何以來，世有德讓，天所祚也。成湯以武德王天下，其配在文，殷宗以下，未始有也。孔子生於衰周，先王典籍，錯亂無紀，而乃論百家之遺記，考正其義，祖述堯舜，憲章文武，删《詩》述《書》，定《禮》理《樂》，制作《春秋》，讚明《易》道，垂訓後嗣，以爲法式，其文德著矣。"（《本姓解》）③

從比較中可以看到，先秦諸子百家，談論《易》最多的是儒家，儒家之中，最多的是孔子。這説明了一個基本事實，《易傳》與儒家關係密切，儒家之中又與孔子關係最爲密切。因此，《易傳》的譜系溯源可以上溯到孔子及其弟子。

《史記·孔子世家》云："孔子晚而喜《易》，序《彖》、《繫》、《象》、《説卦》、《文言》。讀《易》，韋編三絶。曰：'假我數年，若是，我於《易》則彬彬矣。'"④ 按照司馬遷的講法，今本《易傳》七種十篇爲孔子所作，宋代以後，多有人懷疑司馬遷的説法。但是，帛書易傳的出土，關於孔子與《周易》的關係却要重新審視。

馬王堆帛書六篇易傳的内容都與孔子有關。《二三子問》記載的是孔子與幾個弟子關於《易》的問答。孔子弟子們針對《周易》一些卦的卦爻辭提出問題，孔子作出解答。涉及乾、坤、謙、豫、恒、蹇、艮、豐等

---

① 楊朝明注説《孔子家語》，第175~176頁。
② 楊朝明注説《孔子家語》，第285頁。
③ 楊朝明注説《孔子家語》，第311~312頁。
④ （漢）司馬遷撰、（宋）裴駰集解、（唐）司馬貞索隱、（唐）張守節正義《史記》，第6冊，第1937頁。

卦，從孔子的闡述來看，更注重義理，而不是象數。孔子對以上各卦卦爻辭的解釋，與今本易傳的相關解釋非常接近。帛書《繫辭》與今本大致相同，多次引用孔子的話，在此就不做更多分析了。《衷》的部分内容見於今本《説卦》和《繫辭》，我們也不做分析了。

《要》部分内容見於今本《繫辭》。還有一些内容不見於今本易傳，但非常重要，因爲這部分内容是孔子解釋自己爲何老而好易，以及他的易學與史巫易學的根本區别的。

《繆和》篇是繆和與先生的問對，由繆和向先生提問，却以子曰對答。主要内容是闡釋卦爻辭，涉及渙、困、謙、豐、屯、蒙、中孚、歸妹、復、訟、恒、坤、比、益、睽、明夷、觀諸卦。

《昭力》篇是昭力與先生的問對，由昭力向先生提問，也是以子曰對答，主要内容也是闡釋卦爻辭，涉及師、大畜、比、泰、乾諸卦。

《繆和》和《昭力》兩篇中先生的回答都是以"子曰"領起，可見這兩篇文獻與孔子的關聯。

馬王堆漢墓的六篇帛書《易傳》與今本易傳是什麼關係，其源頭又在哪裏呢？

我們先來看一看六篇帛書《易傳》與今本易傳的關係。

首先是《二三子問》。我們認爲《二三子問》是對孔子易學傳授的記録，在某個時候由孔子弟子彙編成書，性質與《論語》相似。

《繆和》和《昭力》兩篇則是孔子一脈易學傳承人的作品，應該是再傳弟子甚至是再傳弟子的弟子的作品。《繆和》和《昭力》篇中由繆和和昭力向先生提問，却以子曰作答。帛書《易傳》出土後，學界對此提出不同解讀。有人認爲篇中的先生就是孔子，有人認爲不是孔子而是經師，也有人認爲無法斷定先生爲何人。我們認爲，篇中的先生肯定不是孔子，而是孔子一脈易學傳承人，他對學生的提問肯定也有自己的回答，同時還用孔子的話來回答。估計已經距離孔子幾代了，他的回答已經不是很經典了，所以並没有得到記録，而祇是記録了孔子的話。《繆和》和《昭力》兩篇應該是由這兩個人編輯寫定。從《繆和》和《昭力》篇中的"先生"還掌握那麼多孔子論易的資料來看，應該不是入漢以後的人，而應該是戰國中後期的人。

我們再看看《繫辭》、《衷》和《要》三篇帛書易傳。

帛書《繫辭》與今本基本相同，區別比較小，祇是比今本少了一部分内容。《衷》抄寫在《繫辭》之後，其一部分内容見於今本《説卦傳》和《繫辭傳》，其中見於今本《説卦傳》前三章的内容，與今本有異文。上文已經講到，此不贅述。《要》篇的一部分内容見於今本《繫辭傳》，此外，還有孔子解釋自己爲何老而好易、自己的易學與史巫易學的區別等内容不見於今本易傳。

如何看待這三篇帛書易傳與今本易傳的關係呢？我們認爲，這三篇帛書易傳與今本《繫辭傳》《説卦傳》互有異同，應該是易傳在漢代的不同傳本。在漢代，易傳不僅有不同的傳本，而且還比較混亂。因此，司馬遷纔發誓要“正易傳”。

今本易傳與帛書易傳都可以上溯到孔子，這是不爭的事實。從孔子是不是還可以向前追溯呢？我們認爲，詩書禮樂都可以上溯到西周官學，但是從文獻記載來看，按照《周禮》所記，三易掌於太卜，西周官學並不包括《易》學。孔子的易學應該是他獨自創建的，但也有學者認爲《説卦》爲《連山》《歸藏》二易遺説，孔子易學的創建當然會受到《連山》《歸藏》二易遺説的影響。

第二章　書類簡帛文獻的文體形態
及文體譜系

　　清華大學藏戰國楚簡中有多篇《尚書》類文獻（簡稱書類文獻），這是此前出土戰國簡中未曾見到的。大家知道，傳世《尚書》文獻有今古文之分，古文《尚書》已被證明是僞書，真正的古文《尚書》今人未曾見到。由於傳世《尚書》文獻數量有限，因此對書類文獻的文體形態及文體譜系研究一直受到限制。清華簡書類文獻的發現，不僅爲我們深入研究書類文獻的文體形態及文體譜系提供了豐富的第一手古文《尚書》材料，而且使《尚書》學中的一些相關問題也會得到深入探討，甚至得到解決。

第一節　書類簡帛文獻的文體形態

　　清華楚簡中有《尹至》《尹誥》《程寤》《保訓》《耆夜》《周武王有疾周公所自以代王之志》《皇門》《祭公之顧命》《説命》等多篇書類文獻，其在文體上屬於《尚書》類文體，與傳世今文《尚書》相比，在體裁上互有不同，由於清華簡書類文獻是戰國早中期寫本，保留了書類文獻更多的原始信息，因此，對於認識書類文獻的原始文體形態意義重大。

一　清華簡《尹至》的文體形態

　　《尹至》是清華大學 2008 年入藏的戰國竹簡中的一篇。"本篇竹簡共 5 支，簡長 45 釐米，三道編。滿簡書寫 29 至 32 字。原無篇題，現據篇首

'惟尹自夏徂亳，逯至在湯'句試擬。"①抄寫《尹至》的 5 支竹簡的簡背記有竹簡次序編號，5 支竹簡上一共抄寫文字 153 個，其中有一個字漫漶，無法識讀，還有兩個重文符號，一個合文符號。"簡文記述伊尹自夏至商，向湯陳説夏君虐政，民衆疾苦的狀況，以及天現異象時民衆的意願趨向，湯和伊尹盟誓，征伐不服，終於滅夏。"②

有學者撰文指出《尹至》有可能就是百篇《尚書》中的《疑至》。③從清華簡《尹至》的内容以及傳世相關文獻來看，清華簡《尹至》是不是《尚書》存目中的《疑至》，還難以確定。但是，清華簡《尹至》文體體式與傳世今文《尚書》非常接近。另外，清華簡《尹至》寫本中有部分語句與傳世《尚書》文本相似，例如，清華簡《尹至》中有"湯曰格""余及汝皆亡""越今旬日""其如台""兹乃"等句式，這些句式在傳世《尚書》中都可以找到相同或相似的表達。通過比較，我們可以看出，清華簡《尹至》確實屬於書類文獻，甚至可以推斷其就是《尚書》佚篇。

《孟子·告子下》："五就湯，五就桀者，伊尹也。"趙岐注："伊尹爲湯見貢於桀，不用，而歸湯。湯復貢之，如是者五。"④《史記·殷本紀》："湯舉任以國政。伊尹去湯適夏。既醜有夏，復歸于亳。"⑤《書序》作："伊尹去亳適夏，既醜有夏，復歸于亳。"⑥

清華簡《尹至》寫本是商書逸篇，記載夏末商初史事，這無疑爲我們研究這段歷史及伊尹等相關歷史人物提供了新史料，同時，也爲我們研究《尚書》的早期文本形態及文體體式提供了重要材料。

從文體形態上來看，清華簡《尹至》言事兼記，篇幅上記言文字略多於記事。但是從記事情節上看，却多於記言。開篇交代伊尹自夏徂亳，來到商湯處，商湯慰問他，這是記事。接下來便是商湯和伊尹的對話。然

---

① 李學勤主編《清華大學藏戰國竹簡》（壹），第 127 頁。
② 李學勤主編《清華大學藏戰國竹簡》（壹），第 128 頁。
③ 朱曉海：《〈尹至〉可能是百篇〈尚書〉中前所未見的一篇》，復旦大學出土文獻與古文字研究中心網站，2010 年 6 月 17 日。
④ （清）阮元校刻《十三經注疏》，第 5999 頁。
⑤ （漢）司馬遷撰、（宋）裴駰集解、（唐）司馬貞索隱、（唐）張守節正義《史記》，第 1冊，第 94 頁。
⑥ （清）阮元校刻《十三經注疏》，第 335 頁。

後寫商湯伐夏，並最終戰勝夏。這又是記事。全篇來看是記言兼記事，因此文體屬於記言兼記事的書類文獻。有人認爲《伊尹》在文體上以記言爲主，這種看法是不對的。

二 清華簡《尹誥》的文體形態

《尹誥》是清華大學 2008 年入藏的戰國竹書中的一篇。"本篇竹簡共 4 支，簡長 45 釐米，三道編。滿簡書寫 31 至 34 字。原無篇題，此係據《禮記》與郭店簡、上博簡《緇衣》所引確定。簡背有次序編號。文字保存較好，惟第四簡上端首字缺損一半。"①

整理者認爲："《尹誥》爲《尚書》中的一篇，或稱《咸有一德》。據《尚書·堯典》孔穎達《正義》所述，西漢景帝末（或説武帝時）曲阜孔壁發現的古文《尚書》即有此篇，稱《咸有一德》。《史記·殷本紀》和今傳孔傳本《尚書》及《尚書序》，也都稱《咸有一德》。簡文與孔傳本《咸有一德》全然不同，東晉梅賾所獻的孔傳本確如宋以來學者所考，係後世僞作。《殷本紀》云'伊尹作《咸有一德》'，事在湯踐天子位後，介於《湯誥》《明居》之間，而孔傳本及《書序》則以爲太甲時，列於《太甲》三篇之下，與《殷本紀》不合。按司馬遷曾問學於孔安國，孔安國親見孔壁《尚書》，所説自屬可信。現在簡文所叙，很清楚時在湯世，僞《咸有一德》的謬誤明顯。"②

清華簡《尹誥》公布以後，學術界針對整理者提出的《尹誥》就是《咸有一德》這一意見展開了討論，有贊同也有反對，目前還沒有達成一致意見。贊同整理者意見的有廖明春等學者。反對整理者意見的有虞萬里等學者。廖名春撰文指出："清華大學藏簡《尹誥》篇是失傳了的《咸有一德》，但不是古文《尚書》中的《咸有一德》，非常重要，其内容目前可以基本疏通。由其内容來看，其中已經有建立在'君權天授''天人合一'基礎上的民本思想，這是孟子思想的源頭。從其内容上也可以説明清華簡

---

① 李學勤主編《清華大學藏戰國竹簡》（壹），第 132 頁。
② 李學勤主編《清華大學藏戰國竹簡》（壹），第 132 頁。

《尹誥》篇不偽，其史料價值非常珍貴，古文《尚書》中的《咸有一德》則確係偽書。"①

虞萬里亦發表文章，指出："清華簡《尹誥》之公布，因其文字與《古文尚書·咸有一德》全然不同，似乎爲《古文尚書》逸十六篇的偽作找到了鐵證。但仔細比對《尹誥》和《咸有一德》兩篇，文字雖不同，文意却有很大的關聯性。不可想象魏晉間一位没有見到過《尹誥》的人能够根據'惟尹躬及湯咸有壹德'一句敷衍發揮出一篇與先秦古文《尹誥》暗合的文字。從秦漢間經師闡發經典大義的'傳體'形式去認識，《咸有一德》很可能是孔安國闡述《尹誥》經旨之傳文，由孔氏或其弟子完善記録後上送秘府。逮及曹魏立古文博士，尋訪《古文尚書》逸篇，始整理秘府舊簡。由於没有經文可供校正，所整理的篇章不免有錯簡與殘缺，文字不免有訛誤，但它的書寫簡式却仍與劉向所校中古文《尚書》每簡二十餘字相當，顯露出兩者的歷史關聯。《咸有一德》性質和來源的確定，爲筆者《古文尚書》二次整理説提供了一個極具典型的實例，從而也爲探索《古文尚書》來源和形成開鑿出一綫曙光。"②

黃懷信發表文章指出"清華簡《尹誥》首句'惟尹既及湯咸有一德'，《尚書·咸有一德》及《禮記·緇衣》和郭店楚簡《緇衣》所引《尹誥》均作'惟尹躬暨湯咸有一德'。該句在《咸有一德》爲全篇核心，前後文邏輯嚴密，具有原創性。而簡書《尹誥》則既去'躬'字，又衍'及'字，且祇獨立一句，與下文没有邏輯聯繫，應是取用。所以《咸有一德》當不晚於簡書所出之公元前305±30年，不可能是魏晉之人偽造。如此，則《古文尚書》（不必全部）之時代，當不晚於清華簡。"③

楊善群發表文章指出："清華簡《尹誥》的發現，是《尚書》學史上一件有重大意義的事。然而清華簡整理者謂《尹誥》'或稱《咸有一德》'，把兩篇不相干的篇名説成同一篇文字，從而把古文《尚書·咸有

---

① 廖名春：《清華簡〈尹誥〉研究》，《史學史研究》2011年第2期。
② 虞萬里：《由清華簡〈尹誥〉論〈古文尚書·咸有一德〉之性質》，《史林》2012年第2期。
③ 黃懷信：《由清華簡〈尹誥〉看〈古文尚書〉》，《魯東大學學報》（哲學社會科學版）2012年第6期。

一德》指爲'僞作'。這是違背《尚書》一篇一名的通則的。西漢司馬遷和東漢鄭玄由於未見古文《尚書》的全貌，作出不符史實的叙述和注釋，我們今天再不應該重複這樣的錯誤。通過對清華簡《尹誥》和古文《咸有一德》篇名、時代和體例的辨析，《咸有一德》在考訂歷史事實、校讎古文獻和研究商大臣伊尹道德風範等方面具有珍貴價值。希望清華簡整理者能擺脱疑古時代'定讞'的陰影，吸收《尚書》學研究的最新成果。"①

姜廣輝撰文指出清華簡《尹誥》存在五個方面的問題:"（一）與傳世本《禮記·緇衣》所引《尹誥》文義不合太甚；（二）稱呼混亂；（三）叙事内容與《尚書·湯誓》互相衝突；（四）'金玉'連用不應出於夏商之際；（五）與傳世文獻多有雷同，且夾雜後世語言。"②

傳世本《禮記·緇衣》引用《尹誥》兩次，分别爲"尹吉曰惟尹躬及湯咸有壹德"③和"尹吉曰惟尹躬天見于西邑夏，自周有終，相亦惟終"④。郭店簡《緇衣》引用一次《尹誥》，爲"惟尹允及湯，咸有一德"。⑤清華簡《尹誥》有"惟尹既及湯咸有一德，尹念天之敗西邑夏"，如果把這個句子同傳世本《禮記·緇衣》篇所引用的句子相比較，我們會發現大致相合，不過，如果把清華簡《尹誥》中的"尹念天之敗西邑夏"這個句子同傳世本《禮記·緇衣》所引用的句子相比較，就會發現二者之間存在一定差異。但是，在傳世本《禮記·緇衣》所引用的"惟尹躬天見于西邑夏"這一句的下面，漢代學者鄭玄作了注釋，其注曰"見"或爲"敗"。⑥鄭玄的這個注釋指出了他本異文，而這個異文"敗"，恰恰與清華簡《尹誥》文本相合。另外，"念"從心今聲，"今"與"躬"古音相近（一爲侵部，一爲冬部，冬部戰國後從侵部分離），可以看出，傳世本《禮記·緇

---

① 楊善群:《清華簡〈尹誥〉引發古文〈尚書〉真僞之争》,《學習與探索》2012年第9期。
② 姜廣輝、付贊:《清華簡〈尹誥〉獻疑》,《湖南大學學報》（社會科學版）2014年第5期。
③ （漢）鄭玄注、（唐）陸德明釋文《宋本禮記》（四），第92頁。
④ （漢）鄭玄注、（唐）陸德明釋文《宋本禮記》（四），第97頁。
⑤ 參見馬承源主編《上海博物館藏戰國楚竹書》（一），第171頁。
⑥ （漢）鄭玄注、（唐）陸德明釋文《宋本禮記》（四），第97頁。

衣》所引用的"惟尹躬天見于西邑夏"與清華簡《尹誥》中的"尹念天之敗西邑夏"應該是有相同的文本來源。"惟尹躬天見于西邑夏"也出現在僞古文《尚書》的《太甲上》篇，雖然如此，這也祇能説明僞古文《尚書》的個別句子是有文獻來源的，並不能爲僞古文《尚書》翻案。通過以上比較，我們發現傳世本《禮記·緇衣》所引用的《尚書·尹誥》的句子同清華簡《尹誥》寫本中的句子相同或相近，説明清華簡《尹誥》應該是《尚書》佚篇，爲研究《尚書》學中的一些重大問題提供了重要材料，可以説意義非凡。

清華簡《尹誥》從篇名來看，應該屬於《尚書》六體中的誥體。但是，本篇的命名是整理者所加，並不是原有篇名。整理者把該篇認定爲古文《尚書》中的《尹誥》並不是完全不需要再推敲了。也許已經失傳的《尹誥》與《咸有一德》並不是同一篇文獻，清華簡《尹誥》就是失傳的《咸有一德》，而《尹誥》則是另外一篇。因此，應該將本篇命名爲《咸有一德》。本篇雖然短小，但是所記載的內容核心是"咸有一德"，無論"咸有一德"作何種解釋，"咸有一德"都是商湯最後作出伐夏決定並最終戰勝夏的關鍵性條件。這應該是《咸有一德》被編入《尚書》中的根本原因。

從文體上看，清華簡《尹誥》也是叙事兼記言的書類文體。

三 清華簡《程寤》的文體形態

《程寤》是清華大學 2008 年入藏的戰國竹簡中的一篇。"本篇竹簡共9 支，三道編，簡長 45 釐米，保存完好。全篇原無篇題，亦無次序編號。按《藝文類聚》《太平御覽》等傳世文獻曾有引用《逸周書·程寤》篇的若干文句，將其與本篇簡文的內容相對照，可知本篇簡文即久已失傳的《程寤》篇。"①

李學勤撰文指出："清華簡《程寤》曾有傳本在《漢書·藝文志》所錄《周書》中，但久已亡佚。"②

---

① 李學勤主編《清華大學藏戰國竹簡》（壹），第 135 頁。
② 李學勤：《〈程寤〉〈保訓〉"日不足"等語的讀釋》，《清華大學學報》（哲學社會科學版）2011 年第 2 期。

　　《漢書·藝文志》著録"《周書》七十一篇"，班固自注"周史記"。顏師古注云："劉向云：'周時誥誓號令也，蓋孔子所論百篇之餘也。'今之存者四十五篇矣。"[1]

　　班固《漢書·藝文志》中所著録的《周書》七十一篇，實際上就是人們所説的《逸周書》。從傳世文獻來看，較早使用《逸周書》這個名稱的文獻是郭璞的《爾雅注》。在歷史上，《逸周書》曾經一度被誤當成《汲冢周書》，此一誤會流傳較廣，影響較大，就連官修書目《隋書·經籍志》以及《新唐書·藝文志》也延續了這一誤解。這一誤解到了清代四庫館臣編撰《四庫全書總目》時纔得以徹底澄清。《四庫全書總目》云："舊本題曰《汲冢周書》。考隋《經籍志》、唐《藝文志》，俱稱此書以晉太康二年得於魏安釐王冢中。則汲冢之説其來已久。然《晉書》武帝紀及荀勖、束皙傳，載汲郡人不準所得竹書七十五篇，具有篇名，無所謂《周書》。杜預《春秋集解後序》，載汲冢諸書亦不列《周書》之目，是《周書》不出汲冢也。考《漢書·藝文志》先有《周書》七十一篇，今本比班固所紀惟少一篇。陳振孫《書録解題》稱凡七十篇，《叙》一篇在其末。京口刊本，始以《序》散入諸篇，則篇數仍七十有一，與《漢志》合。司馬遷紀武王克商事，亦與此書相應。許慎作《説文》，引《周書》'大翰若翬雉'，又引《周書》'貗有爪而不敢以撅'。馬融注《論語》，引《周書·月令》。鄭玄注《周禮》，引《周書·王會》，注《儀禮》，引《周書·比黨州閭》，皆在汲冢前，知爲漢代相傳之舊。郭璞注《爾雅》，稱《逸周書》。李善《文選注》所引，亦稱《逸周書》，知晉及唐初舊本尚不題'汲冢'。其相沿稱爲'汲冢'者，殆以梁任昉得竹簡漆書，不能辨識，以示劉顯，顯識爲孔子删《書》之餘。其時《南史》未出，流傳不審，遂誤合汲冢、竹簡爲一事，而修《隋志》者誤采之耶。鄭元祐作《大戴禮後序》，稱'《文王官人》篇與《汲冢周書·官人解》相出入，《汲冢書》出於晉太康中，未審何由相似'云云。殊失之不考。《文獻通考》所引李燾跋及劉克莊《後村詩話》，皆以爲漢時本有此書，其後稍隱，賴汲冢竹簡出，乃得復顯。是

___

[1]　（漢）班固撰、（唐）顏師古注《漢書》，第6册，第1706頁。

又心知其非而巧爲調停之説。惟舊本載嘉定十五年丁黼跋，反復考證，確以爲不出汲冢。斯定論矣。其書載有太子晉事，則當成於靈王以後。所云文王受命稱王，武王、周公私計東伐，俘馘殷遺，暴殄原獸，輦括寶玉，動至億萬，三發下車，懸紂首太白，又用之南郊，皆古人必無之事。陳振孫以爲戰國後人所爲，似非無見。然《左傳》引《周志》'勇則犯上，不登於明堂'；又引《書》'慎始而敬終，終乃不困'；又引《書》'居安思危'；又稱'周作《九刑》'。其文皆在今《書》中，則春秋時已有之。特戰國以後又輾轉附益，故其言駁雜耳。究厥本始，終爲三代之遺文，不可廢也。近代所行之本，皆闕《程寤》《秦陰》《九政》《九開》《劉法》《文開》《保開》《八繁》《箕子》《耆德》《月令》十一篇，餘亦文多佚脱。今考《史記·楚世家》引《周書》'欲起無先'，《主父偃傳》引《周書》'安危在出令，存亡在所用'，《貨殖傳》引《周書》'農不出則乏其食，工不出則乏其事，商不出則三寶絕，虞不出則財匱少'；《漢書》引《周書》'無爲創首，將受其咎'，又引《周書》'天予不取，反受其咎'；《唐六典》引《周書》'湯放桀，大會諸侯，取天子之璽，置天子之座'，今本皆無之。蓋皆所佚十一篇之文也。觀李燾所跋，已有'脱爛難讀'之語，則宋本已然矣。"[1]

清華簡《程寤》是《逸周書》的佚篇，在清華簡中還有多篇書類文獻，這些文獻在同一批戰國楚簡中出現，或可説明《漢書·藝文志》著録的《周書》或稱《逸周書》與《尚書》性質相同，都是書類文獻。但是，究竟是不是孔子整理《尚書》時纔把《周書》各篇排除在外，現在還無法確定。不過，我們看到，班固的《漢書·藝文志》還是將《周書》列入六藝類，從而使《周書》與《尚書》得以並列。不過，在後世官修史志書目中，《周書》的性質與地位卻發生了變化。在《隋書·經籍志》中，《周書》被納入史部雜史類，到了清代，《四庫全書》將《逸周書》列入史部別史類。從《隋書·經籍志》開始，《周書》就永遠失去了經書的地位。《漢書·藝文志》春秋類小序云："古之王者世有史官，君舉必書，所以慎

---

[1]　四庫全書整理所整理《欽定四庫全書總目》，第 687 頁。

言行，昭法式也。左史記言，右史記事，事爲《春秋》，言爲《尚書》，帝王靡不同之。"①《周書》或稱《逸周書》，實際上與《尚書》在文獻性質上没有什麼根本區别，都是周王室史官的作品，即使真的是"孔子删《書》之餘"，對於《四庫全書》來説，就算不能進入經部，無論如何也應該列爲史部正史類文獻。

從文體形態來看，清華簡《程寤》以紀年開篇，以記事爲主，以記言爲輔，言事相濟，既得見事件之細節，又得觀事件之生動，可謂相得益彰，時間、人物、事件、語言、心理俱備，稱得上是書類文獻記事典範。傳統觀念一直認爲，《書》以記言爲主、爲長、爲特徵，《春秋》以記事爲主、爲長、爲特徵，今天從《程寤》來看，未必如此。

四　清華簡《保訓》的文體形態

《保訓》是清華大學 2008 年入藏的戰國竹簡中的一篇。"全篇共有 11 支簡，完簡長 28.5 釐米，編痕上下兩道。簡文頂頭書寫，簡尾大都留一個字距的空白。每支簡 22 至 24 字。其中第二支簡上半殘失約 11 字。"②清華簡《保訓》寫本没有發現篇題，也没有發現簡序編號，現篇題爲整理者所加。

清華簡《保訓》寫本公布後，學術界展開了相關討論。學者們討論的主要有兩方面的問題，第一方面的問題是清華簡《保訓》寫本的文獻性質，第二方面的問題是清華簡《保訓》寫本裏面所出現的"中"這個詞的含義。此外，也有學者再提清華簡及《保訓》的真僞問題。

就清華簡《保訓》寫本的性質問題，李學勤撰文指出："《保訓》篇是周文王臨終時對其太子發即武王所作的遺言。"③就清華簡《保訓》寫本的體裁屬性及相關問題方面，學者黄懷信撰文指出："清華簡《保訓》篇爲周文王遺訓，不僅文風體式與《逸周書》記文王諸篇極爲相似，而且詞語也有與之相同或類似者，説明二者文獻性質相同、時代相當。《逸周書》諸

---

① （漢）班固撰、（唐）顏師古注《漢書》，第 6 册，第 1715 頁。

② 李學勤主編《清華大學藏戰國竹簡》（壹），第 142 頁。

③ 李學勤：《論清華簡〈保訓〉的幾個問題》，《文物》2009 年第 6 期。

篇既爲刪《書》之餘，則《保訓》亦當爲古《書》中之一篇。清華簡尚有更多前所未見的《尚書》佚篇，則含《保訓》在内的清華簡《尚書》，自當爲未經刪削之古《書》之一部分。《保訓》部分文字有可能出於實録，但全文或經後人改寫潤飾。改寫潤飾的時代，應在春秋早中期。篇内言‘中’之事可與‘僞古文’《大禹謨》《君陳》《君牙》諸篇相印證，證明其關於文王有寶訓的記載當屬可信，同時也説明‘僞古文’諸篇不可能爲魏晉人所僞造。"①

關於清華簡《保訓》寫本裏面出現的"中"這一詞是什麽含義，學術界展開了很多討論。可謂説法衆多，莫衷一是。擇其要，有中道説、地中説、訴訟文書説、旂旗説、民衆説、軍隊説、心靈説、最高權力説、中壇説、中嶽説、天數易數説等。②在這衆多説法中，當屬"中道説"最爲允恰。

清華簡《保訓》寫本中還有一個"道"字，該字釋讀對於理解"中"一詞的含義也至關重要。清華簡《保訓》篇的整理者最初釋爲"追"，讀爲"歸"，③這一釋讀發表後，多數學者都認同了這一釋讀。這一釋讀意味着"中"應該是某種實物，而不是思想。我們看到，在學者們對"中"的各種解釋中，出現了釋讀爲"訴訟文書""旂旗"等觀點，應當與這一釋讀有關。"中道"是一種抽象的思想觀念，是不可能借來又歸還的。面對這一難題，李學勤在文章中也表達過對此問題的疑惑，李學勤説："上甲微怎樣‘假中’‘歸中’于河，不太容易理解。看下文説‘微志弗忘，傳貽子孫，至於成唐（湯）’，‘中’仍是指思想觀念而言。由此可見，‘中’的觀念，或稱中道，是《保訓》全篇的中心。"④爲了解決這一難題，後來李學勤以"道"字釋讀爲突破口，認爲"道"字應該隸釋爲"師"字，這樣，竹簡中的相關文本就可以作出新的釋讀："‘昔微假中于河’，是説上甲

---

① 黄懷信：《清華簡〈保訓〉篇的性質、時代及真僞》，中國歷史文獻研究會編《歷史文獻研究》（總第 29 輯），第 133~136 頁。

② 參見曹峰《〈保訓〉的"中"即"公平公正"之理念説——兼論"三降之德"》，《清華簡研究》（第一輯），第 110 頁。

③ 參見清華大學出土文獻研究與保護中心《清華大學藏戰國竹簡〈保訓〉釋文》，《文物》2009 年第 6 期。又，李學勤主編《清華大學藏戰國竹簡》（壹），第 143 頁。

④ 李學勤：《論清華簡〈保訓〉的幾個問題》，《文物》2009 年第 6 期。

微因其父王亥被有易害死，依藉河伯戰勝有易。'假'在這裏是憑藉、依
靠的意思，'假中于河'即憑靠河伯能秉持中道，公正行事，終能使有易
服罪。'乃道（師）中于河'，是説上甲微從河伯那裏傳習了中道。'師'
字意爲學習效法，如《尚書·益稷》'師汝昌言'。這樣，我們便可以確定
《保訓》所説文王傳的寶訓確是中道，與《論語·堯曰》《禮記·中庸》等
儒家文獻有一定聯繫，也正是後世儒學道統説的濫觴。"①

　　從文體上看，清華簡《保訓》也是記事兼記言的書類文體。本篇以
紀年開篇，叙述文王有疾，自覺時日不多，擔心失去保訓，詔太子發以傳
保訓。文王並向太子發講述了歷史上舜與上甲微得"中"之事。並多次告
誡太子發"勿淫"，並在最後告誡説"日不足佳（惟）宿不羕"，羕，讀爲
詳，盡也。這句話的意思是，總是感到時間不够用，是因爲晚上睡得太
多，誡勉太子要勤於政事。

　　清華簡《保訓》同時又是《尚書》六體之一的訓體。《逸周書》中
文王訓誡武王的訓體文有《文儆》《文傳》等篇。《逸周書·周書序》云：
"文王有疾，告武王以民之多變，作《文儆》。文王告武王以序德之行，作
《文傳》。"②清華簡《保訓》作爲訓體，其體式與《逸周書》中文王所作儆
訓非常接近。

　　另外，從寫本形態來看，清華簡《保訓》寫本抄寫在 28.5 釐米長的
竹簡上，祇有兩道編繩，簡文頂頭書寫，簡尾大多留一個字距的空白，每
支簡書寫 22~24 字。這與同時刊布的《尹至》《尹誥》《程寤》《耆夜》《皇
門》《楚居》《周武王有疾周公所自以代王之志》《祭公之顧命》等篇不同，
上述諸篇都是抄寫在 44~45 釐米長的竹簡上。此一現象有待進一步研究。

五　清華簡《耆夜》的文體形態

　　《耆夜》是清華大學 2008 年入藏的戰國竹簡中的一篇寫本文獻。本篇
寫本文獻現存 14 支竹簡，完整竹簡長度爲 45 釐米，有 4 支竹簡殘缺。每

---

① 李學勤：《重説〈保訓〉》，《深圳大學學報》（人文社會科學版）2014 年第 1 期。
② （晉）孔晁注、（清）盧文弨校定《逸周書》，第 347 頁。

支竹簡抄寫 27~31 字不等，竹簡背面書有竹簡次序編號。本篇文獻原有篇題 "耆夜" 抄寫在第 14 支竹簡背面。①

本篇寫本文獻記述武王八年伐黎大勝歸來，於文王太室舉行飲至典禮，席間武王君臣飲酒作歌之事。

從文體形態來看，本篇寫本文獻以記事爲主，其中作歌部分，與《尚書》文獻中的記言在形式上是不同的。本篇寫本文獻的文體體式與傳世《尚書》存在一定區別。從文獻性質來看，本篇寫本文獻仍屬於書類文獻，對於認識書類文獻體式的多樣性具有重要意義。

六　清華簡《周武王有疾周公所自以代王之志》的文體形態

《周武王有疾周公所自以代王之志》是清華大學 2008 年入藏的戰國竹簡中的一篇。"本篇竹簡計 14 支，三道編，完簡長 45 釐米。其中第八支與第十支簡的上端均有部分缺失，各約損失 3 至 4 字。簡背有次序編號，書於竹節處。第十四支簡背下端有篇題 '周武王有疾周公所自以代王之志'。"②

清華簡《周武王有疾周公所自以代王之志》的整理報告指出："全篇簡文與《尚書》的《金縢》大致相合，當係《金縢》篇的戰國寫本。簡文不用 '金縢' 作爲篇題，疑抄寫者没有見過《書序》。《金縢》篇見於西漢初年伏生所傳的今文《尚書》，但自西漢以來，學者對其理解頗多歧異。本篇簡文的内容與傳世今本《金縢》篇有一些重要的不同，如記載周武王係在 '既克殷三年' 後生病，與今本作 '二年' 不同；簡文中没有今本《金縢》篇中涉及占卜的文句；周公居東爲三年而非今本中的二年，等等。"③本篇簡文刊布後，學者多以《金縢》稱之。

清華簡《周武王有疾周公所自以代王之志》發表後，學術界展開討論。黄懷信撰文指出："對讀清華簡《金縢》與今本《尚書·金縢》，可知簡書總體上較今本晚出。簡書對原作有節略、壓縮與改寫，今本則更多地

---

① 李學勤主編《清華大學藏戰國竹簡》（壹），第 149 頁。
② 李學勤主編《清華大學藏戰國竹簡》（壹），第 157 頁。
③ 李學勤主編《清華大學藏戰國竹簡》（壹），第 157 頁。

保留了原始面貌。但簡書又不全本於今本，今本也有增有脱，不是原始之作。説明古書流傳，傳抄者多可改易增删文字，乃至移動句子，改變句式。這種現象，對於重新認識《古文尚書》當有幫助。"①

還有學者從寫本傳播角度進行了探討。程浩撰文指出："清華簡《金縢》雖是戰國抄本，但與傳世之《尚書·金縢》差異並不大，應該有着共同的'祖本'。通過對兩本的細緻比對，我們發現二者的差異基本屬於文獻流傳過程中自然損傷的範疇。傳本《金縢》對'祖本'作了增删並存在一定程度的誤讀，簡本則有所删節且脱漏了一支簡。從簡文對人物的稱謂以及簡書上不規律的墨點來看，簡本入土前可能是一種流行於楚地用於貴族書教的教材。"②

還有學者從清華簡《金縢》寫本來考察傳世本《金縢》的相關問題。劉國忠撰文指出："結合清華簡《金縢》篇來考察傳世本《金縢》，可以對傳世本《金縢》篇的文本有許多新認識：首先，《金縢》篇是先秦時期一篇真正的《尚書》，並非出自後世的僞造，宋代以來一些學者對它的懷疑被證明是不正確的；其次，《金縢》篇的叙述清晰，内容完整，不存在一些學者所説的錯簡問題；第三,《金縢》篇全篇應是同時完成，不存在有些段落出自後人增附的問題；第四,《金縢》篇在先秦時期還有其他的篇名存在，證明《書序》的問題非常複雜，有可能在戰國中期存在不同傳本的《金縢》文本，或者是當時還没有出現《書序》；第五，傳世本《金縢》的文本存在一些不足，並與清華簡《金縢》篇存在一些重要的異文，二者應該相互結合，纔能更好地揭示《金縢》篇的原貌。"③

彭裕商撰文指出："傳世本《尚書》應是出自可信度較高的原典。……清華簡《金縢》用楚文字抄寫，應爲楚地的抄本，其文本經過後人改寫，流傳範圍不廣，不爲後世所傳承，也未見有其他典籍稱述或引用，這些都不能與傳世本相比，其可信度不如傳世本也是合乎情理的。……清華簡

---

① 黄懷信:《清華簡〈金縢〉校讀》,《古籍整理研究學刊》2011 年第 3 期。
② 程浩:《清華簡〈金縢〉性質與成篇辨證》,《上海交通大學學報》(哲學社會科學版) 2013 年第 4 期。
③ 劉國忠:《從清華簡〈金縢〉看傳世本〈金縢〉的文本問題》,《清華大學學報》(哲學社會科學版) 2011 年第 4 期。

本《金縢》的紀年及所記内容與相關史實不合，記事體例又不符合古人的原則，馮時認爲清華簡《金縢》非《尚書》原典，是合乎實情的。而傳世本《金縢》源自先秦時期，列於學官，流傳範圍廣，爲後世所傳承，其記事體例合於古人的原則，紀年也與相關載籍及古文字材料相合，應該是可靠的本子，不應輕易否定。雖然清華簡《金縢》不如傳世本可信，但也有其學術價值。首先，它爲學人提供了不見流傳的楚地抄本，拓寬了學術視野，使學人得知，在傳世本之外，戰國時期還有一些經過改寫的其他文本在一定地域範圍内流傳，學術的流變是多樣化的。"①

楊振紅撰文指出："將新出清華簡《金縢》與傳世本及其他文獻進行比較，可證成王即位時已爲少年，'襁褓説'不能成立；周公'居東'爲'避居'而非'東征'。漢代古文《尚書》較之今文《尚書》，更接近原初的《尚書》本。孔子没有删訂過《尚書》，也没有作過《書序》。清華簡《金縢》以'志'爲名，表明公元前 300 年前後，《尚書》尚未成書。清華簡本《金縢》所記周公事迹最爲素樸；應是較早記載周公歷史的史籍。今傳本《尚書》應不是漢代的《古文尚書》本，或根據今文説改造過。《史記·魯周公世家》材料來源蕪雜，其關於周公歷史事迹的記載存在諸多錯亂之處。簡本《金縢》與《史記》關於周公歷史記載的差異，反映了周初特別是周公歷史在戰國至秦漢時期不斷層累疊加的事實。"②

杜勇撰文指出："《鴟鴞》是《詩經·豳風》中的一首詩，其作者歷史上都説是周公。近世學者對此表示懷疑，然無確鑿證據。近來清華簡《金縢》的發現，證明《鴟鴞》實非周公所作，而是他東征歸來，以此詩遺獻成王，略近賦詩言志。用意在於消除君臣間的誤解，表明自己公忠爲國的心迹，體現出一種高超的政治藝術。"③

清華簡《金縢》寫本同傳世本《金縢》相比，二者在主體内容上互有異同。從語言古樸程度來看，二本互有之，但今本語詞總體上比簡本古樸，

---

① 彭裕商：《〈尚書·金縢〉新研》，《歷史研究》2012 年第 6 期。
② 楊振紅：《從清華簡〈金縢〉看〈尚書〉的傳流及周公歷史記載的演變》，《中國史研究》2012 年第 3 期。
③ 杜勇：《從清華簡〈金縢〉看周公與〈鴟鴞〉的關係》，《理論與現代化》2013 年第 3 期。

存有更多古義。不過，今本有的地方稍嫌繁複。清華簡《金縢》與今本相比，語言上存在一定的變化，有的表述沒有簡本古樸。這些變化的一個重要原因就是寫本學上的原因，在寫本傳承過程中有多種因素會導致寫本的文本發生變化，特別是經過口耳相傳的文獻，當其再次被寫定時往往會出現較大的文本變化，時代語言會滲入其中，這都是正常的寫本學特徵。

清華簡《金縢》原有篇題是《周武王有疾周公所自以代王之志》。這一篇題中有一個"志"字。這個"志"字，帶有明顯的體裁色彩。我們看到，傳世本《尚書》有典、謨、訓、誥、誓、命等六種文體體式，"志"這樣一種體裁不在《尚書》六體之中。就清華簡《金縢》與傳世本《金縢》異名本身來説，並沒有什麼特殊之處，中國早期文獻"同篇異名"現象並不少見。但是，就本篇文獻來看，清華簡《金縢》作爲一篇楚人寫本，而將篇題命名爲"志"，似乎可以看出命名者對於該篇文獻文體性質的理解，那就是命名者並沒有將本篇文獻看作書類文獻。

總體上看，清華簡《金縢》與今本《金縢》在文體形態上未有太大改變，都是以記事爲主、以記言爲輔的書類文獻。

七 清華簡《皇門》的文體形態

《皇門》是清華大學 2008 年入藏的戰國竹簡中的一篇。"本篇竹簡凡13 支，簡長 44.4 釐米左右，三道編。滿簡 39 至 42 字不等。原無篇題，由於内容與今本《逸周書·皇門》大體相符，故定名《皇門》。簡背有次序編號。字迹清晰，書寫工整，僅第十簡上端缺二字。"①

清華簡《皇門》整理報告指出："簡本《皇門》'公若曰'之'公'，今本作'周公'，據内容判斷，簡本所指亦爲周公。簡本記載周公訓誡群臣望族要以史爲鑒，獻言薦賢，助王治國，同時抨擊了某些人陽奉陰違、背公向私的行爲，是不可多得的周初政治文獻。簡本爲戰國寫本，但所用語詞多與《尚書》中的《周書》諸篇及周初金文相似，如謙稱周爲'小邦'（今本避漢高祖諱作'小國'）等皆爲周初慣用語，知其所本當爲西周

---

① 李學勤主編《清華大學藏戰國竹簡》（壹），第 163 頁。

文獻。簡本《皇門》與今本相比有許多歧異，尤爲明顯者如集會所在地之‘者（庫）門’，今本作‘左閎門’。周制天子五門，庫門外皋門内爲外朝所在，周公組織之集會在此進行甚合理。今本《皇門》訛誤衍脱現象多見，文義晦澀難解；簡本相對而言文通字順，顯然優於今本，可用以澄清今本的許多錯誤。"①

清華簡《皇門》寫本篇中出現的"公"，就是周公。

清華簡《皇門》寫本原無篇題，現篇題爲整理者所加。這是因爲本篇寫本的内容與傳世本《逸周書》中《皇門》的内容大致相合。因此，命名爲《皇門》。從相關傳世文獻來看，天子路寢的左門稱爲皇門，清華簡《皇門》寫本寫作"者門"。關於"者"字的釋讀，朱鳳瀚指出，此字應該是以"古"爲聲符，而"古"字與"皇"字在上古音中較爲接近，"者"應該讀爲"皇"。如此，清華簡這篇文獻可以按照傳世本命名爲《皇門》。②

傳世本《逸周書·皇門》文字脱訛較爲嚴重，相對來説，清華簡《皇門》寫本文本較爲完整，明顯勝於傳世本。

清華簡《皇門》是戰國中後期的楚國抄本，而《皇門》應該是成書於西周，所以，清華簡《皇門》肯定也不會是文本的原始形態，祇不過離成書時間較近，會保留更多原本面貌。

《逸周書·周書序》云："周公會群臣於閎門，以輔主之格言，作《皇門》。"③按照《周書序》的講法，《皇門》所記的是周公會群臣於閎門，訓誡群臣要進獻輔佐成王的至言。

因此，從文體來看，清華簡《皇門》篇題雖然沒有"訓"字，但實際上是訓體。周公訓誡群臣，以周公的特殊身份，此篇訓，應該屬於上訓下。

當然，從辭氣、語氣及措辭上看，本篇訓文更爲溫和一些。雖然如此，也仍然不能改變文本訓體的性質。在行文上以記言爲主，言爲獨白體。當然有受話者，受話者就是群臣，因爲沒有對話，所以稱爲獨白。

① 李學勤主編《清華大學藏戰國竹簡》（壹），第 163 頁。
② 朱鳳瀚：《讀清華楚簡〈皇門〉》，《清華簡研究》（第一輯），第 184 頁。
③ 黄懷信、張懋鎔、田旭東撰《逸周書彙校集注》，第 1131 頁。

八 清華簡《祭公之顧命》的文體形態

《祭公之顧命》是清華大學 2008 年入藏的戰國竹簡中的一篇。"《祭公》簡共 21 支，簡長 44.4 釐米，三道編。每支簡文字約 23 至 32 字不等。無次序編號。原有篇題五字《𥚝（祭）公之賸（顧）命》，記於第二十一簡正面下端。除第二、三、四簡上下端稍有殘裂，第十九簡略呈模糊外，全篇保存良好，文字可辨。"①

清華簡《祭公之顧命》寫本現存 21 支竹簡，經觀察，在每支竹簡的背面都記有簡序編號，整理報告説"無次序編號"，與實際情形不合。

從内容上看，清華簡《祭公之顧命》與傳世本《逸周書·祭公》大體一致。整理報告認爲，清華簡《祭公之顧命》寫本應該是傳世本《逸周書》中《祭公》篇的祖本。② 如果把清華簡《祭公之顧命》與傳世本《祭公》進行比較，就會發現，傳世本脱訛情況較爲嚴重，而清華簡寫本的文本則較爲完好。雖然如此，恐怕也不能斷定清華簡《祭公之顧命》就是傳世本《祭公》的祖本。《祭公》記載的是西周穆王時期的史事，應該成書於西周時期，而清華簡《祭公之顧命》是戰國中後期楚國的一個抄本，從該篇文獻成書到楚國這個抄本，中間不知經過多少次轉抄，而且該篇文獻在傳抄過程中不知形成了多少種抄本源流譜系。

關於清華簡《祭公之顧命》寫本與傳世本《祭公》相比孰優孰劣，學術界的意見並不一致。整理報告認爲："本篇是今傳世《逸周書》所收《祭公》的祖本，以簡文與今本相互對照，今本的大量訛誤衍脱，都渙然冰釋。"③ 很明顯，整理者的意見是清華簡《祭公之顧命》寫本優於傳世本《祭公》。不過，黃懷信撰文指出："對校清華簡《祭公》與《逸周書·祭公》，以及《禮記·緇衣》和郭店簡《緇衣》所引《祭公之顧命》，可以發現：該篇整體上以《逸周書》之文爲優，但清華簡也有勝出者；二《緇衣》所引雖有衍文與訛誤，但亦有可取之處，四者互補，可以較好地恢復

---

① 李學勤主編《清華大學藏戰國竹簡》（壹），第 173 頁。
② 李學勤主編《清華大學藏戰國竹簡》（壹），第 173 頁。
③ 李學勤主編《清華大學藏戰國竹簡》（壹），第 173 頁。

《祭公》原文的本來面目。"①

如何看待出土文獻與傳世文獻之間的優劣問題呢？事實上，從已經出土的各種文獻典籍來看，並不是出土的文獻就一定全部優於傳世的文獻，例如，馬王堆帛書《周易》寫本，其中有很多文字沒有傳世王弼注本正統。另外，實際上，優與劣也是相對而言的，出土文獻典籍與傳世文獻常常可以互補。比如，本篇文獻，清華簡《祭公之顧命》寫本中出現了畢𦅩、井利和毛班三公，而傳世本《祭公》未見到這三公，井利和毛班二公見於《今本竹書紀年》《穆天子傳》等典籍。

《逸周書·周書序》云："周公云殁，王制將衰，穆王因祭祖不豫，詢其守位，作《祭公》。"②陳逢衡注云："篇中格言正論，不愧典型，當與《左傳》祈昭之諫並傳。"③祭公爲周公之後，《左傳·僖公二十四年》云："凡、蔣、邢、茅、胙、祭，周公之胤也。"④傳世文獻中多次記載祭公諫周穆王之事。《左傳·昭公十二年》記載祭公謀父曾作《祈招》之詩，以諫止"穆王欲肆其心，周行天下"。祭公謀父所作《祈招》之詩曰："祈招之愔愔，式昭德音。思我王度，式如玉，式如金。形民之力，而無醉飽之心。"⑤

清華簡《祭公之顧命》記載的是祭公重病不瘳，周穆王前來探視，希望祭公臨終前能對自己進忠言囑託。於是祭公告誡穆王要吸取夏商兩代失敗的教訓，以及文王、武王成功的經驗，這樣纔能長守王業。祭公並囑託畢𦅩、井利和毛班三公要盡心盡力輔佐穆王。祭公的顧命諫言，高屋建瓴，用夏商兩朝的衰亡失國做反面教材，可謂振聾發聵；再以文王、武王成功的範例作爲正面嘉勉，可謂情深意切。

從文體上看，清華簡《祭公之顧命》是記言兼記事的書類文獻，全篇以記言爲主，輔以記事。全篇言事相濟，辭氣流暢，結構緊湊，殊具特徵。

今文《尚書》中有《顧命》一篇，内容是成王將崩命群臣輔佐康王。《書序》云："成王將崩，命召公、畢公率諸侯相康王，作《顧命》。"僞孔

---

① 黄懷信：《清華簡〈祭公〉篇校釋》，《清華簡研究》（第一輯），第228頁。

② 黄懷信、張懋鎔、田旭東撰《逸周書彙校集注》，第1135頁。

③ 黄懷信、張懋鎔、田旭東撰《逸周書彙校集注》，第1135頁。

④ （晉）杜預撰、（唐）陸德明音釋《宋本春秋經傳集解》（二），第151頁。

⑤ （晉）杜預撰、（唐）陸德明音釋《宋本春秋經傳集解》（六），第34~35頁。

傳云："臨終之命曰顧命。"馬融云："成王將崩，顧命康王，命召公、畢公率諸侯輔相之。"①《尚書》中的《顧命》是成王之命，是王命。清華簡《祭公之顧命》是祭公臨終對穆王的諫言，並不是這個意義上的"命"。清華簡《祭公之顧命》在今本《逸周書》中的篇名是《祭公》，《逸周書·周書序》也稱該篇篇名爲《祭公》，《禮記·緇衣》引作"《葉公之顧命》"②。看來，《逸周書》中的《祭公》，到了戰國時就已經有了另外一個篇名《祭公之顧命》。從《逸周書·周書序》命名《祭公》來看，《祭公之顧命》的篇名應該是後來纔有的，也就是説該篇文獻的原名應該是《祭公》。從篇名與篇中內容的對應關係來看，命名爲《祭公》允當。因爲無論祭公是什麽出身，無論其地位有多高，在王的面前，畢竟還是臣，以臣的身份諫君可以，但是以臣的身份命君，無論如何也是不妥。

九　清華簡《説命》的文體形態

《説命》是清華大學 2008 年入藏的戰國竹簡中的一篇。"《説命》簡長 45 釐米，共有三篇，由同一書手寫成。每一篇最後一支簡簡背都有篇題《傅説之命》，現據內容次第分別題爲《説命上》《説命中》和《説命下》。《説命上》有簡 7 支，《説命中》也有 7 支，《説命下》則有 10 支，但缺失了第 1 支簡，現僅存 9 支。"③該篇寫本，在每支竹簡的背面記有簡序編號。

清華簡《説命》寫本開篇寫道："惟殷王賜説于天，庸爲失仲使人。王命厥百工向，以貨徇求説于邑人。惟弼人得説于傅巖。"④這段話與《書序》所講"高宗夢得説，使百工營求諸野，得諸傅巖，作《説命》三篇"⑤正合。清華簡《説命》寫本原有篇題是《傅説之命》，整理者並沒有采用，而是依照《書序》的命名，把本篇寫本命名爲《説命》。

晚出古文《尚書》中存有《説命》上、中、下三篇，將之同清華簡《説命》寫本文字對讀，就會發現晚出古文《尚書》的《説命》三篇，與

①　（清）阮元校刻《十三經注疏》，第 505 頁。
②　（漢）鄭玄注、（唐）陸德明釋文撰《宋本禮記》（四），第 94 頁。
③　李學勤主編《清華大學藏戰國竹簡》（叁），第 121 頁。
④　李學勤主編《清華大學藏戰國竹簡》（叁），第 122 頁。
⑤　（清）阮元校刻《十三經注疏》，第 369 頁。

清華簡《説命》完全不同，這有力地證明了晚出古文《尚書》千真萬確是偽書。

清華簡《説命》的發現，其意義是多方面的，可謂重大。首先，清華簡《説命》充分證明《書序》的成書應該在先秦，並不是到漢代纔出現的。我們知道，《漢書·藝文志》記載孔子是《書序》的作者，對此後世多有人持懷疑態度。從清華簡《説命》的内容與《書序》相合來看，即使不能證明《書序》的作者是孔子，也可證明《書序》的成書時間在先秦。其次，學術界一直有一個説法認爲晚出古文《尚書》把《説命》一分爲三，是爲了湊足五十八篇之數。但是，清華簡《説命》的確是上、中、下三篇，所謂湊數之説恐怕無法成立。再次，清華簡《説命》是真正的古文《尚書》，其史料價值毋庸置疑，這有力證實了殷高宗與傅説君臣爲明君賢相之説確爲史實。大家知道，傅説其人見於先秦多種文獻，例如《韓非子·難言》記"傅説轉鬻"[1]，又如《孟子·告子下》記"傅説舉于版築之間"[2]，然而這些記載多不詳細。清華簡《説命》，作爲嚴肅史書，其所記傅説故事，對於我們研究傅説其人及相關歷史無疑具有重要意義和價值。

近年來，多次看到有人要爲偽古文《尚書》翻案，儘管清代閻若璩等學者對晚出古文《尚書》之偽已言之鑿鑿，由於受到傳世文獻的限制，還有一些學者心有不甘，清華簡《説命》的發現，使我們必須接受晚出古文《尚書》是偽書的事實，因此，也就不能把偽《古文尚書》當作史料來使用。

清華簡《説命》雖然是戰國時期楚國的抄本，但是寫本中卻存有商代武丁時代的語言特徵。"《説命上》簡文載有商王武丁時卜辭，卜辭采用對貞的格式及其措辭習慣等多與殷墟卜辭用例相合，證明《説命》真正是包含着商代以下很難擬作的内涵。《説命》和傳世的《盤庚》等篇的價值應該可以相提並論。"[3]

從文體來看，《説命》三篇屬於《尚書》六體之一的命體。《説命》

---

① （清）王先慎集解《韓非子》，姜俊俊校點，第26頁。
② （宋）朱熹集注《宋本孟子集注》（四），第191~192頁。
③ 李學勤：《論清華簡〈説命〉中的卜辭》，《華夏文化論壇》2012年第2期。

上、中、下三篇，體式又各有不同，上篇記事，中篇記言兼記事，下篇殘缺第一簡，所存各簡純爲記言。

"命"是《尚書》六體之一，今文《尚書》僅存有《文侯之命》及《顧命》兩篇命體。①百篇《尚書》之中還應該有命體之文。從《書序》來看，還有《肆命》《畢命》《蔡仲之命》《微子之命》《冏命》《賄肅慎之命》《説命》《旅巢之命》《原命》等篇。清華簡《説命》三篇的發現，對於研究《尚書》命體具有重要意義。

十　清華簡《厚父》的文體形態

《厚父》是清華大學 2008 年入藏的戰國竹簡中的一篇。"《厚父》共 13 支簡。簡長約 44 釐米，寬約 0.6 釐米。第一支簡上下兩端殘缺，其他各支皆爲完簡。簡背標有序號，依次爲'一'至'十三'，今缺序號'一'。最後一支背面有'厚父'二字，係篇題。"②

《厚父》全篇記載的是厚父與"王"的對話。首先是"王"向厚父咨問。王説："我聽聞禹之時，上天降民，建立夏邦。啓繼任後，天帝又擔心啓的常德不固，派皋陶下到民間爲啓卿士輔佐啓。皋陶神能，能溝通上下，既知天之威，又能察民之臧否，是上天在保夏邦啊，觀察夏代的明君，他們能敬畏皇天上帝之命，謹慎祭祀，不沉湎於康樂，恭敬從政，以民爲本，上天不厭，永保夏邦。後繼之王，謹慎祭祀三后，永遠在應在之職位，如何？"厚父回答説，盛美天子，古時天降民人，建立萬邦，設立國君，設立衆官，祇是爲了幫助上帝治理下民，可是到了邪惡之王，盡失天命，不用先哲王孔甲的常法，顛覆其德，沉湎於非法，上天乃墜失其命，滅亡其邦。接下來王又介紹了自己現在的所作所爲，厚父接下來又闡述了爲君者要敬畏天命，體察民心，並提出戒酒的建議。③

篇中有一段文字與《孟子》所引《尚書》相似，所以整理者認爲《厚父》爲《尚書》逸篇。

---

① 《顧命》與《康王之誥》的分合，學界爭論不休，未有定論。
② 李學勤主編《清華大學藏戰國竹簡》（伍），第 109 頁。
③ 參見李學勤主編《清華大學藏戰國竹簡》（伍），第 109 頁。

從文體上看，該篇爲對話體，應該屬於《尚書》記言類作品。《尚書》記言體中純粹由對話構成的記言體式，並不多見，這對於認識《尚書》文體具有重要意義。

十一　清華簡《封許之命》的文體形態

《封許之命》是清華大學 2008 年入藏的戰國竹簡中的一篇。"《封許之命》原由九支簡構成，簡長約 44 釐米，寬約 0.65 釐米，簡背有簡序編號。現第一、四兩簡缺失，第三、七、八、九四簡上端也有不同程度殘損。在第九簡背下部寫有篇題'封許之命'。"[①]

《封許之命》記載的是西周初年封建許國的命書。此命書與金文所見命書行文格式大略相同。先是回顧受封人呂丁輔佐文王，制定刑法，董理治國謀略，輔佐武王伐滅商紂等功績，然後册命呂丁爲許侯。並向呂丁提出要求，要好好地出謀劃策，虔誠地體恤王家，大治四方而不自居，以助王一人。接下來是詳細列出所賜各種寶物及禮器。命文最後向許侯提出誡勉："嗚呼，丁，戒哉！余既監于殷之不若，稚童兹憂，麌念非常，汝亦惟淑章尔慮，祇敬尔猷，以永厚周邦，勿廢朕命，經嗣世享。"

整理者認爲《封許之命》應該是《尚書》的逸篇。今觀其文辭古奥，一些詞語與傳本《尚書》相同，可以斷定其爲書類文獻。

從文體上看，《封許之命》屬於《尚書》的命體。

從命文追述呂丁輔佐文王、武王來看，其封侯當在成王受命之後，並非武王開國之時。不過，《封許之命》畢竟也是作於西周初年，而《文侯之命》作於西周末年，是平王賜晉文侯秬鬯、圭瓚之命文。因此，《封許之命》對於認識《尚書》命體的文體形態及特徵具有重要意義。

十二　清華簡《命訓》的文體形態

《命訓》是清華大學 2008 年入藏的戰國竹簡中的一篇。"《命訓》共有 15 支簡，三道編，全篇各簡均有不同程度的殘損，其中第一、二、三、

---

① 李學勤主編《清華大學藏戰國竹簡》（伍），第 117 頁。

七、九、十二、十四、十五諸簡的文字也有一些損毀。估計完簡的長度約爲49釐米。除最後一支簡外，每支簡的簡背均有次序編號，書於竹節處，今缺序號'四'，序號'十四'殘。全篇原無篇題，因其內容與《逸周書》的《命訓》篇大致相合，當係《命訓》篇的戰國寫本，今徑以'命訓'命名本篇。"①

《逸周書·周書序》云："殷人作教，民不知極，將明道極以移其俗，作《命訓》。"②命，天命也。訓，就是訓教。本篇主題是關於天命的訓教。命在天，一個人得福得禍，要靠德行，上天是按照人的德性來福善禍淫的。這篇關於"天命"的訓教，就是按照這樣一個邏輯來對人進行訓教的，表述嚴謹，邏輯性極強。

本篇是《逸周書·命訓》的戰國楚人寫本，本篇文獻的發現對於《逸周書》研究具有重大意義。首先，本篇文獻的發現對於證明《逸周書》的真僞具有重要意義。其次，本篇文獻可以用來校勘傳世文本。

從文體來看，《命訓》是書類文獻中的訓體，是《尚書》六體之一。《尚書》有《伊訓》，《逸周書》有《度訓》《命訓》《常訓》《時訓》四篇。書類文獻的訓體對後世文體也有重要影響，如儆慇及諫誠類文體都可溯源於此。

十三　清華簡《攝命》的文體形態

《攝命》是清華大學2008年入藏的戰國竹簡中的一篇寫本文獻。該篇寫本文獻共有竹簡32支，完整竹簡長度大約45釐米，寬度大約0.6釐米，竹簡設有上中下三道編繩。本篇寫本的第三、二十五、二十九簡稍有殘缺，其餘竹簡大多完整。本篇寫本竹簡背面有次序編號，編號全部書寫在竹簡背面接近中部的竹節處。本篇寫本原無篇題，現篇題《攝命》是竹簡整理者根據寫本內容所擬定。③

本篇寫本文獻主體內容是周天子冊命"攝"之命辭，其語句多與《周

---

① 李學勤主編《清華大學藏戰國竹簡》(伍)，第124頁。
② 黃懷信、張懋鎔、田旭東撰《逸周書彙校集注》，第1118頁。
③ 參見李學勤主編《清華大學藏戰國竹簡》(捌)，第109頁。

書》及西周中晚期銅器銘文同類文獻相類。

從文獻性質來看，本篇屬於書類文獻。從文體來看，本篇寫本應該屬於《尚書》六體的命體。

十四　清華簡《成人》的文體形態

《成人》是清華大學 2008 年入藏的戰國竹簡中的一篇寫本文獻。該篇寫本文獻現存 30 支竹簡，完整竹簡長度大約 45.2 釐米，寬度大約 0.7 釐米，設有三道編繩。完整竹簡書寫 27~33 字不等，本篇寫本文字保存基本完好。本篇寫本竹簡背面有劃痕，沒有發現編號，也未見篇題，現篇題《成人》爲竹簡整理者所擬定。①

本篇寫本主體部分記述了成人對王的提問的回答，論説其對典獄刑法等方面的主張。從文獻性質來看，本篇屬於書類文獻。從文體形態來看，本篇寫本應該屬於記言體。

十五　清華簡《迺命（一）》的文體形態

《迺命（一）》是清華大學 2008 年入藏的戰國竹簡中的一篇寫本文獻。該篇寫本文獻一共有竹簡 12 支，第一簡至第五簡上端有殘缺，其餘基本完好。完整竹簡長度大約 44.6 釐米，寬度大約 0.6 釐米，每支竹簡下端有次序編號。本篇寫本沒有發現篇題，現篇題爲竹簡整理者取篇首二字擬定。②

本篇寫本文獻全篇記述的是王誡命群臣要忠君勤事、謹慎言語，勿强取豪奪，以保其室家。從文獻性質來看，本篇屬於書類文獻。從文體形態來看，本篇寫本應該屬於《尚書》六體的訓體。

十六　清華簡《迺命（二）》的文體形態

《迺命（二）》是清華大學 2008 年入藏的戰國竹簡中的一篇寫本文

---

① 參見黄德寬主編《清華大學藏戰國竹簡》（玖），第 153 頁。
② 參見黄德寬主編《清華大學藏戰國竹簡》（玖），第 170 頁。

獻。該篇寫本文獻一共有 16 支竹簡，第九、十五簡有殘缺，其餘基本完好。完整竹簡長度大約 44.6 釐米，寬度大約 0.6 釐米，每支竹簡下端有次序編號。本篇寫本文獻沒有發現篇題，現篇題爲竹簡整理者取篇首二字擬定。①

本篇寫本文獻全篇主要內容爲誡訓同宗子弟要勠力同心，相守相保，忠君勤事，慎密言語，勿强取豪奪，以保其室家。從文獻性質來看，本篇屬於書類文獻。從文體形態來看，本篇寫本應該屬於《尚書》六體的訓體。

十七　清華簡《四告》的文體形態

《四告》是清華大學 2008 年入藏的戰國竹簡中的一篇寫本文獻。該篇寫本文獻一共有竹簡 50 支，完整竹簡長度大約 45.7 釐米，寬度大約 0.6 釐米，設有三道編繩。竹簡背面有連續的次序編號。本篇寫本沒有發現篇題，現篇題《四告》是竹簡整理者根據寫本內容所擬加。②

本篇寫本文獻按照內容可以分爲四組，四組簡文彼此獨立，爲四篇誥辭。

從文獻性質來看，本篇寫本屬於書類文獻，從文體形態來看，本篇寫本屬於《尚書》六體的誥體。本篇寫本對於研究周代歷史及書類文獻文體形態具有重要價值。

十八　上博楚簡《成王既邦》的文體形態

《成王既邦》是上海博物館 1994 年 5 月入藏的一批戰國竹簡中的一篇。根據整理報告公布的數據，本篇存完、殘簡 16 支，其中完簡 2 支，長度大約是 45 釐米，竹簡上有契口，契口在竹簡右側，竹簡的兩端爲平齊頭，根據契口數量，應該有三道編繩，最上邊的契口距離竹簡頂端大約 1.4 釐米，上契口與中契口的距離大約是 22 釐米，中契口距離下契口大約

---

① 參見黃德寬主編《清華大學藏戰國竹簡》（玖），第 175 頁。
② 參見黃德寬主編《清華大學藏戰國竹簡》（拾），第 109 頁。

21 釐米，下契口距離竹簡末端大約 1.4 釐米，文字抄寫在竹黃面，竹簡上下兩端皆有留白，竹簡文字抄寫在上編繩與下編繩之間，全篇抄寫文字一共 319 個，包括 1 個合文，3 個重文。本篇文獻未發現篇題，現篇題《成王既邦》是竹簡整理者根據簡文内容擬定的。①

上博楚簡《成王既邦》寫本發布以後，學術界展開討論，其中對本篇寫本簡序編連提出了不同意見，糾正了原編連的錯誤。上博楚簡《成王既邦》的體裁同《逸周書》較爲接近。

從文體形態來看，本篇文獻是記事兼記言，記言的文字比例大於記事，以記言爲主體，開篇叙述成王封周公二年，成王愈加重其任，成王拜訪周公，向周公請教"天子之正道"等問題。接下來是周公與成王的對話。

從文獻性質來看，本篇文獻應該屬於周書類文獻，其體式與《逸周書》接近。

第二節　書類簡帛文獻的文體譜系

近年出土的簡帛文獻中有多篇書類文獻，這些書類文獻的文體形態及文體性質與《尚書》或《逸周書》非常接近，有的甚至就是《尚書》或《逸周書》的篇章。這些書類簡帛文獻的文體與《尚書》或《逸周書》關係密切，深入探討它們之間的譜系關係非常必要。

一　書類簡帛文獻與殷商甲骨及金文

《尚書》是堯、舜和夏、商、周史書彙編。堯舜時期的文字使用情況以我們現在的考古學成果，還無法進行探討。商代的文字及記事記言的情況，我們已經具備探討的基本條件了。因此，關於簡帛書類文獻的文體譜系問題，我們可以從商代來探討。

從商代的甲骨卜辭來看，商代已經具備比較高的記言記事能力。甲骨卜辭僅僅是用來記錄占卜的一種文辭，因爲受到記錄對象的限制，不可能

---

① 參見馬承源主編《上海博物館藏戰國楚竹書》(八)，第 169 頁。

有複雜的長篇記言記事文字。甲骨文並不是商代使用文字的主要形式，商代主流文字也不是刻寫的，而是用筆書寫的，甲骨也不是文字的主流載體，商代主流文字載體是簡册。《尚書》云：“惟爾知，惟殷先人有册有典，殷革夏命。”①甲骨文中有“册”字，作卌形②，爲象形字，象編簡成册之形。甲骨文中有“作册”“稱册”之語。目前學者們對“稱册”尚有不同解釋，但是“作册”就是書寫典册，也可以指書寫典册的史官，其語義是明確的，可證殷人確實有典有册。

商代甲骨文中有一定數量記事刻辭，除了甲骨納藏類記事刻辭，還有祭祀類、銘功旌紀類、表譜類等方面的記事刻辭，其中著名的有宰豐骨匕刻辭、小臣墙骨牘刻辭等。

“宰豐骨匕長 27.3 釐米，寬 3.9 釐米，中間拱起，首部削薄，便於挹取，薄、厚交接處呈明顯的臺階狀。”③宰丰骨匕正面刻辭 28 字，其文如下：

> 壬午，王田于麥麓，隻（獲）商戠兕，王易（賜）宰丰，寢小𣎴兄（貺）。才（在）五月，隹（唯）王六祀彡（肜）日。（《甲骨文合集補編》11299 反）

這件骨匕記録的是，某位商王在位的六年五月壬午日即肜祭之日，商王在麥地的山麓狩獵，獵獲一頭兕，王命寢官小𣎴將其賞賜給宰豐。

小臣墙骨牘“呈長方形，殘長 6.9 釐米，寬 3.9 釐米”④。爲記事刻辭。其文如下：

> ☑小臣墙比伐。禽危髦☑廿人四，馘千五百七十，𡓳百☑〔馬☑〕丙，車二丙，楯百八十三，函五十，矢☑又白慶于大乙，用𢼸白𢑆☑于

---

① （唐）孔穎達撰《宋本尚書正義》（五），第 177 頁。
② 《甲骨文合集》30649，册祝。無名組。
③ 田率:《中國國家博物館藏祭妣己卜甲、日月有食卜骨、典象侯卜骨、宰豐骨匕、干支表刻骨》，《書畫世界》2020 年第 2 期。
④ 李學勤:《小臣牆骨牘的幾點思考》，氏著《三代文明研究》，第 49 頁。

祖乙，用髳于祖丁，僵甘京，易⊠。①（《甲骨文合集》36481，黃組）

骨牘記録的是小臣墻參與的一場戰爭繳獲的戰利品，其記事極爲清晰明瞭。擒獲危方首領髳，及其士兵 24 人，斬殺 1570 人，車 2 輛，櫓 183 個等。接下來還記述了用戰俘首領祭祀祖乙和祖丁等事情。雖然這塊骨牘字數不多，但是記事却很豐富。可見，商人有書類文獻應該是事實。這塊骨牘有的學者稱爲骨版，李學勤主張稱爲骨牘。我們知道，牘是與簡相對的寫本載體之一，稱爲牘和稱爲版含義是不同的。稱爲牘，説明商代應該有與之相似的木牘。對此，李學勤説："這件骨牘，我過去稱之爲'牛骨簡'，不够準確。察其形制尺寸，肯定是模仿那時已經存在的木牘而製作的。我們由商代的'册'字的構成，知道已有竹木簡册，從這件骨牘，又可瞭解木牘也是早有。由此便可推知，當時人們已能撰作相當長篇的文字，如《尚書》的《商書》、《詩經》的《商頌》，都可能有其本源，這是根據這件骨牘能够得出的重要推論。"②

2010 年 9 月在殷墟大司空村東北一座窖穴出土了一版刻辭牛骨。這件刻辭牛骨是"右肩胛骨片，呈不規則四邊形，一邊爲自然邊緣，其餘三邊均殘。長 9.5 釐米，上邊長 9.2 釐米、右邊長 6.3 釐米、下邊長 6.5 釐米。骨質堅硬，正、反兩面均有刻字，且用竪向界劃綫進行分隔。正面界劃綫14 條，其中左上角 1 條長僅 0.5 釐米，刻辭 14 列。反面界劃綫 5 條，刻辭 7 列，其中偏右部分以修整的骨鬆質分開，没有界劃綫。反面右下部有上、下兩個棗核形鑿，無鑽，上面有一完整，下面一個殘。鑿的左邊均有灼痕，正面對應處顯現卜兆。牛骨正、反兩面刻字轉折分明，字體較大，屬於典賓類字體。正面刻辭 14 列，可識字約 60 個。字與界劃綫刻好後塗墨。……反面刻辭 7 列，可識字約 38 個。字與界劃綫也有少許塗墨痕迹，脱落嚴重"③。（見下頁圖）

---

① 釋文參見方稚松《小臣墻骨版刻辭殘缺文字擬補》，《故宮博物院院刊》2019 年第 2 期。
② 李學勤：《小臣墻骨牘的幾點思考》，氏著《三代文明研究》，第 52~53 頁。
③ 何毓靈：《河南安陽市殷墟大司空村出土刻辭牛骨》，《考古》2018 年第 3 期。

牛骨反面刻辭　　　　　　　　　　　　　　牛骨正面刻辭

　　這版牛骨上邊施有界劃綫，這種界劃綫與後世絹帛寫本及紙寫本上的界劃綫是相同的。商代未必有絹帛寫本，但是竹木寫本一定是有的，這件牛骨上的界欄，一定是參照竹木簡來施劃的。鑒於小臣墙骨版就是牘的形制，我們甚至可以大膽推測，當時已經有了木牘，而且是施劃了界欄的木牘。這就再一次證明了商代是有竹木寫本文獻的。

　　這件牛骨刻辭爲習刻之作，刻辭殘缺較爲嚴重。但是，從現存部分來看，應該是記事文字。現在學者們多認爲記錄的當是一次軍事活動，筆者認爲，刻辭殘缺過於嚴重，記錄的是否爲軍事活動，實難斷定，但是有一點是可以肯定的，刻寫者應該不是臨場隨機刻寫的，應該是依據某個簡牘寫本來刻寫的。從現存的刻辭内容來看，所據簡牘寫本上的内容當爲記事寫本，是應該没有問題的。至於所據簡牘寫本是不是商代的書類文獻，尚無法斷定。但是，如果商代有簡牘寫本，又有很强的記言記事能力，這就足以證明《尚書》中的《商書》確是商代文獻了。

　　從以上商代一些甲骨材料來看，商代存在《詩》《書》等文獻是没有問題的。下面我們再看一看商代的金文記事記言情况。

　　我們看到，商代銅器中已經有篇幅較長的記言記事銘文了。擇要迻録幾篇如下。

中國國家博物館 2003 年入藏的商代晚期青銅器作册般黿：

> 丙申，王送兕（于）洹。隻（獲）。王一射，叙射三，率亡（無）
> 灋（廢）矢。王令（命）寢𣪘（馗）兄（貺）兕（于）乍（作）册般，
> 曰："奏兕（于）庸，乍（作）女（汝）寶。"①

這是一件青銅黿，左肩部及背甲共嵌入 4 矢，黿背鑄銘文 4 行 33 字。銘文記載的是丙申日商王到洹河射黿，王射一箭，佐助射三箭，皆命中。王命寢官馗賜給作册般，並讓作册般把這件事銘鏤於庸器之上，作爲自己的寶物。這件青銅黿的銘文所記正是它的由來。這段銘文雖然不長，但是叙事完整，叙事的各要素都已具備，有時間，有地點，有事件經過。事件本身包括發生、發展和尾聲，既有記事，也有記言，叙述簡潔而緊湊，叙事能力及水平都比較高。

2013 年香港展出一件商代晚期青銅器𬪩尊：

> 辛未，婦陟（尊）𤔲（宜），才（在）𠧪大室，王鄉（饗）酉
> （酒），奏庸。新𤔲（宜）𣪠（陳）。才（在）六月。鮋十終，三朕
> （稱）𬪩尙（誦）。王尚（賞），用乍（作）父乙彝。大万。②

這件青銅尊銘文記載的是，六月辛未這一天，婦在𠧪地太室備獻佳餚，商王宴飲臣子，奏庸樂。新的佳餚再次陳上。作鮋歌十曲，王多次稱贊𬪩的歌誦，王賞賜𬪩，𬪩因此作祭祀父乙的彝器以作紀念。𬪩尊銘文衹有 36 字，叙述的事件可不少。商王在𠧪地，在太室舉行宴饗，有學者認爲是舉行饗禮，"婦"負責菜餚，商王與臣下宴飲。還記載了宴會過程中再一次上新菜餚的細節。銘文還記載了酒宴過程中，樂官奏響庸樂，𬪩本人還歌鮋歌十曲，商王對𬪩的歌誦非常喜歡，還多次稱贊。商王因爲高興還賞賜

---

① 《商周青銅器銘文暨圖像集成》第三十五卷，第 121 頁。
② 《商周青銅器銘文暨圖像集成續編》第三卷，第 62 頁。參見左勇《𬪩尊銘文與商代詩樂》，《出土文獻》（第十五輯），第 45 頁。

了迺。迺因此作父乙彝以紀念。

邁鼎（原名乙亥父丁鼎、尹光方鼎）：

乙亥，王餗，才（在）鼻餗（次），王鄉（饗）酉（酒），尹光邁，佳（唯）各（格），尚（賞）貝，用乍（作）父丁彝，佳（唯）王正（征）井方，冊。①

邁鼎記載王在鼻地臨時住宿，王饗酒，尹光助饗，因爲能嚴格按照助饗的正則來助饗，所以王賞了尹光貝，尹光因此作了祭祀父丁的彝器以紀念。值得一提的是，這件鼎的銘文中還記載了商王征井方的歷史事件，非常重要。

小臣艅尊（或稱小臣艅犀尊、小臣俞尊）：

丁子（巳），王眚（省）夔食（京），王易（錫）小臣艅夔貝，佳（唯）王來正（征）人（夷）方，佳（唯）王十祀又五，彡（肜）日。②

銘文記載的是某位商王在位第十五年丁巳肜祭之日，在征伐夷方歸來的路上視察了夔京，賞賜小臣艅夔貝。這段銘文雖然衹有二十多字，但是所記內容卻十分豐富。銘文記載了四件事，第一件是王征夷方，第二件是王視察夔京，第三件是王賞賜小臣艅夔貝，第四件是肜祭日。在短短的二十多字銘文中，卻包含如此之多的信息量，足見叙事能力之强。

小子喬卣：

（蓋銘）乙子（巳），子令小子喬先呂人于董，子光商（賞）喬貝二朋，子曰：“貝，佳（唯）丁蔑女（汝）層（曆）。”喬用乍（作）母辛彝，才（在）十月月佳（唯）。子曰：“令望（望）人（夷）方冔。”
（內底銘）𡧏（冀）母辛。③

---

① 《商周青銅器銘文暨圖像集成》第五卷，第65頁。
② 《商周青銅器銘文暨圖像集成》第二十一卷，第255頁。
③ 《商周青銅器銘文暨圖像集成》第二十四卷，第278頁。

小子𧽼卣，現藏日本神户白鶴美術館。其銘文是研究商代歷史的重要史料。銘文所記内容是，商代貴族某子在某年十月乙巳這一天，命令小子𧽼帶領人到菫地，子賞賜小子𧽼貝幣二朋。子説："賞你貝幣是因爲你過去做得好。"小子𧽼因此作了祭祀母辛的彝器以紀念。子説："命你監視偵察夷方蜀地的情況。"殷墟有非王卜辭，其中就有子卜辭，子應該是王室成員，非一般貴族。王之臣稱小臣，子之臣稱小子。銘文記載了殷商王室對夷方的監視偵察等軍事活動，是非常重要的歷史記事。囿於銅器銘文的體裁及功用，其記事受到一定限制。

弋𠦪其壺（原稱四祀弋𠦪其卣、四祀邲其卣）外底銘：

> 乙子（巳），王曰：𨸵（尊）文武帝乙宜（宜），才（在）𥃝（召）大廟（廳），𨾴（遘）乙，彤（翌）日，丙午，魯。丁未，𧍓。己酉，王才（在）𣏔，𠦪甘（其）易（賜）貝。才（在）三（四）月，佳（唯）王三（四）祀，彤（翌）日。①

二祀弋𠦪其卣（原稱二祀邲其卣）外底銘：

> 丙辰，王令𠦪甘（其）兄（貺）𩰀衤（于）夆田渴。寽（寶）貝五朋。才（在）正月，遘衤（于）匕（妣）丙，彡（肜）日，大乙𣂪。佳（唯）王二祀。既珷衤（于）上下帝。②

宰甫卣（宰甫簋）：

> 王來獸（獸）自豆录（麓），才（在）𥻂（狊）餗（次），王鄉（饗）酉（酒），王姿（光）宰甫貝五朋，用乍（作）寶𧄹（簫）。③

---

① 《商周青銅器銘文暨圖像集成》第二十二卷，第373頁。
② 《商周青銅器銘文暨圖像集成》第二十四卷，第270頁。
③ 《商周青銅器銘文暨圖像集成》第二十四卷，第236頁。

小子网簋（文父丁簋）：

　　癸子（巳），弐商（賞）小子网貝十朋，才（在）上魯，佳（唯）令伐人方畢，賓（儐）貝，用乍（作）文父丁隟（尊）彝，才（在）十月三（四），𩰫（𩰫）。①

坂鼎（欮方鼎）：

　　内壁：乙未，王窆（賓）文武帝乙㣇（肜）日，自鬲（管）偁（偶），王返入鬲（管），王商（賞）欮（坂）貝，用乍（作）父丁寶隟（尊）彝，才（在）五月，佳（唯）王廿祀又二。内底：魚。②

寢蒦鼎（帚蒦鼎）：

　　庚午，王令帚（寢）蒦（蒦）眚（省）北田三（四）品，才（在）二月，乍（作）册友史易（錫）𩵋（饟）貝，用乍（作）父乙隟（尊），羊册。③

戍𡇯鼎（原名戍革鼎、俎子鼎、宜子鼎）：

　　亞印（印），丁卯，王令圖（宜）子途（會）西方邘（于）眚（省），佳（唯）反（返），王賞戍𡇯貝二朋，用乍（作）父乙爯（齋）。④

　　以上所舉商代青銅器銘文的記事涉及祭祀、田獵、視察、宴饗、樂舞、征伐、軍事偵察等多方面内容，記事簡潔，且信息量大。這些都在

---

① 《商周青銅器銘文暨圖像集成》第十一卷，第71頁。
② 《商周青銅器銘文暨圖像集成》第五卷，第162頁。
③ 《商周青銅器銘文暨圖像集成》第五卷，第66頁。
④ 《商周青銅器銘文暨圖像集成》第五卷，第41頁。

説明，在商代文字使用不衹是在占卜場合，商代甲骨文及金文中都出現了作册這一官職，説明商代已經有記事史官體系。有了記事史官體系的存在，史書的存在就是必然的了。從商代甲骨文及金文來看，商代也有歌詩，這説明商詩是存在的。過去，人們曾懷疑《尚書》中商書的存在，懷疑《詩經》中商頌爲商詩。現在看來，這些懷疑都是不能成立的。我們的基本看法是，商代已經有了《詩》《書》一類的文獻，商代已經有了用竹木作爲載體的寫本文獻，這種竹木寫本包括竹簡和木牘，竹簡已經編連成册，木牘已經施劃界欄，就是所謂的書籍。我們所看到的甲骨文衹是商代文字使用的一個很小的方面，而且由於受到占卜性質的限制，語詞的使用、文例的安排以及記言記事的角度都不是商代文字經常使用場合的慣例。

清華簡中的商代書類文獻，如《説命》等篇章，在語法上多有與甲骨文相似之處。上文已經多有論及，不再贅述。

基於以上認識，我們對清華簡中商代的書類文獻的基本看法是，這些商代書類文獻是商代就有的，並非周代所追記。當然，這些商代文獻作爲寫本文獻，與周代寫本文獻一樣，是經過不斷抄寫流傳的。在經年不斷的抄寫與流傳過程中，寫本會發生各種變異，這正是寫本流動性的體現，這一點與雕版印刷文獻的文本固化性不同。造成寫本流傳過程中變異的原因是多方面的，其中不排除有意篡改，這種有意篡改甚至到了雕版時代還是存在的。也就是説，清華簡中的商代書類文獻，在流傳過程中，帶有後代的某種痕迹是寫本流傳中的正常樣態，不能因此就斷然否定其爲商代固有文獻。

從文體譜系角度來説，商代的書類文獻自然是從商代流傳下來的，不過，商代的書類文獻在一定程度上看，是對夏代書類文獻傳統的繼承，而周代的書類文獻也並非周人一下子就創造出來的，周代的書類文獻也是對商代書類文獻傳統的繼承。從商周各自文化發展的實際來看，殷商時期的周，是商的一個方國，周人自稱爲"小邑""小邦"也並不全是自謙的説法，其實也反映了殷商滅亡之前商周的實際情況。殷商時期的周，作爲一個方國，處於西北游牧地帶與農耕地區之間的過渡區，在文化上，當時的周無疑是落後於殷商的。周滅商後，周全面接收了殷商的文化、技術等方面的人才。實際上，在周滅商之前，周就在不斷地向殷商學習先進文化。因此，就周代書類文體的譜系來說，西周的周書一定繼承了商書的文體體式，這是毋庸置疑的。甚至，西周的書類文體還吸收繼承了殷商之前的傳統。殷商滅夏，自然也從夏繼承了包括《書》在內的所有文化遺產，這些文化遺產被殷商所繼承，一些夏代的典籍成爲殷商人的典藏之物，周滅殷商當然會得到這些典藏。甚至在周滅商之前，周人就通過殷商學習到了夏代的文獻。我們這樣說並不是毫無根據的推測，《逸周書》等周代文獻中多次引用夏代文獻，如《逸周書・文傳》：“《夏箴》曰：‘中不容利，民乃外次。’……《夏箴》曰：‘小人無兼年之食，遇天饑，妻子非其有也。大夫無兼年之食，遇天饑，臣妾輿馬非其有也。’”①《夏箴》，孔晁注云：“夏禹之箴戒書也。”②《逸周書》中的《文傳》篇相傳爲文王所作。《逸周書・周書序》云：“文王有疾，告武王以民之多變，作《文儆》。文王告武王以序德之行，作《文傳》。”③《逸周書・文傳》篇是文王受命九年，文王召太子發，向太子發傳授“我所保所守”。文王“所保所守”就包括夏代的文獻《夏箴》的部分內容。在周滅殷商之前，文王曾做過商紂三公，文王所掌握的夏代文獻應該是這時候從殷商朝廷得到的。

總之，《書》作爲一種文體，是夏商周三代重要的文化創造。追溯書類文體的起源，確實可以上溯到夏商。雖然目前的考古發現的材料還無法支持我們做殷商以上的溯源，但是，從現有的考古發現來看，中國的文字使用應該早於商代。殷商的考古發現，已經足夠證明殷商時期詩、書、禮、樂都是實際存在的。

二　書類簡帛文獻與《尚書》

清華簡《尹至》《尹誥》《程寤》《保訓》《耆夜》《周武王有疾周公所

---

① 黃懷信、張懋鎔、田旭東撰《逸周書彙校集注》，第 243~245 頁。
② 黃懷信、張懋鎔、田旭東撰《逸周書彙校集注》，第 243 頁。
③ （晉）孔晁注、（清）盧文弨校定《逸周書》，浙江大學出版社據清乾隆五十一年刻《抱經堂叢書》本影印，第 347 頁。

自以代王之志》《皇門》《祭公之顧命》《説命》《厚父》《封許之命》《命訓》《攝命》《成人》《酒命（一）》《酒命（二）》《四告》，上博楚簡《成王既邦》等多篇書類文獻，是我們研究《尚書》文體形態及其發展流變譜系的重要材料，也是我們研究《尚書》形成、流傳等重大《尚書》學問題的重要史料。

清華簡書類文獻與《尚書》的關係可以分爲兩類，一類是見於今、古文《尚書》篇目的書類文獻，另一類是不見於今、古文《尚書》篇目的書類文獻。

我們先來看第一類見於今、古文《尚書》篇目的書類文獻。這類文獻有：《周武王有疾周公所自以代王之志》、《尹誥》、《説命》（上、中、下），還有《尹至》疑似。其中，《周武王有疾周公所自以代王之志》相當於今文《尚書》中的《金縢》，《尹誥》相當於僞古文《尚書》中的《咸有一德》，《説命》（上、中、下）相當於僞古文《尚書》中的《説命》上、中、下三篇，有學者認爲《尹至》可能是僞古文《尚書》存目中的《疑至》。

清華簡《周武王有疾周公所自以代王之志》，這個篇題是本篇寫本原有篇題，因其內容與今文《尚書》中的《金縢》大體一致，所以整理者認爲該篇應該是《金縢》，祇不過二者篇名不同而已。

如果把清華簡《周武王有疾周公所自以代王之志》與今文《尚書》中的《金縢》進行仔細對讀，就會發現兩篇《金縢》的文本還是有一些差別。但是，這種差別祇是寫本流傳過程中的文本流動性特徵，或者稱爲寫本學特徵，這種差別並不足以造成二者在文體性質上殊異。

《尚書》六體爲典、謨、訓、誥、誓、命，《金縢》不屬於《尚書》六體中的任何一種，甚至也不屬於《尚書》十體中的任何一種。《尚書》十體之說始於唐代孔穎達。其在"《堯典》第一"下疏云："檢其此體，爲例有十。一曰典，二曰謨，三曰貢，四曰歌，五曰誓，六曰誥，七曰訓，八曰命，九曰征，十曰範。《堯典》《舜典》二篇，典也。《大禹謨》《皋陶謨》二篇，謨也。《禹貢》一篇，貢也。《五子之歌》一篇，歌也。《甘誓》《泰誓》三篇，《湯誓》《牧誓》《費誓》《泰誓》八篇，誓也。《仲虺之誥》《湯誥》《大誥》《康誥》《酒誥》《召誥》《洛誥》《康王之誥》八篇，誥也。

《伊訓》一篇，訓也。《説命》三篇，《微子之命》《蔡仲之命》《顧命》《畢命》《冏命》《文侯之命》九篇，命也。《胤征》一篇，征也。《洪範》一篇，範也。"①所以《金縢》也不屬於《尚書》十體中的一種。因此，《金縢》文體形態與性質歷來存有争議，其文體歸類甚至成爲一個學術難題。

之所以出現這樣一個所謂文體歸類難題，是因爲人們囿於僞孔安國《尚書序》"典、謨、訓、誥、誓、命"六體之説以及孔穎達的"典、謨、貢、歌、誓、誥、訓、命、征、範"十體之説。

中國史學的成熟非常早，有了成熟的史書，就無須用史詩這一載體來記載歷史了，所以致使民族史詩遺失了。在商周，書類文獻非常豐富，《尚書》號稱有百篇之多，《漢書·藝文志》著録《尚書古文經》五十七篇，《周書》七十一篇。這祇是漢代人看到的書類文獻的數量，還應該有《漢書·藝文志》著録之外已經失傳的書類文獻，實際上要遠遠超過這個數量。不僅如此，書類文獻文體也應該是多樣的，不限於六體或十體。

關於《尚書》文體及其具體體式，除了受六體或十體之説束縛，還一直受"記言説"影響。《漢書·藝文志》春秋類小序云："古之王者世有史官，君舉必書，所以慎言行，昭法式也。左史記言，右史記事，事爲《春秋》，言爲《尚書》，帝王靡不同之。"②按照《漢書·藝文志》的講法，《尚書》記言，而《春秋》記事，但是這祇是一個相對的講法，不是説《尚書》祇記言，《春秋》祇記事。更不能理解成記言的纔是《尚書》，記事的就不是《尚書》。因爲《金縢》明顯是記事，所以纔導致所謂的文體歸類的難題出現。甚至還産生了種種大膽揣測及新説。比如，有學者因《金縢》文體不類，文辭不古，懷疑《金縢》爲僞書，還有學者大膽推測《金縢》爲先秦小説。

清華簡《金縢》的自題篇名與今本不同，是一個需要討論的問題。我們看到，清華簡《金縢》自題篇名爲"周武王有疾周公所自以代王之志"，整理者在原題後括注篇題"金縢"，並指出，抄寫者不以"金縢"爲

---

① （唐）孔穎達撰《宋本尚書正義》（一），第68頁。
② （漢）班固撰、（唐）顔師古注《漢書》，第1715頁。

篇題，"疑抄寫者沒有見過《書序》"①。抄寫者是否見過《書序》當然已經無法考求，這個篇名是我們所見的清華簡抄寫者所自題，還是該抄寫者依據底本抄寫的？諸如此類問題實際上並不重要。重要的是該篇文獻除了有傳世本《金縢》這個篇名，還有另外的篇名"周武王有疾周公所自以代王之志"。

"周武王有疾周公所自以代王之志"這個篇名裏最值得注意的是"志"。這個出現在篇名中的"志"，明顯帶有文體特徵。《周禮·春官·小史》云："小史掌邦國之志。"鄭玄注云："鄭司農云：'志謂記也。《春秋傳》所謂《周志》，《國語》所謂《鄭書》之屬是也。'"②《周禮·春官·保章氏》："保章氏掌天星，以志星辰日月之變動。"鄭玄注："志，古文識。識，記也。"③《周禮·春官·外史》："外史掌書外令，掌四方之志。"鄭玄注："志，記也。謂若魯之《春秋》，晉之《乘》，楚之《檮杌》。"④按照鄭眾及鄭玄的講法，"志"就是記的意思。從《周禮》所記來看，周代史書稱為"志"。

《左傳》多次引各種《志》。《左傳·文公二年》："《周志》有之：'勇則害上，不登於明堂。'"杜預注："《周志》，《周書》也。"⑤《左傳·襄公二十五年》："仲尼曰：'《志》有之：言以足志，文以足言。不言，誰知其志？言之無文，行而不遠。晉為伯，鄭入陳，非文辭不為功。慎辭哉！'"⑥《左傳·襄公三十年》："《仲虺之志》云：'亂者取之，亡者侮之。推亡固存，國之利也。'"⑦

在周代，"志"是史書類著作的通稱，看來清華簡《金縢》題名為"周武王有疾周公所自以代王之志"，是符合周代史書命名規則的。

我們再來看清華簡《尹誥》。整理者認為清華簡《尹誥》就是古文

---

① 李學勤主編《清華大學藏戰國竹簡》（壹），第157頁。
② （漢）鄭玄注、（唐）賈公彥疏《宋本周禮疏》（八），第166~167頁。
③ （漢）鄭玄注、（唐）賈公彥疏《宋本周禮疏》（八），第177頁。
④ （漢）鄭玄注、（唐）賈公彥疏《宋本周禮疏》（八），第190~191頁。
⑤ （晉）杜預撰、（唐）陸德明音釋《宋本春秋經傳集解》（三），第7~8頁。
⑥ （晉）杜預撰、（唐）陸德明音釋《宋本春秋經傳集解》（五），第34頁。
⑦ （晉）杜預撰、（唐）陸德明音釋《宋本春秋經傳集解》（五），第106頁。

《尚書》中的《咸有一德》。《書序》云："伊尹作《咸有一德》。"古文《尚書》的《咸有一德》已經亡佚，晚出古文《尚書》有《咸有一德》，今與清華簡對照，兩篇《咸有一德》全然不同，證明晚出《咸有一德》確係僞書。清華簡《尹誥》的發現，使得已經失傳的古文《尚書》逸篇重見天日，爲我們解開尚書學諸多謎題提供了契機。

清華簡《尹誥》原無篇題，現篇題是整理者根據傳世本《禮記》及郭店簡、上博簡《緇衣》篇引用《尹誥》文字確定的。今本《禮記·緇衣》云：

> 子曰："爲上可望而知也，爲下可述而志也，則君不疑於其臣，而臣不惑於其君矣。尹吉曰：'惟尹躬及湯，咸有壹德。'《詩》云：'淑人君子，其儀不忒。'"①

鄭玄注云：

> 吉，當爲"告"。告，古文"誥"字之誤也。尹告，伊尹之誥也。《書序》以爲《咸有壹德》，今亡。咸，皆也。君臣皆有壹德不貳，則無疑惑也。②

此處引文"尹吉"，郭店簡及上博簡《緇衣》篇確實作"尹誥"，證明鄭玄的推斷是正確的。同時也證明《咸有一德》這篇書類文獻是有兩個篇名的。

今觀清華簡《咸有一德》，我們得見真正的古文《尚書》。不過，有學者認爲，其誥體的特徵與色彩並不明顯。我們仔細繹讀，會發現清華簡《尹誥》的文體就是《尚書》六體之一的誥體，其誥體的特徵與色彩還是較爲明顯的。簡文的前一部分，伊尹說夏自絕其邦，自絕於民，不是民不守衛國家，是夏王與民爲怨，民報之以離心離德，我已殲滅夏邦，現在我

---

① （漢）鄭玄注、（唐）陸德明釋文《宋本禮記》（四），第 92 頁。
② （漢）鄭玄注、（唐）陸德明釋文《宋本禮記》（四），第 92 頁。

王爲什麽不引以爲鑒？這是非常明確的告誡之辭。接下來伊尹告湯曰：現在夏邦之民遠道歸順於我邦，我們應該能協和我們的友人。湯説，我爲他們做什麽，纔能使他們不違背我的命言？伊尹説，王賞賜他們夏邦的金玉田邑，以善言相待於他們。以上伊尹的話又是非常明確的勸諫告誡之辭。所以把本篇看作誥體，並以"誥"爲篇名是允恰的。

清華簡《説命》上、中、下三篇，就是古文《尚書》的《説命》三篇。《書序》云："高宗夢得説，使百工營求諸野，得諸傅巖，作《説命》三篇。"[1] 晚出古文《尚書》的《説命》三篇與清華簡《説命》三篇相比，除了個別詞句相同，其餘完全不同，這證明了晚出古文《尚書》的《説命》三篇確係僞造。

《説命》三篇的文體屬於《尚書》六體之一的命體。從今古文《尚書》篇目來看，《尚書》中的命體有《微子之命》《蔡仲之命》《畢命》《冏命》《文侯之命》諸篇，但是今文《尚書》僅《文侯之命》及《顧命》兩篇存世，其餘諸篇皆已亡佚。清華簡《説命》三篇的發現，爲我們研究《尚書》命體提供了新材料。

《文侯之命》作於東遷之後的東周初年。《書序》云："平王錫晉文侯秬鬯圭瓚，作《文侯之命》。"[2] 孔穎達正義曰："幽王嬖褒姒，廢申后，逐太子宜臼。宜臼奔申。申侯與犬戎既殺幽王，晉文侯與鄭武公迎宜臼立之，是爲平王，遷於東都。平王乃以文侯爲方伯，賜其秬鬯之酒，以圭瓚副焉，作策書命之。史録其策書，作《文侯之命》。"[3] 爲了便於與清華簡《説命》進行比較，現先將《文侯之命》文本逐録於下：

王若曰："父義和，丕顯文武，克慎明德，昭升于上，敷聞在下。惟時上帝，集厥命于文王。亦惟先正克左右昭事厥辟，越小大謀猷罔不率從，肆先祖懷在位。嗚呼！閔予小子嗣，造天丕愆，殄資澤于下民，侵戎，我國家純。即我御事，罔或耆壽，俊在厥服，予則罔克。

① （清）阮元校刻《十三經注疏》，第369頁。
② （清）阮元校刻《十三經注疏》，第539頁。
③ （清）阮元校刻《十三經注疏》，第539頁。

曰‘惟祖惟父，其伊恤朕躬！’嗚呼！有績予一人，永綏在位。父義和，汝克紹乃顯祖，汝肇刑文武，用會紹乃辟，追孝于前文人。汝多修，扞我于艱，若汝，予嘉。"王曰："父義和！其歸視爾師，寧爾邦。用賚爾秬鬯一卣，彤弓一，彤矢百，盧弓一，盧矢百，馬四匹。父往哉！柔遠能邇，惠康小民，無荒寧。簡恤爾都，用成爾顯德。"①

《文侯之命》作於東周初年平王剛剛東遷之後，所以從文辭、辭氣及命文體式來看與西周晚期是相同的。《文侯之命》通篇爲記言，即平王的命辭。這與清華簡《説命》有很大區別。

清華簡《説命》是殷高宗命傅説輔佐自己。《説命》上中下三篇，體式又各有不同，上篇記事，中篇記言兼記事，下篇殘缺第一簡，所存各簡純爲記言。爲了便於稱引及比較，現將清華簡《説命》上篇文本逐録於下：

惟殷王賜説于天，庸爲失仲使人。王命厥百工向，以貨旬（徇）求説于邑人。惟弼人得説于傅巖，厥俾繃（弸）弓，紳（引）關辟矢。説方築城，滕降庸力，厥説之狀，鵑（腕）肩女（如）惟（椎）。王迺訊説曰："帝殹（抑）尔以卑余，殹（抑）非？"説迺曰："惟帝以余卑尔，尔左執朕袂，尔右稽首。"王曰："旦（亶）肰（然）。"天迺命説伐失仲。失仲是生子，生二戊（牡）豕。失仲卜曰："我其殺之？我其已，勿殺？""勿殺是吉。"失仲違卜，乃殺一豕。説于圍伐失仲，一豕乃觀（旋）保以逝，迺踐，邑人皆從。一豕隨仲之自行，是爲赤俘之戎。其惟説邑，在北海之州，是惟員（圓）土。説來自從，事于殷，王用命説爲公。

本篇從文體上看，通篇爲記事，是標準的記事體。所記事件有發生、發展、高潮和結局，非常完整；記事手段有叙述，有人物形象描寫，有人物對話。事件的發生是上天賜説給殷王高宗，暫時做失仲的備人。殷高宗

① （清）阮元校刻《十三經注疏》，第539~541頁。

命衆工匠做成説的像，用財物爲酬報讓邑人去尋找説。事件的發展是弼人在傅巖找到了説，接下來殷高宗與説對話交流上帝派説來輔佐殷高宗之事。事件的高潮是上天命説伐失仲。事件高潮部分的叙事並不是平鋪直叙，而是有補叙。説伐失仲事件的叙述，首先補叙了失仲生子之事，所生爲二牡豕，這是一個比喻的説法，是説失仲所生二子如二公豕，貪婪成性。失仲爲此占卜，其占卜的命辭是：“我其殺之？我其已，勿殺？”這是殷墟甲骨卜辭正反對貞之例。失仲占卜的占辭是“勿殺是吉”。但是，失仲違背斷占結果，竟要殺其中一子。這時説正圍攻失仲，其一子趁機逃逸，於是被説剪滅，他的邑人都順從了説。另一子隨失仲一起逃跑，這就是後來的赤俘戎。[①]事件的結局是説被殷高宗命爲公。結局的叙事中還順便插叙了説的邑所在之地，看似閑來之筆，實則使事件叙述更加豐滿。

以上是清華簡《説命》上篇的記事基本體式，很明顯，雖説是命體，但是通篇全爲記事，與《文侯之命》通篇全爲記言的命辭完全不同。

清華簡《説命》的中篇是記事兼記言且以記言爲主的命體。開篇有簡短的叙述，叙述交代了傅説來自傅巖，在殷高宗朝。殷高宗武丁會見傅説於宮門，然後進入宗廟，武丁再次比照自己所夢之事向傅説問詢，來輔佐自己是不是天帝之命，傅説做了肯定回答。這是記事部分。接下來武丁開始向傅説發表誡命，一方面是表示自己會特別重用傅説，另一方面也誡勉傅説恪守己責，爲王朝竭盡所能。

清華簡《説命》下篇的第一簡缺失，剩下的各簡内容都是殷高宗武丁對傅説的誡命之辭，文體體式上與《文侯之命》較爲接近。

以上是見於今古文《尚書》篇目的簡帛《尚書》逸篇。我們再看看不見於今古文《尚書》篇目及其存目的簡帛《尚書》逸篇。

清華簡《厚父》篇，目前學界有夏書、商書及周書三種觀點。筆者認爲應該屬於商書。其中非常重要的一點理由是《厚父》的文辭比周書還要古奧，比如語詞“都”的使用，形容詞“魯”的使用。“都”作爲歎詞，見於《書·堯典》：“驩兜曰：‘都！共工方鳩僝功。’”《書·皋陶謨》：“皋

---

① 可能就是赤烏氏之戎。

陶曰：'都！慎厥身修，思永。'""魯"，用作嘉美之義，其用法也非常古。還有一點理由是本篇文本中"王"向厚父問夏代君王之事，又稱厚父的高祖爲前文人，可見"王"不會是夏代的王，而厚父應該是夏代重臣之後，這個"王"也不可能是周代的王，應該是離夏代滅亡不會太久的王，那祇能是殷商早期的某位王。

清華簡《厚父》屬於記言文體，全篇記言由對話構成。在今文《尚書》二十八篇中，記言體居多，但是，對話體却不多。《尚書》六體典、謨、訓、誥、命、誓中，訓、誥、命、誓以獨言體或稱自白體爲主，雖然有潛在受衆，具有潛在的對話性，但是對話是不平等的。

祇有在《堯典》和《皋陶謨》中有實際性對話的存在。《堯典》的後半部分全爲對話，《皋陶謨》全篇爲對話。"謨"，謀也。《皋陶謨》所記爲舜帝、皋陶及禹之間的謀議，所以全篇由舜帝、皋陶及禹之間的對話構成。清華簡《厚父》在文體上與《皋陶謨》非常相似，從這一點也可以看出該篇寫作的時間應該比較早，確定爲商代早期是比較合適的。

從文體譜系上看，清華簡《厚父》應該是繼承了《堯典》特別是《皋陶謨》的對話體文體形式，處在承上啓下的位置上。

《堯典》、《皋陶謨》及《厚父》等早期書類文獻的對話體，是帝王向臣子咨詢、謀議政事的真實記錄，體現出帝王與臣子之間的平等、協商關係，而其後的命、訓、誥、誓則不同，體現出的是不對等關係。因此，通過文體形態的變化，我們可以看到文體背後更深層的政治因素。

清華簡《尹至》篇爲商書。有學者懷疑是古文《尚書》存目篇《疑至》。《書序》云："湯既勝夏，欲遷其社，不可。作《夏社》《疑至》《臣扈》。"[①]晚出孔傳云："湯承堯、舜禪代之後，順天應人，逆取順守而有慙德，故革命創制，改正易服，變置社稷，而後世無及句龍者，故不可而止。"[②]孔穎達正義曰："疑至與臣扈相類，當是二臣名也。蓋亦言其不可遷之意。馬融云：'聖人不可自專，復用二臣自明也。'"[③]按照馬融和孔穎達

①　（清）阮元校刻《十三經注疏》，第339頁。
②　（清）阮元校刻《十三經注疏》，第339頁。
③　（唐）孔穎達撰《宋本尚書正義》（三），第56頁。

之意，“疑至”和“臣扈”是兩個臣子之名，《書序》又云《夏社》《疑至》《臣扈》三篇的内容涉及的是湯滅夏之後遷社之事，而清華簡《尹至》篇講的是伊尹與湯之事，與遷社之事無關。因此，清華簡《尹至》不會是古文《尚書》存目中的《疑至》。

雖然清華簡《尹至》不見於今古文《尚書》及存目，但是《尹至》的文體以及用詞、句式等方面與傳世《尚書》文本非常相似。比如，清華簡《尹至》篇有“湯曰格”“余及汝皆亡”“越今旬日”“其如台”“兹乃”等語句，而這些語句在今本《尚書》中都很常見，並且多見於商書之中。比如，《書·湯誓》有“王曰格”，《書·盤庚上》有“王若曰格”；《書·湯誓》有“時日曷喪，予及汝皆亡”；《書·召誥》有“越六日乙未”“越三日戊申”；《書·湯誓》有“夏罪其如台”，《書·盤庚上》有“卜稽曰其如台”，《書·高宗肜日》有“其如台”，《書·西伯戡黎》有“今王其如台”；《書·酒誥》有“兹乃允惟王正事之臣”，《書·立政》有“兹乃三宅無義民”“兹乃俾乂國”。就文體特徵、叙述及記言方式來看，《尹至》是記事兼記言類文體，也與《尚書》極爲相似。

從文體譜系上看，清華簡《尹至》屬於早期商書，其文辭古奥，文體體式簡潔素樸，處於文體譜系的上端，其文體體式等方面的特徵被中晚期商書及其後的周書所繼承和發展。

最後，我們再看看《封許之命》的文體譜系。《封許之命》作於西周初年成王時期，記載的是西周初年成王封建許國的命書。《封許之命》的文體體式與金文所見命書行文格式基本相同，全篇命書由回顧受封人吕丁輔佐文王、武王的功績，册命許侯，職責要求，所賜各種寶物禮器明細以及儆誡幾個部分組成。

古文《尚書》及存目有命體共九篇，今文《尚書》僅存《顧命》和《文侯之命》，其餘皆已亡佚。

《顧命》作於成王將崩之際。《書序》云：“成王將崩，命召公、畢公率諸侯相康王，作《顧命》。”[1]《史記·周本紀》云：“成王將崩，懼太子釗

---

[1] （清）阮元校刻《十三經注疏》，第505頁。

之不任，乃命召公、畢公率諸侯以相太子而立之。成王既崩，二公率諸侯，以太子釗見於先王廟，申告以文王、武王之所以爲王業之不易，務在節儉，毋多欲，以篤信臨之，作《顧命》。太子釗遂立，是爲康王。康王即位，徧告諸侯，宣告以文武之業以申之，作《康誥》。故成康之際，天下安寧，刑錯四十餘年不用。康王命作策畢公分居里，成周郊，作《畢命》。"①《顧命》是周成王臨終遺命，命召公、畢公輔佐康王。按照今文《顧命》，全篇由四部分構成，第一部分叙述成王遺命前的情況，第二部分爲成王命辭，第三部分叙述成王喪事，第四部分是康王誥命。按照《史記》的講法，第四部分康王誥命應該是《康誥》，即《康王之誥》。即使如此，《顧命》實際上也由三部分構成，兩頭爲叙事，中間是記言。這種文體體式與西周初年成王册封許侯的命書《封許之命》相比，在行文上已經有很大的變化，比之《封許之命》，《顧命》的行文顯得有些蕪雜。

《文侯之命》作於平王東遷之後不久，周王室已經開始衰落，平王的册命之辭充滿了無奈，甚至有幾分哀求，討好晉文侯之意也溢於言表。命書極爲簡陋，通篇爲平王説給晉文侯的好聽的話。與西周初年《封許之命》相比，已不可同日而語，文體簡陋，絲毫没有命體的語氣、辭氣與體式。總之，通過將清華簡《封許之命》這樣一篇西周早期的命書與東周初年命書相比，可以清楚看到《尚書》命體在文體形態上的變化。

綜之，從簡帛《尚書》類文獻與傳世《尚書》文本對比中我們可以看到，書類文獻的文體是有發展變化的，但是，發展變化並不都是正向的，實際上，早期書類文獻的一些文體體式及特徵，有的在變化中逐漸淡化甚至解體消失。從總的趨勢來看，書類文獻的文體特徵都在走向解體。解體不是完全消亡，而是孕育着新生。書類文體肇端於堯舜，發展於夏商，於西周達到鼎盛，但同時書類文體的局限性也越來越突出，東周以後開始衰退並逐漸解體，被更有張力從而就更有活力的新《書》體所取代，這種新《書》體文獻包括各國的《春秋》，以及《左傳》和《國語》。

---

① （漢）司馬遷撰、（宋）裴駰集解、（唐）司馬貞索隱、（唐）張守節正義《史記》，第1册，第134頁。

三　書類簡帛文獻與《逸周書》

《逸周書》，《漢書·藝文志》稱爲《周書》。《漢書·藝文志》著録"《周書》七十一篇"，班固自注"周史記"。顏師古注云："劉向云：'周時誥誓號令也，蓋孔子所論百篇之餘也。'今之存者四十五篇矣。"[①]唐代顏師古作注時見到的祇有四十五篇，説明在唐初就已經開始亡佚。今本《逸周書》存七十篇，加上《周書序》一篇，雖已湊足《漢書·藝文志》"七十一篇"之數，但是，已不全是舊篇。今本所存七十篇中有十一篇僅存篇目，還有一些篇没有晉人孔晁注，可能爲後人補入，有孔晁注的祇有四十二篇。

今本《逸周書》不僅與《漢書·藝文志》所著録的七十一篇相比已散佚多篇，而且所存文本也多有錯訛、脱佚之處，很多篇章已經無法通讀。如今，清華簡書類文獻中就有《逸周書》的逸篇發現，這爲整理研究《逸周書》帶來了新的曙光。同時，我們也可以通過《逸周書》等傳世書類文獻探討清華簡書類文獻的文體譜系脈絡。

清華簡書類文獻中有四篇就是《逸周書》的篇章，分別是《程寤》《皇門》《祭公之顧命》《命訓》，其中《程寤》今本已經亡佚。清華簡書類文獻中還有一篇被整理者命名爲《保訓》的文獻，雖然不在今本《逸周書》之中，却是與《逸周書》文體非常接近，應該是《逸周書》的逸篇。

《逸周書·書序》中的《程寤》序已經亡佚。孔穎達《毛詩正義》在《皇矣》篇第六章下疏云："《周書》稱'文王在程，作《程寤》《程典》'。皇甫謐云'文王徙宅於程'，蓋謂此也。箋嫌此即是豐，故云'後竟徙都於豐'。知此非豐者，以此居岐之陽，豐則岐之東南三百里耳。"[②]孔穎達所引"文王在程作《程寤》《程典》"應該是《逸周書·書序》之文。兹將清華簡《程寤》迻録如下：[③]

---

① （漢）班固撰、（唐）顏師古注《漢書》，第 6 册，第 1705、1706 頁。
② （清）阮元校刻《十三經注疏》，第 1123 頁。
③ 采用寬式釋文。簡序按照復旦大學古文字讀書會意見做了調整。釋文及斷句在原整理者基礎上按照個人理解做了適當調整。

惟王元祀正月既生魄，太姒夢見商廷惟棘，廼小子發取周廷梓樹于厥間，化爲松柏棫柞。寤驚，告王。王弗敢占，詔太子發，卑靈名凶，袯。祝忨袯王，巫率袯太姒，宗丁袯太子發。幣告宗祊社稷，祈於六末山川，攻于商神，望，燕，占于明堂。王及太子發並拜吉夢，受商命于皇上帝。興，曰："發，汝敬聽吉夢。朋棘敶梓松，梓松柏副，棫橐柞，柞化爲膲。嗚呼，何警非朋，何戒非商，何用非樹。樹因欲，不違材。如天降疾，旨味既用，不可藥，時不遠。惟商感在周，周感在商。擇用周，果拜不忍，綏用多福。惟梓敝，不義芃于商。俾行量亡乏，明明在向，惟容納棘，抑欲惟柏。夢徒庶言迷，刜又勿妄：秋明武威，如棫柞無根。嗚呼，敬哉！朕聞周長不貳，務亡勿用，不惎，思卑柔和順，生民不災，懷允。嗚呼！何監非時，何務非和，何畏非文，何保非道，何愛非身，何力非人。人謀彊，不可以藏。後戒，後戒，人用汝謀，愛日不足。"

清代盧文弨據《藝文類聚》卷七九、卷八九及《太平御覽》卷三九七、卷五三三引文爲《程寤》篇補出的七十五字正文就在上引清華簡這篇文獻裏，可以斷定此篇就是已經亡佚的《程寤》。①

清華簡《程寤》，按照孔穎達《毛詩正義》所引《書序》及該篇紀年情況來看，作於文王受命元年，屬於先周時期的文獻，在周書的文體譜系裏處於上端。該篇文獻屬於記事兼記言類書類文獻，可以分爲兩部分，前一部分叙述文王妃太姒吉夢並爲此展開一系列祭祀活動以及文王與太子共受天命，第二部分是文王對自己及太子發的儆誡之辭。此篇文辭古奧，結構緊湊，體式典雅，呈現出周早期書類文獻的特徵，在文體上具有典範意義。

清華簡《皇門》與今本《逸周書·皇門》內容基本一致，所以整理者將之命名爲《皇門》。《逸周書·周書序》云："周公會群臣於閎門，以輔主

---

① 盧文弨補的正文是："王去商在程，正月既生魄，大姒夢見商之庭產棘，小子發取周庭之梓樹于闕間，化爲松柏棫柞，寤驚，以告文王，文王乃召太子發占之于明堂。王及太子發並拜吉夢，受商之大命于皇天上帝。"

之格言，作《皇門》。"①依照《周書序》所説，《皇門》作於周公之時，其内容是周公訓誡群臣要進獻輔佐成王的至言。

就文體性質來説，儘管清華簡《皇門》篇題中没有"訓"字，但是從其通篇内容來看，應該屬於訓體。從周公的特殊身份來看，此篇訓是周公對群臣的訓誡，應該屬於訓體中的上訓下。

《逸周書》中的訓體文有多篇，本篇由於作於西周初年，在文體譜系上處於承上啓下的位置，該篇向上承繼文王、武王之訓體，向下直接影響西周以下訓體的發展。本篇爲勸誡，又是周公對群臣的勸誡，因此，從辭氣、語氣及措辭上看，本篇訓顯得更溫和一些。但是，這並不能改變文本訓體的性質。本篇在文體體式上以記言爲主，没有對話，爲獨白體。當然有受話者，受話者就是群臣，因爲没有對話，所以稱爲獨白。這種獨白記言，與《堯典》《皋陶謨》等更爲早期的書類文獻相比，體式已經發生重大變化，也就是由對話體轉向了獨白體，整個現場祇有一個聲音，《堯典》《皋陶謨》對話體所展現出的君臣謀議的場景進入西周就越來越少見了。

清華簡《祭公之顧命》就是《逸周書》的《祭公》。祭公是周公之後，爲周穆王重臣。《祭公之顧命》所記是祭公給周穆王的臨終遺言，實際上嚴格講並不是"命"，而是祭公對周穆王的臨終諫言。今文《尚書》中有《顧命》一篇，記載周成王臨終遺命，是成王命召公、畢公在自己去世後輔佐新王即康王的臨終遺命。所以清華簡《祭公之顧命》在文體性質上並不是命體，而是訓誡體，從訓誡主體與對象關係來看，屬於下對上。清華簡《祭公之顧命》，《逸周書》題名爲《祭公》，兩相比較，還是題名爲《祭公》比較允恰。

清華簡《祭公之顧命》作於西周中期，從文體形態來看，《祭公之顧命》是記言兼記事文體，而且該篇叙事記言極爲精彩，文體體式較爲完善，從文體譜系來看，正處於該類文體的鼎盛期，其後便逐漸轉向衰退。

清華簡《命訓》就是《逸周書》中的《命訓》。《逸周書》以"訓"爲

---

① 黃懷信、張懋鎔、田旭東撰《逸周書彙校集注》，第1131頁。

篇名的有《度訓》《命訓》《常訓》《時訓》諸篇。今文《尚書》二十八篇没有以"訓"爲篇名的，晚出古文《尚書》有《伊訓》一篇，晚出古文《尚書》存目有《高宗之訓》一篇。今文《尚書》没有訓體，晚出古文《尚書》已被證僞，《逸周書》存訓體四篇，成爲我們認識書類文獻訓體的重要材料，但是，《逸周書》缺脱錯訛嚴重，有的篇章甚至無法通讀，這對相關研究帶來極大不便。清華簡《命訓》篇雖有一定殘缺，但基本可以通讀大意，這對於我們認識書類文獻訓體的文體形態與體式帶來方便。

《逸周書·書序》云："殷人作教，民不知極，將明道極以移其俗，作《命訓》。"[1]這是《書序》對《命訓》篇主旨及寫作背景及動機的概括，但學者對此序的理解與解釋並不完全相同，甚至有很大差異。之所以造成這種差異，恐怕不是對《命訓》序文字理解上的不同這一個原因，還應該與今本《命訓》有較多缺脱錯訛而帶來解讀困難有關。

從清華簡《命訓》的内容來看，"命"就是天命，"訓"就是訓教。本篇主旨就是對"民"進行"命"的訓教。開篇云："〔天〕生民而成大命，命司德正以禍福。立明王以訓之，曰大命有常，小命日成。日成則敬，有常則廣，廣以敬命，則度〔至于〕極。夫司德司義而賜之福，福禄在人，人能居，如不居而重義，則度至于極。或司不義而降之禍，禍過在人，人□毋懲乎？如懲而悔過，則度至于極。夫民生而恥不明，上以明之，能無恥乎？如有恥而恒行，則度至于極。夫民生而樂生穀，上以穀之，能毋勸乎？如勸以忠信，則度至于極。夫民生而痛死喪，上以畏之，能毋恐乎？如恐而承教，則度至于極。"[2]目前，學界對這段話的理解在觀點上不完全一致。筆者認爲，"司"，不應解釋爲掌管。似更不應將"司德"解釋爲神。"司"，監視、窺察之意，後寫作"伺"。命就是天命，但是，此處的天命並不是宿命論的天命，這個天命是要通過監察人的德行並通過禍福來端正人的德行，所以福禄在人，禍過也在人。

該篇的訓教邏輯嚴密，説理性極强，讓我們一觀書類文獻訓體的體式及特徵。

---

[1]　黄懷信、張懋鎔、田旭東撰《逸周書彙校集注》，第 1118 頁。
[2]　李學勤主編《清華大學藏戰國竹簡》（伍），第 125 頁。

　　關於清華簡《命訓》的寫作時代，學界有不同看法。有殷商晚期文王爲殷三公時所作說，有西周初年說，有春秋說，也有戰國甚至秦漢說。從清華簡《命訓》的文辭及內容來看，其成文當晚不過春秋。從《逸周書》的《度訓》《命訓》《常訓》所謂三訓關聯緊密來看，當是形成於西周初年，但經過後世增益潤色。因爲《尚書》僅存的一篇《伊訓》爲晚書，所以清華簡《命訓》對於認識《書》的訓體就顯得非常重要了。

　　清華簡《保訓》不見於今本《逸周書》，《保訓》記載的是周文王五十年，文王臨終前給太子發的遺言。按照《逸周書》篇名命名慣例，如《文儆》《武儆》之例，該篇命名爲《文訓》也許更好一些。

　　清華簡《保訓》與《逸周書》記文王諸篇如《文儆》《文傳》在文體體式上非常接近。爲了方便比較，茲迻錄《保訓》如下：

　　　　惟王五十年，不豫，王念日之多鬲（歷），恐墜保訓。戊子自讀水，己丑昧〔爽〕□□□□□□□□。〔王〕若曰："發，朕疾歐甚，恐不汝及訓。昔前人傳保，必受之以詞（誦）。今朕疾允病，恐弗念（堪）終，汝以箸（書）受之。欽哉，勿淫！昔舜舊作小人，親耕于鬲（歷）茅（丘）。恐救（求）中。自詣厥志，不諱于庶萬眚（姓）之多欲，厥有施于上下遠埶，迺易立（位）埶詣，測陰陽之物，咸川（順）不逆。舜既得中，言不易實變名，身茲備，惟允，翼翼不解，用作三降之德。帝堯嘉之，用受厥緒。於呼！祗之哉！昔微假中于河，以復有易，有易怀（服）厥辠。微亡害，迺師[1]中于河。微寺（志）弗忘，傳貽子孫，至于成康（湯），祗備不解，用受大命。於呼！發，敬哉！朕聞茲不舊（久），命未有所次（延）。今汝祗備毋解，其有所由矣。不及爾身受大命，敬哉，毋淫！日不足，惟宿不詳。"

　　本篇以紀年開篇，文王五十年，學者們多以爲是文王受命之九年。文王自覺身體不適，恐來日不多，於是召太子發以傳保訓。文王向太子發所

---

① 釋文中"師中于河"的"師"字釋讀，參見李學勤《重說〈保訓〉》，《深圳大學學報》（人文社會科學版）2014年第1期。

傳的保訓應該是“中”，而“中”是什麽，學界意見還不一致，從文中所云“受之以誦”，“以書受之”來看，應該是寶典一類的書籍。文王還向太子發講述了“中”的來源。

從《逸周書》的記載來看，文王不止一次向太子發傳授寶，有寶物，有寶典。在《逸周書》的《文傳》篇，文王語重心長、不耐其煩地向太子發傳授他“所保與所守”：

> 文王受命之九年，時維暮春，在鄗。召太子發曰：“嗚呼！我身老矣！吾語汝我所保與我所守，傳之子孫。吾厚德而廣惠，忠信而志愛。人君之行，不爲驕侈，不爲泰靡，不淫于美，括柱茅茨，爲民愛費。山林非時，不升斤斧，以成草木之長。川澤非時，不入網罟，以成魚鱉之長。不麛不卵，以成鳥獸之長。畋漁以時，童不夭胎，馬不馳騖，土不失宜。土可犯，材可蓄。潤濕不穀，樹之竹、葦、莞、蒲。礫石不可穀，樹之葛、木，以爲絺綌，以爲材用。故凡土地之閒者，聖人裁之，並爲民利。是魚鱉歸其泉，鳥歸其林。孤寡辛苦，咸賴其生。山以遂其材，工匠以爲其器，百物以平其利，商賈以通其貨。工不失其務，農不失其時，是謂和德。土多民少，非其土也。土少人多，非其人也。是故土多發政以漕四方，四方流之。土少安帑而外其務，方輸。《夏箴》曰：‘中不容利，民乃外次。’《開望》曰：‘土廣無守，可襲伐；土狹無食，可圍竭。二禍之來，不稱之災。’天有四殃：水、旱、饑、荒，其至無時，非務積聚，何以備之。《夏箴》曰：‘小人無兼年之食，遇天饑，妻子非其有也。大夫無兼年之食，遇天饑，臣妾輿馬非其有也。’戒之哉！弗思弗行，至無日矣。不明開塞禁舍者，其如天下何！人各修其學而尊其名，聖人制之。故諸橫生盡以養從，從生盡以養一丈夫。無殺夭胎，無伐不成材，無墮四時。如此者十年，有十年之積者王。有五年之積者霸。無一年之積者亡。生十殺一者物十重，生一殺十者物頓空。十重者王，頓空者亡。兵強勝人，人強勝天。能制其有者，則能制人之有。不能制其有者，則人制之。令行禁止，王始也。出一日神明，出二日分光，出三日無適

異，出四日無適與。無適與者亡。"①

以上《文傳》篇文王所傳的"保"與"守"，與清華簡《保訓》篇文王向太子發所傳的"保訓"應該是同類的，都是治國寶典。

由此可見，從文體譜系上看，清華簡《保訓》與《逸周書》的《文傳》等篇具有非常密切的關聯。從《保訓》與《文傳》的寫作時間來看，一個是文王五十年，一個是文王受命之九年，學者們早已指出，這兩個紀年爲同一年。如果是同一年，從《保訓》文王自稱來日不多來看，《保訓》應該是作於《文傳》之後。《文傳》篇作時，王文身體尚無大礙，因此，按照"必受之以誦"的方式，向太子發傳授，所傳之"保"的具體內容得到史官的記錄，所以我們纔得以見到。但是，清華簡《保訓》是在文王病重之時，文王無法按照"必受之以誦"的方式向太子發傳授，祇能讓太子發"以書受之"，所以我們無法見到文王所傳"保訓"的具體內容，祇是從文王講述"中"的來歷來看，文王向太子發所傳之"保訓"是一篇以"中"爲核心內容的治國寶典。

文王以後，這種由時王向嗣王傳"寶"的書類文獻，在《逸周書》中還有《武儆》等篇。《逸周書·武儆》記載周武王十二年召周公立後嗣，武王以天命託付"小子誦文及寶典"。小子誦就是周成王，名誦。

今本《逸周書·武儆》已經殘缺，僅存如下文字：

> 惟十有二祀四月，王告夢。丙辰，出金枝、郊寶、開和、細書，命詔周公旦立後嗣。屬小子誦文及寶典。王曰：嗚呼，敬之哉！汝勤之無蓋。□周未知所周，不知商□無也。朕不敢望，敬守勿失，以詔宥小子曰：允哉。汝夙夜勤心之無窮也。②

本篇也以紀年開篇，與清華簡《保訓》完全相同。"王告夢"，當指《逸周書·武儆》上一篇《度邑解》中文王所説"惟二神授朕靈期"之事。

---

① （晉）孔晁注、（清）盧文弨校定《逸周書》，第88~93頁。
② （晉）孔晁注、（清）盧文弨校定《逸周書》，第157~158頁。

由此觀之，《武儆》篇所記也是武王在知道自己時日不多時，向嗣王小子誦傳"寶"，這在文體體式上與清華簡《保訓》如出一轍。

清華簡《保訓》中文王向太子發傳授的是以"中"爲主題的寶典，《逸周書·武儆》篇武王向小子誦傳授的是"文及寶典"。由於《逸周書·武儆》篇文本殘缺不全，關於所傳"文及寶典"具體内容是什麽，已很難考知。祇能通過文中"丙辰，出金枝、郊寶、開和、細書"一句來推測了，不過，"金枝、郊寶、開和、細書"究竟是什麽，諸家看法不一。[①]孫詒讓以爲"金枝"當是指"金版"，是書名，"開和"也是書名；朱駿聲認爲"細書"當是指"紬書"，是書名。陳漢章認爲"郊寶"應該是"鄁保"，"郊"是"鄁"之訛，"郊寶"也是書名。如此，"金枝、郊寶、開和、細書"就都是書了，這與《武儆》篇中所説武王向嗣王"屬小子誦文及寶典"是相合的。

以上我們將清華簡《保訓》與《逸周書》的《文傳》及《武儆》作了對比，從對比中我們可以看到，清華簡《保訓》與《逸周書》的《文傳》及《武儆》在文體上能夠構成鏈條譜系，説明之間存在承繼關係。同時，比較也有助於對這三篇文獻及相關文獻内容的準確理解。

另外，上博楚簡《成王既邦》文體體式同《逸周書》較爲接近，對於書類文獻文體譜系研究也具有重要意義。

綜之，通過清華簡《程寤》《皇門》《祭公之顧命》《命訓》《保訓》五篇文獻與《逸周書》相關篇章在文體形態上進行排比繫聯，我們更清楚地瞭解到清華簡書類文獻的文體形態及體式，並在此基礎上初步探尋到書類文獻的發展譜系。總體上看，處於西周初年及西周鼎盛時期的清華簡書類文獻，其書類文體特徵更突出，體式更完備，同時，也可以看到，西周初期文體對西周鼎盛期文體影響明顯，與前文我們探討清華簡書類文獻與《尚書》文體之間譜系關係時得出的結論是一致的。

---

① 參見黃懷信、張懋鎔、田旭東撰《逸周書彙校集注》，第485頁。

第三章　詩類簡帛文獻的文體形態及文體譜系

近年來，出土的詩類文獻越來越多，上博楚簡有逸詩兩篇，清華楚簡有與《詩經》文體極爲相似的詩歌作品，安徽大學藏楚簡還有《詩經》寫本；20世紀70年代還出土了阜陽漢簡《詩經》寫本。這些出土的詩類文獻，文本形態及文體形態如何？它們之間以及與傳世相關文獻之間的譜系關係如何？這些問題都是值得深入探討的。

第一節　上博簡逸詩的文體形態及文體譜系

上博簡逸詩是上海博物館1994年5月入藏的一批竹簡中的一種。上博簡逸詩一共有兩篇，未發現篇題，現篇題《交交鳴鳥》和《多薪》爲整理者所加。①

根據上海博物館整理報告公布的數據，上博簡《交交鳴鳥》現存竹簡4支，都是殘簡，其中，第一支竹簡上、下兩端均已殘斷，殘存部分長度是24.7釐米，殘存文字21個；第二支竹簡上端殘斷，下端完好，殘存部分長度是23.1釐米，現殘存文字22個，包括重文1個；第三支竹簡上端殘斷，下端完好，殘存部分長度是27釐米，殘存文字25個，包括重文1個；第四支竹簡上端殘斷，下端完好，殘存部分長度是25.8釐米，殘存文字26個，包括重文1個。②

上博簡《交交鳴鳥》現存三章，每一章都是十句，全篇用韻。現依據詩歌複沓表達手法的規律性對竹簡缺字試作補出，不過，還有三個字無法

---

① 參見馬承源主編《上海博物館藏戰國楚竹書》（四），第173頁。

② 參見馬承源主編《上海博物館藏戰國楚竹書》（四），第173頁。

補出。現將補字後的釋文迻録如下（□表示無法補出的字）：

交交鳴鴬，集于中梁。愷俤君子，若玉若英。君子相好，以自爲長。愷豫是好，惟心是□。間關愻司，皆華皆英。

交交鳴鴬，集于中渚。愷俤君子，若豹若虎。君子相好，以自爲□。愷豫是好，惟心是黃。間關愻司，皆上皆下。

交交鳴鴬，集于中潢。愷俤君子，若□若貝。君子相好，以自爲慧。愷豫是好，惟心是萬。間關愻司，皆少皆大。

上博簡《多薪》現存竹簡兩支，全部殘斷，兩支竹簡上一共殘存文字44個，包括8個重文。第一支竹簡上端殘斷，下端基本完好，殘存部分長度是20.3釐米，殘存部分有文字23個，包括重文4個。第二支竹簡的上端殘斷，下端完好，殘存部分長度是23釐米，殘存部分有文字21個，包括重文4個。因爲竹簡殘缺嚴重，已經無法判斷這首詩的篇章體式。兹迻録殘存部分的釋文於下：

兄及弟淇，鮮我二人。多薪多薪，莫奴（如）蓷薆。多人多人，莫奴（如）兄☑

莫奴（如）同生。多薪多薪，莫奴（如）松杍。多人多人，莫奴（如）同父母。

兩篇逸詩的文體體式與《詩經》極爲相似。從文體形態來看，這兩首逸詩與《詩經》文體形態是接近的。關於這一點，目前學界没有異議。但是，在這兩首逸詩與《詩經》之間的譜系關係問題上，學界却有不同看法，主要有兩種觀點。

一種觀點認爲上博簡逸詩就是《詩經》作品，或者説是在《詩經》文獻檔案中，祇是在孔子删詩時被删除在三百篇之外了。[①] 這種觀點主要是

---

① 參見周泉根《從新出楚簡逸詩重詁"删詩説"——兼論〈詩〉的結集及淫詩問題》，《新東方》2016年第3期。

依據司馬遷《史記·孔子世家》所講的"古者詩三千餘篇，及至孔子，去其重，取可施於禮義，上采契后稷，中述殷周之盛，至幽厲之缺，始於衽席，故曰'《關雎》之亂以爲風始，《鹿鳴》爲小雅始，《文王》爲大雅始，《清廟》爲頌始'。三百五篇孔子皆弦歌之，以求合韶武雅頌之音。禮樂自此可得而述，以備王道，成六藝"①。

過去，人們習慣上稱《詩經》是先秦詩歌總集。司馬遷説古詩三千餘篇，有人認爲三千之數並非實指。先秦究竟有多少首詩，現已無法求證。但是，無論從出土文獻還是從傳世文獻來看，在三百篇之外確實存在歌詩。所以應該説《詩經》是一部先秦詩歌的選集，在周王室采詩檔案中的詩還有很多沒有編入《詩經》，不過，上博簡逸詩是否就是周王室采詩檔案中的詩，却是一個需要進一步研究的問題。

另一種觀點認爲，上博楚簡逸詩是楚人的擬《詩》作品。②這種觀點的主要依據是兩首逸詩都"頗具楚地文化色彩"，《交交鳴鷖》以楚人圖騰鳳鳥即'鷖'起興，贊美君子的儀容、品性、親民、勤政，風神搖曳，楚地文化色彩明顯"。③

實際上，今本《詩經》中也有楚地的詩。《詩經》二南之中有很多爲楚地楚人作品。因此，是不是楚人楚地作品，並不是判斷上博簡逸詩是《詩經》作品，還是擬《詩》作品的標準。

因此，關於上博簡逸詩的性質及譜系問題還需要深入研究。研究方向和問題的解決主要在以下兩個方面：一是上博簡逸詩的斷代研究；二是上博簡逸詩的文本形態研究。斷代研究主要解決上博簡逸詩創作年代，從而爲判斷其性質提供依據；文本形態研究主要從用詞習慣、詞法、句法、章法等方面的形態特徵入手，並與《詩經》進行對比，從而爲判斷其性質提供依據。實際上，文本形態研究與斷代研究二者密切相關，文本形態研究可以爲斷代研究提供手段與依據。

---

① （漢）司馬遷撰、（宋）裴駰集解、（唐）司馬貞索隱、（唐）張守節正義《史記》，第6冊，第1936~1937頁。

② 參見常佩雨《上博簡逸詩〈交交鳴鷖〉新論》，《河南社會科學》2012年第6期。

③ 常佩雨：《上博簡逸詩〈交交鳴鷖〉新論》，《河南社會科學》2012年第6期。

第二節　清華簡《耆夜》五詩文體形態

在清華大學 2008 年入藏的戰國竹簡中，有一篇名爲《耆夜》的文獻。"《耆夜》簡共 14 支，簡長 45 釐米，其中 4 支有殘缺。每簡正面字數 27 至 31 字不等，背面都有次序編號。第 14 支簡背有'郘夜'二字，係篇題。"[①]

《耆夜》寫本整理者認爲："'郘'古書作'黎'或'耆'等，'夜'通'舍'或'氒'。簡文講述武王八年伐黎大勝之後，在文王太室舉行飲至典禮，武王君臣飲酒作歌的情事。"[②]

清華簡《耆夜》寫本中，在記述史事時，還記載武王及周公所作的五首歌詩。這五首歌詩分別是《樂樂旨酒》《輶乘》《贔贔》《明明上帝》《蟋蟀》，其中前兩首爲武王所作，後三首爲周公作所。茲將這五首歌詩的全文迻錄於下：[③]

《樂樂旨酒》：樂樂旨酒，宴以二公。紝仁兄弟，庶民和同。方臧方武，穆穆克邦。嘉爵速飲，後爵乃從。

《輶乘》：輶乘既飭，人備余不胄。虞士奮甲，緊民之秀。方臧方武，克燮仇雠。嘉爵速飲，後爵乃復。

《贔贔》：贔贔戎備（服），臧武赳赳。怂情（精）謀猷，裕德乃救。王有旨酒，我憂以屁。既醉又侑，明日勿稻。

《明明上帝》：明明上帝，臨下之光。丕顯來格，歆厥禋明。於☑月有盈缺，歲有歇行。作茲祝誦，萬壽亡疆。

《蟋蟀》：蟋蟀在堂，役車其行。今夫君子，不喜不樂。夫日□□，□□□忘。毋已大樂，則終以康。康樂而毋荒，是惟良士之方方。蟋蟀在席，歲喬云莫。今夫君子，不喜不樂。日月其邁，從朝及

___

① 李學勤主編《清華大學藏戰國竹簡》（壹），第 149 頁。
② 李學勤主編《清華大學藏戰國竹簡》（壹），第 149 頁。
③ ☑，表示竹簡殘斷，無法確知所缺字數。□，表示竹簡殘斷後的缺字，並可以確知所缺字數。

夕。毋已大康，則終以祚。康樂而毋荒，是惟良士之懼懼。蟋蟀在
舒，歲喬云□。□□□□，□□□□，□□□□□□，□□□□。毋
已大康，則終以懼。康樂而毋荒，是惟良士之懼懼。

在以上這五首歌詩中，《樂樂旨酒》《輶乘》《贔贔》及《明明上帝》
四首歌詩不見於傳世文獻，而《蟋蟀》的一部分詩句見於傳世本《詩
經·唐風》中的《蟋蟀》。清華簡這篇寫本歌詩《蟋蟀》，與傳世本唐風中
的《蟋蟀》是什麼關係，學者們尚未達成一致意見。李學勤認爲："粗看
起來，兩篇《蟋蟀》似乎相近，仔細分析，兩者實有較顯著的差異。"[1]正
像李學勤先生講的那樣，清華簡寫本《蟋蟀》歌詩，的確與傳世本《詩
經·唐風》中的《蟋蟀》存在很大區別。然而，也不難看出，兩篇《蟋
蟀》之間的關聯也是明顯的，二者具有相同或相似的詩句，也是無法迴避
的。爲什麼會出現具有一定相似性的兩篇《蟋蟀》，學者們在努力尋求答
案，但看法並不一致。目前大致有仿作説、改造説、采風説等説法。所謂
仿作説，就是認爲清華簡《耆夜》中這篇歌詩是戰國時期的人假託周公而
仿作的；所謂改造説，就是認爲清華簡《耆夜》寫本中的《蟋蟀》是周公
的原創，而傳世本《詩經·唐風》中的《蟋蟀》是對周公原作的改寫及潤
色；所謂采風説，就是認爲清華簡《耆夜》寫本中的《蟋蟀》是周公從唐
地采風得到的民歌素材，並在現場作歌時加以使用。

清華簡《耆夜》寫本中的這五首歌詩，都是在飲至典禮飲宴的現場
創作的。現場創作歌詩，在一定程度上使用"套語"，也是情理之中的事
情。清華簡《蟋蟀》與傳世本《詩經》中的《蟋蟀》很可能沒有什麼直接
關係，很可能是二者分別使用了相同的或者相近的套語纏造成了這樣一個
結果。

孔子云"周監於二代，郁郁乎文哉，吾從周"[2]，從清華簡《耆夜》所
記飲至典禮飲宴歌詩的盛況來看，孔夫子所盛贊的西周禮樂文明應該是歷
史事實。

---

[1] 李學勤：《論清華簡〈耆夜〉的〈蟋蟀〉詩》，《中國文化》2011 年第 1 期。
[2] （宋）朱熹集注《宋本論語集注》（一），第 115 頁。

僅僅在一次飲至典禮飲宴之上，就有多篇歌詩在現場被創作出來，這充分反映出以周武王及周公爲代表的西周王室成員的文化教養。同時，我們通過這場現場歌詩創作，也可以看出詩樂在西周初年就已經非常盛行了。

從文體形態來看，清華簡《耆夜》這五首詩的文體體式與《詩經》相比，基本上是一致的。因此，可以看出，這五首詩並非戰國人士所假託，爲西周時期的作品應該是沒有問題的。

第三節　清華簡《耆夜》五詩文體譜系

從文體譜系上看，清華簡《耆夜》所記的這五首詩與《詩經》同源，並且在時間上看與《詩經》是同一時期的作品，這五首詩與《詩經》之間的文體譜系關係值得深入探討。

一　清華簡《耆夜》中《樂樂旨酒》等四詩與《詩經·小雅》

《耆夜》開篇云："武王八年，征伐邠，大戡之。還，乃飲至于文大（太）室。畢公高爲客，召公保奭爲夾，周公叔旦爲主，辛公誳甲爲位，作冊逸爲東堂之客，吕尚父命爲司正，監飲酒。"[①]

清華簡《耆夜》記述的是周武王八年伐黎得勝歸來，隨即周武王與多位重臣在文王太室舉行了飲至典禮，在飲至典禮的飲宴現場，周武王君臣依禮飲酒作歌。

首先是武王"夜爵酬畢公，作歌一終曰《樂樂旨酒》"。"夜"讀爲"舍"，或讀爲"設"，設置之意。因爲畢公高爲此次宴會的主客，所以武王首先設爵酬畢公，並作歌一首《樂樂旨酒》："樂樂旨酒，宴以二公。紝仁兄弟，庶民和同。方臧方武，穆穆克邦。嘉爵速飲，後爵乃從。"二公，指周公和畢公。紝，讀爲恁，《玉篇》："恁，信也。"誠信之意。全詩大意是説："歡樂的宴會，甘甜的美酒，宴請周公和畢公。兄弟誠信仁愛，萬民團結和諧。健碩威武正當年，大勝黎邦。""嘉爵速飲，後爵乃從"是勸酒詞。

---

① 李學勤主編《清華大學藏戰國竹簡》（壹），第150頁。

接下來武王"夜爵酬周公，作歌一終曰《輶乘》"。因爲周公的特殊身份和地位，此次宴會周公雖然代替武王做宴會主人，但是武王仍然酬謝周公並作歌一首《輶乘》："輶乘既飭，人備余不冑。虞士奮甲，緊民之秀。方臧方武，克燮仇讎。嘉爵速飲，後爵乃復。"全詩大意是説：輕車已修整，甲冑已披挂，萬民中的出類拔萃者，健碩威武正當年，大勝黎邦。

武王酬畢，接下來周公作爲宴會主人酬謝畢公。"周公夜爵酬畢公，作歌一終曰《贔贔》"："贔贔戎服，臧武趄趄。毖情（精）謀猷，裕德乃救。王有旨酒，我憂以颰。既醉又侑，明日勿稻。"全詩大意是説："厚重的軍服，雄壯威武。審慎謀略，纔能求得大功德。我王有美酒，擔心你喝多，已經喝醉還勸酒，明天心裏别恨我。"

接下來，周公酬謝武王。"周公或夜爵酬王，作祝誦一終曰《明明上帝》：明明上帝，臨下之光。丕顯來格，歆厥禋明。於☒月有盈缺，歲有歇行。作兹祝誦，萬壽亡疆。"全詩大意是説："光明的上帝，照臨下土。大顯來至，享用潔净的祭品。月有圓缺，歲有歇行。作此祝誦，萬壽無疆。"

至此，武王周公酬客結束。在這時發生了一個小插曲，"周公秉爵未飲，蟋蟀趙降于堂，周公作歌一終曰《蟋蟀》"。

以上是五首詩的創作過程。從創作過程及内容來看，依照禮儀，首先作歌的是周武王，周武王爲酬畢公，現場作了歌詩《樂樂旨酒》，爲酬周公，現場作了歌詩《輶乘》。接下來，依照禮儀，輪到周公作歌詩，周公爲酬畢公，現場作了歌詩《贔贔》，爲酬武王，現場作了歌詩《明明上帝》。以上周武王與周公所作歌詩都是飲至典禮禮儀規定動作，都屬於宴饗酬酢範疇。這四首詩在文體上相當於《詩經》的什麼文體呢？

朱熹《詩集傳》云："雅者，正也。正樂之歌也。其篇本有大小之殊，而先儒説又各有正變之别。以今考之，正小雅，燕饗之樂也。正大雅，會朝之樂，受釐陳戒之辭也。故或歡欣和説，以盡群下之情；或恭敬齊莊，以發先王之德。詞氣不同，音節亦異，多周公制作時所定也。及其變也，則事未必同，而各以其聲附之。其次序時世，則有不可考者矣。"[1]

---

[1] （宋）朱熹集傳《詩集傳》，趙長征點校，第129頁。

按照朱熹的説法，《小雅》屬於燕饗之樂，《大雅》屬於會朝之樂。上揭清華簡《耆夜》中的《樂樂旨酒》《輶乘》《蟋蟋》《明明上帝》四詩，都是宴會上的樂歌，也就是朱熹所説的"燕饗之樂"。

顯然，從文體上看，清華簡《耆夜》中的《樂樂旨酒》《輶乘》《蟋蟋》《明明上帝》四詩，屬於《詩經·小雅》文體。其中，《樂樂旨酒》《輶乘》是君宴臣，《蟋蟋》是周公宴畢公，可以看成是準君宴臣；《明明上帝》則是臣答其君。

需要指出的是，《明明上帝》雖然講到上帝"丕顯來格"，但是，此詩的重點是"歆厥禋明"，是贊美武王祭祀上帝祭品潔净，還有就是祝文王萬壽無疆。朱熹《詩集傳》云："頌者，宗廟之樂歌。《大序》所謂'美盛德之形容，以其成功告於神明者也。'蓋'頌'與'容'，古字通用，故序以此言之。周頌三十一篇，多周公所定，而亦或有康王以後之詩。魯頌四篇，商頌五篇，因亦以類附焉。"① 雖然《明明上帝》頌揚文、武二王，但文王此時還在世②，因此，該詩不屬於《頌》詩文體，還應該屬於《小雅》宴饗詩文體。

從《詩經·小雅》來看，《鹿鳴》《四牡》《皇皇者華》《常棣》《伐木》五詩是人君宴臣，其後《天保》則是臣下答君。正如朱熹所云："人君以《鹿鳴》以下五詩燕其臣。臣受賜者，歌此詩以答其君。言天之安定我君，使之獲福如此也。"③

按照以上我們對《樂樂旨酒》《輶乘》《蟋蟋》《明明上帝》四詩的文體定性，如果要將這四首詩收入《詩經》，那就應當編入《小雅》，這是完全没有問題的。但是，實際上，我們看到的今本《詩經·小雅》中並没有這四首詩。

在周代，《詩》主要有三個來源，一個是采詩，一個是獻詩，還有一個是史官記詩。這三個來源都見於文獻記載。

《漢書·藝文志》曰："哀樂之心感而歌詠之聲發，誦其言謂之詩，詠

---

① （宋）朱熹集傳《詩集傳》，趙長征點校，第 297 頁。
② 參見黄懷信《清華簡〈耆夜〉句解》，《文物》2012 年第 1 期。
③ （宋）朱熹集傳《詩集傳》，趙長征點校，第 136 頁。

其聲謂之歌。故古有采詩之官，王者所以觀風俗、知得失、自考正也。"①
《禮記·王制》："天子五年一巡守，歲二月東巡守，至于岱宗，柴而望祀
山川，觀諸侯，問百年者就見之，命大師陳詩，以觀民風。"②東漢鄭玄注：
"陳詩謂采其詩而視之。"③《國語·周語上》："故天子聽政，使公卿至於列
士獻詩。"④韋昭注："獻詩以風也。"⑤《禮記·玉藻》："動則左史書之，言則
右史書之。"⑥

清華簡《耆夜》篇記載的是武王八年伐黎獲勝歸來後在文王太室舉
行飲至禮上君臣飲宴作歌酬酢之事。武王伐黎，是歷史大事件，必然會有
史官記載，何況，在此次飲宴上，作册逸受邀爲東堂之客，就在現場。因
此，此次飲宴上的君臣作歌一定會被收錄進王室詩歌檔案，成爲西周詩歌
檔案庫的一部分。

現在有的學者認爲，這些詩應該編入《詩經》了，是被孔子在删詩時
删除的。這樣的看法似乎很順理成章。但是，實際上也存在問題。

這種觀點的前提是，孔子删詩前的《詩經》是周代詩歌總集，或者是
全集。也就是所有周代詩歌都被囊括了。到了孔子删詩時，很多詩被删除
了，祇剩下 305 首。

首先我們要探討的問題是，孔子删詩之前，作爲六經或五經之一的
《詩》是不是周代詩歌全集。

在孔子之前，六經就存在了，這是大家都承認的。六經的形成一定有
一個編輯的過程，就《詩》而言，在孔子删詩之前的《詩》，也是經過周
王室樂官整理加工編輯而成的，已經有一個定本。這個定本在公元前 544
年（魯襄公二十九年）吳季札（前 576—前 484）觀周樂時就已經形成了。
孔子公元前 551 年出生，季札觀樂這一年，孔子也祇有七歲。

《左傳·襄公二十九年》記載：

---

① （漢）班固撰、（唐）顏師古注《漢書》，第 6 册，第 1708 頁。
② （漢）鄭玄注、（唐）陸德明釋文《宋本禮記》（一），第 148~149 頁。
③ （漢）鄭玄注、（唐）陸德明釋文《宋本禮記》（一），第 148~149 頁。
④ （三國吳）韋昭注《宋本國語》（一），第 12 頁。
⑤ （三國吳）韋昭注《宋本國語》（一），第 13 頁。
⑥ （漢）鄭玄注、（唐）陸德明釋文《宋本禮記》（二），第 196 頁。

　　吴公子札來聘，見叔孫穆子，説之。謂穆子曰："子其不得死乎？好善而不能擇人。吾聞'君子務在擇人'。吾子爲魯宗卿，而任其大政，不慎舉，何以堪之？禍必及子！"請觀於周樂。使工爲之歌《周南》《召南》，曰："美哉！始基之矣，猶未也。然勤而不怨矣。"爲之歌《邶》《鄘》《衛》，曰："美哉，淵乎！憂而不困者也。吾聞衛康叔、武公之德如是，是其《衛風》乎？"爲之歌《王》，曰："美哉！思而不懼，其周之東乎？"爲之歌《鄭》，曰："美哉！其細已甚，民弗堪也，是其先亡乎！"爲之歌《齊》，曰："美哉，泱泱乎，大風也哉！表東海者，其大公乎！國未可量也。"爲之歌《豳》，曰："美哉，蕩乎！樂而不淫，其周公之東乎？"爲之歌《秦》，曰："此之謂夏聲。夫能夏則大，大之至也，其周之舊乎？"爲之歌《魏》，曰："美哉，渢渢乎！大而婉，險而易行，以德輔此，則明主也。"爲之歌《唐》，曰："思深哉！其有陶唐氏之遺民乎？不然，何憂之遠也。非令德之後，誰能若是？"爲之歌《陳》，曰："國無主，其能久乎？"自《鄶》以下無譏焉。爲之歌《小雅》，曰："美哉！思而不貳，怨而不言，其周德之衰乎？猶有先王之遺民焉。"爲之歌《大雅》，曰："廣哉，熙熙乎！曲而有直體，其文王之德乎？"爲之歌《頌》，曰："至矣哉！直而不倨，曲而不屈，邇而不偪，遠而不攜，遷而不淫，復而不厭，哀而不愁，樂而不荒，用而不匱，廣而不宣，施而不費，取而不貪，處而不底，行而不流，五聲和，八風平，節有度，守有序，盛德之所同也。"見舞《象箾》《南籥》者，曰："美哉！猶有憾。"見舞《大武》者，曰："美哉！周之盛也，其若此乎？"見舞《韶濩》者，曰："聖人之弘也，而猶有慙德，聖人之難也。"見舞《大夏》者，曰："美哉！勤而不德，非禹其誰能脩之？"見舞《韶箾》者，曰："德至矣哉！大矣，如天之無不幬也，如地之無不載也，雖甚盛德，其蔑以加於此矣。觀止矣！若有他樂，吾不敢請已！"①

_____

① （晉）杜預撰、（唐）陸德明音釋《宋本春秋經傳集解》（五），第93~97頁。

季札所觀周樂，總體上的順序是國風、小雅、大雅、頌。內容和順序與今本《詩經》基本一致。祇是國風與今本毛詩順序有異。國風的順序是周南、召南、邶、鄘、衛、王、鄭、齊、豳、秦、魏、唐、陳、鄶。今本毛詩順序是：周南、召南、邶、鄘、衛、王、鄭、齊、魏、唐、秦、陳、檜、曹、豳。

從觀樂過程看，季札觀過《詩經》之後，還緊接着觀了《象簡》《南籥》《大武》《韶濩》《大夏》《韶箾》等樂舞，所以，所觀《詩經》的篇章規模不會是所謂"古詩三千"的規模。因此，可以斷定，在孔子之前《詩經》已經有了定本，並且與今本毛詩規模基本相當。

綜上，清華簡《耆夜》中的《樂樂旨酒》《輶乘》《贔贔》《明明上帝》四詩，在文體上屬於《詩經》小雅的燕饗詩，在譜系上處在早期。

二　清華簡《蟋蟀》與《唐風・蟋蟀》

上文已經提到，在武王周公酬客結束時發生了一個小插曲。在周公持爵欲飲之際，突然有一隻蟋蟀降落到堂上，周公見景生情，於是當場作歌詩《蟋蟀》一終。

從作歌的行爲性質來看，周公此時作《蟋蟀》已經不屬於飲至禮的規定動作，不在程序之內。所以，其文體性質與《樂樂旨酒》《輶乘》《贔贔》《明明上帝》四詩截然不同，不屬於《詩經・小雅》燕饗詩，當然，也不屬於《大雅》及《頌》詩文體，實際上更接近於《國風》體裁。

在傳世毛詩《唐風》中也有一首《蟋蟀》，而且兩篇《蟋蟀》還有一部分文字相通，二者在文體譜系、文本譜系上是什麼關係呢？這是一個饒有興味的問題，涉及詩經學的很多重要方面。

首先，我們比較一下清華簡《蟋蟀》與今本毛詩《蟋蟀》在文本上的異同，爲了徵引方便，現將今本《蟋蟀》文本迻録於下：

> 蟋蟀在堂，歲聿其莫。今我不樂，日月其除。無已大康，職思其居。好樂無荒，良士瞿瞿。
> 蟋蟀在堂，歲聿其逝。今我不樂，日月其邁。無已大康，職思其

外。好樂無荒，良士瞿瞿。

　　蟋蟀在堂，役車其休。今我不樂，日月其慆。無已大康，職思其憂。好樂無荒，良士休休。

　　兩篇《蟋蟀》在總體結構上都分爲三章，清華簡《蟋蟀》每章十句，比今本毛詩《蟋蟀》多兩句。兩篇《蟋蟀》每章都以“蟋蟀”起興，清華簡本分別是“蟋蟀在堂”“蟋蟀在席”“蟋蟀在舒”，而今本毛詩每章起始都是“蟋蟀在堂”。兩篇《蟋蟀》押韻也不同，還有就是兩詩的主題也有所不同。關於這些區別，學界看法比較一致。

　　不過，在二者之間的關係問題上，學界看法却不統一。主要有這樣幾種説法：第一種“源流説”，第二種“同題異作説”。“源流説”觀點認爲清華簡《蟋蟀》是源，毛詩《唐風·蟋蟀》是流。[①]“同題異作説”認爲，清華簡《蟋蟀》與毛詩《唐風·蟋蟀》雖然題名相同，却屬於不同的創作。[②]

　　在現有文獻基礎上，想要在清華簡《蟋蟀》與毛詩《唐風·蟋蟀》之間作出文本譜系判斷是非常困難的。不過，就後者與前者相同文本數量來看，清華簡《蟋蟀》是源的可能性更大。

　　如果認爲清華簡《蟋蟀》是源，那就意味着清華簡《蟋蟀》是周公的原創。從《耆夜》記載來看，明確説是周公作歌，名曰《蟋蟀》。也就是説，從文本形成背景來看，清華簡《蟋蟀》是觸景生情之作，詩的本事本義明確清晰，這是一個事實，這個事實的可靠性是由《耆夜》史書文獻性質做保障的。

　　我們也可以從清華簡《蟋蟀》文本內部來看一看其是不是周公觸景生情之作。

　　首先，清華簡《蟋蟀》以蟋蟀起興，這與現場有蟋蟀突然降到堂上

---

① 參見黄懷信《清華簡〈蟋蟀〉與今本〈蟋蟀〉對比研究》，《詩經研究叢刊》（第二十三輯），第 242 頁。

② 參見張强、董立梅《清華簡〈蟋蟀〉與〈唐風·蟋蟀〉之異同考》，《西北民族大學學報》2020 年第 5 期。

的情景相合。接下來，詩中説"今夫君子，不喜不樂"，"不"應該讀爲"丕"，意爲大。這句詩説今天宴會現場的各位君子都非常歡樂。這與伐黎歸來的這場慶功宴氣氛吻合。第一章最後説："毋已大樂，則終以康。康樂而毋荒，是惟良士之方方。""已"當讀爲"以"。這幾句承上文意，是説隨着時間的推移，勝利已經屬於過去，不要總以之爲樂，纔會有最終的康樂；康樂但不要荒了國家大業，這纔是良士的方正品格。這幾句詩表達了周公當時的心情，樂而不忘憂，充滿了憂患意識，這與周公的作風及西周初年的局面也是吻合的。因此，可以斷定清華簡《蟋蟀》是周公現場觸景生情之作，換句話説，就是原創。

這裏還有一個問題需要指出，歌詩原創是不是就意味着每一句都是新的創作？這個問題對於我們深入準確理解兩篇《蟋蟀》及類似文本之間的譜系關係非常重要。

在周代，歌詩創作實際上經常使用成語、套語。從清華簡《蟋蟀》來看，的確是周公現場歌詩，但是，從文本上看，成語、套語使用痕迹非常明顯。從篇章結構到具體詩句都有體現。從篇章結構來看，三章以及每章十句的結構是很常見的，也是現場容易駕馭的，每章以蟋蟀起興，也是非常熟悉的套路。從具體詩句來看，"蟋蟀在席，歲矞云莫"之類，應該是當時的成語，相當於後世所謂"落葉知秋""瑞雪兆豐年"之類。三章起始分別用"蟋蟀在堂，役車其行""蟋蟀在席，歲矞云莫""蟋蟀在舒，歲矞云□"，明顯是一個構架歌詩的套語結構。

從文本譜系上看，當某兩篇詩中的成語及套語使用重複較多時，我們也許就會作出二者之間有影響關係的判斷，實際上這樣的判斷是不準確的。

《唐風·蟋蟀》，我們看不到其明確的寫作背景，詩的本事本義不明。毛詩小序説："蟋蟀，刺晉僖公也。儉不中禮，故作是詩以閔之，欲其及時以禮自虞樂也。此晉也而謂之唐，本其風俗，憂深思遠，儉而用禮，乃有堯之遺風焉。"[1]但是，大家知道，毛詩小序所講的詩的本事本義很多不可據。

---

① （漢）毛亨傳、（漢）鄭玄箋、（唐）陸德明釋文《宋本毛詩詁訓傳》（一），第183頁。

　　毛詩《唐風·蟋蟀》中與清華簡《蟋蟀》相同或相似的結構及詩句，有的可能也來自當時的成語、套語，有的可能就來自清華簡《蟋蟀》。還有一種可能，就是清華簡《蟋蟀》創作時間早，原創的語句隨着時間的推移而轉變爲時代的成語和套語，而被後人所使用。

第四節　清華簡《周公之琴舞》寫本形態及寫本譜系

　　《周公之琴舞》是清華大學 2008 年入藏的竹簡中的一篇文獻。

　　《周公之琴舞》"共 17 支簡，其中除十五號簡殘缺了近半，其他都保存完好。篇尾留白，有結尾符號。簡背有編號。篇題'周公之琴舞'寫在首簡背面上端，字迹清晰"[1]。

　　《周公之琴舞》記載周公和成王所作詩篇。本篇寫本云："周公作多士敬（儆）悊（毖），琴舞九絉（卒）。""成王作敬（儆）悊（毖），琴舞九絉（卒）。"所謂九絉（卒），一卒應該是指一個樂章，一個樂章由啓和亂兩部分構成。周公所作多士儆毖九卒，但是，在這篇楚人寫本文獻中，却祇抄寫了首章，而且祇有首章之啓，沒有首章之亂。

　　　　元納啓曰：無悔享君，罔墜其孝，享惟惱帀，孝惟型帀。

　　在周公詩歌之外，《周公之琴舞》還記録了成王作的九篇詩。成王所作的這九篇詩每篇都有啓和亂，如首篇云：

　　　　元納啓曰：敬之敬之，天惟顯帀，文非易帀。毋曰高高在上，陟降其事，卑監在兹。亂曰：通我夙夜，不逸敬（儆）之，日就月將，教其光明。弼寺（持）其有肩，示告余顯德之行。

　　清華簡《周公之琴舞》所記的周公《多士儆毖》詩篇不見於今本《詩

────────────

[1]　李學勤主編《清華大學藏戰國竹簡》（叁），第 132 頁。

經》，也不見於其他傳世文獻，當爲佚詩。成王所作的九篇詩中，有八篇不見於今本《詩經》，也不見於其他傳世文獻，祇有首篇見於今本《詩經》，這篇即是《詩經·周頌》中的《敬之》。

如果把清華簡《周公之琴舞》中的《敬之》與今本《詩經》中的《敬之》進行比較，①不難發現，雖然二者大體上相同，但是在詩句上還是存在一定差異。這種差異應該是由寫本的流動性及變異性帶來的。造成寫本變異的因素有很多，對於本篇詩歌來說，恐怕是口耳相傳的過程造成的。

清華簡《周公之琴舞》寫本一共記録歌詩十篇，其中周公所作一篇，成王所作九篇。不過，本篇寫本明確説"周公作多士敬（儆）慼（毖），琴舞九絉（卒）"，而本篇寫本中爲什麼祇收録一篇呢？針對這一問題，李學勤撰文指出，本篇寫本本來應當有十八篇詩，其中周公、成王二人各作九篇，不過，本篇寫本在流傳過程中有八篇詩亡佚。李學勤進一步推斷，《周公之琴舞》小序所説成王作的九篇詩中，"再啓""四啓""八啓""九啓"四篇從口吻及内容來看，應該是周公作的，剩下五篇詩應該是成王作的。如果把周公名下一篇也加上，實際上《周公之琴舞》寫本中的十篇詩，周公和成王各作五篇。《周公之琴舞》現在這樣一個文本結構，也應該是經過有意組織編排而成的。②以上李學勤先生的看法是非常有道理的。

清華簡《周公之琴舞》所記十篇歌詩，每篇都是由啓和亂兩部分構成，啓和亂涉及詩樂制度，這爲研究周代樂制提供了新材料。

另外，整理者的斷句"周公作多士敬（儆）慼（毖），琴舞九絉（卒）""成王作敬（儆）慼（毖），琴舞九絉（卒）"應調整爲"周公作多士敬（儆）慼（毖）琴舞九絉（卒）""成王作敬（儆）慼（毖）琴舞九絉（卒）"。

從清華簡《周公之琴舞》文本形態上看，實際上是一個詩的抄寫本。其中既有周公的詩，也有成王的詩。《周公之琴舞》的命名，是從開篇

---

① 舞詩篇名詳見下節表三。
② 參見李學勤《論清華簡〈周公之琴舞〉的結構》，《深圳大學學報》（人文社會科學版）2013年第1期。

"周公作多士敬（儆）怭（毖）琴舞九絉（卒）"一句中摘取出來的，這是周代抄本命名方式的通行做法。

從寫本的體制來看，《周公之琴舞》是一册詩歌集。《周公之琴舞》作爲一個寫本，是在什麽時間形成的？是如何形成的？其寫本譜系如何？形成寫本的動機是什麽？這些問題都有待深入研究與探討。

《周公之琴舞》這一寫本的形成時間已經很難探討了。但是有一點可以肯定，其形成時間不在西周，其形成地點也不在王室。這個寫本中周公的九篇詩僅被抄寫一篇，其原因恐怕不是摘抄，而是其文獻來源有限，没有相應底本。這種情況應該不會發生在王室。如果是早期寫本，那麽周公的九篇詩就應該是全璧，而現在祇剩一篇，説明其流傳時間一定很久了，如此纔會佚失。

從形成來看，應該是按照"以類彙抄"的原則結集而生成的新文本。所謂"以類彙抄"，就是按照某種分類標準，將同類文獻彙抄在一起，從而結集生成新文本。就《周公之琴舞》這個寫本來看，其結集範圍是周公及成王所作的"毖"詩。

同批公布的清華簡還有一篇《芮良夫毖》，這也許不是巧合，《周公之琴舞》寫本的形成背景可能與當時某種特殊社會歷史背景有關。

第五節　清華簡《周公之琴舞》十詩文體形態

清華簡《周公之琴舞》收録周公及成王所作歌詩十篇，這十篇歌詩屬於什麽文體，其文體譜系如何，是值得深入探討的重要問題。

清華簡《周公之琴舞》不是一首詩的篇名，有人認爲是一組詩的篇名，也是錯誤的，實際上祇是一個寫本的題名。在這個寫本中，一共收録了周公及成王十篇詩。其中，周公所作"多士敬（儆）怭（毖）琴舞九絉（卒）"存一篇，成王所作"敬（儆）怭（毖）琴舞九絉（卒）"九篇皆存。爲方便稱引，現迻録於下（作寬式釋文）：

周公作多士敬（儆）怭（毖）琴舞九絉（卒）。

127

元納啟曰："無悔享君，罔墜其孝，享惟惱币，孝惟型币。"

成王作敬（儆）怭（毖）琴舞九絉（卒）。

元納啟曰："敬之敬之，天惟顯币，文非易币。毋曰高高在上，陟降其事，卑監在兹。"

亂曰："逓我夙夜，不逸敬（儆）之，日就月將，教其光明。弼寺（持）其有肩，示告余顯德之行。"

再啟曰："假哉古之人，夫明思慎，用仇其有辟，允丕承丕顯，思攸亡斁。"

亂曰："已，丕造哉！思型之，思氓彊之，用求其定，欲彼熙不落，思慎。"

三啟曰："德元惟何？曰淵亦抑，嚴余不解（懈），業業畏忌，不易威儀。兹言，惟克敬之！"

亂曰："非天厥德，緊莫肯造之，夙夜不解（懈），懋敷其有悅，欲其文人，不逸監余。"

四啟曰："文文其有家，保監其有後。孺子王矣，丕寧其有心。翼翼其在位，顯于上下。"

亂曰："逓其顯思，皇天之功，晝之在見（視）日，夜之在見（視）晨（辰）。日入皋皋不寧，是惟宅。"

五啟曰："於呼！天多降德，滂滂在下，攸自求悅，諸爾多子，逐思忱之。"

亂曰："桓稱其有若，曰享答余一人，思輔余于艱，酒是（禔）惟民，亦思不忘。"

六啟曰："其余沖人，服在清廟，惟克小心，命不夷歇，對天之不易。"

亂曰："弼敢荒在位，恭畏在上，敬顯在下。於乎！式克其有辟，用容輯余，用小心寺（持）惟文人之若。"

七啟曰："思有息，思熹在上，丕顯其有位，右帝在落，不失惟同。"

亂曰："逓余恭害息，孝敬非怠荒。咨爾多子，篤其諫劼，余逑思念，畏天之載，勿請福之愆。"

八啓曰："差（佐）寺（事）王聰明，其有心不易，威儀謐謐，大其有謨，句澤寺（恃）德，不异用非雍。"

亂曰："良德其如台？曰享人大……罔克用之，是墜于若。"

九啓曰："於呼！弼敢荒德，德非惰币，純惟敬币，文非動币，不墜修彦。"

亂曰："迺我敬之，弗其墜哉，思豐其復，惟福思用，黄耇惟程。"

周公、成王所作爲樂舞詩，是要配合樂舞演唱的。奏樂一曲爲一終，每曲又分兩部分，開始部分稱爲啓，結束部分稱爲亂。因此，在文本上標有啓和亂。第一曲稱爲"元納啓"，第二曲稱爲"再啓"，以下依次爲三啓、四啓，直至九啓。

所謂"周公作多士敬（儆）怭（毖）琴舞九絉（卒）"，是説周公創作由九首樂曲組成的樂舞，並且是詩、樂、舞三位一體的，每首樂曲都有相對應的唱詞，我們看到的這個文本就是其中的唱詞部分。

從文體上説，我們並不能簡單地把這九篇唱詞看成九首詩，這九篇唱詞實際上是一個整體，從樂的角度説，是由多曲目構成的組樂。如果抛開樂，孤立地看這九篇唱詞，那麽它們所構成的也應該是一部組詩。

九首詩組成一部組詩，也應該有其共同的文體形態和特徵。第一，九首詩用韻不嚴格，多不押韻。第二，除了周公所作的第一首詩，其他各詩語句多不工整。比如第二首，有四字句，有五字句，還有七字句；再如第三首，有一字句，有二字句，有三字句，有四字句，還有五字句。可以説是極不工整。第三，篇章體制規模較小。《周公之琴舞》所見十首詩，第一首缺"亂"部分，僅四句。其餘九首都在十至十二句之間。第四，文辭古奥。如語氣詞"思"作"币"。還有"肩"字的用法。"肩"作"任"講，在《尚書·盤庚下》中出現兩次："朕不肩好貨，敢恭生生。鞠人謀人之保居，叙欽。""式敷民德，永肩一心。"第五，莊重敬謹。十篇詩言辭中充滿莊嚴肅敬，不一一列舉。九首詩組成一部組詩，有其共同主題，其主題就是組詩或組樂篇題中的"儆毖"。

這部組詩屬於《詩》頌文體。這是我們對"儆毖琴舞九絉"文體的基本定位和定性。

周公作《多士儆毖》九篇，現在僅存元納啓，共四句："無悔享君，罔墜其考，享惟惛帀，考惟型帀。"沒有"亂"部分，可以説存半篇。成王作儆毖九篇皆存。

李學勤最早提出在"成王作"九篇詩中，實際上有的不是成王口氣，而是周公口氣，也就是説，"成王作"名下九篇，並不都是成王所作。李學勤最早的解釋認爲："《周公之琴舞》原詩實有十八篇，由於長期流傳有所缺失，同時出於實際演奏吟誦的需要，經過組織編排，成了現在我們見到的結構。雖然我們祇能讀到詩文部分，《周公之琴舞》本來一定是在固定的場合，例如新王嗣位的典禮上演出的。如我在《新整理清華簡六種概述》中所説，其性質可與《大武》樂章相比，對探索古代詩、樂極有意義。"①

一年後，李學勤又提出新的看法，認爲："《周公之琴舞》講'周公作''成王作'，不一定是該詩直接出自周公、成王，就像《書序》講'周公作《立政》'，而《立政》開頭便説'周公若曰'，顯然是史官的記述一樣，我們不可過於拘泥。"②

李學勤指出"成王作"九篇並不全是成王所作以後，學界基本認同李先生的觀點。但是，對於這一現象形成原因卻有很多不同看法。在此列舉兩種主要觀點。第一種觀點認爲，周公成王合作。這種觀點認爲"成王作"以下九篇，實際上是周公與成王所合作，所以纔會既有成王口氣，又有周公口氣。如李輝認爲："《周公之琴舞》祇有周公、成王合作的'琴舞九遂'，並非另有周公作的'琴舞九遂'，兩個'元納啓'實爲一體，皆爲周公之辭，前後有兩'序'祇爲區分周公、成王的分別參與，前序'多士'二字則是爲了突顯周公儆毖的對象，以與成王之自儆相區別。"③第二種觀點認爲，竹簡文本中的"周公作""成王作"的"作"字，

---

① 李學勤：《論清華簡〈周公之琴舞〉的結構》，《深圳大學學報》2013 年第 1 期。
② 李學勤：《再讀清華簡〈周公之琴舞〉》，《紹興文理學院學報》2014 年第 1 期。
③ 李輝：《〈周公之琴舞〉"啓＋亂"樂章結構探論》，《文史》2020 年第 3 期。

並不是作詩的作。"此'作'當理解爲'興起'或"'即位'之義,'周公作''成王作'不是周公作詩、成王作詩之意,而是分別指周公攝政、成王即政之時。"①

　　仔細推敲,就會發現以上合作說等說法也很難成立。如果是合作說,爲什麼在"周公作"下面祇有半首,而在"成王作"下面卻有九首,如果相反倒還能理解。至於說"周公作"的"作"字不是作詩的作,則與文本實際情形不合。

　　要想解決《周公之琴舞》存在的各種疑問,最好的辦法就是秉持平常心。《周公之琴舞》祇是一個戰國中期的寫本,可以推想,這個寫本絕對不是以西周初年一個原始寫本或稱原本爲底本抄寫的。無論是周公所作儆毖九篇,還是成王所作儆毖九篇,在當時一定有原始録本。按照周代制度,樂官應該有記録。從西周初年到戰國中期,七八百年時間,中間又經過周王室式微,禮壞樂崩,樂官紛紛離開王宮,詩樂散落佚失在所難免。把《周公之琴舞》一個戰國中期楚人的寫本看作成王即位典禮上的樂舞演出的完整脚本是錯誤的。

　　這個楚人的寫本應該是爲了某種目的而搜集"儆毖"類詩作,祇搜集到周公所作半篇,搜集到成王所作九篇。在清華簡同批文獻中,還有一篇《芮良夫毖》的寫本,應該是一同搜集的。推想這個楚人搜集"儆毖"詩的目的,或許是出於楚國時政某種需要吧。

　　至於成王作的九篇之中爲什麼會有周公的作品,想必抄寫此篇文本的那位楚人也不清楚。換言之,應該是他所據底本或者某種文獻就是這個樣子的。周公所作儆毖是何時混入成王儆毖之中,已經難以考證了。但是,可以推想,應該是在一個長時間的寫本流傳過程中逐步發生的,寫本流傳過程中的文本變異,是寫本學基本特徵,這正是寫本文獻的流動性與後世刻本文獻的固定性之間的區別。

　　綜之,《周公之琴舞》寫本抄寫的是兩篇樂舞詩,文體屬於《詩》頌文體,篇章結構及規模屬於組詩。

---

① 寧鎮疆:《由它簋蓋銘文説清華簡〈周公之琴舞〉"差寺王聰明"句的解讀——兼申"成王作"中確有非成王語氣〈詩〉》,《出土文獻》2020 年第 4 期。

第六節　清華簡《周公之琴舞》十詩文體譜系

《周公之琴舞》寫本中所抄寫的兩篇樂舞組詩，抄寫時間在戰國中期，創作時間應該在西周初年。從文體譜系上看，應該是有所承傳的。

一　清華簡《周公之琴舞》十詩與《大武》

清華簡《周公之琴舞》十篇詩與《耆夜》中的佚詩在文體、規模體制、表演形式上都有明顯的區別。《耆夜》中的佚詩是樂歌，而清華簡《周公之琴舞》十篇詩則是樂舞詩；《耆夜》中的佚詩在文體上是《雅》詩和《風》詩，而清華簡《周公之琴舞》十篇詩則是《頌》詩體裁。從文體溯源上看，可以追溯到形成時間更早的《大武》樂舞詩。

按照傳世文獻記載，《大武》是西周開國以來最早的樂舞組詩。《大武》已經亡佚失傳，傳世文獻中僅有一些零碎的記載。

關於《大武》的創作時間及作者，《左傳·宣公十二年》云："武王克商，作《頌》曰：'載戢干戈，載櫜弓矢。我求懿德，肆于時夏，允王保之。'又作《武》。"① 《呂氏春秋》云："武王即位，以六師伐殷。六師未至，以銳兵克之於牧野。歸，乃薦俘馘于京太室，乃命周公爲作《大武》。"② 《大武》的創作時間，《左傳》和《呂氏春秋》所記是相同的，都是武王克商後。但是，《大武》的作者，《左傳》和《呂氏春秋》所記却截然不同，一個是武王自作，一個是周公奉命而作。關於《大武》的作者，傳世文獻中還有一種説法，《莊子》云："黄帝有《咸池》，堯有《大章》，舜有《大韶》，禹有《大夏》，湯有《大濩》，文王有辟雍之樂，武王、周公作《武》。"③ 按照《莊子》的講法，《大武》則是武王周公合作。

《大武》的詳細情況及具體內容已經失傳，從王國維開始，學者們嘗試全面恢復其原貌。

---

① （晉）杜預撰、（唐）陸德明音釋《宋本春秋經傳集解》（三），第123頁。
② 許維遹撰，梁運華整理《呂氏春秋集釋》，第127頁。
③ （清）王先謙集解《莊子》，方勇點校，第393頁。

　　王國維在《周大武樂章考》中，首先根據《禮記·樂記》"夫《武》，始而北出，再成而滅商，三成而南，四成而南國是疆，五成而分，周公左，召公右，六成復綴，以崇"的記載，認爲《武》之舞凡六成，其詩當有六篇。[①]

　　接下來王國維根據《毛詩序》《武》下所云"奏《大武》也"，《酌》下所云"告成《大武》也"，認爲《詩經·周頌》中的《武》和《酌》是《大武》中的兩篇；又根據《左傳·宣公十二年》所云，武王克商，作《武》，其卒章曰"耆定爾功"，其三曰"鋪時繹思，我徂維求定"，其六曰"綏萬邦，屢豐年"，認爲《詩經·周頌》中的《賚》是《大武》的第三篇，《桓》是《大武》的第六篇。這樣，王國維就找到了《大武》六篇中的四篇。再據《禮記·祭統》所云"舞莫重於《武宿夜》"之語以及《詩經·周頌》中內容相關詩篇，認爲《昊天有成命》當是《大武》的第五篇。最後，王國維又根據《酌》《桓》《賚》《般》爲《周頌》最後四篇，皆取詩義名篇，推出《般》應該是《大武》的第六篇。

　　王國維又根據《禮記·祭統》《禮記·樂記》等相關文獻排定《大武》六篇舞詩的次第爲：《武宿夜》（《昊天有成命》）、《武》、《酌》、《桓》、《賚》、《般》。[②]

　　繼王國維之後，高亨、孫作雲、陰法魯、楊向奎、姚小鷗等多位學者亦有探討。在關於《大武》具體篇數、篇名及篇序方面多有不同意見。其中，晚近學者姚小鷗認爲，《大武》樂章分別爲《時邁》《我將》《賚》《酌》《般》《桓》及《武》七篇。[③]

　　雖然學者們對《大武》詩的具體篇目及次第看法不同，但是在《大武》是多篇目組詩這一點上是一致的。

　　我們看到清華簡《周公之琴舞》寫本上面所録爲兩組詩，每組九篇。雖然在篇數上與目前學者們所復原的《大武》詩不同，但二者都是組詩，這一點却是相同的。

---

① 參見王國維《周大武樂章考》，《觀堂集林》，第 104 頁。
② 參見王國維《周大武樂章考》，《觀堂集林》，第 108 頁。
③ 參見姚小鷗《詩經三頌與先秦禮樂文化》，第 45~89 頁。

　　從傳世文獻記載來看，《大武》是詩、樂、舞三位一體的，而清華簡《周公之琴舞》上面的組詩也是樂舞詩。

　　清華簡《周公之琴舞》兩組詩分別有九篇，而每篇均是由"啓"和"亂"組成。這一點也與《大武》樂舞詩一致。

　　《禮記·樂記》中多次提到古樂中的"始"和"亂"。比如："先鼓以警戒，三步以見方，再始以著往，復亂以飭歸。"① 又如："今夫古樂，進旅退旅，和正以廣。弦匏笙簧，會守拊鼓。始奏以文，復亂以武。治亂以相，訊疾以雅。"② 再如："《武》亂皆坐，周、召之治也。"③ 可見《大武》中確實有"始"和"亂"。《國語》還記載了《商頌》也有"始"和"亂"。"昔正考父校商之名《頌》十二篇於周大師，以《那》爲首，其《輯》之亂曰：'自古在昔，先民有作。温恭朝夕，執事有恪。'④ 韋昭注云："輯，成也。凡作篇章，義既成，撮其大要以爲亂辭。"⑤

　　《樂記》當中講的"始""亂"就是清華簡《周公之琴舞》中的"啓"和"亂"。"始"與"啓"同義。傳世先秦文獻講到樂舞時，未見以"啓"和"亂"對言的，清華簡《周公之琴舞》以"啓"爲"始"，也可能是楚人寫本流傳中滲入的地域痕迹。

　　王國維將《大武》復原情況用表的形式做了概括，詳見表一。

表一

次第	所象之事	舞容	舞詩篇名	舞詩
一成	北山	總干立山	武宿夜	昊天有成命，二后受之。成王不敢康，夙夜基命宥密。於緝熙，單厥心，肆其靖之。
再成	滅商	發揚蹈厲	武	於皇武王，無競維烈。允文文王，克開厥後。嗣武受之，勝殷遏劉，耆定爾功。
三成			酌	於鑠王師，遵養時晦。時純熙矣，是用大介。我龍受之，蹻蹻王之造。載用有嗣，實維爾公允師。

① （漢）鄭玄注、（唐）陸德明釋文《宋本禮記》（三），第68頁。
② （漢）鄭玄注、（唐）陸德明釋文《宋本禮記》（三），第71頁。
③ （漢）鄭玄注、（唐）陸德明釋文《宋本禮記》（三），第77頁。
④ （三國吴）韋昭注《宋本國語》（一），第198頁。
⑤ （三國吴）韋昭注《宋本國語》（一），第198頁。

次第	所象之事	舞容	舞詩篇名	舞詩
四成	南國是疆		桓	綏萬邦，婁豐年，天命匪解。桓桓武王，保有厥士，于以四方，克定厥家。於昭于天，皇以間之。
五成	分周公左、召公右	分夾而進	賚	文王既勤止，我應受之。敷時繹思，我徂維求定。時周之命，於繹思。
六成	復綴以崇	武亂皆坐	般	於皇時周，陟其高山，墮山喬嶽，允猶翕河。敷天之下，裒時之對，時周之命。

仿照王國維上表，我們將清華簡《周公之琴舞》兩組樂舞詩相關內容也作表如表二、表三。

表二 多士儆毖

次第	所象之事	舞容	舞詩篇名	舞詩
一卒		缺	孝享※	無悔享君，罔墜其孝，享惟惕币，孝惟型币。
二卒	缺	缺	佚	佚
三卒	缺	缺	佚	佚
四卒	缺	缺	佚	佚
五卒	缺	缺	佚	佚
六卒	缺	缺	佚	佚
七卒	缺	缺	佚	佚
八卒	缺	缺	佚	佚
九卒	缺	缺	佚	佚

※ 詩篇采用姚小鷗的命名。參見姚小鷗《〈周公之琴舞〉諸篇釋名》，趙敏俐主編《中國詩歌研究》（第十輯），第 1—18 頁。

表三 儆毖

次第	所象之事	舞容	舞詩篇名※	舞詩
一卒	缺	缺	敬之	元納啓曰：敬之敬之，天惟顯币，文非易币。毋曰高高在上，陟降其事，卑監在茲。 亂曰：邁我夙夜，不逸敬（儆）之，日就月將，教其光明。弼寺（持）其有肩，示告余顯德之行。

次第	所象之事	舞容	舞詩篇名	舞詩
二卒	缺	缺	思慎	再啓曰：假哉古之人，夫明思慎，用仇其有辟，允丕承丕顯，思攸亡斁。 亂曰：已，丕造哉！思型之，思酖彊之，用求其定，欲彼熙不落，思慎。
三卒	缺	缺	淵	三啓曰：德元惟何？曰淵亦抑，嚴余不解（懈），業業畏忌，不易威儀。兹言，惟克敬之！ 亂曰：非天厭德，緊莫肯造之，夙夜不解（懈），懋敷其有悦，欲其文人，不逸監余。
四卒	缺	缺	文	四啓曰：文文其有家，保監其有後。孺子王矣，丕寧其有心。翼翼其在位，顯于上下。 亂曰：通其顯思，皇天之功，晝之在見（視）日，夜之在見（視）晨（辰）。日入皋睪不寧，是惟宅。
五卒	缺	缺	思忱	五啓曰：於呼！天多降德，滂滂在下，攸自求悦，諸尔多子，逐思忱之。 亂曰：桓稱其有若，曰享答余一人，思輔余于艱，酒是（提）惟民，亦思不忘。
六卒	缺	缺	輯余	六啓曰：其余沖人，服在清廟，惟克小心，命不夷歇，對天之不易。 亂曰：弜敢荒在位，恭畏在上，敬顯在下。於乎！式克其有辟，用容輯余，用小心寺（持）惟文人之若。
七卒	缺	缺	有息	七啓曰：思有息，思熹在上，丕顯其有位，右帝在落，不失惟同。 亂曰：通余恭害息，孝敬非怠荒。咨尔多子，篤其諫劻，余逯思念，畏天之載，勿請福之愆。
八卒	缺	缺	謨	八啓曰：差（佐）寺（事）王聰明，其有心不易，威儀謚謚，大其有謨，匀澤寺（恃）德，不畀用非雍。 亂曰：良德其如台？曰享人大……罔克用之，是墜于若。
九卒	缺	缺	庸	九啓曰：於呼！弜敢荒德，德非惰帀，純惟敬帀，文非動帀，不墜修彦。 亂曰：通我敬之，弗其墜哉，思豐其復，惟福思用，黄耇惟程。

※ 詩篇采用姚小鷗的命名。參見姚小鷗《〈周公之琴舞〉諸篇釋名》，《中國詩歌研究》（第十輯），第 1—18 頁。

通過以上表格對比，可以更清楚看到《多士儆毖》《儆毖》與《大武》

在文體上的相似性，可以斷定清華簡《多士敬毖》《敬毖》的文體是直接繼承自《大武》。

通過對比，關於《大武》的一些問題似乎也應該重新檢討。在此，我們順便做一初步探討。

首先，關於《大武》一共有幾成的問題。王國維根據傳世相關文獻認爲有六成，姚小鷗認爲有七成。現在看，都是有問題的。不管是六成，還是七成，實際上都不合禮制。《大武》樂舞爲武王所作，爲天子之樂，按照禮制也應該有九成。也就是說，應該與清華簡《多士敬毖》《敬毖》的樂章數相同。

商代樂制以十奏爲最高，天子之樂爲十奏之樂。

商代甲骨文中有作樂“十終”的記載：

> 癸巳卜，在兊貞：王迍于射，往來亡災。　作龐十終。（《甲骨文合集》36775，黃類）[1]

2013年在香港展出一件商代晚期青銅器逆尊，其銘文也講到奏樂“十終”。

> 辛未，婦隥（尊）圉（宜），才（在）𪢮大室，王鄉（饗）酉（酒），奏庸。新圉（宜）㱃（陳）。才（在）六月。鈾十終，三朕（稱）逆尚（誦）。王尚（賞），用乍（作）父乙彝。大万。[2]

從以上商代甲骨文和銅器銘文來看，商代當時以“十”爲最尊數，商代天子之樂應該是十奏。

周代樂制以九奏爲最高，天子之樂就應該是九奏之樂，也就是九成之樂，清華簡《多士敬毖》和《敬毖》稱爲九卒。

---

[1]　參見王子楊《甲骨文中值得重視的幾條史料》，《文獻》2015年第3期。
[2]　《商周青銅器銘文暨圖像集成續編》第三卷，第62頁。參見左勇《逆尊銘文與商代詩樂》，《出土文獻》（第十五輯），第45頁。

如果《大武》樂舞是九成，那麼《大武》樂舞詩就應該有九篇。目前，學界根據相關文獻找到且沒有爭議的也就四五篇。因此，尋找《大武》樂舞詩篇仍然任重道遠。

其次，關於《大武》樂舞詩已找到篇章的疑問。

清華簡周公所作《多士儆毖》僅存元納啓四句，如果再加上"亂"的部分，最少也應該是八句。成王所作《儆毖》每篇"啓"和"亂"加在一起十到十二句。如果《大武》樂舞詩每篇也有"啓"和"亂"，"啓"和"亂"最少按四句計算，那麼《大武》樂舞詩每篇的規模少說也得有八到十句。但是，現在學界所找到的詩篇最少的六句，最多的九句。參照周公所作《多士儆毖》元納啓爲四句的規模，九句的規模由"啓"和"亂"構成是可能的。但是，六句規模由"啓"和"亂"構成似乎是不可能的。由此看來，在目前學界找到的《大武》詩篇目中，還是存在不少問題。比如，其中六句規模的詩，可能不是《大武》詩篇的原貌，最有可能是僅存一篇之中的"啓"或"亂"，而不是"啓"和"亂"合一的完整篇章。

此外，還有一個問題需要探討。清華簡《周公之琴舞》在《多士儆毖》及《儆毖》前面有序言，"周公作多士儆毖琴舞九卒"及"成王作儆毖琴舞九卒"。頌體爲樂舞詩，是樂、舞、詩三位一體的，但是，"琴"並不見於今本《周頌》，甚至《大雅》中也沒見到。

《尚書·益稷》云："夔曰：'戛擊鳴球，搏拊琴瑟以詠。'祖考來格，虞賓在位，群后德讓。下管鼗鼓，合止柷敔，笙鏞以間，鳥獸蹌蹌。簫韶九成，鳳皇來儀。夔曰：'於！予擊石拊石，百獸率舞，庶尹允諧。'"[①]

這是我們看到的祭祀時用琴伴奏在經書裏的最早記載。但是，所講的並不是用來伴舞，而是伴奏歌詠。

《尚書大傳》説："古者帝王升歌《清廟》之樂，大琴練弦達越，大瑟朱弦達越。"[②]《荀子·禮論》："《清廟》之歌，一唱而三歎也。縣一鍾，尚拊之膈，朱弦而通越也。"[③]楊倞注引漢鄭玄曰："朱弦，練朱絃也。練則聲

---

① （清）阮元校刻《十三經注疏》，第302~303頁。

② （清）皮錫瑞撰《尚書大傳疏證》，吳仰湘點校，第87頁。

③ （戰國）荀況撰、（唐）楊倞注《宋本荀子》（三），第111頁。

濁。越，瑟底孔也，所以發越其聲，故謂之越，疏通之使聲遲也，《史記》
作洞越。"①《禮記·樂記》："《清廟》之瑟，朱弦而疏越。壹倡而三歎，有
遺音者矣。"②鄭玄注："朱弦，練朱弦。練則聲濁。"③孔穎達疏："案《虞書》
傳云：'古者帝王升歌《清廟》之樂，大瑟練弦。'此云朱弦者，明練之可
知也。云練則聲濁者，不練則體勁而聲清，練則絲熟而弦濁。"④

《禮記》及《尚書大傳》所云升歌《清廟》講到用琴瑟伴奏，但似乎
也僅指伴奏歌唱，而不是用之伴奏頌舞。

因此，清華簡《周公之琴舞》的序言稱頌舞爲琴舞，頗令人不解，也
令人生疑。我認爲這恐怕是楚人在寫本過程中所加入的，而且琴舞恐怕也
是楚人的命名。頌爲舞樂，這一點楚人是清楚的，但是，用什麼樂器伴
奏，恐怕就不清楚了。之所以名之爲琴舞，恐怕應該是以楚國當時舞蹈伴
奏之例以準之的結果，所以也就不要太拘泥於寫本上琴舞的講法了。

二　清華簡《周公之琴舞》十詩與《周頌》

《詩》的文體分爲風體、雅體和頌體。關於風、雅、頌的區別，朱熹曾
有詳論。"風則閭巷風土、男女情思之詞，雅則朝會、燕享公卿大人之作，
頌則鬼神、宗廟祭祀歌舞之樂。其所以分者，皆以其篇章節奏之異而別之
也。"⑤按照朱熹所説，頌是宗廟祭祀歌舞之樂，也就是有歌有樂有舞，是
歌、樂、舞三位一體的。風、雅則沒有舞。對此清代阮元指出："風、雅但
弦歌笙間，賓主及歌者皆不必因此而爲舞容，惟三頌各章皆是舞容，故稱
爲'頌'。"⑥

清華簡《周公之琴舞》和《耆夜》皆爲録詩寫本，但所録歌詩在體裁
上明顯不同。《耆夜》所録五詩中有四詩屬於雅體，有一首屬於風體，《周
公之琴舞》所録十篇歌詩均爲頌體。從《耆夜》竹簡文本所記叙的作歌過

---

① （戰國）荀況撰、（唐）楊倞注《宋本荀子》（三），第 112 頁。
② （清）阮元校刻《十三經注疏》，第 3313 頁。
③ （清）阮元校刻《十三經注疏》，第 3313 頁。
④ （清）阮元校刻《十三經注疏》，第 3314 頁。
⑤ （宋）朱熹集注《宋端平本楚辭集注》（一），第 12 頁。
⑥ （清）阮元：《釋頌》，《揅經室集·一集》卷一，第 19 頁。

程來看，武王周公所作四首雅體詩祇有歌，没有舞容，周公所作風體《蟋蟀》，也是祇有歌，没有舞容。清華簡《周公之琴舞》文本中明確説所録爲"琴舞"。如果阮元提出的《詩經》風、雅二體與三頌的區别在於有無舞容的説法是正確的，那麽《周公之琴舞》所録十篇歌詩確實應該屬於《詩》的頌體。

我們斷定清華簡《周公之琴舞》所録《多士儆毖》及《儆毖》十篇詩爲《詩》的頌體，不僅僅出於"琴舞"一個原因，還有文本的文體形態及特徵方面的考慮。前文曾對《多士儆毖》及《儆毖》十篇詩的文體特徵作出總結，主要有六個方面的特徵：第一，九首詩用韻不嚴格，多不押韻；第二，除了周公所作的第一首詩，其他各詩語句多不工整；第三，篇章體制規模較小；第四，文辭古奥；第五，莊重敬謹；第六，未見複唱疊詠篇章結構。實際上，這六個特徵正是《詩》頌體的特徵。可見，把《周公之琴舞》所録《多士儆毖》及《儆毖》十篇詩斷定爲《詩》的頌體是没有問題的。

既然《周公之琴舞》所録《多士儆毖》及《儆毖》十篇詩爲《詩》頌體，那麽爲什麽祇有《敬之》一首被收録到《詩經·周頌》之中呢？對此，目前學界有不同看法。其中一個較有代表性的看法是孔子删詩的結果。我們認爲，即使真有所謂的孔子删詩之事，那麽對周頌進行删節的可能性不大。這些詩都應該在周王室樂官的檔案中。在孔子之前，所謂的六經都應該在周王室由史官、樂官等相關官員進行管理，隨着西周覆滅，王室式微，禮壞樂崩，與六經相關的典籍檔案逐漸散佚流失。春秋時，吳國季札能在魯國觀到比較完整的周樂，是因爲魯國是周公之後。此時，在其他諸侯國恐怕已經觀不到較爲完整的周樂了。季札在魯國觀周樂那年，是魯襄公二十九年，即公元前 544 年，那一年孔子七歲。六十年後，魯哀公十一年，即公元前 484 年孔子從衛國返回魯國時，禮樂詩書早已經散佚嚴重。此後，孔子開始整理詩書禮樂易等典籍。《論語·子罕》："子曰：吾自衛反魯，然後樂正，雅頌各得其所。"[1]對於孔子這句話歷來有不同解釋。

_____

① （宋）朱熹集注《宋本論語集注》（二），第 113 頁。

朱熹在《論語集注》裏是這樣解釋的："魯哀公十一年冬，孔子自衛反魯。是時周禮在魯，然詩樂亦頗殘闕失次。孔子周流四方，參互考訂，以知其説。晚知道終不行，故歸而正之。"[①]朱熹並沒有提到孔子删詩之事，而祇是講到"參互考訂"。

在禮樂没有散佚之前，《周公之琴舞》所録《多士儆毖》及《儆毖》十篇詩一定在周王室樂官所掌管的禮樂檔案中。《禮記·王制》云："樂正崇四術，立四教，順先王詩、書、禮、樂以造士。"[②]可見，雖然説禮、樂是一體的，詩、樂也是一體的，詩與樂的分離是在禮壞樂崩之後，但實際上，詩很早就有與樂相分離的文本。《禮記·王制》説"詩、書、禮、樂以造士"，正説明詩有獨立的文本，《周公之琴舞》所録《多士儆毖》及《儆毖》十篇詩一定在這個文本中。但是，《詩》的這個獨立的文本，像《書》《禮》《樂》《易》等典籍的文本一樣，也同樣散佚流失了。

要之，《周公之琴舞》所録《多士儆毖》及《儆毖》十篇詩，不在今本《詩經》中，並不是孔子删詩的結果，而是在孔子整理五經之前就散佚流失了。不僅如此，從今本《詩經·周頌》來看，雖然經過孔子整理，也仍然是錯亂、缺失嚴重，離原貌已經相去甚遠了，甚至連戰國中期寫本清華簡《多士儆毖》及《儆毖》實際上也已是錯亂、缺失比較嚴重了。

綜之，從文體譜系上看，《周公之琴舞》所録《多士儆毖》及《儆毖》十篇詩與《詩經》頌體同源共流，即使名之以周頌也是完全可以的。

既然可以把《周公之琴舞》所録《多士儆毖》及《儆毖》十篇詩看成周頌，那麼以其爲參照，傳世本《周頌》的一些問題就可以重新探討了。

第一，《周頌》的一些詩篇是否爲全篇。

我們從清華簡所録《多士儆毖》及《儆毖》十篇詩看到，每篇詩實際上是由"啓"和"亂"構成的。《多士儆毖》存元納啓四句，成王所作《儆毖》每篇"啓"和"亂"加在一起十到十二句。

《周頌》今存詩三十一篇，《清廟》八句、《維天之命》八句、《維清》

---

① （宋）朱熹集注《宋本論語集注》（二），第 113 頁。
② （漢）鄭玄注、（唐）陸德明釋文《宋本禮記》（一），第 161 頁。

五句、《烈文》十四句、《天作》七句、《昊天有成命》七句、《我將》十句、《時邁》十五句、《執競》十四句、《思文》八句、《臣工》十五句、《噫嘻》八句、《振鷺》八句、《豐年》七句、《有瞽》十三句、《潛》六句、《雝》十六句、《載見》十四句、《有客》十二句、《武》七句、《閔予小子》十一句、《訪落》十二句、《敬之》十二句、《小毖》八句、《載芟》三十一句、《良耜》二十三句、《絲衣》九句、《酌》九句、《桓》九句、《賚》六句、《般》七句。

在《周頌》三十一首詩中，五句詩有一首，六句詩有兩首，七句詩有五首。如果每首都是由"啓"和"亂"構成的，五句、六句及七句構成一首似乎不大可能。茲將五句、六句及七句詩篇及毛詩序逐録如下：

《維清》，奏象舞也。

維清緝熙，文王之典。肇禋，迄用有成，維周之禎。

《潛》，季冬薦魚，春獻鮪也。

猗與漆沮，潛有多魚。有鱣有鮪，鰷鱨鰋鯉。以享以祀，以介景福。

《賚》，大封於廟也。賚，予也。言所以錫予善人也。

文王既勤止，我應受之。敷時繹思，我徂維求定。時周之命，於繹思。

《天作》，祀先王先公也。

天作高山，大王荒之。彼作矣，文王康之。彼徂矣岐，有夷之行，子孫保之。

《昊天有成命》，郊祀天地也。

昊天有成命，二后受之。成王不敢康，夙夜基命宥密。於緝熙，單厥心，肆其靖之。

《豐年》，秋冬報也。

豐年多黍多稌，亦有高廩，萬億及秭。爲酒爲醴，烝畀祖妣，以洽百禮，降福孔皆。

《武》，奏大武也。

於皇武王，無競維烈。允文文王，克開厥後。嗣武受之，勝殷遏劉，耆定爾功。

《般》，巡守而祀四嶽河海也。

於皇時周，陟其高山，隳山喬嶽，允猶翕河。敷天之下，裒時之對，時周之命。

如果從詩義的角度分析，以上八首詩，似乎也不够完整，因此被懷疑是殘篇，很有可能缺少“亂”的部分，甚至，有的可能缺的是“啓”的部分。

如果兼顧詩義以判斷是否爲全篇，我們甚至懷疑有的八句詩也是殘篇，比如《小毖》：

《小毖》，嗣王求助也。

予其懲，而毖後患。莫予荓蜂，自求辛螫。肇允彼桃蟲，拚飛維鳥。未堪家多難，予又集于蓼。

從上邊的《小毖》詩義來看，似乎也不完整。

第二，《周頌》爲什麼不分章。

《周頌》三十一篇，每篇無論句數多寡，都不分章。句數少的，比如五句，不分章容易理解。但句數多的，比如《載芟》三十一句、《良耜》二十三句，也不分章，確實令人費解。對於《周頌》不分章，古來就有各種猜測。

王國維認爲，頌聲緩，所以不分章。“竊謂《風》《雅》《頌》之別，當於聲求之。《頌》之所以異於《風》《雅》者，雖不得而知，今就其著者言之，則《頌》之聲較《風》《雅》爲緩也。……其所以不分章者亦然，《風》《雅》皆分章，且後章句法多疊前章，其所以相疊者，亦以相同之音間時而作，足以娛人耳也。若聲過緩，則雖前後相疊，聽之亦與不疊同。《頌》之所以不分章不疊句者，當以此。"①

在王國維看來，《周頌》不分章、不押韻都是由頌詩聲緩造成的。傅斯年反對王國維的觀點，認爲是其"揣想之詞"②，並提出《周頌》本來是分章的，"《周頌》並非不分章，自漢以來所見其所以不分章者，乃是舊章亂了，傳經者整齊不來，所以纔有現在這一面目"③。傅斯年接着舉出三個證據來證明自己的觀點。一個是《左傳·宣公十二年》楚子説武王克商作《武》時提到"其卒章""其三"和"其六"；第二個證據是今本《周頌》各篇文義，都像不完整，不是全篇，有些篇章本應該是一篇；第三個證據是《魯頌》分章。④

看上去，傅斯年的講法很有道理。但是，實際上，傅斯年所説的分章是對組詩的分章，也就是把頌體中的組詩每一首看作一章，與通常所説的一首詩内部的分章是不同的。我們在這裏説的是一首詩内部的分章。

從清華簡《周公之琴舞》寫本所録《多士儆毖》及《儆毖》十篇詩來看，組詩中的每一篇詩的内部也是不分章的。其不分章的原因，恐怕也不是王國維所謂的"聲緩"。頌體不分章，是由頌體的文體性質決定的，而頌體的文體性質是由使用場合、演唱方式等因素決定的。從使用場合來看，頌體用於宗廟重大祭祀典禮中，主要内容包括頌上帝等自然神、頌先公先王及儆毖等方面，儀式環節緊張嚴肅，不會采用疊章複唱的篇章結構，那樣就會拖沓絮叨，於神於祖先於時王都是不敬，儆毖也會變得不嚴肅。從演唱方式來看，《頌》詩的演唱應該是介於歌、誦之間，首要的是《頌》詞的實質内容，而不是押韻和結構美感，所以並不是特別要求韻律，

---

① 王國維：《説周頌》，《觀堂集林》，第111、112頁。"《頌》之所以異於《風》《雅》者"，原作"《頌》之所以異於《雅》《頌》者"，此據上下句文義校改。
② 傅斯年：《詩經講義稿》，第16頁。
③ 傅斯年：《詩經講義稿》，第17頁。
④ 參見傅斯年《詩經講義稿》，第17頁。

也不需要使用套語及疊章複唱的手法，當然就沒有分章了。

第三，如何看待傳世文獻中《大武》分章之説。

上文提到，傅斯年在論證《周頌》分章時把《左傳》中的相關文獻作爲證據。《左傳·宣公十二年》：

> 楚子曰："非爾所知也。夫文，止戈爲武。武王克商，作《頌》曰：'載戢干戈，載櫜弓矢。我求懿德，肆于時《夏》，允王保之。'又作《武》，其卒章曰：'耆定爾功。'其三曰：'鋪時繹思，我徂維求定。'其六曰：'綏萬邦，屢豐年。'夫武，禁暴、戢兵、保大、定功、安民、和衆、豐財者也。故使子孫無忘其章。"[①]

《左傳》講到的《武》的卒章"耆定爾功"是《詩·周頌》中《武》這一篇的最後一句"鋪時繹思，我徂維求定"，是《賚》篇的第三句和第四句。"綏萬邦，屢豐年"，是《桓》篇的第一句和第二句。

毛詩序云："《武》，奏《大武》也。"《大武》就是《大武》樂，所以王國維認爲《周頌》中的《武》是《大武》的篇章。《左傳》所説的《大武》的卒章、第三章及第六章，實際上並不是我們通常所説的一篇詩內部的分章，而是一組詩的分篇。所説的《大武》的卒章，實際上是《大武》組詩的最後一篇，也就是《大武》最後一成，《大武》的第三章及第六章就是《大武》組詩的第三篇及第六篇，也就是《大武》的三成和四成。

《左傳·宣公十二年》的《大武》分章之説，是楚子所講。可以推斷，楚子所據《大武》文本不是樂舞文本，如果是樂舞文本，像清華簡《周公之琴舞》中的《多士儆毖》《儆毖》那樣，應該是《大武》的某成、某卒或某啓、某亂。楚子所據《大武》文本應該是傳詩文本，而這個傳詩文本應該與今本《詩經》一樣，已經沒有樂舞脚本痕迹了。

因此，我們不能因爲《左傳》中講到《大武》分章之説，就認爲《周頌》本來是分章的。可以説，藉助清華簡《周公之琴舞》中的《多士儆

---

① （晉）杜預撰、（唐）陸德明音釋《宋本春秋經傳集解》（三），第123頁。

悲》《儆悲》的發現，頌體不分章的結論是確鑿無疑了。

第七節　清華簡《芮良夫悲》文體形態

《芮良夫悲》"簡長 44.7 釐米，共 28 支簡，滿簡書寫 30 字左右。第一支簡簡背原有篇題'周公之頌志'，但有明顯刮削痕迹"[①]。抄寫《芮良夫悲》的每支竹簡背面記有簡序編號，在 28 支竹簡中，有半數竹簡殘斷。本篇原無篇題，現篇題《芮良夫悲》爲整理者所加。

清華簡《芮良夫悲》寫本篇首云："周邦驟有禍，寇戎方晉，厥辟御事，各營其身，恒争于富，莫治庶難，莫恤邦之不寧，芮良夫乃作訊（悲）再終。"有學者認爲這段話是此篇詩歌的小序，小序之後是此篇悲詩的正文。此篇悲詩的主要内容是芮良夫對一些大臣的儆誡。

關於清華簡《芮良夫悲》寫本的性質，學術界的觀點並不一致。趙平安提出清華簡《芮良夫訊》是書類文獻。但是與書類文獻的一般文體體式不同，《芮良夫訊》雖然是詩歌文體，但其仍然屬於書類文獻。[②] 姚小鷗提出清華簡《芮良夫悲》"當屬《詩經》類文獻。依據《毛詩序》分'大序''小序'推理，《芮良夫悲》前之'序'可稱爲'小序'，爲先秦《詩序》之遺存。而對比'小序'再考《芮良夫悲》正文，可確認其中有《詩經》諸篇常見之筆法"[③]。陳鵬宇指出《芮良夫悲》兼具散文與詩的風格，其散文風格占主要方面，是一種規諫文體，這種規諫文體被稱爲"訊"。[④]

本篇寫本篇首陳説芮良夫作悲的背景，確與毛詩序一類文字有相似之處。但是，在本篇寫本結尾還有"吾用作訊（悲）再終，以寓命達聖（聽）"句，來説明自己作"悲"的目的。

清華簡《芮良夫悲》寫本記"芮良夫乃作訊（悲）再終"，這與清華

① 李學勤主編《清華大學藏戰國竹簡》(叁)，第 144 頁。
② 參見趙平安《〈芮良夫訊〉初讀》，《文物》2012 年第 8 期。
③ 姚小鷗：《〈清華大學藏戰國竹簡·芮良夫悲·小序〉研究》，《中州學刊》2014 年第 5 期。
④ 參見陳鵬宇《清華簡〈芮良夫悲〉套語成分分析》，《深圳大學學報》(人文社會科學版) 2014 年第 2 期。

簡《耆夜》記"作歌一終"及"作祝誦一終"具有相同性質，"終"無疑是音樂學概念。因此，《芮良夫毖》文體性質應該是詩類文獻。

第八節　清華簡《芮良夫毖》文體譜系

清華簡《芮良夫毖》爲毖體詩，其文體譜系上可以溯源到《書》中虞夏殷商文本，亦與《詩》中毖體同源共流，並對其後毖體産生深遠影響。

一　毖體溯源

《尚書》是虞夏商周時期的歷史文獻彙編，不僅是儒家重要典籍，也是我國古代文體生成的搖籃。後世對《尚書》文體有六體、十體的説法，不論究竟幾體允當，《尚書》文體之豐富於此可見一斑。

六體之説見於僞孔安國《尚書序》，其文云："典、謨、訓、誥、誓、命之文凡百篇。"[①] 十體之説始於唐代孔穎達。其在"《堯典》第一"下疏云："檢其此體，爲例有十。一曰典，二曰謨，三曰貢，四曰歌，五曰誓，六曰誥，七曰訓，八曰命，九曰征，十曰範。《堯典》《舜典》二篇，典也。《大禹謨》《皋陶謨》二篇，謨也。《禹貢》一篇，貢也。《五子之歌》一篇，歌也。《甘誓》《泰誓》三篇，《湯誓》《牧誓》《費誓》《泰誓》八篇，誓也。《仲虺之誥》《湯誥》《大誥》《康誥》《酒誥》《召誥》《洛誥》《康王之誥》八篇，誥也。《伊訓》一篇，訓也。《説命》三篇，《微子之命》《蔡仲之命》《顧命》《畢命》《冏命》《文侯之命》九篇，命也。《胤征》一篇，征也。《洪範》一篇，範也。"[②]

《尚書》中"訓"體，其文爲告誡之辭。《伊訓》是伊尹作訓以教導太甲。"誥"體中亦有訓誡之辭，如《湯誥》云："凡我造邦，無從匪彝，無即慆淫，各守爾典，以承天休。爾有善，朕弗敢蔽。罪當朕躬，弗敢自赦，惟簡在上帝之心。"[③]《酒誥》通篇以戒酒爲誥，全爲訓誡之辭。

---

① （清）阮元校刻《十三經注疏》，第238頁。
② （清）阮元校刻《十三經注疏》，第247頁。
③ （清）阮元校刻《十三經注疏》，第343頁。

清華簡《芮良夫毖》《多士儆毖》《儆毖》三篇詩作是"毖體"。儆，戒也。毖，慎也。儆毖，就是訓誡之，使其謹慎不要犯錯。毖體見於《詩經》，《詩經·周頌》有《小毖》，實際上就是毖體詩。

芮良夫是西周晚期即厲王時期的大臣，厲王無道，芮良夫曾多次勸諫，其事迹見於史書。《史記·周本紀》：

> 夷王崩，子厲王胡立。厲王即位三十年，好利，近榮夷公。大夫芮良夫諫厲王曰："王室其將卑乎？夫榮公好專利而不知大難。夫利，百物之所生也，天地之所載也，而有專之，其害多矣。天地百物皆將取焉，何可專也？所怒甚多，而不備大難。以是教王，王其能久乎？夫王人者，將導利而布之上下者也。使神人百物無不得極，猶日怵惕懼怨之來也。故《頌》曰'思文后稷，克配彼天，立我蒸民，莫匪爾極'。《大雅》曰'陳錫載周'。是不布利而懼難乎，故能載周以至于今。今王學專利，其可乎？匹夫專利，猶謂之盜，王而行之，其歸鮮矣。榮公若用，周必敗也。"厲王不聽，卒以榮公爲卿士，用事。①

清華簡《芮良夫毖》就是芮良夫對厲王的勸諫，勸諫厲王應該廣納群臣良諫，並善待勸諫之臣。

如果追溯毖體詩的文體起源，可以追溯到西周初年。清華簡《周公之琴舞》中的《多士儆毖》及《儆毖》都是毖體詩，都作於西周初年，清華簡《芮良夫毖》作於西周末年，當是由西周初年毖體詩演化而來。

如果追溯西周初年的毖體起源，可以追溯到《書》。西周初年的毖體當是由《書》中的訓體、誥體演化發展而來。這主要體現在思想內容和文體形式兩個方面。

從思想內容來看，《多士儆毖》是重臣儆毖時王及諸侯群臣，《儆毖》是時王儆毖諸侯群臣及自己。有儆毖他人，也有儆毖自己。儆毖他人，既有下儆上，也有上儆下。在《尚書》的一些篇章中，重臣儆毖時王及諸侯

---

① （漢）司馬遷撰、（宋）裴駰集解、（唐）司馬貞索隱、（唐）張守節正義《史記》（修訂本），第179~180頁。

群臣、時王儆惖諸侯群臣及自己的内容已經出現。如前所引《湯誥》文，是湯對諸侯及其衆官的告誡。

除了《尚書》，實際上在《逸周書》中就有多篇以“儆”爲篇名的書類文獻。如《文儆》《寤儆》《武儆》。《逸周書·周書序》云：“文王有疾，告武王以民之多變，作《文儆》。”[1]“武王將起師伐商，寤有商儆，作《寤儆》。”[2] 按照《周書序》，《文儆》篇是文王對太子發的儆惖，兹迻録全文如下：

> 維文王告夢，懼後嗣之無保。庚辰，詔太子發曰：
>
> 汝敬之哉！民物多變，民何嚮非利？利維生痛，痛維生樂，樂維生禮，禮維生義，義維生仁。
>
> 嗚呼，敬之哉！民之適敗，上察下遂。信何嚮非私？私維生抗，抗維生奪，奪維生亂，亂維生亡，亡維生死。
>
> 嗚呼，敬之哉！汝慎守勿失，以詔有司，夙夜勿忘，若民之嚮引。汝何慎非遂？遂時不遠。非本非標，非微非煇。壤非壤不高，水非水不流。
>
> 嗚呼，敬之哉！倍本者槁，汝何葆非監？不維一保監順，時維周于民之適敗，無有時蓋。後戒後戒，謀念勿擇。[3]

文王所作《文儆》就是書類文獻的儆惖體，或稱儆體。從所引上篇儆體文來看，其語氣、辭氣與儆惖體詩非常接近，而且，上文所引雖然是書類文獻，但是，我們看到，其在篇章結構、語句的工整性方面已經非常接近“詩”的體式，甚至還有一定的用韻。

綜之，從文體形式及語言風格來看，西周初年的惖體詩，明顯與《詩經》風體、雅體不同，不要求用韻，句式不工整，言辭古奥。在文體及語言風格上與《書》非常接近，可見是從《書》發展演化而來。

---

① 黃懷信、張懋鎔、田旭東撰《逸周書彙校集注》，第 1124 頁。
② 黃懷信、張懋鎔、田旭東撰《逸周書彙校集注》，第 1127 頁。
③ （晉）孔晁注、（清）盧文弨校定《逸周書》，第 87~88 頁。

二 清華簡《芮良夫毖》與《多士儆毖》《儆毖》

清華簡《多士儆毖》及《儆毖》是西周初年作品，《芮良夫毖》是西周晚期所作。二者都是毖體詩，在文體上自然有相同之處，但是也有明顯不同。爲了便於稱引與比較，茲以寬式將《芮良夫毖》迻錄於下：

周邦驟有禍，寇戎方晉，厥辟、御事各營其身，恒争于富，莫治庶難，莫卹邦之不寧，芮良夫乃作訧（毖）再終。曰：

敬之哉君子，天猶畏矣。敬哉君子，饎敗改餯，恭天之威，載聖（聽）民之餯。間隔若否，以自訾讀，迪求聖人，以申爾謀猷，毋顜聞餯，度毋有諮，毋婪貪、狌悃、滿盈、康戲而不智饎告。此心目無極，富而無况，用莫能止欲，而莫肯齊好，尚恒恒敬哉，顧彼後復，君子而受束萬民之容，所而弗敬，譬之若重載以行崝險，莫之扶導，其由不攝停。敬哉君子，愘哉毋荒，畏天之降災，卹邦之不臧，毋自縱于逸，以遨不圖難。變改常術，而無有紀綱。此德刑不齊，夫民用憂傷。民之俴（殘）矣，而惟帝爲王。彼人不敬，不鑒于夏商。心之憂矣，靡所告懷，兄弟矍矣，恐不和均。屯圓滿溢，曰余未均。凡百君子，及爾藎臣，胥收胥由，胥穀胥均，民不日幸，尚憂思殹。先人有言："則威虐之，或因斬柯，不遠其則。"毋害天常，各當爾德。寇戎方晉，謀猷惟戒。和專同心，毋有相負。恂求有才，聖智用力。必探其宅，以親其狀。身與之語，以求其上。昔在先王，既有衆庸。□□庶難，用建其邦。平和庶民，莫敢僕懂。□□□□□□□□□□用協保，罔有怨訟。恒争獻其力，畏燮方鱞，先君以多功。古□□□□□□□□元君，用有聖政德。以力及作，燮仇啓國。以武及勇，衛相社稷。懷慈幼弱，贏寡孑獨。萬民俱懋，邦用昌熾。

二啓曰：天猷畏矣，豫命無成。生□□難，不秉純德，其度用失營。莫好安情，于可有静（争）。莫稱厥位，而不知允盈。莫……型。自起俴（殘）虐，邦用不寧。凡惟君子，尚鑒于先舊。道讀善敗，俾匡以戒。□□功績，恭監享祀。和德定刑，正百有司。胥訓胥教，胥箴胥謀。各圖厥祥，以交罔謀。天之所壞，莫之能支。天之所支，亦不可壞。板板其無成，用皇可畏？德刑怠惰，民所訧僻。約結繩準，民之關閉。如關枝扃鍵，繩準既正。而五相柔比，遹易兌心。研甄嘉惟，料和庶民。政命德型，各有常次。邦其康寧，不逢庶難。年穀紛成，風雨時至。此惟天所建，惟四方所祇畏。曰其罰時償，其德刑宜利。如關枝不閉，而繩準失楪。五相不彊，罔肯獻言。人訟扞違，民乃嗟囂，靡所屏依。日月星辰，用交亂進退，而莫得其次。歲廼不度，民用戾盡，咎何其如台哉！朕惟沖人，則如禾之有穉。非穀哲人，吾靡所援□詣。我之不言，則畏天之發機。我其言矣，則逸者不美。民亦有言曰：謀無小大，而器不再利；屯可與忱，而鮮可與惟。曰於嗚虖畏哉！言深于淵，莫之能測。民多艱難，我心不快，戾之不□□。無父母能生，無君不能生。吾中心念絓，莫我或聽。吾恐辠之□身，我之不□。□□是失，而邦受其不寧。吾用作悲再終，以寓命達聽。

　　我們將上揭《芮良夫悲》與《多士徽悲》《徽悲》進行比較，不難發現它們之間的不同。《芮良夫悲》在文體上呈現如下特徵。第一，《芮良夫悲》開篇沒有"元啓"，但文中有"二啓"，説明《芮良夫悲》有兩啓，這與《多士徽悲》《徽悲》九啓相比，少了七啓。這體現了九爲天子之數，芮良夫是不能用的。第二，《芮良夫悲》雖然有"啓"，却沒有"亂"。《多士徽悲》《徽悲》有"啓"，有"亂"，是樂舞詩；《芮良夫悲》不是樂舞詩，應該祇是樂詩。所以，《芮良夫悲》祇説作悲再終，而不是"琴舞九卒"。第三，《芮良夫悲》間有用韻，雖不嚴格，但是要比《多士徽悲》《徽悲》有韻律。第四，篇幅規模較大。雖然祇有兩啓，但是在規模上要比《徽悲》的九啓還要大。第五，詩句較爲工整。全篇基本上由四言、五言及六言構成。《芮良夫悲》雖然比不上工整的風體，但是，與《多士徽悲》及《徽悲》相比，已經算是相當工整了。

　　《多士徽悲》及《徽悲》在文體上屬於《詩經》的頌體，而《芮良夫悲》在文體上所呈現的上述特徵，説明其絶不是頌體，相較而言，其接近

《詩經》的雅體。

綜之,《芮良夫毖》作爲毖體詩,作於西周晚期,從文體譜系上,應該是從西周早期毖體詩演化發展而來,與西周早期毖體詩同源而異流。也就是説,雅體儆毖詩是從頌體儆毖詩中分化發展出來的。頌體儆毖詩分化出雅體儆毖詩,可能有多種因素。但是,首先一點是作者的身份和地位因素。芮良夫雖然是西周晚期重臣,但是其身份地位無法與周公相比,周公作爲準君王,可以用天子之數,作九卒之樂舞詩,但是,芮良夫是不可以的,恐怕連作頌體的資格也没有,因此,其所作儆毖詩祇能采用雅體了。

三　清華簡《芮良夫毖》與《詩經》毖體詩

清華簡《多士儆毖》《儆毖》及《芮良夫毖》公布後,有人認爲,這三篇詩是毖體詩,是以前文獻没有見到的新材料。其實這個講法也不是十分準確,實際上,在《詩經》中毖體是存在的。在《周頌》中就有以"毖"爲名的詩:《小毖》。

《小毖》全詩云:"予其懲,而毖後患。莫予荓蜂,自求辛螫。肇允彼桃蟲,拚飛維鳥。未堪家多難,予又集于蓼。"毛詩小序云:"《小毖》,嗣王求助也。"①朱熹集傳對全詩大意作了概括:"成王自言,予何所懲,而謹後患乎?荓蜂而得辛螫,信桃蟲而不知其能爲大鳥,此其所當懲者。蓋指管、蔡之事也。然我方幼冲,未堪多難,而又集於辛苦之地,羣臣奈何捨我而弗助哉?"②成王自言,要懲罰自己已往的錯誤,謹慎行事以免後患。《小毖》實際上是成王自我儆毖之詩。至於爲什麼名爲《小毖》,朱熹集傳引蘇轍傳云:"小毖者,謹之於小也。謹之於小,則大患無由至矣。"③

《詩經》中除了直接以"毖"命名的《小毖》,還有一些不以"毖"爲名的毖體詩。

---

① （漢）毛亨傳、（漢）鄭玄箋、（唐）陸德明釋文《宋本毛詩詁訓傳》（三），第163頁。
② （宋）朱熹集傳《詩集傳》,趙長征點校,第310頁。
③ 宋淳熙七年蘇詡筠州公使庫刻本蘇轍《詩集傳》作"毖,慎也。慎之於小,則大患無由至矣。"

《周頌》中的《閔予小子》，是成王即位朝廟自儆之詩；《敬之》是群臣進誡成王。《大雅》生民之什十篇，其最後兩篇《民勞》和《板》也是儆毖詩，按照毛詩小序所言，"《民勞》，召穆公刺厲王也"[①]，"《板》，凡伯刺厲王也"[②]。《大雅》蕩之什十一篇，其中《蕩》《抑》《桑柔》三篇也是儆毖詩。毛詩小序云："《蕩》，召穆公傷周室大壞也。厲王無道，天下蕩蕩無綱紀文章，故作是詩也。"[③]"《抑》，衛武公刺厲王。亦以自警也。"[④]"《桑柔》，芮伯刺厲王也。"[⑤]

拋開毛詩小序的講法，下面我們可以從上述諸篇詩歌所寫內容上看看其是否爲毖體詩。

《閔予小子》全詩云：

> 閔予小子，遭家不造，嬛嬛在疚。於乎皇考，永世克孝。念茲皇祖，陟降庭止。維予小子，夙夜敬止。於乎皇王，繼序思不忘。[⑥]

全詩大意説——可憐的我，家遭不幸，煢煢一身陷於憂苦之中。感歎啊武王，能終生恪盡孝道。思念文王啊，望他的神靈能常來常往于庭上。我小子，一定能夙夜勤勉敬慎行事。文王武王啊，我會想着繼承王業永不忘。這是成王在先王廟舉行祭祖典禮時的自我儆毖之辭。此詩與成王所作《儆毖》中的自儆部分相比，詞氣、文意完全相合。

清華簡《儆毖》元納啓《敬之》，就是《周頌》中《敬之》。可見，儆毖體詩，在傳世文獻中未必都以儆毖命名。

我們再看看《大雅》中不以"儆毖"爲名的儆毖詩。《民勞》全詩云：

> 民亦勞止，汔可小康。惠此中國，以綏四方。無縱詭隨，以謹無

①　（清）阮元校刻《十三經注疏》，第 1180 頁。
②　（清）阮元校刻《十三經注疏》，第 1182 頁。
③　（清）阮元校刻《十三經注疏》，第 1191 頁。
④　（清）阮元校刻《十三經注疏》，第 1194 頁。
⑤　（清）阮元校刻《十三經注疏》，第 1203 頁。
⑥　（漢）毛亨傳、（漢）鄭玄箋、（唐）陸德明釋文《宋本毛詩詁訓傳》（三），第 160 頁。

良。式遏寇虐，憯不畏明。柔遠能邇，以定我王。民亦勞止，汔可小休。惠此中國，以爲民逑。無縱詭隨，以謹惛怓。式遏寇虐，無俾民憂。無棄爾勞，以爲王休。民亦勞止，汔可小息。惠此京師，以綏四國。無縱詭隨，以謹罔極。式遏寇虐，無俾作慝。敬慎威儀，以近有德。民亦勞止，汔可小愒。惠此中國，俾民憂泄。無縱詭隨，以謹醜厲。式遏寇虐，無俾正敗。戎雖小子，而式弘大。民亦勞止，汔可小安。惠此中國，國無有殘。無縱詭隨，以謹繾綣。式遏寇虐，無俾正反。王欲玉女，是用大諫。[①]

毛詩小序云："《民勞》，召穆公刺厲王也。"朱熹集傳云："《序》説以此爲召穆公刺厲王之詩。以今考之，乃同列相戒之辭耳，未必專爲刺王而發。然其憂時感事之意，亦可見矣。蘇氏曰：'人未有無故而妄從人者，維無良之人，將悦其君而竊其權，以爲寇虐，則爲之。故無縱詭隨，則無良之人肅，而寇虐無畏之人止。然後柔遠能邇，而王室定矣。'[②] 穆公，名虎。康公之後。厲王，名胡。成王七世孫也。"[③] 毛詩小序認爲《民勞》是召穆公刺厲王。自毛詩小序以來，很長時間内，人們都認爲是刺厲王之詩。這可能是因爲詩中有"以定我王"，尤其是詩的結尾有"王欲玉女，是用大諫"之句，看上去是諫王。一直到了宋代，朱熹始對毛詩小序的説法産生懷疑。對"王欲玉女，是用大諫"詩句之意作出解釋："玉，寶愛之意。言王欲以女爲玉而寶愛之，故我用王之意，大諫正於女。蓋託爲王意以相戒也。"[④] 並從詩義出發，認爲全詩是同列相誡之詞，未必專爲刺王而發。從全詩文義來看，朱熹的講法是對的，該詩確應爲儆毖同僚之辭。

我們再來看《板》。《板》全詩云：

---

① （漢）毛亨傳、（漢）鄭玄箋、（唐）陸德明釋文《宋本毛詩詁訓傳》（三），第 68~71 頁。

② 宋淳熙七年蘇詡筠州公使庫刻本蘇轍《詩集傳》作："人未有無故而妄從人者，維無良之人，將悦其君而竊其權，以爲寇虐，則爲之。故無縱詭隨，則無良之人肅。無良之人肅，則寇虐無良之人止，然後柔遠能邇而王室定矣。"

③ （宋）朱熹集傳《詩集傳》，趙長征點校，第 265 頁。

④ （宋）朱熹集傳《詩集傳》，趙長征點校，第 266 頁。

　　上帝板板，下民卒癉。出話不然，爲猶不遠。靡聖管管，不實於亶。猶之未遠，是用大諫。天之方難，無然憲憲。天之方蹶，無然泄泄。辭之輯矣，民之洽矣。辭之懌矣，民之莫矣。我雖異事，及爾同寮。我即爾謀，聽我囂囂。我言維服，勿以爲笑。先民有言，詢于芻蕘。天之方虐，無然謔謔。老夫灌灌，小子蹻蹻。匪我言耄，爾用憂謔。多將熇熇，不可救藥。天之方懠，無爲夸毗。威儀卒迷，善人載尸。民之方殿屎，則莫我敢葵。喪亂蔑資，曾莫惠我師。天之牖民，如壎如篪，如璋如圭，如取如攜。攜無曰益，牖民孔易。民之多辟，無自立辟。价人維藩，大師維垣，大邦維屏，大宗維翰，懷德維寧，宗子維城。無俾城壞，無獨斯畏。敬天之怒，無敢戲豫。敬天之渝，無敢馳驅。昊天曰明，及爾出王。昊天曰旦，及爾游衍。①

　　毛詩小序云："《板》，凡伯刺厲王也。"② 朱熹《詩集傳》云："《序》以此爲凡伯刺厲王之詩。今考其意，亦與前篇相類，但責之益深切耳。"③ 朱熹認爲，此篇與前篇《民勞》一樣，也是同僚相儆戒之辭。朱熹的看法是正確的，我們看到，此篇詩中甚至直接出現了"同寮"，確應爲儆戒同僚之辭。

　　接下來我們再看《大雅》蕩之什中的《蕩》《抑》《桑柔》三篇儆戒詩。《蕩》全詩云：

　　蕩蕩上帝，下民之辟。疾威上帝，其命多辟。天生烝民，其命匪諶。靡不有初，鮮克有終。文王曰咨，咨汝殷商。曾是彊禦，曾是掊克，曾是在位，曾是在服。天降滔德，女興是力。文王曰咨，咨女殷商。而秉義類，彊禦多懟，流言以對，寇攘式內。侯作侯祝，靡屆靡究。文王曰咨，咨女殷商。女炰烋于中國，斂怨以爲德。不明爾德，時無背無側。爾德不明，以無陪無卿。文王曰咨，咨女殷商。天不湎

①　（漢）毛亨傳、（漢）鄭玄箋、（唐）陸德明釋文《宋本毛詩詁訓傳》（三），第71~75頁。
②　（漢）毛亨傳、（漢）鄭玄箋、（唐）陸德明釋文《宋本毛詩詁訓傳》（三），第71頁。
③　（宋）朱熹集傳《詩集傳》，趙長征點校，第266頁。

爾以酒，不義從式。既愆爾止，靡明靡晦。式號式呼，俾晝作夜。文
王曰咨，咨女殷商。如蜩如螗，如沸如羹。小大近喪，人尚乎由行。
內奰于中國，覃及鬼方。文王曰咨，咨女殷商。匪上帝不時，殷不用
舊。雖無老成人，尚有典刑。曾是莫聽，大命以傾。文王曰咨，咨女
殷商。人亦有言，顛沛之揭，枝葉未有害，本實先撥。殷鑒不遠，在
夏后之世。[①]

毛詩小序云："《蕩》，召穆公傷周室大壞也。厲王無道，天下蕩蕩無
綱紀文章，故作是詩也。"[②]孔穎達正義重申毛詩序之意，云："《蕩》詩者，
召穆公所作，以傷周室之大壞也。以厲王無人君之道，行其惡政，反亂先
王之政，致使天下蕩蕩然，法度廢滅，無復有綱紀文章，是周之王室大壞
敗也，故穆公作是《蕩》詩以傷之。傷者，刺外之有餘哀也，其恨深於刺
也。"[③]到了宋代，朱熹對"召穆公作"之說不以爲然，認爲是詩人所作。
朱熹《詩集傳》云："詩人知厲王之將亡，故爲此詩，託於文王所以嗟嘆殷
紂者。言此暴虐聚斂之臣在位用事，乃天降慆慢之德而害民。然非其自爲
之也，乃汝興起此人而力爲之耳。"[④]《蕩》詩爲誰所作，可以先擱置不論。
就詩的内容而言，毛詩序、孔穎達疏及朱熹集傳都認爲是刺厲王，傷周王
室。這樣的看法是沒有問題的。但是，此詩之意不止於此。實際上，如果
我們仔細玩味詩意，就會發現此詩還有更深的含義，那就是在刺厲王、傷
王室之上，更有儆惕後來的意味。蘇轍的集傳對此可謂有深刻認識，朱熹
似有領悟，引蘇轍集傳云："商周之衰，典刑未廢，諸侯未畔，四夷未起，
而其君先爲不義，以自絕於天。莫可救止，正猶此爾。殷鑒在夏，蓋爲文
王歎紂之辭。然周鑒之在殷，亦可知矣。"[⑤]我們看到，上揭諸多儆惕詩，

① （漢）毛亨傳、（漢）鄭玄箋、（唐）陸德明釋文《宋本毛詩詁訓傳》（三），第77~81頁。
② （漢）毛亨傳、（漢）鄭玄箋、（唐）陸德明釋文《宋本毛詩詁訓傳》（三），第77頁。
③ （清）阮元校刻《十三經注疏》，第1191頁。
④ （宋）朱熹集傳《詩集傳》，趙長征點校，第272頁。
⑤ （宋）朱熹集傳《詩集傳》，趙長征點校，第273頁。又，宋淳熙七年蘇詡筠州公使庫
　刻本蘇轍《詩集傳》作："商周之衰，典刑未廢，諸侯未畔，四夷未起，而其君不義，
　以自絕於天下，莫可救也。言商之鑒在夏，則周之鑒在商明矣。"

有儆毖時王的，有儆毖諸侯及官員的，有儆毖忠臣的，也有同僚之間的相互儆毖，這都是對具體人物的儆毖，而《蕩》詩則是在儆毖一個王朝，其儆毖之深，可謂至矣。

《抑》全詩云：

抑抑威儀，維德之隅。人亦有言，靡哲不愚。庶人之愚，亦職維疾。哲人之愚，亦維斯戾。無競維人，四方其訓之。有覺德行，四國順之。訏謨定命，遠猶辰告。敬慎威儀，維民之則。其在于今，興迷亂于政。顛覆厥德，荒湛于酒。女雖湛樂，從弗念厥紹。罔敷求先王，克共明刑。肆皇天弗尚，如彼泉流，無淪胥以亡。夙興夜寐，洒埽庭内，維民之章。修爾車馬，弓矢戎兵，用戒戎作，用遏蠻方。質爾人民，謹爾侯度，用戒不虞。慎爾出話，敬爾威儀，無不柔嘉。白圭之玷，尚可磨也。斯言之玷，不可爲也。無易由言，無曰苟矣。莫捫朕舌，言不可逝矣。無言不讎，無德不報。惠于朋友，庶民小子。子孫繩繩，萬民靡不承。視爾友君子，輯柔爾顏，不遐有愆。相在爾室，尚不媿于屋漏。無曰不顯，莫予云覯。神之格思，不可度思，矧可射思。辟爾爲德，俾臧俾嘉。淑慎爾止，不愆于儀。不僭不賊，鮮不爲則。投我以桃，報之以李。彼童而角，實虹小子。荏染柔木，言緡之絲。溫溫恭人，維德之基。其維哲人，告之話言，順德之行。其維愚人，覆謂我僭。民各有心。於乎小子，未知臧否。匪手攜之，言示之事。匪面命之，言提其耳。借曰未知，亦既抱子。民之靡盈，誰夙知而莫成？昊天孔昭，我生靡樂。視爾夢夢，我心慘慘。誨爾諄諄，聽我藐藐。匪用爲教，覆用爲虐。借曰未知，亦聿既耄。於乎小子，告爾舊止。聽用我謀，庶無大悔。天方艱難，曰喪厥國。取譬不遠，昊天不忒。回遹其德，俾民大棘。①

毛詩小序云：“《抑》，衛武公刺厲王，亦以自警也。”②朱熹集傳云：“衛

---

① （漢）毛亨傳、（漢）鄭玄箋、（唐）陸德明釋文《宋本毛詩詁訓傳》（三），第82~89頁。
② （漢）毛亨傳、（漢）鄭玄箋、（唐）陸德明釋文《宋本毛詩詁訓傳》（三），第82頁。

武公作此詩，使人日誦於其側，以自警。"①朱熹所説衛武公作《抑》之事見於《國語》。《國語·楚語上》左史倚相曰："昔衛武公年數九十有五矣，猶箴儆於國，曰：'自卿以下至于師長士，苟在朝者，無謂我老耄而舍我。必恭恪於朝，朝夕以交戒我。聞一二之言必誦志而納之，以訓道我。'在輿有旅賁之規，位宁有官師之典，倚几有誦訓之諫，居寢有褻御之箴，臨事有瞽史之道，宴居有師工之誦。史不失書，矇不失誦，以訓御之。於是乎作懿戒以自儆也。及其没也，謂之叡聖武公。"②韋昭注云："懿，《詩·大雅》《抑》之篇也。懿讀曰抑。"③

按照毛詩序的説法，衛武公作《抑》是刺厲王，同時也是自儆。但是，從《國語》的記載來看，似乎並不是爲刺厲王，而是爲自儆而作。

《桑柔》全詩云：

> 菀彼桑柔，其下侯旬。捋采其劉，瘼此下民。不殄心憂，倉兄填兮。倬彼昊天，寧不我矜。四牡騤騤，旟旐有翩。亂生不夷，靡國不泯。民靡有黎，具禍以燼。於乎有哀，國步斯頻。國步蔑資，天不我將。靡所止疑，云徂何往？君子實維，秉心無競。誰生厲階，至今爲梗。憂心慇慇，念我土宇。我生不辰，逢天僤怒。自西徂東，靡所定處。多我覯瘉，孔棘我圉。爲謀爲毖，亂況斯削。告爾憂恤，誨爾序爵。誰能執熱，逝不以濯。其何能淑，載胥及溺。如彼遡風，亦孔之僾。民有肅心，荓云不逮。好是稼穡，力民代食。稼穡維寶，代食維好。天降喪亂，滅我立王。降此蟊賊，稼穡卒痒。哀恫中國，具贅卒荒。靡有旅力，以念穹蒼。維此惠君，民人所瞻。秉心宣猶，考慎其相。維彼不順，自獨俾臧。自有肺腸，俾民卒狂。瞻彼中林，甡甡其鹿。朋友已譖，不胥以穀。人亦有言，進退維谷。維此聖人，瞻言百里。維彼愚人，覆狂以喜。匪言不能，胡斯畏忌。維此良人，弗求弗迪。維彼忍心，是顧是復。民之貪亂，寧爲荼毒。大風有隧，有空大

---

① （宋）朱熹集傳《詩集傳》，趙長征點校，第273頁。
② （三國吳）韋昭注《宋本國語》（三），第127~129頁。
③ （三國吳）韋昭注《宋本國語》（三），第129頁。

谷。維此良人，作爲式穀。維彼不順，征以中垢。大風有隧，貪人敗
類。聽言則對，誦言如醉。匪用其良，覆俾我悖。嗟爾朋友，予豈不
知而作？如彼飛蟲，時亦弋獲。既之陰女，反予來赫。民之罔極，職
涼善背。爲民不利，如云不克。民之回遹，職競用力。民之未戾，職
盜爲寇。涼曰不可，覆背善詈。雖曰匪予，既作爾歌。^①

毛詩小序云：“《桑柔》，芮伯刺厲王也。”^②朱熹集傳云：“舊説此爲芮伯
刺厲王而作，《春秋傳》亦曰芮良夫之詩，則其説是也。”^③

《左傳·文公元年》：“殽之役，晉人既歸秦帥，秦大夫及左右皆言於
秦伯曰：‘是敗也，孟明之罪也，必殺之。’秦伯曰：‘是孤之罪也。周芮良
夫之詩曰：大風有隧，貪人敗類，聽言則對，誦言如醉，匪用其良，覆俾
我悖。是貪故也，孤之謂矣。孤實貪以禍夫子，夫子何罪？’復使爲政。”^④
《左傳》所引“大風有隧，貪人敗類，聽言則對，誦言如醉，匪用其良，
覆俾我悖”云云，正在《桑柔》詩中，足證該詩確爲芮良夫所作。

清華簡《芮良夫毖》與《大雅·桑柔》同爲芮良夫所作儆毖詩，兩
篇詩的儆毖精神一脈相承。但就兩篇詩的藝術性而言，《大雅·桑柔》明
顯高於清華簡《芮良夫毖》。《桑柔》一詩開篇運用比的手法，取桑爲譬；
第二、三、四、五、六、七、八章運用賦的手法；第九章運用興的手法；
第十、十一章復用賦的手法；第十二、十三章復運用興的手法；第十四、
十五、十六章再用賦的手法。

開篇以桑取譬，極爲生動形象。對於儆毖詩來説，極爲難得。“桑之
爲物，其葉最盛，然及其采之也，一朝而盡，無黄落之漸。故取以比周之
盛時，如葉之茂，其蔭無所不徧。至於厲王肆行暴虐，以敗其成業，王室
忽焉凋弊，如桑之既采，民失其蔭而受其病。故君子憂之，不絶於心，悲
閔之甚，而至於病，遂號天而訴之也。”^⑤更爲難能可貴的是，《桑柔》中還

---

① （漢）毛亨傳、（漢）鄭玄箋、（唐）陸德明釋文《宋本毛詩詁訓傳》（三），第 89~97 頁。
② （漢）毛亨傳、（漢）鄭玄箋、（唐）陸德明釋文《宋本毛詩詁訓傳》（三），第 89 頁。
③ （宋）朱熹集傳《詩集傳》，趙長征點校，第 277 頁。
④ （晉）杜預撰、（唐）陸德明音釋《宋本春秋經傳集解》（三），第 5 頁。
⑤ （宋）朱熹集傳《詩集傳》，趙長征點校，第 277 頁。

多次運用興的手法，使其藝術性更爲增强。

清華簡《芮良夫毖》各章用韻没有《桑柔》嚴格，句式也没有《桑柔》工整，從賦比興運用情況來看，《芮良夫毖》通篇幾乎全用賦體，祇是在句子中有少量比喻。如果從詩的角度來看，《芮良夫毖》的藝術水準没有《桑柔》高。清華簡《芮良夫毖》不入《詩經》，恐怕也是有藝術性方面的原因。過去，關於入《詩》的標準，人們更多的是從思想性方面去考量。文獻裏也多有此類記載，如孔子説“詩三百一言以蔽之曰思無邪”①，司馬遷講孔子删詩也説“去其重，取其可施於禮義者”②。“無邪”及“可施於禮義”無疑都是從思想性角度的考量。

實際上，安徽大學藏戰國楚簡《詩經》寫本，從其所存國風部分詩篇來看，其篇目及篇數與今本毛詩基本相同。現在，祇要發現新出土的周代詩歌與《詩經》體式相同，而又不在今本《詩經》之中，就會有人認識是孔子删詩的結果。其實，並不是所有與《詩經》體式相同的詩歌，都能被選入《詩經》，删詩説基於《詩》是周代詩歌全集的觀點。上文曾指出，實際上《詩經》並不是周代詩歌的總集，而是選集。這個選集不是孔子作的，而是在孔子出生之前就存在了，祇不過西周王權式微，禮壞樂崩之後散佚了，孔子祇是做了整理工作。

可以推斷，《芮良夫毖》這樣的詩作没有入選《詩經》，除了思想性，恐怕藝術性是更重要的考量。

綜之，清華簡《芮良夫毖》與《詩經》中的毖體詩同源共流，其爲《詩》類作品已毫無疑問，但是，其未被選入《詩》中，藝術性考量可能是更主要因素。

---

① （宋）朱熹集注《宋本論語集注》（一），第 54 頁。
② （漢）司馬遷撰、（宋）裴駰集解、（唐）司馬貞索隱、（唐）張守節正義《史記》，第 6 册，第 1936 頁。

第九節　清華簡《周公之琴舞》《芮良夫毖》 與先秦傳詩文獻的形態及譜系

先秦有多種傳詩文獻，清華簡《周公之琴舞》和《芮良夫毖》是戰國中期楚國寫本，內容主要是録寫詩歌文本，其與先秦各種傳詩文獻之間是什麽關係，其與各種詩類文獻的生成之間又有怎樣的關係，這些問題都值得做出深入探討。

一　清華簡《周公之琴舞》《芮良夫毖》與先秦傳詩文獻的形態

詩是夏商周三代重要文化形式，《尚書·堯典》就已經有對詩的記載。詩從其誕生時就與樂舞分不開，《尚書·堯典》云："帝曰：'夔，命汝典樂，教胄子。直而温，寬而栗，剛而無虐，簡而無傲。詩言志，歌永言，聲依永，律和聲。八音克諧，無相奪倫，神人以和。'夔曰：'於！予擊石拊石，百獸率舞。'"①

到了周代，隨着周初的制禮作樂，以及西周禮制的完備，樂舞與周禮遂融爲一體，而詩又與樂舞融爲一體。

因此，可以推斷，詩的文本文獻應該與樂舞文本文獻結合在一起，由樂官掌管。我們可以把這類傳詩文獻叫作樂官傳詩文獻。

從詩的文獻來源來看，主要有三種渠道，一是采詩，二是獻詩，三是記詩。采詩之説見於《漢書》，《漢書·藝文志》云："哀樂之心感而歌詠之聲發，誦其言謂之詩，詠其聲謂之歌。故古有采詩之官，王者所以觀風俗、知得失、自考正也。"②《漢書·食貨志》又云："孟春之月，羣居者將散，行人振木鐸徇于路，以采詩，獻之大師，比其音律，以聞於天子。"③

按照《漢書·食貨志》的講法，采詩官采詩後獻給大師，大師是周

---

① （唐）孔穎達撰《宋本尚書正義》（一），第 214~215 頁。
② （漢）班固撰、（唐）顏師古注《漢書》，第 6 册，第 1708 頁。
③ （漢）班固撰、（唐）顏師古注《漢書》，第 4 册，第 1123 頁。

代的樂官，采詩官當也是樂官。《周禮·春官·宗伯》云："大師掌六律六同以合陰陽之聲。陽聲：黃鍾、大蔟、姑洗、蕤賓、夷則、無射。陰聲：大呂、應鍾、南呂、函鍾、小呂、夾鍾。皆文之以五聲：宮、商、角、徵、羽。皆播之以八音：金、石、土、革、絲、木、匏、竹。教六詩，曰風，曰賦，曰比，曰興，曰雅，曰頌；以六德爲之本，以六律爲之音。大祭祀：帥瞽登歌，令奏擊拊；下管播樂器，令奏鼓鞀。大饗，亦如之。大射，帥瞽而歌射節。大師執同律以聽軍聲而詔吉凶。大喪，帥瞽而廞作匶謚。凡國之瞽矇正焉。"① 按照《周禮》所記，大師是掌六律六同以合陰陽之聲的樂官，人們或許對《周禮》文獻的可信度有所懷疑，不過，從《禮記》等文獻的記載來看，大師的確是周代的樂官。因爲詩、樂一體，所以樂官一定掌管一種與樂結合在一起的詩的文本，這種詩的文本用於樂事，而這種與樂一體的詩的文本祇是樂官傳詩的第一種文本。實際上，樂官還應該掌握一種與樂分離的單純的詩的文本，這種詩的文本用於教育。

上揭《周禮·春官·宗伯》文還講到大師還承擔傳授詩的職責："教六詩，曰風，曰賦，曰比，曰興，曰雅，曰頌。"《禮記·王制》云："命鄉，論秀士，升之司徒，曰選士。司徒論選士之秀者而升之學，曰俊士。升於司徒者，不征於鄉；升於學者，不征於司徒，曰造士。樂正崇四術，立四教，順先王詩、書、禮、樂以造士。春、秋教以禮、樂，冬、夏教以詩、書。王大子、王子、羣后之大子，卿、大夫、元士之適子，國之俊選，皆造焉。"②

大師傳授詩必然要有教本，從大師教授詩的內容來看，似乎不涉及樂，而祇是詩的內容與形式方面，所謂賦比興風雅頌詩之六義。因此，可以推斷這種用於授詩的教本，應該是與樂分離的純詩文本。

在周代，除了樂官傳詩，還有史官傳詩。史官傳詩主要是通過史官記事傳詩，在上古，君王的言行皆有史官記錄，正如《禮記·玉藻》所云天

---

① （漢）鄭玄注、（唐）賈公彥疏《宋本周禮疏》（七），第196~210頁。
② （漢）鄭玄注、（唐）陸德明釋文《宋本禮記》（一），第161頁。

子"動則左史書之，言則右史書之"①。天子所作歌詩必有史官記錄，天子以外，公卿要臣與朝廷上的獻詩也必然有史官記錄。我們把這種由史官記錄的詩歌文本稱爲史官傳詩文本。

春秋以上，學在王宫，學在王官。因此，詩的文本及詩學也都在王官。西周以後，王室式微，禮壞樂崩，王官散落民間，官學亦隨之散落民間。春秋以降的私學，究其根本，還是來源於官學。具體來説，春秋以降，私學所傳詩、書、禮、易之學及其相應文本都來自王官。

《漢書·藝文志》云："《書》曰：'詩言志，歌詠言。'故哀樂之心感而歌詠之聲發。誦其言謂之詩，詠其聲謂之歌。故古有采詩之官，王者所以觀風俗，知得失，自考正也。孔子純取周詩，上采殷，下取魯，凡三百五篇，遭秦而全者，以其諷誦，不獨在竹帛故也。漢興，魯申公爲詩訓故，而齊轅固、燕韓生皆爲之傳。或取《春秋》，采雜説，咸非其本義。與不得已，魯最爲近之。三家皆列於學官。又有毛公之學，自謂子夏所傳，而河間獻王好之，未得立。"②

《漢書·藝文志》這段話有兩個問題需要辨明。一是認爲《詩》三百篇來自孔子的編纂。這個問題我們已經多次論證分辨，《漢書·藝文志》的講法實不足信，在孔子之前，《詩》三百篇的文本格局已經確立，非來自孔子。第二個問題是"遭秦而全者，以其諷誦，不獨在竹帛故也"。《詩》經秦而傳到漢，恐怕並不完全是由於其便於記誦而傳下來的。秦火之餘，應該有寫本傳了下來。

春秋以後，周王室的官學散入民間，演變爲私學，再加上各諸侯國的官學，我們可以斷定，當時的傳詩文獻應該是遍布各個諸侯國，而且種類也會比較多。我們正在討論的清華簡《周公之琴舞》及《芮良夫毖》就是當時各種傳詩文獻中的兩種。

《周公之琴舞》寫本，作爲傳詩文獻，其應該來源於我們所説的"樂官傳詩文獻"中的詩樂結合的文本體系，而不是詩樂分離的文本體系。也就是説，《周公之琴舞》作爲寫本，其祖本應該是樂官傳詩寫本。在《周

---

① （漢）鄭玄注、（唐）陸德明釋文《宋本禮記》（二），第 196 頁。
② （漢）班固撰、（唐）顔師古注《漢書》，第 6 册，第 1708 頁。

公之琴舞》寫本中，在《多士儆毖》及《儆毖》正文前面，有被學界稱爲小序的説明性文字，這個説明性的所謂小序，講的是周公、成王作儆毖琴舞九卒，"儆毖"是其樂舞詩中詩的部分，而琴舞九卒，指的是樂舞部分，可是，如果把儆毖琴舞九卒連讀，實際上，這個句子並不是在説周公和成王作了儆毖詩，而是説作了儆毖琴舞九卒，是説這個琴舞的規模大小。整理者將儆毖琴舞九卒在"儆毖"處斷句，將"作儆毖""作多士儆毖"讀爲一句，將"琴舞九紣（卒）"讀爲一句，"作"這個動詞不是"琴舞九紣"的謂語，實際上這個句子很難理解，也不合文法。我們認爲，應該將"作多士儆毖琴舞九卒"讀爲一句。如果這個句子讀爲一句，那麼周公與成王作的顯然不是一般意義上的詩，而是詩樂舞三位一體的"頌"。在《儆毖》詩的正文中，規規矩矩按照樂舞演出形式，標出從"元納啓"到"九啓"以及每啓的"亂"。這更能證明這個寫本源自樂官傳詩文本體系，而且是詩樂結合的文本體系。

我們這裏説《周公之琴舞》寫本中的"多士儆毖琴舞九卒"及"儆毖琴舞九卒"來源於樂官傳詩文本體系，並不是説楚人的《周公之琴舞》寫本來自樂官傳詩文本體系。楚人的這個寫本，今天被我們發現了，在客觀上，這個寫本具有傳詩的作用與價值。但是，制作這個寫本的楚人動機是什麼？是爲了傳詩嗎？是爲了樂舞演出嗎？是爲了詩的傳授嗎？

如果將《周公之琴舞》與《芮良夫毖》放在一起來看，我們會發現，這兩個寫本似乎在暗示我們，他們是在有意將"儆毖"這一特殊主題的詩作成一個個寫本。這使我們不得不推斷，這樣做可能是出於當時楚國某種政治時局的需要。根據清華簡整理報告，清華簡的抄寫時間確定爲公元前305年前後。[①] 公元前300年前後，楚國正處於內憂外患之際，搜集、制作儆毖詩寫本，可能出於對楚王的某種儆毖目的吧。

下面再看清華簡《芮良夫毖》。

《芮良夫毖》也是楚人的寫本，上面抄録了芮良夫所作的"毖"。芮良夫毖是樂歌，不是樂舞詩。《芮良夫毖》稱"作毖再終"，《耆夜》有武王、

---

① 參見李學勤主編《清華大學藏戰國竹簡》（壹），前言。

周公作歌一終，而成王作儆毖琴舞九卒，可以看出"終"與"卒"之間的區別，"終"用於樂歌，"卒"用於樂舞。用於樂舞的"卒"，每卒由啓和亂構成，《耆夜》中武王、周公作歌一終，沒有啓和亂，《芮良夫毖》作毖再終，衹有二啓，沒有亂。從《芮良夫毖》文本中有"二啓曰"來看，其文本也是來源於樂官傳詩文本體系，這一點與《周公之琴舞》寫本中的"多士儆毖琴舞九卒"及"儆毖琴舞九卒"是相同的。

我們看看《芮良夫毖》作爲寫本，其制作的動機是什麼。

《芮良夫毖》的正文前面也有所謂小序的說明性文字，這對於我們瞭解其作爲寫本的制作動機非常有幫助。其文云："周邦驟有禍，寇戎方晉，厥辟、御事各營其身，恒爭于富，莫治庶難，莫卹邦之不寧，芮良夫乃作毖再終。"這段說明性文字，是在說明芮良夫作這篇毖的原因：周邦突然有禍，寇戎正在侵擾，但是，朝中的厥辟、御事等官員却在爲自己打算，没完没了地爭奪財富，不去管民衆的苦難，不體恤國家的動蕩。

在這段說明性文字裏有"周邦"的稱謂，這明顯不是周人的口吻，而應該是楚人的口氣。因此，這個所謂的小序的說明性文字，並不是西周樂官傳詩文本上本來就有的，而是後加上去的，雖然還不能斷定是在這個寫本抄寫時加上去的，但是，至少可以斷定是楚人加上去的。楚人加上去這段說明性文字是爲了傳詩嗎？未必如此。這段說明性文字並沒有指出《芮良夫毖》的內容，而衹是在說明作毖的背景。《芮良夫毖》的內容是儆毖時王及諸卿士的，如果仿照毛詩小序的模式，作爲詩篇小序，應該說"《芮良夫毖》，刺時王及諸卿士莫恤邦難也"。因此，可以看出這段說明性文字，並不是學者傳詩時所作的所謂小序。這段說明性文字更有可能是該寫本抄寫者出於某種時局需要而加入的。因爲這個寫本與《周公之琴舞》字迹相同，應該是同一人抄寫的，其抄寫目的應該相同。這就更印證了我們的推斷，《周公之琴舞》和《芮良夫毖》兩篇寫本的抄寫是出於楚國當時的時局需要。

綜之，《周公之琴舞》和《芮良夫毖》兩篇寫本録寫了《多士儆毖》《儆毖》及《芮良夫毖》等詩篇，其文獻當源自樂官傳詩文本體系，其寫本本身的抄寫動機並不是爲了傳詩，而是爲了某種政治目的，但是，今天這兩個寫本客觀上變成了傳詩文獻。

二　清華簡《周公之琴舞》《芮良夫毖》與詩序類文獻

經過秦火，到了漢代，傳《詩》有齊、魯、毛、韓四家。四家詩都有詩說。《漢書·藝文志》云："漢興，魯申公爲詩訓故，而齊轅固、燕韓生皆爲之傳。或取《春秋》，采雜說，咸非其本義。與不得已，魯最爲近之。三家皆列於學官。又有毛公之學，自謂子夏所傳，而河間獻王好之，未得立。"① 四家詩的詩說文字就是詩序類文獻的主體，按照《漢書·藝文志》的說法，毛詩傳自子夏，詩說先秦就已經有了，詩說的文字在先秦就已經存在了。

清華簡《周公之琴舞》和《芮良夫毖》詩前有說明性文字，目前，學界多認爲這些說明性文字與毛詩小序性質相同，甚至有學者徑稱爲小序。②

周代以上已有詩學。《尚書·堯典》云"詩言志"，被朱自清稱爲中國詩學的開山綱領，這已經是老生常談。

西周自然也有詩學。西周詩學形成於王宮官學，《周禮》記載大師教六詩："曰風，曰賦，曰比，曰興，曰雅，曰頌。"③ 此時詩學特點是緊緊與樂結合。

西周式微，春秋以降，禮壞樂崩，直接導致詩從樂中徹底分離出來，詩成爲獨立的語言藝術。此時詩學或者重視詩的本事本義，如"孟子謂……頌其詩，讀其書，不知其人，可乎？是以論其世也"④；或者重視詩的微言大義，如春秋賦詩、諸子引詩多爲斷其章，取其微言大義；或者重視詩蘊含的普遍性思想，如孔子"告諸往而知來者"⑤。

---

① （漢）班固撰、（唐）顔師古注《漢書》，第 6 册，第 1708 頁。
② 參見姚小鷗、高中華《〈芮良夫毖·小序〉與〈毛詩序〉的書寫體例問題》，《中州學刊》2019 年第 1 期。
③ （漢）鄭玄注、（唐）賈公彦疏《宋本周禮疏》（七），第 203 頁。
④ （宋）朱熹集注《宋本孟子集注》（四），第 57 頁。
⑤ 《論語·學而》："子貢曰：'貧而無諂，富而無驕，何如？'子曰：'可也。未若貧而樂，富而好禮者也。'子貢曰：《詩》云，如切如磋！如琢如磨。其斯之謂與？'子曰：'賜也！始可與言《詩》已矣，告諸往而知來者。'"又，《論語·八佾》："子夏問曰：'巧笑倩兮，美目盼兮，素以爲絢兮。何謂也？'子曰：'繪事後素。'曰：'禮後乎？'子曰：'起予者，商也！始可與言《詩》已矣。'"

毛詩詩説傳自子夏，乃是孔子一脈詩學的延續。從上博簡《孔子詩論》文本形態來看，已經是標準的序論文體。"序"作爲一種文體，其起源自然在先秦。《文心雕龍·宗經》云："論、説、辭、序，則《易》統其首。"① 劉勰認爲論、説、辭、序這四種文體都來源於《易傳》。實際上，先秦的"序"，不僅有《易傳》，還有《書》序、《詩》序。黃侃《〈文心雕龍〉札記》云："'論、説、辭、序則《易》統其首'謂《繫辭》《説卦》《序卦》諸篇爲此數體之原也。"② 《史記·孔子世家》："孔子晚而喜《易》，序《彖》、《繫》、《象》、《説卦》、《文言》。讀《易》，韋編三絶。曰：'假我數年，若是，我於《易》則彬彬矣。'"③ 唐張守節正義云："序，《易·序卦》也。"④ 張守節認爲"序"指的是《序卦》這一篇，而不是一種文體。

劉勰把"序"這種文體看作"論"體的一種。《文心雕龍·論説》云："詳觀論體，條流多品：陳政，則與議、説合契；釋經，則與傳、注參體；辨史，則與贊、評齊行；銓文，則與叙、引共紀。故議者宜言，説者説語，傳者轉師，注者主解，贊者明意，評者平理，序者次事，引者胤辭；八名區分，一揆宗論。論也者，彌綸群言，而研精一理者也。"⑤

劉勰明確指出，序作爲論體的一種，指的是"次事"。那麼什麼是"次事"呢？字面的意思是次序其事。揆其大要，應該指叙其由來本末吧。

實際上，在劉勰之前，《漢書·藝文志》曾對"序"這種文體的主要功能作出過明確界定。《漢書·藝文志》云："《書》之所起遠矣，至孔子纂焉，上斷於堯，下訖于秦，凡百篇，而爲之序，言其作意。"⑥

按照《漢書·藝文志》的講法，"序"主要是説明寫作意圖的。從相

---

① （南朝梁）劉勰撰、（清）黃叔琳注《黃叔琳注本文心雕龍》（一），第 34 頁。

② 黃侃：《〈文心雕龍〉札記》，《黃侃文集》，第 20 頁。

③ （漢）司馬遷撰、（宋）裴駰集解、（唐）司馬貞索隱、（唐）張守節正義《史記》，第 6 册，第 1937 頁。

④ （漢）司馬遷撰、（宋）裴駰集解、（唐）司馬貞索隱、（唐）張守節正義《史記》，第 6 册，第 1937 頁。

⑤ （南朝梁）劉勰撰、（清）黃叔琳注《黃叔琳注本文心雕龍》（一），第 165 頁。

⑥ （漢）班固撰、（唐）顏師古注《漢書》，第 6 册，第 1706 頁。

關文獻來看,《書》的每篇之序和毛詩的每篇之序(小序)確實都是説明寫作意圖的。

清華簡《周公之琴舞》和《芮良夫毖》寫本中的説明性文字,從文體上説,都屬於"序"體。

《周公之琴舞》寫本中,《多士儆毖》前面的説明性文字是"周公作多士儆毖琴舞九卒",《儆毖》前面的説明性文字是"成王作儆毖琴舞九卒",這兩個序交代了作者、作品名稱等信息。這種序與《漢書·藝文志》所界定的序是不一樣的。

《芮良夫毖》寫本中的説明性文字是:"周邦驟有禍,寇戎方晉,厥辟、御事各營其身,恒争于富,莫治庶難,莫卹邦之不寧,芮良夫乃作毖再終。"這段説明性文字交代的是作品寫作的背景。這種序與《漢書·藝文志》所界定的序也是不一樣的。不過,此序説明了芮良夫作毖的由來,這種序倒是與劉勰所説的"序者次事"有幾分相關、相近。

通過分析比較,我們可以看出,清華簡《周公之琴舞》和《芮良夫毖》寫本中的説明性文字,即所謂的"序",與毛詩序在内容上有很大區別,並不能看出有直接的譜系關係。這證明詩序類文本,並不是衹有毛詩序這一種,即《漢書·藝文志》所説的"言其作意"。之所以會有内容不同的序,可能主要是因爲作序的動機不同吧。

在先秦時期,序這種文體的形態是比較豐富多樣的。有長篇大序,有短篇小序。長篇者長至千言,短篇者短至一語。又因爲作序者作序動機目的多有不同,因此,序文在文本内容上也多有不同。

從作序者的身份地位來看,不同身份的作序者也會直接影響序的文本形態與文本内容。大略來説,作序者有樂官,有史官,也有民間學者,可能還會有朝中官員。

從清華簡《芮良夫毖》的序來看,其作者並不像是樂官、史官,也不像是專門傳詩的學者,從其集中搜集抄寫儆毖體詩來看,可能是楚國王廷中某位重要官員;後世毛詩序的作者則是專門傳詩的學者。雖然《芮良夫毖》的序與漢代毛詩序都屬於詩序類文獻,但是,究其淵源,並非同源同流。

第十節　上博簡《孔子詩論》文體形態與文體譜系

上博簡《孔子詩論》寫本記載的是孔子談論《詩經》的專門文獻。在傳世文獻中，我們也看到孔子談論《詩經》的文獻，但是就篇幅規模來看，上博簡《孔子詩論》遠遠超過傳世相關文獻的數量。探討《孔子詩論》文體性質及其形成發展譜系具有重要意義，是非常必要的。

一　上博簡《孔子詩論》的文體形態

《孔子詩論》是上海博物館於 1994 年入藏的戰國楚簡中的一篇。"本篇完、殘者共 29 支。較完整的簡右側有淺斜的編綫契口，每簡共三處，契口上偶而還殘存編綫殘痕。文字勻稱秀美，在契口處間距稍寬。各簡字數多少各有差異，滿簡約爲 54 或 57 字。在本篇整理出的 29 支簡中，完整者僅一簡，長 55.5 釐米；凡長度在 50 釐米以上者 5 簡，40 釐米以上者 8 簡，餘簡殘損較多，統計全數約 1006 字。簡上下皆圓端。"① 本篇寫本原無篇題，現篇題《孔子詩論》爲整理者所加。

上博簡《孔子詩論》寫本所抄寫的文字，按内容大致可以劃分爲兩種。第一種是從宏觀上分別論説頌、大雅、小雅和邦風，第二種是從微觀上論説《詩經》的具體詩篇。上博簡《孔子詩論》寫本的抄寫格式較爲特殊，第一種内容，也就是宏觀上論説頌、大雅、小雅和邦風的這部分，抄寫在第一道編繩與第三道編繩之間，第一道編繩之上、第三道編繩之下皆留白。這種特殊留白的抄寫方式意在把本篇寫本所抄寫的兩種内容文字區别開來，以示第一種内容的特殊性。

從上博簡《孔子詩論》所記孔子論詩的情況來看，孔子對於《詩經》的論説方式與傳世文獻中所記是一致的。孔子論説《詩經》，並不熱衷於《詩經》詩篇的本事本義，更多時候是離開《詩》的本事本義，進而闡發詩篇或詩句所藴涵的抽象思想。如果我們把孔子的這種論詩方式與馬王堆帛

---

① 馬承源主編《上海博物館藏戰國楚竹書》（一），第 121 頁。

書《易傳》所記孔子論《易》的方式相比較，就會發現二者在旨趣上完全相同。孔子論《易》也不熱衷於對卦爻辭本事本義的推求與考證，而是闡發卦爻辭所蘊含的哲理。可以說，孔子推進了《詩》《易》的義理化進程。

在上博簡《孔子詩論》中，還有兩個信息值得注意。第一個是孔子論說風、雅、頌的順序與傳世本《詩經》不同，是按照頌、雅、風的順序分別論說的。第二個是傳世本毛詩的"國風"，在上博簡《孔子詩論》中是"邦風"。不難推斷，傳世本的"國風"應該是在漢代爲避劉邦諱而改的。這一信息非常重要，在先秦，"國"通常是指城市，"邦"纔指國家，而"風"是指民歌，所以"國"與"風"實際上是矛盾的。通過這一信息，"國"與"民歌"的矛盾這個困擾學界的難題渙然冰釋。

關於《孔子詩論》文體性質，多有學者認爲是詩序類的作品，至少認爲是後世毛詩序的源頭。實際上，這樣的看法並不完全正確。《孔子詩論》的文體是一個較爲複雜的問題，首先要解決的問題是，《孔子詩論》是一部完整的著作，還是孔子詩論的彙編？

從文獻記載來看，《史記·孔子世家》說孔子作《易傳》，作《書》序，並未說孔子作《詩》論。

《史記·孔子世家》："孔子以詩書禮樂教，弟子蓋三千焉，身通六藝者七十有二人。"①《詩》是孔子教授學生的四門功課之一，《論語》中已經有孔子和弟子們談論《詩》的記載了，但是，並不是很多。《孔子詩論》中的部分内容見於《孔子家語·好生》《説苑·貴德》等文獻。

孔子論詩之語，應該是弟子在孔子教授《詩》的課堂上聽到的。上博簡《孔子詩論》多次用"孔子曰"作爲引領語引出下文，可見整理者命名的《孔子詩論》，本來並不是孔子撰著的獨立著作，而應該是孔子弟子有意將老師有關《詩》的論說彙集到一起形成的文本。這個彙集孔子詩論的弟子是誰呢？學者們有種種推論，其中影響比較大的有"子羔說"②和"子

---

① （漢）司馬遷撰、（宋）裴駰集解、（唐）司馬貞索隱、（唐）張守節正義《史記》，第6冊，第1938頁。
② 參見廖明春《上博〈詩論〉簡的作者和作年——兼論子羔也可能傳〈詩〉》，《齊魯學刊》2002年第2期。

夏説"①。"子羔説"的依據是，上博簡《孔子詩論》和另一篇名爲《子羔》的著作抄寫在同一個寫本上，所以推斷子羔是《孔子詩論》編撰者。《史記·仲尼弟子列傳》云："高柴，字子羔。少孔子三十歲。子羔長不盈五尺，受業孔子，孔子以爲愚。子路使子羔爲費郈宰，孔子曰：'賊夫人之子！'子路曰：'有民人焉，有社稷焉，何必讀書然後爲學！'孔子曰：'是故惡夫佞者。'"②集解云："包氏曰：'子羔學未孰習而使爲政，所以賊害人。'"③從《史記·仲尼弟子列傳》對子羔的傳記來看，子羔學而未成就從政了，所以不可能傳詩。

《史記·仲尼弟子列傳》："孔子曰'受業身通者七十有七人'，皆異能之士也。德行：顔淵，閔子騫，冉伯牛，仲弓。政事：冉有，季路。言語：宰我，子貢。文學：子游，子夏。師也辟，參也魯，柴也愚，由也喭，回也屢空。賜不受命而貨殖焉，億則屢中。"④又曰："卜商，字子夏。少孔子四十四歲。……子謂子夏曰：'汝爲君子儒，無爲小人儒。'孔子既没，子夏居西河，教授，爲魏文侯師。其子死，哭之失明。"⑤索隱按："子夏文學著於四科，序《詩》，傳《易》。又孔子以《春秋》屬商。又傳《禮》，著在《禮志》。而此史並不論，空記《論語》小事，亦其疏也。"⑥張守節正義："文侯都安邑。孔子卒後，子夏教於西河之上，文侯師事之，咨問國政焉。"⑦按照《史記·仲尼弟子列傳》所記載的子夏傳記，子夏最有可能是上博簡《孔子詩論》的作者。《史記》索隱也説子夏"序《詩》、

---

① 參見李學勤《〈詩論〉的體裁和作者》，收入《上博館藏戰國楚竹書研究》。
② （漢）司馬遷撰、（宋）裴駰集解、（唐）司馬貞索隱、（唐）張守節正義《史記》，第7册，第2212頁。
③ （漢）司馬遷撰、（宋）裴駰集解、（唐）司馬貞索隱、（唐）張守節正義《史記》，第7册，第2213頁。
④ （漢）司馬遷撰、（宋）裴駰集解、（唐）司馬貞索隱、（唐）張守節正義《史記》，第7册，第2185頁。
⑤ （漢）司馬遷撰、（宋）裴駰集解、（唐）司馬貞索隱、（唐）張守節正義《史記》，第7册，第2202~2203頁。
⑥ （漢）司馬遷撰、（宋）裴駰集解、（唐）司馬貞索隱、（唐）張守節正義《史記》，第7册，第2203頁。
⑦ （漢）司馬遷撰、（宋）裴駰集解、（唐）司馬貞索隱、（唐）張守節正義《史記》，第7册，第2203頁。

傳《易》"。

現在我們可以談論《孔子詩論》的文體問題了。在總體上，《孔子詩論》屬於劉勰所説的"論"體，具體來説，應該屬於論體中的經傳體，而不屬於狹義的序體，也就是説，與毛詩序特別是小序是不同的體裁。

《孔子詩論》並不像毛詩小序那樣，爲每一首詩單獨作序，申説作詩之意。而是把一組詩放在一起來談論，並概括出這一組詩的共同思想主旨。比如第一章：

> 《關雎》之改，《樛木》之旹（時），《漢廣》之知，《鵲巢》之歸，《甘棠》之報，《緑衣》之思，《燕燕》之情，曷？曰：終而皆賢於其初者也。《關雎》以色喻於禮……兩矣，其四章則喻矣。以琴瑟之悦，擬好色之願；以鐘鼓之樂，[□□□之]好。反納於禮，不亦能改乎？《樛木》福斯在君子，不[亦旹（時）乎？《漢廣》不求不]可得，不攻不可能，不亦知恒乎？《鵲巢》出以百兩，不亦有離乎？《甘[棠》思]及其人，敬愛其樹，其報厚矣。《甘棠》之愛，以召公……青（情）愛也。《關雎》之改，則其思賹（益）矣。《樛木》之旹（時），則以其禄也。《漢廣》之知，則知不可得也。《鵲巢》之歸，則離者[□矣。《甘棠》之報，則□]召公也。《緑衣》之憂，思古（故）人也。《燕燕》之情，以其獨也。①

我們看到，這一章談論的詩有《關雎》《樛木》《漢廣》《鵲巢》《甘棠》《緑衣》《燕燕》一共七篇。通過分析每篇詩的主旨，最後得出一個具有普遍性思想意義的結論"終而皆賢於其初者也"。"終而皆賢於其初者也"，是説這七篇詩的内容都是終而皆賢於其初。就《關雎》而言，其初是男主人公於河邊與女主人公邂逅，一見鍾情，但越禮相求，慘遭拒絶，經過輾轉反側、夜不能寐的反思，認識到錯誤之後，則鐘鼓樂之、琴瑟友之，依禮相求，終成男女之好。這就是"終而皆賢於其初者"。孔子還特

---

① 采用李學勤先生《〈詩論〉簡的編聯與復原》一文的編連、釋文及分章（載《中國哲學史》2002年第1期），並稍作調整，以寬式釋文録出。

別把“初”的不依禮到“終”的依禮概括爲《關雎》之改”，“改”就是改變，就是從越禮相求到依禮相求的改變。

在《孔子詩論》中，“子曰”之外的文字當是《孔子詩論》作者的論説，或就是子夏的論説。如果把子曰部分和子夏論説部分放在一起，很明顯是一個具有内在邏輯的整體，也就是説，是一篇完整的論詩著作。這篇著作並没有完整地傳到漢代，《説苑》及《孔子家語》引用了其中的部分文字，説明劉向和王肅是見過相關文獻的，但不會是《孔子詩論》這篇文獻本身。

雖然《孔子詩論》與詩序類文獻在體裁上並不完全相同，但是《孔子詩論》的發現，證明漢代詩序一類文獻確實與先秦詩學有淵源關係，而且詩序一類文獻在先秦就已經存在了，子夏序詩的説法並非無中生有。

二　上博簡《孔子詩論》的文體譜系

上博簡《孔子詩論》在文體上屬於論體，具體來説，應該屬於論體中的經傳體。

劉勰認爲論體起源於《易傳》，所謂“論、説、辭、序，則《易》統其首”[1]。劉勰進一步把論體區分爲八種，經傳體就是其中的一種。“詳觀論體，條流多品：陳政，則與議、説合契；釋經，則與傳、注參體；辨史，則與贊、評齊行；銓文，則與叙、引共紀。故議者宜言，説者説語，傳者轉師，注者主解，贊者明意，評者平理，序者次事，引者胤辭；八名區分，一揆宗論。論也者，彌綸群言，而研精一理者也。”[2]

作爲論體一個種類的經傳體又是怎樣的呢？從上揭劉勰的話來看，經傳體是“釋經”和“轉師”。“釋經”和“轉師”應該是劉勰對“經傳”體從不同角度的界定與解釋。“釋經”是經傳的本體界定，而“轉師”則是對經傳傳承方式的解説。劉勰在《總術》篇又説：“常道曰經，述經曰傳。經傳之體，出言入筆，筆爲言使，可强可弱。分經以典奧爲不刊，非以言

---

[1]　（南朝梁）劉勰撰、（清）黃叔琳注《黃叔琳注本文心雕龍》（一），第34頁。
[2]　（南朝梁）劉勰撰、（清）黃叔琳注《黃叔琳注本文心雕龍》（一），第165頁。

筆爲優劣也。"① 此處劉勰又云"述經曰傳",何爲"述經"呢?

《禮記·樂記》:"故鐘、鼓、管、磬,羽、籥、干、戚,樂之器也。屈、伸、俯、仰,綴、兆、舒、疾,樂之文也。簠、簋、俎、豆,制度、文章,禮之器也。升、降、上、下,周、還、裼、襲,禮之文也。故知禮樂之情者能作,識禮樂之文者能述。作者之謂聖,述者之謂明;明聖者,述作之謂也。"② 鄭玄注云:"述,謂訓其義也。"③ 孔穎達正義云:"'作者之謂聖',聖者通達物理,故'作者之謂聖',則堯、舜、禹、湯是也。'述者之謂明',明者辨説是非,故脩述者之謂明,則子游、子夏之屬是也。"④《禮記·樂記》把"作"和"述"對言,"知禮樂之情者能作","識禮樂之文者能述"。《禮記·樂記》所説的"作"其範圍不限於文獻典籍,就文獻典籍而言,《禮記·樂記》所説的"作"與"述"的範圍實際上對應着後世所説的"經"與"傳"。因此,劉勰所説的"述經曰傳"與"釋經"爲傳兩者並不矛盾,"述"也應該是與"作"相對而言的,"作"爲經,則"述"爲傳。

上博簡《孔子詩論》寫本抄寫的是孔子及其弟子闡述、訓解《詩經》義理的著述,正是劉勰所説的經傳之體。按照劉勰所説,後世經傳之體皆來自《易》傳,然而,《易》傳、《詩》傳皆爲孔子所作,恐怕不能説《詩》傳的文體來源於《易》傳吧。

劉勰出於"宗經""徵聖"的需要,將論體的文體起源歸於《易》傳,實際上是錯誤的。

事實上,經傳之體當是來自三代官學,特別是西周以來的官學。西周的官學有完整的詩書禮樂教育體系,《禮記·王制》云:"命鄉,論秀士,升之司徒,曰選士。司徒論選士之秀者而升之學,曰俊士。升於司徒者,不征於鄉;升於學者,不征於司徒,曰造士。樂正崇四術,立四教,順先王詩、書、禮、樂以造士。春、秋教以禮、樂,冬、夏教以詩、書。

---

① (南朝梁)劉勰撰、(清)黃叔琳注《黃叔琳注本文心雕龍》(二),第147~148頁。
② (漢)鄭玄注、(唐)陸德明釋文《宋本禮記》(三),第57頁。
③ (漢)鄭玄注、(唐)陸德明釋文《宋本禮記》(三),第57頁。
④ (清)阮元校刻《十三經注疏》,第3317頁。

王大子、王子、羣后之大子，卿、大夫、元士之適子，國之俊選，皆造焉。凡入學以齒。"①造士，用今天的話說就是培養人才。培養人才有嚴密的教育體系，其中教育的内容體系非常完備，那就是詩書禮樂。詩書禮樂怎樣學？是不是死記硬背呢？《禮記·學記》云："記問之學，不足以爲人師。必也其聽語乎！力不能問，然後語之。語之而不知，雖舍之可也。"②官學也是非常注重教學方式方法的，也是講求教學效果的。在西周官學的教學中，老師必然有對詩書禮樂的訓解與闡釋，而這些訓解與闡釋如果被記錄下來，就是最早的經傳。因此，可以斷定，經傳之學與經傳之文在西周官學中就應該存在了，並不是到了孔子纔有的，孔子的經傳之學實際上也是來源於西周官學。

首先，孔子的私學實際上來自官學，是西周以來官學的繼承與發展。《史記·孔子世家》云："孔子以詩書禮樂教，弟子蓋三千焉，身通六藝者七十有二人。"③按照《史記》的記載，孔子的教學體系實際上與《禮記·王制》所載西周官學的體系是一致的。孔子也反對"記問之學"。孔子說："誦《詩》三百，授之以政，不達；使於四方，不能專對；雖多，亦奚以爲？"④可見，孔子私學的教學内容及教學方法都是對西周官學的繼承。

其次，孔子的經傳之學也是對西周官學的繼承與發展。孔子晚年整理六經，史有明文記載。孔子整理處於散亂狀態的古代文獻，對於經典的傳承至關重要，這無須多言。這裏實際上還有一個問題一直被多數人所忽略，那就是孔子在整理這些經典時，一定會接觸到西周以來官學系統對這些經典的訓解與闡釋的相關文本。孔子的學説並不是完全由自己創造的，應該是繼承了西周以來官學中的優秀遺產，在這個意義上説，孔子是一位集大成者，正像亞里士多德一樣。從孔子的思想構成來看，實際上我們會看到《尚書》及《周易》的某些影子。官學中的學問及相關文本是不署名的，到了孔子，孔子私學中的學問及相關文本是署名的。所以，後來劉勰

---

① （漢）鄭玄注、（唐）陸德明釋文《宋本禮記》（一），第161頁。

② （漢）鄭玄注、（唐）陸德明釋文《宋本禮記》（三），第47頁。

③ （漢）司馬遷撰、（宋）裴駰集解、（唐）司馬貞索隱、（唐）張守節正義《史記》，第6冊，第1938頁。

④ 《論語·子路》，（宋）朱熹集注《宋本論語集注》（三），第113頁。

把經傳文體的所有權給了孔子。劉勰這樣做，除了徵聖的考量，實際上也是由他所能見到的文獻決定的。

客觀來講，經傳體及經傳之學肯定不是孔子的發明，但是，確實是孔子將之繼承並發揚光大的。

就《詩》學而言，孔子獨開一派，經由子夏傳到西漢，對後世《詩》學影響深遠。就《孔子詩論》而言，其作爲孔子一脈經傳的代表作，雖然未能傳到西漢，但是，我們在西漢及後世《詩》傳中，仍能見到它的影子。

附　安大簡《詩經》的幾個問題

2015年，安徽大學入藏了一批竹簡，經對竹簡、竹笥及漆片三種樣本進行碳 –14 測年並經樹輪校正，竹簡抄寫時間應該在公元前 330 年前後。[①]

《詩經》是這批竹簡中的一種，存簡 93 支。完簡長 48.5 釐米，寬 0.6 釐米，三道編繩，每簡容字 27 至 38 字不等。簡背有劃痕，簡首尾留白，簡的正面下端寫有編號，自"一"始，現存簡的最後一個編號是"百十七"。在"一"至"百十七"編號之間，缺失十八、十九、二十三、二十四、二十六、三十、五十六至五十八、六十至七十一、九十五至九十七號一共 24 支簡。[②]

安大簡《詩經》存詩六十篇，抄寫内容是《國風》部分，分布在六國國風之中，其中《周南》爲十一篇，《召南》爲十四篇，《秦》爲十篇，《矦》爲六篇，《鄘》爲九篇，《魏》爲十篇。"簡本國風次序是：周南、召南、秦、某（缺失）、矦、鄘、魏。"[③]

這個《詩經》寫本與今本毛詩相比有很多相同，也有很多不同。從國風的名稱來看，《周南》《召南》《秦》《鄘》《魏》這五國與今本相同，《矦》不見於今本。從國風次序來看，《周南》《召南》處在前兩位，與今本相同，其餘四國次序與今本不同。從每一國風之下所領具體詩篇、篇數

① 參見黃德寬《安徽大學藏戰國竹簡概述》，《文物》2017 年第 9 期。
② 參見黃德寬、徐在國主編《安徽大學藏戰國竹簡》（一），前言。
③ 黃德寬、徐在國主編《安徽大學藏戰國竹簡》（一），前言。

及篇次來看，《周南》十一篇，具體包括《關雎》《葛覃》《卷耳》《樛木》《螽斯》《桃夭》《兔罝》《芣苢》《漢廣》《汝墳》《麟之趾》，與今本完全相同。《召南》十四篇，具體包括《鵲巢》《采蘩》《草蟲》《采蘋》《甘棠》《行露》《羔羊》《殷其雷》《摽有梅》《小星》《江有汜》《野有死麕》《何彼襛矣》《騶虞》，也與今本完全相同。《秦》十篇，具體包括《車鄰》《駟驖》《小戎》《蒹葭》《終南》《黃鳥》《渭陽》《晨風》《無衣》《權輿》，篇數與今本相同，次序稍有不同，今本《渭陽》位於《無衣》之後，《權輿》之前。《侯》風不見於今本，簡本《侯》風下有詩六篇，分別是《汾沮洳》《陟岵》《園有桃》《伐檀》《碩鼠》《十畝之間》。簡本《侯》這六篇詩在今本毛詩《魏風》之中，且次序與今本毛詩《魏風》不同，今本毛詩《魏風》之下有詩七篇，除了這六篇，還有一篇《葛屨》，不在簡本《侯》中。《鄘》九篇，分別是《柏舟》《牆有茨》《君子偕老》《桑中》《鶉之奔奔》《定之方中》《蝃蝀》《相鼠》《干旄》，次序與今本毛詩相同，但是比今本毛詩少了一篇，今本還有《載馳》。簡本《鄘》最後一支簡下端寫有鄘九，表明《鄘》祇有九篇，並不是竹簡缺失。《魏》十篇，具體包括《葛屨》《蟋蟀》《揚之水》《山有樞》《椒聊》《綢繆》《有杕之杜》《羔裘》《無衣》《鴇羽》。簡本《魏》這十篇詩，其中《葛屨》在今本毛詩《魏風》中，另外九篇在今本毛詩《唐風》中，簡本次序與今本《唐風》不同。今本毛詩《唐風》共有詩十二篇，除了被簡本收入《魏》這九篇，還有《杕杜》《葛生》《采苓》三篇。在簡本《魏》最後一支簡下端書有魏九，表明簡本魏風祇有九篇詩，但實際上是十篇，或是統計有誤，或是另有原因。

簡本《詩經》，從文體上看，所存皆爲風體。雖然沒有更多需要討論的，但還是有幾個相關問題需要探討。

首先，關於分卷分篇問題。從寫本來看，現存部分最後一支簡的編號是"百十七"，這支簡上所書符號與前邊各風結尾符號大致相同，並沒有明顯的分篇符號，所以難以斷定這支簡是不是這篇寫本的最後一支簡。按照竹簡寫本的篇章規模，117支簡作爲一篇的寫本，在目前出土的戰國竹寫本中還不多見。

《漢書·藝文志》："《詩經》二十八卷，魯、齊、韓三家。《魯故》

二十五卷。《魯説》二十八卷。《齊后氏故》二十卷。《齊孫氏故》二十七卷。《齊后氏傳》三十九卷。《齊孫氏傳》二十八卷。《齊雜記》十八卷。《韓故》三十六卷。《韓內傳》四卷。《韓外傳》六卷。《韓説》四十一卷。《毛詩》二十九卷。《毛詩故訓傳》三十卷。"① 按照《漢書·藝文志》所講，魯、齊、韓三家《詩經》都是二十八卷，毛詩是二十九卷。《漢書·藝文志》對古書的篇章規模有的稱篇，有的稱卷。一般認爲，稱篇的是對應竹簡寫本的，稱卷的是對應絹帛寫本的。王先謙《漢書補注》云："此三家全經，並以序各冠其篇首，故皆二十八卷。十五《國風》十三卷（《邶》《鄘》《衛》共一卷），《小雅》七十四篇爲七卷，《大雅》三十一篇爲三卷，《周頌》三十一篇爲三卷，魯、商《頌》各爲一卷，共二十八卷也。"② 王先謙對魯、齊、韓三家詩二十八卷之數，做了具體推測，認爲三家詩分十五國風爲十三卷，邶、鄘、衛合爲一卷；分《小雅》爲七卷，分《大雅》爲三卷，分《周頌》爲三卷，《魯頌》《商頌》合爲一卷，正好足二十八卷之數。對於毛詩二十九卷之數，王先謙認爲是在三家詩分法的基礎上，別序爲一卷，所以爲二十九卷。③

無論把國風分爲十五卷還是十三卷，與安大簡《詩經》寫本的情況都相去甚遠。安大簡《詩經》實際上是把國風中的至少七國國風抄寫在一篇寫本中。如果按照齊、魯、毛、韓四家詩的分卷，應該是除了邶、鄘、衛，每一國風分爲一卷，也就是竹寫本的一篇。但是，我們看到的安大簡寫本，現存的 117 支簡（雖然中間有缺簡，但是編號肯定是連續的），每一國風抄寫完畢，即使有剩餘書寫空間，也不連抄下一國風，下一國風重起一簡抄寫。這樣，我們推想如果將每一國風單獨編爲一篇竹書寫本，也是可以的。但是，一般來説，每一篇寫本應該獨立編號。清華簡《繫年》一共 137 支簡，連續編號，是一篇竹簡寫本。安大簡也是連續編號，應該爲一篇寫本。

---

① （漢）班固撰、（唐）顏師古注《漢書》，第 6 册，第 1707~1708 頁。
② （漢）班固撰、（清）王先謙補注、上海師範大學古籍整理研究所整理《漢書補注》，第 2914 頁。
③ （漢）班固撰、（清）王先謙補注、上海師範大學古籍整理研究所整理《漢書補注》，第 2916 頁。

　　簡帛寫本分卷分篇，除了內容因素，竹簡數量及帛書長度也是主要因素。每篇竹簡數量太多或者絹帛太長，都不便於閱讀和收納。因此，像《詩經》這樣大篇幅的詩集，在先秦也應該是分卷分篇的，並不是到了漢代四家詩纔分的。由於分卷分篇是由內容及簡帛體制兩方面因素造成的，因此，分篇分卷開始的時候並不會有統一的標準。特別是在寫本時代，分篇分卷還受到抄手因素的影響，就更不會有統一標準了。《漢書·藝文志》所記載的毛詩二十九卷，到了後代也並不是被一直延續與遵守。宋刻巾箱本毛詩共分二十卷，其中國風八卷，小雅七卷，大雅三卷，頌二卷。

　　接下來我們再探討一下安大簡《詩經》國風次序問題。

　　在傳世文獻中，我們看到最早講到國風次序的是《左傳》。《左傳·襄公二十九年》記載吳公子季札在魯國觀樂，季札所觀周樂的國風順序是：周南、召南、邶、鄘、衛、王、鄭、齊、豳、秦、魏、唐、陳、鄶。

　　今本毛詩的國風次序是：周南、召南、邶、鄘、衛、王、鄭、齊、魏、唐、秦、陳、鄶、曹、豳。

　　安大簡《詩經》國風次序是：周南、召南、秦、某（缺失）、矦、鄘、魏。①

　　以上三個版本國風次序，周南、召南都在第一、二位，是一致的。季札觀樂所見國風次序與今本毛詩次序較爲接近，安大簡與前兩者相比，差別較大。其中，主要體現在秦、魏、唐的次序變化。無論是季札觀樂時的次序，還是今本毛詩的次序，秦、魏、唐三國都在比較靠後的位置，但是在安大簡中，卻都排在了前面，秦排在第三位，僅次於周南和召南，魏排在了第七位。而在季札觀樂時的次序中，秦排在第十位，且在魏、唐之前，在今本毛詩中，秦排在第十一位，且在魏、唐之後。

　　季札觀樂時國風的次序與今本毛詩比較接近，這說明今本毛詩的次序在春秋時期就已經確立了。季札觀樂是在公元前544年，安大簡《詩經》的抄寫時間在公元前330年前後，距季札觀樂時間214年左右。爲什麼200年以後，已經有了比較固定次序的《詩經》會出現這樣的變化呢？

―――――――

　　①　參見《安徽大學藏戰國竹簡》（一），前言。

簡單來説，安大簡《詩經》國風次序的變化是戰國時局的反映。

在安大簡《詩經》寫本抄寫的時候，也就是公元前330年前後，時局的基本情況是：周王室已經在公元前367年分裂爲東周、西周兩個小國，周王室已經名存實亡。而此時的秦國，經過商鞅變法，國力大增，一躍而成爲西方强國。在此前，公元前376年，韓、趙、魏廢晉静公，晉國滅亡。公元前334年魏惠王和齊威王在徐州會盟，互相尊稱爲王。公元前325年秦惠文王稱王。

我們先來説秦。鄭玄《詩·秦譜》云："秦者，隴西谷名，於《禹貢》近雍州鳥鼠之山。堯時有伯翳者，實皋陶之子，佐禹治水。水土既平，舜命作虞官，掌上下草木鳥獸，賜姓曰嬴。歷夏、商興衰，亦世有人焉。周孝王使其末孫非子養馬於汧、渭之間。孝王爲伯翳能知禽獸之言，子孫不絶，故封非子爲附庸，邑之於秦谷。至曾孫秦仲，宣王又命作大夫，始有車馬禮樂侍御之好。國人美之，翳之變風始作。秦仲之孫襄公，平王之初，興兵討西戎以救周。平王東遷王城，乃以岐、豐之地賜之，始列爲諸侯，遂横有周西都宗周畿内八百里之地。其封域東至迻山，在荆岐終南惇物之野。至玄孫德公又徙於雍云。"[1]朱熹集傳亦云："秦，國名。其地在《禹貢》雍州之域，近鳥鼠山。初伯益佐禹治水有功，賜姓嬴氏。其後中潏居西戎，以保西垂。六世孫大駱生成及非子。非子事周孝王，養馬於汧、渭之間，馬大繁息。孝王封爲附庸，而邑之秦。至宣王時，犬戎滅成之族。宣王遂命非子曾孫秦仲爲大夫，誅西戎，不克，見殺。及幽王爲西戎、犬戎所殺，平王東遷，秦仲孫襄公以兵送之。王封襄公爲諸侯，曰：'能逐犬戎，即有岐豐之地。'襄公遂有周西都畿内八百里之地。至玄孫德公，又徙於雍。秦，即今之秦州。雍，今京兆府興平縣是也。"[2]秦本爲周王室信賴之國，又曾救王室於危難，與周王室也是很有感情。但是，當周王室式微，秦也就不再念舊情，開始勵精圖治，意欲稱霸天下。

從安大簡《詩經》寫本將秦風排在第三位來看，秦國當時已經是第一强國了，這已經是毫無疑問的了。安大簡測年爲公元前330年前後，從秦

---

① （清）阮元校刻《十三經注疏》，第782頁。

② （宋）朱熹集傳《詩集傳》，趙長征點校，第94頁。

風被排在第三位來看，也許安大簡的抄寫時間還要再晚一些，比如在公元前 280 年前後，秦就更强大，把秦排在第三位就更合理了。

我們再來看看魏。安大簡《詩經》裹邊魏風的情況最複雜。安大簡《詩經》裹邊有"矦風"，這個矦風的名稱不見於傳世文獻。但是，矦風之下所收六首詩却是今本毛詩《魏風》的詩篇。非但如此，安大簡《詩經》還把今本毛詩《唐風》裹邊的詩放在魏風裹邊。

有學者認爲，安大簡《詩經》把魏風稱爲矦，説明這個《詩經》寫本的底本是魏國人的抄本，甚至，有的學者認爲是魏文侯命子夏所作的詩經改革的結果。我們知道，今本毛詩傳自子夏，今本毛詩國風次序與安大簡不同，因此，安大簡《詩經》不會是子夏的傳本，認爲是子夏的傳本是不能成立的，無須多辯。

把自己所在國之風稱爲"矦"，是可以理解的。從這個角度來説，安大簡《詩經》所據底本來自魏國，是完全可能的。但是，我們發現，安大簡中有魏風，祇不過其中收錄的是今本《唐風》的詩篇，一邊尊稱自己國家的魏風爲矦，一邊又把今本《唐風》中的詩篇稱爲魏風，這是令人不能理解的，也是不合情理的。

實際上，《詩經》魏國，並不是戰國時的魏國。鄭玄《詩·魏譜》云："魏者，虞舜、夏禹所都之地，在《禹貢》冀州雷首之北，析城之西，周以封同姓焉。其封域南枕河曲，北涉汾水。昔舜耕於歷山，陶於河濱。禹菲飲食而致孝乎鬼神，惡衣服而致美乎黻冕，卑宫室而盡力乎溝洫。此一帝一王，儉約之化，於時猶存。及今魏君，嗇且褊急，不務廣脩德於民，教以義方。其與秦、晉鄰國，日見侵削，國人憂之。當周平、桓之世，魏之變風始作。至春秋魯閔公元年，晉獻公竟滅之，以其地賜大夫畢萬。自爾而後，晉有魏氏。"[1]《詩經》魏國是西周開國時所封，所封爲周同姓，但是不知爲何人。到了春秋時期，《詩經》魏國被晉獻公所滅，並將其地封給了大夫畢萬。

有人認爲春秋以後的魏國與西周時的魏國即《詩經》魏國都是畢公高

---

[1]　（清）阮元校刻《十三經注疏》，第 756 頁。

之後，實際上是錯誤的。這可能是由對《史記·魏世家》的誤讀造成的。

《史記·魏世家》：“魏之先，畢公高之後也。畢公高與周同姓，武王之伐紂，而高封於畢，於是爲畢姓。其後絕封，爲庶人，或在中國，或在夷狄。其苗裔曰畢萬，事晉獻公。獻公之十六年，趙夙爲御，畢萬爲右，以伐霍、耿、魏，滅之。以耿封趙夙，以魏封畢萬，爲大夫。”①

《史記·魏世家》說，魏國的祖先是畢公高之後。司馬遷這裏說的魏是春秋以後的魏國，不是《詩經》魏國。畢公高是姬姓，周初被封到畢，於是得姓畢。之後斷了分封，淪爲庶人。畢公高的後人有個名字叫畢萬的，侍奉晉獻公，在晉獻公十一年時參與伐魏，並滅掉魏國，晉獻公把魏地封給了畢萬，畢萬因此爲魏氏。

《詩經》魏風中的詩是晉獻公滅魏之前的詩，還是之後的詩，自古以來有不同看法。按照鄭玄《魏譜》所云“當周平、桓之世，魏之變風始作”，是在晉獻公滅魏之前所作。不過，朱熹似乎有不同看法。朱熹集傳云：“魏，國名。本舜、禹故都，在《禹貢》冀州雷首之北，析城之西，南枕河曲，北涉汾水。其地陿隘，而民貧俗儉，蓋有聖賢之遺風焉。周初以封同姓，後爲晉獻公所滅而取其地。今河中府解州即其地也。蘇氏曰：‘魏地入晉久矣，其詩疑皆爲晉而作，故列於唐風之前，猶邶、鄘之於衛也。’今按：篇中公行、公路、公族，皆晉官，疑實晉詩。又恐魏亦嘗有此官，蓋不可考矣。”②按照朱熹引蘇轍的講法，《詩經》魏風的詩應該是晉詩，也就是晉獻公滅魏以後的詩。這兩種講法一直爭論到清代，也沒有一個結果。

不過，安大簡《詩經》的發現，似乎爲解決這一爭端提供了契機。

安大簡《詩經》有兩個信息可供我們解決這一問題時進行討論。第一個是魏風稱疾，唐風稱爲魏風；第二個是疾風後面所附後記。

關於安大簡《詩經》魏風稱疾，上文已經有所論述，魏風稱疾，說明這個寫本的底本的作者是魏國人。《詩經·魏風》之詩，一說是畢萬以前

---

① （漢）司馬遷撰、（宋）裴駰集解、（唐）司馬貞索隱、（唐）張守節正義《史記》，第6冊，第1835頁。

② （宋）朱熹集傳《詩集傳》，趙長征點校，第81頁。

周初所封姬姓魏國時的詩，一說爲春秋以後晉滅魏以後畢萬魏國時的詩，《詩經》魏國早已在公元前 661 年就不存在了，距離安大簡這個楚人寫本的抄寫時間已經 330 年了，這個寫本的底本的魏國作者也不會是 330 年前姬姓魏國的後人，應該是畢萬魏國之後，而且他認爲《詩經》魏風的詩是畢萬魏國的作品，所以纔把魏國稱爲侯。既然這樣，他爲什麼又把今本唐風稱爲魏風呢？這是因爲今本毛詩《唐風》實際上是晉詩的原故。

鄭玄《詩·唐譜》云：“唐者，帝堯舊都之地，今曰太原晉陽。是堯始居此，後乃遷河東平陽。成王封母弟叔虞於堯之故墟，曰唐侯。南有晉水，至子燮改爲晉侯。其封域在《禹貢》冀州太行、恒山之西，太原、太岳之野。至曾孫成侯，南徙居曲沃，近平陽焉。昔堯之末，洪水九年，下民其咨，萬國不粒。於時殺禮以救艱厄，其流乃被於今。當周公、召公共和之時，成侯曾孫僖侯甚嗇愛物，儉不中禮，國人閔之，唐之變風始作。其孫穆侯又徙於絳云。”① 按照鄭玄詩譜，成王封母弟叔虞於堯之故墟爲唐侯，到了唐侯之子燮的時候改爲晉，也就是此後的晉國。陸德明音義曰：“唐者，周成王之母弟叔虞所封也。其地，帝堯、夏禹所都之墟，漢曰太原郡，在古冀州太行、恒山之西，太原、太岳之野。其南有晉水，叔虞之子燮父因改爲晉侯。至六世孫僖侯名司徒，習堯儉約遺化，而不能以禮節之，今詩本其風俗，故云唐也。”② 朱熹集傳亦云：“唐，國名。本帝堯舊都，在禹貢冀州之域，大行、恒山之西，太原、太岳之野，周成王以封弟叔虞爲唐侯。南有晉水。至子燮乃改國號曰晉。後徙曲沃，又徙居絳。其地土瘠民貧，勤儉質樸，憂深思遠，有堯之遺風。其詩不謂之晉而謂之唐，蓋仍其始封之舊號耳。唐叔所都在今太原府，曲沃及絳皆在今絳州。”③ 唐風之詩本爲晉詩，之所以不稱晉詩，朱熹的解釋是 “蓋仍其始封之舊號耳”。

到了公元前 330 年，安大簡《詩經》抄寫之時，三家早已分晉，晉國已不復存在。三家分晉是在公元前 403 年。70 年後，當初一起參與分晉的趙、魏、韓三國當中，魏國最爲強大。晉國被三家所分，而晉詩却被魏一

---

① （清）阮元校刻《十三經注疏》，第 765 頁。
② （清）阮元校刻《十三經注疏》，第 765 頁。
③ （宋）朱熹集傳《詩集傳》，趙長征點校，第 87 頁。

家所有。這不僅是由於當時魏國在三國之中最强大，而且還因爲魏國從魏文侯開始就非常重視“經藝”。《史記・魏世家》云：“文侯受子夏經藝，客段干木，過其閭，未嘗不軾也。秦嘗欲伐魏，或曰：‘魏君賢人是禮，國人稱仁，上下和合，未可圖也。’文侯由此得譽於諸侯。”[1]

魏國既然已經分得晉國，而又如此重視六經，將唐風之詩也就是晉詩歸爲己有，而稱之爲“魏”，是完全可能的，也是完全可以理解的。

下面我們再分析第二個問題，即庲風後邊的附記。安大簡《詩經》庲風最後一支簡上附有一個附記。庲風的附記應該是這個寫本在流傳過程中，某位抄寫者書寫的，也許就是這個寫本的底本或原寫本的抄寫者書寫的。這位抄寫者應該是魏國人，他當然是畢萬魏國的人，他一定認爲這些詩就是畢萬魏國的詩。

---

① （漢）司馬遷撰、（宋）裴駰集解、（唐）司馬貞索隱、（唐）張守節正義《史記》，第6冊，第1839頁。

第四章　禮類簡帛文獻的文體形態
及文體譜系

　　禮類文獻是周代重要的文獻形式之一。《禮》是周代六經之一，禮樂詩書是周代官學的重要內容。在傳世文獻中，禮類文獻集中在《儀禮》《禮記》《周禮》《大戴禮記》等文獻中。20世紀以來，出土的簡帛文獻中有一定數量的禮類文獻，這些簡帛禮類文獻的文體形態如何，其文體譜系如何，都是值得進行深入探討的重要問題。

第一節　禮類簡帛文獻的文體形態

　　在出土的簡帛文獻中，有一些禮類文獻。其中，有的是某種傳世禮類文獻的同文寫本，還有一些不見於傳世文獻，但是文體體式及內容與傳世禮類文獻非常接近，這些禮類簡帛文獻豐富了人們對禮類文獻的認知。探討這些禮類簡帛文獻的文體形態與性質對於深入研究這些文獻的內容及價值具有重要意義，同時也有助於對傳世相關文獻的認識與研究。

一　清華楚簡《大夫食禮》的文體形態

　　《大夫食禮》是清華大學2008年入藏的戰國竹簡中的一篇文獻，本篇寫本文獻原無篇題，整理者將該篇文獻分爲兩篇，並分別擬定篇題爲《大夫食禮》和《大夫食禮記》。① 實際上，可以將《大夫食禮》和《大夫食禮

---

① 黃德寬主編《清華大學藏戰國竹簡》（拾叁），第127頁。

記》合爲一篇，統稱爲《大夫食禮》。

本篇寫本由"經"和"附經之記"構成，"經"的内容是大夫食禮的行禮儀節，"附經之記"的内容是對大夫食禮行禮儀節的補充説明。

從文獻性質來看，本篇寫本文獻屬於三禮文獻中的禮經文獻，其性質與傳世《儀禮》相同，並非楚地大夫食禮，其成書當在戰國以前，屬於禮古經範疇，或許就是《漢書·藝文志》著録的"禮古經五十六卷"中的一篇。

從文體形態來看，本篇寫本文獻"經"的部分，其文體總體上屬於叙述及説明文體；本篇寫本文獻"記"的部分，其内容是對"經"的補充説明，未見《儀禮》"附經之記"的議論部分，其文體總體上也屬於叙述及説明文體。

二 郭店楚簡《緇衣》的文體形態

郭店楚簡《緇衣》，1993 年 10 月出土於湖北荆門郭店一號戰國楚墓。"本篇竹簡共 47 枚。竹簡兩端均修削成梯形，簡長 32.5 釐米。編綫兩道，編綫間距爲 12.8—13 釐米。本篇簡文的内容與《禮記》的《緇衣》篇大體相合，二者應是同一篇書的不同傳本。簡本無今本的第一及第十六兩章，第一章爲今本之第二章，'緇衣'一詞即在此章中。今本第一章想是在《緇衣》定名後添加上去的。簡本與今本的章序有很大不同，文字也有不少出入，簡本應較今本所據之本原始。從各章在意義上的聯繫看，簡本章序多較今本合理。今據《禮記·緇衣》擬加篇題。"①

關於《禮記》中各篇文獻的寫作時間，學術界一直有不同意見。有較多學者認爲《禮記》各篇成書較晚，甚至有人認爲《禮記》各篇成書時間晚到漢代，隨着郭店楚簡《緇衣》的出土，這樣的觀點自然受到空前挑戰。如果把郭店楚簡《緇衣》與傳世本《禮記》中的《緇衣》進行比較，就會發現郭店楚簡《緇衣》在用字及句法方面與傳世本存在較多差異，傳世本《緇衣》甚至帶有一定程度的漢代語言特徵，這種差異主要是由寫本

---

① 荆門市博物館編《郭店楚墓竹簡》，第 129 頁。

的流動性及變異性造成的。傳世本《禮記》是經由漢代學者整理而傳授下來的寫本，因此，在一些語句上體現出一定程度的漢代語言的特徵也是很正常的事情，更不能以此爲依據，把傳世本《禮記》中的各篇文獻判斷爲漢代人的著作。例如，郭店簡《緇衣》第三章的“君不疑其臣，臣不惑于君”，傳世本《緇衣》作“君不疑于其臣，而臣不惑于其君矣”，很明顯，與郭店簡相比，傳世本增加了四個字，但是從文義來看，句子的意思並没有變改。是什麽原因造成了此處文本的變異呢？我們從此處所增加的這四個字的詞性及功能來觀察，發現很可能與寫本的口耳相傳的傳播方式有關，在口耳相傳中滲入了時代語言表達習慣，當該文獻再次以寫本的方式被書寫下來時，就帶來了文本的變異。這正是寫本文獻的寫本學特徵，即寫本的流動性及變異性。事實上，在雕版印刷術發明之前，寫本的文本形態是無法固化的，我們對郭店楚簡寫本《緇衣》與傳世本《緇衣》的比較，恰好説明了寫本學的上述特徵。這一點是非常重要的，會促使我們對典籍斷代的方法論問題進行反思，審慎看待文本的語言特徵與文本斷代之間的關係。

《漢書·藝文志》禮類著録“記百三十一篇”，班固自注云“七十子後學者所記也”[1]，南朝沈約云：“漢初典章滅絶，諸儒捃拾溝渠墻壁之間，得片簡遺文，與禮事相關者，即編次以爲禮，皆非聖人之言。《月令》取《吕氏春秋》，《中庸》《表記》《防記》《緇衣》，皆取《子思子》，《樂記》取《公孫尼子》，《檀弓》殘雜，又非方幅典誥之事也。”[2]陸德明在《經典釋文·序録·注解傳述人》中云：“《禮記》者，本孔子門徒共撰所聞以爲此記，後人通儒各有損益，故《中庸》是子思伋所作，《緇衣》是公孫尼子所制。”[3]在《經典釋文·禮記音義》中引劉瓛之説，以《緇衣》爲“公孫尼子所作”[4]。是公孫尼子作的《緇衣》，還是子思作的《緇衣》，從現有文獻材料來看，是難以確定的，不過，隨着郭店楚簡《緇衣》的出土，《緇

---

① （漢）班固撰、（唐）顏師古注《漢書》，第6冊，第1709頁。

② （唐）魏徵等撰《隋書》，第2冊，第288頁。

③ （唐）陸德明撰《經典釋文》，第43頁。

④ （唐）陸德明撰《經典釋文》，第830頁。

衣》成書於先秦已確定無疑。

《緇衣》作爲今本小戴《禮記》的一篇，要想確定其文體，首先應該正確認識《禮記》的文體。《禮記》從文體形態及性質來看，在總體上應該屬於所謂的"禮記"的"記"體。皮錫瑞云："孔子所定謂之經，弟子所釋謂之傳，或謂之記。"[1] 大、小戴《禮記》就是這些"記"的彙編。如果按照皮錫瑞的觀點，《禮記》在總體上屬於經傳類作品，但是，實際上《禮記》各篇文體情況較爲複雜。

劉勰《文心雕龍》將《禮記》劃入諸子類，而釋經的經傳在與諸子類平行的"論說"類中。可見劉勰的文體分類是存在問題的。劉勰之所以劃分出諸子類，實際上出於他宗經觀念的需要，經者純粹，子者駁雜。嚴格來説，這並不是文體分類，實際上諸子多以論説文體爲主。

《漢書·藝文志》禮類著録"記百三十一篇"。錢大昕《漢書考異》認爲這"記百三十一篇"是合大、小戴《禮記》所得篇數。[2] 《漢書·藝文志》所説的"記百三十一篇"的"記"，是相對於禮經來説的，漢代人把從先秦傳下來的與禮經相關的一些文獻稱爲"記"，並彙編成書，這體現了漢代人的經傳觀念。

我們可以把大、小戴《禮記》所彙編的這些篇章都看作經傳體，或稱爲記體，但是實際上各篇文體並不完全一致。《禮記》的記體作爲釋經文體，其起源當然與傳經講授相關。不過，我們看到，在被稱爲禮經的《儀禮》中就附有"記"。比如，在《士冠禮》篇後有《記·冠義》，其下賈公彥疏云："凡言'記'者，皆是記經不備，兼記經外遠古之言。"[3] 按照賈公彥的解釋，《儀禮》各篇後面的"記"就是對"經"的補充。這是禮記之記的第一種記，這種作爲禮經補充的記，在《禮記》之中也存在。除了這種補充經文的記，《禮記》之中，至少還有兩種記，第一種是對經文某個方面進行具體解釋的記，這就是劉勰所説的嚴格意義上的論體中的經傳，是具體的，是微觀的；第二種是論説禮的義理，是形而上的，是宏觀的。

---

① （清）皮錫瑞撰《經學歷史》，第 39 頁。
② （清）錢大昕撰《廿二史考異》，方詩銘、周殿傑點校，第 142 頁。
③ （清）阮元校刻《十三經注疏》，第 2068 頁。

後一種記，已經不是劉勰所説的嚴格意義上的論體中針對經的經傳體，而是一般的論體了，其所論的對象不再是經文，而是歷史或現實中的人、事、物，社會、歷史以及自然世界都可以是這種論的對象。如此，《禮記》的文體至少應該包括這三種"記"，爲了行文方便，下文將這三種記簡稱爲補充之記、經傳之記和綜論之記。

《緇衣》通篇全爲子曰之言。因此，從文體表達形式來看，《緇衣》實爲記言體的獨白體，但是從所記孔子之言的内容及其表達方式來看，實又爲論體。如果我們把所記孔子之言的一個單元稱爲一章，那麼從每章來看，其論述有一個主題，先提出主題及觀點，然後展開論述，其論述每每引用《詩》《書》之語作爲引證或總結，殊有特色。

由此來看，《緇衣》作爲《禮記》的一篇，不屬於補充經文之記體，也不屬於解釋經文之記體，而是屬於形而上的綜論禮的義理的記體。

三　上博楚簡《緇衣》的文體形態

上博楚簡《緇衣》是上海博物館 1994 年 5 月入藏的戰國竹簡中的一篇。根據上博楚簡整理報告公布的數據，上博楚簡《緇衣》寫本現存竹簡 24 支，24 支竹簡上存字 978 個，包括 10 個重文，8 個合文。完整竹簡長度大約長 54.3 釐米，寬度大約是 0.7 釐米，一共有三道編繩，竹簡的兩端被修整成梯形。本篇寫本原無篇題，現篇題是整理者據寫本内容所加。①

從上博楚簡《緇衣》寫本全篇内容、所引《詩》《書》以及章序來看，其與郭店楚簡《緇衣》大體一致。上博楚簡《緇衣》與郭店楚簡《緇衣》雖然都是楚人抄本，但是仍然反映出不同抄手在用字習慣上的差異。這種差異，恰好説明了寫本文獻的流動性與變異性特徵。

上博楚簡《緇衣》文體形態、性質與上揭郭店簡《緇衣》相同，不再贅述。

---

① 參見馬承源主編《上海博物館藏戰國楚竹書》（一），第 171 頁。

四 上博楚簡《民之父母》的文體形態

上博楚簡《民之父母》是上海博物館 1994 年 5 月入藏的一批戰國竹簡中的一篇。《民之父母》篇共 14 簡，總計 397 字，其中有合文 6 個，重文 3 個。本篇寫本的每支竹簡上抄寫 34 字左右，竹簡上、下兩端皆有留白。本篇寫本有三道編繩，竹簡上部留白位於第一道編繩之上，大約 2.2 釐米，竹簡下部留白位於第三道編繩之下，大約 2.5 釐米，上部編繩與中部編繩的間距約 20.6 釐米，中部編繩與下部編繩的間距是 20.9 釐米。本篇寫本的篇尾書寫墨鉤形狀符號。[1]本篇寫本沒有發現篇題，現篇題《民之父母》是整理者根據寫本内容擬定。

上博楚簡《民之父母》寫本記載的是孔門弟子子夏向老師孔子請教“五至”“三無”等問題。本篇寫本所記内容見於今本《禮記》的《孔子閒居》篇以及《孔子家語》的《論禮》篇，不過，上博楚簡寫本與傳世本的相關記載多有不同。儘管如此，上博楚簡《民之父母》寫本對於研究《禮記》各篇成書問題以及《孔子家語》一書的真偽及材料來源無疑非常重要。

傳世本《禮記》中的《孔子閒居》記述的是子夏與孔子的對話，内容是子夏與孔子圍繞爲王之德而展開，從如何能成爲民之父母，一直談到如何能德配天地。上博簡《民之父母》所存簡文祇是《禮記·孔子閒居》前四章的内容，涉及“五至”“三無”等問題，没有今本第五章的“三無私”，看來並非全本。雖然不是全本，但還是依照傳世文獻原有題命名爲好，也就是命名爲《孔子閒居》比較妥當。

從文體形態與文體性質來看，上博簡《民之父母》與今本《禮記·孔子閒居》都屬於《禮記》的綜論之記。從具體的文體表達方式來看，又都是屬於問答式記言體。全篇通過問答式記言表達手段，來論述爲王之德這一論題。

---

① 參見馬承源主編《上海博物館藏戰國楚竹書》（二），第 151 頁。

五　上博楚簡《昔者君老》的文體形態

上博楚簡《昔者君老》是上海博物館於 1994 年 5 月入藏的一批戰國竹簡中的一篇。根據整理報告公布的數據，《昔者君老》寫本現存 4 支竹簡，其中完整竹簡有 3 支，殘簡 1 支，4 支竹簡一共存字 158 個。竹簡上、下兩端修整齊平，書寫僅上端留白。本篇寫本共有三道編繩，編繩契口在竹簡右側，上部編繩距離竹簡上端大約 1.2 釐米，下部編繩距離竹簡下端大約 1 釐米，上部編繩距離中部編繩大約 21 釐米，中部編繩距離下部編繩也是 21 釐米。本篇寫本未發現篇題，現篇題《昔者君老》是整理者依據寫本內容擬定的。①

上博楚簡《昔者君老》殘缺嚴重，僅存的 4 支竹簡之間已經難以連讀。不過，這 4 支竹簡上抄寫的內容還是有一定內在聯繫的。從總體上看，4 支竹簡所抄寫的內容應該與傳世文獻《禮記》中的《文王世子》篇的“世子法”有密切關係，應該是禮記方面的內容。

從文體形態來看，上博楚簡《昔者君老》似乎爲記言體，從僅存的 4 支簡來看，兩次出現“君子曰”。從簡文內容來看，其所記應該是“世子”相關禮儀。

從文獻性質來看，上博楚簡《昔者君老》屬於禮記類文獻。

六　上博楚簡《天子建州》的文體形態

上博楚簡《天子建州》是上海博物館 1994 年 5 月入藏的戰國竹簡中的一篇。本篇寫本存有甲、乙兩本，原無篇題，現篇題《天子建州》是整理者依據寫本內容擬定。“甲本完整，共有簡 13 支，其中 9 支簡首略有殘損，缺佚 1—2 字，可據乙本補足，全篇文字共 407 字（計合文）。完簡長度約爲 46 釐米，每簡書寫一般爲 32 字，略有上下。乙本存簡 11 支（全篇亦應爲 13 支），完簡長度爲 43.5 釐米，每簡書寫字數不等，一般在 35 字左右，個別最少爲 25 字，最多爲 38 字（不計合文）。全篇最後一部分缺佚（根據甲本，缺 42 字）。書法前緊密，後疏朗，未及甲本工整，書體

---

① 參見馬承源主編《上海博物館藏戰國楚竹書》（二），第 241 頁。

亦不同於甲本，顯然爲另一書手所抄。"①

上博楚簡《天子建州》寫本公布之後，圍繞簡文的釋讀學者們提出了補充與修正意見。裘錫圭先生撰文指出，《天子建州》寫本第三支簡"禮者義之兄"一句中的"義"字，應當釋讀爲"儀"，第八支簡"天子欽氣"一句中的"欽"字，應當釋讀爲"歆"。②

從內容來看，上博楚簡《天子建州》寫本應當是禮記類文獻。本篇寫本文內有分章符號，依照分章符號，本篇寫本應該分爲兩章。在一章之內，依照符號或文義又可以分爲數節。各章節之間的文義不能連貫，這種文本體式同傳世本大、小戴《禮記》較爲接近。本篇寫本所記爲國家行政區劃的相關禮制以及饗禮等內容，部分內容見於傳世本大、小戴《禮記》，還有一些內容未見於傳世文獻，因此，本篇寫本爲先秦禮制研究提供了新材料。

上博簡《天子建州》抄寫內容駁雜，沒有一個統一的主題，其內容涉及封建之制、宗廟之制、飲食禮儀、饗禮、言語禮儀等禮儀規程，還有對禮與儀、忠信等問題的論述。應該屬於禮類文獻的摘抄，或稱爲雜抄。從文體形態來看，有關儀禮部分應該是《禮記》補充之記及經傳之記，有關禮與儀、忠信等問題的論述應該是《禮記》綜論之記。

七　上博楚簡《武王踐阼》的文體形態

上博楚簡《武王踐阼》是上海博物館 1994 年 5 月入藏的戰國竹簡中的一篇。本篇寫本原無篇題，由於寫本內容與傳世本《大戴禮記》的《武王踐阼》篇大致相合，整理者據此命名爲《武王踐阼》。"本篇存 15 簡，竹簡設上、中、下三道編繩，契口淺斜，位於竹簡右側。簡長 41.6 至 43.7 釐米不等，各簡自上契口以上皆殘，中契口距頂端爲 18.1 至 20.3 釐米，中契口與下契口間距爲 20.4 至 21.3 釐米，下契口至尾端爲 2.5 至 2.7 釐米。各簡字數 28 字至 38 字不等，總存 491 字，其中重文 8 字，單面書

---

① 馬承源主編《上海博物館藏戰國楚竹書》（六），第 309 頁。
② 裘錫圭：《天子建州》（甲本）小札，武漢大學簡帛研究中心"簡帛網"，2007 年 7 月 16 日。

寫，皆書於竹黃，字體工整，字距稍寬。篇末有墨鈎，以示本文結束。"①

把上博楚簡《武王踐阼》寫本與傳世本《大戴禮記》中的《武王踐阼》對校，發現竹簡寫本的第十一支簡至第十五支簡抄寫的内容不見於傳世本，另外還存在較多異文。例如，第一支竹簡的"意微喪"，傳世本《武王踐阼》作"意亦忽"；又如第三、四支竹簡的"怠勝義則喪義勝怠則長"，傳世本《武王踐阼》作"敬勝怠者强，怠勝敬者亡"；再如第六支竹簡的"民之反側亦不可志"，傳世本《武王踐阼》作"一反一側，亦不可以忘"。本篇寫本上的這些異文可以用來校正傳世本《武王踐阼》。

上博楚簡《武王踐阼》寫本中出現太公《丹書》，在《漢書・藝文志》中，著録有"太公二百三十七篇"②，過去，多有學者認爲太公著作多爲依託，上博楚簡《武王踐阼》出現太公《丹書》，爲研究太公著述提供了非常重要的新材料。

從文體上看，上博簡《武王踐阼》屬於綜論之記。全篇從表達方式來看，是叙事體；全篇叙述武王向師尚父請教黃帝、顓頊、堯舜之道的故事，從這個角度看，是記事體。但是，故事中師尚父向武王轉述的《丹書》之言，還有武王聽過《丹書》之言深感恐懼所作的各種物銘，又都是記言，而這二種言又都是論體。實際上，全篇總體上也是用講故事的表述方式來表達治國理政方面的思想，記事、記言都是表達論題的文體手段。

八　上博楚簡《内豊》的文體形態

上博楚簡《内豊》是上海博物館於 1994 年 5 月入藏的一批戰國竹簡中的一篇。《内豊》篇"現存完殘簡共 10 支，其中完簡 4 支，全長 44.2 釐米；由二支斷簡接綴而成的整簡 3 支，全長亦爲 44.2 釐米；僅存上半段的殘簡一支；僅存下半段的殘簡一支；存上、下段但中段有欠失的一支。整簡的編綫爲上、中、下三編，第一編綫距頭端 1.2 至 1.4 釐米，第三編綫距尾端 0.8 至 1.1 釐米；第一編綫與第二編綫，第二編綫與第三編綫的間

---

① 馬承源主編《上海博物館藏戰國楚竹書》（七），第 149 頁。
② （漢）班固撰、（唐）顏師古注《漢書》，第 6 册，第 1729 頁。

距均爲 21 釐米"①。《内豐》是本篇寫本的原篇題,被抄手抄寫在第一支竹簡的背面。

上博楚簡《内豐》寫本的主要内容同傳世文獻《大戴禮記》中的"曾子十篇"存在較爲密切的關聯,爲研究《大戴禮記》以及曾子著述提供了十分重要的新材料。

從文體形態來看,上博楚簡《内豐》屬於論體。從行文上看,多引君子言作爲論據,全篇論述流暢,表述簡練且嚴謹。

從文獻性質來看,上博楚簡《内豐》應該屬於禮記類文獻。

九　帛書《喪服圖》的文體形態

馬王堆帛書《喪服圖》,1973 年在馬王堆三號漢墓出土,本篇帛書爲絹質,在出土時就已經殘缺不全。本篇帛書高度爲 48.4 釐米,寬度是 26.2釐米。②"内容大致可分如下四個部分:(一)大華蓋:此圖上部中央繪一巨大的傘狀華蓋,寬 18.5 釐米,高 3.6 釐米。大華蓋先用淡墨綫勾繪輪廓,再在蓋面内填紅色,其右半部分稍殘。(二)文字:大華蓋之下左右兩邊各書一段文字,其中右邊的兩竪行文字字體相對較大,篆體,内容爲:'三年喪〔屬服〕廿五月而畢'。左邊文字共四竪行,隸書,但帶濃厚的篆體風格,内容爲:'行其年者父斬衰十三月而畢〕祖父、伯父、昆=弟=之子=孫〕姑、姊、妹、女子=皆齊衰九月而〕畢;箸大功者皆七月;小功、緦皆如箸'。(三)方塊表格:大華蓋及兩段文字之下,爲由横竪各六行小方塊組成的、整體近似菱形的表格,方塊之間連以墨綫。其中左邊兩竪行方塊先用墨綫勾繪方框,再内充紅色,其餘四竪行方塊均爲黑色。連接方塊的墨綫,有的已漫滅不清,表格中間竪行方塊的下半部分,已朽蝕無存。方塊邊長在 1.7—2 釐米之間。(四)小華蓋:在方塊表格下面的中部,用墨綫繪有一小華蓋狀圖案,今僅存其左半部分,殘寬約 3 釐米。"③復旦大學重

① 馬承源主編《上海博物館藏戰國楚竹書》(四),第 219 頁。
② 參見傅舉有、陳松長編著《馬王堆漢墓文物》,第 36 頁。
③ 曹學群:《馬王堆漢墓〈喪服圖〉簡論》,《湖南考古輯刊》1994 年第 6 期。

新整理在復原圖中又增補了三個方塊，該圖成爲六行六列。[①]

對馬王堆帛書《喪服圖》所反映出的喪服制，學者們的看法不一致，有的學者認爲帛書《喪服圖》體現出的是秦漢時期通行喪制，也有的學者認爲體現出的是墓主人個人家族的喪制。本篇文獻在文體體式上屬於圖書，以圖文形式記載喪制不僅是很珍貴的文獻材料，也是研究早期圖書體裁體式的重要資料。

十　武威漢簡《儀禮》的文體形態

武威漢簡《儀禮》，1959 年 7 月在甘肅武威磨咀子六號漢墓出土。[②]武威漢簡《儀禮》寫本被整理者分爲甲、乙、丙三本。其中，甲本是《儀禮》中的七篇文獻，使用木簡抄寫；乙本爲《服傳》一篇，其内容與甲本中的《服傳》相同，祇是使用的木簡比甲本略短且狹窄，抄寫的文字小而密；丙本爲《喪服》經，使用竹簡抄寫。從内容推斷，甲本木簡應該是 422 支，現存 398 支，缺失了 24 支；乙本現存木簡 37 支，丙本現存竹簡 34 支，兩篇都完整，没有殘缺。甲、乙、丙三本一共有九篇文獻，總計書寫 27400 餘字，比熹平石經七經現存殘字數量多了近兩萬來字。[③]

傳世本《儀禮》一共有十七篇，包括《士冠禮》《士昏禮》《士相見禮》《鄉飲酒禮》《鄉射禮》《燕禮》《大射》《聘禮》《公食大夫禮》《覲禮》《喪服》《士喪禮》《既夕禮》《士虞禮》《特牲饋食禮》《少牢饋食禮》《有司》。武威漢簡甲本《儀禮》七篇，包括《士相見之禮》《服傳》《特牲》《少牢》《有司》《燕禮》《泰射》。

武威漢簡寫本《士相見之禮》用 16 支木簡抄寫，全篇完好無缺。本篇寫本的篇題"士相見之禮"抄寫在第二支木簡的背面，篇次"第三"抄寫在第一支木簡的背面。武威漢簡寫本《士相見之禮》的文本與傳世本《士相見禮》對校，二者在文字上基本相合，區别不大，木簡寫本比傳世

---

① 參見裘錫圭主編《長沙馬王堆漢墓簡帛集成》（叁），第 163 頁。
② 甘肅省博物館：《甘肅武威磨咀子 6 號漢墓》，《考古》1960 年第 5 期；甘肅省博物館：《甘肅武威磨咀子漢墓發掘》，《考古》1960 年第 9 期。
③ 參見甘肅省博物館《武威漢簡在學術上的貢獻》，《考古》1960 年第 8 期。

本少兩句。木簡寫本總計存字 939 個，殘缺文字 14 個，實際上當有文字 953 個。武威漢簡寫本《士相見之禮》篇幅不長，不過却有較多分章，這應該是漢代章句之學造成的。①

武威漢簡寫本甲本《服傳》用木簡抄寫，現存 57 支木簡，第五、九、三十四支木簡缺失。篇次“第八”抄寫在第一支木簡的背面，篇題“服傳”抄寫在第二支木簡的背面。武威漢簡寫本甲本《服傳》文字與傳世本《喪服》相比，其中，經、記文字删減較多，傳文基本一致。傳世本《服傳》文本中“傳曰”一共出現 90 次，武威漢簡寫本的甲本中則没有出現。②

武威漢簡《特牲》用木簡抄寫，現存 49 支木簡，第十八、二十、二十一、二十二簡共 4 支木簡缺失。篇次“第十”抄寫在第一支木簡的背面，篇題“特牲”抄寫在第二支簡的背面，本篇寫本的篇末記字數 3440 個。武威漢簡《特牲》與傳世本《特牲》相校，武威漢簡寫本的經、記文本與傳世本略有不同，武威漢簡寫本存在錯别字，且有脱字現象，不過，有的文字優於傳世本，可以用來校正傳世本的錯誤。③

武威漢簡寫本《少牢》用木簡抄寫，現存 45 支木簡，第二十四、四十六簡已缺失。篇次“第十一”抄寫在第一支木簡的背面，篇題“少牢”抄寫在第二支木簡的背面。全篇木簡有兩組編號，第一組編號是第一至第四十一簡，第二組編號從第四十二至第四十七簡，重新編爲一至六。本篇寫本篇尾記有字數“凡二千九百五十四字”④。

武威漢簡寫本《有司》用木簡抄寫，現存木簡 74 支，缺失第四十六、五十一、六十三、六十七、七十八簡共 5 支木簡。本篇的篇次“第十二”抄寫在第一支木簡的背面，篇題“有司”抄寫在第二支木簡的背面。其中第四十五支木簡殘損較爲嚴重，其餘各簡基本完好。本篇寫本記有簡序編號。武威漢簡寫本《有司》與傳世本基本一致。篇末記有字數“凡

---

① 參見甘肅省博物館、中國科學院考古研究所編著《武威漢簡》，第 154 頁。
② 參見甘肅省博物館、中國科學院考古研究所編著《武威漢簡》，第 161 頁。
③ 參見甘肅省博物館、中國科學院考古研究所編著《武威漢簡》，第 165 頁。
④ 參見甘肅省博物館、中國科學院考古研究所編著《武威漢簡》，第 170 頁。

四千八百字"。儘管武威漢簡寫本《有司》的文字存在脱訛現象，不過，能夠校正傳世本文字的地方還是非常多。武威漢簡寫本《有司》抄寫時，用塗改法改正錯字，並不使用削改法。①

武威漢簡寫本《燕禮》用木簡抄寫，現存木簡51支，第十一和第十三支木簡缺失。篇題、篇序"燕禮第十三"抄寫在第一支木簡的背面。本篇寫本木簡殘損程度比較嚴重。經文字數記寫在第四十七簡末"凡三千六十六字"。記文字數記寫在第五十三簡末："記三百三文。"②

武威漢簡寫本《泰射》用木簡抄寫，現存木簡106支，缺失第七、十八、三十二、四十三、四十七、六十七、七十九、九十一共8支木簡。第一至第三支木簡殘破，其餘木簡基本完整。篇次"第十四"抄寫在第一支木簡背面，篇題"泰射"抄寫在第二支木簡的背面。最後一支木簡的簡尾記寫全篇字數"凡六千八百五十八字"，與傳世本字數接近。武威漢簡寫本《泰射》的文本在用字和語句方面與傳世本都存在差異。③

武威漢簡寫本乙本《服傳》用木簡抄寫，現存木簡37支，全篇完整沒有缺簡。篇次"第八"抄寫在第一支木簡的背面，篇題"服傳"抄寫在第二支木簡的背面。抄寫武威漢簡寫本乙本《服傳》的木簡狹長，抄寫文字小如米。甲乙兩本文字基本相同，應該是同一傳本的不同抄本。④

武威漢簡寫本丙本《喪服》用竹簡抄寫，現共存竹簡34支。在第一支竹簡的簡首抄寫篇題"喪服"。尾簡記寫全篇字數"凡千四百七十二"。武威漢簡寫本丙本《喪服》是單經本，與傳世本相校，文字略有出入。

武威漢簡整理者指出："此丙本經文雖大同于今本，亦有顯著與今本相異者三事：今本'牡麻經''經帶''族曾祖父母'爲丙本所無，前二者爲甲、乙所無而後者整條爲甲、乙本所删除者。甲、乙本爲屬于慶氏家法之本，則此丙本亦同一師法也。其所以異于今本者，後者爲鄭玄打亂師法家法、混合今文古文之本，而此本則西漢時代諸家共祖之后氏禮

---

① 參見甘肅省博物館、中國科學院考古研究所編著《武威漢簡》，第176頁。
② 參見甘肅省博物館、中國科學院考古研究所編著《武威漢簡》，第181~182頁。
③ 參見甘肅省博物館、中國科學院考古研究所編著《武威漢簡》，第189頁。
④ 參見甘肅省博物館、中國科學院考古研究所編著《武威漢簡》，第192頁。

經也。"①

《儀禮》爲周代禮經之文，記載的是三代禮儀，叙述禮儀的各個環節及儀式規程，其文體總體上屬於叙述及説明文體。

第二節　禮類簡帛文獻的文體譜系

禮類簡帛文獻包括禮經與禮記兩類。禮經類簡帛文獻，除了見於傳世文獻的漢簡《儀禮》，還有不見於傳世文獻的清華簡《大夫食禮》，其與禮古經密切相關，其文體形態與禮古經及《儀禮》相合；禮記類簡帛文獻的文體形成與禮古記密切相關，釋禮經的經傳及綜論禮學義理之文大多來源於孔子及七十子禮學，其文體譜系一脈相承，清晰明瞭。

一　禮類簡帛文獻與禮古經及禮古記

《禮》爲六經之一。春秋以後，禮壞樂崩，禮經開始散佚。到了漢代，《漢書·藝文志》僅著録禮古經五十六卷、經十七篇、記百三十一篇。

《漢書·藝文志》所著録的經十七篇是今文經，即今《儀禮》十七篇。簡帛文獻中，武威漢簡《儀禮》即是《儀禮》的漢代寫本之一。禮古經五十六卷是古文經，相傳出孔子壁中書，河間獻王得而獻之。王應麟《漢藝文志考證》："劉歆欲立逸《禮》，移書曰：'魯恭王得古文於壞壁，逸《禮》有三十九。'"②《儀禮疏》："遭于暴秦，燔滅典籍，漢興求録遺文之後，有古書、今文。《漢書》云'魯人高堂生，爲漢博士，傳《儀禮》十七篇'，是今文也。至武帝之末，魯恭王壞孔子宅，得古《儀禮》五十六篇，其字皆以篆書，是爲古文也。古文十七篇，與高堂生所傳者同，而字多不同。其餘三十九篇絶無師説，秘在於館。"③在禮古經五十六卷中，有十七篇與今文《儀禮》相同，得以傳世，另外三十九篇皆已失

---

① 甘肅省博物館、中國科學院考古研究所編著《武威漢簡》，第194頁。
② （宋）王應麟：《漢藝文志考證》，王承略、劉心明主編《二十五史藝文經籍志考補萃編》第一卷，第83頁。
③ （清）阮元校刻《十三經注疏》，第2040頁。

傳。清華簡《大夫食禮》爲戰國中期楚國寫本，但其成書一定在戰國前，從其文本形態、文體形態來看，與《儀禮》基本相同，應當是古禮經範疇，或許就是失傳的古禮經三十九篇中的一篇。

武威漢簡《儀禮》及清華簡《大夫食禮》"經"的部分，都是叙述説明文體，《儀禮》的"附經之記"爲叙述説明及議論文體，而清華簡《大夫食禮》"記"的部分祇有叙述説明，没有議論。《漢書·藝文志》著録記百三十一篇，没有著録大、小戴《禮記》，有學者認爲，這一百三十一篇記是大、小戴《禮記》之和，也就是説包括大、小戴《禮記》。但是，也有學者反對這種觀點，認爲"記百三十一篇"爲《禮》古文記。也有學者認爲《大戴禮記》取自"記百三十一篇"，而小戴《禮記》又是删《大戴禮記》而成。關於"記百三十一篇"與大、小戴《禮記》的關係，以及"記百三十一篇"究竟是古文記還是今文記，目前學界看法不一，莫衷一是。①

《漢書·藝文志》所著録的"記百三十一篇"，無論是今文記，還是古文記，都是單篇的禮記。實際上，在單篇的禮記出現之前，《禮》已經有在經後的附。雖然禮古經大多失傳，但是從現在存世的《儀禮》來看，其經、傳、記三者齊全。在傳世本《儀禮》十七篇中，《士冠禮》《士昏禮》《鄉飲酒禮》《鄉射禮》《燕禮》《聘禮》《公食大夫禮》《覲禮》《喪服》《士喪禮》《既夕禮》《士虞禮》《特牲饋食禮》等十三篇都有記。從鄭玄的注所言來看，今古文禮經都有記。從出土簡帛文獻來看，武威漢簡《儀禮》也有與今本相同的記。更需要特別指出的是，清華簡《大夫食禮》也有附經之記。清華簡《大夫食禮》的附經之記文本與《大夫食禮》合編爲一編竹書，附經之記文本就編在《大夫食禮》後面，這足以證明古禮經確實有附經之記。

禮經後面所附的"記"是我們能夠看到的最早的禮記類文字。這種附經之記是何時産生的，是何人所記呢？附經之記當然産生在禮經已經有了固定文本之後。詩書禮樂的形成是一個長期的歷史過程，在西周之前，夏

---

① 參見錢玄《三禮通論》。

商兩代就應該有相關文本的存在。所謂三代相因，損益可知。①西周建國，周公制禮作樂，後人對此説法多有懷疑。無論西周的禮樂是否爲周公所作，但是，有一點是可以肯定的，那就是西周建國後一定會對詩書禮樂等典籍進行整理，而在以禮治國的時代，周人一定會對禮文進行整理，對禮制進行改革，所謂商革夏命，周革商命是也。因此，西周一定已經有成文的禮經。

最早的附經之記應該來自官學。官學的附經之記，應該有兩個方面的原因。第一是爲行禮所用。禮經的附記，常常記一些禮經所未載明之處，作爲補充，常常説明在某些特例或某些具體場合如何掌握相關儀禮規程。第二是傳經講授的需要。官學在禮經的傳授中，特別針對經文某些内容附上補充説明性文字，以利於傳授。因此，禮經後面的附記類文字應該至少在西周的官學中就存在了。當然，這並不是説今本《儀禮》後面的附記文本内容全部來自西周官學，而衹是説這種附經之記的文體形式來自官學。

禮經後面的附記文字不是單獨成篇的，是隨經流傳的。從文體譜系來看，禮經後面的附記是後世單篇禮記的最早源頭。我們可以通過文體形態的比較來看一看單篇禮記與禮經附記在文體上的關聯。《儀禮·士冠禮》：

> 記。冠義。始冠，緇布之冠也。大古冠布，齊則緇之。其緌也，孔子曰：“吾未之聞也。冠而敝之可也。”適子，冠於阼，以著代也。醮於客位，加有成也。三加彌尊，諭其志也。冠而字之，敬其名也。委貌，周道也；章甫，殷道也；毋追，夏后氏之道也。周弁，殷冔，夏收。三王共皮弁素積。無大夫冠禮，而有其昏禮。古者五十而后爵，何大夫冠禮之有？公侯之有冠禮也，夏之末造也。天子之元子，猶士也，天下無生而貴者也。繼世以立諸侯，象賢也。以官爵人，德之殺也。死而謚，今也。古者生無爵，死無謚。②

---

① 《論語·爲政》：“子張問：‘十世可知也？’子曰：‘殷因於夏禮，所損益，可知也；周因於殷禮，所損益，可知也。其或繼周者，雖百世，可知也。’”
② （清）阮元校刻《十三經注疏》，第2068~2069頁。

上揭是《儀禮·士冠禮》後面的附經之記，從其内容來看，可以分爲兩類。一類是對經文的補充説明。比如，經文裏面有緇布之冠、皮弁、爵弁、玄冠這四種冠，也是四個等級的冠，附記裏面就補充説明了緇布之冠、皮弁、爵弁、玄冠這四種冠的由來，以及古今因革變化情況。這種補充説明性的文字是直接針對經文内容的。另一類是針對經文某方面内容而展開議論的。比如，"冠於阼，以著代也。醮於客位，加有成也。三加彌尊，論其志也。冠而字之，敬其名也"，都是針對經文裏面的具體禮節而展開的議論，是一種闡述，闡述某種禮儀或某種禮節所包含的義理。再如，附記裏面的"委貌，周道也；章甫，殷道也；毋追，夏后氏之道也"，儘管後人對其中的"道"，解釋不同，或曰常戴行於道，或曰道德之常，但是，實際上是對夏商周三代不同冠冕的義理闡釋。

　　從以上分析可以看到，《儀禮》後面的附記實際上有兩種内容，除了所謂的對經的補充説明，還有針對經的議論與闡釋。這兩種内容都見於後世單篇禮記中，也就是説，單從文體譜系的角度來看，後世單篇禮記實際上來源於附經之記。

　　從簡帛禮類文獻來看，簡帛文獻中的某些禮記類文獻在文體形態上與上揭《儀禮·士冠禮》的附記相類似。比如，上博簡中的《天子建州》。爲了徵引方便，現迻録其部分文本如下：

> 凡天子建之以州，邦君建之以都，大夫建之以里，士建之以室。凡天子七世，邦君五世，大夫三世，士二世。士象大夫之位，身不免；大夫象邦君之位，身不免；邦君象天子之位，身不免。禮者，義（儀）之兄也。禮之於宗廟也，不精爲精，不美爲美；義（儀）反之，精爲不精，美爲不美。①

以上這段簡文的内容，實際上也包括兩種，一種是對封建、宗廟禮制類禮經文字的補充説明，另一種則是對禮與儀關係從義理的角度進行闡釋。這

---

① 采用寬式釋文。其中，象、免兩字，整理者釋讀有誤，"象"誤釋爲"爲"，"免"誤釋爲"字"。"美"未釋出。本書皆已訂正。

種文體形態與今本《儀禮》附記的文體形態是非常相似的。

綜之，從文體譜系來看，禮經附記即禮古記是後世包括簡帛文獻在內的單篇禮記的源頭。

二 孔門禮學與禮記類簡帛文獻

禮記類簡帛文獻爲何人所作，又作於何時？這是我們考察禮記類簡帛文獻文體譜系時必須要回答的問題。

禮記類文獻的作者問題，實際上不可避免地要涉及禮經文獻的作者問題。關於禮經的作者問題，自古就有不同主張。有周公説，有孔子説，有多人多時説，不一而足。

關於周公制禮作樂之説，最早見於《禮記·明堂位》。《禮記·明堂位》云："昔殷紂亂天下，脯鬼侯以饗諸侯。是以周公相武王以伐紂。武王崩，成王幼弱，周公踐天子之位，以治天下。六年，朝諸侯於明堂，制禮作樂，頒度量，而天下大服。"①類似的記載還見於《尚書大傳》。《尚書大傳》云："周公攝政，一年救亂，二年克殷，三年踐奄，四年建侯衛，五年營成周，六年制禮作樂，七年致政成王。"②《毛詩正義》所引《書傳》云："周公將作禮樂，優游之，三年不能作。君子恥其言而不見從，恥其行而不見隨。將大作，恐天下莫我知；將小作，恐不能揚父祖功烈德澤。然後營洛，以觀天下之心。於是四方諸侯，率其羣黨，各攻位於其庭。周公曰：'示之以力役且猶至，況導之以禮樂乎？'"③漢唐經注中也有相同説法。《禮記·明堂位》孔穎達正義引鄭玄注《尚書·康王之誥》云："攝政六年，頒度量，制其禮樂。成王即位，乃始用之。"④賈公彥《儀禮疏序》："至於《周禮》《儀禮》，發源是一。理有終始，分爲二部，並是周公攝政太平之書。《周禮》爲末，《儀禮》爲本。"⑤

西周建國之初，完善禮制，甚至進行禮制改革，都是治國的需要，周

---

① （漢）鄭玄注、（唐）陸德明釋文《宋本禮記》（二），第 221 頁。
② （清）皮錫瑞撰《尚書大傳疏證》，吳仰湘點校，第 262 頁。
③ （清）阮元校刻《十三經注疏》，第 1253 頁。
④ （清）阮元校刻《十三經注疏》，第 3225 頁。
⑤ （清）阮元校刻《十三經注疏》，第 2037 頁。

公參與或主持其事都是完全可能的。但是，這並不意味着作爲六經之一的禮經全部出自周公之手。禮經在西周應該有一個寫定本，而這個寫定本也應該是損益夏商兩代禮制的結果，非爲一人所作。周公制禮作樂，其重點應該是禮樂改革。

關於禮經爲孔子所作的觀點雖没有周公説影響大，但是還是有很多學者堅持這一看法。晚清經學家皮錫瑞就曾明確説：“孔子所定謂之經，弟子所釋謂之傳，或謂之記。”①《史記·孔子世家》云：“孔子之時，周室微而禮樂廢，詩書缺。追迹三代之禮，序書傳，上紀唐虞之際，下至秦繆，編次其事。曰：‘夏禮吾能言之，杞不足徵也。殷禮吾能言之，宋不足徵也。足，則吾能徵之矣。’觀殷夏所損益，曰：‘後雖百世可知也，以一文一質。周監二代，郁郁乎文哉。吾從周。’故書傳、禮記自孔氏。”②堅持孔子作禮經説的學者認爲，司馬遷這裏説的“禮記”就是《儀禮》，是禮經，不是大、小戴《禮記》之類的“禮記”。③《禮記·雜記下》云：“恤由之喪，哀公使孺悲之孔子學士喪禮，士喪禮於是乎書。”④鄭注云：“時人轉而僭上，士之喪禮已廢矣。孔子以教孺悲，國人乃復書而存之。”⑤堅持孔子作禮經説的學者認爲“士喪禮於是乎書”正是孔子作《儀禮》的鐵證。⑥

筆者不贊同孔子作禮經之説。司馬遷在《史記·孔子世家》中所説的“書傳、禮記自孔氏”，“禮記”與“書傳”並言，都是指經傳，此處的“禮記”當是指《漢書·藝文志》所著録的禮“記百三十一篇”之類。《漢書·藝文志》又云：“武帝末，魯共王壞孔子宅，欲以廣其宫，而得古文《尚書》及《禮記》《論語》《孝經》凡數十篇，皆古字也。”⑦魯共王所得《禮記》是古文禮記，而《漢書·藝文志》著録的“記百三十一篇”，有學者認爲也是古文記，並不是大、小戴《禮記》。實際上，古文與今文之别

① 皮錫瑞撰《經學歷史》，第39頁。
② （漢）司馬遷撰、（宋）裴駰集解、（唐）司馬貞索隱、（唐）張守節正義《史記》，第6冊，第1935~1936頁。
③ 參見錢玄《三禮通論》，第11~12頁。
④ （漢）鄭玄注、（唐）陸德明釋文《宋本禮記》（三），第123~124頁。
⑤ （漢）鄭玄注、（唐）陸德明釋文《宋本禮記》（三），第123~124頁。
⑥ 參見錢玄《三禮通論》，第12頁。
⑦ （漢）班固撰、（唐）顔師古注《漢書》，第6冊，第1706頁。

是漢代人的分別，在先秦並未有今、古文之別。因此，今、古文經除了文字差別，還有就是由於傳本來源不同，在篇目上存在多寡之別。因此，"記百三十一篇"，與魯共王壞孔子宅所得古文《禮記》應該有篇目上的交叉，而大、小戴《禮記》也應該與這二者在篇目上有交叉。即使這幾者所傳都是不同的單篇禮記，那也不是由今、古文造成的。從理論上說，這幾者傳的是不同篇目的單篇禮記也是可能的。

至於《禮記·雜記下》所云"哀公使孺悲之孔子學士喪禮，士喪禮於是乎書"，其本義並不是說孔子作了《士喪禮》，而是說《士喪禮》又有了新的寫本，而士喪禮早已存在，一般人已經不掌握其禮儀規程了。把已經存在的禮儀規程書寫下來，與制定禮儀規程根本不是一回事，更不能看成是孔子作《儀禮》的證據。

據《史記·孔子世家》，孔子自幼好禮，未冠就已經出名。《史記·孔子世家》云："孔子年十七，魯大夫孟釐子病且死，誡其嗣懿子曰：'孔丘，聖人之後，滅於宋。其祖弗父何始有宋而嗣讓厲公。及正考父佐戴、武、宣公，三命兹益恭，故鼎銘云："一命而僂，再命而傴，三命而俯，循牆而走，亦莫敢余侮。饘於是，粥於是，以餬余口。"其恭如是。吾聞聖人之後，雖不當世，必有達者。今孔丘年少好禮，其達者歟？吾即没，若必師之。'及釐子卒，懿子與魯人南宮敬叔往學禮焉。"[①]《史記·孔子世家》還記載孔子曾到周朝問禮之事："魯南宮敬叔言魯君曰：'請與孔子適周。'魯君與之一乘車，兩馬，一竪子俱，適周問禮，蓋見老子云。辭去，而老子送之曰：'吾聞富貴者送人以財，仁人者送人以言。吾不能富貴，竊仁人之號，送子以言，曰："聰明深察而近於死者，好議人者也。博辯廣大危其身者，發人之惡者也。爲人子者毋以有己，爲人臣者毋以有己。"'孔子自周反于魯，弟子稍益進焉。"[②]成年的孔子曾因魯國季氏等"陪臣執國

---

① （漢）司馬遷撰、（宋）裴駰集解、（唐）司馬貞索隱、（唐）張守節正義《史記》，第6冊，第1907~1908頁。
② （漢）司馬遷撰、（宋）裴駰集解、（唐）司馬貞索隱、（唐）張守節正義《史記》，第6冊，第1909頁。

政"而不仕，"退而脩詩書禮樂，弟子彌衆，至自遠方，莫不受業焉"①。
《莊子·天運》也講到孔子治六經之事："孔子謂老聃曰：'丘治《詩》《書》
《禮》《樂》《易》《春秋》六經，自以爲久矣，孰知其故矣。'"②

　　《史記》《漢書》及一些先秦文獻，並未明確説孔子作過禮經，而衹是
講到孔子"脩詩書禮樂"，孔子"治《詩》《書》《禮》《樂》《易》《春秋》
六經"。孔子對於《詩》《書》《禮》《樂》《易》五經衹是研究、整理與傳
授三事，絕不存在"作"之事，對於某些禮經的重新寫定，仍然屬於文獻
整理範疇，不屬於"作"的範疇。《論語·述而》云："子曰：'述而不作，
信而好古，竊比於我老彭。'"③所謂"述而不作"，"述"，就是傳述。

　　關於"述"和"作"的區别，先哲曾做過明確的辨析。我們看到，在
孔子講到"述而不作"之後，文獻裏最早對"述"和"作"做出進一步區
分的是《禮記·樂記》。《禮記·樂記》云："故鐘、鼓、管、磬，羽、籥、
干、戚，樂之器也。屈、伸、俯、仰，綴、兆、舒、疾，樂之文也。簠、
簋、俎、豆，制度、文章，禮之器也。升、降、上、下，周、還、裼、
襲，禮之文也。故知禮樂之情者能作，識禮樂之文者能述。作者之謂聖，
述者之謂明；明聖者，述作之謂也。"④在這裏，我們看到，《樂記》在孔子
提出的"作"和"述"基礎上，又提出了"作者"和"述者"的概念。鄭
玄的注對"述"做出了明確解釋，鄭玄注云："述，謂訓其義也。"⑤孔穎達
正義云："'作者之謂聖'，聖者通達物理，故'作者之謂聖'，則堯、舜、
禹、湯是也。'述者之謂明'，明者辨説是非，故脩述者之謂明，則子游、
子夏之屬是也。"⑥其實，鄭玄的解釋是非常到位的，孔穎達的疏對"聖"
的舉例僅限於"堯、舜、禹、湯"，對"明"的舉例僅限於"子游、子夏
之屬"，既不説孔子屬於"作"，也不説孔子屬於"述"，可以看出，是在

①　（漢）司馬遷撰、（宋）裴駰集解、（唐）司馬貞索隱、（唐）張守節正義《史記》，第6
　　册，第1914頁。
②　（清）王先謙集解《莊子》，方勇點校，第173頁。
③　（宋）朱熹集注《宋本論語集注》（二），第1頁。
④　（漢）鄭玄注、（唐）陸德明釋文《宋本禮記》（三），第57頁。
⑤　（漢）鄭玄注、（唐）陸德明釋文《宋本禮記》（三），第57頁。
⑥　（清）阮元校刻《十三經注疏》，第3317頁。

刻意回避孔子，可謂煞費苦心。按照鄭玄"述"就是"訓其義"的解釋，孔子的"述而不作"，就是祇訓解《詩》《書》《禮》《樂》《易》五經，而不是作《詩》《書》《禮》《樂》《易》五經。在鄭玄之後，再一次明確辨析"作"和"述"的是南朝人劉勰。劉勰在《文心雕龍·總術》中說："常道曰經，述經曰傳。經傳之體，出言入筆，筆爲言使，可强可弱。分經以典奧爲不刊，非以言筆爲優劣也。"[①]我們看到，劉勰對於"述"的解釋，比鄭玄更進了一步。鄭玄主要是對"述"作出詞義解釋，而劉勰的解釋把"述"與"經""傳"聯繫起來，則上升到文體論高度。在劉勰看來，"述經"就是"傳"，就是經傳，而經傳則是劉勰所劃分的論體之一。需要指出的是，在《禮記·樂記》中是把"作"和"述"對言的："知禮樂之情者能作"，"識禮樂之文者能述"。實際上，《禮記·樂記》所說的"作"其範圍不限於文獻典籍，就文獻典籍而言，《禮記·樂記》所說的"作"與"述"的範圍實際上對應着後世所說的"經"與"傳"。因此，這與劉勰所說的"述經曰傳"兩者並不矛盾，劉勰所說的"述"也應該是與"作"相對而言的，"作"爲經，則"述"爲傳。如果依照劉勰的解釋，孔子的"述而不作"的意思就更清晰了，那就是孔子祇傳述《詩》《書》《禮》《樂》《易》，也就是爲《詩》《書》《禮》《樂》《易》作經傳，並不是作《詩》《書》《禮》《樂》《易》五經的經文。

我們祇説孔子爲《詩》《書》《禮》《樂》《易》五經作傳，而不涉及《春秋》，是因爲相傳《春秋》爲孔子所作。孔子作《春秋》之説始見於《孟子》。《孟子·滕文公下》云："世衰道微，邪説暴行有作，臣弑其君者有之，子弑其父者有之。孔子懼，作《春秋》。《春秋》，天子之事也。是故孔子曰：'知我者其惟《春秋》乎！罪我者其惟《春秋》乎！'"[②]孟子之後，司馬遷也重申相同觀點。《史記·孔子世家》："子曰：'弗乎弗乎，君子病没世而名不稱焉。吾道不行矣，吾何以自見於後世哉？'乃因史記作《春秋》，上至隱公，下訖哀公十四年，十二公。據魯，親周，故殷，運之三代。約其文辭而指博。故吳楚之君自稱王，而《春秋》貶之曰'子'；

---

① （南朝梁）劉勰撰、（清）黄叔琳注《黄叔琳注本文心雕龍》（二），第147~148頁。
② （宋）朱熹集注《宋本孟子集注》（二），第174~175頁。

踐土之會實召周天子，而《春秋》諱之曰‘天王狩於河陽’：推此類以繩當世。貶損之義，後有王者舉而開之。《春秋》之義行，則天下亂臣賊子懼焉。”①其後，唐代陸德明曾詳述孔子作《春秋》之事。《經典釋文序録》云：“《春秋》即魯之史記也。孔子應聘不遇，自衛而歸，西狩獲麟，傷其虛應，乃與魯君子左丘明觀書於太史氏。因魯史記而作《春秋》，上遵周公遺制，下明將來之法，褒善黜惡，勒成十二公之經，以授弟子。”②

孔子爲《詩》《書》《禮》《樂》《易》五經作經傳，今都何在？《詩》傳今已有上博簡《孔子詩論》被發現，《禮》傳存於大、小戴《禮記》等典籍的子曰之語中，《樂》傳存於《禮記·樂記》等典籍的子曰之語中，《易》傳見於今本《易傳》及帛書《易傳》等典籍的子曰之語中。

孔子爲五經作傳，並非一定成書，更多的是在孔子的教學中，孔子通過教學將五經經傳傳授給了弟子。孔子開辦私學，其教學主要内容就是《詩》《書》《禮》《樂》《易》等經典。《史記·孔子世家》云：“孔子以詩書禮樂教，弟子蓋三千焉，身通六藝者七十有二人。如顏濁鄒之徒，頗受業者甚衆。”③《史記·仲尼弟子列傳》：“孔子既没，子夏居西河教授，爲魏文侯師。其子死，哭之失明。”司馬貞索隱按：“子夏文學著於四科，序《詩》，傳《易》。又孔子以《春秋》屬商。又傳禮，著在禮志。而此史並不論，空記論語小事，亦其疏也。”張守節正義：“文侯都安邑。孔子卒後，子夏教於西河之上，文侯師事之，咨問國政焉。”④

關於禮經的傳授，《史記》司馬貞索隱特別提到了子夏。實際上，孔子弟子中傳禮論禮的不止子夏一人。如大家耳熟能詳的有子論禮：“禮之用，和爲貴。先王之道，斯爲美。小大由之，有所不行。知和而和，不以禮節之，亦不可行也。”⑤

① （漢）司馬遷撰、（宋）裴駰集解、（唐）司馬貞索隱、（唐）張守節正義《史記》，第6冊，第1943頁。
② （唐）陸德明撰《經典釋文》，第47頁。
③ （漢）司馬遷撰、（宋）裴駰集解、（唐）司馬貞索隱、（唐）張守節正義《史記》，第6冊，第1938頁。
④ （漢）司馬遷撰、（宋）裴駰集解、（唐）司馬貞索隱、（唐）張守節正義《史記》，第7冊，第2203頁。
⑤ （宋）朱熹集注《宋本論語集注》（一），第42~43頁。

　　《漢書·藝文志》禮類著録"記百三十一篇"，自注云"七十子後學者所記也"。①實際上，《禮記》之中，凡是子曰之語，都是孔子爲禮經所作的經傳，祇不過是孔子在講授中所講的内容，弟子記録下來，後來被編入單篇禮記中了。按照班固的自注，單篇禮記出自"七十子後學者"之手。"七十子後學者"所指爲何？一般理解爲"七十子"。實際上，"七十子後學者"和"七十子"不是一個概念。"七十子"就是孔子直傳弟子，於弟子而言是第一代，於孔門而言是第二代，孔子爲第一代。"七十子後學者"除了直傳弟子，還應該包括再傳弟子，甚至包括三傳、四傳弟子，於弟子而言是第二代、第三代、第四代，於孔門而言，則是第三代、第四代和第五代。因此，《漢書·藝文志》禮類著録的"記百三十一篇"，今本大、小戴《禮記》以及簡帛禮記類文獻中，既有七十子的作品，還應該有七十子弟子及再傳弟子的作品。沈約認爲："《月令》取《吕氏春秋》，《中庸》《表記》《防記》《緇衣》，皆取《子思子》，《樂記》取《公孫尼子》，《檀弓》殘雜，又非方幅典誥之書也。"②陸德明在《經典釋文序録·注解傳述人》中云："《禮記》者，本孔子門徒共撰所聞以爲此記，後人通儒各有損益，故《中庸》是子思伋所作，《緇衣》是公孫尼子所制。"③《緇衣》的作者究竟是子思，還是公孫尼子，很難考證。子思，即孔伋，孔子之孫，孔鯉之子，受業於曾參，是孔子的再傳弟子，即七十子的弟子。至於公孫尼子，《漢書·藝文志》儒家著録《公孫尼子》二十八篇，原注："七十子之弟子。"《漢書·藝文志》雜家著録"《公孫尼子》一篇"，《隋書·經籍志》儒家著録"《公孫尼子》一卷"，注云："似孔子弟子。"郭沫若認爲"公孫尼子可能是孔子直傳弟子，當比子思稍早"④。楊樹達也認爲公孫尼子是孔子直傳弟子。楊樹達《漢書窺管》云："《韓非子·顯學篇》云：'孔子死後，儒分爲八，有公孫氏之儒'。蓋即尼子。"⑤如果郭、楊二家之説成立，那麽《禮記》單篇中就有孔子直傳弟子的作品。

① （漢）班固撰、（唐）顔師古注《漢書》，第6册，第1709頁。
② （唐）魏徵等撰《隋書》，第2册，第288頁。
③ 陸德明撰《經典釋文》，第43頁。
④ 郭沫若：《公孫尼子與其音樂理論》，《郭沫若全集》（歷史編第一卷），第492頁。
⑤ 楊樹達：《漢書窺管》，第224頁。

在《禮記》中除了孔子直傳弟子、再傳弟子的作品，還有三傳弟子甚至四傳弟子的作品。"《禮記》之《檀弓》《祭義》《雜記》等篇提及子思、公明儀，乃孔子之孫及再傳弟子，即第三代；又有提及子思之子子上、樂正子春之門弟子世柳之徒，乃孔子之曾孫及三傳弟子，即第四代。則作這些文章的，又在其後，那就是第四代或第五代。"①

春秋以後，由於表達內容的需要，新文體創造異常活躍。有新史家的新《書》體的創造，新《書》體當然是相對於《尚書》老《書》體而言的。

孔子弟子及其後學上承孔子解經釋義傳統，在經傳基礎上，開創了"新記體"，"新記體"是相對於《儀禮》的禮經附記的"老記體"而言的。孔門開創的新記體從春秋到戰國期間，對於學術及思想的傳承起到了重要作用，其文體形式也對後代產生重要影響。

綜之，包括簡帛禮記類文獻在內的單篇禮記上承禮經附注傳統，又有孔門弟子的改造與推動，蔚爲大觀，成爲春秋戰國間重要的文體形式。

三　禮記類簡帛文獻與大、小戴《禮記》

禮記類簡帛文獻，與大、小戴《禮記》關係密切。郭店簡《緇衣》、上博簡《緇衣》、上博簡《民之父母》就在今本《禮記》中；上博簡《武王踐阼》就在今本《大戴禮記》中；上博簡《天子建州》不見於今本大、小戴《禮記》，但是其文體形態與大、小戴《禮記》非常接近，即使不是大、小戴《禮記》的逸篇，也是單篇禮記作品。

大、小戴《禮記》都成書於漢代，是戴德、戴聖將先秦傳下來的禮記類作品彙編成書的。不過，其間也混入少量漢代作品。

郭店簡、上博簡《緇衣》與今本《禮記·緇衣》主體內容相同，但是，在語詞、句法方面以及篇章結構方面還是存在很大差異，文本在傳承過程中的變異較爲突出。但是郭店簡、上博簡《緇衣》都是戰國中期抄本，這足以證明《緇衣》是先秦作品。今本與戰國竹簡寫本相比，在語詞及句法、句式方面存在明顯的漢代風格，這是毋庸置疑的。這說明寫本文

---

① 錢玄:《三禮通論》，第47頁。

獻在流程過程中的變異。造成語詞、句法及句式上的變異，説明在承傳過程中經過了改寫，而這種改寫多半是口耳相傳造成的結果。如果是以一個寫本作爲底本進行抄寫承傳，那就不會出現句法及句式上的差異，可能會出現個別詞語上的差別，這主要是由抄手用字習慣造成的，比如，用同音字代替底本中的文字等情況會造成抄本與底本之間的差異。但是，這種以底本爲依據的抄寫，絕對不會造成句法、句式上的差別。口耳相傳會帶來句法及句式上的差別，從共時性來看，不同地域的人存在表達的地域差異，同一地域的人也存在表達習慣上的個人差異；從歷時性來看，不同時代的人會存在表達的時代差異。至於郭店簡本、上博簡本《緇衣》與今本在章次上的差異，最簡單的解釋就是它們是不同的傳本。造成不同傳本的原因是多方面的。比如，原作者就有不同的版本流傳，原作者先寫定了一個版本，用於教學與傳播。經過一段時間後，原作者可能對原先的寫本作出修訂，然後再進行教學與傳播。可是，原先的版本已經流傳出去了，這就造成了有不同的版本在流傳。第二種可能的原因是，經過口耳相傳，記憶錯誤而帶來版本的不同。第三種原因是在流傳過程中，有意改動。

　　無論是哪種原因導致的章次改變，實際上都帶來文體體式上的各種變化。用詞、句法及句式上的變化，更是造成了文本語言時代性特徵的變化。過去，有學者曾通過文本的語言時代性特徵來爲文本斷代，比如，有的學者根據《禮記》的一些篇章的語言具有漢代特徵，從而斷定《禮記》爲漢代作品。現在看來，這種文本斷代方法，在方法論上是存在問題的。

　　上博簡《民之父母》内容在今本《禮記·孔子閒居》當中。兩者相較，上博簡《民之父母》祇有今本的前四章内容，沒有今本第五章的内容。上博簡《民之父母》後面有表示篇章結束的終篇符號，這説明上博簡《民之父母》要麽就是有意的摘抄本，要麽是與今本不同的傳本。造成不同傳本的原因應該與上述《緇衣》類似，此不贅述。有學者指出，整理者之所以不用今本篇名來爲此篇文字命名，可能是考慮到兩篇文獻屬於不同傳本，甚至是不同篇章。筆者認爲，二者是不同傳本的可能性更大些，是不同篇章的可能性不大。因此，命名爲《孔子閒居》比較妥當。

上博簡《武王踐阼》的部分内容見於今本《大戴禮記·武王踐阼》。上博簡《武王踐阼》一共 15 支簡，第一簡至第十簡的内容大部分見於今本，其中的卣銘不見於今本。第十一簡至第十五簡的内容大部分不見於今本。整理者合爲一編。上博簡《武王踐阼》公布後，學界對於該篇文獻的編連提出不同意見。大致可以分爲兩種，一種意見認爲上博簡《武王踐阼》是甲、乙本兩篇文獻，從第一簡至第十簡爲甲本，第十一簡至第十五簡爲乙本。① 第二種意見認爲，第十一簡至第十五簡的内容與前十簡内容是承接遞進關係，不應另分一本。②

上博簡《武王踐阼》前十支簡與後五支簡在内容上是連續的，正如有學者已指出的，第一簡開頭問的問題與第十一簡開頭問的問題不一樣，且是遞進關係的問題。③ 除此之外，還有一個細節值得注意，那就是武王第二次提問還使用了"亦"這個副詞，很明顯是相對於全文開頭的第一次提問的。現迻録如下。

第一簡全文開頭的第一次提問：

　　　[武] 王問於師尚父曰："不知黄帝、顓頊、堯、舜之道在乎？意微喪不可得而睹乎？"

第十一簡開頭的第二次提問：

　　　武王問於太公望曰："亦有不盈於十言，而百世不失之道，有之乎？"

有學者注意到從第十二簡到第十五簡的字體與前十一簡不同，應該是不同抄手所抄寫。但是，這並不能成爲劃分甲、乙本的依據。從内容上看，所

---

① 復旦大學出土文獻與古文字研究中心研究生讀書會：《〈上博七·武王踐阼〉校讀》，復旦大學出土文獻與古文字研究中心網，2008 年 12 月 30 日。

② 何有祖：《上博楚簡〈武王踐阼〉文本結構初探》，《人文論叢》，2012 年卷。

③ 參見何有祖《上博楚簡〈武王踐阼〉文本結構初探》，《人文論叢》，2012 年卷。

謂的甲、乙本實際上是遞進的，分成甲、乙本是不妥當的。

筆者不主張分爲甲、乙本還有一個文體上的原因。上博簡《武王踐阼》與今本《大戴禮記》中的《武王踐阼》在文體形態及文體性質上並不完全相同。上博簡《武王踐阼》屬於記言兼記事，以記言爲篇章構架。今本《大戴禮記》中的《武王踐阼》屬於記事兼記言，以記事爲篇章構架。

今本《大戴禮記·武王踐阼》的開篇叙述武王踐天子位，以叙事開篇：

> 武王踐阼，三日，召士大夫而問焉，曰："惡有藏之約、行之行，萬世可以爲子孫恒者乎？"諸大夫對曰："未得聞也！"然後召師尚父而問焉，曰："黄帝、顓頊之道存乎？意亦忽不可得見與？"師尚父曰："在丹書。王欲聞之，則齊矣。"

> 三日，王端冕，師尚父亦端冕，奉書而入，負屏而立。王下堂，南面而立。師尚父曰："先王之道，不北面。"王行西，折而南，東面而立。師尚父西面道書之言，曰："'敬勝怠者吉，怠勝敬者滅，義勝欲者從，欲勝義者凶。凡事，不彊則枉，弗敬則不正，枉者滅廢，敬者萬世。'藏之約、行之行、可以爲子孫恒者，此言之謂也。且臣聞之：'以仁得之，以仁守之，其量百世；以不仁得之，以仁守之，其量十世；以不仁得之，以不仁守之，必及其世。'"

> 王聞書之言，惕若恐懼，退而爲戒書。

其文接下記的是武王作各種器銘以自儆。全文爲叙事框架，總體上，其文體是記事兼記言體。這種體式與《尚書》中的一些文體頗爲接近。方向東《大戴禮記匯校集解》引王應麟曰："黄氏曰：'此書世人罕有知者。東坡先生授余，因曰：自典謨訓誥之後，維此書可以繼之。'"[1]看來，東坡先生也認爲此文具有《書》體特徵。

上博簡《武王踐阼》記言特徵更爲突出，第十一簡以後的内容大部分不見於今本，也是以記言爲主。從文體上看，上博簡《武王踐阼》屬於對

---

① 方向東撰《大戴禮記匯校集解》，第 619 頁。

話式記言體。

上博簡《武王踐阼》的文體與今本《大戴禮記·武王踐阼》明顯不同，上博簡《武王踐阼》的文體更接近《六韜》的文體。不僅文體接近，上博簡《武王踐阼》的一部分文句還見於《六韜·文韜·明傳》。茲迻録其文如下：

> 文王寢疾，召太公望，太子發在側。曰："嗚呼！天將棄予，周之社稷將以屬汝。今予欲師至道之言，以明傳之子孫。"太公曰："王何所問？"文王曰："先聖之道，其所止，其所起，可得聞乎？"
>
> 太公曰："見善而怠，時至而疑，知非而處：此三者，道之所止也。柔而静，恭而敬，强而弱，忍而剛：此四者，道之所起也。故義勝欲則昌，欲勝義則亡；敬勝怠則吉，怠勝敬則滅。"①

上博簡《武王踐阼》有"怠勝義則喪，義勝怠則長，義勝欲則從，欲勝義則兇"四句，與上引《六韜·文韜·明傳》後四句相似。

上博簡《武王踐阼》開篇並没有今本開頭一段話，而是直接從武王問師尚父開始的。這個開篇並没有叙述武王踐阼，三日，召士大夫，又召師尚父之事。更没有出現"武王踐阼"四個字，因此，上博簡《武王踐阼》的命名是值得商榷的。

我們説上博簡《武王踐阼》以記言爲主，除了開頭没有今本的那一段叙述，還有就是在武王聞聽丹書之言後，今本有"王聞書之言，惕若恐懼，退而爲戒書"的叙述，而上博簡《武王踐阼》直接説"武王聞之恐懼。爲銘於席之四端……"，没有"退而爲戒書"的叙述，重在記物銘之言。

《漢書·藝文志》道家著録"《太公》二百三十七篇，《謀》八十一篇，《言》七十一篇，兵八十五篇"②。《漢書·藝文志》儒家又著録"《周史六弢》六篇"③，顏師古注曰："即今之《六韜》也，蓋言取天下及軍旅之事。

---

① 王震集解《六韜集解》，第54~57頁。
② （漢）班固撰、（唐）顏師古注《漢書》，第6册，第1729頁。
③ （漢）班固撰、（唐）顏師古注《漢書》，第6册，第1725頁。

弢字與韜同也。"①《六韜》一書晚出，被視爲僞書。《漢書·藝文志》没有著録《六韜》，《隋書·經籍志》子部兵家著録"《太公六韜》五卷"，附注云："梁六卷。周文王師姜望撰。"②《漢書·藝文志》著録的《周史六弢》未必就是《太公六韜》。《周史六弢》在《漢書·藝文志》著録於儒家，《太公六韜》在《隋書·經籍志》著録於子部兵家，兩種著作性質不同。《漢書·藝文志》著録於道家的《太公》二百三十七篇，其性質與著録於儒家的《周史六弢》也不相同。

綜上，上博簡《武王踐阼》與《大戴禮記》中的《武王踐阼》並不是同一篇文獻，二者的文體形態及文體性質並不相同。上博簡《武王踐阼》應該與《漢書·藝文志》著録的《周史六弢》有關，也許上博簡《武王踐阼》就是《周史六弢》的逸篇。

上博簡《天子建州》内容爲禮記類文獻，不見於今本大、小戴《禮記》。先秦單篇禮記類文獻應該比較多，到了漢代，《漢書·藝文志》著録"記百三十一篇"，但是這一百三十一篇也没有都傳下來，單篇禮記類文獻亡佚了很多篇，上博簡《天子建州》就是這些亡佚的單篇禮記類文獻之一。後人曾竭盡所能探尋佚禮文獻，清人丁晏曾作《佚禮扶微》，輯録先秦亡佚禮經、禮記篇目及佚文。兹撮其所輯佚禮記篇目如下：《五帝記》《號諡記》《親屬記》《别名記》《王度記》《三正記》《王霸記》《瞽史記》《青史氏記》《祭典》《聘禮志》《大學志》《昭穆篇》《本命篇》《瑞命記》《雜記》等。③丁晏所輯的這些禮記逸篇的篇目足以説明禮記逸篇之多。

上博簡《天子建州》抄寫内容有封建之制、宗廟之制、飲食禮儀、饗禮、言語禮儀等禮儀規程，還有對禮與儀、忠信等問題的論述等内容，可以説内容非常駁雜，没有一個較爲一致的主題或類别。因此，從内容上看應該是雜記一類的文獻。今本《禮記》有《雜記》篇，不過據丁晏考證，《白虎通·蓍龜》引《禮·雜記》曰"龜，陰之老也"，以及《白虎通·崩薨》引《禮·雜記》曰"君弔臣，主人待於門外"都不見於今本

---

① （漢）班固撰、（唐）顔師古注《漢書》，第6册，第1728頁。

② （唐）魏徵等撰《隋書》，中華書局，第4册，第1013頁。

③ 丁晏：《佚禮扶微》，《南菁書院叢書》本。

《禮記·雜記》。①可見，要麼是今本《禮記·雜記》有脱文，要麼在今本《禮記·雜記》之外，還有《雜記》。在先秦，禮記《雜記》類文獻恐怕不止一篇兩篇，應該有多種多篇，既然是雜記，那麼不同人記的自然各不相同。今本《禮記·雜記》衹是多篇雜記中的一篇而已。

因此，上博簡《天子建州》應該是一篇先秦禮記雜記類文獻，與今本《禮記·雜記》屬於同一類文體性質的文獻，但内容各不相同。

---

① 參見丁晏《佚禮扶微》，《南菁書院叢書》本。

第五章　樂類簡帛文獻的文體形態及文體譜系

禮樂文化是夏商周三代文化的主體，音樂的興盛可想而知。《樂》又是六經之一，樂的教育與承傳是三代特別是西周官學的重要内容。無論是作爲六經的《樂》，還是作爲西周官學教學内容的樂，都一定有相應的文本，通過簡帛樂類文獻，並結合傳世文獻，既可以探察樂類文獻的文體形態，又可以探究樂類文獻的文體譜系。

第一節　樂類簡帛文獻的文體形態

傳世周代樂類文獻很少，出土樂類簡帛文獻也不多。雖然如此，但也是彌足珍貴，樂類簡帛文獻文體形態的考察，對於上古樂類文獻研究具有特別重要的意義。

一　上博楚簡《采風曲目》的文體形態

《采風曲目》是上海博物館 1994 年 5 月入藏的一批戰國竹簡中的一篇。上博楚簡《采風曲目》寫本現存竹簡 6 支，竹簡嚴重殘損。第一支竹簡上端殘損，下端完好，長度爲 46.8 釐米，殘存文字 35 個。第二支竹簡由兩段殘簡拼接而成，現存文字 31 個。第三支竹簡長度爲 56.1 釐米，上端殘損，下端完好，殘存文字 34 個。第四支竹簡長度爲 46.5 釐米，上端殘損，下端完好，殘存文字 34 個。第五支竹簡長度爲 54.5 釐米，上端殘損，下端完好，殘存文字 10 個。第六支竹簡長度爲 46.5 釐米，上端殘損，下端完好，殘存文字 5 個。① 本篇寫本原無篇題，現篇題《采風曲目》爲整理者據寫本内容擬定。

本篇寫本内容是歌曲篇目，歌曲篇目列於宫、商、徵、羽四個聲名之下。其中，僅《碩人》見於傳世本《詩經》，其他各篇目皆不見於傳世文獻，其他各篇目分别是《子奴思我》《喪之末》《匹共月》《野又葛》《出門以東》《君壽》《將美人》《毋過吾門》《不寅之婤》《要丘》《奚言不從》《豊又西》《高木》《牧人》《鼉亡》《城上生之葦》《道之遠爾》《良人亡不宜也》《弁也遺玦》《輾轉之實》《其翺也》《鷺羽之白也》《子之賤奴》《北野人》《咎比》《王音深浴》《嘉賓悩喜》《思之》《兹信然》等。

上博楚簡《采風曲目》現殘存三十多個曲目，缺失部分數量無法估計，就殘存曲目來看，數量已是很大，由此可以推想楚地音樂的繁榮。本篇寫本中的五聲之名爲研究音樂史提供了新材料。本篇寫本出現五聲之名中的四個，但本篇是殘篇，因此不能據此斷言楚地音樂爲“四基音”。

關於上博楚簡《采風曲目》的文體形態及文體性質，學界有不同看法，有曲目説、節目單説、遣策説等不同説法。

從文體形態來看，簡文的内容由宫調與歌詩篇名組成，宫調一共出現宫、商、徵、羽四個，歌詩一共出現 36 首。36 首歌詩按照宫調分組，宫、商、徵、羽每個調名分别書寫在對應歌詩組别之前，統領該組歌詩。從文獻性質來看，該篇文獻應該是樂官或樂師對收集到的詩歌進行調式分類記録。從功能來看，該份文獻未必用於實際演出，也不可能是遣策，因爲目前祇發現用樂器作陪葬品的，尚未發現用歌曲作爲陪葬品的。

二　清華楚簡《五音圖》的文體形態

《五音圖》是清華大學 2008 年入藏的戰國竹簡中的一篇文獻，本篇寫本文獻原無篇題，現篇題《五音圖》爲整理者根據簡文内容所擬加。②

從文本形態來看，本篇文獻由圖文構成。圖中央繪有一個五角星，在

---

① 參見馬承源主編《上海博物館藏戰國楚竹書》（四），第 161~170 頁。
② 黄德寬主編《清華大學藏戰國竹簡》（拾叁），第 127 頁。

五角星每個角的延伸綫上排列書寫五音音階名，從而構成一幅圖文結合的"五音圖"。本篇文獻爲圖書，文字部分屬於書記文體。

三　清華楚簡《樂風》的文體形態

《樂風》是清華大學 2008 年入藏的戰國竹簡中的一篇文獻，本篇寫本文獻原無篇題，現篇題《樂風》爲整理者所擬加。①

本篇寫本文獻内容由兩部分構成。前五簡爲寫本的第一部分，内容爲音名，文末寫有"樂風"二字，應當爲題記，其下留白。從内容性質上看這部分内容應該是樂譜。後 9 支簡所記内容應該與前面樂譜有關，其内容性質尚待進一步研究。

從文體形態來看，本篇寫本文獻屬於書記文體。

四　郭店簡《性自命出》、上博簡《性情論》樂論章的文體形態

郭店楚簡《性自命出》於 1993 年冬在湖北荆門郭店一號戰國楚墓出土。本篇寫本現存 67 支竹簡，"竹簡兩端修削成梯形，簡長 32.5 釐米。編綫兩道，編綫間距爲 17.5 釐米"②。本篇寫本未發現篇題，現篇題《性自命出》爲整理者據寫本内容擬定。

本篇寫本所記内容也見於上博簡《性情論》，不過，上博簡《性情論》竹簡殘缺較多，而本篇寫本相對完整。

郭店簡《性自命出》及上博簡《性情論》兩篇文獻論述的是心、性、物、命、道、天、情之間的關係，核心是論述性、情問題，中間有較多文字論述樂，有學者主張將論樂的内容分出來，作爲一篇獨立文獻，稱爲《樂説》。③當然，也有學者反對分出獨立文獻，而主張分上、下篇或上、中、下三篇。④

① 黄德寬主編《清華大學藏戰國竹簡》（拾叁），第 127 頁。
② 荆門市博物館編《郭店楚墓竹簡》，第 179 頁。
③ 參見李學勤《郭店簡與〈樂記〉》，《中國哲學的詮釋和發展——張岱年先生 90 壽慶紀念文集》，第 24 頁。
④ 參見廖名春《郭店簡〈性自命出〉的編連與分合問題》，《中國哲學史》2000 年第 4 期。

郭店簡《性自命出》的全部內容是連續抄寫在一個寫本上的，上博簡《性情論》也是將全部內容抄寫在一個寫本上，説明《性自命出》所抄寫的內容應該是一個整體。郭店簡《性自命出》所論核心問題是性、情問題。在論述性時涉及物、命、天等相關範疇，在論述情時，涉及禮、樂等範疇，因此，不宜將郭店簡《性自命出》或上博簡《性情論》拆分爲兩篇甚至三篇各自獨立的文獻。

郭店簡《性自命出》或上博簡《性情論》中論樂的文字雖然不能獨立拆分出來，但是，由於其文字篇幅較長，作爲一章文字來看待是没有問題的。因此，筆者稱之爲樂論章。

郭店簡《性自命出》或上博簡《性情論》樂論章，從文體形態來看，屬於典型的論説體中的論體，其作爲論體已經非常成熟，論點鮮明，論述嚴密，邏輯清晰，語言精煉，可謂論體的典範之作。

五　清華簡《周公之琴舞》等篇的音樂文獻形態

清華簡《耆夜》《周公之琴舞》《芮良夫毖》三篇文獻，不僅是傳詩文獻，同時也是傳樂文獻。

清華簡《耆夜》寫本中有五篇歌詩，分別由武王和周公所作。其中《樂樂旨酒》《輶乘》兩篇歌詩爲武王所作，《䲭䲭》《明明上帝》及《蟋蟀》三篇爲周公所作。簡本在叙述周公和武王作歌時説，"作歌一終""作祝誦一終"。曲終曰終，"一終"就是一曲，"終"是音樂學概念。

清華簡《周公之琴舞》記載"周公作多士儆毖琴舞九卒"及"成王作儆毖琴舞九卒"。

卒與終同義，也是表示一曲之終。九卒包括元納啓及亂、再啓及亂、三啓及亂、四啓及亂、五啓及亂、六啓及亂、七啓及亂、八啓及亂、九啓及亂一共九個樂曲單元，也可以稱作九個樂章。

清華簡《芮良夫毖》寫本所記歌詩，是西周重臣芮良夫所作的儆毖詩。本篇寫本云"芮良夫乃作毖再終"，其中的"再終"應當是指一篇音樂的兩個樂章。

綜之，清華簡《耆夜》《周公之琴舞》《芮良夫毖》三篇文獻，以記載詩歌爲主，但是也記載了音樂方面的概念與範疇。"終""卒""啓""亂"都是音樂學術語。"終"與"卒"並不完全相同，"終"用於樂歌，"卒"用於樂舞。樂舞的每一卒均是由啓和亂構成的，而《耆夜》中武王、周公所作樂歌祇有"終"，沒有啓和亂，《芮良夫毖》作毖詩再終，祇有啓，沒有亂。從文獻形態來看，清華簡《耆夜》《周公之琴舞》《芮良夫毖》三篇文獻，是樂文獻與詩文獻的綜合體，對於認識先秦音樂文獻形態具有非常重要的價值和意義。

第二節　樂類簡帛文獻的文體譜系

樂類簡帛文獻是周代各種文獻中的一種，其文體形態是多種多樣的。其中，上博簡《采風曲目》是一種目錄體文獻，郭店簡《性自命出》及上博簡《性情論》是論體文獻，清華簡《耆夜》《周公之琴舞》《芮良夫毖》是樂詩綜合性文獻，清華楚簡《樂風》是書記體文獻，清華楚簡《五音圖》是圖書類文獻。上述這五種樂類文獻其文體都有各自的發展譜系。

上博簡《采風曲目》，記載了按照宮調分組的歌詩曲目，這類文獻在周代應該是一種常見文獻，這類文獻在文體上與譜録類文獻有密切關係，從文體性質來看，屬於書記體。譜録可以用於世譜，也可用於詩和樂。用於世譜，傳世文獻中有《世本》，簡帛文獻中有清華簡《楚居》；用於詩，在傳世文獻中有鄭玄的《詩譜》；用於樂，在簡帛文獻中，上博簡《采風曲目》即是這類文獻。清華楚簡《樂風》，內容是一首樂曲的樂譜及相關説明，文體屬於書記體，在文體上與上博簡《采風曲目》有相類之處，當都屬於書記體中的譜類文獻。

郭店簡《性自命出》及上博簡《性情論》的"樂論章"，是典型的論體文獻。從論體的文體譜系來看，其與其他論體的文體譜系是一致的。從論樂的角度來看，其文體應該與《禮記·樂記》及《荀子·樂論》有密切關係。

《樂記》是經傳類文獻，所謂樂記，就是解釋樂經的。關於樂經是否存在，或者説樂經是否有文本存在，學界有不同看法，有人主張樂經爲樂譜，没有經文。此論不確，樂經作爲六經之一，肯定是有文本的，不然《樂記》解釋什麽呢？闡釋樂經的文字實際上就是樂傳，像易傳、詩傳等經傳一樣，在先秦應該有多篇。《漢書·藝文志》著録《樂記》二十三篇。孔穎達《禮記正義》曰："按鄭《目録》云：'名曰《樂記》者，以其記樂之義。此於《別録》屬《樂記》。'蓋十一篇合爲一篇，謂有《樂本》、有《樂論》、有《樂施》、有《樂言》、有《樂禮》、有《樂情》、有《樂化》、有《樂象》、有《賓牟賈》、有《師乙》、有《魏文侯》。今雖合此，略有分焉。"①

先秦的樂記類文獻，傳到漢代，劉向校書時，得到二十三篇。劉向著録於《別録》，《漢書·藝文志》依據《別録》亦著録二十三篇。

《漢書·藝文志》著録的這二十三篇《樂記》，其中有十一篇被編入《禮記》，得以流傳至今，而另外十二篇則亡佚了。

不過，亡佚的十二篇篇名因著録於劉向《別録》而得以流傳。今劉向《別録》雖已亡佚，但孔穎達《禮記正義》引用《別録》相關文字，使我們得以見到這亡佚的十二篇篇目。孔穎達《禮記正義》曰："劉向所校二十三篇，著於《別録》。今《樂記》所斷取十一篇，餘有十二篇，其名猶在。三十四卷，記無所録也。其十二篇之名，案《別録》十一篇，餘次《奏樂》第十二，《樂器》第十三，《樂作》第十四，《意始》第十五，《樂穆》第十六，《説律》第十七，《季札》第十八，《樂道》第十九，《樂義》第二十，《昭本》第二十一，《招頌》第二十二，《寶公》第二十三是也。案《別録》：《禮記》四十九篇，《樂記》第十九。則《樂記》十一篇入《禮記》也，在劉向前矣。至劉向爲《別録》時，更載所入《樂記》十一篇，又載餘十二篇，揔爲二十三篇也。其二十三篇之目，今揔存焉。"②

《樂記》二十三篇，沈約認爲是公孫尼子所作，説已見於前章，此不贅述。《漢書·藝文志》儒家著録《公孫尼子》二十八篇，自注云："七十子之弟子。"按照《漢書·藝文志》，公孫尼子爲孔子再傳弟子，但是，《隋書·經籍志》儒家著録"《公孫尼子》一卷"，注云："似孔子弟子。"郭

---

① （清）阮元校刻《十三經注疏》，第3310頁。
② （清）阮元校刻《十三經注疏》，第3310頁。

沫若認爲"公孫尼子可能是孔子直傳弟子，當比子思稍早"①。楊樹達與郭沫若持相同觀點。楊樹達《漢書窺管》云："《韓非子·顯學篇》云：'孔子死後，儒分爲八，有公孫氏之儒。'蓋即尼子。"②

《漢書·藝文志》還著録王禹《樂記》二十四篇。但是，王禹《樂記》實際上並不是先秦舊篇，《漢書·藝文志》對王禹《樂記》的來源有明確説明。《漢書·藝文志》云："自黃帝下至三代，樂各有名。孔子曰：'安上治民，莫善於禮，移風易俗，莫善於樂。'二者相與並行。周衰俱壞，樂尤微眇，以音律爲節，又爲鄭衛所亂故無遺法。漢興，制氏以雅樂聲律，世在樂官，頗能紀其鏗鏘鼓舞，而不能言其義。六國之君，魏文侯最爲好古，孝文時，得其樂人竇公。獻其書，乃《周官·大宗伯》之《大司樂》章也。武帝時，河間獻王好儒，與毛生等共采《周官》及諸子言樂事者，以作《樂記》，獻八佾之舞，與制氏不相遠。其内史丞王定傳之，以授常山王禹。禹，成帝時爲謁者，數言其義，獻二十四卷記。劉向校書，得《樂記》二十三篇，與禹不同，其道寖以益微。"③

關於郭店楚墓的年代，荆門市博物館發掘報告確定的下葬年代是公元前4世紀中期至公元前3世紀初。④李學勤先生認爲是公元前4世紀末，不晚於公元前300年。⑤郭店簡的抄寫時間應該比墓葬時間早一些，而郭店簡上的文獻寫作時間要比竹簡書寫時間還要早一些。因此，從時間上看，郭店簡《性自命出》是七十子弟子的作品可能性大一些。從内容上看，郭店簡《性自命出》寫作時間應該與《禮記·樂記》同時而略早，早於《荀子·樂論》，這基本上就是郭店簡《性自命出》及上博簡《性情論》樂論章的譜系定位。

清華簡《耆夜》《周公之琴舞》《芮良夫毖》三篇文獻，出現了"終""卒"以及"啓"和"亂"，從文獻形態來看，是詩樂綜合性文獻。其文本應該是來源於樂官傳詩文本體系。

---

① 郭沫若：《公孫尼子與其音樂理論》，《郭沫若全集》（歷史編第一卷），第492頁。
② 楊樹達：《漢書窺管》，第224頁。
③ （漢）班固撰、（唐）顏師古注《漢書》，第6册，第1711~1712頁。
④ 參見荆門市博物館《荆門郭店一號楚墓》，《文物》1997年第7期，第47頁。
⑤ 參見李學勤《先秦儒家著作的重大發現》，收入《中國哲學》第20輯（《郭店楚簡研究》）。

　　這種詩樂綜合性文獻應該是由樂官編纂的，這種文獻的編纂有多種目的，可以用於詩樂文獻的存録典藏，也可以用於詩樂文獻的傳播，還可以用於詩樂教學。

　　從典藏來看，周代大師掌管詩樂，負責詩樂文獻的采集、創作、加工與存藏，采集或創作的詩樂要存藏就必須抄寫爲寫本，然後存藏。從傳播來看，周代詩樂文獻通過竹木寫本，在諸侯國之間傳播。清華簡《耆夜》《周公之琴舞》《芮良夫毖》三篇文獻應該是通過周王室樂官寫本傳播到楚國的，這中間也許經過第三國傳播到楚國，而不是由周王室直接傳到楚國的。

　　從詩樂教育來看，周王室大師掌管詩樂教育，其教育必然有相應的課本，上述清華簡《耆夜》《周公之琴舞》《芮良夫毖》之類文獻，就可能是出於教學目的而作的。《周禮》云："大司樂掌成均之灋，以治建國之學政，而合國之子弟焉。凡有道者，有德者，使教焉；死則以爲樂祖，祭於瞽宗。以樂德教國子：中和、祗庸、孝友。以樂語教國子：興、道、諷、誦、言、語。"[①]鄭玄注："興者，以善物喻善事。道，讀曰導。導者，言古以剴今也。倍文曰諷，以聲節之曰誦，發端曰言，答述曰語。"[②]賈公彦疏云："此亦使有道有德教之。云'興者，以善物喻善事'者，謂若老狼興周公之輩，亦以惡物喻惡事，不言者，鄭舉一邊可知。云'道，讀曰導'者，取導引之義，故讀從之。云'導者，言古以剴今也'者，謂若《詩》陳古以刺幽王、厲王之輩皆是。云'倍文曰諷'者，謂不開讀之。云'以聲節之曰誦'者，此亦皆背文，但諷是宜言之，無吟詠，誦則非直背文，又爲吟詠以聲節之爲異。《文王世子》'春誦'注誦謂歌樂，歌樂即詩也。以配樂而歌，故云歌樂，亦是以聲節之。襄二十九年，季札請觀周樂，而云'爲之歌齊'，'爲之歌鄭'之等，亦是不依琴瑟而云歌，此皆是徒歌曰謡，亦得謂之歌。若依琴瑟謂之歌，即毛云曲合樂曰歌是也。云'發端曰言，答述曰語'者，《詩·公劉》云：'于時言言，于時語語。'毛云：'直言曰言，答述曰語。'許氏《説文》云：'直言曰論，答難曰語。'論者語中

―――――――――

① （漢）鄭玄注、（唐）賈公彦疏《宋本周禮疏》（七），第 127~131 頁。
② （漢）鄭玄注、（唐）賈公彦疏《宋本周禮疏》（七），第 127~131 頁。

之別，與言不同，故鄭注《雜記》云：‘言，言己事。爲人説爲語。’” ① 大司樂以樂語教國子，包括興、道、諷、誦、言、語六種具體内容。什麽是樂語？所謂樂語就是歌詩中的唱詞部分，也就是詩。以樂語教國子興、道、諷、誦、言、語，也就是通過詩樂中的詩來教國子興、道、諷、誦、言、語六種語言功夫。大司樂的樂語教育，也一定有相應的教材，爲此會制作相關的詩樂類文獻。《周禮·春官宗伯·大師》：“大師掌六律六同以合陰陽之聲。……教六詩，曰風，曰賦，曰比，曰興，曰雅，曰頌；以六德爲之本，以六律爲之音。” ② 同樣，大師教六詩，也一定有相應的詩樂類教材，爲此也會制作相應的詩樂類寫本文獻。

清華楚簡《五音圖》是由圖文構成的圖書類文獻，其所記内容可能是“旋宫圖”。圖書類文獻在出土文獻中並不少見，清華楚簡《筮法》中就附有圖書。清華楚簡《五音圖》是目前發現的出土文獻中較早的音樂圖書文獻，對研究音樂圖書類文獻的譜系極爲重要。

傳世文獻中儒家六經，唯獨樂經缺失，甚至有人懷疑成文樂經的存在。如今，簡帛文獻中發現一定數量的樂類文獻，雖然不能將之等同於樂經文獻，但是，簡帛樂類文獻譜系考察，有利於推進周代樂類文獻研究中一些難題的解決。

---

① （漢）鄭玄注、（唐）賈公彦疏《宋本周禮疏》（七），第 131~132 頁。
② （漢）鄭玄注、（唐）賈公彦疏《宋本周禮疏》（七），第 196~203 頁。

第六章　春秋類簡帛文獻的文體形態
及文體譜系

　　簡帛文獻中有多篇春秋類文獻，這些文獻的文體形態與今本《春秋》經傳多有相似之處，但也有很多差別，考察這些春秋類簡帛文獻的文體形態及其發展譜系，對於認識這些文獻的性質具有重要意義，同時也有助於推進傳世《春秋》經傳的研究，更有助於全面認識東周文體的發展狀況。

第一節　春秋類簡帛文獻的文體形態

　　上博簡、馬王堆帛書及阜陽漢簡等簡帛文獻中，有多篇春秋類文獻，這些文獻多數不見於傳世文獻，其中有多篇爲戰國中期寫本，這些春秋類文獻的早期寫本距離這些文獻成書時間比較近，受到流傳變異因素影響小，因此在文體形態上更接近其原始樣態，準確揭示這些文獻的文體形態，對於判斷這些文獻的性質具有重要作用，我們將采用微觀分析方法，對相關簡帛文獻的文體形態作出具體認定與判斷。

一　上博楚簡《柬大王泊旱》的文體形態

　　《柬大王泊旱》是上海博物館 1994 年 5 月入藏的戰國竹簡中的一篇。"本篇共 23 簡，總 601 字，其中合文 3、重文 5。由於這部份竹簡搶救歸來時，保存在原出土的泥方中，後在上海博物館實驗室中剝離、脫水。因此，竹簡現狀十分完好。竹簡兩端平齊，長 24 釐米，寬 0.6 釐米，厚 0.12

釐米左右，兩道編綫。上契口距頂端 7.5 釐米，上契口與下契口間距約 9 釐米，下契口距尾端 7.5 釐米，契口位於竹簡右側。竹簡首尾都不留白，滿簡書寫，每簡書寫字數在 24 至 27 字之間。整篇有四個墨釘，分別見於第八、第十六、第二十一、第二十二簡。竹青面留白，竹黄面書寫文字。字體舒展，工而不苟，字距相近。"[1] 本篇寫本未發現篇題，現篇題《柬大王泊旱》爲整理者據寫本内容所題。

上博簡《柬大王泊旱》寫本文本不連貫，可能有缺簡，通讀困難。本篇爲楚人寫本，寫本之中的"泊""殺祭"等詞句較爲難釋，學者們的釋讀意見分歧較大。

上博簡《柬大王泊旱》寫本中的"柬大王"，就是"簡大王"，即"楚簡王"。本篇寫本記述的是楚簡王因楚國大旱親自祈雨之事。本篇寫本記述的事件情節較爲複雜，涉及多個人物。本篇寫本涉及楚國思想、宗教以及制度等多方面内容，爲我們研究楚國思想、宗教、制度以及楚簡王其人提供了新材料。

從文體上看，本篇文本屬於記事體。全篇叙事由事件、人物和對話構成。事件叙述中有細節描寫，全篇叙事涉及人物衆多，出現的人物多達九人。有學者認爲此篇文獻在文體上接近《國語》。我們看《國語》全書，主要是記言。其記言有一個標誌性特徵，那就是所記之言多屬於"嘉言善語"，而不是人物的一般性對話。一般認爲《國語》作爲史書，屬於國別體。這是指其所記史事是按照國別來排列的，在每一國之下，所記史事又是由多個相對獨立的記事單元構成。其記事的核心是記各國重要人物的"嘉言善語"。《國語》之所以稱爲"語"，就是由其所記核心内容決定的，而所記之語是按照國別排列的，所以稱爲"國語"。表面上看，各國別之下由衆多故事構成。實際上，其記述核心是某位重要人物的"語"。其記"語"並不是簡單地獨白式記言，是經過一番表達技巧上的設計，並形成基本的記"語"記述模式，其文體的一般體式是：引子＋"語"＋尾聲。所謂引子，就是每一個相對獨立的記述單元，開篇首先叙述引出"語"的

---

① 馬承源主編《上海博物館藏戰國楚竹書》（四），第 193 頁。

人物和事件，然後在事件叙述或人物對話中引出篇章的核心部分"語"，最後是尾聲，叙述與"語"相關事件的後續發展情況或結局。

上博簡《柬大王泊旱》的文體體式是以對話爲主，由對話推動事件的發展。從全篇來看，事件有開端，有發展，有高潮，有結局，事件發展或展開由對話來推動，全篇並不像《國語》那樣有明確的記"語"目的，而是在記一個事件，事件叙述中的人物對話，不具有《國語》中的"語"的特徵。因此，該篇文獻是以記述楚簡王"泊旱"及相關事件爲主體，也就是説其記述以事件爲主體，不是以"語"爲主體，不屬於《國語》的語體，而是春秋以後，在傳統《書》體記事基礎上形成的新記事體文獻，其記事與《左傳》中的記事單元有相似之處，都屬於春秋以後的新記事《書》體。總之，上博簡《柬大王泊旱》應該是楚國的檮杌類史書中的一篇文獻。

二　上博楚簡《姑成家父》的文體形態

《姑成家父》是上海博物館 1994 年 5 月入藏的戰國竹簡中的一篇。"全篇現存完、殘簡共 10 支。其中完簡 6 支，長 44.2 釐米。殘簡 4 支：上僅缺 1 字的基本完簡 1 支；前約 4 個字部位殘缺的簡 1 支；僅存下半段的殘簡 1 支；僅存上半段的殘簡 1 支。整簡的編繩爲上、中、下三編。第一編繩距頂端 0.8 至 1 釐米，第三編繩距尾端 0.8 至 1.1 釐米；第一編繩與第二編繩，第二編繩與第三編繩的間距均爲 21 釐米左右。全篇 466 字，其中重文 8，合文 2，合文的重文 1。"[1] 本篇寫本原無篇題，現篇題《姑成家父》爲整理者據寫本內容所擬定。

上博楚簡《姑成家父》寫本中的"姑成家父"應當是傳世文獻中的"苦成叔"，即"三郤"之一的郤犫。本篇竹簡寫本所記爲晉國三郤被殺事件，竹簡寫本全篇叙事從苦成家父見惡於厲公起筆，一直寫到"三郤"被殺，以厲公被樂書所弑終篇。本篇寫本所記史事內容，多數見於傳世典籍，不過，需要注意的是，從本篇寫本的叙事立場來看，本篇叙事對於

---

① 馬承源主編《上海博物館藏戰國楚竹書》（五），第 239 頁。

"三郤"特别是郤犨的態度是正面的，這一敘事立場與傳世文獻《左傳》以及《國語》極爲不同。

從文體上看，該篇文獻爲記事體，屬於春秋以後新《書》體，其記事細膩且詳略得當，記事體式與《左傳》相近，應該是晉國的"乘"類文獻，即晉國的春秋類文獻。之所以説是晉國"乘"類文獻，是因爲該篇文獻對"苦成叔"即郤犨的態度與《左傳》《國語》等史書截然不同，可見歷史敘事的立場及視角是不同的，此篇文獻應該是晉國"乘"類文獻的楚國寫本。

三　上博楚簡《昭王毀室》的文體形態

《昭王毀室》是上海博物館1994年5月入藏的戰國竹簡中的一篇。《昭王毀室》寫本與另一篇寫本《昭王與龏之脾》編爲一編。兩篇寫本現存竹簡10支，其中《昭王毀室》寫本使用將近5支竹簡抄寫，本篇寫本存字總計196個，"均單面書寫於竹黃，字體工整，字距劃一。簡上下皆平頭，簡設三道編綫，皆右契口。自頂端至第一契口之距爲1.2釐米，第一契口至第二契口之距爲20.5釐米，第二契口至第三契口之距爲21釐米，第三契口至底端之距爲1.2釐米。完簡長43.7至44.2釐米不等"[①]。本篇寫本原無篇題，現篇題《昭王毀室》是整理者據寫本內容擬定。

上博楚簡《昭王毀室》寫本記述了楚昭王建成新室，即將舉行落成典禮，然而一人穿喪服來到此處，聲稱他父親的屍骨埋在昭王新室的階下，他想將父母合葬。楚昭王得知此事以後，命人拆除了新室。本篇寫本所記事件不見於傳世文獻，內容關涉多方面古禮，例如喪葬、宫室等方面的禮制。本篇文獻所記事件爲研究楚國歷史及楚昭王爲人提供了重要的新材料。

從文體形態與文體性質來看，本篇文獻屬於記事體史書類文獻，全篇所記事件完整，事件有開始，有發展，有高潮與尾聲，有人物對話，有故事細節，是典型的新《書》體，該篇應該是楚國春秋（檮杌）類史書中的一個篇章。

---

① 馬承源主編《上海博物館藏戰國楚竹書》（四），第181頁。

四　上博楚簡《昭王與龔之脾》的文體形態

《昭王與龔之脾》是上海博物館 1994 年 5 月入藏的戰國竹簡中的一篇。《昭王與龔之脾》與《昭王毀室》編爲一編。兩篇寫本現存竹簡 10 支，其中《昭王與龔之脾》寫本使用 5 支竹簡抄寫，另有 3 個字未抄下，抄寫在另一支竹簡。本篇寫本總計存字 192 個，“均單面書寫於竹黄，字體工整，字距劃一。簡上下皆平頭，簡設三道編綫，皆右契口。自頂端至第一契口之距爲 1.2 釐米，第一契口至第二契口之距爲 20.5 釐米，第二契口至第三契口之距爲 21 釐米，第三契口至底端之距爲 1.2 釐米。完簡長 43.7 至 44.2 釐米不等”①。本篇寫本原無篇題，現篇題《昭王與龔之脾》是整理者據寫本内容擬定。

上博楚簡《昭王與龔之脾》寫本記述的是楚昭王外出到逃珥，龔之脾爲他御車，龔之脾衣着單薄，大尹發現後稟告了楚昭王。楚昭王聞後召見並捨給龔之脾一件袍子。龔之脾披上了這件袍子。從逃珥返回以後，楚昭王却命龔之脾不許來見他，大尹得知此事後向楚昭王爲龔之脾申辯，楚昭王對大尹説不許來見的因由主要是想讓國人都看到自己撫恤忠臣之心云云。

從文體形態與文體性質來看，本篇文獻與上篇一樣同屬於記事體史書類文獻，全篇所記事件完整，事件的發生發展脈絡清晰，有人物語言，亦有故事細節，是典型的新《書》體，該篇也應該是楚國春秋（檮杌）類史書中的一個篇章。

五　上博楚簡《競公瘧》的文體形態

《競公瘧》是上海博物館 1994 年 5 月入藏的戰國竹簡中的一篇。“本篇原題‘競公瘧’，篇題位於第二簡上段背部。本篇殘存 13 簡，總 489 字，其中合文二、重文一。根據竹簡現狀分析，本篇竹簡在流傳過程中曾被折成上、中、下三段，上、中段都是約長 20 釐米左右，在整理中没有發現有下段殘簡。上、中段殘簡，能綴合者 10 例，分别爲第一、二、三、

①　馬承源主編《上海博物館藏戰國楚竹書》（四），第 181 頁。

四、七、八、九、十、十二、十三簡。竹簡寬 0.6 釐米，厚 0.12 釐米左右，根據綴合後的形制推斷，完整竹簡兩端平齊，原長應約 55 釐米，三道編繩。第一契口距頂端 8.4 釐米，第一契口與第二契口間距約 19 釐米，第二契口與第三契口間距約 19 釐米，第三契口距尾端約 8.4 釐米，契口位於竹簡右側。下段殘簡約 15 釐米左右，都已流失。本篇滿簡書寫，每簡書寫字數約 55 字。"[①]

上博楚簡《競公瘧》寫本中的競公就是傳世文獻中的齊景公。本篇寫本記述齊景公罹患疾病，逾歲不瘳，朝內大臣對此事的反應極爲不同。梁丘據等寵臣向齊景公進言，認爲是祝史失責造成了齊景公罹病不瘳，並想聯合高子、國子、晏子共同出面呼籲速殺祝史。晏子並沒有與這些寵臣合流，而是向齊景公直言相諫，陳説齊國當前民不聊生，罪不在祝史，而主要是由於景公信用讒佞。最終晏子説服齊景公，祝史纔幸免被殺。本篇寫本所記事件見於《左傳·昭公二十年》、《晏子春秋》內篇諫上《景公病久不愈欲誅祝史以謝晏子諫》、《晏了春秋》外篇《景公有疾梁丘據裔款請誅祝史晏子諫》等傳世典籍，竹簡寫本與傳世本所記在詳略上略有差別。[②]

《漢書·藝文志》諸子略儒家類著録《晏子》八篇。《漢書·藝文志》所著録的這八篇文獻是經由劉向整理定稿的，劉向還作了《晏子叙録》，叙説整理情況。後世多有學者懷疑其真偽，但是，銀雀山漢墓《晏子》現存十六章，皆與傳世本《晏子》相合。本篇寫本所記晏子諫齊景公故事，也見於傳世本《晏子》，傳世本《晏子》的真偽恐怕無須再議。

從文體形態與文體性質來看，上博楚簡《競公瘧》屬於叙事體。關於本篇的文獻性質，目前尚有不同意見，一種意見認爲上博楚簡《競公瘧》屬於史書類作品，一種意見認爲屬於子書類作品。史書意味着寫實，子書意味着祇是表達思想，無須寫實，叙事可以"造作故事"，即虛構故事。上博楚簡《競公瘧》所記之事見於《左傳》，也見於《晏子春秋》。《左傳》爲史書，不必多言。但《晏子春秋》的文獻性質爭論頗多，説法不一，主

---

① 馬承源主編《上海博物館藏戰國楚竹書》(六)，第 159 頁。
② 參見馬承源主編《上海博物館藏戰國楚竹書》(六)，第 160 頁。

要有史書説、子書説，莫衷一是。從本篇故事見於《左傳》來看，不能全然否定本篇文本的史書性質，雖然本篇有藉助故事來表達思想的色彩，但是也不能一概否定其寫實性。

六　上博楚簡《莊王既成》的文體形態

上博楚簡《莊王既成》寫本是上海博物館 1994 年 5 月入藏的戰國竹簡中的一篇。《莊王既成》與《申公臣靈王》合爲一編，兩篇寫本現存竹簡一共 9 支，"本篇共 4 簡，簡長 33.1 至 33.8 釐米，寬 0.6 釐米，厚 0.12釐米，皆爲完簡。竹簡上下設兩道編繩，契口位於竹簡右側，上契口距頂端 8.9 至 9.5 釐米，上契口至下契口 15 釐米，下契口距尾端 9.2 至 9.3 釐米。滿簡書寫，首尾不留白，前三簡各書 26 字，最後一簡有 11 字，第一簡背有篇題 4 字，共 93 字。書於竹黄，字體工整，字距相近"①。

上博楚簡《莊王既成》寫本原有篇題"莊王既成"，本篇寫本首句是"莊王既成亡射"，在寫本的篇末記有墨鈎，由此來看，本篇寫本首尾完整。本篇寫本記述的是楚莊王鑄成大鐘後向沈尹子莖詢問可以保有多長時間。沈尹子莖其人見於《吕氏春秋》等傳世典籍，本篇寫本爲我們研究沈尹子莖及楚莊王提供了新材料。

從文體形態來看，本篇文獻爲對話體。從文獻性質來看，本篇文獻應該屬於楚國史書類文獻。

七　上博楚簡《申公臣靈王》的文體形態

《申公臣靈王》是上海博物館 1994 年 5 月入藏的戰國竹簡中的一篇。《申公臣靈王》與《莊王既成》合爲一編，兩篇寫本現存竹簡 9 支，"本篇共 6 簡，首句接在《莊王既成》篇末，墨釘之後。簡長爲 33.7 至 33.9 釐米、寬 0.6 釐米、厚 0.12 釐米。竹簡上下設兩道編繩，契口位於竹簡右側，上契口距頂端 9.3 至 9.4 釐米，上契口至下契口 15 釐米，下契口距尾端 9.3 至 9.5 釐米。書寫首尾不留白，每簡有 11 至 25 字不等，其中重文

---

① 馬承源主編《上海博物館藏戰國楚竹書》（六），第 239 頁。

一，書於竹黄，字體工整，字距相等"①。本篇寫本未發現篇題，現篇題《申公臣靈王》是整理者據寫本内容擬定的。

上博楚簡《申公臣靈王》寫本記述了柝述之戰，鄭將皇頡被申（陳）公擒獲，王子圍同陳公争搶皇頡，陳公也與之相争奪。後來王子圍却被立爲王，也就是楚靈王。所記事件見於《左傳·襄公二十六年》和《左傳·昭公八年》等傳世文獻。但是本篇叙事的立場與視角明顯與《左傳》不同。《左傳》記載的是楚人聯合秦人侵吳，聽説吳已有準備，然後放棄侵吳，在返回的路上又順便侵鄭。楚人與鄭將皇頡交戰的地點是城麇，本爲鄭地，戰後爲楚所有。《左傳》記載此事時用"侵"，是站在否定的叙事立場上的，而本篇中的楚鄭之戰在柝述，不知柝述爲何地，不過從本篇叙事中使用"敌"來看，當是楚地。竹簡寫本所記内容對於研究相關歷史具有重要意義。

從文體形態來看，本篇文獻以對話體爲主要叙事框架。開篇用"敌於柝述"等五句話叙述事件背景，"敌於柝述"特指柝述楚鄭之戰，"敌"，就是防禦、拒敵之義。接下來叙述申公子皇釋放所俘鄭將皇頡，王子回奪皇頡，申公與王子回争奪皇頡。後來王子回立爲王，申公見王。接下來是王與申公的對話。

本篇與《莊王既成》合爲一編，本篇文獻的叙事用"敌於柝述"開篇，没有更詳細的背景交代，接下來用幾句話就概括了申公與王子回争皇頡之事，之後重點記述了王子回與申公的對話。從這種開篇來看，本篇文獻像是從楚國史書中摘抄改寫而來。因此，從文獻性質來看，本篇文獻應該屬於楚國春秋類史書文獻。

八　上博楚簡《平王問鄭壽》的文體形態

《平王問鄭壽》是上海博物館1994年5月入藏的戰國竹簡中的一篇。"本篇共7簡。簡長33至33.2釐米，寬0.6釐米，厚0.12釐米。竹簡上下有兩道編繩，契口位於竹簡右側，上契口距頂端9.5釐米，上契口至下契

---

① 馬承源主編《上海博物館藏戰國楚竹書》（六），第240頁。

口 15 釐米，下契口至尾端 8.5 至 8.7 釐米。滿簡書寫，首尾不留白，每簡字數在 9 至 28 字不等，共 173 字，其中重文 4，皆書於竹黃。字體工整，字距統一。"[①] 本篇寫本未發現篇題，現篇題《平王問鄭壽》是整理者據寫本内容擬定。

上博楚簡《平王問鄭壽》公布後，學者們對本篇寫本的編連提出不同意見。其中，沈培先生把《平王問鄭壽》的第六簡與《平王與王子木》第一簡綴連，作爲《平王問鄭壽》的最後一支簡，將《平王與王子木》第一簡第一字"智（知）"與《平王問鄭壽》第六簡最後兩字"臣弗"連讀作"臣弗知"，作爲《平王問鄭壽》全篇結尾，即鄭壽對楚平王所問"後之人何若"的回答。[②]

上博楚簡《平王問鄭壽》寫本記述的是楚平王向鄭壽咨問應該如何應對楚國災禍頻發之事。本篇寫本所記事件不見於傳世文獻，爲研究楚國歷史又提供了新材料。

從文體形態來看，本篇寫本爲叙事體，全篇以人物對話爲主，間以少量叙述，以推動事件的發展。

從文獻性質來看，本篇文獻應該是楚國春秋類史書文獻。

九　上博楚簡《平王與王子木》的文體形態

上博楚簡《平王與王子木》是上海博物館 1994 年 5 月入藏的戰國竹簡中的一篇。"簡長 33 釐米，寬 0.6 釐米，厚 0.12 釐米。竹簡上下設兩道編繩，契口位於竹簡右側，上契口距頂端 9.5 釐米，上契口至下契口 15 釐米，下契口距尾端 8.5 釐米。簡文書寫首尾不留白，每簡字數在 22 至 27 字不等，共 117 字，皆書於竹黃，字體工整，字距較統一。"[③] 本篇寫本未發現篇題，現篇題《平王與王子木》是整理者據寫本内容擬定。

上博楚簡《平王與王子木》公布以後，學者們針對原整理者的竹簡編

---

① 馬承源主編《上海博物館藏戰國楚竹書》（六），第 255 頁。
② 沈培：《〈上博（六）〉中〈平王問鄭壽〉和〈平王與王子木〉應是連續抄寫的兩篇》，簡帛網，2007 年 7 月 12 日。
③ 馬承源主編《上海博物館藏戰國楚竹書》（六），第 267 頁。

連展開討論。有學者提出把第五簡調到第二簡後，下接原第二、三、四簡。沈培先生又提出把《上博簡》第八輯的《志書乃言》的末簡接在本篇末簡之下，作爲本篇的末簡，[①] 沈培先生提出的編連意見已經被多數學者接受。

上博楚簡《平王與王子木》寫本記述的是楚平王命王子木到城父去，王子木路遇城公執於疇後所發生的故事。

上博楚簡《平王與王子木》寫本所記王子木居城父之事見於《左傳·昭公十九年》，亦與傳世文獻《説苑·辨物》所記相關故事接近，還見於阜陽漢簡《春秋事語》等出土文獻。

從文體上看，本篇叙事以人物對話爲主體。開篇叙述楚平王命王子木去城父，王子木路過申在狀寢吃飯，城公執前來拜見，接下來就是二人的對話。

從文獻性質來看，本篇屬於楚國春秋類史書文獻。

十　上博楚簡《鄭子家喪》的文體形態

上博楚簡《鄭子家喪》寫本是上海博物館 1994 年 5 月入藏的戰國竹簡中的一篇。"本篇共 14 簡，凡甲、乙兩本，各 7 簡，内容完全相同，唯行次略異。甲本完整，各簡上下端平齊，長 33.1 至 33.2 釐米，寬 0.6 釐米，厚 0.12 釐米。簡上下設兩道編繩，契口位於竹簡右側。滿簡書寫，各簡書寫字數在 31 至 36 字不等。本篇甲本共 235 字，其中合文 3 字，皆書於竹黄，字體工整，字距緊密。乙本數簡殘損，長 34 釐米至 47.5 釐米不等，寬 0.6 釐米，厚 0.12 釐米。簡上下設兩道編繩，右側契口極淺。滿簡書寫，字距疏朗。書體與甲本不同，顯然不是同一抄手。本篇乙本現存 214 字，其中合文 3 字，各簡書寫字數在 28 至 34 字不等。經與甲本校對，全篇缺 20 字，又多 1 字，漏 2 字。原數應與甲本相合，爲 235 字。"[②] 本篇寫本未發現篇題，現篇題《鄭子家喪》是整理者據寫本内容擬定。

---

① 沈培:《〈上博（六）〉和〈上博（八）〉竹簡相互編聯之一例》，復旦大學出土文獻與古文字研究中心網站，2011 年 7 月 17 日。

② 馬承源主編《上海博物館藏戰國楚竹書》（七），第 171 頁。

　　上博楚簡《鄭子家喪》寫本記述的是鄭國大夫子家去世以後，楚莊王以子家弒君爲藉口，出兵圍困鄭國三個月之久，後來晉國出兵救鄭，楚國軍隊同晉國軍隊在兩棠大戰，晉軍被打敗。在《左傳》宣公四年、十年和《史記·鄭世家》《説苑·立節》《説苑·復恩》《吕氏春秋·至忠》《新書·新醒》《新序·雜事》等傳世文獻中也記載了相關事件。有學者認爲本篇寫本是《漢書·藝文志》所著録的《鐸氏微》的一章，是在《左傳》相關記事基礎上改寫而成，本篇寫本反映的是楚人的歷史觀。① 上博楚簡《鄭子家喪》寫本的叙事立場與《左傳》等史書的相關叙事存在明顯區別，這對於我們研究相關史書的叙事立場問題具有重要價值與意義。

　　從文體上看，本篇爲叙事體。所寫事件的發生、發展及結局完備，有人物及對話，有描寫有叙述，叙事嚴謹。

　　從文獻性質來看，本篇所叙述的事件是楚莊王以鄭國大夫子家弒君爲由，在子家去世後圍攻鄭國，迫使鄭國不以禮葬子家，並大敗前來救鄭的晉國軍隊，應爲楚國春秋類史書文獻中的篇章。

十一　上博楚簡《君人者何必安哉》的文體形態

　　《君人者何必安哉》是上海博物館 1994 年 5 月入藏的戰國竹簡中的一篇。"本篇竹書出於保存較爲完好的泥方中，在流傳與實驗室處理過程中，保存了原竹簡的基本面貌。本篇竹書有甲、乙兩本，内容基本一致。甲本完整，共 9 簡，簡長在 33.2 至 33.9 釐米之間，簡寬 0.6 釐米，厚 0.12 釐米左右。簡兩端平頭，兩道編繩。第一契口距頂端約 8.6 釐米，第一契口與第二契口間距約 16.8 釐米，第二契口距尾端 8.5 釐米，契口位於竹簡右側。滿簡書寫，各簡字數在 24 至 31 字之間。竹黄面書寫文字，竹青面留白。篇中無句讀，篇末有墨節■，示文章結束。總 241 字，其中合文 4。乙本完整，共 9 簡，簡長在 33.5 至 33.7 釐米之間，簡寬 0.6 釐米，厚 0.12 釐米左右。簡兩端平頭，兩道編繩。第一契口距頂端約 9.1 釐米，第一契口與第二契口間距約 16.4 釐米，第二契口距尾端 8.2 釐米，契口位於竹簡

---

　　① 參見馮時《〈鄭子家喪〉與〈鐸氏微〉》，《考古》2012 年第 2 期。

右側。滿簡書寫，各簡字數在 26 至 31 字之間。竹黃面書寫文字，竹青面留白。篇中無句讀，篇末有墨節▬，示文章結束。墨節之後有一個黑底白文'乙'字，這種現象頗爲少見，如後世白文印稿，其意義還有待於進一步考證。總 237 字，其中合文 3。"[①] 本篇寫本未發現篇題，現篇題《君人者何必安哉》是整理者據寫本内容擬定。

從文體形態來看，本篇寫本爲對話體，全篇由范戊與楚昭王的對話構成。目前，學者們對於本篇簡文内容的解讀存在不同意見，甚至存在完全相反的解讀意見。有學者認爲本篇寫本寫的是楚昭王的缺點，有學者認爲寫的是楚昭王的高尚品德。這主要是由學者們對"白玉三回而不戔"句中的"回""戔"等幾個關鍵詞語的釋讀意見分歧較大造成的。

細繹本篇文本，該文應是范戊以"白玉三回而不戔"爲喻向楚昭王進儆諫之言。

從文體性質來看，本篇對話不似子書的造作故事以表達思想，倒是與傳統《書》體中的儆諫體相似。所以本篇文獻的文獻性質仍然屬於史書範疇，應該是新《書》體即春秋體史書的儆諫體文獻。

十二 上博楚簡《吳命》的文體形態

《吳命》是上海博物館 1994 年 5 月入藏的戰國竹簡中的一篇。根據整理報告，《吳命》現存 9 支竹簡，其中，最後一支竹簡是完整簡，其餘各簡都是殘簡。本篇寫本一共存字 375 個。完整竹簡的長度大約是 52 釐米，每支竹簡上抄寫文字 64 至 66 個。本篇寫本文字書法秀麗、工整，竹簡上有三個契口，應當是設有三道編繩。上契口至簡端大約爲 10.6 釐米，上契口至中契口大約爲 16.5 釐米，中契口至下契口大約爲 16.7 釐米。[②] 本篇寫本原有篇題爲《吳命》。

本篇寫本竹簡殘缺嚴重，無法通讀。學術界對竹簡的編連提出不同意見。其中，有一種綴連意見提出的竹簡次序是：1、3、2、7、9、8、5、

---

① 馬承源主編《上海博物館藏戰國楚竹書》（七），第 191 頁。
② 參見馬承源主編《上海博物館藏戰國楚竹書》（七），第 303 頁。

4、6（本序號爲原整理者序號）。① 本篇寫本所記内容大致涉及吳楚兩國争雄及吳王派使臣前去告勞周天子等事件。對於本篇寫本的詳細内容及文獻體裁性質，學者們還没有達成一致意見。竹簡的原整理者認爲本篇寫本應該是《國語·吳語》的佚篇。② 有學者撰文指出，本篇寫本應該是吳國使者告勞周天子之辭。③ 還有學者撰文指出，本篇寫本的内容有可能與《左傳·哀公十年》所記楚子期伐陳及吳延州來季子救陳之事有關。④

從文體形態來看，本篇文獻殘存部分多爲對話，以記言爲主體。

從文獻性質來看，本篇文獻應該屬於吳國春秋類史書文獻。

十三　上博楚簡《鮑叔牙與隰朋之諫》的文體形態

上博楚簡《鮑叔牙與隰朋之諫》寫本是上海博物館 1994 年 5 月入藏的一批戰國竹簡中的一篇。與《鮑叔牙與隰朋之諫》一同公布的還有題名爲《競建内之》的一篇文獻。竹簡公布以後，學者們對這兩篇文獻的編連及分合提出不同意見。其中，李學勤、陳劍等學者撰文指出，這兩篇寫本應當編連爲一篇，並提出了具體編連方案。⑤ 本篇寫本的篇題《鮑叔牙與隰朋之諫》抄寫在單獨一支簡的竹黄面，與多數竹簡寫本的篇題抄寫位置不同，較爲特別。《鮑叔牙與隰朋之諫》現存竹簡 19 支，總共存字 687 個。⑥

上博楚簡《鮑叔牙與隰朋之諫》寫本記述的是齊國發生日食，爲此齊桓公向鮑叔牙與隰朋咨問日食徵兆及怎樣禱祝可以避禍等事宜，鮑叔牙及隰朋藉機向桓公勸諫從善。

關於上博楚簡《鮑叔牙與隰朋之諫》的文獻性質，學者們提出了不同意見。其中，李學勤撰文指出，《鮑叔牙與隰朋之諫》寫本所記日食發生

---

① 參見王暉《楚竹書〈吳命〉綴連編排新考》，《中原文化研究》2013 年第 2 期。
② 參見馬承源主編《上海博物館藏戰國楚竹書》（七），第 303 頁。
③ 參見王青《“命”與“語”：上博簡〈吳命〉補釋——兼論“命”的文體問題》，《史學集刊》2013 年第 4 期。
④ 參見王暉《楚竹書〈吳命〉綴連編排新考》，《中原文化研究》2013 年第 2 期。
⑤ 參見陳劍《談談〈上博（五）〉的竹簡分篇、拼合與編聯問題》，簡帛網，2006 年 2 月 19 日；李學勤《試釋楚簡〈鮑叔牙與隰朋之諫〉》，《文物》，2006 年第 9 期。
⑥ 參見馬承源主編《上海博物館藏戰國楚竹書》（五），第 165、181 頁。

時間與歷史上實際發生的日食不合，本篇寫本所記內容有託古性質，不能全部作爲信史。①

筆者認爲，《鮑叔牙與隰朋之諫》篇中的日食未必指日全食。篇中所説"日既"，按照《左傳》記載日食之例，當是指日食既，"既"是指日食完成了，結束了，而不是指日全食。因此，所記日食當是實錄，並非託古。

從文體形態上看，本篇叙事以人物對話爲主體，間以叙述，以推動事件的發展。

從文獻性質來看，本篇記事嚴謹，並非諸子造作故事之流，應該是齊國春秋類史書文獻。其體例與《國語》也十分相近。

十四 上博楚簡《命》的文體形態

《命》是上海博物館 1994 年 5 月入藏的一批戰國竹簡中的一篇。本篇寫本現存竹簡 11 支，皆完好，簡長 33.1~33.4 釐米，兩端修整平齊，該篇寫本有兩道編繩，編繩契口在竹簡右側，上契口距離竹簡頂端人約 9.5 釐米，上、下契口相距大約 15 釐米，下契口距離竹簡尾端 8.6~8.9 釐米，文字抄寫在竹黄面，竹簡上下皆不留白，11 支竹簡一共抄寫 274 字，其中包括 4 個合文，2 個重文。本篇寫本原有篇題，抄寫在第十一支竹簡的背面中部位置。本篇寫本記述令尹子春接受楚惠王的任命治理楚國之事，篇題的"命"即是指此次的任命。②

從文體形態來看，本篇文獻通篇爲令尹子春向叶公子高之子請教自己受命從政之事的對話，是對話體。雖然篇題爲"命"，但是與傳統《書》體命體已經不同。

從文獻性質來看，本篇文獻應該屬於楚國史書類文獻。

十五 上博楚簡《王居》的文體形態

《王居》是上海博物館 1994 年 5 月入藏的一批戰國竹簡中的一篇。本

---

① 參見李學勤《試釋楚簡〈鮑叔牙與隰朋之諫〉》，《文物》2006 年第 9 期。
② 參見馬承源主編《上海博物館藏戰國楚竹書》（八），第 191 頁。

篇寫本現存竹簡 7 支簡，竹簡長 33.1~33.2 釐米，兩端修整平齊，本篇寫本有兩道編繩，契口在竹簡右側，上契口距離竹簡頂端 9.3~9.6 釐米，上、下契口間距 14.8~15 釐米，下契口距離竹簡尾端 8.7~8.8 釐米，文字抄寫在竹黃面，上下皆不留白，《王居》爲本篇寫本原有篇題，抄寫在第一支竹簡背面上部位置。①

上博楚簡《王居》公布後，學者們對本篇寫本的編連提出不同意見，復旦大學出土文獻與古文字研究中心讀書會認爲《王居》與《志書乃言》兩篇文獻應合爲一篇，陳劍撰文提出該篇文獻復原方案：《王居》去除第三、四簡，《志書乃言》除去第八簡，《命》去除第四、五簡，三篇寫本所餘竹簡編爲一篇就是《王居》。《志書乃言》篇則不復存在。經此復原的《王居》篇寫本存 14 支竹簡，其最後一簡也就是原編爲《王居》第七簡的上端殘缺大約 8 個字。② 本篇寫本記楚國君臣事。③

從文體形態來看，本篇爲叙事體，全篇叙事完整，有事件的發生、發展和結局，間以人物對話，情節生動，通過對話及情節發展，人物性格躍然紙上。

從文獻性質來看，本篇是楚國春秋類史書作品，爲新《書》體的典範之作。

十六　上博楚簡《成王爲城濮之行》的文體形態

《成王爲城濮之行》是上海博物館 1994 年 5 月入藏的一批戰國竹簡中的一篇。本篇寫本原整理者一共整理出 9 支竹簡，整理者分爲甲、乙本，其中，甲本存簡 5 支，乙本存簡 4 支。本篇寫本竹簡長 33.1~33.3 釐米，兩端修整平齊，有兩道編繩，契口在竹簡右側，上契口距離竹簡頂端大約 9 釐米，上、下契口間距大約 16.2 釐米，下契口距離尾端大約 8.1 釐米，文字抄寫在竹黃面，上下皆不留白。本篇寫本未發現篇題，現篇題《成王

---

① 參見馬承源主編《上海博物館藏戰國楚竹書》（八），第 191 頁。

② 參見陳劍《〈上博（八）·王居〉復原》，復旦大學出土文獻與古文字研究中心網站，2011 年 7 月 20 日。

③ 參見陳劍《〈上博（八）·王居〉復原》，復旦大學出土文獻與古文字研究中心網站，2011 年 7 月 20 日。

爲城濮之行》是整理者據寫本内容擬定。①

上博楚簡《成王爲城濮之行》公布以後，學者們對竹簡的編連提出不同意見。大多數學者指出本篇寫本的甲、乙本，應當編爲一篇，並提出新的編連意見。不過，目前學者們在編連上沒有達成一致意見。

本篇寫本殘缺較爲嚴重，現存部分所記述的是在成濮之役前夕楚成王命子文教子玉治兵以及子文與蒍賈的對話等内容。簡文開篇叙述楚成王爲了城濮之戰，做戰前準備，命令尹子文教子玉治兵。簡文進一步叙述子文先做示範，然後子玉學習效仿，但二人治兵手段大不相同，子文一日就完成訓練且不毆打一人，子玉三日纔完成訓練却斬三人。簡文繼續叙述楚成王歸來宴請子文。接下來就是蒍賈與子文關於此次治兵的對話。對話未完，簡文就殘缺了。本篇寫本所記史事見於傳世文獻《左傳》僖公二十七、二十八年。

從文體形態來看，本篇爲叙事體。

從文獻性質來看，本篇簡文是楚國春秋類史書文獻。

十七　上博楚簡《靈王遂申》的文體形態

《靈王遂申》是上海博物館 1994 年 5 月入藏的一批戰國竹簡中的一篇。本篇寫本現存竹簡 5 支，竹簡皆完好，長約 33.3 釐米，兩端修整平齊，有兩道編繩，契口在竹簡右側，上契口距離竹簡頂端大約 9.5 釐米，上、下契口間距大約 15 釐米，下契口距離竹簡尾端約 8.8 釐米，文字抄寫在竹黄面，上下皆不留白，全篇寫本共 167 字。本篇寫本未發現篇題，現篇題《靈王遂申》是整理者據寫本内容擬定。②

《靈王遂申》寫本的原整理者認爲本篇所記是楚靈王要滅申國，因此，題名爲《靈王遂申》。實際上，本篇簡文叙述的是楚靈王即位後，楚國滅了蔡，命令申人每家每户都出來去蔡人那裏拿繳獲的物品，申成公父子不敢拿取，感覺到申國的末日也要到來。

---

① 參見馬承源主編《上海博物館藏戰國楚竹書》（九），第 143~147 頁。

② 參見馬承源主編《上海博物館藏戰國楚竹書》（九），第 157 頁。

從文體形態來看，本篇簡文屬於叙事體，全篇以叙述爲主體，間以人物對話，以推進事件的發展。

從文獻性質來看，本篇文獻屬於楚國春秋類史書文獻。

十八　上博楚簡《陳公治兵》的文體形態

《陳公治兵》是上海博物館 1994 年 5 月入藏的一批戰國竹簡中的一篇。本篇寫本現存竹簡 20 支，其中 9 支竹簡完好，竹簡長度大約 44 釐米，兩端修整平齊，有三道編繩，契口在竹簡右側，上契口距離竹簡頂端大約 1.3 釐米，上契口與中契口間距大約 20.7 釐米，中契口與下契口間距大約 20.7 釐米，下契口距離竹簡尾端大約 1.3 釐米，文字抄寫在竹黄面上契口與下契口之間，總計存字 519 個。本篇未發現篇題，現篇題《陳公治兵》是整理者據寫本内容擬定。①

整理者認爲《陳公治兵》寫本記述的是楚平王命陳公整頓士卒之事。該寫本簡文公布以後，有學者認爲本篇寫本涉及軍禮和兵法方面内容。②

全篇先叙述楚王到郢地視察軍隊，令軍隊以捕捉獵取動物的方式進行演練，結果軍隊特别混亂。接着叙述楚王命陳公幫助軍隊執事治兵，並具體叙述了如何治兵，包括排兵布陣，如何與敵作戰等具體内容，其間還回顧了楚國軍隊重大戰役。

從文體形態來看，本篇屬於叙事體，以叙述爲主，並間以人物對話，以推進事件及情節的展開。

從文獻性質來看，本篇以記述歷史事件爲主，雖然涉及兵法，但並不是兵法類文獻，而是屬於楚國春秋類史書文獻。

十九　上博楚簡《邦人不稱》的文體形態

《邦人不稱》是上海博物館 1994 年 5 月入藏的一批戰國竹簡中的一篇。《邦人不稱》寫本現存竹簡 13 支，其中 6 支竹簡完好，完整竹簡長

---

① 參見馬承源主編《上海博物館藏戰國楚竹書》（九），第 167 頁。

② 參見曹建墩《上博簡（九）〈陳公治兵〉初步研究》，《黄河文明與可持續發展》（第 8輯），第 90 頁。

度大約 33 釐米，寬度大約 0.6 釐米，厚度大約 0.12 釐米，兩端修整平齊，有兩道編繩，契口在竹簡右側，上契口距離竹簡頂端大約 9.4 釐米，上、下契口間距大約 15 釐米，下契口距離竹簡尾端大約 8.6 釐米，文字抄寫在竹黄面，上下皆不留白，總計存字 358 個。本篇寫本未發現篇題，現篇題《邦人不稱》是整理者據寫本內容擬定。①

從文體形態來看，本篇文獻屬於敘事體，全篇陳述葉公子高的多項重大功績，並詳述重大功績相關事件的關鍵細節，間以人物對話，行文簡練生動，主題突出。

從文獻性質來看，本篇文獻屬於楚國春秋類史書文獻。

二十　清華楚簡《鄭武夫人規孺子》的文體形態

《鄭武夫人規孺子》是清華大學藏戰國楚簡中的一篇。本篇文獻現存18 支竹簡，竹簡保存狀況較好，字迹較爲清晰。完整竹簡長度大約 45 釐米，寬度大約 0.6 釐米，設有三道編繩，背面留有三道劃痕，沒有發現竹簡編號。本篇文獻原無篇題，現篇題《鄭武夫人規孺子》是竹簡整理者所擬加。②

本篇文獻記述的史事發生在春秋初葉從鄭武公去世到下葬前後，簡文首先記述了鄭武公夫人武姜規勸莊公要汲取先君武公的治國經驗，守喪期間要讓權於大夫老臣，莊公對此做了表態。簡文接下來記述了邊父規勸諸大夫要慎辦先君的葬事。簡文最後是邊父受遣向沉默不言的嗣君莊公表達大臣們的擔憂及莊公的回答。

從文體形態來看，本篇文獻全篇爲對話體。

從文獻性質來看，本篇文獻應該是根據鄭國史官的記録而作，是鄭國的春秋類史書作品。

二十一　清華楚簡《鄭文公問太伯》的文體形態

《鄭文公問太伯》是清華大學藏戰國楚簡中的一篇。該篇文獻存有甲、

---

① 參見馬承源主編《上海博物館藏戰國楚竹書》（九），第 239 頁。
② 參見李學勤主編《清華大學藏戰國竹簡》（陸），第 103 頁。

乙兩個抄本，兩抄本内容大致相同，當是同一抄手據不同底本抄寫的。甲本現存 14 支竹簡，乙本現存 11 支竹簡。完整竹簡長約 45 釐米，寬約 0.6 釐米，設有三道編繩。本篇竹簡没有編號和篇題，現篇題《鄭文公問太伯》是竹簡整理者所擬加。①

本篇文獻記述了鄭國太伯執政病重時告誡鄭文公之事。所涉史事多能與《左傳》《國語》相印證，對於研究鄭國歷史，特別是鄭國初期歷史具有重要意義。

從文體形態來看，本篇文獻記事記言，以記言爲主。全篇記事簡括，以對話爲主體。簡文中有“王若曰”，習見於書類文獻。因此，從文獻性質來看，本篇文獻應該是鄭國書類史書向春秋類史書的過渡形態。

二十二　清華楚簡《子儀》的文體形態

《子儀》是清華大學藏戰國楚簡中的一篇。該篇文獻現存 20 支竹簡，完整竹簡長 41.5~41.7 釐米，寬約 0.6 釐米。本篇文獻没有發現竹簡編號和篇題，現篇題《子儀》是竹簡整理者所擬加。②

本篇文獻記述秦晉殽之戰後，秦穆公爲了改善與楚國的關係，主動送歸楚子儀之事。全篇由三個主要部分構成，簡文首先概述了殽之戰後七年秦國國力得到恢復以及與楚結盟的願望及重要性，接下來記述了“禮子儀”的過程，最後詳細記述子儀與秦穆公臨別前的對話。本篇文獻對研究秦楚殽之戰後的關係具有重要意義。

從文體形態來看，本篇文獻爲叙事體，除了一般叙述，篇中還有細節描寫與人物對話，筆法極其細膩生動。

從文獻性質來看，本篇文獻應該是根據秦國史官的記録而作，是秦國的春秋類史書作品。

二十三　清華楚簡《子犯子餘》的文體形態

《子犯子餘》是清華大學藏戰國楚簡中的一篇。該篇文獻現存 15 支竹

---

① 參見李學勤主編《清華大學藏戰國竹簡》（陸），第 118 頁。
② 參見李學勤主編《清華大學藏戰國竹簡》（陸），第 127 頁。

簡，完整竹簡長約 45 釐米，寬約 0.5 釐米，設有三道編繩。本篇竹簡沒有發現簡序編號，《子犯子餘》爲本篇文獻原有篇題，抄寫在第一簡背面。[①]

本篇文獻記述了晉國公子重耳流亡到秦國的史事。全篇包括兩部分內容，第一部分是子犯、子餘對秦穆公詰難的回復，第二部分是秦穆公、重耳分別問政於蹇叔。

從文體形態來看，本篇文獻敘事簡括，以記言爲主，其記言形式爲對話式，體式與《國語》接近。

從文獻性質來看，本篇寫本應是晉國春秋類史書文獻。

二十四　清華楚簡《晉文公入於晉》的文體形態

《晉文公入於晉》是清華大學藏戰國楚簡中的一篇寫本文獻。該篇寫本文獻現存 8 支竹簡，完整竹簡長約 45 釐米，寬約 0.5 釐米，設有三道編繩。該篇寫本沒有發現竹簡編號，也未發現篇題，現篇題《晉文公入於晉》爲竹簡整理者所擬加。[②]

本篇寫本文獻記述了晉獻公之子公子重耳結束長期流亡返回晉國之後，整頓內政、董理刑獄、豐潔祭祀、務稼修洫、增設武備並於城濮一戰而霸等史事。

從文體形態來看，本篇寫本以敘述爲框架，兼記重耳朝堂之言。

從文獻性質來看，本篇寫本應是晉國春秋類史書文獻。

二十五　清華楚簡《趙簡子》的文體形態

《趙簡子》是清華大學藏戰國楚簡中的一篇寫本文獻。該篇寫本文獻現存 11 支竹簡，完整竹簡長約 41.6 釐米，寬約 0.6 釐米，設有三道編繩，除第四、第十一簡有殘缺，其餘竹簡大多完整。本篇寫本沒有發現竹簡編號，也沒有見到篇題，現篇題《趙簡子》爲整理者根據寫本內容所擬加。[③]

---

① 參見李學勤主編《清華大學藏戰國竹簡》（柒），第 91 頁。
② 參見李學勤主編《清華大學藏戰國竹簡》（柒），第 100 頁。
③ 參見李學勤主編《清華大學藏戰國竹簡》（柒），第 106 頁。

本篇寫本文獻由兩部分組成，第一部分記載了范獻子對趙簡子的進諫，第二部分記載的是趙簡子與成鱄的問對。范獻子對趙簡子的進諫其内容反映了范獻子與趙簡子二人作爲政壇對手之間的微妙關係。趙簡子與成鱄的問對圍繞儉、奢與禮及國家治理之間的關係而展開。本篇寫本文獻爲研究春秋晚期晉國歷史及思想提供了新材料。①

從文體形態來看，本篇寫本前後兩部分相對獨立，兩部分叙事都以記言爲主。前一部分在叙事中僅記范獻子的諫言，後一部分叙事記成鱄與趙簡子的對話。

從文獻性質來看，本篇寫本應是晉國語類春秋史書文獻。

二十六　清華楚簡《越公其事》的文體形態

《越公其事》是清華大學藏戰國楚簡中的一篇寫本文獻。該篇寫本文獻現存 75 支竹簡，完整竹簡長約 41.6 釐米，寬約 0.5 釐米，簡背有劃痕，設有三道編繩，完整竹簡容字 31~33 個，寫本文本首尾略有殘缺。本篇寫本没有發現竹簡編號。竹簡原整理者認爲篇尾與正文相連的"越公其事"一語，就是本篇寫本文獻的篇題。②本篇寫本文獻公布後，學界有學者提出不同看法，指出"越公其事"四字並不是篇題，而應當是正文。③

本篇寫本文獻記述的内容與《國語·吴語》《國語·越語上》《國語·越語下》三篇文獻大略相同，都是以勾踐滅吴爲主題的歷史故事，而且本篇寫本在叙事結構上與《國語·吴語》《國語·越語上》《國語·越語下》三篇文獻基本相同，不過，本篇寫本在叙事細節及叙事立場上與三者還是存在很多明顯的不同。從寫本的語言及叙事立場等方面來看，本篇寫本應該出自越國。

從文體形態來看，本篇寫本並不是以記言爲主，叙事細膩，既有事件發展背景叙述，還有人物對話，以及事件的展開與發展叙述。

從文獻性質來看，本篇寫本應是越國春秋類史書文獻。

---

① 參見李學勤主編《清華大學藏戰國竹簡》（柒），第 106 頁。
② 參見李學勤主編《清華大學藏戰國竹簡》（柒），第 112 頁。
③ 參見王輝《説"越公其事"非篇題及其釋讀》，《出土文獻》2017 年第 2 期。

二十七　清華簡《楚居》的文體形態

《楚居》是清華大學 2008 年入藏的一批戰國竹簡中的一篇。[①]本篇寫本的篇題爲整理者所加。"本篇竹簡凡 16 支，其中有 4 支下部分別殘去 3 至 4 字，其他簡文皆完整，無缺簡。簡長 47.5 釐米左右。完簡上書寫 37 至 48 字不等。書寫工整，是典型的楚文字。"[②]

清華簡《楚居》所記內容是自季連開始一直到楚悼王總計 23 位楚公、楚王的居處及遷徙情況，其間還涉及楚公楚王的求偶過程、配偶相貌、分娩方式，以及都城改造、都城改名、遷徙原因等多種楚國史事，所記內容非常豐富。

目前，學者們對於本篇寫本的文獻性質尚有不同意見。第一種意見認爲本篇寫本與傳世文獻《世本·居篇》體例相似，是一篇史書，祇是本篇寫本所記史事與《世本》《史記·楚世家》等傳世文獻的相關記載互有異同，而且本篇寫本還包含一定的古史傳說內容。第二種看法認爲："《楚居》還不能簡單地看作就是記述歷史事實的歷史，甚至也不能看作是以當時的史觀力圖辯證、澄清歷史事實的歷史著述。……《楚居》是一篇政治性很強的歷史文本，其內容應是楚國某些政治力量所想要陳述的當時的社會關係。這樣的文本不能不經文獻批評，就當作爲信史來看待。"[③]

從文體形態來看，本篇爲叙事體，叙事簡潔清晰。其體式與《世本》有些相似，也與《史記》"本紀"體式相似。

從文獻性質來看，本篇雖然包含古史傳說，但仍不失爲一篇史學作品。

二十八　雲夢鄭家湖墓木觚《賤臣筭西問秦王》的文體形態

《賤臣筭西問秦王》2021 年出土於雲夢鄭家湖 M274 墓。雲夢鄭家湖 M274 墓是戰國晚期秦文化墓葬。《賤臣筭西問秦王》抄寫在一件木觚上。

---

① 李學勤主編《清華大學藏戰國竹簡》(壹)，前言。
② 李學勤主編《清華大學藏戰國竹簡》(壹)，第 180 頁。
③ 來國龍：《清華簡〈楚居〉所見楚國的公族與世系——兼論〈楚居〉文本的性質》，簡帛網，2011 年 12 月 3 日。

“木觚由一截圓木縱剖而成，長 33.6、寬 3.6、厚 1.7 釐米。總體上分爲兩面，兩面各均匀分爲七行以書寫文字。半圓形面修削出七個棱面，修治較爲精緻；剖分面則是平面，類同於牘。觚文自半圓形面右行書起，至平面第六行結束，第七行留白，抄寫前顯然經過精心布局。”①

本篇寫本文獻全文大約 700 字，首尾連貫，内容完整。寫本全篇記述的内容是箓與秦王的對話，内容主要是箓游説秦王寢兵立義，其游説的語言技巧及表述方式與《戰國策》相類文獻極爲接近。

從文體形態來看，本篇爲對話體。

從文獻性質來看，本篇文獻爲戰國晚期秦國策問類文獻。

二十九　帛書《春秋事語》的文體形態

帛書《春秋事語》，1973 年出土於湖南長沙馬王堆三號漢墓。“帛書《春秋事語》，帛廣約 23 釐米，長約 74 釐米，横幅直界烏絲欄，墨書，存 97 行。卷首殘破，不知缺少幾行。後部的帛比較完整，没有尾題，剩有空白，似未寫完。原來捲在一塊約 3 釐米寬的木片上，約十二三周，出土時帛質腐朽，已分裂成大小不等的二百來片碎片。由於水漬，捲在木片上面的部分，字迹多滲透到後面的帛上。同時又由於木片的壓力，捲在木片下面的部分則多自上而下、自内而外反滲透到前幅。這些印痕是今天復原的重要依據，再參照漬污霉蝕的痕迹，帛書整理小組完成了殘片的綴合工作。”② “據書法由篆變隸，書中不避邦字諱，抄寫的年代當在漢初甚或更早。全書分十六章，每章均提行另起。原書無名，今據内容定爲《春秋事語》，並以首句作爲章名，以清眉目。”③

馬王堆帛書《春秋事語》寫本現存十六章，各章互不連貫，每章記述一事。各章所記皆爲春秋時期的史事，本寫本“記事十分簡略，而每章必

---

① 李天虹、熊佳輝、蔡丹、羅運兵：《湖北雲夢鄭家湖墓地 M274 出土“賤臣箓西問秦王”觚》，《文物》2022 年第 3 期，第 64 頁。又參見湖北省文物考古研究院、雲夢縣博物館《湖北雲夢縣鄭家湖墓地 2021 年發掘簡報》，《文物》2022 年第 2 期。

② 張政烺：《春秋事語解題》，《文物》1977 年第 1 期。

③ 馬王堆漢墓帛書整理小組：《馬王堆漢墓出土帛書〈春秋事語〉釋文》，《文物》1977 年第 1 期。

記述一些言論，所占字數要比記事多得多，内容既有意見，也有評論，使人一望而知這本書的重點不在講事實而在記言論。這在春秋時期的書籍中是一種固定的體裁，稱爲'語'"①。本篇寫本所記史事大多見於《春秋》三傳、《國語》以及部分子書等傳世文獻。

學界對帛書《春秋事語》寫本的文獻性質意見不一致。其中，張政烺先生撰文指出該篇寫本應是兒童教科書一類書籍。②唐蘭先生却認爲"它不是《左傳》系統而爲另一本古書"，並進而懷疑本篇寫本是《漢書·藝文志》著録的《公孫固》。③裘錫圭先生撰文認爲該篇寫本可能是類似於《鐸氏微》一類的書籍。李學勤先生撰文認爲："《春秋事語》一書實爲早期《左傳》學的正宗作品。其本於《左傳》而兼及《穀梁》，頗似荀子學風，荀子又久居楚地，與帛書出於長沙相合，其爲荀子一系學者所作是不無可能的。"④此外還有學者認爲帛書《春秋事語》可能是古本《國語》的一種選本。⑤不過，也有學者指出："帛書《春秋事語》很可能既非簡化《左傳》而成的《左傳》系統古書，也非《左傳》成書所參考的底本，而應是一種頗受《左傳》影響的'語'類古佚書。雖然帛書《春秋事語》形式特徵與《國語》接近，但帛書《春秋事語》是《國語》選本的有關推測尚缺乏充分依據。"⑥

目前，學者們對於帛書《春秋事語》寫本的文獻性質意見分歧較大。然而，這不影響其學術價值。從史事來看，本篇寫本中《燕大夫章》不見於傳世文獻，這爲研究燕國歷史提供了珍貴史料。抄寫於秦末漢初的帛書《春秋事語》，爲古文字及古音韻研究也提供了重要材料。本篇寫本中《魯桓公與文姜會齊侯于樂章》的一部分文字見於《管子·大匡篇》，對於校勘傳世本《管子》也具有重要價值。

---

① 張政烺：《春秋事語解題》，《文物》1977年第1期。
② 參見張政烺《春秋事語解題》，《文物》1977年第1期。
③ 參見《座談長沙馬王堆漢墓帛書》，《文物》1974年第9期。
④ 李學勤：《帛書〈春秋事語〉與〈左傳〉的傳流》，《古籍整理研究學刊》1989年第4期。
⑤ 參見劉偉《馬王堆帛書〈春秋事語〉性質論略》，《古代文明》2010年第2期。
⑥ 趙争：《馬王堆帛書〈春秋事語〉性質再議——兼與劉偉先生商榷》，《古代文明》2011年第1期。

　　從文體形態來看，帛書《春秋事語》記事兼記言，從記事與記言二者所占文字比例來看，多數篇章記言字數多於記事，就其體式來看與《國語》很相近，不過，在《左傳》中也有這種體式。

　　從文獻性質來看，本篇文獻當屬於春秋類史書文獻。

三十　阜陽漢簡《春秋事語》的文體形態

　　阜陽漢簡《春秋事語》寫本，1977 年出土於安徽阜陽雙古堆西漢汝陰侯夏侯竈墓。本篇寫本由兩部分組成，第一部分是章題，抄寫在木牘上，相當於書籍的目録，第二部分是每一篇章的文本，抄寫在竹簡上。抄寫章題的木牘即整理者編號爲二號的木牘，“是阜陽西漢汝陰侯墓出土的三件木牘中，比較殘破的一件，經拼接後得知與一號木牘《儒家者言》相似。木牘長 23 釐米，寬 5.5 釐米，正背兩面各分上、中、下三排，由右至左書寫章題。正面上排僅存章題 5 行；中排存 9 行；下排存 9 行。背面上排和下排漫漶不清，僅各存兩行；中排存 7 行，另外還有難以拼接的殘片，兩面保存 7 行，總計存有 40 個章題，其中有 14 行存字太少，尚未找到出處。另在竹簡裏找到同類性質的竹簡近百條”[1]。本篇寫本存竹簡一百餘支，皆爲殘簡。本篇寫本竹簡殘損較嚴重，多數無法綴合編連，本篇寫本的章題及相關内容大部分見於《左傳》《説苑》《新序》等傳世文獻。本篇寫本未發現篇題，祇發現抄寫在木牘上的章題，現篇題《春秋事語》爲整理者據寫本内容擬定。

　　從文體形態來看，阜陽漢簡《春秋事語》與帛書《春秋事語》並不完全相同。帛書《春秋事語》是記事兼記言，祇是記言比例往往大於記事。阜陽漢簡《春秋事語》有祇記言而不記事的，如《齊侯問於晏子》章，但總體上，以記言爲主。

　　從文獻性質來看，阜陽漢簡《春秋事語》是語類文獻，其成書時間要比帛書《春秋事語》晚，應該在戰國時期。

---

　　① 韓自强：《阜陽漢簡〈周易〉研究》，第 184 頁。

三十一　帛書《戰國縱橫家書》的文體形態

帛書《戰國縱橫家書》出土於馬王堆三號漢墓。[①] 本篇帛書寬約 23 釐米，長約 192 釐米，全篇寫本抄寫文字一共 325 行，從筆迹上看，呈現三種不同風格，恐怕不是同一抄手抄寫的，各行抄寫文字不等，在三四十字。本篇帛書寫本大致完整，在寫本的篇尾有未書寫的空帛。本篇帛書寫本未發現篇題，現篇題《戰國縱橫家書》是整理者據寫本内容擬定。

抄寫本篇帛書的字體是古隸，行文避邦字諱。全篇寫本共分爲二十七章，章與章之間用 • 作爲分章符號，不提行抄寫。其中，有十六章不見於傳世文獻，是佚書，另外十一章見於傳世文獻《戰國策》及《史記》。[②]

本篇帛書寫本公布後，學者們展開很多討論，其中對蘇秦史料的甄別由於涉及本篇寫本文獻性質，特别引人注意。

帛書《戰國縱橫家書》所記内容是戰國策士説於諸侯之辭，從文體形態來看，本篇文獻是劉勰所謂的論説體中的説體，與《戰國策》體式相當。

從文獻性質來看，帛書《戰國縱橫家書》儘管在文體形式上是説體，但是其所記内容較多見於《史記》和《戰國策》，因此，應該屬於史書類文獻。

三十二　清華簡《繫年》的文體形態

清華簡《繫年》是清華大學 2008 年入藏的一批戰國竹簡中的一篇。[③] 本篇寫本現存竹簡 138 支，簡長 44.6~45 釐米，竹簡背面有簡序編號。本篇寫本抄寫的内容在體裁上與傳世文獻《竹書紀年》相似，因此整理者把本篇寫本命名爲《繫年》。[④]

本篇寫本從周初武王克商開始記起，一直記到楚悼王、肅王之世。所

---

① 湖南省博物館：《長沙馬王堆漢墓簡帛出土與整理情況回顧》，裘錫圭主編《長沙馬王堆漢墓簡帛集成》（壹），第 3 頁。
② 參見裘錫圭主編《長沙馬王堆漢墓簡帛集成》（叁），第 201 頁。
③ 李學勤主編《清華大學藏戰國竹簡》（壹），前言。
④ 參見李學勤主編《清華大學藏戰國竹簡》（貳），第 135 頁。

記述史事涉及周王朝及主要諸侯國，所記史事多可補傳世文獻之不足。

目前，學者們對於《繫年》的文獻性質看法並不一致。綜合觀之，主要有如下幾種觀點。第一種觀點認爲清華簡《繫年》是一部具有紀事本末體性質的早期史著。[①] 第二種觀點認爲清華簡《繫年》的體例與"志"最爲接近，應歸入"故志"的範疇。[②] 第三種觀點認爲清華簡《繫年》的體裁接近《竹書紀年》。[③] 第四種觀點認爲與傳世文獻《左傳》或紀事本末體相比，清華簡《繫年》更接近於《春秋事語》，它的性質與汲冢竹書中的"國語"三篇相近。[④] 第五種觀點認爲清華簡《繫年》兼采各國史料，特別以晉楚兩國史料爲主，重新編纂，創紀事本末體，兼具國別體特徵。[⑤] 第六種觀點認爲清華簡《繫年》的體裁與《春秋》《竹書紀年》等編年體史書不同，似從《左傳》一類文獻改編而成，懷疑同《鐸氏微》有關。[⑥]

從文體形態來看，本篇文獻並不是嚴格意義上的編年體。有如下幾個原因。

第一，篇中多處出現紀年，但是其紀年不統一，《春秋》經傳是統一按照魯國十二公紀年，清華簡《繫年》的紀年，以晉、楚等國的某公紀年。因此説並不是嚴格意義上的編年體。

第二，紀年在各章中的功能作用不同。清華簡《繫年》中的紀年大致可以分爲兩種。第一種是紀年統領記事，紀年位於章的開始處，如第七章，"晉文公立四年，楚成王率諸侯以圍宋伐齊"；第八章，"晉文公立七年，秦、晉圍鄭，鄭降秦不降晉，晉人以不憖"。這種是以紀年統領記事，

---

① 參見許兆昌、齊丹丹《試論清華簡〈繫年〉的編纂特點》，《古代文明》2012 年第 2 期。
② 參見陳民鎮《〈繫年〉"故志"説——清華簡〈繫年〉性質及撰作背景芻議》，《邯鄲學院學報》2012 年第 2 期。
③ 參見李學勤《清華簡〈繫年〉及有關古史問題》，《文物》2011 年第 3 期。又，李學勤《由清華簡〈繫年〉論〈紀年〉的體例》，《深圳大學學報》（人文社會科學版）2012 年第 2 期。
④ 參見劉全志《論清華簡〈繫年〉的性質》，《中原文物》2013 年第 6 期。
⑤ 參見侯文學、李明麗《清華簡〈繫年〉的敘事體例、核心與理念》，《華夏文化論壇》2012 年第 2 期。
⑥ 參見陳偉《清華大學藏竹書〈繫年〉的文獻學考察》，《史林》2013 年第 1 期。

其體例與《春秋》經傳相同。第二種是叙事提帶紀年，紀年處於叙事之中，由事件提帶而出。如第二章：

> 周幽王取妻于西申，生平王，王或取褒人之女，是褒姒，生伯盤。褒姒嬖于王，王與伯盤逐平王，平王走西申。幽王起師，圍平王于西申，申人弗畀，曾人乃降西戎，以攻幽王，幽王及伯盤乃滅，周乃亡。邦君、諸正乃立幽王之弟余臣于虢，是攜惠王。立廿又一年，晉文侯仇乃殺惠王于虢。周亡王九年，邦君諸侯焉始不朝于周，晉文侯乃逆平王于少鄂，立之于京師。三年，乃東徙，止于成周，晉人焉始啓于京師，鄭武公亦正東方之諸侯。武公即世，莊公即位，莊公即世，昭公即位。其大夫高之渠彌殺昭公而立其弟子眉壽。齊襄公會諸侯于首止，殺子眉壽，車轅高之渠彌，改立厲公，鄭以始正。楚文王以啓于漢陽。①

這一章裏，出現三次紀年，這三次紀年都是由叙述事件而帶來的，與第一種統領記事的紀年不同。

第三，有的篇章沒有紀年。清華簡《繫年》一共二十三章，其中紀年統領記事，紀年出現在篇首的有十二章，分別是第七、八、十一、十二、十四、十六、十七、十八、二十、二十一、二十二、二十三諸章；有三章篇首、篇中都沒有出現紀年，分別是第三、五、九章；還有七章紀年出現在篇中，分別是第一、二、四、六、十、十五、十九章；另外一章殘缺，無法判斷是否有紀年。

從以上三點來看，清華簡《繫年》與《春秋》經傳這樣的編年體還是有較大區別。因此，從整體結構與體式上看，並不是《春秋》經傳意義上的編年體。

清華簡《繫年》的文體形態，就每一章來看，與《左傳》非常像。二十三章中有半數以上的篇章以紀年統領記事，還有七章紀年出現在篇

---

① 參見李學勤主編《清華大學藏戰國竹簡》(貳)，第 138 頁。

中，因此，總體上應該屬於編年類史書。全部二十三章以叙事爲主體，也有部分人物對話，但是都是事件情節的組成部分，與《國語》中的記言不同，不能被看作《國語》類文獻。總之，其叙事風格、語詞的使用等方面與《左傳》極爲接近。

因此，從文獻性質來看，清華簡《繫年》應該屬於春秋類新史學著作，是春秋以後新史學的典範之作。

三十三　睡虎地秦簡《編年記》的文體形態

睡虎地秦簡《編年記》，1975 年 12 月出土於雲夢睡虎地十一號秦墓。[①] 本篇寫本未發現篇題，最初整理者將本篇寫本命名爲《大事記》，後來又改爲現今題名《編年記》。本篇寫本現存 53 支竹簡，全部竹簡捲爲一卷放在墓主頭下。本篇寫本逐年記述秦昭王元年（公元前 306 年）到始皇三十年（公元前 217 年）統一全國的戰爭過程等大事。[②] “簡文中的年號，在昭王（《史記》作昭襄王）、孝文王、莊王（《史記》作莊襄王）後面，是‘今元年’，這是指秦王政（始皇）元年，表明了簡文寫作的年代。原簡分上下兩欄書寫，上欄是昭王元年至五十三年，下欄是昭王五十四年，至始皇三十年。從字體來看，從昭王元年到秦王政（始皇）十一年的大事，大約是一次寫成的；這一段内關於喜及其家事的記載，和秦王政（始皇）十二年以後的簡文，字迹較粗，可能是後來續補的結果。”[③]

關於《編年記》的性質，學界有不同意見。整理者認爲，“有些像後世的年譜”[④]。也有學者認爲，《編年記》“應當爲墓主平日閱讀的一種歷史讀物。至於其中的私家記事及秦王政（始皇）十一年以後的時事新聞，當爲墓主標注，以備遺忘，類似後世的‘記事珠’之類。因此，《編年記》不能算成喜的私家歷史著述，而是當時通行歷史讀物的留存”[⑤]。

---

① 參見睡虎地秦墓竹簡整理小組編《睡虎地秦墓竹簡》，出版説明。
② 參見李勳《雲夢睡虎地秦簡概述》，《文物》1976 年第 5 期。
③ 睡虎地秦墓竹簡整理小組編《睡虎地秦墓竹簡·編年記釋文注釋》，第 3 頁。
④ 睡虎地秦墓竹簡整理小組編《睡虎地秦墓竹簡·編年記釋文注釋》，第 3 頁。
⑤ 曹旅寧:《睡虎地秦簡〈編年記〉性質探測》，《史學月刊》2010 年第 2 期。

本篇寫本所記史事的時間與傳世文獻《史記》所記大多相合，不過，也有在時間上與《史記》不一致的。從記事詳略來看，本篇寫本所記有的比《史記》詳細。所以本篇寫本對研究相關歷史具有重要價值。

從文體形態來看，睡虎地秦簡《編年記》編年、記事兩個要素都具備，就編年來看，從昭王元年一直連續到始皇三十年，從記事來看，有一部分記的是國家大事，還有一部分爲作者個人私事。也有學者認爲記私事部分的筆記較粗，是後記上去的。因此，就前一部分記載國家大事來看，應該屬於史書。雖然記事極爲簡單，但編年體史書的要素已經具備。因此，從文獻性質來看應該屬於編年體史書。

三十四　阜陽漢簡《年表》的文體形態

阜陽漢簡《年表》，1977 年出土於安徽阜陽雙古堆西漢汝陰侯夏侯竈墓。[①]本篇寫本殘存竹簡二百片左右，竹簡殘損嚴重，其中最長的簡片僅有 9.5 釐米，多數竹簡殘片長度不到 5 釐米，本篇寫本已無法復原。竹簡殘片上抄寫的是王、公、侯、伯的紀年，未發現篇題，整理者據寫本內容擬定篇題爲《年表》。[②]

原整理者根據《年表》殘片寫有始皇帝、悼襄王、熊噩九、螯侯、厲公卅四等不同體系紀年文字，將竹簡殘片分爲甲種《年表》和乙種《年表》。其中甲種《年表》"年經國緯，橫填事實，其編排體例，大約與《史記》之《十二諸侯年表》及《六國年表》相仿彿"[③]；乙種《年表》"一欄之內排列兩位君王，謚號、年數之間，無任何標誌隔斷，我們理解應是同一諸侯國的兩代國君，記其各自的在位年數。……顯然，乙種《年表》與甲種《年表》編排方法是不同的，它很像是那種祇記君王實際在位的譜諜"[④]。

① 安徽省文物工作隊、阜陽地區博物館、阜陽縣文化局:《阜陽雙古堆西漢汝陰侯墓發掘簡報》,《文物》1978 年第 8 期。
② 參見胡平生《阜陽漢簡〈年表〉整理札記》,《文物研究》第七期，又收入《胡平生簡牘文物論集》。
③ 胡平生:《阜陽漢簡〈年表〉整理札記》,《文物研究》第七期，第 395 頁。
④ 胡平生:《阜陽漢簡〈年表〉整理札記》,《文物研究》第七期，第 397 頁。

雖然阜陽漢簡《年表》是漢代寫本，但從所存紀年來看，有秦代紀年，也有先秦紀年，因此，其成書也許在秦代。

從文體形態來看，阜陽漢簡《年表》屬於史書中的年表類體式。

從文體性質來看，阜陽漢簡《年表》是繼春秋新史學之後，史學文體的再次創新。

三十五　清華簡《良臣》的文體形態

清華簡《良臣》是清華大學 2008 年 7 月入藏的一批戰國竹簡中的一篇。本篇寫本與另一篇文獻《祝辭》編爲一編，爲同一抄手所抄寫。其中，《良臣》使用 11 支竹簡抄寫，竹簡長度大約 32.8 釐米。本篇寫本未發現篇題，現篇題《良臣》是整理者據寫本内容擬定。本篇寫本文字連貫抄寫，竹簡中間用粗黑綫分隔成 20 個小段。[①]

學者們對於本篇寫本的内容與性質存在不同意見。有學者認爲本篇寫本的内容或與《墨子·尚賢》相近，還有學者認爲本篇寫本與《韓非子》中的《内儲説》和《外儲説》的經文有相似之處。本篇寫本的整理者依據寫本中部分文字有晉系文字特徵，認爲本篇寫本可能與晉國存在密切關聯。[②]

從文體形態來看，本篇文獻是叙述體。全篇歷述歷代良臣，全爲寫實，並無虛構，亦無藉以闡發議論，應當不是諸子作品。這是春秋新史學在文體體式上的又一創造。

從文獻性質來看，全篇均爲叙述，極爲寫實，應屬史書範疇。具體來説應該屬於譜類文獻，因此本篇文獻篇題似可題爲《良臣譜》。

三十六　銀雀山漢簡《晏子》的文體形態

山東省博物館和臨沂文物組於 1972 年 4 月發掘臨沂銀雀山一號和二號漢墓，出土大批竹簡，竹簡有長、短兩種形制，長簡長約 27.5 釐米，寬

---

① 參見李學勤主編《清華大學藏戰國竹簡》（叁），第 156 頁。
② 參見李學勤主編《清華大學藏戰國竹簡》（叁），第 156 頁。

0.5~0.7 釐米，厚 0.1~0.2 釐米。^① 本篇寫本使用長簡抄寫。

本篇寫本存簡 103 支，大多較完好，但是有一少部分竹簡殘損嚴重，有的竹簡甚至衹殘存幾個文字。本篇寫本現存十六章，各章内容分别見於傳世本《晏子》的《内篇諫上》第三章、《内篇諫上》第九章、《内篇諫上》第二十章、《内篇諫上》第二十二章、《内篇諫下》第十八章、《内篇問上》第三章、《内篇問上》第十章、《内篇問上》第十七章、《内篇問上》第十八章、《内篇問上》第二十與二十一章、《内篇問下》第二十二與二十三章、《内篇雜上》第二章、《内篇雜下》第四章、《外篇重而異者第七》第十九章、《外篇不合經術者第八》第一章、《外篇不合經術者第八》第十八章。本篇寫本内容與傳世本《晏子》相校，内容大致相同。

從文體形態來看，銀雀山漢簡《晏子》屬於叙事體，間以人物對話。

從文獻性質來看，銀雀山漢簡《晏子》及傳世本《晏子春秋》文體性質争議頗多，有儒家説（《漢書·藝文志》入儒家），有史書説（《四庫全書總目提要》歸入史部傳記類），有小説説。筆者認爲，《晏子春秋》所記史事多見於《左傳》等史書，所以還是歸入史書類比較允恰。

三十七　上博楚簡《融師有成氏》的文體形態

上博楚簡《融師有成氏》寫本是上海博物館 1994 年 5 月入藏的戰國竹簡中的一篇。本篇寫本的首句與另一篇寫本《鬼神之明》的結尾寫在同一支竹簡上，因此可以斷定，兩篇寫本爲同一編寫本，兩篇寫本之間有分篇符號相隔。"本篇現存簡 4 支，2 支基本完整，2 支爲殘簡。文章起首完整，前三簡文義可以銜接，全篇已殘去下半部分。完簡長度約 53 釐米，中有三道編綫痕迹。全篇共存 122 字。"^② 本篇寫本原無篇題，現篇題《融師有成氏》爲整理者據寫本内容所擬定。

上博楚簡《融師有成氏》寫本記述的是祝融以有成氏爲師之事。本篇寫本的内容還涉及蚩尤、商湯等重要人物。本篇寫本殘缺嚴重，總體上

---

① 《銀雀山漢墓竹簡情況簡介》，銀雀山漢墓竹簡整理小組編《銀雀山漢墓竹簡》（壹），第 5~6 頁。

② 馬承源主編《上海博物館藏戰國楚竹書》（五），第 308 頁。

的文意無法把握。本篇寫本的文獻性質學術界看法不一，未有定論。從文體上看，本篇寫本總體上是敘事體。由於本篇寫本文獻記述上古人物與史事，現附於春秋類之後。

第二節　春秋類簡帛文獻的文體譜系

春秋類簡帛文獻上承夏商周三代傳統史學，是春秋以來新史學的重要成果，進入戰國以後逐漸走向衰退，並開始醞釀新的史書體式。

一　《書》的解體與新史學的建立

中國史書起源非常早，從現有的文獻來看，在夏代，史書就已經存在了，到了商代，中國史書就已經發展到很高水平了。西周繼承了夏商兩代的文明成果，文化上富於創造，朝氣蓬勃，到了西周中期夏商以來的《書》體史書體式已經達到發展的高峰。高峰過後，西周晚期，特別是進入東周以後，三代以來的史學傳統開始衰退。

春秋以後，傳統《書》體逐漸開始全面衰退甚至解體。在傳統《書》體解體過程中，新史學開始醞釀、形成並得到快速發展。

夏商周三代史學建立在王官體系基礎上，由王官體系中的史官來制作完成。三代史書的核心是王和重臣，史官負責記言記事，王及重臣的言行是三代史書的核心內容。進入西周，周王仍然是史書的核心。封建制下的諸侯也設有史官，記錄諸侯的言行。因此，西周的史學從體制上看與夏商兩代沒有本質上的變革。所以，西周的史書體式仍然延續夏商以來的傳統。

歷史進入東周，隨着王室的式微，在禮壞樂崩之中，周王不再是權力的核心，諸侯紛紛登上政治舞臺，輪番表演。周王室式微，傳統史學受到嚴重衝擊。這個衝擊首先體現在周王不再是史書的必然核心。進入春秋，這個充滿了躁動與不安的世界，有太多需要書寫的內容，傳統《書》體史書已經無法滿足書寫這個世界的需要了。於是，新史學在諸多書寫需要中應運而生。新史學與三代以來傳統史學的區別主要有如下幾個方面。

第一，王不再是史書書寫的核心。諸侯成爲各國史書書寫的核心，春秋以後充滿創造、充滿活力的世界成爲史書書寫的重要内容。

第二，史官不再是史書唯一書寫者。春秋以前，史官一直是史書的唯一書寫者，而春秋以降史書書寫群體發生重要變化，士人加入到史書書寫隊伍中，史書作者群體發生根本性變化。最早注意到這一變化的是孟子，《孟子·滕文公下》云："世衰道微，邪説暴行有作，臣弑其君者有之，子弑其父者有之。孔子懼，作《春秋》。《春秋》，天子之事也。是故孔子曰：'知我者其惟《春秋》乎！罪我者其惟《春秋》乎！'"[①]書寫歷史，加入史書作者群體，是有先決條件的，那就是必須能够掌握和占有史料。春秋以前，史官一直是史書唯一書寫者，就是因爲祇有史官纔能占有這些史料。我們知道，孔子不是史官，孔子屬於士人階層。孟子在説孔子作《春秋》時並没有指出孔子是如何獲取相關史料的。

孟子之後，到了漢代，司馬遷作爲史學家顯然對我們所關心的史料問題同樣非常關心。因此，司馬遷給出了相應解答。司馬遷在《史記·孔子世家》中説：

> 子曰："弗乎弗乎，君子病没世而名不稱焉。吾道不行矣，吾何以自見於後世哉？"乃因史記作《春秋》，上至隱公，下訖哀公十四年，十二公。據魯，親周，故殷，運之三代。約其文辭而指博。故吴楚之君自稱王，而《春秋》貶之曰"子"；踐土之會實召周天子，而《春秋》諱之曰"天王狩於河陽"：推此類以繩當世。貶損之義，後有王者舉而開之。《春秋》之義行，則天下亂臣賊子懼焉。[②]

在這段話裏，司馬遷不僅説明了孔子作《春秋》的動機，所運用的筆法，還特別强調指出，孔子的史料來源，"乃因史記作春秋"，司馬遷

---

① （宋）朱熹集注《宋本孟子集注》（二），第 174~175 頁。
② （漢）司馬遷撰、（宋）裴駰集解、（唐）司馬貞索隱、（唐）張守節正義《史記》，第 6 册，第 1943 頁。

所説的史記就是魯國的史書。[①]

司馬遷指出了孔子作《春秋》的史料來源，但是孔子又是如何看到魯史記的呢？這仍然是一個問題。其後，到了唐代，陸德明給出了相關答案。陸德明在《經典釋文序録》中云：“《春秋》即魯之史記也。孔子應聘不遇，自衛而歸，西狩獲麟，傷其虚應，乃與魯君子左丘明觀書於太史氏。因魯史記而作《春秋》，上遵周公遺制，下明將來之法，褒善黜惡，勒成十二公之經，以授弟子。”[②]按照陸德明所説，孔子是在太史氏那裏看到魯史記的。

新史書作者群體中另一位著名的士人階層人物就是左丘明。左丘明是《左傳》的作者，他同樣不是史官，作爲士人階層人物，其得以觀看魯史記的途經，在上揭陸德明的話中已經有了答案，左丘明也是在太史氏那裏觀看的魯史記。我們看到，孟子以後，司馬遷、陸德明都明確指出孔子等的史料來源，應該是有所考慮的。

魯國之外，其他諸侯國的情況應該與魯國相似，士人階層加入史書書寫群體應該是春秋以後比較普遍的現象，因此纔促使各國新史學的形成與發展。

第三，傳統《書》體不再是史書的唯一體式。春秋以前，三代以來的傳統《書》體典、謨、訓、誥、誓、命是史書的根本體式，不能逾越。春秋以後，新《書》體逐漸形成，進而逐步取代了傳統《書》體。這個新《書》體就是以魯國《春秋》經傳爲代表的各國新史學《書》體。

魯國《春秋》經傳作爲新《書》體的代表，其在體式上突破了傳統《書》體典、謨、訓、誥、誓、命的結構框架，創建了編年體，使歷史得到連續記載。

魯國《春秋》經傳是魯國編年體史書，但是編年體史書並不爲魯國所獨有。晉太康二年，汲縣人不準盜掘魏襄王冢，得《竹書紀年》十三篇，《竹書紀年》是魏國的編年體史書。清華簡《繫年》，從體例上看也屬於編年體，一般認爲是楚國史官所作。可見，春秋以後，以編年體爲代表的新

---

① 《漢書·司馬遷傳》云：“孔子因魯史記而作春秋。”

② （唐）陸德明撰《經典釋文》，第47頁。

史書體式已經在各國普遍存在。

除了魯國《春秋》經傳、《竹書紀年》及清華簡《繫年》這些編年體史書，春秋以後的新史學史書還有以《國語》爲代表的國別體史書。上博簡清華簡中的部分篇章、馬王堆帛書《春秋事語》以及阜陽漢簡《春秋事語》中的一部分篇章，都與《國語》非常相似，應該屬於國別體史書。

總之，春秋以後，新史學已經建立起來，與傳統《書》體相比，新史書體式具有明顯的書寫張力，並且取得豐碩成果，中國史學進入一個新的繁榮階段。

編年體及國別體新史學體式逐步取代了傳統《書》體，今文《尚書》二十八篇中，《周書》共有十九篇，其中西周十六篇，春秋時期的一共祇有兩篇，分別是《文侯之命》①和《秦誓》，而在這兩篇中，屬於周王室的祇有《文侯之命》一篇，《文侯之命》作於幽王被殺後，平王東遷之後不久，也就是剛入春秋。《秦誓》作於秦穆公三十三年，即公元前627年，距離平王東遷143年。也就是說，今文《尚書》裏面，春秋以後的作品祇有兩篇。②可見，進入春秋不久，傳統《書》體就解體了，而代之以新興的新《書》體。有趣的是，《秦誓》所記秦晉崤之戰，《左傳·僖公》三十二年、三十三年已有記載。如果我們將《秦誓》所記與《左傳》所記進行對比，就會發現傳統《書》體的局限，以及新《書》體的優勢了。

夏商周三代以來的傳統《書》體的解體，並不意味着《書》的傳統及體式的徹底消亡。事實上，傳統《書》體的典、謨、訓、誥、誓、命並沒有完全消失，而是解散到編年體、國別體等新史學體式之中。因此，我們在《左傳》中仍然能夠看到典、謨、訓、誥、誓、命在敘事情節中出現。不僅如此，新史學還將新產生的文體融進編年體中。我們在《左傳》中見到卜辭、載、盟、銘、誄、命、策、書、牒等文體，有的就是由傳統《書》體發展而來。

---

① 關於《文侯之命》的作年，《史記》以爲作於周襄王時。此處采作於平王説。
② 有觀點認爲《費誓》作於魯僖公十六年，因有爭議，暫不納入。

二 春秋類簡帛文獻與《春秋》經傳

春秋類簡帛文獻與《春秋》經傳有着密切關係。這主要體現在兩個方面，一是春秋類簡帛文獻所記史事有一部分見於《左傳》，二是春秋類簡帛文獻在文體體式上與《左傳》相近。

在春秋類簡帛文獻中，《姑成家父》《競公瘧》《申公臣靈王》《平王與王子木》《鄭子家喪》《吳命》《鮑叔牙與隰朋之諫》《成王爲城濮之行》等篇所記載的部分內容見於《左傳》等傳世文獻。下面以上博簡《姑成家父》爲例來説明春秋類簡帛文獻與《春秋》經傳之間的密切關係。

上博簡《姑成家父》簡文"姑成家父"就是文獻中的"苦成叔"，也就是"三郤"之一的郤犨。簡文記述晉國三郤之事，從苦成家父（即郤犨）因"强立治衆，欲以長建主君而御難"而見惡於厲公寫起，一直寫到"三郤"被殺，厲公被欒書所弒爲止。

晉國"三郤"之事見於《左傳》成公十七年及《國語·晉語》等史書。上博簡《姑成家父》的記載與《左傳》存在一定差異。

首先對比一下"三郤"被殺事件的背景原因。先看看上博簡《姑成家父》的記載：

> 苦成家父事厲公，爲士夗，行正訕（訊）强，以見惡於厲公。①

上博簡《姑成家父》將三郤被殺事件的起因歸結爲"爲士夗"及"行正訕（訊）强"兩個原因。筆者認爲，"爲士夗"之"夗"，當讀爲"怨"。"爲士怨"，意思是：被士怨恨。苦成家父被哪些"士"所怨恨呢?《左傳》所記三郤事件起因文本中有非常詳細的叙述。"行正訊强"，意思是説苦成家父即郤犨行事正派，對有權有勢的人也能公正處罰他們的過錯。也就是説，郤犨因爲"爲士怨"及秉公行政被厲公嫌惡。這就是上博簡《姑成家父》所説的三郤被殺事件的起因。再看看《左傳》記載的三郤事件的背景原因：

---

① 釋文采用寬式，簡序、斷句及部分文字釋讀綜合學界意見及個人看法做了調整。下同，不再出注。

晉厲公侈，多外嬖。反自鄢陵，欲盡去羣大夫而立其左右。胥童以胥克之廢也，怨郤氏，而嬖於厲公。郤錡奪夷陽五田，五亦嬖於厲公。郤犫與長魚矯爭田，執而梏之，與其父母妻子同一轅。既，矯亦嬖於厲公。欒書怨郤至，以其不從己而敗楚師也，欲廢之。使楚公子茷告公曰："此戰也，郤至實召寡君，以東師之未至也，與軍帥之不具也，曰：'此必敗，吾因奉孫周以事君。'"公告欒書。書曰："其有焉！不然，豈其死之不恤，而受敵使乎？君盍嘗使諸周而察之？"郤至聘于周，欒書使孫周見之。公使覘之，信。遂怨郤至。①

《左傳》記載的背景原因有兩個層面。一個是"晉厲公侈，多外嬖"，而這些外嬖都與三郤關係不好，都怨恨苦成家父。這正與上博簡《苦成家父》中第一個原因"爲士怨"相對應。另一個是"欲盡去群大夫而立其左右"。厲公身邊的嬖臣有胥童、夷陽五、長魚矯、欒書。其中特別講到欒書與郤至結怨，以及欒書因此而在厲公面前離間厲公與郤至，並獲得成功，於是厲公開始怨恨郤至。從《左傳》這段敘述中，我們可以清晰看到怨恨苦成家父的"士"有胥童、夷陽五田、長魚矯、欒書。

《左傳》還敘述了厲公怨恨郤至之後一次田獵的一個細節：

厲公田，與婦人先殺而飲酒，後使大夫殺。郤至奉豕，寺人孟張奪之，郤至射而殺之。公曰："季子欺余！"②

《左傳》這段話是説，厲公田獵，不講禮數，自己與女人先射獵，並喝酒，然後讓大夫射獵。郤至奉獻豕，被寺人孟張奪走，郤至射殺了寺人孟張。厲公説郤至欺負我。

從以上對比可以看到，上博簡《姑成家父》與《左傳》所記載的三郤事件發生的背景原因是有一定區別的。

其次，我們對比一下上博簡《姑成家父》與《左傳》所記載的三郤事

---

① （晉）杜預撰、（唐）陸德明音釋《宋本春秋經傳集解》（四），第45~46頁。
② （晉）杜預撰、（唐）陸德明音釋《宋本春秋經傳集解》（四），第46~47頁。

件的導火索，或直接原因。先看一下上博簡《姑成家父》的記載：

> 欒書欲作難，害三郤。謂苦成家父曰："爲此世也，從事何以如
> 是其疾與哉？於言有之：'顅領以至於今哉！'無道政也。伐厎逌适，
> 吾子圖之。"姑成家父曰："吾敢欲顅領以事世哉？吾直立經（徑）行，
> 遠慮圖後。雖不當世，苟義，毋久，立死何傷哉！"
>
> 欒書乃退，言於厲公曰："三郤家厚，取主君之衆以不聽命，將
> 大害。"公懼，乃命長魚矯☒

這段説欒書欲作禍難，是指欒書要陰謀弑君，爲此必須先除掉三郤。欒
書的手段非常歹毒，藉厲公厭惡郤犨之機，挑撥於郤犨，被郤犨言辭拒
絕並遭到反駁。欒書隨後就向厲公進讒言，厲公恐懼，於是命長魚矯。
此處竹簡殘斷，從下文來看，所缺殘文内容應該是命長魚矯對三郤采取
行動。這就是竹簡所記三郤事件的導火索。再看《左傳》對此是如何記
載的：

> 厲公將作難，胥童曰："必先三郤，族大多怨。去大族，不偪；
> 敵多怨，有庸。"公曰："然。"①

《左傳》説是厲公將作難，這一點與上博簡《姑成家父》不同。《左傳》所
説厲公要作難，可能是指厲公"欲盡去群大夫而立其左右"之事。胥童就
抓住這個機會，向厲公進讒言，厲公馬上就接受了胥童的讒言，決定向三
郤動手。

上博簡《姑成家父》所記的三郤事件的導火索是欒書讒言，而《左傳》
所記爲胥童讒言。兩相比較，相去甚遠。

再次，比較一下三郤在得知厲公要對自己采取行動後的反應。先看上
博簡《姑成家父》的記載：

---

① （晉）杜預撰、（唐）陸德明音釋《宋本春秋經傳集解》（四），第47頁。

郤錡聞之，告苦成家父曰："以吾族三郤與□□□□於君，幸則晉邦之社稷可得而事也，不幸則得免而出。諸侯畜我，誰不以厚？"苦成家父曰："不可。君貴我而授我衆，以我爲能治。今吾亡能治也，而因以害君，不義，刑莫大焉。雖得免而出，以不能事君，天下爲君者，誰欲畜汝者哉？初，吾强立治衆，欲以長建主君而御難。今主君不遹於吾，故而反惡之。吾毋有它，正公事，雖死，焉逃之？吾聞爲臣者必思君得志於己而有後請。"若成家父乃寧百豫。不思從己立於廷。

郤錡聽説屬公要對三郤動手，第一反應是告訴郤犫要先下手爲强。郤犫第一反應是不能造反，繼續秉公於公事，雖死也别無選擇。並且安撫與自己家族關係密切的百豫衆人。再看《左傳》的記載：

郤氏聞之，郤錡欲攻公，曰："雖死，君必危。"郤至曰："人所以立，信、知、勇也。信不叛君，知不害民，勇不作亂。失兹三者，其誰與我？死而多怨，將安用之？君實有臣而殺之，其謂君何？我之有罪，吾死後矣。若殺不辜，將失其民，欲安，得乎？待命而已。受君之禄，是以聚黨。有黨而争命，罪孰大焉？"[1]

三郤得到消息後，郤錡的第一反應是先下手爲强，"欲攻公"，這與上博簡《姑成家父》是一致的，衹是所講的話不一樣。郤至的第一反應是不能造反，所説的話與上博簡《姑成家父》所記郤犫説的有少量相同。《左傳》却没有記載郤犫的反應，這一點與上博簡完全不同。

接下來對比三郤被殺的過程和細節。先看上博簡的記載：

長魚矯帶自公所，拘人於百豫以入，囚之。苦成家父捕長魚矯，梏諸廷，與其妻，與其母。公愠，無告，告强卯大夫。强卯大夫曰：

---

[1] （晉）杜預撰、（唐）陸德明音釋《宋本春秋經傳集解》（四），第47頁。

"如出內庫之囚，回而予之兵。"强卯大夫率以釋長魚矯，惻（賊）三
郤。郤錡、郤至、若成家父立死，不用其衆。

長魚矯從厲公那裏出來，在百豫那裏抓人回來，並囚禁起來。郤犨得知後
將長魚矯及其妻、母都逮捕了，銬在朝廷之上。厲公很生氣，無人可告，
告訴了强卯大夫。强卯大夫進言説，放出內庫囚犯，發給武器。强卯大夫
率領囚犯先釋放了長魚矯，戕殺了三郤。郤錡、郤至、郤犨立死，但也没
有動用自己的族衆來反抗。再看《左傳》的記載：

> 壬午，胥童、夷羊五帥甲八百，將攻郤氏。長魚矯請無用衆，公
> 使清沸魋助之，抽戈結衽，而僞訟者。三郤將謀於榭，矯以戈殺駒
> 伯、苦成叔於其位。温季曰："逃威也。"遂趨。矯及諸其車，以戈殺
> 之。皆尸諸朝。[1]

十二月二十六日，胥童、夷羊五率領甲士八百人，將要攻打郤氏。長魚矯
請求不要興師動衆，厲公派清沸魋幫助他們，長魚矯同清沸魋各自拔出
戈，將衣襟結在一起，僞裝成打架争訟的樣子。三郤將要在臺榭裏與他們
計議，長魚矯趁機用戈刺殺郤錡、郤犨於座位上。郤至説，逃吧，以避他
們的淫威。於是奔逃。長魚矯追上郤至的車，用戈殺死了郤至。三郤全被
暴尸於朝廷上。《左傳》所記三郤被殺細節與上博簡不同。上博簡記載的
是强卯大夫率領囚徒殺了三郤，《左傳》所記則是長魚矯和清沸魋兩個人
殺了三郤。

最後，看一下三郤被殺故事的尾聲。先看上博簡《姑成家父》的記載：

> 三郤既亡，公家乃弱。欒書弑厲公。

三郤已經死了，公室於是衰弱了。欒書弑殺了厲公。《左傳》在成公十七

---

[1]（晉）杜預撰、（唐）陸德明音釋《宋本春秋經傳集解》（四），第47~48頁。

年三郤被殺事件後没有記載厲公被殺，而是記載了胥童與欒書、中行偃等人的爭鬥。在成公十八年傳纔記載厲公被殺之事：

> 十八年春王正月庚申，晉欒書、中行偃使程滑弑厲公，葬之于翼東門之外，以車一乘。[1]

成公十八年春周曆正月初五日，晉國的欒書和中行偃派程滑殺死了厲公，葬在翼的東門之外，僅用一輛車陪葬。

通過以上對比，我們發現上博簡《姑成家父》與《左傳》對三郤被殺事件的記載，在事件的背景起因、事件的發生發展及一些細節上有很多不同。除了這些不同，還有一個更大的不同，就是上博簡《姑成家父》與《左傳》對於三郤的叙事立場不同。上博簡《姑成家父》對三郤持肯定同情態度，而《左傳》則相反。上博簡《姑成家父》開篇就説到郤犨因秉公於政事而被厲公嫌惡，全篇結束時又説到三郤甘願被殺，没有動用族衆反抗，來體現三郤的忠君。

上博簡《姑成家父》與《左傳》在三郤事件的叙事體式上具有很大的相似性。二者的叙述模式可以概括爲：序幕＋開端＋發展＋高潮＋結局＋尾聲。

比較來看，上博簡《姑成家父》與《左傳》在叙事上也有一定區別。上博簡《姑成家父》從叙述三郤事件的起因開篇，《左傳》也是從叙述三郤事件的起因開始，二者叙述的事件結局都是三郤被殺。但是，二者叙述的尾聲不盡相同，上博簡《姑成家父》叙述的是厲公被欒書弑殺，《左傳》叙述的是胥童與欒書、中行偃等人的爭鬥，厲公被殺是在成公十八年，也就是《左傳》所記載三郤被殺的下一年。

如果僅從三郤被殺事件來看，《左傳》這一章的叙事也是完整的，與上博簡《姑成家父》相比，衹是没有把厲公被殺放在這一章，而是按照編年體的時間順序，放在了下一年，也就是厲公實際被殺的時間裏來叙述，

---

① （晉）杜預撰、（唐）陸德明音釋《宋本春秋經傳集解》（四），第 51 頁。

具體來說，《左傳》是在成公十七年叙述三郤被殺，在成公十八年叙述厲公被殺，這也符合編年體的體式。祇是從篇章的角度來看，已經屬於下一個篇章了。

不過，也有學者認爲《左傳》的叙述本來就是一個個獨立完整篇章，後來被人將完整篇章割裂開來，分散於幾處傳文之中。如吳闓生《文史甄微》云："左氏古本，每事自爲一章；分傳者依經次第，割散傳文。"① 吳闓生《左傳微·例言九則》云："左氏著書，其文章必自具首尾，不能盡與經文相附。其分傳以隸於經者，乃漢之經師之所爲，以非如此則左氏不得爲春秋傳而與二傳并立於學官也。原其初，亦推尊左氏之意，而左氏之文因以割裂不完，歷二千年於兹矣。其解釋經文及爲之條例，如所謂五十凡者，尤爲經師附益之確證。"②

按照吳闓生的講法，《左傳》關於某一事件的叙事都是獨立篇章，後來被割裂開來附於經下。這個問題涉及《左傳》成書問題。《漢書·藝文志》著録春秋古經十二篇，經十一卷；左氏傳三十卷。按照《漢書》，《左傳》就是傳《春秋》的。《史記·十二諸侯年表》云："魯君子左丘明懼弟子人人異端，各安其意，失其真，故因孔子史記具論其語，成《左氏春秋》。"③ 司馬遷稱爲《左氏春秋》，這成爲後人《左氏春秋》不傳《春秋》的主要證據。

《左傳》是否傳《春秋》，聚訟紛紜，難以斷定。《左傳》之文是否爲漢之經師割裂附經導致現在的形態，也難以斷定。但是，通過出土簡帛春秋類文獻，有一點是可以斷定的，那就是與吳闓生試圖恢復的《左傳》之文完整篇章相似的文章是存在的，如上述上博簡《姑成家父》，其與吳闓生所試圖"恢復"的完整之文非常相像。

從文體形態與性質上看，上博簡《姑成家父》爲記事體，其叙述體式與《左傳》非常接近，但又有明顯不同。上博簡《姑成家父》應該屬於春

---

① 轉引自吳闓生撰《左傳微》，白兆麟校注，弁言第 1 頁。
② 吳闓生撰《左傳微·例言九則》，白兆麟校注，第 9 頁。
③ （漢）司馬遷撰、（宋）裴駰集解、（唐）司馬貞索隱、（唐）張守節正義《史記》，第 2 册，第 509~510 頁。

秋以後新《書》體，是晉國的春秋類文獻，與魯國的春秋類文獻，既有相似性，又有區別。

綜之，我們以上博簡《姑成家父》爲例，說明了簡帛春秋類文獻與《左傳》的密切聯繫，同時，也看到了二者之間的明顯不同，這種區別不是本質上的區別，祇是局部的區別。

三　春秋類簡帛文獻與各國春秋新史學

以《尚書》爲代表的史學在西周中期達到了頂峰，並形成了傳統史書體式，西周晚期特別是進入春秋以後，夏商以來形成的傳統史學及其史書體式開始衰退，並逐漸解體，隨之而來的是新史學及新史書體式的形成與發展。

新史學及新史書體式形成的標誌無疑就是魯國《春秋》經傳的問世，同類史書著作還有《國語》。但是，無論《左傳》還是《國語》，都是魯國的，因此，我們會得出一個判斷，那就是新史學及新史書主要存在於魯國。但是，實際上，春秋以後，隨着傳統史學及其史書體式的解體，新史學及新史書體式已經在春秋各國"遍地開花"了。

與周王室設有史官一樣，諸侯各國也有國史，各國當然也都有史書。《孟子·離婁下》：

> 孟子曰："王者之迹熄而《詩》亡，《詩》亡然後《春秋》作。晉之《乘》，楚之《檮杌》，魯之《春秋》，一也。其事則齊桓、晉文，其文則史。孔子曰：'其義則丘竊取之矣。'"[1]

孟子所説的晉之《乘》，楚之《檮杌》，魯之《春秋》，正是傳統史學及其史書體式解體以後，新史學及新史書體式在春秋各國"遍地開花"的結果。過去，由於傳世的相關文獻非常有限，我們無法見到更多新史學下的新史書，現在，我們從簡帛春秋類文獻中得見其一斑。

---

① （宋）朱熹集注《宋本孟子集注》（三），第 111~113 頁。

司馬遷曾勾勒春秋新史學的形成、發展及影響，他在《十二諸侯年表》中説：

> 是以孔子明王道，干七十餘君，莫能用，故西觀周室，論史記舊聞，興於魯而次《春秋》，上記隱，下至哀之獲麟，約其辭文，去其煩重，以制義法，王道備，人事浹。七十子之徒口受其傳指，爲有所刺譏褒諱挹損之文辭不可以書見也。魯君子左丘明懼弟子人人異端，各安其意，失其真，故因孔子史記具論其語，成《左氏春秋》。鐸椒爲楚威王傅，爲王不能盡觀春秋，采取成敗，卒四十章，爲《鐸氏微》。趙孝成王時，其相虞卿上采春秋，下觀近勢，亦著八篇，爲《虞氏春秋》。呂不韋者，秦莊襄王相，亦上觀尚古，删拾春秋，集六國時事，以爲八覽、六論、十二紀，爲《呂氏春秋》。及如荀卿、孟子、公孫固、韓非之徒，各往往捃摭春秋之文以著書，不同勝紀。漢相張蒼曆譜五德，上大夫董仲舒推《春秋》義，頗著文焉。[①]

司馬遷所提到的《鐸氏微》和《虞氏春秋》都是春秋新史學下的新史書，不過，都已亡佚，實在是憾事。

《漢書·藝文志》著録春秋二十三家，九百四十八篇，現摘録漢之前部分，詳論如下：

《春秋古經》十二篇。此當是孔子因魯史記而作者。

《經》十一卷。班固自注云：“公羊、穀梁二家。”

《左氏傳》三十卷。班固自注云：“左丘明，魯太史。”也就是《春秋左傳》。

《公羊傳》十一卷。班固自注云：“公羊子，齊人。”

《穀梁傳》十一卷。班固自注云：“穀梁子，魯人。”

《鄒氏傳》十一卷。亡。鄒氏或爲齊國人。

《夾氏傳》十一卷。班固自注云：“有録無書。”亡。

---

① （漢）司馬遷撰、（宋）裴駰集解、（唐）司馬貞索隱、（唐）張守節正義《史記》，第2冊，第509~510頁。

《左氏微》二篇。沈欽韓《漢書疏證》云：“微者，《春秋》之支別，與《鐸氏微》同義。”①

《鐸氏微》三篇。班固自注云：“楚太傅鐸椒也。”

《虞氏微傳》二篇。班固自注云：“趙相虞卿。”

《國語》二十一篇。班固自注云：“左丘明著。”凌稚隆《漢書評林》引沈津曰：“李巽巖謂：‘左氏將傳《春秋》，乃先采集列國之史分別爲語，旋獵其英華，作《春秋内傳》，而先所采集之書，草稿具存，時人共傳之，號《國語》，謂之外傳，殆非丘明本意，以故詞多枝葉。’”②《國語》有周、魯、齊、晉、鄭、楚、吳、越諸國之語，當是以周、魯、齊、晉、鄭、楚、吳、越等國史書爲基本史料而作成。

《世本》十五篇。班固自注云：“古史官記黄帝以來訖春秋時諸侯大夫。”

《戰國策》三十三篇。班固自注云：“記春秋後。”劉向《戰國策校書録》云：“中書本號，或曰《國策》，或曰《國事》，或曰《短長》，或曰《事語》，或曰《長書》，或曰《脩書》。臣向以爲戰國時游士輔所用之國爲之策謀，宜爲《戰國策》。”③李宗鄴《中國歷史要籍介紹》：“劉向奉命校書，以國别爲底本，把國策、國事、短長、事語、長書、脩書這六種書的材料，分别編入於十二國中，並且鑒定這些材料，大多是記述戰國游士的策謀，因定名爲《戰國策》。”④

以上《漢書·藝文志》所著録的春秋類著作除了《春秋》左氏、公羊、穀梁三傳等傳世，其餘大部分已經亡佚。諸家春秋類史著作者分别爲魯、齊、楚、趙等國人，足見春秋新史學在春秋各國的興盛。因此，在簡帛文獻中發現大量春秋類文獻就是非常正常的事情了。

目前，已經發現的春秋類簡帛文獻中《柬大王泊旱》《昭王毀室》《昭王與龔之𦞤》《莊王既成》《申公臣靈王》《平王問鄭壽》《平王與王子木》《君人者何必安哉》《命》《王居》《成王爲城濮之行》《靈公遂申》《陳公

---

① （清）沈欽韓撰《漢書疏證》，第667頁。
② 陳國慶編《漢書藝文志注釋彙編》，第67頁。
③ （漢）高誘注、（宋）鮑彪校注《宋本戰國策》（一），第8頁。
④ 李宗鄴：《中國歷史要籍介紹》，第88頁。

治兵》《邦人不稱》《繫年》《楚居》《鄭子家喪》等篇是楚國春秋類史書，《姑成家父》《子犯子餘》《晉文公入於晉》《趙簡子》是晉國春秋類史書，《競公瘧》《鮑叔牙與隰朋之諫》是齊國春秋類史書，《吳命》是吳國春秋類史書，《鄭文公問太伯》《鄭文公問太伯》是鄭國春秋類史書，《子儀》是秦國春秋類史書，《越公其事》是越國春秋類史書。

上述簡帛春秋類史書，分布在楚國、晉國、齊國、吳國、鄭國、秦國、越國等諸侯國，這些史書在文體體式上與《春秋》經傳所代表的春秋新史學及其新史書體式完全相同或非常接近，説明春秋各國都經歷並順利完成了由《書》體傳統史書體式向春秋新史書體式的轉變，並都取得豐碩的史學成果。

四　春秋類簡帛文獻與春秋新史學的發展

春秋新史學史書體式由於比《書》體傳統史書體式具有更大的表達張力，所以在取代傳統史學後獲得快速發展，並且在發展中還孕育、創造了更新的史書體式，如語體、説體、年表體、譜牒體等史書體式都是在春秋後形成的。這些新的史書體式在簡帛文獻中都有所體現。

首先看語體。語體史書是春秋新史學創造的代表性史書體式。從語體史書體式的産生來看，總體來説，語體史書體式應該是在傳統《尚書》記言體基礎上發展而來。《書》體作爲傳統史學的核心與代表，在春秋以後逐漸衰落與解體，但是，《尚書》各種體式並没有完全消失，而是融入春秋新史書體式中。從語體來看，其與《尚書》記言體關係密切，可以説是《尚書》記言體在春秋新史書中的發展。

語體的産生與三代以來重視"言"的傳統有密切關係。三代以來，重言傳統，所重之言一是"嘉言善語"，二是"諫言"。獲取這樣的"言"成爲王公治國理政的一種政治需要，這就爲語體史書産生提供了必要的社會動因，從這一意義上説，語體史書的産生也是這種社會需要的結果。

語體史書具有突出的模式化的體式與特徵。從今本《國語》來看，典型的語體史書記述的核心內容是某位重要人物的"語"。新的語體史書在體式上與傳統《尚書》記言體相比，最大的區別是，新語體史書記

“語”並不是簡單的獨白式或一般性對話式記言，而是經過表達技巧上的巧妙設計，甚至形成記“語”的固定模式，其基本模式可以概括爲：引子＋“語”＋尾聲。所謂引子，就是在每一個相對獨立的記述單元中，開篇首先叙述引出“語”的人物或事件。然後通過事件叙述或人物對話引出篇章的核心部分：“語”。最後是尾聲，叙述與“語”相關事件的後續發展情況或結局。

在傳世文獻中，語體史書以《國語》爲代表。在簡帛春秋類史書文獻中，上博楚簡《鮑叔牙與隰朋之諫》、馬王堆帛書《春秋事語》以及阜陽漢簡《春秋事語》中的一部分篇章，在體式上都與《國語》非常相似，應該屬於語類史書。

接下來再看説體。説體的産生也可以上溯到傳統《書》體。劉勰在《文心雕龍》中追溯説體起源時説：“説者，悅也；兑爲口舌，故言咨悅懌；過悅必僞，故舜驚讒説。説之善者：伊尹以論味隆殷，太公以辨釣興周，及燭武行而紓鄭，端木出而存魯，亦其美也。”① 劉勰將説體追溯到伊尹，所謂“伊尹以論味隆殷”。伊尹説湯的故事見於多種早期典籍以及出土簡帛文獻。《韓非子·難言》云：“以至智説至聖，未必至而見受，伊尹説湯是也；以智説愚必不聽，文王説紂是也。”② 伊尹説湯的故事還見於《吕氏春秋·本味》篇。清華簡《説命》三篇，就是古文《尚書》的《説命》。清華簡《説命》的發現更是證明了伊尹説湯的真實性。劉勰還講到端木説於諸侯的故事。司馬遷曾對端木賜的説才作過評價：“故子貢一出，存魯，亂齊，破吴，彊晉而霸越。子貢一使，使勢相破，十年之中，五國各有變。”③

從《尚書》來看，《尚書》中的臣下勸諫、儆毖君王的毖體、諫體，都是後世説體的直接來源。説體史書主要記載的是春秋行人及戰國遊士説於諸侯的策謀之語。説體發展到戰國達到了鼎盛時期，劉勰《文心雕龍》曾作過概括：

---

① （南朝梁）劉勰撰、（清）黄叔琳注《黄叔琳注本文心雕龍》（一），第 168~169 頁。
② （清）王先慎集解《韓非子》，姜俊俊校點，第 25~26 頁。
③ （漢）司馬遷撰、（宋）裴駰集解、（唐）司馬貞索隱、（唐）張守節正義《史記》，第 7 册，第 2201 頁。

暨戰國爭雄，辨士雲踊；從橫參謀，長短角勢；轉丸騁其巧辭，飛鉗伏其精術。一人之辨，重於九鼎之寶；三寸之舌，強於百萬之師。六印磊落以佩，五都隱賑而封。至漢定秦楚，辨士弭節。酈君既斃於齊鑊，蒯子幾入乎漢鼎；雖復陸賈籍甚，張釋傅會，杜欽文辨，樓護唇舌，頡頏萬乘之階，抵噓公卿之席，並順風以托勢，莫能逆波而泝洄矣。①

傳世文獻中，說體的代表是《戰國策》。簡帛春秋類文獻中，說體有帛書《戰國縱橫家書》等篇。從體式上看，《戰國縱橫家書》不僅是說體，而且還將書信體融入其中，可謂新穎。說體所記遊士之辭，非常講究說的技巧。劉勰曾對此作過概括："夫說貴撫會，弛（弛）張相隨，不專緩頰，亦在刀筆。范雎之言事，李斯之止逐客，並煩情入機，動言中務，雖批逆鱗，而功成計合，此上書之善說也。至於鄒陽之說吳梁，喻巧而理至，故雖危而無咎矣；敬通之說鮑鄧，事緩而文繁，所以歷騁而罕遇也。"② 雖然說辭講求技巧，但是，虛偽詐妄之辭，恐怕難以奏效。因此，劉勰又指出："凡說之樞要，必使時利而義貞，進有契於成務，退無阻於榮身。自非譎敵，則唯忠與信。披肝膽以獻主，飛文敏以濟辭，此說之本也。"③

年表體也是春秋新史學史書所創的體式。年表的起源，從遠源來說，與傳統《書》體也有密切關係。記事繫之以時，是史書的基本特徵。《尚書》雖然不是編年體史書，但是其記事繫時的特徵已經非常明顯。還有在商代甲骨文中，我們發現了與後世年表有着密切關係的記時干支表。甲骨文中的干支表實際上就是年表，祇不過是單純紀年的。從近源看，以《春秋》經傳爲代表的紀年體史書是年表的直接來源。在傳世文獻中，我們看到的最早的史書年表是《史記》中的《十二諸侯年表》《六國年表》《秦楚之際月表》《漢興以來諸侯王年表》《高祖功臣侯者年表》《惠景間侯者年表》《建元以來侯者年表》《建元以來王子侯者年表》《漢興以來將相名臣

---

① （南朝梁）劉勰撰、（清）黃叔琳注《黃叔琳注本文心雕龍》（一），第169頁。
② （南朝梁）劉勰撰、（清）黃叔琳注《黃叔琳注本文心雕龍》（一），第169~170頁。
③ （南朝梁）劉勰撰、（清）黃叔琳注《黃叔琳注本文心雕龍》（一），第170頁。

年表》。在簡帛文獻中，睡虎地秦簡《編年記》在形態上具有一定的年表性質；阜陽漢簡《年表》已經是標準的年表體史書了。

最後看一看譜録體。譜録體也是春秋新史學史書新創體式之一。譜録在中國的起源非常早，從理論上説，父系社會出現以後，人類就有記録父系血緣譜系的需要。從文獻來看，《大戴禮記·帝系》及《大戴禮記·五帝德》中記有黄帝、顓頊、帝嚳、堯、舜的片斷世系。在甲骨文中，有記載商王世系的刻辭。《周禮·春官》小史"掌邦國之志，奠系世，辨昭穆"①。可見，在西周就應該有譜録一類的文獻了。

譜録一類的文獻在殷商和西周就已經存在了，由於殷商及西周時期，《書》體是主要的史書體式，因此，譜録一類的文獻還未進入嚴格的史學範疇。譜録類文獻進入嚴格的史學範疇，應該是春秋以後的事，劉勰在追溯譜録起源時就上溯到《世本》。

劉勰在《文心雕龍》中將譜録歸入書記類文體：

> 夫書記廣大，衣被事體，筆劄雜名，古今多品。是以總領黎庶，則有譜籍簿録；醫曆星筮，則有方術占式；申憲述兵，則有律令法制；朝市徵信，則有符契券疏；百官詢事，則有關刺解諜；萬民達志，則有狀列辭諺：並述理於心，著言於翰，雖藝文之末品，而政事之先務也。故謂譜者，普也。注序世統，事資周普，鄭氏譜《詩》，蓋取乎此。籍者，借也。歲借民力，條之於版，春秋司籍，即其事也。簿者，圃也。草木區別，文書類聚，張湯、李廣，爲吏所簿，別情僞也。録者，領也。古史《世本》，編以簡策，領其名數，故曰録也。②

《世本》是記録帝王、諸侯、卿、大夫世系的最早録體史書，所以劉勰舉《世本》作爲録體的代表，又舉《詩譜》作爲譜體的代表。在簡帛文獻中，清華簡《楚居》其體式與《世本》接近，因此，應該劃歸録體史書；清華簡《良臣》，排列歷代良臣，實際上就是一個良臣譜，因此，應

---

① （漢）鄭玄注、（唐）賈公彦疏《宋本周禮疏》（八），第166頁。
② （南朝梁）劉勰撰、（清）黄叔琳注《黄叔琳注本文心雕龍》（二），第37~38頁。

該歸入譜體史書。

春秋以後，以魯國《春秋》經傳爲代表的新史學及其新史書體式獲得快速發展，不但是魯國，實際上，春秋以後，新史學及其史書體式在各諸侯國都獲得快速發展，並取得豐碩成果。正像以《尚書》爲代表的傳統史書體式發展到頂峰之後，就顯露出各種局限一樣，春秋新史學及其史書體式在戰國達到頂峰之後，也逐步顯現出各種局限。比如，在叙事上，由於要按照繫年順序來叙述事件的發展，常常把完整的事件分散繫於事件發生的年月之下，這樣就造成了故事及事件的散亂。在歷史人物的叙述與紀寫方面也是如此，由於受到編年記事的限制，每個人物祇能按照各自活動的相應時間出場，因此造成歷史人物紀寫非常分散，閱讀時難以快速把握每個歷史人物的完整情況及形象。

到了戰國後期，春秋新史學及其史書體式的局限越來越明顯，春秋新史學及其史書體式開始進入衰落期，經秦入漢以後就解體了。

在春秋新史學中，除了《春秋》經傳爲代表的編年體，春秋新史學還創造了年表體和譜録體等新史書體式。年表體和譜録體等新史書體式的產生，實際上就是爲了突破春秋編年體史書體式局限的一種史學實踐。年表體和譜録體等春秋新史學史書體式成爲春秋新史學突破自身局限，並最終涅槃重生的火種。到了西漢，在春秋編年體史書體式基礎上，經過吸收年表、譜録等史書體式的優點，司馬遷終於開創了紀傳體史書體式。

司馬遷所開創的紀傳體，從體式上看，包括本紀、世家、列傳、書志、史表、載記和史論等多種體式，實際上，司馬遷的紀傳體融合了編年、年表、譜録、論説等多種體式，並吸收了《春秋左傳》寫人記事的優長，最終形成了一種綜合性的史書體式。司馬遷所開創的紀傳體，全面突破了春秋史學及其史書體式，中國史學從此進入了劃時代的新階段。

第七章　論語類簡帛文獻的文體形態
及文體譜系

　　《論語》是儒家重要典籍，《漢書·藝文志》著録爲六藝類。《論語》有《魯論語》《齊論語》及《古論語》等傳本，簡帛《論語》的發現對於研究《論語》傳本譜系等方面具有重要意義。

第一節　論語類簡帛文獻的文體形態

　　論語類簡帛文獻由於其爲《論語》的早期傳本，在文本形態及文體形態上保留更多原始樣態，因此，對於《論語》及相關問題研究具有重要意義。

一　安大簡《仲尼曰》的文體形態

　　《仲尼曰》是安徽大學2015年初入藏的一批戰國竹簡中的一篇寫本，該篇寫本一共有竹簡13支，竹簡保存完好。完整竹簡長約43釐米，寬約0.6釐米。竹簡頂格書寫，設有兩道編繩。本篇寫本没有發現篇題，現篇題《仲尼曰》是竹簡整理者據簡文所擬加。[①]

　　本篇寫本抄寫的内容爲孔子語録，其中有部分内容見於《論語》《禮記》及《大戴禮記》等傳世文獻。

　　從文獻性質來看，本篇文獻屬於論語類文獻。從文體體式來看，本篇

---

① 參見黄德寬、徐在國主編《安徽大學藏戰國竹簡》（二），第43頁。

寫本屬於記言體。

二　定州漢簡《論語》的文體形態

定州漢簡《論語》，於 1973 年在西漢中山懷王劉脩墓中出土。[①] 本篇寫本現存竹簡總計 620 餘支，大部分爲殘簡，完整竹簡長約 16.2 釐米，寬約 0.7 釐米，整簡抄寫 19~21 字，有三道素絲編繩。本篇寫本的整理者釋文共 7576 字，不到傳世本的一半。寫本內各章殘損程度不一，其中《學而》章殘損最爲嚴重，僅存 20 字，《衛靈公》章相對較爲完整，殘存文字最多，總計 694 字。[②]

定州漢簡《論語》是漢宣帝五鳳三年（前 55 年）以前的寫本，[③] 雖然殘損嚴重，但仍具有重要價值。《漢書·藝文志》著錄論語類總計十二家，其中《齊論語》二十二篇，《古論語》二十一篇，《魯論語》二十篇。[④] 關於定州漢簡《論語》寫本爲漢代何種傳本，學者們的意見並不一致，有《魯論語》説[⑤]、《齊論語》説[⑥]、《古論語》説[⑦] 等不同説法，甚至還有學者認爲本篇寫本不屬於齊、魯、古三種《論語》範疇，而應該是漢代初年今文隸書本《論語》。[⑧]

從本篇寫本的文本來看，其分章及文字方面多與傳世本不同。從分章來看，如《堯曰》本篇寫本分二章，傳世本分三章；從文字來看，如本篇寫本《學而》章"貧而樂"一句"樂"下無"道"字，多種傳世本作"貧而樂道"。[⑨]

---

① 參見定縣漢墓竹簡整理組《定縣 40 號漢墓出土竹簡簡介》，《文物》1981 年第 8 期。
② 參見《定州漢墓竹簡〈論語〉介紹》，河北省文物研究所定州漢墓竹簡整理小組編《定州漢墓竹簡論語》，第 1 頁。
③ 參見《定州漢墓竹簡〈論語〉介紹》，河北省文物研究所定州漢墓竹簡整理小組編《定州漢墓竹簡論語》，第 1 頁。
④ 參見（漢）班固撰、（唐）顏師古注《漢書》，第 6 冊，第 1716~1717 頁。
⑤ 參見《定州漢墓竹簡〈論語〉介紹》，河北省文物研究所定州漢墓竹簡整理小組編《定州漢墓竹簡論語》，第 4 頁。
⑥ 參見李學勤《簡帛佚籍與學術史》，第 391 頁。
⑦ 參見《四部要籍注疏叢刊·論語》，前言，第 4 頁。
⑧ 參見陳東《關於定州漢墓竹簡〈論語〉的幾個問題》，《孔子研究》2003 年第 2 期。
⑨ 如黃侃本、高麗本、日本足利本等諸本"樂"下均有"道"字。

從定州漢簡《論語》殘存部分來看，其文體形態以記言爲主，以記事爲輔。

三　肩水金關漢簡《論語》的文體形態

肩水金關漢簡《論語》，1973 年出土於額濟納河流域肩水金關遺址，編號爲 73EJT9:58、73EJT14:7、73EJT15:20、73EJT22:6、73EJT24:104、73EJT24:802、73EJT24:833、73EJT31:75、73EJT31:77、73EJT31:139、73EJC:608、72EJC:181、73EJH1:58 等，内容涉及今本《論語》之《雍也》《泰伯》《衛靈公》《陽貨》及《齊論語》的《知道》等篇章。

從文體形態來看，肩水金關漢簡《論語》殘存篇章主要是記言及記事文體。

第二節　論語類簡帛文獻的文體譜系

目前發現的簡帛論語類文獻主要有安大楚簡《仲尼曰》、定州漢簡《論語》、肩水金關漢簡《論語》等幾種，還有懸泉漢簡《論語》類散簡。

要想解決《論語》一書的文體譜系問題，首先要進一步明確《論語》的文體形態與文獻性質。從文體形態來看，《論語》所記爲孔子及其弟子的言行，以記言爲主，以記事爲輔。從記言來看，既有獨白式記言，也有對話式記言。有人稱爲語録體，實際上未必完全準確。《論語》一名涉及二義，一爲“論”，一爲“語”。從“論”來看，《論語》中大部分“言”爲議論，爲論述。① 從“語”來看，《論語》所記爲孔子及其弟子之語。記言是《論語》的基本文體形態。《論語》中也間有少量叙事，主要叙述孔子及其弟子的行動，但記行實際上是爲記言服務的。

從文獻性質來看，《論語》是寫實性文獻。《論語》所記孔子及其弟子的言行是寫實的，不是虚構的，從這一意義上説，《論語》實具有史書

---

① 《漢書·藝文志》釋《論語》之“論”爲“論纂”，而劉勰將《論語》之“論”釋爲“述經叙理”。

性質。

關於《論語》的文體形態，實際上是存在争議的。綜而觀之，主要有論體、語録體、對話體等不同説法。

劉勰是較早從文體論角度對《論語》作出文體歸類的學者之一。劉勰在《文心雕龍》中把《論語》歸爲論體。劉勰云："聖哲彝訓曰經，述經叙理曰論。論者，倫也；倫理無爽，則聖意不墜。昔仲尼微言，門人追記，故抑其經目，稱爲《論語》。蓋群論立名，始於兹矣。自《論語》已前，經無'論'字。《六韜》二論，後人追題乎！"①我們看到，在這段話中，劉勰把《論語》歸入論説大類之中，在論説大類中，《論語》又屬於論説類中的論體。劉勰進一步指出，以"論"爲名的書，《論語》是第一部。很顯然，劉勰將《論語》歸入論説類的論體，是依據《論語》書名中的"論"字。

劉勰對《論語》書名中的"論"字的解釋，顯然與《漢書·藝文志》的解釋是不一樣的。《漢書·藝文志》："論語者，孔子應答弟子時人及弟子相與言而接聞於夫子之語也。當時弟子各有所記。夫子既卒，門人相與輯而論篹，故謂之《論語》。漢興，有齊、魯之説。傳《齊論》者，昌邑中尉王吉、少府宋畸、御史大夫貢禹、尚書令五鹿充宗、膠東庸生，唯王陽名家。傳《魯論語》者，常山都尉龔奮、長信少府夏侯勝、丞相韋賢、魯扶卿、前將軍蕭望之、安昌侯張禹，皆名家。張氏最後而行於世。"②按照《漢志》，"論語"的"論"字，是"門人相與輯而論篹"之義，想必是把"論"讀爲"倫"，取條理、次序之義。所謂"論篹"，就是按照一定次序編纂。

《漢書·藝文志》將"論"解釋爲"論篹"，並没有對《論語》的文體作出歸類。劉勰將《論語》歸入論體，並不是没有道理，《論語》所記孔子及其弟子的言論，確實多爲議論與論説。

實際上，之所以會出現論體、語録體、對話體等不同説法，是因爲這些説法本身的分類角度不統一。論體是從内容角度來分類的，語録體、對

---

① （南朝梁）劉勰撰、（清）黄叔琳注《黄叔琳注本文心雕龍》（一），第164~165頁。
② （漢）班固撰、（唐）顔師古注《漢書》，第6册，第1717頁。

話體則是從表達方式角度來分類的。其實，論體、語録體、對話體三者之間並不矛盾。

從《論語》文體形態上看，是記言兼記事體，以記言爲主，以記事爲輔，且其記事是爲記言服務的。在記言方式上，既有獨白式記言，也有對話式記言，因此，把《論語》看作單純的語録體並不允恰。語録體的説法是比較晚的，一般認爲是唐劉知幾在《史通》中提出的。《史通·書志》云："作者猶廣之以《拾遺》，加之以《語録》。"①此處《語録》是指《舊唐書·經籍志》著録的孔思尚《宋齊語録》。我們説《論語》的文體是以記言爲主，實際上與《論語》一書書名中的"語"也是對應的。

"論語"一名，兩個字，其中，究竟"論"是文體標識，還是"語"是文體標識呢？劉勰實際上是把"論語"二字中的"論"字作爲文體標識的。也有學者主張把"論語"二字中的"語"字作爲文體標識。也有學者將《論語》與《國語》《春秋事語》都歸爲語類文體，實際上，也是有問題的。下文將具體討論這個問題。

要想解決《論語》一書的文體譜系問題，還需要解決的是《論語》成書時間問題。因爲祇有確立了《論語》成書時間，纔能確立相應的文體譜系鏈條。

《論語》一書是什麼時候成書的，文獻裏没有明確記載，學界觀點不一，一直没有定論。《漢書·藝文志》説："論語者，孔子應答弟子時人及弟子相與言而接聞於夫子之語也。當時弟子各有所記。夫子既卒，門人相與輯而論纂，故謂之《論語》。"②《漢書·藝文志》這段話講到兩個關鍵點，一個是"弟子各有所記"，一個是"門人相與輯而論纂"。《漢志》講到《論語》内容來源時説"弟子"所記，但是，在講到《論語》成書時却説"門人相與輯而論纂"，似乎有意將弟子與門人有所區别，可見，《論語》不會是孔子直傳弟子所編纂，應該是再傳弟子所編纂。

我們看到，傳世文獻《禮記·坊記》中已出現《論語》書名。《禮記·坊記》：

---

① （唐）劉知幾著、（清）浦起龍通釋、王煦華整理《史通通釋》，第 59 頁。
② （漢）班固撰、（唐）顏師古注《漢書》，第 6 册，第 1717 頁。

子云："君子弛其親之過，而敬其美。"《論語》曰："三年無改於父之道，可謂孝矣。"高宗云："三年其惟不言，言乃讙。"①

要想通過《禮記·坊記》引用《論語》判定《論語》一書成書時間，首先需要斷定《禮記·坊記》的成書時間。在過去很長時間裏，學術界很多人認爲《禮記》各篇成書時間較晚，甚至有人認爲《禮記》各篇成書時間是在漢代。沈約認爲："《月令》取《呂氏春秋》,《中庸》《表記》《防記》《緇衣》,皆取《子思子》,《樂記》取《公孫尼子》,《檀弓》殘雜，又非方幅典誥之書也。"②過去，很多人對沈約的講法持懷疑態度。現在，出土文獻證明沈約的講法是正確的。郭店簡、上博簡中都有《禮記·緇衣》被發現，至少可以證明《禮記》中的一些篇章成書在先秦。如果真如沈約所說,《坊記》也取自《子思子》,那麼《論語》的成書時間就應該在《子思子》之前。子思爲孔子再傳弟子,《子思子》應該是子思門人所編纂，而《論語》則應該是孔子再傳弟子所編，至於是由哪位再傳弟子所編纂，就目前的文獻來看，還難以斷定。《論語》有《齊論語》《魯論語》等不同傳本，可能是一個版本的不同傳本，也可能是由不同再傳弟子所編的不同版本。

子思大約生活在公元前 483 年至公元前 402 年，如果《坊記》取自《子思子》,那麼《坊記》成書時間應該在公元前 402 年之後,《坊記》引用《論語》,則説明《論語》成書時間比《坊記》要早。大致可以斷定《論語》成書時間應該在戰國早期。

《國語》記事上起周穆王十二年（前 965 年）西征犬戎,③下至周貞定王十六年（前 453 年）智伯被滅。《國語》成書時間應該在公元前 453 年後的幾年内,《論語》成書時間應該略晚於《國語》。

---

① （漢）鄭玄注、（唐）陸德明釋文《宋本禮記》（四），第 31 頁。
② （唐）魏徵等撰《隋書》，第 2 册，第 288 頁。
③ 按照《今本竹書紀年》周穆王西征犬戎時間爲周穆王十二年，參見王國維《古本竹書紀年輯校 今本竹書紀年疏證》，第 104 頁。周穆王在位時間按照《夏商周斷代工程報告·夏商周年表》爲公元前 976~前 922 年，參見夏商周斷代工程專家組編著《夏商周斷代工程報告》，第 518 頁。

　　春秋中後期一直到戰國，有多種語類文獻，如《國語》《論語》《春秋事語》，雖然這些文獻的名字中都有"語"字，但是，實際上在文體體式及文體性質上並不完全相同，甚至大不相同。《國語·楚語上》云："問於申叔時，叔時曰：'教之春秋，而爲之聳善而抑惡焉，以戒勸其心；教之世，而爲之昭明德而廢幽昏焉，以休懼其動；教之詩，而爲之導廣顯德，以耀明其志；教之禮，使知上下之則；教之樂，以疏其穢而鎮其浮；教之令，使訪物官；教之語，使明其德，而知先王之務用明德於民也；教之故志，使知廢興者而戒懼焉；教之訓典，使知族類，行比義焉。'"[①] 韋昭注云："語，治國之善語。"[②] 從韋昭的注來看，韋昭並沒有把"語"解釋爲《國語》，也沒有解釋爲一種文體。有學者認爲《楚語》所説的"教之語"的"語"是一種文體，現在看也是缺乏依據的。

　　《論語》與《國語》成書時間比較接近，所以《論語》的編纂及其書名的確定，未必受到《國語》的影響。

　　《論語》作爲記言體，其文體來源可以追溯到三代以來的傳統史學及史書體式。《尚書》作爲三代以來傳統史學的代表，其記言體式是春秋以後所形成的多種"語"體文獻的共同文體來源。《論語》記言兼記事的文體體式與《尚書》非常接近，《尚書》的文體體式實際上也是記言兼記事，《尚書》的記言，其表達方式也是獨白體與對話體兼具。《論語》中的子曰或某某弟子曰，與《尚書》中的某王曰或某臣曰相類，其記言方式是一致的。

　　安大簡《仲尼曰》部分内容見於傳世文獻《論語》，而安大簡抄寫時間在公元前 330 年前後，這對於推斷《論語》成書時間在戰國早期是一個有力的支撐。

　　定州漢簡《論語》與今本《論語》在文體形態上，也存在明顯的區別。其重大的區別是分章多有不同。"如《鄉黨》'食不厭精'至'鄉人飲酒'，今本分爲二、三、五章的都有，而簡本祇是一章；'雷風烈必變'與'升車'，今本分爲二章，簡本也是一章。《陽貨》'子貢曰：君子有惡乎？'

①　（三國吳）韋昭注《宋本國語》（三），第 108~109 頁。
②　（三國吳）韋昭注《宋本國語》（三），第 108~109 頁。

今本別爲一章，而簡本則同上面‘子路曰’合爲一章。特別是《堯曰》，今本爲三章，而簡本則爲二章，今本的第三章在簡本中用兩個小圓點與上間隔，以兩行小字連在下面，好象附加的一段。在題寫章節與字數的殘簡中，正有一枚記：‘凡二章，凡三百廿二字。’知簡本《堯曰》祇二章。”[①]定州漢簡《論語》與今本《論語》應該不是一個傳本系統。《漢書·藝文志》著録論語類文獻一共十二家，二百二十九篇。其中著録《論語》古文二十一篇。自注云：“出孔子壁中，兩子張。”[②]著録《齊論語》二十二篇。自注云：“多《問王》《知道》。”[③]又著録《魯論語》二十篇。我們從《漢書·藝文志》著録的《齊論語》《魯論語》來看，它們之間也存在一定差異。

定州漢簡《論語》以及《齊論語》《魯論語》之間的差異，可能是由傳本不同造成的，也可能是由寫本因素造成的。

肩水金關漢簡《論語》的文體主要也是記言與記事，與今本無異。但是，肩水金關漢簡《論語》除了與今本相對應的篇章，還有一篇是《齊論語》的《知道》章，這對探討《論語》傳本譜系具有重要意義。

綜之，《論語》是由孔子再傳弟子在戰國初期編纂而成，記録孔子及其弟子言行，以記言爲主。其文體體式來源於三代以來的《尚書》記言傳統，同時又借鑒了春秋以後新史學記述嘉言善語的新體式。春秋以後各種新文體的創制，無不來源於古老的《書》體。到了戰國，由於《論語》的論體還不够完備，因此，《論語》體到了戰國以後並没有被廣泛應用。進入戰國，各種專論蓬勃發展，文體又進入一個創造高峰期。因此，章學誠在《文史通義》裏説：“周衰文弊，六藝道息，而諸子爭鳴。蓋至戰國而文章之變盡，至戰國而著述之事專，至戰國而後世之文體備。”[④]

---

①　河北省文物研究所定州漢墓竹簡整理小組編《定州漢墓竹簡論語》，第2頁。

②　（漢）班固撰、（唐）顔師古注《漢書》，第6册，第1716頁。

③　（漢）班固撰、（唐）顔師古注《漢書》，第6册，第1716頁。

④　（清）章學誠撰、葉瑛校注《文史通義》，第71頁。

第八章　小學類簡帛文獻的文體形態及文體譜系

中國文字起源非常早，在新石器早期裴李崗文化中已經出現刻畫符號。中國的字書詞典等識字、訓詁類圖書起源也非常早。現在已知最早的辭書是《爾雅》。秦漢以來的《蒼頡篇》《急就篇》等字書，除《急就篇》，大多已經亡佚，輯佚本往往難以窺見全貌，20世紀以來，出土了《蒼頡篇》《急就篇》等多種字書，我們可以通過這些出土字書研究秦漢字書的文體形態及文體譜系。

第一節　小學類簡帛文獻的文體形態

20世紀以來，敦煌、居延等地多次發現《蒼頡篇》《急就篇》等字書，多數可以釋讀，雖然亦是殘本，但還是可以一探秦漢字書的文體形態。

一　漢簡《蒼頡篇》的文體形態

漢簡《蒼頡篇》，目前發現的主要有敦煌漢簡《蒼頡篇》、居延漢簡《蒼頡篇》、居延新簡《蒼頡篇》、阜陽漢簡《蒼頡篇》、尼雅漢文木簡《蒼頡篇》、肩水金關漢簡《蒼頡篇》、北大漢簡《蒼頡篇》、水泉子漢簡改寫本《蒼頡篇》、懸泉漢簡《蒼頡篇》、額濟納漢簡《蒼頡篇》、烏程漢簡《蒼頡篇》。

敦煌漢簡《蒼頡篇》，重要的發現一共有三次，第一次是20世紀初斯坦因進行第二次中亞考古時在敦煌漢代長城烽燧遺址發現的。現存1

支竹簡，3 支木簡，其中竹簡完整，木簡殘損，兩簡共存 41 字，含一個僅存偏旁的殘字。[①] 第二次是 1977 年 8 月在玉門市漢代烽燧遺址出土的，現存 6 支殘簡，[②] 書寫風格與一般漢隸有別，有學者推斷其抄寫所據底本可能是秦隸本。但實際上應該是習字簡，大部分是《蒼頡篇》首章及書人名姓章的内容。[③] 第三次是 1979 年 6 月出土於敦煌馬圈灣漢代烽燧遺址，[④] 所記主要也是書人名姓章及首章等内容。[⑤]

　　《蒼頡篇》是古代字書，《漢書·藝文志》有著録，作者是秦丞相李斯。李斯所作《蒼頡篇》宋代以後就亡佚了，敦煌漢簡《蒼頡篇》是《蒼頡篇》失傳千年後的首次發現。羅振玉、王國維兩位學者所著《流沙墜簡》，以及王國維所著《重輯蒼頡篇》等著作都作了收録，並作出相關研究與探討。敦煌漢簡寫本《蒼頡篇》雖然祇存字 40 個，然而文句連貫，因此對於探討《蒼頡篇》的文本形態與結構具有重要意義。通過僅存的這 40 個字，可以觀察到，《蒼頡篇》是四字句，且用韻，其首句是 "蒼頡作書"，所以纔以 "蒼頡" 兩字名篇。

　　從文體形態來看，敦煌漢簡《蒼頡篇》祇有字頭，没有釋義，所録字頭按類編爲四字韻語，叙述兼議論，夾叙夾議。王國維認爲敦煌漢簡《蒼頡篇》不是秦代七章本，而是漢代五十五章本[⑥]，即漢代閭里書師合併《蒼頡》《爰歷》《博學》三篇爲一篇的《蒼頡篇》，該篇六十字爲一章，凡五十五章。該篇不含《訓故》《訓纂》。

　　三次發現的敦煌漢簡《蒼頡篇》文體形態及文體性質相同，應該都屬於漢代五十五章本。關於敦煌漢簡《蒼頡篇》的文獻性質，從編寫目的來説，屬於兒童識字課本，從内容來看，屬於字書。

---

① 羅振玉、王國維：《〈蒼頡篇〉殘簡跋》，《流沙墜簡》，第 76 頁。《敦煌漢簡》編號爲 1836、1850、2098、2129。
② 主要有 1451、1459A、1459B、1460A、1460B、1461A、1461B、1462、1463 等號簡。
③ 參見甘肅省文物考古所編《敦煌漢簡》，（上），圖版壹叁叁；（下），第 274~275 頁。
④ 主要有 249B、562A、639A、639B、639C、639D、844 等號簡。
⑤ 參見甘肅省文物考古所編《敦煌漢簡》，（上），圖版貳柒、伍柒、壹叁捌、捌拾；（下），第 229、240、243、251 頁。
⑥ 王國維：《〈蒼頡篇〉殘簡跋》，《觀堂集林》，第 257~258 頁。

　　居延漢簡《蒼頡篇》是西北科學考察團於 1930 年在額濟納河流域發現的一批漢代簡牘中的一種。①抄寫居延漢簡《蒼頡篇》的簡牘中，有一支三棱觚，在觚頂端抄寫"第五"，應當是《蒼頡篇》的第五章，本三棱觚每面抄寫 20 個字，三面總計抄寫 60 個字，由此推斷居延漢簡《蒼頡篇》應該是漢代五十五章本。

　　居延新簡《蒼頡篇》是甘肅省考古隊於 1972~1974 年在居延漢代烽燧甲渠侯官（破城子）遺址發掘清理中發現的。②本篇殘簡現存文字 150 多個，其中《蒼頡篇》的第一章文本保存基本完整。③

　　居延新簡《蒼頡篇》文體形態及文體性質與敦煌漢簡《蒼頡篇》相同，也屬於漢代五十五章本。

　　阜陽漢簡《蒼頡篇》，1977 年在安徽阜陽雙古堆西漢汝陰侯夏侯竈墓出土。④本篇寫本"《蒼頡篇》係竹簡，繫以三道編繩，兩道編繩之間距離爲 11.3 釐米左右，現存最長的一條簡尚有 18.6 釐米，估計原簡當在 25 釐米左右。阜陽漢簡《蒼頡篇》包括《蒼頡》《爰歷》《博學》三篇，四字爲句，有韻可尋"⑤，本篇共殘存文字 541 個。

　　尼雅漢文木簡《蒼頡篇》，1993 年在尼雅遺址出土。尼雅漢簡《蒼頡篇》存一支木質殘簡，殘存"谿谷阪險丘陵故舊長緩肆延渙"十三字，是新疆地區第一次發現的漢代小學字書，本篇寫本的發現對於研究漢代字書傳播及相關問題具有重要價值。⑥

　　肩水金關漢簡《蒼頡篇》，1973 年在額濟納河流域肩水金關遺址出土，現存殘簡一支，編號 73EJT6：111A，簡文殘存"教蒼頡作"四字。⑦

---

① 主要有 9.1、85.21、97.8、125.38、167.4、185.20、233.47、260.18 等號簡。

② 主要有 EPT50.1、EPT50.134、EPT56.27、EPT56.40、EPT56.181 等號簡。

③ 參見甘肅省文物考古研究所等編《居延新簡——甲渠候官》，（上），第 64、68、134、135、139 頁。

④ 安徽省文物工作隊、阜陽地區博物館、阜陽縣文化局：《阜陽雙古堆西漢汝陰侯墓發掘簡報》，《文物》1978 年第 8 期。

⑤ 文物局古文獻研究室、安徽省阜陽地區博物館阜陽漢簡整理組：《阜陽漢簡〈蒼頡篇〉》，《文物》1983 年第 2 期。

⑥ 參見王樾《略説尼雅發現的"蒼頡篇"漢簡》，《西域研究》1998 年第 4 期；林永健等編《夢幻尼雅》，第 99 頁；王炳華《精絕春秋：尼雅考古大發現》，第 91 頁。

⑦ 參見甘肅簡牘博物館等編《肩水金關漢簡》（壹），第 141 頁。

　　北大漢簡《蒼頡篇》是北京大學 2009 年 1 月入藏的西漢竹簡中的一種。① 本篇寫本《蒼頡篇》現存 82 支竹簡，其中，完整竹簡（含綴合簡）69 支，殘簡 13 支，完整竹簡長度爲 30.2~30.4 釐米，寬度爲 0.9~1 釐米。本篇寫本三道編繩，現存文字大約 1325 個（含標題字 19 個），字迹大多清晰，抄寫字體近於秦隸，有漢隸特徵，整簡抄寫文字大約 20 個，各章皆以開頭二個字作爲章題，由右向左抄寫在前兩簡正面的頂端，各章尾皆記有字數。文本爲四字句，用韻，皆兩句一韻。② 北大漢簡《蒼頡篇》有漢兼天下章：“漢兼天下，海内并廁，胡無噍類，菹醢離異，戎翟給賨，百越貢織，飭端脩灋，變大制裁。男女蕃殖，六畜逐字。”③

　　水泉子漢簡改寫本《蒼頡篇》於 2008 年在甘肅永昌水泉子漢墓出土。本篇文獻存木簡 135 枚（片），皆爲殘簡，估計完整簡長 19~20 釐米，木簡設有三道編繩，單行書寫，殘存近一千字。④ 本篇《蒼頡篇》是七言句，是《蒼頡篇》的改寫本，也就是把原本的四言句，在每句後面加上三言，改爲七言一句。這是首次發現改寫本《蒼頡篇》，爲研究《蒼頡篇》的形態演變提供了新材料。

　　懸泉漢簡《蒼頡篇》，1990 年在懸泉置遺址出土，編號爲 I 90DXT0109S：40⑤、I 90DXT0210 ①：32B、II 90DXT0111 ①：203B⑥ 等，簡文均殘存首章首句。

　　額濟納漢簡《蒼頡篇》，2000 年在内蒙古額濟納旗漢代烽燧遺址出土，編號爲 2000ES7SF1:123+2000ES7SF1:124，簡文僅存首章“蒼頡作書以教後嗣幼子承詔”十二字。⑦

　　烏程漢簡《蒼頡篇》是 2009 年 3 月下旬浙江省湖州市舊城改造施工中出

---

① 參見北京大學出土文獻研究所編《北京大學藏西漢竹書》（壹），前言，第 1 頁。
② 參見朱鳳瀚《北大漢簡〈蒼頡篇〉概述》，《文物》2011 年第 6 期；北京大學出土文獻研究所編《北京大學藏西漢竹書》（壹），第 67 頁。
③ 北大簡 2469、2396 號簡。
④ 參見張存良《水泉子漢簡〈蒼頡篇〉整理與研究》，博士學位論文，蘭州大學，2015。
⑤ 參見甘肅簡牘博物館等編《懸泉漢簡》（壹），第 24 頁。
⑥ 參見甘肅簡牘博物館等編《懸泉漢簡》（貳），第 29、153 頁。
⑦ 參見魏堅主編《額濟納漢簡》，第 174 頁。

土漢簡中的一種，①編號爲256~259，從書寫情況來看，應當是習字簡。②

《漢書·藝文志》著録《蒼頡》一篇，其注云："上七章，秦丞相李斯作；《爰歷》六章，車府令趙高作；《博學》七章，太史令胡母敬作。"③《漢書·藝文志》云："漢興，閭里書師合《蒼頡》《爰歷》《博學》三篇，斷六十字以爲一章，凡五十五章，并爲《蒼頡篇》。"④上述居延漢簡《蒼頡篇》、居延新簡《蒼頡篇》、阜陽漢簡《蒼頡篇》、尼雅漢文木簡《蒼頡篇》、肩水金關漢簡《蒼頡篇》、北大漢簡《蒼頡篇》、懸泉漢簡《蒼頡篇》、額濟納漢簡《蒼頡篇》、烏程漢簡《蒼頡篇》的文體形態及文體性質與敦煌漢簡《蒼頡篇》相同，都應該屬於漢代五十五章本。

二　漢簡《急就篇》的文體形態

漢簡《急就篇》，目前發現的主要有敦煌漢簡《急就篇》、居延漢簡《急就篇》、居延新簡《急就篇》、肩水金關漢簡《急就篇》、烏程漢簡《急就篇》。

敦煌漢簡《急就篇》寫本，目前發現13支簡，其中斯坦因20世紀初第二次中亞考古時在敦煌漢代長城烽燧遺址發現10支⑤，第三次中亞考古時發現2支⑥，1979年在馬圈灣發現1支⑦。羅振玉、王國維《流沙墜簡》著録其中的6支簡。⑧現存《急就篇》的第一、第十、第十二、第十八、第二十四章總共五章，第一章完整，其餘各章皆殘缺。本篇寫本的第一章抄寫在一支三面木觚上，每面抄寫二十一字，總計六十三字；本篇寫本的第十章抄寫在一支四面木觚上，木觚殘損，現祇存兩面，一面殘存文字2個，一面殘存文字3個；本篇寫本的第十二章抄寫在一支木簡上，已殘斷，現存文字14個；本篇寫本的第十八章抄寫在一支三面木觚上，其中一面文字

① 參見曹錦炎等主編《烏程漢簡·烏程漢簡概述》，第1頁。
② 參見曹錦炎等主編《烏程漢簡》，第278~285頁。
③ （漢）班固撰、（唐）顔師古注《漢書》，第6冊，第1719頁。
④ （漢）班固撰、（唐）顔師古注《漢書》，第6冊，第1721頁。
⑤ 《敦煌漢簡》編號爲1816、1972AB、1991、2130、2135AB、2172、2181、2185、2193、2234。
⑥ 《敦煌漢簡》編號爲2245和2356ABC。
⑦ 《敦煌漢簡》編號爲28。
⑧ 《敦煌漢簡》編號爲1816、1972、1991、2130、2135、2185。

已不可辨識，另外兩面分別殘存文字 10 個和 11 個；本篇寫本的第二十四章抄寫在一支木簡上，已殘斷，現存 3 個字，含 1 個殘字。本篇寫本用漢隸抄寫。本篇寫本之外還有一支兒童習字木簡，現存文字 14 個。①

《急就篇》是漢代兒童識字教材，《漢書·藝文志》著録有《急就》。因首句爲"急就奇觚與衆異"而得名。所謂"急就"即"速成"之意，而敦煌漢簡《急就篇》抄寫在木觚之上，與《急就篇》首句中的"奇觚"相合。

從文體形態來看，敦煌漢簡《急就篇》全篇分章，首章由七字句、三字句和四字句組成，第十、第十二、第十八、第二十四章應該是七字句。通篇應是韻文。

從敦煌漢簡《急就篇》的文獻性質來看，就《急就篇》編寫目的而言，屬於兒童識字課本。從《急就篇》内容來看，屬於字書。通篇祇有字頭，没有釋義。

居延漢簡《急就篇》是西北科學考察團於 1930 年在額濟納河流域發現的一批漢代簡牘中的一種，發現 5 支殘簡②，綴合爲 3 支③。

居延新簡《急就篇》於 1974 年在居延甲渠候官遺址出土。居延新簡《急就篇》共計發現 23 支殘簡，後經綴合爲 21 支。④

1973 年在額濟納河流域肩水金關遺址發現一批漢代簡牘，現被稱爲肩水金關漢簡。隨同本批漢簡一起公布的還有 1972 年在肩水金關、居延

---

① 參見羅振玉、王國維《流沙墜簡》，第 78~79 頁。羅振玉未將此習字簡録入《急就篇》正文，王國維《校松江本急就篇》將此簡録入正文。

② 編號爲 169.1、169.2、336.14、336.34、561.26。參見中國社會科學院考古研究所編《居延漢簡（甲乙編）》，乙圖版壹貳貳、甲圖版壹叁零（1726AB）、甲圖版壹叁壹（1734AB）；簡牘整理小組編《居延漢簡》（貳），169 頁，169.1A+561.26A+169.2A、169.1B+561.26B+169.2B；簡牘整理小組編《居延漢簡》（肆），第 36 頁，336.14，第 37 頁，336.34。

③ 編號爲 169.1AB+561.26AB+169.2AB、336.14、336.34。

④ 編號爲 EPT5：14、EPT6：90、EPT6：91、EPT31：23、EPT48：48、EPT48：49、EPT48：54、EPT48：78、EPT48：101、EPT48：115、EPT48：152、EPT48：154、EPT49：39、EPT49：50、EPT49：80、EPF19：1、EPF19：2、EPF22：721、EPF22：724、EPF22：725、EPF22：728、EPF22：731、EPF22：741。參見甘肅省文物考古研究所等編《居延新簡——甲渠候官》（上），第 7、18、34、56、57、58、59、60、63、209、232 頁；（下），第 16、35、69、109、110、113、114、117、122、123、125、480、481、562、563 頁。

大灣、居延查科爾貼、居延地灣、居延布肯托尼等地采集的簡牘，其中在居延查科爾貼采集的編號 72ECC:3、72ECC:5A、72ECC:6A、72ECC:17、72ECC:19 等簡爲《急就篇》殘簡，這幾支簡實際上並不是上述所説的肩水金關漢簡，爲簡便起見，本書仍稱爲肩水金關漢簡。①

烏程漢簡《急就篇》是 2009 年 3 月下旬浙江省湖州市舊城改造施工中出土漢簡中的一種，②即整理者所編 260 號簡，殘存"急就奇觚"四字，爲《急就篇》首句前四字。

上述居延漢簡《急就篇》、居延新簡《急就篇》、肩水金關漢簡《急就篇》、烏程漢簡《急就篇》的文體形態及文體性質與敦煌漢簡《急就篇》相同。

三 懸泉漢簡《字書》的文體形態

懸泉漢簡《字書》，1990 年在懸泉置遺址出土，編號爲Ⅱ90DXT0114④:272、Ⅱ90DXT0114S:221 等。

Ⅱ90DXT0114④:272 號簡殘存"也康者安也弘者大也合者洽也"③數字，應是字書殘簡。

Ⅱ90DXT0114S:221 號簡（削衣），殘存"霜露也·薔者害□"④諸字，亦應是字書殘簡。

從文體形態來看，懸泉漢簡《字書》與已往發現的漢簡《蒼頡篇》《急就篇》不同，不僅有字頭，還有釋義，其體例與辭書相同，這對於研究漢字辭書具有重要意義。

第二節　小學類簡帛文獻的文體譜系

中國存世最早的詞典是《爾雅》。《爾雅》在《漢書·藝文志》中入

---

① 參見甘肅簡牘博物館等編《肩水金關漢簡》（伍），第 258、259、262 頁。
② 參見曹錦炎等主編《烏程漢簡·烏程漢簡概述》，第 1 頁。
③ 參見甘肅簡牘博物館等編《懸泉漢簡》（叁），第 221 頁。
④ 參見甘肅簡牘博物館等編《懸泉漢簡》（叁），第 284 頁。

孝經類，實則應該入小學類。中國最早的字書是《説文解字》，在《説文解字》之前産生的《蒼頡篇》等書籍，衹是識字課本，並不是嚴格意義上的字典。

小學類簡帛文獻中多次出現《蒼頡篇》和《急就篇》。簡帛《蒼頡篇》和《急就篇》都是漢代寫本，具體的文體及版本譜系大多能够斷定。

《漢書·藝文志》著録《蒼頡》一篇。自注云："上七章，秦丞相李斯作；《爰歷》六章，車府令趙高作；《博學》七章，太史令胡母敬作。"[1]《蒼頡篇》是秦丞相李斯所作，全書共七章。《漢書·藝文志》著録的《蒼頡》並不是原本《蒼頡篇》，原本《蒼頡篇》是秦代的，而《漢書·藝文志》著録的《蒼頡》包括《蒼頡》《爰歷》和《博學》三篇，這是漢代將《蒼頡》《爰曆》和《博學》三篇合爲一篇後的《蒼頡篇》，也就是漢代五十五章本《蒼頡篇》。有人依據《漢書·藝文志》的《蒼頡》下面的自注包括《蒼頡》《爰歷》和《博學》三篇，誤認爲秦代原本《蒼頡》就包括《蒼頡》《爰歷》和《博學》三篇，實際上這是錯誤的。《漢書·藝文志》在小學類小序中非常明確地説明了漢代將《蒼頡》《爰歷》和《博學》三篇合并爲一篇的過程。《漢書·藝文志》云：

> 《史籀篇》者，周時史官教學童書也，與孔氏壁中古文異體。《蒼頡》七章者，秦丞相李斯所作也。《爰歷》六章者，車府令趙高所作也。《博學》七章者，太史令胡母敬所作也。文字多取《史籀篇》，而篆體復頗異，所謂秦篆者也。是時始造隸書矣，起於官獄多事，苟趨省易，施之於徒隸也。漢興，閭里書師合《蒼頡》《爰歷》《博學》三篇，斷六十字以爲一章，凡五十五章，並爲《蒼頡篇》。武帝時，司馬相如作《凡將篇》，無復字。元帝時，黃門令史游作《急就篇》。成帝時，將作大匠李長作《元尚篇》，皆《蒼頡》中正字也。《凡將》則頗有出矣。至元始中，徵天下通小學者以百數，各令記字於庭中。揚雄取其有用者，以作《訓纂篇》，順續《蒼頡》，又易《蒼頡》中重復

---

[1]　（漢）班固撰、（唐）顏師古注《漢書》，第 6 册，第 1719 頁。

之字，凡八十九章。臣復續揚雄，作十三章，凡一百二章，無復字，六藝群書所載略備矣。《蒼頡》多古字，俗師失其讀。宣帝時徵齊人能正讀者，張敞從受之，傳至外孫之子杜林，爲作訓故，并列焉。①

按照《漢書·藝文志》六藝小學類小序所説，漢代的《蒼頡篇》是漢代閭里書師爲了便於教學，將秦代的《蒼頡》《爰歷》《博學》三篇字書合爲一篇，仍稱爲《蒼頡篇》。秦代絶無包括《蒼頡》《爰歷》《博學》三篇的《蒼頡篇》，因此，簡帛《蒼頡篇》，如果包含《蒼頡》《爰歷》《博學》三篇的，那麼一定是漢代的，而不是秦代的。

從文體譜系及傳本譜系來看，敦煌漢簡《蒼頡篇》、居延漢簡《蒼頡篇》、居延新簡《蒼頡篇》、阜陽漢簡《蒼頡篇》、尼雅漢文木簡《蒼頡篇》、肩水金關漢簡《蒼頡篇》、北大漢簡《蒼頡篇》、水泉子漢簡《蒼頡篇》、懸泉漢簡《蒼頡篇》、額濟納漢簡《蒼頡篇》、烏程漢簡《蒼頡篇》都屬於漢代五十五章本《蒼頡篇》。

有學者認爲敦煌玉門花海漢簡《蒼頡篇》抄寫字體接近秦隸，認爲可能是秦代原本《蒼頡篇》，筆者認爲，該篇多爲習字簡，不應是秦本《蒼頡》。有學者認爲阜陽漢簡《蒼頡篇》的字體也有些接近秦隸，但是，阜陽漢簡《蒼頡篇》却是漢代五十五章本，並不是秦代原本，可見，僅僅從字體斷定是不可取的。北大漢簡《蒼頡篇》也具有早期隸書特徵，但其篇中有"漢兼天下"章，足可以斷定北大漢簡《蒼頡篇》是漢代五十五章合編本。

敦煌漢簡《急就篇》、居延漢簡《急就篇》、居延新簡《急就篇》、肩水金關漢簡《急就篇》、烏程漢簡《急就篇》都是《急就篇》的漢代寫本，在文體譜系及傳本譜系上處於早期階段，更接近原本面貌，今本《急就篇》經過兩千年的傳播，文字脱訛在所難免，漢簡本《急就篇》對於今本《急就篇》文本校勘與研究具有重要意義。

懸泉漢簡《字書》，其體例與《蒼頡篇》《急就篇》完全不同，《蒼頡

---

① （漢）班固撰、（唐）顏師古注《漢書》，第 6 册，第 1721 頁。

篇》《急就篇》都是祇有字頭，没有釋義，而懸泉漢簡《字書》則是按照
字頭加釋義形式編寫的，其體例與《爾雅》《小爾雅》相近，其譜系無疑
可以上溯到《爾雅》及《小爾雅》，雖然目前僅發現兩支殘簡，但是意義
却非常重大。

第九章　儒家類簡帛文獻的文體形態及文體譜系

儒家類簡帛文獻非常豐富，《漢書·藝文志》諸子類著録有儒家，劉勰《文心雕龍》文體論也有諸子，其實將諸子看作文體分類的一種，是不嚴密的。今天，我們習慣上稱諸子文章爲散文，更是現代文體分類標準了。實際上，包括儒家在内的諸子文章，文體形態多種多樣，文體譜系源流更是複雜，因此，非常有必要對簡帛儒家文獻的文體形態及文體譜系作出深入考察。

第一節　儒家類簡帛文獻的文體形態

儒家文章，劉勰《文心雕龍》在文體上歸入諸子，其實很難將諸子看作一種文體，不僅諸子百家文體體式不一，就連諸子某家之内的文體也不統一。從儒家類簡帛文獻來看，文體形態確實也是多種多樣。

一　郭店楚簡《魯穆公問子思》的文體形態

郭店楚簡《魯穆公問子思》寫本，1993年冬在湖北荆門郭店一號戰國楚墓出土。[①]《魯穆公問子思》寫本現存 8 支竹簡，"竹簡兩端均修削成梯形，簡長 26.4 釐米。編綫兩道，編綫間距爲 9.6 釐米"[②]。本篇寫本未發現篇題，現篇題《魯穆公問子思》是整理者據寫本内容擬定。

---

① 參見荆門市博物館編《郭店楚墓竹簡》，前言，第 1 頁。
② 荆門市博物館編《郭店楚墓竹簡》，第 141 頁。

本篇寫本記述的是魯穆公與子思就"何如而可謂忠臣"這一問題的問答。《漢書・藝文志》著録《子思子》二十三篇,班固自注云,子思"名伋,孔子孫,爲魯繆公師"①。其後《隋書・經籍志》、《新唐書・藝文志》、宋晁公武《郡齋讀書志》、《宋史・藝文志》都有著録,不同的是篇數已從《漢書・藝文志》著録的二十三篇變爲七卷。大約在南宋以後,《子思子》一書亡佚,後世有汪晫、黄以周等人的輯佚本《子思子》。

郭店楚簡《魯穆公問子思》公布後,有學者撰文指出本篇寫本應該是《漢書・藝文志》著録的《子思子》二十三篇中的篇章。本篇寫本是不是《子思子》二十三篇中的篇章,尚須進一步探討。不過,本篇寫本無疑爲研究子思及思孟學派提供了新材料。

從文體形態來看,郭店楚簡《魯穆公問子思》記言兼記事,以記言爲主,以記事爲輔,記事爲記言服務。記言方式爲對話體,或稱問答體。

從文獻性質來看,郭店楚簡《魯穆公問子思》屬於寫實性記言,而非諸子造作故事以表達思想之類。

二　郭店楚簡《窮達以時》的文體形態

郭店楚簡《窮達以時》,1993 年冬在湖北荆門郭店一號戰國楚墓出土。《窮達以時》篇現存竹簡 15 支,"竹簡兩端均修削成梯形,簡長 26.4 釐米。編綫兩道,編綫間距爲 9.4~9.6 釐米。竹簡形制及簡文書體與《魯穆公問子思》全同"②。本篇寫本未發現篇題,現篇題《窮達以時》爲整理者據寫本内容擬定。

郭店楚簡《窮達以時》刊布後,有學者對其篇題提出不同意見,例如有學者主張命名爲《天人》。③

本篇寫本所記相似内容見於《荀子・宥坐》、《韓詩外傳》卷七、《孔子家語・在厄》、《説苑・雜言》等傳世文獻。本篇簡文所提出的天人觀,

---

① （漢）班固撰、（唐）顔師古注《漢書》,第 6 册,第 1724 頁。
② 荆門市博物館編《郭店楚墓竹簡》,第 145 頁。
③ 參見吳光《探討性與天道——〈郭店儒簡〉的作者歸屬及其思想辨析》,《湖南大學學報》（社會科學版）2013 年第 3 期。

對於認識儒家的天人思想具有重要意義。

從文體形態及文體性質來看，郭店楚簡《窮達以時》是典型的論體。全文開篇，開宗明義，首先提出"有天有人，天人有分。察天人之分，而知所行矣。有其人，無其世，雖賢弗行矣。苟有其世，何難之有哉"的論點，接下來舉了多個歷史人物作論據，展開論述。在舉出論據之後，文章運用歸納法進一步得出"遇不遇天也"的觀點，並進一步歸納爲"窮達以時"。雖然"窮達以時"，但是，文章最後的結論是"君子敦於反己"。

三 郭店楚簡《五行》的文體形態

郭店楚簡《五行》，1993 年冬出土於湖北荆門郭店一號戰國楚墓。[①] 本篇寫本現存竹簡 50 支，"竹簡兩端均修削成梯形，簡長 32.5 釐米。編綫兩道，編綫間距爲 12.9~13 釐米"[②]。本篇寫本未發現篇題，現篇題《五行》爲整理者據寫本内容擬定。

郭店楚簡《五行》寫本主要講"五行"，即"仁、義、禮、智、聖"，其内容與馬王堆帛書《五行》經的部分大致相合。本篇寫本的"五行"，實際上就是子思、孟子的"五行學説"，相關内容見於傳世文獻《荀子·非十二子》。郭店楚簡《五行》的發現，對於研究思孟學派及早期儒家甚至先秦學術史都具有重要價值。目前，學界對郭店楚簡《五行》分章有不同意見。有分二十八章的，有分三十二章的。

從文體形態及文體性質來看，郭店楚簡《五行》是典型的論體。文本可以分爲前後兩部分，其中，前一部分爲經，後一部分爲解，即經傳，傳附經後，這種文體形態在先秦比較常見。

四 郭店楚簡《唐虞之道》的文體形態

郭店楚簡《唐虞之道》，1993 年冬在湖北荆門郭店一號戰國楚墓出土。[③] 本篇寫本現存 29 支竹簡，"竹簡兩端平齊，簡長 28.1~28.3 釐米。編

---

① 參見荆門市博物館編《郭店楚墓竹簡》，前言，第 1 頁。
② 荆門市博物館編《郭店楚墓竹簡》，第 149 頁。
③ 參見荆門市博物館編《郭店楚墓竹簡》，前言，第 1 頁。

綫兩道，編綫間距約 14.3 釐米"①。本篇寫本未發現篇題，現篇題《唐虞之道》是整理者據寫本内容擬定。

本篇寫本竹簡殘損較爲嚴重，原整理者編連成數段文字，寫本的主要内容是贊揚堯舜禪讓，並記述了舜知命修身及其所具有的仁義孝悌品質。寫本中所記舜的史事見於《史記·五帝本紀》等傳世文獻。目前，學者對於本篇寫本的學派屬性意見不一致，有儒家、墨家等説法，也有學者指出可能是儒家内部對於禪讓的不同意見中的一種。此外，對於竹簡的編連問題，陳偉先生撰文提出了不同的編連方案。

從文體形態及文體性質來看，郭店楚簡《唐虞之道》屬於論體，其論述過程結合史事，與《窮達以時》等篇不同，别具特徵。

五　郭店楚簡《忠信之道》的文體形態

郭店楚簡《忠信之道》，1993 年冬在湖北荆門郭店一號戰國楚墓出土。《忠信之道》篇現存 9 支竹簡，"竹簡兩端平齊，簡長 28.2~28.3 釐米。編綫兩道，編綫間距爲 13.5 釐米"②。本篇寫本未發現篇題，現篇題《忠信之道》是整理者據寫本内容擬定。

郭店楚簡《忠信之道》寫本通過列舉忠信的各種表現得出忠爲仁之實、信爲義之期的思想主張。關於本篇文獻的學派屬性，學界尚有不同意見，有儒家説，有道家説。其實，原始儒家或稱早期儒家與道家的關係絶不像後世那樣水火不容，孔子也講"天何言哉？四時行焉，百物生焉，天何言哉？"③從郭店楚簡《忠信之道》全篇思想指向及旨趣來看，看作儒家文獻比較允恰。

從文體形態來看，《忠信之道》是典型論體，論點鮮明，論説嚴謹，爲研究儒家忠信思想提供了材料。

六　郭店楚簡《成之聞之》的文體形態

郭店楚簡《成之聞之》，1993 年冬在湖北荆門郭店一號戰國楚墓出土。

---

① 荆門市博物館編《郭店楚墓竹簡》，第 157 頁。
② 荆門市博物館編《郭店楚墓竹簡》，第 163 頁。
③ （宋）朱熹集注《宋本論語集注》（四），第 104 頁。

本篇寫本現存竹簡 40 支，"竹簡兩端修削成梯形，簡長 32.5 釐米。編綫兩道，編綫間距爲 17.5 釐米"①。本篇寫本未發現篇題，現篇題《成之聞之》是整理者據寫本内容擬定。

本篇寫本把君臣之義、父子之親、夫婦之辨作爲天常，並進一步提出"慎求之於己，而可以至順天常"的思想主張。本篇寫本屬於儒家著作，有學者認爲是子思的作品，也有學者認爲是子思後學的作品。學術界對於本篇寫本的篇題存在不同意見，目前有《天降大常》《君子之于教》等不同命名主張。

從文體形態及文體性質來看，郭店楚簡《成之聞之》屬於論體，行文多引《尚書》文字，論述簡潔有力，文體風格與《禮記》中的《緇衣》等篇有相似之處，似爲七十子弟子作品。

七　郭店楚簡《尊德義》的文體形態

郭店楚簡《尊德義》，1993 年冬在湖北荆門郭店一號戰國楚墓出土。本篇寫本現存 39 支竹簡，"竹簡兩端修削成梯形，簡長 32.5 釐米。編綫兩道，編綫間距爲 17.5 釐米"②。本篇寫本未發現篇題，現篇題《尊德義》爲整理者據寫本内容擬定。

郭店楚簡《尊德義》公布以後，學者對本篇寫本的簡序、斷句、釋文等方面作出了調整。本篇寫本論述的内容是治民之道，提出德教及君王率身垂範等思想主張，爲研究早期儒家及相關思想提供了新材料。

從文體形態及文體性質來看，郭店楚簡《尊德義》屬於論體。從文本形態來看，該篇論述趨繁趨散，不似七十子作品，當爲七十子弟子作品。

八　郭店楚簡《性自命出》的文體形態

郭店楚簡《性自命出》，1993 年冬在湖北荆門郭店一號戰國楚墓出土。

①　荆門市博物館編《郭店楚墓竹簡》，第 167 頁。
②　荆門市博物館編《郭店楚墓竹簡》，第 173 頁。

本篇寫本現存 67 支竹簡，"竹簡兩端修削成梯形，簡長 32.5 釐米。編綫兩道，編綫間距爲 17.5 釐米"①。本篇寫本未發現篇題，現篇題《性自命出》是整理者據寫本内容擬定。

本篇寫本所記内容也見於上博簡《性情論》，相對而言，上博簡《性情論》寫本的竹簡有較多殘缺，而本篇寫本的竹簡較爲完整。

郭店楚簡《性自命出》寫本主要内容是討論性、命等問題，目前，學者們對於本篇寫本内容的學派屬性及文獻性質存在不同意見，其中主流觀點是儒家説，甚至有學者認爲本篇寫本爲子思所作，不過，也有學者認爲是公孫尼子所作，還有學者認爲作者是子弓，目前尚没有定論。本篇寫本論點鮮明，論説深入，且具有較强的體系性及形而上色彩，爲研究儒家思想的形而上内容及風格提供了非常珍貴的新材料。

從文體形態及文體性質來看，郭店楚簡《性自命出》是典型的論體，其論述思辨性突出，簡潔有力，其成文時間或許略早於《禮記·樂記》。

九 郭店楚簡《六德》的文體形態

郭店楚簡《六德》，1993 年冬在湖北荆門郭店一號戰國楚墓出土。本篇寫本現存 49 支竹簡，"竹簡兩端修削成梯形，簡長 32.5 釐米。編綫兩道，編綫間距爲 17.5 釐米"②。本篇寫本未發現篇題，現篇題《六德》爲整理者據寫本内容擬定。

郭店楚簡《六德》寫本所記内容主要圍繞夫婦父子君臣論述如何治理人倫社會等問題，是研究早期儒家人倫及政治思想的重要材料。學者對於本篇寫本的内容討論較多，對寫本中的"爲父絶君"等語句的解釋還存在不同意見。

從文體形態及文體性質來看，郭店楚簡《六德》屬於典型的論體。其論點鮮明，論證簡潔有力，環環相扣，其思想旨趣與行文風格當是子思一系作品。具體來説，是子思弟子作品的可能性大一些。

---

① 荆門市博物館編《郭店楚墓竹簡》，第 179 頁。
② 荆門市博物館編《郭店楚墓竹簡》，第 187 頁。

十　郭店楚簡《語叢（一）》的文體形態

郭店楚簡《語叢（一）》，1993 年冬在湖北荆門郭店一號戰國楚墓出土。本篇寫本現存 112 支竹簡，"簡長 17.2~17.4 釐米，編綫三道"[①]。本篇寫本未發現篇題，現篇題《語叢》是整理者據寫本內容擬定。

本篇寫本由一些近似格言的語句組成，有的內容涉及人與仁、義、德、禮、樂之間的關係，其中有的語句還概括了《易》《詩》《春秋》《禮》《樂》等典籍的內容主旨。應該指出，《易》《詩》《春秋》《禮》《樂》五部儒家經典文獻的篇名同時出現在戰國寫本文獻之中，這一事實爲我們研究儒家著作經典化歷程提供了新材料。

從文體形態來看，郭店楚簡《語叢（一）》確實有一些格言，但是，也有集中論説某一問題的，祇是其在行文上基本上没有論證過程，而祇是論點，所以看上去似格言。總體上，全篇是將若干並不緊密關聯的觀點小單元抄寫在一起，因此，整理者命名爲語叢是有道理的。

十一　郭店楚簡《語叢（二）》的文體形態

郭店楚簡《語叢（二）》，1993 年冬出土於湖北荆門郭店一號戰國楚墓。本篇寫本現存 54 支竹簡，竹簡長度爲 15.1~15.2 釐米，設有三道編綫。[②]本篇寫本未發現篇題，現篇題是整理者據寫本內容擬定。

本篇寫本通篇由近似格言的語句組成，論述的主要內容是人的喜、怒、悲、樂及慮、欲、智等都根源於人的"性"。

從文體形態與文體性質來看，本篇在論説喜、怒、悲及慮、欲、智等與"性"的關係時，間以頂針式言説方式。其祇有論點，没有具體論證過程，看上去類似格言。實則還是論述，屬於論體。

十二　郭店楚簡《語叢（三）》的文體形態

郭店楚簡《語叢（三）》，1993 年冬在湖北荆門郭店一號戰國楚墓出

---

① 荆門市博物館編《郭店楚墓竹簡》，第 193 頁。
② 參見荆門市博物館編《郭店楚墓竹簡》，第 203 頁。

土。本篇寫本現存 72 支竹簡，"簡長 17.6~17.7 釐米，編綫三道。自第六十四號簡以後的各簡皆分上下兩欄抄寫，釋文也因之分上下欄。簡文的這種書寫格式是以往楚簡中所未見的"①。本篇寫本未發現篇題，現篇題是整理者據寫本内容擬定。

本篇寫本由近似格言的語句組成，所記主要内容涉及父子君臣孝悌仁義等方面問題，其中"依於仁，游於執（藝）"等個别語句見於《論語》，爲研究早期儒家道德思想增加了新的材料。

十三　上博楚簡《性情論》的文體形態

上博楚簡《性情論》是上海博物館 1994 年 5 月入藏的一批戰國竹簡中的一篇。本篇寫本現存較完好的竹簡 40 支，其中有整簡 7 支，整簡長度大約 57 釐米，爲上博簡中最長的竹簡。另外還存有殘損較重的竹簡 5 段。本篇寫本字距劃一，抄寫字迹工整。全篇總計存字 1256 個，其中包括 13 個重文，2 個合文。②

本篇寫本主要内容見於郭店楚簡《性自命出》，不過，兩篇文獻在文本上互有不同。

從文體形態及文體性質來看，上博楚簡《性情論》與郭店簡《性自命出》相同。

十四　上博楚簡《子羔》的文體形態

上博楚簡《子羔》是上海博物館 1994 年 5 月入藏的一批戰國竹簡中的一篇。《子羔》篇竹簡全部殘斷，存殘簡 14 支，殘存文字 395 個，其中包括 6 個合文，1 個重文，篇題"子羔"抄寫在第五簡背面。③

上博楚簡《子羔》公布以後，陳劍先生針對原整理者的竹簡編連提出了不同意見。④本篇寫本的内容是孔子回答子羔所問堯舜禹及后稷之事。

①　荆門市博物館編《郭店楚墓竹簡》，第 209 頁。
②　參見馬承源主編《上海博物館藏戰國楚竹書》（一），第 218 頁。
③　參見馬承源主編《上海博物館藏戰國楚竹書》（二），第 183 頁。
④　陳劍:《上博簡〈子羔〉〈從政〉篇的拼合與編連問題小議》，《文物》2003 年第 5 期。

從文體形態來看，上博楚簡《子羔》爲記言體，全篇爲子羔與孔子的對話，從記言的方式看，屬於問答體，或對話體。

從文體性質來看，上博楚簡《子羔》爲儒家寫實性文獻，不是虛構故事以表達思想之類文獻。

十五　上博楚簡《中弓》的文體形態

上博楚簡《中弓》是上海博物館 1994 年 5 月入藏的一批戰國竹簡中的一篇。"全篇現存竹簡 28 支，整簡 3 支，分別爲三截和二截綴合而成，餘皆爲殘斷之簡。整簡全長 47 釐米左右，字數在 34 至 37 字之間。編繩爲上、中、下三編，第一編繩距簡上端約 0.8 釐米；第三編繩距簡下端約 1.6 釐米；第一編繩距第二編繩約 23 釐米；第二編繩距第三編繩約 21.7 至 23 釐米之間。字數共 520 字，其中合文 16，重文 4。"[1] 本篇寫本的篇題"中弓"抄寫在第十六簡的背面。

本篇寫本中的"中弓"，應當是傳世文獻中記載的孔子弟子仲弓。本篇寫本所記中弓之史事，大部分不見於傳世典籍，因此，爲研究孔門弟子的思想及事迹提供了新材料。

從文體形態來看，上博楚簡《中弓》以叙事開篇，接下來所記爲孔子與中弓的對話，所以本篇應屬於以記言爲主，以記事爲輔的文獻。

從文體性質來看，上博楚簡《中弓》屬於寫實性記言文獻，其文氣及風格與《論語》非常相似。

十六　上博楚簡《相邦之道》的文體形態

上博楚簡《相邦之道》是上海博物館 1994 年 5 月入藏的一批戰國竹簡中的一篇。《相邦之道》篇現存 4 支竹簡，殘存文字 107 個，4 支竹簡的文字無法連讀。本篇寫本未發現篇題，現篇題《相邦之道》爲整理者據寫本內容擬定。[2]

---

① 馬承源主編《上海博物館藏戰國楚竹書》（三），第 263 頁。
② 參見馬承源主編《上海博物館藏戰國楚竹書》（四），第 233 頁。

對於本篇寫本的 4 支竹簡，裘錫圭先生撰文指出，第二、第四兩支簡，在内容上存在關聯，應該屬於同一篇。不過，第一、第三兩支簡的内容與第二、第四兩支簡並没有明顯關聯，不應編入本篇寫本。[①]

本篇簡文第二、第四簡記載孔子、魯哀公、子貢答問，内容涉及相邦之道，屬於儒家作品。但是，第一簡中的"先其欲""静以待時"等思想，裘錫圭先生認爲頗近於《管子》，與儒家似亦有距離。[②]

從文體形態來看，上博楚簡《相邦之道》屬於記言兼記事文體，以記言爲主，輔以記事。

從文體性質來看，上博楚簡《相邦之道》應該屬於寫實性記言文獻，非爲虚構故事以表達思想。

十七 上博楚簡《魯邦大旱》的文體形態

上博楚簡《魯邦大旱》是上海博物館 1994 年 5 月入藏的一批戰國竹簡中的一篇。本篇寫本現存 6 支竹簡，其中，3 支完好，1 支殘斷，現存文字 208 個。本篇寫本有三道編繩，契口在竹簡右側，上編繩距離竹簡頂端大約 8.6 釐米；下編繩距離竹簡末端大約 7.9 釐米；上編繩距離中編繩大約 19.4 釐米；中編繩距離下編繩大約 19.5 釐米。本篇未發現篇題，現篇題《魯邦大旱》爲整理者據寫本内容擬定。[③]

本篇寫本記述内容是魯邦發生大旱，魯哀公向孔子咨問抗旱的辦法，孔子指出要加強刑德，並對是否通過祭祀來求雨之事同子貢展開了辯論。

對於本篇寫本的性質，學界存在不同意見。有學者認爲本篇寫本所記内容是儒家某派爲表達自己的思想主張而虚構的故事。[④]筆者傾向於認爲上博楚簡《魯邦大旱》屬於寫實性記言記事文獻。

從文體形態來看，上博楚簡《魯邦大旱》記言兼記事，以記言爲主，

---

① 參見裘錫圭《〈上海博物館藏戰國楚竹書（四）·相邦之道〉釋文注釋》，《裘錫圭學術文集》，第 493 頁。
② 參見裘錫圭《〈上海博物館藏戰國楚竹書（四）·相邦之道〉釋文注釋》，《裘錫圭學術文集》，第 493 頁。
③ 參見馬承源主編《上海博物館藏戰國楚竹書》（二），第 203 頁。
④ 參見陳侃理《上博楚簡〈魯邦大旱〉的思想史坐標》，《中國歷史文物》2010 年第 6 期。

以記事爲輔。其記言方式爲對話體。

十八　上博楚簡《從政》的文體形態

上博楚簡《從政》是上海博物館 1994 年 5 月入藏的一批戰國竹簡中的一篇。本篇文獻的原整理者分《從政》爲甲、乙兩篇。其中，甲篇現存 18 支竹簡，簡長大約 42.6 釐米，現存文字 519 個；乙篇現存 6 支竹簡，簡長大約 42.6 釐米，現存文字 140 個；兩篇一共存字 659 個。①

本篇寫本公布以後，陳劍先生撰文指出，本篇寫本不應分爲甲、乙兩篇，應該合爲一篇，並提出了具體編連方案。本篇寫本所記內容提出從政應該毋暴、毋虐、毋賊、毋貪等道德及行爲標準。有學者指出，此篇寫本中的"聞之曰"相當於"子曰"，所記爲孔子之言，應是《子思子》逸篇。②

從文體形態來看，上博楚簡《從政》寫本每章都以"聞之曰"領起下文，很有特點，從全篇來看，本篇文獻屬於記言類文獻。

從文體性質來看，本篇應該屬於寫實性記言文獻。

十九　上博楚簡《季康子問於孔子》的文體形態

上博楚簡《季康子問於孔子》是上海博物館 1994 年 5 月入藏的一批戰國竹簡中的一篇。本篇寫本共 23 簡，竹簡兩端平齊，完簡長約 39 釐米，寬 0.6 釐米，厚 0.12 釐米左右，三道編繩。上契口距頂端約 1.3 釐米，上契口與中契口間距約 18 釐米，中契口與下契口間距約 18.2 釐米，下契口距尾端約 1.3 釐米，契口位於竹簡右側。③本篇寫本竹簡上下皆留白，文字抄寫在上編繩與下編繩之間，一共存字 669 個，字體工整，字距較爲均匀。本篇寫本未發現篇題，現篇題是整理者據寫本內容擬定。④

本篇寫本記述的是季康子以幣迎孔子歸魯後的事迹，爲研究孔子晚年

---

① 參見馬承源主編《上海博物館藏戰國楚竹書》（二），第 213 頁。
② 參照楊朝明先生相關論述。
③ 參見馬承源主編《上海博物館藏戰國楚竹書》（五），第 195 頁。
④ 參見馬承源主編《上海博物館藏戰國楚竹書》（五），第 195 頁。

思想提供了新材料。

從文體形態來看，上博楚簡《季康子問於孔子》通篇主體上爲記言，間以少量叙述，其記言爲對話式。

從文體性質來看，本篇文獻應該是寫實性文獻，簡文所記孔子思想與《論語》等傳世文獻相合。

二十　上博楚簡《弟子問》的文體形態

上博楚簡《弟子問》是上海博物館 1994 年 5 月入藏的一批戰國竹簡中的一篇。本篇寫本現存 25 支竹簡，大多殘斷，很難連讀，所記内容是孔子與弟子及弟子之間的問答。[①]本篇寫本爲研究孔子師徒的思想及《論語》成書問題提供了新材料。

從文體形態來看，上博楚簡《弟子問》爲孔子與弟子及弟子之間的對話問答，屬於記言體文獻，可稱爲對話體。

從文體性質來看，上博楚簡《弟子問》屬於寫實性記言文獻，與《論語》非常接近。

二十一　上博楚簡《君子爲禮》的文體形態

上博楚簡《君子爲禮》是上海博物館 1994 年 5 月入藏的一批戰國竹簡中的一篇。本篇寫本現存 16 支竹簡，完整竹簡長度爲 54.1~54.5 釐米，三道編繩，第一編繩距頂端大約 10.5 釐米，第一編繩與第二編繩間距大約是 13.2 釐米，第二編繩與第三編繩間距大約是 19.5 釐米，第三編繩距竹簡尾端大約是 10.3 釐米。本篇寫本未發現篇題，現篇題《君子爲禮》爲整理者據寫本内容擬定。[②]

本篇寫本的文體及所記内容與上博楚簡《弟子問》相似，爲研究孔子師徒的思想及《論語》的成書問題提供了新材料，其中關於顏淵的部分與《論語·顏淵》所記相似。

---

① 參見馬承源主編《上海博物館藏戰國楚竹書》（五），第 267 頁。
② 參見馬承源主編《上海博物館藏戰國楚竹書》（五），第 253 頁。

從文體形態來看，上博楚簡《君子爲禮》也是孔子與弟子、弟子之間的問答，間以少量叙事，其文體體式與《論語》相同，甚至有部分内容見於《論語》。

從文體性質來看，上博楚簡《君子爲禮》爲寫實性記言文獻，其性質與《論語》相同。

二十二　上博楚簡《孔子見季桓子》的文體形態

上博楚簡《孔子見季桓子》是上海博物館 1994 年 5 月入藏的一批戰國竹簡中的一篇。本篇寫本現存 27 支竹簡，竹簡兩端修整齊平，完整竹簡長度大約 54.6 釐米，設有三道編繩，契口在竹簡右側，第一契口距離竹簡頂端大約 1.1 釐米，第一契口與第二契口間距大約 25.5 釐米，第二契口與第三契口間距大約 26.5 釐米，第三契口距離竹簡尾端大約 1.5 釐米。文字抄寫在竹黄面，竹簡上下皆留白，文字抄寫在第一編繩與第三編繩之間，一共存字 554 個，其中包括 6 個合文。本篇寫本未發現篇題，現篇題《孔子見季桓子》爲整理者據寫本内容擬定。①

本篇寫本記述孔子與季桓子討論“二道”及“興魯”等問題。相關事迹參見《左傳》《禮記》及《史記》等傳世文獻。本篇寫本應當是儒家文獻，爲研究孔子思想及魯國歷史提供了新材料。

從文體形態來看，本篇寫本是對話式記言體。

從文體性質來看，本篇簡文是寫實性記言文獻。

二十三　上博楚簡《子道餓》的文體形態

上博楚簡《子道餓》是上海博物館 1994 年 5 月入藏的一批戰國竹簡中的一篇。本篇寫本現存 6 支完、殘簡，其中完整竹簡 2 支，完整竹簡長度大約 44 釐米，寬度大約 0.6 釐米，厚度大約 0.12 釐米。竹簡兩端修整齊平，有三道編繩，契口在竹簡右側，第一契口距離竹簡頂端大約 1.2 釐米，第一契口與第二契口間距大約 21 釐米，第二契口與第三契口間距大約 21 釐米，

---

① 參見馬承源主編《上海博物館藏戰國楚竹書》（六），第 195 頁。

第三契口距離竹簡尾端大約 1.2 釐米，文字抄寫在竹黃面，竹簡上下皆留白，文字抄寫在第一編繩與第三編繩之間，一共存字 121 個。本篇寫本未發現篇題，現篇題《子道餓》是整理者據寫本内容擬定。①

原整理者認爲本篇寫本所記内容即是孔子陳蔡絶糧之事。本篇寫本公布以後，復旦吉大古文字專業研究生聯合讀書會對本篇寫本提出新的編連方案，發現本篇寫本與孔子無關，所記内容是孔門弟子言游因没有得到魯司寇的禮遇而去魯，行至宋衛之間時，言游一子因飢餓而死，言游門人爲此而諫言之事。② 子游爲孔子著名弟子之一，其思想對後世有較大影響。本篇寫本的發現爲研究子游思想及事迹提供了新材料。

從文體形態來看，上博楚簡《子道餓》爲記事兼記言類文獻，以叙事爲骨架，間以人物對話，以推動情節。

從文體性質來看，上博楚簡《子道餓》不是虚構類作品，而是寫實性作品，其所記子游事迹不見於傳世文獻，對於研究孔子弟子子游具有重要文獻價值。

二十四　上博楚簡《顔淵問於孔子》的文體形態

上博楚簡《顔淵問於孔子》是上海博物館 1994 年 5 月入藏的一批戰國竹簡中的一篇。本篇寫本現存 14 支殘簡，其中，相對而言第七支竹簡較完整，完整簡長度大約 46.2 釐米，寬度大約 0.6 釐米，厚度大約 0.12 釐米，竹簡兩端修整齊平。竹簡有三道編繩，契口在竹簡右側，第一契口距離竹簡頂端大約 2.6 釐米，第一契口與第二契口間距大約 20.5 釐米，第二契口與第三契口間距大約 20.5 釐米，第三契口距離竹簡尾端大約 2.6 釐米。文字抄寫在竹黃面，竹簡上下皆留白，文字抄寫在第一編繩與第三編繩之間，一共存字 313 個，其中包括 7 個合文，6 個重文。本篇寫本未發現篇題，現篇題《顔淵問於孔子》爲整理者據寫本内容擬定。③

①　參見馬承源主編《上海博物館藏戰國楚竹書》（八），第 119 頁。
②　參見復旦吉大古文字專業研究生聯合讀書會《上博八〈子道餓〉校讀》，復旦大學出土文獻與古文字研究中心網站，2011 年 7 月 17 日。
③　參見馬承源主編《上海博物館藏戰國楚竹書》（八），第 139 頁。

本篇寫本記述的内容是顏淵與孔子就"内事""内教""至明"等問題的問答。

從文體形態來看，本篇寫本的體式爲對話式記言體。

從文體性質來看，本篇寫本屬於寫實性記言文獻，爲研究孔子及顏淵思想提供了新材料。

二十五　上博楚簡《史蒥問於夫子》的文體形態

上博楚簡《史蒥問於夫子》是上海博物館 1994 年 5 月入藏的一批戰國竹簡中的一篇。本篇寫本現存 12 支殘簡，完整竹簡長度大約 37 釐米，寬度大約 0.6 釐米，厚度大約 0.12 釐米，竹簡兩端修整齊平，有兩道編繩，契口在竹簡右側，第一契口距離竹簡頂端大約 10 釐米，第一契口與第二契口間距大約 17 釐米，第二契口距離竹簡尾端大約 10 釐米。文字抄寫在竹黃面，竹簡上下皆不留白，一共存字 236 個，其中包括 1 個合文，3 個重文。本篇寫本未發現篇題，現篇題《史蒥問於夫子》爲整理者據寫本内容擬定。[①]

本篇寫本記述的内容是齊國史蒥與孔子就"世襲""敬"等問題的問答。

從文體形態來看，上博楚簡《史蒥問於夫子》屬於問答體記言作品。

從文體性質來看，上博楚簡《史蒥問於夫子》屬於寫實性記言作品，對於研究孔子思想具有重要意義。

二十六　清華簡《殷高宗問於三壽》的文體形態

清華簡《殷高宗問於三壽》是清華大學 2008 年入藏的戰國竹簡中的一篇。"本篇原由 28 支簡編聯而成，今缺第 3 簡，存 27 支，其中第 25 簡上部缺大半，第 8 簡上、下及第 9 簡下端亦稍殘。完整簡長約 45 釐米，寬約 0.6 至 0.7 釐米，設三道編繩。滿簡書寫 28 至 34 個字，簡背有次序編號'一'至'廿八'。今缺序號'三'。序號有錯亂，其中原編號

---

① 參見馬承源主編《上海博物館藏戰國楚竹書》（九），第 271 頁。

‘十五’者當排在第十簡位置，而原編號‘十’者當排在第十五簡位置，今已據文義互換。篇題‘殷高宗問於三壽’寫在本篇末簡簡背。全篇文字較清晰，唯第八簡上端有一字缺損，又第九簡中段‘君子’前一字及第二十簡‘責’字筆畫模糊。”[①]

全篇爲殷高宗與三壽（主要是彭祖）的對話。全篇分爲兩個部分：第一部分主要從宏觀抽象角度探討事物長、險、厭、惡四個範疇，並從具體事物進行分析；第二部分則提出與治國安邦及個人修養相關的祥、義、德、音、仁、聖、知、利、信九個範疇，並分別闡釋了這九個範疇的各自内涵。從總體上看，《殷高宗問於三壽》的思想承自儒家，但是已有很大改變，其意趣與荀子思想有諸多相像之處，當是儒家分化後，在戰國時期某一派的作品。因此，我們將之歸入儒家。

從文體性質來看，本篇的表達方式也是戰國諸子以造作故事來闡述自己思想，我們不能把這樣的篇章當作史料來看待，後人謂之假託，實際上就是用演繹故事的方式來闡述自己的思想。這樣的表達方式對虛構文學，特別是對小說文體具有深刻影響。清華簡《赤鵠之集湯之屋》，實際上是諸子造作故事的另一種形式。

儒家的這種文體，實際上到了漢代仍然流傳，劉向《説苑》中所收錄的文章在文體上多與此相仿。

余嘉錫《古書通例》“古書多造作故事”説：

> 若夫諸子短書，百家雜説，皆以立意爲宗，不以叙事爲主；意主於達，故譬喻以致其思；事爲之賓，故附會以圓其説；本出荒唐，難與莊論。惟儒者著書，較爲矜慎耳。……是故諸子之書，百家之説，因文見意，隨物賦形。或引古以證其言，或設喻以宣其奧。譬如童子成謡，詩人咏物，興之所至，稱心而談。若必爲之訓詁，務爲穿鑿，不惟事等刻舟，亦且味同嚼蠟矣。夫引古不必皆虛，而設喻自難盡實，彼原假此爲波瀾，何須加之以考據。推求其故，約有七端：一

曰：託之古人，以自尊其道也。……二曰：造爲古事，以自飾其非
也。……三曰：因憤世嫉俗，乃謬引古事以致其譏也。……四曰：心
有愛憎，意有向背，則多溢美溢惡之言，叙事遂過其實也。……五
曰：諸子著書，詞人作賦，義有奧衍，辭有往復，則設爲故事以證其
義，假爲問答以盡其辭，不必實有其人，亦不必真有此問也。……六
曰：古人引書，唯於經史特爲謹嚴，至于諸子用事，正如詩人運典，
苟有助于文章，固不問其真僞也。……七曰：方士説鬼，文士好奇，
無所用心，聊以快意，乃虚構異聞，造爲小説也。①

儘管余嘉錫説“惟儒者著書，較爲矜慎耳”，實際上，即使是孔子之
後的儒家，也不免“造作故事”以述己意，可以説這一點已與百家無異。
清華簡《殷高宗問於三壽》雖然有儒家思想傾向，但是其思想旨趣已經非
常接近荀子，應該是儒分爲八以後，戰國時期荀子學派的作品。篇中殷高
宗問於三壽，應該是屬於余嘉錫所説的“託之古人”“假爲問答以盡其辭，
不必實有其人，亦不必真有此問也”。

總之，從文體形態來看，清華簡《殷高宗問於三壽》爲對話式記言
體。從文體性質來看，殷高宗問於三壽的故事應該是假託，因此，屬於造
作故事以表達思想之類作品，其叙事不具有寫實性。

二十七　清華簡《邦家之政》的文體形態

《邦家之政》是清華大學 2008 年入藏的戰國竹簡中的一篇寫本文獻。
本篇寫本共有 13 支竹簡，現存 11 支竹簡。缺失第一、第二兩支竹簡。完
整竹簡長度大約 45 釐米，寬度大約 0.6 釐米，設有三道編繩。完整竹簡抄
寫 28 字至 34 字不等，字迹比較清晰。竹簡背面有次序編號。本篇寫本未
發現篇題，現篇題《邦家之政》爲整理者據寫本内容所擬加。②

本篇寫本文獻假託孔子與某公對話形式，闡述了文獻作者的治國爲政

---

① 余嘉錫:《目録學發微　古書通例》，第 253~262 頁。
② 參見李學勤主編《清華大學藏戰國竹簡》(捌)，第 121 頁。

理念。從思想性質來看，本篇寫本以儒家思想爲主體，但文中同時也有尚簡、尚賢、均分等墨家思想，反映出戰國中期百家爭鳴中儒墨融合傾向。從文體形態來看，本篇文獻是對話形式的記言體。

二十八　清華簡《邦家處位》的文體形態

《邦家處位》是清華大學 2008 年入藏的戰國竹簡中的一篇寫本文獻。本篇寫本文獻共有竹簡 11 支，完整竹簡長度大約 41.5 釐米，寬度大約 0.5 釐米，設有三道編繩，竹簡背面竹節處寫有竹簡編號。本篇寫本文獻未發現篇題，現篇題《邦家處位》爲竹簡整理者取簡首四字所擬定。①

本篇寫本文獻總體上由兩部分構成，第一部分論述選用良人對於克服弊政的重要性，第二部分論述貢選之道。

從文獻性質來看，本篇寫本文獻應該是儒家政論性文獻。從文體形態來看，本篇寫本應爲論體。

二十九　清華簡《治邦之道》的文體形態

《治邦之道》是清華大學 2008 年入藏的戰國竹簡中的一篇寫本文獻。該篇寫本文獻現存 27 支竹簡，完整竹簡長度大約 44.6 釐米，寬度大約 0.6 釐米，設有三道編繩。本篇寫本未發現篇題，也未見竹簡序號。現篇題《治邦之道》是整理者據簡文内容所擬定。②

本篇寫本文獻全篇論述治國安邦問題。本篇寫本文獻重視禮，因此其文獻性質總體上應該屬於儒家政論文獻。從文體形態來看，本篇寫本應爲論體。

三十　清華簡《心是謂中》的文體形態

《心是謂中》是清華大學 2008 年入藏的戰國竹簡中的一篇寫本文獻。該篇寫本文獻有 7 支竹簡，完整竹簡長度大約 44.6 釐米，寬度大約 0.6 釐

① 參見李學勤主編《清華大學藏戰國竹簡》（捌），第 127 頁。
② 參見李學勤主編《清華大學藏戰國竹簡》（捌），第 135 頁。

米，除了第一、第六兩支竹簡下部稍殘缺，其餘都完好。本篇寫本内容完整，沒有發現篇題，也未見竹簡序號，今簡序根據文意並結合簡背劃痕等排列，現篇題《心是謂中》是整理者取簡文語句所擬定。[1]

本篇寫本文獻全篇論述心與身、天命等關係問題，從文獻性質來看，當屬於儒家政論文獻。從文體形態來看，本篇寫本應爲論體。

三十一　清華簡《天下之道》的文體形態

《天下之道》是清華大學 2008 年入藏的戰國竹簡中的一篇寫本文獻。該篇寫本文獻有 7 支簡，完整竹簡長度大約 41.6 釐米，寬度大約 0.6 釐米，完整竹簡書寫 40~43 字，竹簡設有三道編繩，簡背有劃痕。本篇寫本沒有發現篇題，也未見竹簡序號。現篇題《天下之道》由竹簡整理者取第一簡前四字而擬定。[2]

本篇寫本文獻提出天下之道在攻守，而守之道並不是高其城牆、深其城池、多其兵車，而是在民心。從文獻性質來看，本篇寫本應該是儒家政論文獻。從文體形態來看，本篇寫本應爲論體。

三十二　清華簡《治政之道》的文體形態

《治政之道》是清華大學 2008 年入藏的戰國竹簡中的一篇寫本文獻。該篇寫本文獻一共有竹簡 43 支，完整竹簡長度大約 44.2 釐米，寬度大約 0.6 釐米，設有三道編繩，在每支竹簡尾端寫有竹簡編號，本篇寫本内容基本完整。[3]

本篇寫本文獻以爲政之道問題展開論述，從文獻性質來看，應該爲儒家政論文獻。從文體形態來看，本篇寫本應爲論體。

三十三　清華楚簡《畏天用身》的文體形態

《畏天用身》是清華大學 2008 年入藏的戰國竹簡中的一篇文獻，本篇

---

① 參見李學勤主編《清華大學藏戰國竹簡》（捌），第 148 頁。
② 參見李學勤主編《清華大學藏戰國竹簡》（捌），第 153 頁。
③ 參見黃德寬主編《清華大學藏戰國竹簡》（玖），第 125 頁。

寫本文獻原無篇題，現篇題《畏天用身》是整理者根據簡文内容所擬加。[①]

本篇寫本文獻主要内容是論述天人關係，簡文一方面强調敬畏上天，另一方面又主張"用身"，也就是强調主觀能動性。

從文獻性質來看，本篇寫本文獻的思想旨趣與《荀子》較爲接近，總體上看屬於儒家文獻。

從文體形態來看，本篇寫本文獻的文體屬於論體。

三十四　帛書《五行》的文體形態

帛書《五行》出土於馬王堆三號漢墓。[②]帛書《五行》寫本就是帛書《老子》甲本卷後四篇古佚書之一，接抄於《老子》之後，與《老子》抄寫風格相同，當爲同一抄手抄寫。本篇寫本未發現篇題，現篇題《五行》爲整理者據寫本内容擬定。本篇寫本中有句讀符號"⌐"，經的文本部分還有章節號"•"。[③]

帛書《五行》寫本經的部分與郭店楚簡《五行》篇基本相同。佚籍《五行》篇的重新發現，爲研究思孟學派提供了極爲珍貴的新材料，意義重大。

從文體形態來看，帛書《五行》屬於論體，全篇分爲經、傳兩部分，傳是用來釋經的。

從文獻性質來看，帛書《五行》是子思一系的作品。

三十五　阜陽漢簡《儒家者言》章題的文體形態

阜陽漢簡《儒家者言》寫本，1977 年在安徽阜陽雙古堆西漢汝陰侯夏侯竈墓出土。[④]本篇寫本的章題抄寫在該墓出土的一號木牘上。"一號木牘長 23 釐米、寬 5.4 釐米、厚 0.1 釐米。木牘正面和背面各分上中下三排，

① 黄德寬主編《清華大學藏戰國竹簡》（拾叁），第 127 頁。
② 湖南省博物館：《長沙馬王堆漢墓簡帛出土與整理情況回顧》，裘錫圭主編《長沙馬王堆漢墓簡帛集成》（壹），第 3 頁。
③ 參見裘錫圭主編《長沙馬王堆漢墓簡帛集成》（肆），第 57 頁。
④ 安徽省文物工作隊、阜陽地區博物館、阜陽縣文化局：《阜陽雙古堆西漢汝陰侯墓發掘簡報》，《文物》1978 年第 8 期。

由右至左書寫章題；正面上排 7 行，中排 8 行，下排 9 行；背面上排、中排各 9 行，下排 5 行，尾部書‘右方□□字’。木牘共書寫 47 個章題。”① 在一號木牘上未發現篇題，現篇題《儒家者言》爲整理者據木牘所記章題擬定。

阜陽漢簡《儒家者言》正文缺失，出土時祇發現了寫有章題的木牘，據木牘所書寫 47 個章題，内容大多與孔子師徒有關。章題所記載的内容大部分見於傳世文獻《説苑》《孔子家語》《新序》等典籍，見於《説苑》的最多。《儒家者言》章題的發現對於研究《説苑》等書籍内容來源及成書具有重要意義。另外，阜陽漢簡《儒家者言》章題木牘上的部分章題與定州漢簡《儒家者言》的内容相近。

從文體形態來看，阜陽漢簡《儒家者言》章題屬於目録類文獻。通過阜陽漢簡《儒家者言》章題，我們看到竹木寫本作爲早期書籍形式，已經具備後世紙質書籍的目録，對於研究早期寫本形態具有重要意義。

三十六　定州漢簡《儒家者言》的文體形態

定州漢簡《儒家者言》，1973 年在西漢中山懷王劉脩墓出土。② 本篇寫本未發現篇題，現篇題《儒家者言》爲整理者據寫本内容擬定。“這部分簡均長 11.5、寬 0.8 釐米，厚薄也基本一致；每章都從簡首開始，首尾無符號標志，亦不見篇題和尾題，每簡的字數和字體一致，滿行 14 字，字體規整，大小間距一律。”③

定州漢簡《儒家者言》每章内容獨立成篇，主要記述孔子及孔門弟子言行。

從文體形態來看，定州漢簡《儒家者言》或記言或叙事，或叙事兼記言，體式同《新序》及《説苑》等傳世文獻相似。本篇寫本爲研究《説苑》等典籍的内容來源提供了新材料。

---

① 韓自强：《阜陽漢簡〈周易〉研究》（附《儒家者言》章題、《春秋事語》章題及相關竹簡），第 155 頁。
② 參見定縣漢墓竹簡整理組《定縣 40 號漢墓出土竹簡簡介》，《文物》1981 年第 8 期。
③ 何直剛：《〈儒家者言〉略説》，《文物》1981 年第 8 期。

從文獻性質來看，定州漢簡《儒家者言》爲儒家寫實性記言記事文獻。

三十七　北大漢簡《儒家說叢》的文體形態

漢簡《儒家說叢》是北京大學藏西漢竹簡中的一篇。該篇文獻現存 11 枚竹簡，經綴合共得到 9 支竹簡，其中有 6 支完整竹簡。完整竹簡長度爲 30.1~30.3 釐米，寬度大約 0.8 釐米。本篇文獻原無篇題，現篇題《儒家說叢》爲整理者所擬定。[①]

北大漢簡《儒家說叢》現存部分共有三章，其中兩章還存有分章符號"•"。本篇文獻内容與《晏子春秋》《說苑》《韓詩外傳》及《孔子家語》等傳世文獻中的一些篇章相近。

從文體形態來看，本篇文獻所存三章叙事簡括，以記言爲主，爲對話體。

第二節　儒家類簡帛文獻的文體譜系

儒家類簡帛文獻在文體上大致可以分爲四類：第一類爲記言兼記事或記事兼記言類，第二類爲純記言類，第三類爲論體類，第四類爲語叢類。這四類文體都有其自身的發生發展譜系，下面分别加以説明與闡述。

首先來看記言兼記事或記事兼記言類儒家簡帛文獻的文體譜系。這類文體主要有郭店楚簡《魯穆公問子思》，上博楚簡《子羔》《中弓》《相邦之道》《魯邦大旱》《季康子問於孔子》《弟子問》《君子爲禮》《子道餓》《孔子見季桓子》《顔淵問於孔子》《史蒥問於夫子》，清華簡《殷高宗問於三壽》《邦家之政》，定州漢簡《儒家者言》，以及北大漢簡《儒家説叢》等文獻。

記言兼記事或記事兼記言類文體，其記言多爲問答式。這種文體從其來源看，向上可以追溯到《尚書》記言記事體式。從其近源來看，春秋以

後以《左傳》爲代表的新史書記言記事體式也是其主要來源。上述儒家類簡帛文獻多爲七十子及其後學所作，七十子及其後學上承孔子《書》教，有非常好的《書》學修養，對《尚書》文體諳熟於心，以致活學活用，創造了具有《尚書》特徵的七十子文體，可以説是《書》之餘緒。

以上記言記事多爲寫實性文獻，在記言記事類儒家簡帛文獻中，還有一種非寫實性記言記事作品，清華簡《殷高宗問於三壽》《邦家之政》就屬於這類文獻。《殷高宗問於三壽》假託殷高宗問於三壽的故事來表達思想，屬於余嘉錫所説的“造作故事”以表達思想。這種文體在儒家以外諸子中較爲常見，在儒家較爲少見，尤其是早期儒家中更爲少見。清華簡《殷高宗問於三壽》應該屬於先秦儒家中較爲晚期的作品，其儒家思想也不夠純粹，但還是屬於儒家範疇，因此將之歸入儒家類。清華簡《邦家之政》假託孔子與某公對話形式，闡述了文獻作者的治國爲政理念。

其次看看純記言類儒家簡帛文獻的文體譜系。上博楚簡《從政》篇，全篇每章都以“聞之曰”領起下文，文體形態與上述記言記事類不同，既没有記事成分，也没有對話問答。這種文體實際上是《尚書》獨白式記言體的變體，因此，這種記言體也源於《尚書》體式。

再次看論體類儒家簡帛文獻的文體譜系。這類文體主要有郭店楚簡《窮達以時》《五行》《唐虞之道》《忠信之道》《成之聞之》《尊德義》《性自命出》《六德》，上博楚簡《性情論》，清華簡《邦家處位》《治邦之道》《心是謂中》《天下之道》《治政之道》《畏天用命》，以及帛書《五行》等文獻。

劉勰在《文心雕龍》中把論體區分爲八種：“詳觀論體，條流多品：陳政，則與議、説合契；釋經，則與傳、注參體；辨史，則與贊、評齊行；銓文，則與叙、引共紀。故議者宜言，説者説語，傳者轉師，注者主解，贊者明意，評者平理，序者次事，引者胤辭；八名區分，一揆宗論。論也者，彌綸群言，而研精一理者也。”① 劉勰區分的八種論體是：議、説、傳、注、讚、評、序、引。縱觀儒家簡帛文獻中的論體，郭店楚簡《五

---

① （南朝梁）劉勰撰、（清）黄叔琳注《黄叔琳注本文心雕龍》（一），第 165 頁。

行》及帛書《五行》篇中包含經和經解兩部分，其中的經解就是劉勰所區分的傳、注類論體。其餘絕大部分應該屬於劉勰所説的“議”體，也就是議論體。

議論體是從何時起源的呢？劉勰認爲論體起源於《易》傳，所謂“論、説、辭、序，則《易》統其首”[1]。劉勰的這一看法源自其宗經觀念。實際上，論體的起源也可以追溯到《尚書》。《尚書》文本中已經有較爲抽象的議論。比如大家都熟知的詩言志章：“帝曰：‘夔！命汝典樂，教胄子，直而溫，寬而栗，剛而無虐，簡而無傲。詩言志，歌永言，聲依永，律和聲。八音克諧，無相奪倫，神人以和。’夔曰：‘於！予擊石拊石，百獸率舞。’”[2] 其中的“直而溫，寬而栗，剛而無虐，簡而無傲”，以及“詩言志，歌永言，聲依永，律和聲”，都是非常抽象的議論。《尚書·洪範》箕子之言大部分爲議論，《逸周書》的《度訓》《命訓》《常訓》三篇都是以論爲主體的文獻。

論體類儒家簡帛文獻絕大多數爲孔子弟子及其後學的作品，七十子跟隨孔子，得到非常好的六經教育。從《論語》等文獻來看，孔子的《詩》教、《易》教，特別重視培養學生從具體的詩篇及易卦中抽象出思想，孔子的《詩》教並不拘泥於某首詩的本事本義，而是重視“告諸往而知來”的普遍性思想。七十子及其弟子，上承孔子重視抽象思想能力培養的優良六經教育，創作出七十子及其弟子的論體文章，就不足爲奇了。

最後看看語叢類儒家簡帛文獻的文體譜系。這類文體主要有郭店楚簡《語叢》三篇等文獻。

語叢體的起源也非常早。夏商周三代都非常重視對嘉言善語的收集，《尚書》及《逸周書》中格言警句並不少見。郭店簡《語叢》是名言警句的楚人寫本，語叢一類文獻在先秦應該很多，傳到漢代還有不少，《説苑·談叢》《淮南子·説林》都是這類文獻的彙編。

---

① （南朝梁）劉勰撰、（清）黄叔琳注《黄叔琳注本文心雕龍》（一），第34頁。
② （唐）孔穎達撰《宋本尚書正義》（一），第214~215頁。

第十章　道家類簡帛文獻的文體形態及文體譜系

在諸子百家中，除了儒家，對中國文化影響最大的非道家莫屬。與此對應，簡帛文獻中的諸子文獻，除了儒家，道家的數量也是最多的。道家類簡帛文獻中，除了《老子》等少數典籍有傳世本，其他大多沒有傳世本，都是道家佚籍。即使是《老子》，簡帛《老子》與傳世本也有很多不同。因此，非常有必要對道家類簡帛文獻的文體形態及文體譜系作探討。

第一節　道家類簡帛文獻的文體形態

簡帛文獻中，有包括《老子》在內的多種道家文獻，這些文獻的文體形態各異，即使《老子》，其文體形態也與傳世本存在諸多差異，通過這些簡帛道家文獻，我們可以深入瞭解、認識早期道家文獻的文體形態。

一　郭店楚簡《老子》的文體形態

郭店楚簡《老子》寫本，1993 年冬在湖北荆門郭店一號戰國楚墓出土。[①] 郭店楚簡《老子》，現存竹簡可分爲三組，甲組現存 39 支竹簡，竹簡兩端均修整爲梯形，簡長大約 32.3 釐米。竹簡有兩道編繩，上下編繩間距 13 釐米。乙組現存 18 支竹簡，竹簡兩端修整齊平，簡長 30.6 釐米。有兩道編繩，間距爲 13 釐米。丙組現存 14 支竹簡，竹簡兩端修整齊平，簡

---

① 參見荆門市博物館編《郭店楚墓竹簡》，前言，第 1 頁。

長爲 26.5 釐米。有兩道編繩，間距爲 10.8 釐米。三組竹簡抄寫文字總量相當於今本的五分之二，寫本中的章序及文字與傳世本相校，存在較大差異，竹簡的原整理者把這三組竹簡分別稱作《老子》甲、《老子》乙、《老子》丙。①

郭店楚簡《老子》甲、乙、丙三本，在分章及文字上與今本都有很大不同，多數學者認爲是今本的摘抄本，也有學者認爲郭店楚簡《老子》甲、乙、丙三本反映出當時《老子》還處於形成階段，也就是説今本《老子》在當時還未形成。

關於《老子》的文體，過去，學界多認爲《老子》是語録體，這實際上是一個大大的誤解。《老子》的文體並不是所謂的語録體，從文體形態來看，郭店楚簡《老子》甲、乙、丙三本，語句精煉，沒有過長的句子，很少有超過十字的語句，間以用韻，朗朗上口。多用比喻、象徵等表達方法，將形而上的哲學思想形象化。《老子》各章有觀點，有論證，祇是其論證簡潔，言説精煉而已。可以説，《老子》的表達方式及文體體式，在諸子之中獨樹一幟。

從文獻性質來看，《老子》是形而上哲學著作。

二　帛書《老子》的文體形態

帛書《老子》在馬王堆三號漢墓出土。② 帛書《老子》有甲、乙本兩種。帛書《老子》甲本與同時出土的《五行》《九主》等四篇佚書合抄在一長條半幅寬（現寬約 24 釐米）的帛上，帛上施畫朱絲欄，文字用漆墨抄寫，一共 169 行。帛書《老子》乙本與同時出土的《經法》《十六經》等四篇佚書合抄在一大張全幅的帛上，摺疊成約十六開大小，帛上施畫朱絲欄，文字用漆墨抄寫，一共 78 行。帛書《老子》甲、乙本都包括上、下兩篇，其中，乙本篇末題寫了篇名和全篇字數，上篇爲“《德》三千冊一”，下篇爲“《道》二千四百廿六”。帛書《老子》上篇《德》相當於傳世

---

① 參見荆門市博物館編《郭店楚墓竹簡》，第 111 頁。
② 湖南省博物館：《長沙馬王堆漢墓簡帛出土與整理情況回顧》，裘錫圭主編《長沙馬王堆漢墓簡帛集成》（壹），第 3 頁。

王弼注本的下篇《德經》，帛書《老子》下篇《道》相當於傳世王弼注本的上篇《道經》。帛書《老子》上、下篇順序與傳世王弼注本相反，而與北大漢簡本《老子》一致。[①] 帛書《老子》的出土，爲研究《老子》一書在寫本階段的流傳變化等問題提供了新材料。

帛書《老子》的文體形態及文體性質與郭店簡本及今本相同，此不贅述。

三　北大漢簡《老子》的文體形態

北大漢簡《老子》是北京大學 2009 年 1 月入藏的一批西漢竹簡中的一種。[②] 北大漢簡《老子》寫本現存 176 支完簡，105 支殘簡，拼綴後完簡及接近完整的竹簡一共 211 支，還有 10 支殘簡，全篇寫本缺失 2 支竹簡。完整竹簡長度爲 31.9~32.2 釐米，寬度爲 0.8~0.9 釐米，竹簡有三道編繩，滿簡抄寫 28 字左右，書體接近成熟漢隸，書法風格飄逸清秀，堪稱西漢中期隸書書法藝術的瑰寶。[③]

北大漢簡《老子》寫本包括上、下篇，上篇篇題"老子上經"抄寫在第二支竹簡的背面上端，下篇篇題"老子下經"抄寫在第 124 支竹簡的背面上端。北大漢簡的《上經》相當於傳世王弼注本的下篇《德經》，而《下經》相當於傳世王弼注本的上篇《道經》。北大漢簡《老子》的《上經》包括 44 章，《下經》包括 33 章，一共 77 章。每章文本皆另起一簡抄寫。[④]

漢簡《老子》寫本大致完整，可以同出土各本及傳世諸本進行對比研究，爲推動相關問題研究提供了新材料。

北大漢簡《老子》的文體形態及文體性質與郭店簡本及今本相同，此不贅述。

---

① 參見裘錫圭主編《長沙馬王堆漢墓簡帛集成》（肆），第 1~2 頁。
② 參見北京大學出土文獻研究所編《北京大學藏西漢竹書》（貳），前言，第 1 頁。
③ 參見北京大學出土文獻研究所編《北京大學藏西漢竹書》（貳），第 121 頁。
④ 參見北京大學出土文獻研究所編《北京大學藏西漢竹書》（貳），第 121 頁。

四　郭店楚簡《太一生水》的文體形態

郭店楚簡《太一生水》，1993 年冬在湖北荆門郭店一號戰國楚墓出土。[①] 郭店楚簡《太一生水》寫本現存 14 支竹簡，竹簡兩端修整齊平，簡長大約 26.5 釐米，有兩道編繩，兩道編繩間距大約 10.8 釐米。竹簡形制以及書寫字體與《老子》丙篇一致，兩篇寫本可能是一編。[②] 本篇寫本未發現篇題，現篇題《太一生水》爲整理者據寫本内容擬定。

從文體形態來看，郭店楚簡《太一生水》屬於論體，其論述多采用頂針句式，不用韻，不用比喻，其文體體式與《老子》明顯不同。

從文獻性質來看，郭店楚簡《太一生水》屬於道家哲學著作，寫作時代處於老子與莊子之間。

五　上博楚簡《恒先》的文體形態

上博楚簡《恒先》是上海博物館於 1994 年 5 月入藏的一批戰國竹簡中的一篇。本篇寫本首尾完整，現存竹簡 13 支，竹簡長度大約爲 39.4 釐米，篇題“恒先”抄寫在第三支竹簡的背面。[③]

從文體形態來看，上博楚簡《恒先》與郭店簡《太一生水》相似，屬於論體，也多用頂針句式，不用韻，不用比喻。

從文獻性質來看，上博楚簡《恒先》屬於道家哲學著作，寫作時代處於老子與莊子之間。

六　上博楚簡《凡物流形》的文體形態

上博楚簡《凡物流形》是上海博物館 1994 年 5 月入藏的一批戰國竹簡中的一篇。本篇寫本有甲、乙兩本。甲本完整，現存 30 支竹簡，個别竹簡有缺字，但可以依據乙本補出，一共存字 846 個，完整竹簡長度大約 33.6 釐米，將甲本與乙本相校可知，甲本存在漏抄、誤抄情況。乙本現存

---

① 參見荆門市博物館編《郭店楚墓竹簡》，前言，第 1 頁。
② 參見荆門市博物館編《郭店楚墓竹簡》，第 125 頁。
③ 參見馬承源主編《上海博物館藏戰國楚竹書》（三），第 287 頁。

竹簡 21 支，不完整，現存文字 601 個，完整竹簡長度爲 40 釐米。甲、乙兩本書法風格不同，當不是同一抄手抄寫的。本篇寫本的篇題《凡物流形》抄寫在甲本第三支竹簡背面。①

對於本篇寫本的文獻性質，學者們有不同看法。原整理者認爲本篇寫本是類似《天問》的一首長詩，甚至認爲可以稱爲《天問》的姊妹篇。竹簡公布以後，有學者撰文認爲《凡物流形》應該是道家作品，還有學者撰文認爲本篇寫本思想取材廣泛，難以用某家來確定其文獻屬性。筆者認爲，從本篇文獻的思想旨趣來看，還是以道家爲主體，當是黃老道家中較爲形而上的思想。

從文體形態來看，上博楚簡《凡物流形》爲論體，寫本中多次出現"問之曰"，其體式爲設問體，即自問自答。由設問提出問題，由自答回答並論述問題。

從文獻性質來看，上博楚簡《凡物流形》屬於黃老道家作品，或者是介於原始道家與黃老道家之間的作品。

七　上博楚簡《三德》的文體形態

上博楚簡《三德》是上海博物館於 1994 年 5 月入藏的一批戰國竹簡中的一篇。本篇寫本現存 22 支完、殘竹簡，另附錄香港中文大學中國文化研究所文物館所藏 1 支竹簡。本篇寫本没有發現篇題，現篇題《三德》爲整理者據寫本内容擬定。②

本篇寫本論説"三德"問題，與傳世文獻《大戴禮記·四代》所講"三德"有相似之處。

從文體形態來看，上博楚簡《三德》屬於論體。

從文獻性質來看，學界對上博楚簡《三德》的學派屬性争議較大，有儒家説，有黃老道家説。我們看到，上博楚簡《三德》特別强調天的主宰地位，雜糅陰陽及儒家思想，篇中還假託高陽，這與帛書《十六經·姓争》

① 參見馬承源主編《上海博物館藏戰國楚竹書》（七），第 221 頁。
② 參見馬承源主編《上海博物館藏戰國楚竹書》（五），第 287 頁。

篇假託高陽相似。因此，本篇文獻思想旨趣更接近黃老道家思想。

八　上博楚簡《彭祖》的文體形態

上博楚簡《彭祖》是上海博物館於 1994 年 5 月入藏的一批戰國竹簡中的一篇。本篇寫本現存 8 支完、殘竹簡，完整竹簡長度大約 53 釐米。本篇寫本沒有發現篇題，現篇題《彭祖》爲整理者據寫本內容擬定。[①]

本篇寫本記述的是耇老與彭祖就道這一問題所展開的問答。目前，學者對於本篇寫本的文獻性質存在不同意見，其中，有房中養生説、黃老道家説等不同説法。近年來，《張家山漢簡·引書》和馬王堆帛書《十問》等出土文獻都涉及彭祖，這將有助於對本篇寫本進行深入研究。

從文體形態來看，上博楚簡《彭祖》通篇爲耇老與彭祖的對話，體式屬於問答式記言體。

從文獻性質來看，上博楚簡《彭祖》雜糅儒道，最終落脚點是王道，因此，應屬於黃老道家著作。

九　上博楚簡《舉治王天下》（五篇）的文體形態

上博楚簡《舉治王天下》是上海博物館 1994 年 5 月入藏的一批戰國竹簡中的一種。本寫本現存 35 支完、殘簡，原整理者分爲《古公見太公望》《文王訪之於尚父舉治》《堯王天下》《舜王天下》及《禹王天下》五篇。完整竹簡長度大約 46 釐米，寬度大約 0.6 釐米，厚度大約 0.12 釐米，竹簡兩端修整齊平，竹簡有三道編繩，契口在竹簡右側，第一契口距竹簡頂端 1.4~1.5 釐米，第一契口與第二契口間距爲 22.3~22.5 釐米，第二契口與第三契口間距爲 20.3~20.5 釐米，第三契口距竹簡尾端 1.4~1.5 釐米，文字抄寫在竹黃面，竹簡上下皆留白，文字抄寫在第一編繩與第三編繩之間，一共存字 728 個。本寫本現總篇題《舉治王天下》及各分篇篇題爲整理者據寫本內容擬定。[②]

---

① 參見馬承源主編《上海博物館藏戰國楚竹書》（三），第 303 頁。
② 參見馬承源主編《上海博物館藏戰國楚竹書》（九），第 191 頁。

本篇寫本公布以後，學者們對於竹簡編連提出不同方案。本篇寫本涉及古史傳説及上古史事，爲相關問題研究提供了新材料。

從文體形態來看，上博楚簡《舉治王天下》在體式上叙事記言，以記言爲主。

從文獻性質來看，上博楚簡《舉治王天下》内容涉及儒道，文中有"黃帝修三損"之語，又是太公呂尚與文王的對話，應當是黃老道家著作。

十　清華簡《湯處於湯丘》的文體形態

清華簡《湯處於湯丘》是清華大學 2008 年入藏的戰國竹簡中的一篇。《湯處於湯丘》共 19 支簡。簡長約 44.4 釐米，寬約 0.6 釐米。内容完整無缺。本篇原無篇題和簡號，現篇題《湯處於湯丘》爲整理者所擬加。①

《湯處於湯丘》講述伊尹故事，全篇表述以對話爲主，但在對話中又含有故事情節。故事大致内容是：湯居於湯丘，娶妻於有莘，有莘以小臣陪嫁。小臣善於烹飪，有莘女吃了，感到非常美味，"身體痊平，九竅發明"，"舒快以恒"，湯也吃了，説的確如此！湯問小臣："此可以和民乎？"小臣回答説可以。於是湯與小臣開始圖謀夏邦。尚未成功，小臣生病了，三月不出門。湯多次去見小臣，每次都是到了夜裏纔歸來。方惟聽説勸誡湯説，君是天王，擁有奴僕，現在小臣有病，等他病情稍好，再招他來朝見再向他咨詢，他不也猶如受到君的賞賜一樣嗎？湯回答説，小臣能明衆善，用來和萬民，用來修四時之正，用來設九事之人，則可以長久奉社稷，我是爲此去見他的。接下來，湯又向小臣咨詢如何自愛，如何爲君爲臣。小臣以飲食不嗜珍，器不雕琢回答何以自愛，以愛民回答如何爲君，以恭命敬君回答如何爲臣。全篇通過伊尹故事表達的是敬天、愛民、敬君以及自愛的思想傾向。全篇思想與戰國黃老道家思想相合。

《漢書·藝文志》在道家之下著録《伊尹》五十一篇，又在小説家下著録《伊尹説》二十七篇。②從《湯處於湯丘》敬天、愛民、敬君以及自愛

①　參見李學勤主編《清華大學藏戰國竹簡》（伍），第 134 頁。
②　參見（漢）班固撰、（唐）顏師古注《漢書》，第 6 册，第 1729、1744 頁。

的思想旨趣來看，應該屬於黄老道家之學。《漢書·藝文志》道家著録的《伊尹》五十一篇已經全部佚失，今發現的清華簡《湯處於湯丘》應該屬於《伊尹》五十一篇中的一篇，這對於研究先秦伊尹學派意義重大。

從文體形態來看，清華簡《湯處於湯丘》爲叙事體，全篇由叙述與對話構成。

從文體性質來看，《湯處於湯丘》雖然也講故事，但不是小説，應該屬於諸子造作故事以説理的表達方式，因此，《湯處於湯丘》的文獻性質應該屬於黄老道家作品。

十一 清華簡《湯在啻門》的文體形態

清華簡《湯在啻門》是清華大學 2008 年入藏的戰國竹簡中的一篇。"《湯在啻門》共 21 支簡，内容保存完整，字迹清晰，篇末留白。簡長約 44.5 釐米，編痕三道。其中 2 支簡首殘，7 支闕簡尾，但文字尚未殘闕。"① 竹簡寬約 0.6 釐米。本篇未見篇題和簡號，現篇題《湯在啻門》爲整理者所擬。②

《湯在啻門》全篇所記爲湯和伊尹的對話。湯向伊尹詢問古先帝之良言，小臣以成人、成邦、成地、成天作答；湯又問小臣人何以得生，何以得長，孰少而老，固猶爲人爲何一惡一好？小臣一一作答。小臣的回答，特别詳盡地論述了五味之氣與生命之間的關係，所以從思想旨趣來看與道家行氣養生思想有密切關聯。

從文體形態及文體性質來看，《湯在啻門》雖然也是伊尹與湯的對話，帶有故事性，但也不是小説，應該屬於《漢書·藝文志》所著録的道家《伊尹》五十一篇中的著作。

十二 清華簡《虞夏殷周之治》的文體形態

《虞夏殷周之治》是清華大學 2008 年入藏的戰國竹簡中的一篇。本

---

① 參見李學勤主編《清華大學藏戰國竹簡》（伍），第 141 頁。
② 參見李學勤主編《清華大學藏戰國竹簡》（伍），第 141 頁。

篇寫本文獻現存 3 支竹簡，完整竹簡長度大約 41.6 釐米，寬度大約 0.6 釐米。本篇寫本文獻沒有發現篇題，也未見竹簡序號，現篇題《虞夏殷周之治》是竹簡整理者據簡文文意所擬加。①

本篇寫本文獻的主旨是反對禮樂治國而主張以"素"治國。在戰國，反對禮樂治國的有道家、墨家及法家，其中道家主張素樸之治，與本文主旨相合。因此，從文獻性質來看，本篇寫本文獻當是道家文獻。

從文體形態來看，本篇寫本以論述爲主，其體式屬於論體。

十三　張家山漢簡《盜跖》的文體形態

張家山漢簡《盜跖》，1985 年出土於湖北江陵張家山三三六號西漢墓。②

張家山漢簡寫本《盜跖》現存竹簡 44 支，完整竹簡長度爲 29.9~30 釐米，寬度大約 0.6 釐米，竹簡設有三道編繩，全篇存兩千多字。本篇寫本不分章節，《盜跖》爲原有篇題，書寫在第一簡簡背。③

張家山漢簡寫本《盜跖》的內容與傳世本《莊子·盜跖》"子張問於滿苟得"之前部分比較接近，不過，在語句和用字等方面却有很多不同。竹簡本《盜跖》或能證明傳世本《盜跖》是後編入《莊子》一書的。④

十四　阜陽漢簡《莊子·雜篇》的文體形態

阜陽漢簡《莊子·雜篇》，1977 年在安徽阜陽雙古堆西漢汝陰侯夏侯竈墓出土。⑤目前已經公布了 8 支殘簡。其中，第一支竹簡抄寫的內容見於今本《莊子》雜篇的《則陽》；第二支竹簡抄寫的內容見於今本《莊子》雜篇的《讓王》；第三支竹簡至第八支竹簡抄寫的內容見於今本《莊子》雜篇《外物》。⑥

---

① 參見李學勤主編《清華大學藏戰國竹簡》（捌），第 161 頁。
② 參見荆州博物館編《張家山漢墓竹簡〔三三六號墓〕》（上），前言，第 1 頁。
③ 參見荆州博物館編《張家山漢墓竹簡〔三三六號墓〕》（上），第 143 頁。
④ 參見荆州博物館：《張家山漢墓竹簡〔三三六號墓〕》（上），第 31~34、143~154 頁。
⑤ 安徽省文物工作隊、阜陽地區博物館、阜陽縣文化局：《阜陽雙古堆西漢汝陰侯墓發掘簡報》，《文物》1978 年第 8 期。
⑥ 參見韓自强、韓朝《阜陽出土的〈莊子·雜篇〉漢簡》，《道家文化研究》（第十八輯），第 10~14 頁。

阜陽漢簡《莊子·雜篇》的出土，爲研究《莊子》成書時間等問題提供了新材料。

十五　帛書《九主》的文體形態

帛書《九主》出土於馬王堆三號漢墓。[①] 帛書《九主》寫本就是同時出土的帛書《老子》甲本卷後四篇古佚書中的第二種。本篇寫本抄寫在帛書《五行》篇的後面，另起一行抄寫。在本篇寫本篇首有分篇符號"•"。本篇寫本未發現篇題，現篇題《九主》爲整理者據寫本內容擬定。[②]

本篇寫本所記內容是伊尹與湯言"九主"之事。其中講到了"法天地之則"，因此，本篇寫本或許就是《漢書·藝文志》道家著錄的《伊尹》五十一篇中的一篇。

帛書《九主》寫本還附有一幅圖。帛書《九主》篇云："專授之君一，勞□□□君一，寄一，破邦之主二，威（滅）社之主二，凡與法君爲九主，從古以來，存者亡者，□此九已。九主成圖，請效之湯。"[③] 此圖現殘存"滅社之主""破國之主"等部分圖像和題名。

從文體形態來看，帛書《九主》爲敘事體，全篇由敘述與對話構成，雖有故事情節，但不是小說。

從文獻性質來看，帛書《九主》應該屬於道家作品。

十六　帛書《德聖》的文體形態

帛書《德聖》出土於馬王堆三號漢墓。[④] 帛書《德聖》寫本就是同時出土的帛書《老子》甲本卷後四篇古佚書中的第四種，抄寫在《明君》後面，另起一行抄寫。本篇寫本未發現篇題，現篇題《德聖》爲整理者據寫本內容擬定。本篇寫本前面保存比較完好，後面殘損較爲嚴重。保存較好

---

① 湖南省博物館:《長沙馬王堆漢墓簡帛出土與整理情況回顧》，裘錫圭主編《長沙馬王堆漢墓簡帛集成》(壹)，第 3 頁。

② 參見裘錫圭主編《長沙馬王堆漢墓簡帛集成》(肆)，第 97 頁。

③ 裘錫圭主編《長沙馬王堆漢墓簡帛集成》(肆)，第 107 頁。

④ 湖南省博物館:《長沙馬王堆漢墓簡帛出土與整理情況回顧》，裘錫圭主編《長沙馬王堆漢墓簡帛集成》(壹)，第 3 頁。

的部分還存有四個章節號"·"。①

就本篇寫本保存較好部分來看，其内容主要是圍繞"德"和"聖"兩個範疇論説，涉及五行，但是，有道家思想色彩，"表現了想把儒家和道家糅合起來的傾向"②。帛書《德聖》有兼容儒道傾向，道家色彩更濃一些。

從文體形態來看，帛書《德聖》爲論體，語言簡潔，論述清晰。

十七　帛書《經法》的文體形態

帛書《經法》出土於馬王堆三號漢墓。③帛書《經法》就是同時出土的《老子》乙本卷前四篇古佚書中的第一種。本篇寫本與《老子》乙本及卷前《十六經》《稱》《道原》三篇佚書抄在同一幅大帛上，本篇帛書原高大約 48 釐米，長 160~170 釐米。本篇寫本篇題《經法》抄寫在篇尾。④

目前，學術界對於《老子》乙本卷前四篇古佚書的文獻性質存在不同意見。唐蘭先生認爲四篇佚書就是《漢書·藝文志》著録的《黄帝四經》。⑤裘錫圭先生不贊同這一意見。還有學者認爲這四篇古佚書文獻性質並不一致。帛書《經法》主要講刑名之説，其中的"道法"章主要講道和法的關係，分爲道法、國次、君正、六分、四度、論、亡論、論約、名理九章。

從文體形態來看，帛書《經法》九章主體上都是典型的論體。

從文獻性質來看，帛書《經法》屬於黄老道家著作。

---

① 參見裘錫圭主編《長沙馬王堆漢墓簡帛集成》（肆），第 119 頁。
② 參見裘錫圭《馬王堆〈老子〉甲乙本卷前後佚書與"道法家"——兼論〈心術上〉〈白心〉爲慎到田駢學派作品》，原載《中國哲學》（第二輯）；又收入裘錫圭《中國出土古文獻十講》。
③ 湖南省博物館：《長沙馬王堆漢墓簡帛出土與整理情況回顧》，裘錫圭主編《長沙馬王堆漢墓簡帛集成》（壹），第 3 頁。
④ 參見裘錫圭主編《長沙馬王堆漢墓簡帛集成》（肆），第 125 頁。
⑤ 參見唐蘭《馬王堆出土〈老子〉乙本卷前古佚書的研究——兼論其與漢初儒法鬥争的關係》，《考古學報》1975 年第 1 期。

十八　帛書《十六經》的文體形態

帛書《十六經》出土於馬王堆三號漢墓。① 帛書《十六經》就是同時出土的《老子》乙本卷前四篇古佚書中的第二種。本篇寫本與《老子》乙本及卷前《經法》《稱》《道原》三篇佚書抄寫在同一幅大帛上，本篇帛書原高大約 48 釐米，長 160~170 釐米。本篇寫本篇題《十六經》抄寫在篇尾。②

本篇帛書寫本現存十四章，分別是《立命》《觀》《五正》《果童》《正亂》《姓爭》《雌雄節》《兵容》《成法》《三禁》《本伐》《前道》《行守》《順道》。本篇寫本篇題《十六經》抄寫在一個篇章的篇尾，並記有全篇字數四千多字，原整理者稱本篇寫本現存十四篇半③（復旦大學重新整理時未見新説），應該是將該篇章看作半篇。這所謂的半篇，有兩種可能，第一種可能是漏抄章題，第二種可能是此數語抄寫在全篇卷後，很可能就是本篇寫本的結語。

從文體形態來看，帛書《十六經》各章文體形態並不相同，有敘事體，有論體。分述於下：

《立命》爲敘事體，記事兼記言。

《觀》爲記言兼記事體，以敘述開篇，接下來是黃帝與力黑的對話，而對話之言實爲論體。

《五正》爲記言兼記事，以對話開篇，全篇主體爲黃帝與閹冉的對話，所記對話又是論體，篇尾又變爲敘事。

《果童》與《五正》文體形態相同，也是以對話開篇，全篇爲黃帝與果童的對話，其對話之言又爲論體，篇尾又變爲敘事。

《正亂》爲記言兼記事體，全篇前半部分爲力黑與太山之稽的對話，其對話所言又爲論體，後半部分爲敘事兼記言。

《姓爭》爲對話式記言體，全篇記高陽與力黑的對話，對話之言又爲論體。

---

① 湖南省博物館：《長沙馬王堆漢墓簡帛出土與整理情況回顧》，裘錫圭主編《長沙馬王堆漢墓簡帛集成》（壹），第 3 頁。
② 參見裘錫圭主編《長沙馬王堆漢墓簡帛集成》（肆），第 125 頁。
③ 參見馬王堆漢墓帛書整理小組編《馬王堆漢墓帛書》（壹），第 80 頁。

《雌雄節》爲典型的論體。

《兵容》爲典型的論體。

《成法》爲對話式記言體。通篇記黄帝與力黑的對話，其對話之言又爲論體。

《三禁》爲典型的論體。

《本伐》爲典型的論體。

《前道》爲典型的論體。

《行守》爲典型的論體。

《順道》爲對話式記言體。通篇記黄帝與力黑的對話，其對話之言又爲論體。

從文獻性質來看，帛書《十六經》爲黄老道家著作。

十九　帛書《稱》的文體形態

帛書《稱》出土於馬王堆三號漢墓。[①] 帛書《稱》就是同時出土的《老子》乙本卷前四篇古佚書中的第三種。本篇寫本與《老子》乙本及卷前《經法》《十六經》《道原》三篇佚書抄寫在同一幅大帛上，本篇帛書原高大約 48 釐米，長 160~170 釐米。[②] 本篇篇題《稱》抄寫在篇尾，並記有本篇寫本全篇字數 1600 字。

從文體形態來看，帛書《稱》體式爲論體，與《老子》相類。

從文獻性質來看，帛書《稱》爲黄老道家著作。

二十　帛書《道原》的文體形態

帛書《道原》出土於馬王堆三號漢墓。[③] 帛書《道原》就是同時出土的《老子》乙本卷前四篇古佚書中的第四種。本篇寫本與《老子》乙本及

---

① 湖南省博物館：《長沙馬王堆漢墓簡帛出土與整理情況回顧》，裘錫圭主編《長沙馬王堆漢墓簡帛集成》（壹），第 3 頁。
② 參見裘錫圭主編《長沙馬王堆漢墓簡帛集成》（肆），第 125 頁。
③ 湖南省博物館：《長沙馬王堆漢墓簡帛出土與整理情況回顧》，裘錫圭主編《長沙馬王堆漢墓簡帛集成》（壹），第 3 頁。

卷前《經法》《十六經》《稱》三篇佚書抄在同一幅大帛上，本篇帛書原高大約 48 釐米，長 160~170 釐米。本篇寫本篇題《道原》抄寫在篇尾，篇尾還記有本篇寫本全篇字數 464 字。[①]本篇論述道的性質及本源。

從文體形態來看，帛書《道原》爲典型論體。

從文獻性質來看，帛書《道原》爲黃老道家著作。

二十一　帛書《物則有形圖》的文體形態

帛書《物則有形圖》在馬王堆三號漢墓出土。[②]本篇寫本未發現篇題，現篇題《物則有形圖》爲整理者據寫本内容擬定。

帛書《物則有形圖》是由文字和方、圓構成的一幅圖。本圖最外面施畫朱綫方框，方框内套畫青色圓圈。方框内側四周書寫文字，圓圈外周亦書寫文字，圓心也有墨書文字，且其文字亦圍成圓形。[③]

整理者認爲，本篇帛書寫本的圖形及文字反映了道家應物思想，對研究道家應物學説具有重要價值。

從文體形態來看，帛書《物則有形圖》是中國古代圖書體式，圖書起源也非常早，在清華簡《筮法》裹已經見到類似圖書。

關於帛書《物則有形圖》的文體性質，從帛書《物則有形圖》中的文字來看，應該屬於黃老道家作品。

二十二　定州漢簡《文子》的文體形態

定州漢簡《文子》，1973 年在西漢中山懷王劉脩墓出土。[④]本篇寫本未發現篇題，現篇題《文子》爲整理者據寫本内容擬定。本篇寫本現存大約 277 支竹簡，現存文字大約 2790 個。[⑤]本篇寫本的大部分内容見於傳世本《文子·道德》篇。

---

① 參見裘錫圭主編《長沙馬王堆漢墓簡帛集成》（肆），第 125 頁。
② 湖南省博物館：《長沙馬王堆漢墓簡帛出土與整理情況回顧》，裘錫圭主編《長沙馬王堆漢墓簡帛集成》（壹），第 3 頁。
③ 參見裘錫圭主編《長沙馬王堆漢墓簡帛集成》（肆），第 217~220 頁。
④ 參見定縣漢墓竹簡整理組《定縣 40 號漢墓出土竹簡簡介》，《文物》1981 年第 8 期。
⑤ 參見連劭名《定州八角廊漢簡〈文子〉新證》，《文物春秋》2014 年第 1 期。

定州漢簡《文子》寫本的大部分内容見於傳世本《文子》，有學者據此提出傳世本《文子》不是後人僞託之作，然而，僞託之説是漢代人提出的。《漢書·藝文志》道家著録有《文子》九篇，班固自注云："老子弟子，與孔子並時，而稱周平王問，似依託者也。"① 定州漢簡《文子》是漢代的寫本，又與今本内容相近或相合，所以並不能證明今本《文子》是先秦文獻。

就文體形態而言，漢簡本《文子》殘斷嚴重，從現存部分來看，其應該屬於問答式記言體著作。

從文獻性質來看，漢簡本《文子》與今本《文子》一樣，都屬於道家著作。

二十三　銀雀山漢簡《六韜》的文體形態

銀雀山漢簡《六韜》，1972年4月在山東省臨沂銀雀山一號漢墓出土。該墓出土竹簡有長、短兩種，本篇寫本用長簡抄寫，總計有136個簡號，被竹簡整理者編爲十四篇。②

本寫本内容大部分與傳世本《六韜》相合。《隋書·經籍志》子部兵家類著録有《太公六韜》五卷，並注："梁六卷，周文王師姜望撰。"《漢書·藝文志》諸子略儒家類著録有《周史六弢》六篇。班固自注云："惠襄之間，或曰顯王時，或曰孔子問焉。"③ 顔師古注曰："即今之《六韜》也，蓋言取天下及軍旅之事。弢字與韜同也。"④ 另外，《漢書·藝文志》諸子略道家類還著録有《太公》二百三十七篇，謀八十一篇，言七十一篇，兵八十五篇。

因爲《漢書·藝文志》未明確著録《六韜》，而《隋書·經籍志》始見《六韜》，因此《六韜》被視爲晚書，在宋代以後開始被懷疑爲僞書，清代尤甚。銀雀山漢簡本《六韜》的出土，説明《六韜》在漢代還在流

---

① （漢）班固撰、（唐）顔師古注《漢書》，第6册，第1729頁。
② 《銀雀山漢墓竹簡情況簡介》，銀雀山漢墓竹簡整理小組編《銀雀山漢墓竹簡》（壹），第5~6頁。
③ （漢）班固撰、（唐）顔師古注《漢書》，第6册，第1725頁。
④ （漢）班固撰、（唐）顔師古注《漢書》，第6册，第1728頁。

傳，這爲研究《六韜》一書的真僞提供了重要材料。

從文體形態來看，銀雀山漢簡《六韜》大多爲對話體記言作品。

從文獻性質來看，銀雀山漢簡《六韜》屬於黃老道家作品。

二十四　定州漢簡《六韜》的文體形態

定州漢簡《六韜》，1973 年在西漢中山懷王劉脩墓出土。[①] 本篇寫本未發現篇題，現篇題《六韜》爲整理者據寫本內容擬定。本篇寫本現存 144 支竹簡，現存文字 1402 個。本篇寫本的部分內容與傳世本《六韜》大致相合，整理者據此將本篇寫本命名爲《六韜》。本篇寫本現存 13 個篇題，沒有一個與傳世本相合，不過，有相近的。本篇寫本的內容有 3 篇與宋本《六韜》相合，有 6 篇與唐本《六韜》相合，一共 9 篇，總計 34 支竹簡。其餘各簡抄寫內容不見於傳世本，這説明本篇寫本的內容範圍比傳世本《六韜》大。

從文體形態來看，定州漢簡《六韜》大多爲對話體記言作品。

從文獻性質來看，定州漢簡《六韜》屬於黃老道家作品。

二十五　北大漢簡《周馴》的文體形態

《周馴》是 2009 年北京大學入藏的西漢竹簡中的一篇。本篇文獻現存完、殘簡一共 219 支，其中有完整竹簡 206 支。完簡長度爲 30.2~30.5 釐米，寬度爲 0.8~1 釐米。竹簡設有三道編繩，在編繩處有契口。每支竹簡書寫 24 字左右，個別竹簡最多書寫 28 字，全部竹簡大約存字 5000 個。本篇竹簡抄寫書體爲成熟漢隸，《周馴》爲本篇原有篇題，書寫在正月章第三支竹簡背面上端。[②]

北大漢簡《周馴》全篇由十四章構成，內容爲周昭文公訓誡共太子。十四章由十四次訓誡構成，周昭文公對共太子每月一次訓誡，每訓一章，這構成了十二章，此外還有閏月的訓誡和歲末除舊迎新的訓誡，又各構成一章，一共是十四章。

---

① 參見定縣漢墓竹簡整理組《定縣 40 號漢墓出土竹簡簡介》，《文物》1981 年第 8 期。

② 參見北京大學出土文獻研究所編《北京大學藏西漢竹書》（叁），第 121 頁。

從文獻性質來看，北大漢簡《周馴》是假借周昭文公訓誡共太子的表述形式，闡述治國爲君之道，思想内容雜糅道法儒墨。因此，北大漢簡《周馴》的所謂"訓"，並不是先秦書類文獻中的訓體，而是戰國後期假借訓體表述形式的黃老道家文獻。

《漢書·藝文志》諸子略道家類著録有《周訓》十四篇，顔師古注曰："劉向《别録》云'人間小書，其言俗薄'。"①北大漢簡《周馴》全篇十四章，與《漢書·藝文志》著録的《周訓》篇數相合，語言風貌也與《别録》所云"其言俗薄"相合，思想内容也與黃老道家相合，上述種種相合應該不是巧合。因此，從篇數、思想内容及語言風貌等方面來看，北大漢簡《周馴》就是《漢書·藝文志》著録的《周訓》。

就文體形態而言，北大漢簡《周馴》從全篇來看總體上是以周昭文公訓誡共太子故事爲表述形式，具體又由每月一訓爲一個表述單元，即本篇文獻的一個章節。從本篇文獻的各個章節來看，第一章正月之訓爲論體，其他各章則由故事加議論構成。其所述故事，又大多以記言爲主，叙事極爲簡括。

北大漢簡《周馴》雖然以"訓"爲表面表述形式，但實際上與諸子以"造作故事"來闡述某種思想的文體形式並無二致，特別是與黃老道家假借故事闡述思想的相類文獻更是如出一轍。

第二節　道家類簡帛文獻的文體譜系

道家類簡帛文獻在體式上大致可以分爲四種，第一種論體，第二種對話式記言體，第三種叙事體，第四種圖書。

道家類論體簡帛文獻主要有郭店楚簡《老子》、帛書《老子》、北大漢簡《老子》，郭店楚簡《太一生水》，上博楚簡《恒先》《凡物流形》《三德》，清華簡《虞夏殷周之治》，帛書《德聖》《經法》《稱》《道原》，以及帛書《十六經》中《雌雄節》《兵容》《三禁》《本伐》《前道》《行守》等

---

① （漢）班固撰、（唐）顔師古注《漢書》，第6册，第1732頁。

篇章。

道家類對話式記言體簡帛文獻主要有上博楚簡《彭祖》、定州漢簡《文子》、帛書《十六經·姓争》、帛書《十六經·成法》、帛書《十六經·順道》、定州漢簡《六韜》等篇章。

道家類叙事體簡帛文獻主要有記言兼記事及記事兼記言兩類，主要有上博楚簡《舉治王天下》，清華簡《湯處於湯丘》《湯在啻門》，帛書《九主》與《十六經》所含《立命》《觀》《五正》《果童》《正亂》五篇。

道家類圖書體簡帛文獻有帛書《物則有形圖》。

道家是先秦諸子百家中除了儒家影響最大的學派，關於道家的起源，《漢書·藝文志》諸子類道家小序云："道家者流，蓋出於史官，歷記成敗存亡禍福古今之道，然後知秉要執本，清虚以自守，卑弱以自持，此君人南面之術也。合於堯之克攘，易之嗛嗛，一謙而四益，此其所長也。及放者爲之，則欲絶去禮學，兼棄仁義，曰獨任清虚可以爲治。"① 按照班固的講法，道家可能出於史官。史官觀世事之變，透悟形而上之道。這確實是較爲合理的解釋。從文體上看，《老子》五千言，從體式到文采確實與衆不同，可謂在諸子中獨樹一幟，後無來者。觀其文，確實與史官文筆修養及能力相合。孔子云："質勝文則野，文勝質則史。文質彬彬，然後君子。"② 孔子這幾句話是什麼意思呢？我們看到很多人把"野"解釋爲粗野，把"史"解釋爲虚僞、浮誇。實際上這是不完全準確的。孔子所説的"野"，是上古行政區劃概念，《周禮·天官·司會》云："掌國之官府郊野縣都之百物財用。"③ 在周代，"野"指郊外。也常常"鄙野"連言，鄙野居住的人往往没有受過教育，所以"野"引申爲粗野之義。孔子所説的"野"字較爲容易理解，但是，孔子所説的"史"則不太好理解。孔子所説的"史"指的是"史書"。夏商周三代以來的史書多是非常有文采的，史官講究文筆。《尚書》有文采，春秋以後的新史學代表作《左傳》更是繼承了三代以來重視文采的史學傳統。於是當時的人就形成了一個觀

---

① （漢）班固撰、（唐）顏師古注《漢書》，第 6 册，第 1732 頁。
② （宋）朱熹集注《宋本論語集注》（一），第 243 頁。
③ （漢）鄭玄注、（唐）賈公彦疏《宋本周禮疏》（二），第 158 頁。

感，"史"幾乎等於"文采"的代名詞。因此，《韓非子》云："捷敏辯給，繁于文采，則見以爲史。"[①]因此，把"文勝質則史"的"史"解釋爲"虛飾""浮夸"實際上是不準確的，與史書記實屬性也是不符合的。翻譯爲"史卷氣"比較好一些。

道家類簡帛文獻的論體、對話式記言體、叙事體、圖書體等文體體式各有各自的來源及發展譜系。

道家類簡帛文獻的論體、對話式記言體、叙事體等文體體式的來源，可以上溯到《尚書》。按照班固在《漢書·藝文志》中道家出於史官的講法，道家是有史學傳統的，因此，道家對於《尚書》的内容及文體體式也會非常熟悉，道家的論體來自《尚書》就非常容易理解了。

論體是春秋以後諸子百家普遍使用的文體，但是，實際上諸子各家之間的論體又多有不同。就儒道兩家來説，儒家的論體形而下的居多，道家的論體形而上的居多。在儒家簡帛文獻中，我們已經見到郭店簡《性自命出》及上博簡《性情論》這樣具有形而上特徵的論體，但在儒家中並不多見，其形而上程度也没有道家高。從簡帛文獻來看，道家在老子以後，形而上程度進一步發展，郭店簡《太一生水》和上博楚簡《恒先》其形而上程度及水平已經相當高。

這種抽象的形而上文體當然來自《尚書》。這種抽象的形而上文體要具備幾個必要的要素與能力。首先，具備形成抽象概念與範疇的能力；其次，具備運用抽象概念、範疇形成命題的能力；再次，運用命題形成理論體系的能力。《尚書·洪範》已經出現五行範疇："五行：一曰水，二曰火，三曰木，四曰金，五曰土。水曰潤下，火曰炎上，木曰曲直，金曰從革，土爰稼穡。潤下作咸，炎上作苦，曲直作酸，從革作辛，稼穡作甘。"[②]《洪範》所講水、火、木、金、土，作爲五行學説中的五個範疇，絶不是自然界中與之對應的五種物質，而是把自然界中的事物分爲五類，五行實際上概括的是五種事物。我們看到，五行作爲哲學範疇，已經具有很高的抽象性，但是，還没有完全去掉具象性，實際上水、火、木、金、土是具象性

---

① （清）王先慎集解《韓非子》，姜俊俊校點，第24頁。
② （唐）孔穎達撰《宋本尚書正義》（四），第84~85頁。

與抽象性統一的範疇，距離純粹的形而上範疇還有距離。我們看到，中國的陰陽哲學將具象世界抽象爲陰與陽兩個範疇，在形而上水平上已經超越五行學説。道家的創始人老子將具象世界的本原抽象爲一個範疇"道"，可以説已經達到非常高的形而上水平。在老子之後，郭店簡《太一生水》和上博楚簡《恒先》的形而上文體達到一個高峰。郭店簡《太一生水》從具象世界抽象出"太一""水""神明""陰陽""道"等哲學範疇，上博楚簡《恒先》中出現了"恒先""無""有""朴""清""虚""氣"等範疇，兩篇文獻運用各自的範疇形成命題，並通過一個個命題構成自己的形而上理論體系。道家的這種純粹形而上文體，從其發展譜系來看，並沒有在戰國以後延續發展下去。是什麼因素阻止了中國純粹形而上文體的繼續發展呢？至少有三方面的原因。

第一，在戰國中後期特別是秦漢時期，黄老道家之學興盛與流行。黄老道家與原始道家及老子哲學相比，已經有很多變化，甚至可以説是相去甚遠。司馬談在《論六家要指》中説："道家使人精神專一，動合無形，贍足萬物。其爲術也，因陰陽之大順，采儒墨之善，撮名法之要，與時遷移，應物變化，立俗施事，無所不宜，指約而易操，事少而功多。"[①] 司馬談説的道家，實際上就是戰國中後期到秦漢流行的黄老道家，其吸收了陰陽、儒、墨、名、法各家之長，融合爲新道家。戰國中後期至秦漢時期流行的黄老道家，其思想實際上已經非常駁雜，不僅思想駁雜，其文體也已經非常駁雜。我們從馬王堆帛書《十六經》來看，其所存十四章，各章文體多不統一，有論體，有叙事體，還有對話式記言體，可謂多種多樣。也就説，黄老道家在文體上，並没有沿着老子開創的形而上道路發展。

第二，道家新領軍人物莊子的新文體創造。莊子在老子之後，把道家發展到一個新高峰，甚至是頂峰，後無來者。莊子不僅在思想上全面發展了老子道論思想，而且還創造了道家新文體，這個新文體就是莊子所説的寓言。莊子不再作出一個個抽象的範疇，不再用一個個抽象的範疇作成抽象的命題，不再用一個個抽象的命題作成抽象的形而上理論體

---

① 司馬談：《論六家要指》，（漢）司馬遷撰、（宋）裴駰集解、（唐）司馬貞索隱、（唐）張守節正義《史記》，第 10 册，第 3289 頁。

系。莊子通過一個個寓言來言説其道論哲學，老子開創的形而上文體到了莊子被終結。

第三，漢代以後儒家一尊，兩千年來，儒家一直是中國思想世界的主流。而形而上文體對於儒家來説，雖然《性自命出》《樂論》等曇花一現，但終究不是儒家文體的主流。

道家類簡帛文獻的文體體式，有叙事體，也講故事，有記言兼記事，有記事兼記言，也有對話式記言文體。這些體式無疑也來自古老的《尚書》史學傳統，不必贅述。我們看到，莊子的道家新文體，也有叙事，也講故事，也有記言兼記事或記事兼記言，也有對話式記言文體。但是，道家類簡帛文獻的叙事體、對話式記言體，與《莊子》的新文體相比衹是在形式上有很多相同而已。道家類簡帛文獻的叙事體、記言體，主要通過人物語言來論述，也就是説，其對話之言，實際上是論體。而《莊子》中的叙事及記言，衹是其寓言的組成要素，不能有單獨意義，其言説是憑藉寓言的整體象徵意義來完成的。

第十一章　陰陽、法、墨、雜家類簡帛文獻的文體形態及文體譜系

陰陽、法、墨、雜諸家對後世的影響雖然沒有儒道兩家大，但是，在戰國到秦之際，也曾産生過重要影響，在簡帛文獻中也間有發現。通過簡帛文獻，我們可以更進一步認識陰陽、法、墨、雜諸家的文體形態與文體譜系。

第一節　陰陽、法、墨、雜家類簡帛文獻的文體形態

目前發現的陰陽、法、墨、雜家類簡帛文獻不是很多，但尚可補傳世文獻之不足，對於認識諸家的文體形態也是彌足珍貴的。

一　陰陽家類簡帛文獻的文體形態

（一）清華簡《五紀》的文體形態

《五紀》是清華大學 2008 年入藏的戰國竹簡中的一篇寫本文獻。該篇寫本文獻一共有竹簡 130 支，其中第一四、一五、一一三、一一四號簡缺失。完整竹簡長度大約 45 釐米，寬度大約 0.6 釐米，每支竹簡尾端寫有竹簡次序編號。該篇寫本內容大部分保存完整，現存文字大約 4470 個。本篇寫本文獻没有發現篇題，現篇題《五紀》是竹簡整理者據簡文內容所擬加。①

① 參見黃德寬主編《清華大學藏戰國竹簡》（拾壹），第 89 頁。

本篇寫本文獻主要内容是構建了以五紀五算等爲依托，天后及神祇掌管的世界秩序。

從文獻性質來看，本篇寫本屬於陰陽家文獻。

從文體形態來看，本篇寫本文獻的體式是叙述體，叙事兼記言，以記言爲主，以叙事爲輔。

（二）清華簡《參不韋》的文體形態

《參不韋》是清華大學 2008 年入藏的戰國竹簡中的一篇寫本文獻。本篇寫本文獻共有 124 支竹簡，完整竹簡長度大約 32.8 釐米，寬度大約 0.6 釐米，設有三道編繩，簡背有竹簡序號。本篇寫本文獻原無篇題，現篇題《參不韋》爲竹簡整理者據簡文内容所擬加。[①]

本篇寫本文獻記述天帝之使參不韋以天帝所定五刑則授予夏啓，夏啓據其設官建邦、祭祀祝禱、修明刑罰、敬授民時、秉德司中以理政治國。

從文獻性質來看，本篇寫本文獻將陰陽五行思想運用於治國理政，具有鮮明的戰國陰陽家思想旨趣。

從文體形態來看，本篇寫本文獻的體式是叙述體，叙事兼記言，以記言爲主，以叙事爲輔。

二　法家類簡帛文獻的文體形態

（一）上博楚簡《慎子曰恭儉》的文體形態

上博楚簡《慎子曰恭儉》是上海博物館 1994 年 5 月入藏的一批戰國竹簡中的一篇。本篇簡文現存竹簡 6 支，其中完簡 1 支，另外 5 支竹簡僅存上半段。本篇寫本竹簡有兩道編繩，上編繩至竹簡頂端 7.8~8 釐米，下編繩至竹簡尾端大約 6.1 釐米，上下編繩間距是 18.1 釐米，竹簡兩端修整齊平，現存文字 128 個（含合文二）。篇題《慎子曰恭儉》抄寫在第三支竹簡的背面。[②]

本篇寫本中的慎子應該就是慎到。《漢書·藝文志》法家著録有《慎

---

① 參見黄德寬主編《清華大學藏戰國竹簡》（拾貳），第 109 頁。
② 參見馬承源主編《上海博物館藏戰國楚竹書》（六），第 275 頁。

子》四十二篇。

目前，學者對於本篇寫本的學派屬性存在不同意見。其中，李學勤先生撰文指出，寫本中的"精法以順勢"及"衷白以反諄"兩句正與法家慎子思想相合。[①]本篇寫本的發現爲研究先秦學術史提供了新材料。

就文體形態而言，上博楚簡《慎子曰恭儉》竹簡殘斷嚴重，從幸存部分來看，有"慎子曰"，當是記言體，但從所記之言來看，當是論體。

從文獻性質來看，上博楚簡《慎子曰恭儉》應該是慎子門人所記，屬於法家學派著作，是否爲《慎子》或《慎子十二論》逸篇，尚難以確定。

（二）清華楚簡《管仲》的文體形態

楚簡《管仲》是清華大學藏戰國竹簡中的一篇。該篇文獻現存 30 支竹簡，完整竹簡長度大約 44.5 釐米，寬度大約 0.6 釐米，設有三道編繩。現存竹簡保存狀況較好。本篇文獻没有發現竹簡序號，也没有發現篇題，現篇題《管仲》是竹簡整理者所擬定。[②]

清華楚簡《管仲》全篇記述的是齊桓公與管仲的對話。通過對話可以看到管仲的治國理政思想，其中還有比較多的陰陽五行思想。本篇文獻的思想旨趣與《管子》一些篇章接近或相合，應該是《管子》佚篇。本篇文獻對於研究《管子》一書的成書等問題具有重要意義。

從文體形態來看，本篇文獻屬於諸子文體中常見的對話體。

關於本篇文獻的性質，由於《管子》一書，《漢書·藝文志》著録在道家，《隋書·經籍志》著録在法家，目前學界對於《管子》的學派歸屬尚無定論，本書依《隋書·經籍志》歸入法家。

（三）清華楚簡《子產》的文體形態

楚簡《子產》是清華大學藏戰國竹簡中的一篇。該篇文獻現存 29 支竹簡，完整竹簡長度大約 45 釐米，寬度大約 0.6 釐米，本篇竹簡没有發現編號和篇題，現篇題《子產》是竹簡整理者所擬加。[③]

---

① 李學勤:《談楚簡〈慎子〉》,《中國文化》2007 年第 2 期。
② 參見李學勤主編《清華大學藏戰國竹簡》(陸), 第 110 頁。
③ 參見李學勤主編《清華大學藏戰國竹簡》(陸), 第 136 頁。

本篇文獻記載的是子產道德修養及施政成績。全篇由十小段構成，前九段都用"此謂……"作結。本篇文獻記載了子產作鄭刑、野刑、鄭令、野令等史事，這爲研究子產作刑書及相關問題提供了新的重要史料。

從文體形態來看，本篇文獻屬於諸子文體中常見的論體。本篇文獻當是子產學派的作品，目前，學界對子產學派的學派歸屬有不同意見，本書歸入法家。

（四）帛書《明君》的文體形態

帛書《明君》在馬王堆三號漢墓出土。[①]帛書《明君》就是《老子》甲本卷後四篇古佚書中的第三種，抄寫在《九主》之後，並另起一行抄寫。本篇寫本未發現篇題，現篇題《明君》爲整理者據寫本内容擬定。本篇寫本内有三個章節號"•"，每章均另起一行抄寫。[②]

本篇寫本主要論説攻戰守禦，特別强調用兵、强兵的重要性，其思想傾向與法家較爲接近。[③]從文獻性質來看，帛書《明君》應屬於法家學派著作。

從文體形態來看，帛書《明君》通篇結構爲設問體，即自問自答式。透過設問，實際上，全篇仍然是論體。

三　墨家類簡帛文獻的文體形態

（一）信陽楚簡《墨子》佚文的文體形態

信陽楚簡《墨子》佚文，1957 年初在河南省信陽市長臺關一號楚墓出土。該墓共出土 148 支殘簡，從内容上可分爲兩類，一類是古書，一類是遣策。古書現存 119 支竹簡，遣策現存 29 支竹簡。抄寫古書的竹簡全部殘斷，竹簡寬度爲 0.7~0.8 釐米，厚度爲 0.1~0.15 釐米，其中最長的殘簡長度爲 33 釐米，總計殘存 470 餘字，竹簡有三道編繩，竹簡上下端皆留

---

① 湖南省博物館：《長沙馬王堆漢墓簡帛出土與整理情況回顧》，裘錫圭主編《長沙馬王堆漢墓簡帛集成》（壹），第 3 頁。
② 參見裘錫圭主編《長沙馬王堆漢墓簡帛集成》（肆），第 109 頁。
③ 參見馬王堆漢墓帛書整理小組編《馬王堆漢墓帛書》（壹），出版説明，第 2 頁。

白大約 1 釐米。①

信陽楚簡公布以後，李學勤、何琳儀等學者撰文指出，信陽楚墓出土的 1、2 號竹簡與《墨子》佚文有密切對應關係。②《墨子》佚文的發現，對於墨子及相關問題研究具有重要意義。

從文體形態及文體性質來看，信陽楚簡《墨子》佚文屬於對話式記言體，應該是《太平御覽》所錄《墨子》佚篇內容。

（二）上博楚簡《鬼神之明》的文體形態

上博楚簡《鬼神之明》是上海博物館 1994 年 5 月入藏的一批戰國竹簡中的一篇。本篇寫本與另一篇文獻《融師有成氏》合編爲一編，兩篇寫本之間有分篇符號相隔。本篇寫本現存 5 支竹簡，大致完整，寫本的前半部分有殘缺，後面大半篇文義基本可以通讀。完整竹簡長度大約 53 釐米，有三道編繩。本篇寫本現存文字 197 個。③ 本篇寫本沒有發現篇題，現篇題《鬼神之明》爲整理者據寫本內容擬定。

本篇簡文的内容，整理者認爲是《墨子》佚文，且推斷簡文中所記述的應是墨子與其弟子，或者墨子與其他人的對話，對話中提出鬼神“有所明有所不明”的主張。但是，從現存簡文的文本形態來看其文體形態，並不能看出是對話。從内容上看，本篇簡文提出了鬼神“有所明有所不明”的觀點，顯然是針對《墨子·明鬼》篇的，該文作者的觀點一方面主張鬼神有所明，這與墨子觀點一致，另一方面，又認爲鬼神還有有所不明的一面，並且認爲必有其原因，而究竟爲什麼，作者説自己也不知道。看來，該篇文獻並不是全然否定墨子的觀點，而是在墨子觀點基礎上，又提出新的問題。文中亦沒有批判墨子的意思，因此，還應該看成是墨子學派的作品。但是，恐怕未必是《墨子》佚文，當是墨子後學的作品。因此，本篇文獻的發現，對於研究墨家學派的思想發展具有重要意義。

就文體形態而言，上博楚簡《鬼神之明》由於殘斷較爲嚴重，很難

① 參見河南省文物研究所編《信陽楚墓》，第 67 頁。
② 參見李學勤《長臺關竹簡中的〈墨子〉佚篇》，載氏著《簡帛佚籍與學術史》；何琳儀《信陽竹書與〈墨子〉佚文》，《安徽大學學報》2001 年第 1 期。
③ 參見馬承源主編《上海博物館藏戰國楚竹書》（五），第 307 頁。

準確判斷其文體體式。但是，從現存文本來看，很像是一般論體，開篇先提出鬼神"有所明有所不明"這一論點，然後舉出事例作爲論據，加以論證。最後，又針對論點進行總結。

從文獻性質來看，上博楚簡《鬼神之明》應該屬於墨子學派的作品。

四　雜家類簡帛文獻的文體形態

（一）上博楚簡《用曰》的文體形態

上博楚簡《用曰》是上海博物館 1994 年 5 月入藏的一批戰國竹簡中的一篇。本篇寫本現存 20 支竹簡，竹簡有三道編繩。本篇寫本在每一小節的論説之後均用"用曰"綴以短語作結，"用曰"之後多連綴警句嘉言。本篇寫本原無篇題，現篇題爲整理者擬定。① 上博楚簡《用曰》的内容主要涉及爲王之道與爲臣之道兩個方面，從思想上看是雜取諸家，應該是雜家。

從文體形態來看，上博楚簡《用曰》全篇基本上爲韻文，各節以"用曰"作結，總結本節論點，所以從根本上説，本篇屬於論體，祇是論述的方式較爲特殊。

從文獻性質來看，上博楚簡《用曰》雜取各家思想融爲一體，屬於雜家作品，當屬戰國中期百家思想融合趨勢的一種反應，這種融合還體現於黄老道家學説中。

（二）郭店楚簡《語叢（四）》的文體形態

郭店楚簡《語叢（四）》，1993 年冬在湖北荆門郭店一號戰國楚墓出土。本篇寫本現存 27 支竹簡，簡長 15.1~15.2 釐米。編繩兩道，編繩間距爲 6~6.1 釐米。按現存分段符號，簡文分作五段，各段簡數多少不一，有的段祇有一二枚簡。② 本篇寫本未發現篇題，整理者按照其文體體例命名爲《語叢》。

從文體形態來看，本篇寫本由類似格言的語句組成。寫本涉及君、士結交巨雄以及謀友的必要性等内容，寫本中還有"竊邦者爲諸侯"之語。

---

① 參見馬承源主編《上海博物館藏戰國楚竹書》（六），第 285 頁。
② 荆門市博物館編《郭店楚墓竹簡》，第 217 頁。

從文獻性質來看，郭店楚簡《語叢（四）》雜取各家，當屬於雜家文獻。

（三）上博楚簡《容成氏》的文體形態

上博楚簡《容成氏》是上海博物館 1994 年 5 月入藏的一批戰國竹簡中的一篇。本篇寫本"全篇共存完、殘簡 53 枝。簡長約 44.5 釐米，每簡約抄寫 42 到 45 字不等。篇題存，在第 53 簡背，作'訟成氏'"[①]。整理者認爲本篇寫本中的"訟成氏"就是《莊子・胠篋》所述上古帝王中的第一人容成氏。[②]

本篇寫本公布以後，陳劍和白於藍等學者對竹簡的編連提出了調整意見。[③]

目前，學者們對於本篇寫本的性質及學派屬性存在不同看法。主要有儒家説、墨家説、縱橫家説及雜家説等不同説法。本篇寫本從上古帝王容成氏講起，一直講到周文王、周武王，涉及禪讓、禹分九州、文王平九邦等諸多史事，對於古史研究具有重要意義。有學者提出《容成氏》應屬戰國百家言。[④]

從文體形態來看，本篇文獻爲叙述體，通篇記述從容成氏到周武王的帝王王位更替。

從文獻性質來看，本篇對容成氏到周武王的帝王王位更替的歷史叙述都是有一定叙事立場的，筆法不像史家，不是史家記事，而是通過叙事表達出鮮明的思想傾向，因此，屬於諸子文獻。其中有推崇禪讓的尚賢思想，有厚愛薄斂思想，有無爲而治思想，有禮樂治國思想，有陰陽五行思想，有去苛尚簡思想，有忠君孝父思想，有替天行道的革命思想，而上述

---

① 馬承源主編《上海博物館藏戰國楚竹書》（二），第 249 頁。

② 參見馬承源主編《上海博物館藏戰國楚竹書》（二），第 249 頁。

③ 參見陳劍《上博簡〈容成氏〉的竹簡拼合與編連問題小議》，上海大學古代文明研究中心、清華大學思想文化研究所編《上博館藏戰國楚竹書研究續編》；白於藍《〈上博簡（二）〈容成氏〉編連問題補議》，《華南師範大學學報》（社會科學版）2004 年第 4 期。

④ 參見姜廣輝《上博藏簡〈容成氏〉的思想史意義》，《中國社會科學院院報》2003 年 1 月 23 日。

這些思想分別屬於儒家、墨家、道家、陰陽家等諸家，因此，此篇文獻應該屬於形成於戰國時期的雜家文獻。

第二節　陰陽、法、墨、雜家類簡帛文獻的文體譜系

陰陽、法、墨、雜家類簡帛文獻雖然不多，但其文體形態也各不相同，因此有必要對各家文體發展譜系作出研討。

一　陰陽家類簡帛文獻的文體譜系

目前發現的陰陽家簡帛文獻有清華簡《五紀》《參不韋》等篇章。

《漢書·藝文志》著錄陰陽家二十一家，三百六十九篇，但是這些書都沒有傳下來，因此，史志從《隋志》開始已不列陰陽家。《漢書·藝文志》云：“陰陽家者流，蓋出於羲和之官，敬順昊天，歷象日月星辰，敬授民時，此其所長也。及拘者爲之，則牽於禁忌，泥於小數，舍人事而任鬼神。”[1]《漢書·藝文志》中諸子十家，陰陽家爲第三家，位於儒道之後。按照《漢書·藝文志》所言，陰陽家蓋出於羲和之官，作爲諸子十家之一的陰陽家，的確是從數術改造而來。陰陽家將數術中的天文、陰陽五行等數術改造爲國家政治學説，上升爲治理國家最高法則，在戰國至秦漢間一度產生較大影響。司馬談《論六家要指》云“夫陰陽、儒、墨、名、法、道德，此務爲治者也”[2]，將陰陽家列爲六家之首，並進一步指出陰陽家的優長劣短：“嘗竊觀陰陽之術，大祥而衆忌諱，使人拘而多所畏；然其序四時之大順，不可失也。”[3]“夫陰陽四時、八位、十二度、二十四節各有教令，順之者昌，逆之者不死則亡。未必然也，故曰‘使人拘而多畏’。夫春生夏長，秋收冬藏，此天道之大經也，弗順則無以爲天下綱紀，故曰

---

① （漢）班固撰、（唐）顏師古注《漢書》，第 6 册，第 1734~1735 頁。
② 司馬談：《論六家要指》，（漢）司馬遷撰、（宋）裴駰集解、（唐）司馬貞索隱、（唐）張守節正義《史記》，第 10 册，第 3288~3289 頁。
③ 司馬談：《論六家要指》，（漢）司馬遷撰、（宋）裴駰集解、（唐）司馬貞索隱、（唐）張守節正義《史記》，第 10 册，第 3289 頁。

'四時之大順，不可失也'。"①司馬遷在評價陰陽家代表人物鄒衍著作時指出："因載其禨祥度制，推而遠之，至天地未生，窈冥不可考而原也。"②

清華簡《五紀》《參不韋》假託天帝鬼神，用天文曆算、陰陽五行構建國家治理體系，將政治神秘化，可謂拉大旗作虎皮，從思想上看，其思想旨趣與司馬遷所評鄒衍"禨祥度制"如出一轍。

清華簡《五紀》《參不韋》不僅在思想上拉大旗作虎皮，在文體上亦有拉大旗作虎皮之勢。《五紀》《參不韋》兩篇文獻，都是以記言爲主的叙述體。但是，祇要稍作觀察就會發現，這兩篇文獻在文體上刻意模仿《尚書》，與諸多子書文獻看上去顯得很不相同，明顯是爲了增加學説的神秘性、權威性而有意爲之。

二　法家類簡帛文獻的文體譜系

目前發現的法家簡帛文獻有上博楚簡《慎子曰恭儉》，清華楚簡《管仲》《子産》和帛書《明君》等篇章。

《漢書·藝文志》著録法家十家，二百一十七篇。《李子》三十二篇。自注云："名悝，相魏文侯，富國彊兵。"《商君》二十九篇。自注云："名鞅，姬姓，衛後也，相秦孝公，有列傳。"《申子》六篇。自注云："名不害，京人，相韓昭侯，終其身諸侯不敢侵韓。"《處子》九篇。《慎子》四十二篇。自注云："名到，先申韓，申韓稱之。"《韓子》五十五篇。自注云："名非，韓諸公子，使秦，李斯害而殺之。"《游棣子》一篇。《鼂錯》三十一篇。《燕十事》十篇。自注云："不知作者。"《法家言》二篇。自注云："不知作者。"③

從《漢書·藝文志》著録來看，法家著作還是比較豐富的。其中有《慎子》四十二篇。自注云："名到，先申韓，申韓稱之。"《史記·孟子荀卿列傳》記載："慎到，趙人。田駢、接子，齊人。環淵，楚人。皆學黄老

---

① 司馬談：《論六家要指》，（漢）司馬遷撰、（宋）裴駰集解、（唐）司馬貞索隱、（唐）張守節正義《史記》，第 10 册，第 3290 頁。

② 《孟子荀卿列傳》，（漢）司馬遷撰、（宋）裴駰集解、（唐）司馬貞索隱、（唐）張守節正義《史記》，第 7 册，第 2344 頁。

③ （漢）班固撰、（唐）顏師古注《漢書》，第 6 册，第 1735 頁。

道德之術，因發明序其指意。故慎到著《十二論》，環淵著上下篇，而田駢、接子皆有所論焉。"①

上博楚簡《慎子曰恭儉》爲原有篇題，書寫在第三簡背面。《慎子曰恭儉》文中有"慎子曰"，由此判斷當是記言體，但從所記之言來看，又是論體。

清華楚簡《管仲》爲對話體，或爲《管子》佚篇。楚簡《子產》爲論體，應是出自子產學派。二者的對話體及論體是諸子作品的常見文體。

帛書《明君》其文體體式爲設問體，也就是自問自答式。就問答所構成的篇章整體來看，實際上又是論體。帛書《明君》是否屬於《漢書·藝文志》著録的法家十家的作品，尚無法確定。

就《慎子曰恭儉》記言式論體來看，與儒家一般論體没有太大區別，而帛書《明君》的設問論體却很有特色，全篇論述極爲嚴謹。《漢書·藝文志》："法家者流，蓋出於理官，信賞必罰，以輔禮制。易曰：'先王以明罰飭法'，此其所長也。及刻者爲之，則無教化，去仁愛，專任刑法而欲以致治，至於殘害至親，傷恩薄厚。"②所謂理官，就是治獄之官。從帛書《明君》來看，其文體雖爲設問體，但從其答語的論述風格看，也有直言暢論的特點，就此一特點而言，與《韓非子》有幾分接近。

三　墨家類簡帛文獻的文體譜系

目前已經發現的墨家出土文獻主要包括信陽楚簡《墨子》佚文及上博楚簡《鬼神之明》等寫本。

信陽楚簡《墨子》佚文，就是《太平御覽》所録《墨子》佚文的一部分内容，其文體爲對話式記言體。

上博楚簡《鬼神之明》雖然殘斷較爲嚴重，但是，從現存文本來看，應該是一般論體，從其内容來看，應屬於墨子後學的作品。《漢書·藝文志》著録墨家共六家，八十六篇：

---

① （漢）司馬遷撰、（宋）裴駰集解、（唐）司馬貞索隱、（唐）張守節正義《史記》，第7册，第2347頁。
② （漢）班固撰、（唐）顏師古注《漢書》，第6册，第1736頁。

《尹佚》二篇。自注云："周臣，在成、康時也。"

《田俅子》三篇。自注云："先韓子。"

《我子》一篇。

《隨巢子》六篇。自注云："墨翟弟子。"

《胡非子》三篇。自注云："墨翟弟子。"

《墨子》七十一篇。自注云："名翟，爲宋大夫，在孔子後。"[①]

　　在《漢書·藝文志》著錄的墨家六家中，有兩家爲墨子弟子，上博楚簡《鬼神之明》應當是墨子弟子的作品，但是屬於哪個弟子的作品尚無法斷定。

　　《漢書·藝文志》云："墨家者流，蓋出於清廟之守。茅屋采椽，是以貴儉；養三老五更，是以兼愛；選士大射，是以上賢；宗祀嚴父，是以右鬼；順四時而行，是以非命；以孝視天下，是以上同：此其所長也。及蔽者爲之，見儉之利，因以非禮，推兼愛之意，而不知別親疏。"[②]墨子的出身及其思想影響到墨子及其學派的文風，《墨子》文風語言質樸，少有雕飾，甚至有口語化特徵。

　　從上博楚簡《鬼神之明》的文體風格及辭氣來看，其語言也極爲質樸，幾乎没有文飾，亦有口語化特徵，這與《墨子》文風極爲接近。其所提出並加以論述的觀點鬼神"有所明有所不明"，並不是對墨子觀點的否定，而是進一步思考，人們可能祇注意到其提出"鬼神有所不明"，就認爲與墨子觀點不同，甚至是對墨子的批判，實則不然，其在提出"鬼神有所不明"時，特別强調指出"鬼神有所不明"，一定是有原因的，而這個原因是自己無法能夠知道的，這不僅不是對鬼神的質疑，而恰恰是對鬼神的篤信，言下之意是鬼神之意不可隨便揣度。因此，可以斷定，上博楚簡《鬼神之明》應該是墨子弟子的作品，其文體風格也承繼於墨子。

四　雜家類簡帛文獻的文體譜系

　　目前發現的雜家簡帛文獻有上博楚簡《用曰》、郭店楚簡《語叢

---

① （漢）班固撰、（唐）顏師古注《漢書》，第 6 册，第 1737~1738 頁。

② （漢）班固撰、（唐）顏師古注《漢書》，第 6 册，第 1738 頁。

（四）》、上博楚簡《容成氏》、烏程漢簡《淮南子》等篇章。

上博楚簡《用曰》文體屬於論體，全篇主要論述爲王之道與爲臣之道兩方面內容。郭店楚簡《語叢（四）》文體爲格言體，該篇寫本主要講到君、士結交巨雄以及謀友的必要等方面內容，寫本中還有"竊邦者爲諸侯"之語。上博楚簡《容成氏》文體爲叙述體，全篇記述的是從容成氏到周武王的帝王王位更替方面的內容。

《漢書·藝文志》著録雜家二十家，四百三篇：《孔甲盤盂》二十六篇，《大命》三十七篇，《五子胥》八篇，《子晚子》三十五篇，《由余》三篇，《尉繚》二十九篇，《尸子》二十篇，《呂氏春秋》二十六篇，《淮南內》二十一篇，《淮南外》三十三篇，《東方朔》二十篇，《伯象先生》一篇，《荆軻論》五篇，《吳子》一篇，《公孫尼》一篇，《博士臣賢對》一篇，《臣説》三篇，《解子簿書》三十五篇，《推雜書》八十七篇，《雜家言》一篇。其中，《五子胥》八篇，自注云："名員，春秋時爲吳將，忠直遇讒死。"[1] 可見，班固把雜家的時間上限推到了春秋時期。但是，實際上，雜家是在戰國中期以後逐步發展起來的。在戰國時期，雜家是確實存在的，其集大成成果《呂氏春秋》的存世，足以證明其學派的存在，雜家是百家爭鳴中各家思想走向融合的一種體現，其實，除了雜家，黃老道家的產生也是這種思想融合的結果。

《漢書·藝文志》云："雜家者流，蓋出於議官。兼儒、墨，合名、法，知國體之有此，見王治之無不貫，此其所長也。及盪者爲之，則漫羡而無所歸心。"[2] 所謂議官，一般認爲是諫言之官。"知國體之有此"，顏師古曰："治國之體，亦當有此雜家之説。"[3] "見王治之無不貫"，顏師古曰："王者之治，於百家之道無不貫綜。"[4] 雜家的長處是兼采並貫通儒、墨、名、法諸家思想用於治國理政。

上博楚簡《用曰》，全篇雖然主體上是韻文，且用"用曰"作小結，

---

① （漢）班固撰、（唐）顏師古注《漢書》，第6冊，第1740~1741頁。
② （漢）班固撰、（唐）顏師古注《漢書》，第6冊，第1742頁。
③ （漢）班固撰、（唐）顏師古注《漢書》，第6冊，第1742頁。
④ （漢）班固撰、（唐）顏師古注《漢書》，第6冊，第1742頁。

進行論述，但是，其所論總體上不外乎爲王之道和爲臣之道兩端，且博采諸家思想，這與《漢書·藝文志》所説的雜家是一致的。

郭店楚簡《語叢（四）》雖爲語録體，其通篇所論亦是在治國理政範圍内，亦兼容諸家思想，與《漢書·藝文志》所説的雜家是一致的。

上博簡《容成氏》全篇叙述容成氏到周武王的帝王王位更替史，更與王治相關，其叙述將儒、墨、道、陰陽諸家思想融爲一體，與《漢書·藝文志》的雜家更是相合。

縱觀上博楚簡《用曰》、郭店楚簡《語叢（四）》及上博楚簡《容成氏》三篇雜家著作，不僅思想雜取諸家並融會貫通，文體體式亦有雜取諸家之勢。上博楚簡《用曰》融韻文與論述爲一體，郭店楚簡《語叢（四）》的格言叢録亦是諸家通用體式，上博楚簡《容成氏》的叙述體亦常見於諸家著作。

第十二章 小說家類簡帛文獻的文體形態及文體譜系

《漢書·藝文志》著錄小說家總計十五家，但是十五家皆已亡佚，人們無法得見小說家文獻的文體形態與文體譜系，實爲憾事。現今，在簡帛文獻中，小說家類文獻多有發現，這足以使我們對小說家類文獻的文體形態及文體譜系作出梳理與探討。

第一節 小說家類簡帛文獻的文體形態

我們對小說文體形態的瞭解與認識都是依憑魏晉以後的傳世文獻，簡帛文獻中發現了周秦時期的志怪小說，這對於我們探討小說文體的起源及早期文體形態提供了契機與可能。

一 清華簡《赤鵠之集湯之屋》的文體形態

清華簡《赤鵠之集湯之屋》是清華大學 2008 年入藏的一批戰國竹簡中的一篇。本篇寫本現存 15 支竹簡，簡長大約 45 釐米，有三道編繩，竹簡序號書寫在簡背，在第 15 支簡簡背下端抄寫篇題《赤鵠之集湯之屋》。①

本篇寫本是一篇具有志怪色彩的故事，其文體與後世志怪小說相似。本篇寫本爲研究中國小說史提供了重要新材料。

① 參見李學勤主編《清華大學藏戰國竹簡》（叁），第 166 頁。

從文體形態來看，清華簡《赤鵠之集湯之屋》是叙事體，有叙述，有情節，有人物對話，小説三要素人物、情節、環境都已具備，故事有序幕，有發展，有高潮，有尾聲。

從文獻性質來看，清華簡《赤鵠之集湯之屋》屬於先秦小説作品。

二 放馬灘秦簡《志怪故事》的文體形態

放馬灘秦簡《志怪故事》是 1986 年甘肅省天水市北道區黨川鄉放馬灘一號秦墓出土的 461 支竹簡中的一種。發掘簡報稱爲《墓主記》。[①] 孫占宇《天水放馬灘秦簡集釋》命名爲《丹》，並主張把天水放馬灘秦簡全部都歸入日書。[②] 不過，更多學者主張把《墓主記》看作小説。

從文體形態來看，放馬灘秦簡《志怪故事》是通過上行公文形式來講述的。開篇是公文格式："八年八月己巳，邸丞赤敢謁御史：大梁人王里髳徒曰丹□"。[③] 這是邸丞赤向御史寫的報告。接下來報告講述了丹死而復生的過程，其講述部分，是叙事體。因此，有學者稱該篇簡文爲《志怪故事》。[④]

從文獻性質來看，放馬灘秦簡《志怪故事》是一則志怪類文獻。

三 北大秦牘《泰原有死者》的文體形態

2010 年初，北京大學得到香港馮燊均國學基金會捐贈，入藏了一批從海外回歸的珍貴秦簡牘。這批簡牘包括竹簡 761 枚、木簡 21 枚、木牘 6 枚、竹牘 4 枚、木觚 1 枚。《泰原有死者》書寫在一方木牘上，木牘長 23 釐米，寬 4.7 釐米，共 8 行，總計 166 字。本寫本原無篇題，整理者取篇首語命名爲《泰原有死者》，其内容與天水放馬灘秦簡《志怪故事》相類，

---

① 參見甘肅省文物考古研究所、天水市北道區文化館《甘肅天水放馬灘戰國秦漢墓群的發掘》，《文物》1989 年第 2 期。
② 孫占宇：《天水放馬灘秦簡集釋》，概述，第 1 頁。
③ 孫占宇：《天水放馬灘秦簡集釋》，第 269 頁。
④ 參見李零《北大秦牘〈泰原有死者〉簡介》，《文物》2012 年第 6 期；北京大學出土文獻與古代文明研究所編《北京大學藏秦簡牘》（壹），前言，第 1 頁。

是一篇非常特別的文獻，是否可以看作小説，值得探討。[①]

從文體形態及文體性質來看，北大秦牘《泰原有死者》爲叙述體，開篇叙述"泰原有死者，三歲而復産，獻之咸陽"這一事件，接下來用"言曰"領起下文，是死而復生者的自述。與放馬灘秦簡《志怪故事》的講述不同，北大秦牘《泰原有死者》的死者自述並没有講述自己死而復生的過程，而祇是講述了由於自己曾經"死亡"所瞭解到的死人的一些好惡與禁忌。雖然故事性没有放馬灘秦簡《志怪故事》那麼突出，但也可將之看作一則志怪故事。

四　北大漢簡《趙正書》的文體形態

漢簡《趙正書》是北京大學 2009 年入藏的西漢竹簡中的一篇。漢簡《趙正書》現存竹簡 52 枚，綴合後得到 46 支完整竹簡，4 支殘簡。除了有兩支竹簡殘缺較爲嚴重，其餘竹簡基本完好。竹簡長 30.2~30.4 釐米，寬 0.8~1 釐米。竹簡設有三道編繩，在編繩處施刻契口。竹簡滿簡抄寫28~30 字，全篇存大約 1500 字，抄寫書體接近成熟漢隸。本篇文獻基本完整，全篇不分章。《趙正書》是本篇文獻原有篇題，抄寫在第二支簡的背面。[②]

北大漢簡《趙正書》全篇記述了趙正（秦始皇）出巡天下返程途中病重召見丞相李斯，李斯諫言立胡亥爲王位繼承人，以及秦始皇去世胡亥繼位後誅殺諸公子大臣直至秦亡國之事。

關於北大漢簡《趙正書》的文獻性質，目前學界有不同意見。多數人認爲《趙正書》是史書類文獻。然而，從《趙正書》叙事方式來看，有非常明顯的説講特徵，而且文辭較爲淺俗，與史書類文獻明顯不同。從全篇内容來看，《趙正書》有明確的叙事主題，那就是不聽諫言必致惡果。圍繞這一主題的叙事意圖也是明顯的，其叙事意圖不是指向過去，而是指向當下，對時局時事甚至時人具有明顯的針對性。故事中的某個細節如胡

---

① 參見李零《北大秦牘〈泰原有死者〉簡介》，《文物》2012 年第 6 期；北京大學出土文獻與古代文明研究所編《北京大學藏秦簡牘》（壹），第 107 頁。

② 參見北京大學出土文獻研究所編《北京大學藏西漢竹書》（叁），第 187 頁。

亥因李斯力薦而繼位等是否真實，對於敘事主題既無影響也不重要。所以我們認爲北大漢簡《趙正書》應該是流傳於西漢時期的一篇小説類文獻。

從文體形態及文體性質來看，北大漢簡《趙正書》以敘事爲主體，最後在篇末以議論結束全篇。其敘事以記言爲主，前一半以秦始皇與李斯對話爲主，後一半以子嬰的諫言及李斯陳詞爲主。北大漢簡《趙正書》已經具備人物、情節及環境小説三要素，從敘事方式來看，全篇以“昔者”開篇，具有明顯説講特徵。這種開篇方式與清華簡《赤鵠之集湯之屋》的“曰古”可謂一脈相承。

第二節　小説家類簡帛文獻的文體譜系

小説家類簡帛文獻主要有清華簡《赤鵠之集湯之屋》、放馬灘秦簡《志怪故事》、北大秦牘《泰原有死者》、北大漢簡《趙正書》等篇。

小説家類簡帛文獻其文體源自何處，其發展譜系如何，這些問題的解答對於中國小説史研究非常重要。

在傳世的先秦文獻中，《莊子·外物》講到“小説”一詞：“飾小説以干縣令，其于大達亦遠矣。”[①]雖然不能將《莊子》所講的小説看作今天的小説，但是其與先秦小説家關係密切。飾小説者不一定都是先秦的小説家，但是先秦的小説家一定都是“飾小説”，所以纔被稱爲小説家。《莊子》不僅講到小説，還講到志怪。《莊子·逍遥遊》云：“《齊諧》者，志怪者也。《諧》之言曰：‘鵬之徙於南冥也，水擊三千里，摶扶搖而上者九萬里，去以六月息者也。’”[②]莊子在《逍遥遊》中講到《齊諧》，“諧”應當是當時的一種文體，莊子説“諧”這種文體是用來記怪異之事的。可見，當時已經有志怪文體，祇不過當時把志怪這種文體稱作“諧”，所謂《齊諧》，就是齊國的志怪，可見當時的志怪文體不祇是齊國有，別的國家也應該有，也就是説，志怪文體在戰國已經是比較普遍的文體了。《漢書·藝文

---

① （清）王先謙集解《莊子》，方勇點校，第326頁。
② （清）王先謙集解《莊子》，方勇點校，第1頁。

志》著録小説總計十五家，一千三百八十篇：

《伊尹説》二十七篇。自注云："其語淺薄，似依託也。"

《鬻子説》十九篇。自注云："後世所加。"

《周考》七十六篇。自注云："考周事也。"

《青史子》五十七篇。自注云："古史官記事也。"

《師曠》六篇。自注云："見《春秋》，其言淺薄，本與此同，似因託之。"

《務成子》十一篇。自注云："稱堯問，非古語。"

《宋子》十八篇。自注云："孫卿道宋子，其言黄老意。"

《天乙》三篇。自注云："天乙謂湯，其言非殷時，皆依託也。"

《黄帝説》四十篇。自注云："迂誕依託。"

《封禪方説》十八篇。自注云："武帝時。"

《待詔臣饒心術》二十五篇。自注云："武帝時。"

《待詔臣安成未央術》一篇。

《臣壽周紀》七篇。自注云："項國圉人，宣帝時。"

《虞初周説》九百四十三篇。自注云："河南人，武帝時以方士侍郎，號黄車使者。"

《百家》百三十九卷。①

在這十五家之中，前十一種都是先秦作品，可見，當時小説類文獻的豐富。但是，遺憾的是《漢書·藝文志》著録的小説十五家一千三百八十篇都已經亡佚了。《漢書·藝文志》云："小説家者流，蓋出於稗官。街談巷語，道聽塗説者之所造也。孔子曰：'雖小道，必有可觀者焉，致遠恐泥，是以君子弗爲也。'然亦弗滅也。閭里小知者之所及，亦使綴而不忘。如或一言可采，此亦芻蕘狂夫之議也。"②小説家在先秦就屬於末流，孔子都説"君子弗爲"，到了漢代愈發不受重視，所以小説家文獻都亡佚了。《漢書·藝文志·諸子類序》云："諸子十家，其可觀者九家而已。"③所謂九

---

① （漢）班固撰、（唐）顏師古注《漢書》，第 6 冊，第 1744~1745 頁。

② （漢）班固撰、（唐）顏師古注《漢書》，第 6 冊，第 1745 頁。

③ （漢）班固撰、（唐）顏師古注《漢書》，第 6 冊，第 1746 頁。

家，就是去掉小説家。雖然如此，小説家在先秦確實是存在的，並且創作了豐富的小説類作品。

清華簡《赤鵠之集湯之屋》，最遲作於戰國中期，已經是比較成形的小説作品了。從清華簡《赤鵠之集湯之屋》敘事文體形態來看，這種文體當然首先來自史書敘事體式，清華簡《赤鵠之集湯之屋》用"曰古"兩字開篇，使人們馬上聯想到《尚書》中的"曰若稽古"，可見，就連其起筆開篇的方式都有摹仿史書的痕迹。清華簡《赤鵠之集湯之屋》的故事中還講到神鳥、蛇怪、兔靈等怪異之物及相關怪異之事，因此，應該與《莊子》所説的齊諧一類的志怪文體相關，或者説吸收了志怪文體的元素，甚至可以説，《赤鵠之集湯之屋》本身就是一篇志怪作品。從《赤鵠之集湯之屋》所講的故事來看，雖然涉及伊尹、湯、夏傑等重要歷史人物，甚至可以稱爲大人物，但是故事並没有表達出治國理政或神聖道德等方面的高尚主題，恰恰符合孔子所説的"小道"而已。因此，從文體譜系來説，清華簡《赤鵠之集湯之屋》不僅是志怪這一文體譜系中的作品，也是小説這一文體譜系中的作品。

清華簡《赤鵠之集湯之屋》的文體來源，除了史書文體和志怪文體，還有一個明顯的來源是《山海經》。

在清華簡《赤鵠之集湯之屋》故事的尾聲部分，講到了一個"物原"母題。現將《赤鵠之集湯之屋》尾聲部分迻録如下：

> 夏后乃從小臣之言，撤屋，殺二黃蛇與一白兔；乃發地，有二陵
> 鷹（屯），乃斬之。其一白兔不得，是始爲埤，丁諸屋，以禦白兔。

這個故事的結尾説，夏王於是聽從小臣伊尹的話，拆除房屋，殺死了兩條黃蛇和一隻白兔；於是掘地，有兩個屯，將之斬斷。另一隻白兔没有找到，從這開始，做了一個"埤"，擋在屋前，用來防禦白兔。這是講影壁一類建築附屬物的起源，也就是"物原"。這一母題，實際上來自《山海經》。《山海經》中多次出現這一母題，先將《山海經·海内經》相關文字迻録於下：

　　　　西南有巴國。大皞生咸鳥，咸鳥生乘釐，乘釐生後照，後照是始爲巴人。

　　　　炎帝之孫伯陵，伯陵同吳權之妻阿女緣婦，緣婦孕三年，是生鼓、延、殳。始爲侯，鼓、延是始爲鍾、爲樂風。

　　　　帝俊生禺號，禺號生淫梁，淫梁生番禺，是始爲舟。
　　　　番禺生奚仲，奚仲生吉光，吉光是始以木爲車。
　　　　少皞生般，般是始爲弓矢。

　　　　帝俊生晏龍，晏龍是爲琴瑟。帝俊有子八人，是始爲歌儛。
　　　　帝俊生三身，三身生義均，義均是始爲巧倕，是始作下民百巧。
　　　　后稷是播百穀。稷之孫曰叔均，始作牛耕。大比赤陰，是始爲國。禹鯀是始布土，均定九州。①

以上《山海經》文字講到了多種事物起源，有巴人起源，有侯的起源，有鍾的起源，有樂曲的起源，有舟的起源，有車的起源，有弓矢的起源，有琴瑟的起源，有歌舞的起源，有巧倕的起源，有牛耕的起源，有國的起源。《山海經》所記事物起源未必準確，祇是一種物原母題而已，這種物原母題無疑影響到清華簡《赤鵠之集湯之屋》。清華簡《赤鵠之集湯之屋》在表達物原母題時所使用的"是始爲"的句式與《山海經》都是一樣的。
　　有趣的是，清華簡《赤鵠之集湯之屋》的物原母題在後世志怪小說中也多次出現。《搜神記》中記有物原母題的故事，現迻録於下：

　　　　秦時，武都故道，有怒特祠，祠上生梓樹。秦文公二十七年，使人伐之，輒有大風雨。樹創隨合，經日不斷。文公乃益發卒，持斧者至四十人，猶不斷。士疲還息，其一人傷足，不能行，臥樹下，聞鬼

---

① （晉）郭璞注《宋本山海經》，第248、251、252頁。

語樹神曰：“勞乎攻戰？”其一人曰：“何足爲勞。”又曰：“秦公將必不休，如之何？”答曰：“秦公其如予何。”又曰：“秦若使三百人被髮，以朱絲繞樹，赭衣灰坌伐汝，汝得不困耶？”神寂無言。明日，病人語所聞。公於是令人皆衣赭，隨斫創，坌以灰。樹斷，中有一青牛出，走入豐水中。其後青牛出豐水中，使騎擊之，不勝。有騎墮地復上，髻解被髮，牛畏之，乃入水，不敢出。故秦自是置旄頭騎。①

以上《搜神記》這個故事結尾講到“旄頭騎”的起源，旄頭騎就是披頭散髮的騎兵先鋒。“自是置旄頭騎”，明顯是受《山海經》“是始爲”物原母題的影響。

放馬灘秦簡《志怪故事》和北大秦牘《泰原有死者》都講述了死而復生主題。放馬灘秦簡《志怪故事》是以上行公文形式講述了丹死而復生的故事，北大秦牘《泰原有死者》則通過死而復生者自述的方式講述了死人的好惡及禁忌。放馬灘秦簡《志怪故事》及北大秦牘《泰原有死者》，實際上講述的是復生母題。不難看出，兩篇志怪故事講述死而復生母題是受到了《山海經》影響。《山海經·海內經》云：

> 洪水滔天。鯀竊帝之息壤以堙洪水，不待帝命。帝令祝融殺鯀于羽郊。鯀復生禹。帝乃命禹卒布土，以定九州。②

郭璞注云：“《開筮》曰‘鯀死三歲不腐，剖之以吳刀，化爲黃龍’也。”③《初學記》卷二十二引《歸藏》云：“大副之吳刀，是用出禹。”④《山海經》講“鯀復生禹”，沒有講是如何復生的，《歸藏》說是用吳刀剖開鯀，生出禹。《山海經》這一死而復生神話母題，明顯在先秦志怪故事中得以演繹與傳播，成爲一個重要主題。

---

① （晉）干寶撰、汪紹楹校注《搜神記》，第216頁。
② （晉）郭璞注《宋本山海經》，第253頁。
③ （清）郝懿行撰《山海經箋疏》，欒保羣點校，第394頁。
④ （唐）徐堅等撰《初學記》，第529頁。

《山海經》死而復生母題，不僅被先秦志怪小説所運用，而且還被後世《搜神記》等志怪小説所繼承，其文體譜系非常清晰。《搜神記》多次出現死而復生故事，現逐錄一則於下：

> 戴洋，字國流，吳興長城人。年十二，病死，五日而蘇，説："死時，天使其酒藏吏，授符錄，給吏從幡麾，將上蓬萊、崑崙、積石、太室、盧、衡等山。既而遣歸。"妙解占候，知吳將亡，託病不仕，還鄉里。行至瀨鄉，經老子祠，皆是洋昔死時所見使處，但不復見昔物耳。因問守藏應鳳曰："去二十餘年，嘗有人乘馬東行，經老君祠而不下馬，未達橋，墜馬死者否？"鳳言有之。所問之事，多與洋同。[①]

上引死而復生故事，起筆也是叙述主人公的姓名籍貫，與放馬灘秦簡《志怪故事》非常相像。可見，魏晉志怪小説的文體體式確實是從周秦傳下來的。

北大漢簡《趙正書》，已具備小説三要素，從出土的漢代説書俑來看，漢代説講藝術已經非常發達，北大漢簡《趙正書》以"昔者"開篇，其説講特徵非常明顯，其文體當是從史傳改造而來，説講與"小説"一名中的"説"正相吻合。

---

① （晉）干寶撰、汪紹楹校注《搜神記》，第 183 頁。

第十三章　詩賦類簡帛文獻的文體形態及文體譜系

詩賦類簡帛文獻，近年多有發現，文獻的時間從先秦到秦漢，足以補傳世文獻之不足。通過這些簡帛詩賦類文獻的研究，可以對早期詩賦的文體形態及文體譜系有一個更爲深入的瞭解與認識。

第一節　詩賦類簡帛文獻的文體形態

詩賦類簡帛文獻大多不見於傳世文獻，其文體體式也較爲富豐多樣，這爲我們全面認識詩賦文獻的文體形態提供了契機與可能。

一　上博楚簡《李頌》的文體形態

上博楚簡《李頌》是上海博物館 1994 年 5 月入藏的一批戰國竹簡中的一篇。《李頌》篇完整，有 3 支簡，完簡長 53 釐米，全篇總計 172 字，三道編繩。簡端距第一契口 10.8 釐米，第一契口距第二契口 15.5 釐米，第二契口距第三契口 15.5 釐米，第三契口距竹簡尾端 10.5 釐米。[①] 本篇原無篇題，現篇題《李頌》爲整理者所加。

本篇簡文內容歌頌李樹，與楚辭類作品相似。有學者提出本篇所歌頌的不是李樹，而是桐樹，應命名爲《桐頌》。本篇的發現對於楚辭研究具有重要意義。

① 參見馬承源主編《上海博物館藏戰國楚竹書》(八)，第 229 頁。

從文體形態及文體性質來看，上博楚簡《李頌》以四言爲主體，間以五言及六言，於偶數句用語氣助詞"兮"，偶句之外的句子多用韻，其體式與楚辭體一致，其爲詠物賦，尤其與屈原《橘頌》等詠物賦旨趣相似。

二　上博楚簡《蘭賦》的文體形態

上博楚簡《蘭賦》是上海博物館 1994 年 5 月入藏的一批戰國竹簡中的一篇。《蘭賦》篇存簡 5 支，完簡長約 53 釐米，全篇存字總計 160 個，三道編繩。簡端至第一契口 11 釐米，第一契口至第二契口 15.5 釐米，第二契口至第三契口 15.5 釐米，第三契口至尾端 10.5 釐米。[①] 本篇原無篇題，現篇題《蘭賦》爲整理者所加。

本篇簡文以蘭爲喻，託物言志，與屈原賦、宋玉賦相類，爲賦體文學研究又增添了新材料。

從文體形態及文體性質來看，上博楚簡《蘭賦》以四言、五言爲主，間以六言、九言、十言，用韻較寬，未見語氣詞"兮"，而代之以"矣"和"也"。體式不是特別工整，從文體性質來看，是介於散體賦與詩體賦之間的賦體，當屬於早期楚辭類辭賦作品。

三　上博楚簡《有皇將起》的文體形態

上博楚簡《有皇將起》是上海博物館 1994 年 5 月入藏的一批戰國竹簡中的一篇。《有皇將起》篇存簡 6 支，完簡長約 42 釐米，全篇存字總計 186 個（含重文 3 個），三道編繩。簡端至第一契口 1.3 釐米，第一契口至第二契口 23 釐米，第二契口至第三契口 16 釐米。[②] 本篇原無篇題，現篇題《有皇將起》爲整理者所加。

從文體形態來看，上博楚簡《有皇將起》以六言、七言爲主，間以四言、五言、八言、九言，體式不是十分工整，使用語氣詞"兮"，不過在"兮"前都冠以"今"字，作"今兮"。從文體性質來看，屬於楚辭類作

---

① 參見馬承源主編《上海博物館藏戰國楚竹書》（八），第 249 頁。
② 參見馬承源主編《上海博物館藏戰國楚竹書》（八），第 271 頁。

品，當屬於早期楚辭類辭賦作品。

四　上博楚簡《鶹鷅》的文體形態

上博楚簡《鶹鷅》是上海博物館 1994 年 5 月入藏的一批戰國竹簡中的一篇。《鶹鷅》篇存簡 2 支，全篇僅存 45 字（含合文 1 個）。第一簡由兩段殘簡綴合而成，綴合後長 39.1 釐米，下殘，簡端至第一契口 1.2 釐米，第一契口至第二契口 23.4 釐米，存 37 字。第二簡僅存 10.3 釐米，下端平齊，上殘，第三契口至尾端 1.4 釐米，存 8 字。[①] 本篇原無篇題，現篇題《鶹鷅》爲整理者所加。

上博楚簡《鶹鷅》簡文公布後，有學者指出，所存兩支殘簡可以拼接爲一支簡。

從文體形態來看，上博楚簡《鶹鷅》存七句，六言、七言相間，使用語氣詞"兮"，不過在"兮"前都冠以"今"字，作"今兮"，此一特徵與上博楚簡《有皇將起》相同。從文體性質來看，屬於楚辭類作品，體式與上博楚簡《有皇將起》相近，亦當屬於早期楚辭類辭賦作品。

五　睡虎地秦簡《成相篇》的文體形態

秦簡《成相篇》，1975 年 12 月在雲夢睡虎地十一號秦墓出土。[②]《成相篇》是《爲吏之道》篇中的部分內容。《爲吏之道》共有 51 支竹簡，編成簡冊後，由上至下分五欄書寫文字，每欄從右向左書寫。在第五欄，第一支簡至第十五支簡抄寫了八首韻文，整理者稱爲"相"。[③] 睡虎地秦簡刊布後，學界有"成相篇""成相雜辭"等稱謂。

《漢書·藝文志》著錄《成相雜辭》十一篇，又著錄《秦時雜賦》九篇。睡虎地秦簡《成相篇》的發現，對於研究賦體文學的源流發展，以及秦代文學文化具有重要意義。

從文體形態及文體性質來看，秦簡《成相篇》現存八章，其中第一章

---

① 參見馬承源主編《上海博物館藏戰國楚竹書》（八），第 287~291 頁。
② 參見睡虎地秦墓竹簡整理小組編《睡虎地秦墓竹簡》，出版說明，第 1 頁。
③ 參見睡虎地秦墓竹簡整理小組編《睡虎地秦墓竹簡》，第 167 頁。

至第七章完整，第八章殘缺，第一章由三言＋三言＋三言＋七言＋四言＋
七言句式構成，其餘各章由三言＋三言＋七言＋四言＋七言句式構成，全
篇用韻，用韻與《詩經》相同。秦簡《成相篇》與《荀子·成相篇》體式
相同，其就是《漢書·藝文志》所著録的成相雜賦。

六　北大秦簡《隱書》的文體形態

秦簡《隱書》是 2010 年北京大學入藏的秦簡中的一篇。本篇寫本文
獻存木簡九支，完整木簡長約 23 釐米，寬 0.8~1.2 釐米，厚度大約 0.3 釐
米，木簡設有兩道編繩。本篇寫本文獻原無篇題，現篇題爲整理者根據寫
本内容擬定。①

本篇寫本文獻内容爲隱語，全篇一共記有三條隱語。三條隱語多爲
四言韻語。隱語又有"廋辭""謎語"等稱謂，是中國古代一種特殊文體，
《漢書·藝文志》詩賦略雜賦類著録《隱書》十八篇，都已亡佚。北大秦
簡《隱書》的發現，對於認識中國早期隱語文體形態具有重要意義。

七　北大秦簡《公子從軍》的文體形態

北大秦簡《公子從軍》是 2010 年北京大學入藏的秦簡中的一篇。本
篇寫本文獻現存竹簡 22 支，完整竹簡長度爲 22.9~23.1 釐米，寬度爲
0.7~0.9 釐米，竹簡設有兩道編繩。本篇寫本文獻原無篇題，現篇題爲整理
者根據寫本内容擬定。②

本篇寫本文獻以書信形式結構全篇，内容是該篇女主人公"牽"寫給
從軍公子的一封信。雖然是書信，但全篇總體上用韻，有賦體特徵，應該
是秦代底層文人的小賦。③

八　阜陽漢簡《屈原賦》的文體形態

阜陽漢簡《屈原賦》，1977 年在安徽阜陽雙古堆西漢汝陰侯夏侯竈墓

---

① 參見北京大學出土文獻與古代文明研究所編《北京大學藏秦簡牘》（壹），第 125 頁。
② 參見北京大學出土文獻與古代文明研究所編《北京大學藏秦簡牘》（壹），第 87 頁。
③ 參見北京大學出土文獻與古代文明研究所編《北京大學藏秦簡牘》（壹），第 89~94 頁。

出土。[①] 阜陽漢簡《屈原賦》僅存兩片殘簡。第一片殘簡縱裂，存右邊字的三分之二部分，長 3.5 釐米，寬處 0.5 釐米，上存"寅吾以降"4 字，爲屈原《離騷》第四句"惟庚寅吾以降"中的四字。第二片殘簡長 4.2 釐米，寬處 0.4 釐米，存 6 字，是屈原《九章·涉江》"船容與而不進兮，淹回水而凝滯"兩句中的"不進旖奄回水"六字（兮作旖，淹作奄），"水"字僅存一殘筆，"不"字完整，其他四字存左邊的四分之三部分。[②]

九　銀雀山漢簡《唐勒》的文體形態

銀雀山漢簡《唐勒》賦，1972 年 4 月在山東省銀雀山一號漢墓出土。該墓出土竹簡有長、短兩種，本篇簡文用長簡抄寫，存完、殘簡 19 支，篇題"唐勒"書寫在第一簡背面。[③]

《漢書·藝文志》著録唐勒賦四篇。本篇簡文是否就是唐勒賦，學界尚有不同意見。整理者認爲，此篇簡文中有"唐勒先稱"之語，懷疑不是唐勒所作，或許是宋玉或其他人擬作。[④]

從文體形態及文體性質來看，銀雀山漢簡《唐勒》賦以主客問答形式展開，以御馬爲喻，論説君王治國之術，全篇描寫生動，通過形象來闡述道理，已經具備散體賦的基本形制，該篇文體體式是漢代散體賦的直接來源。

十　北大漢簡《妄稽》的文體形態

漢簡《妄稽》是北京大學 2009 年入藏的西漢竹書中的一篇。《妄稽》現存 87 支竹簡，其中有 73 支完整竹簡（含綴合簡），14 支殘簡。完整簡長 31.9~32.2 釐米，寬 0.8~0.9 釐米。竹簡設有三道編繩，編繩處有契口。簡背留有劃痕。完整竹簡抄寫文字 32~36 個，現存竹簡存字大約 2700 字。

---

① 安徽省文物工作隊、阜陽地區博物館、阜陽縣文化局:《阜陽雙古堆西漢汝陰侯墓發掘簡報》,《文物》1978 年第 8 期。
② 參見阜陽漢簡整理組《阜陽漢簡〈楚辭〉》,《中國韻文學刊》第 1 期,1987。
③ 《銀雀山漢墓竹簡情況簡介》,銀雀山漢墓竹簡整理小組編《銀雀山漢墓竹簡》(壹),第 5~6 頁。
④ 銀雀山漢墓竹簡整理小組編《銀雀山漢墓竹簡》(貳),第 250 頁。

篇題《妄稽》抄寫在第三支竹簡背面上端。①

北大漢簡《妄稽》講述了一位名叫周春的士人，雖然品貌出衆，却娶了一位名叫妄稽又醜又惡的妻子，周春非常討厭妄稽，於是向父母請求買妾，遭到妻子妄稽的强烈反對。不過最終周春還是買了一位名叫虞士的美妾，虞士到來後遭到了妄稽的强烈妒恨與殘酷折磨。最後妄稽生了重病，在臨終前妄稽對自己的妒行做了深刻反省。

從文體性質及文體形態來看，北大漢簡《妄稽》與尹灣漢簡《神烏賦》相類，應當是一篇西漢的長篇俗賦。全篇行文句式以四言爲主，間有少量五言、六言句式。從用韻來看，全篇基本用韻，但用韻疏密不定。

十一 北大漢簡《反淫》的文體形態

漢簡《反淫》是北京大學 2009 年入藏的西漢竹書中的一篇。漢簡《反淫》現存竹簡 59 枚，其中有 35 枚完整竹簡，24 枚殘簡，經綴合得到 51 支竹簡。竹簡長 30.3~30.4 釐米，寬 0.9~1 釐米。完整竹簡滿簡抄寫大約 29 字，全部竹簡存字大約 1225 個。本篇文獻抄寫書體爲漢隸。簡背留有劃痕。竹簡的原整理者將一支殘簡背面抄寫的 "反淫" 作爲本篇文獻的篇題。②

北大漢簡《反淫》全篇寫的是魂與魄的對話。從文體性質來看，該篇文獻應當是一篇賦體作品，全篇大部分内容與漢代枚乘《七發》相合。枚乘的《七發》由於鋪陳七事，因此稱爲七發。從北大漢簡《反淫》現存竹簡抄寫的内容來看，其所陳之事應該多於七件，從所陳之事的分類、詳略及語言表述等方面來看，北大漢簡《反淫》應早於枚乘的《七發》，因此從文體譜系來看，漢賦 "七體" 應該是由西漢早期《反淫》類作品發展而來。

十二 敦煌漢簡韓朋故事的文體形態

韓朋故事殘簡，1979 年發現於敦煌西北馬圈灣漢代烽燧遺址。僅存一

---

① 參見北京大學出土文獻研究所編《北京大學藏西漢竹書》（肆），第 57 頁。
② 參見北京大學出土文獻研究所編《北京大學藏西漢竹書》（肆），第 119 頁。

支簡[①]，該簡兩端皆殘，存"書而召韓俌問之韓俌對曰臣取婦二日三夜去之樂游三年不歸婦"27 字。[②]

裘錫圭先生考證這支殘簡的内容是韓朋故事，並指出與《韓朋賦》有密切關係。[③]漢簡韓朋故事的發現，對於韓朋故事的源流及漢代賦體文學及俗文學研究具有重要意義。

從文體形態及文體性質來看，該簡所存文字應爲敦煌石室發現的《韓朋賦》的内容，《韓朋賦》與尹灣漢簡《神烏賦》相類，同爲漢代俗賦。

十三　敦煌漢簡田章故事的文體形態

敦煌漢簡田章故事簡，是斯坦因 1914 年第三次中亞考古時在敦煌漢代長城烽燧遺址發現的，編號 2289。[④]

敦煌漢簡田章故事現存一支簡，上存"爲君子田章對曰臣聞之天之高萬萬九千里地之廣亦與之等風發紿谷雨起江海震"共 34 字。有學者指出田章就是《晏子春秋》中記載的弦章。[⑤]

從文體形態來看，敦煌漢簡田章故事，以君臣問對爲表現形式，其文體應是漢代俗賦。該簡對於田章故事的流傳及漢代俗文學研究具有重要意義。

十四　尹灣漢簡《神烏賦》的文體形態

1993 年 2 月底至 4 月底，江蘇省連雲港市東海縣温泉鎮尹灣村的 M6 號漢墓出土木牘 23 方、竹簡 133 支。竹簡長 22.5~23 釐米，其中寬簡 20

---

① 編號 496A。

② 參見甘肅省文物考古研究所編《敦煌漢簡》，（上），圖版伍貳，496A 號；（下），第 238 頁，釋文第 496A 號；張德芳《敦煌馬圈灣漢簡集釋》，第 81 頁。此處采用《敦煌馬圈灣漢簡集釋》的釋文。

③ 參見裘錫圭《漢簡中所見韓朋故事的新資料》，《復旦學報》（社會科學版）1999 年第 3 期。

④ 爲《敦煌漢簡》編號。

⑤ 參見甘肅省文物考古研究所編《敦煌漢簡》，（上），圖版壹柒壹；（下），第 309 頁。此處采用裘錫圭先生的釋文，參見裘錫圭《田章簡補釋》，《簡帛研究》（第三輯），第 455~458 頁。

支，寬 0.8~1 釐米，窄簡 113 支，寬 0.3~0.4 釐米，另有一支無字簡，屬寬簡。在 133 支竹簡當中，第 114 號簡至第 133 號簡總計 20 支簡，爲寬簡，1 支書寫篇題《神烏賦》，18 支書寫賦的正文，還有 1 支，字迹漫漶不清，下部有雙行小字，所記疑爲此賦作者或傳寫者的官職及姓名。這篇賦采用擬人手法，通過雌鳥被盜鳥傷害，臨死時與雄鳥訣别的故事，表現夫妻之間真摯感情。[①]《神烏賦》的發現，對於中國文學史特別是賦體文學的研究具有重要意義。

從文體形態來看，尹灣漢簡《神烏賦》是以四言爲主的詩體賦，全篇大體用韻。全篇以擬人化手法講述了一隻鳥的故事，叙述間以對話，雖然没有更多鋪陳，没有更多華麗辭藻，却極爲生動。從文體性質來看，尹灣漢簡《神烏賦》應該是創作於西漢後期的所謂俗賦。

十五　懸泉漢簡夏育故事的文體形態

懸泉漢簡夏育故事簡，1990 年在懸泉置遺址出土，僅存一支簡，編號爲 I 90DXT0209 ⑤ :18。

該簡所記内容爲夏育故事。夏育是周代勇士，傳世文獻《韓非子·守道》有零星記載，但其事迹後世不傳。[②]

從文體形態來看，漢簡夏育故事的文體應是漢代俗賦。該簡對於夏育故事的流傳及漢代俗文學研究具有重要意義。

十六　額濟納漢簡晏子故事的文體形態

額濟納漢簡晏子故事簡，1999 年在内蒙古額濟納旗漢代烽燧遺址出土，僅存兩支簡，編號爲 99ES18SH1:1、99ES18SH1:2。[③]

從文體形態來看，額濟納漢簡晏子故事的文體應是漢代俗體賦。該簡對於晏子故事的流傳及漢代俗文學研究具有重要意義。

---

① 參見連雲港市博物館等編《尹灣漢墓簡牘》，前言，第 4 頁。
② 參見甘肅簡牘博物館等編《懸泉漢簡》（貳），第 10 頁。
③ 參見魏堅主編《額濟納漢簡》，第 134~135 頁。

十七　額濟納漢簡田章故事的文體形態

額濟納漢簡田章故事簡，2002 年在内蒙古額濟納旗漢代烽燧遺址出土，僅存一支簡，編號爲 2002ESCSF1:6。[①]

額濟納漢簡田章故事簡下部殘缺，僅存 14 字。田章故事見於敦煌漢簡，有學者認爲田章就是《晏子春秋》中記載的弦章。

從文體形態來看，額濟納漢簡田章故事的文體應是漢代俗體賦。該簡對於田章故事的流傳及漢代俗文學研究具有重要意義。

十八　額濟納漢簡介子推故事的文體形態

額濟納漢簡介子推故事簡，2000 年在内蒙古額濟納旗漢代烽燧遺址出土，僅存兩支簡，編號爲 2000ES7SF1:2AB、2000ES7SH1:7。[②]

介子推是春秋時期晉國人，其"割股奉君"等事迹爲世人所傳頌。

從文體形態來看，額濟納漢簡介子推故事的文體應是漢代俗賦。該簡對於介子推故事的流傳及漢代俗文學研究具有重要意義。

十九　北大秦牘《酒令》的文體形態

秦牘《酒令》是 2010 年北京大學入藏的秦簡牘中的一種。本篇寫本酒令一共四首，用一件竹牘和兩件木牘抄寫，還有一枚行酒令的木骰。這篇酒令文獻原無篇題，現篇題爲整理者所擬定。[③]

北大秦牘這四首酒令從語言形式上看，三、四、七言雜用，句子參差不齊。酒令屬於歌詩範疇，秦牘《酒令》的發現對於研究酒令的起源及其早期形態具有切實意義。[④]

二十　敦煌漢簡《風雨詩》的文體形態

敦煌漢簡《風雨詩》，是斯坦因 1913~1915 年第三次中亞考古時在甘

---

① 參見魏堅主編《額濟納漢簡》，第 286 頁。
② 參見魏堅主編《額濟納漢簡》，第 138、199 頁。
③ 參見北京大學出土文獻與古代文明研究所編《北京大學藏秦簡牘》(壹)，第 145 頁。
④ 參見北京大學出土文獻與古代文明研究所編《北京大學藏秦簡牘》(壹)，第 145~151 頁。

肅敦煌哈拉湖南岸漢烽燧遺址所獲。該詩書寫在一支木簡上[①]，該簡長 24
釐米，寬 2.6 釐米，這個規格的簡就是漢代所謂的"尺牘"。[②] 該詩總計 60
字，分兩行書寫，第二字"不"、第五字"兮"、第五十一字"之"漏書，
以小字補書於相應位置側旁。

關於該詩的命名，學界有不同看法，現用初次著録之名。關於該詩的
體裁形式，學界也有不同看法，目前有騷體詩、七言詩、漢代琴曲歌辭、
漢賦等不同說法。關於該詩的内容，學界的看法也不盡相同，有感慨仕
途、途遇困險、洪水災害等等說法。

《漢書·藝文志》詩賦略有"歌詩"小類，著録"歌詩"二十八家
三百一十四篇。"歌詩"之名或能反映漢代詩歌的實際。

從文體形態來看，敦煌漢簡《風雨詩》共八句，其中四句有句中語氣
詞"兮"，另外四句没有"兮"。從文體性質來看，應屬騷體詩。

二十一　敦煌漢簡四言詩的文體形態

敦煌漢簡四言詩，是 20 世紀初斯坦因第三次中亞考古時在甘肅敦煌
漢代烽燧遺址發現的，僅存一支簡，編號爲 2301。[③]

從文體形態來看，敦煌漢簡四言詩，以四言爲句，用韻，内容及文筆
較爲淺俗，或爲底層文人作品。

第二節　詩賦類簡帛文獻的文體譜系

詩賦類簡帛文獻有上博楚簡《李頌》《蘭賦》《有皇將起》《鶹鷅》，睡

---

① 編號 2253。參見甘肅省文物考古研究所編《敦煌漢簡》(上)，圖板壹陸玖，2253 號；
（下），第 307 頁，釋文第 2253 號。
② 參見董珊《敦煌漢簡風雨詩新探》，復旦大學出土文獻與古文字研究中心編《出土文獻
與傳世典籍的詮釋》，第 417 頁。
③ 此爲《敦煌漢簡》編號。參見甘肅省文物考古研究所編《敦煌漢簡》，（上），圖版壹柒
貳；（下），第 310 頁。裘錫圭先生對該木簡做了重新釋讀，從裘錫圭先生釋文來看應該
是一首四言詩。參見裘錫圭《談談英國國家圖書館所藏的敦煌漢簡》，汪濤、胡平生、
吳芳思主編《英國國家圖書館藏斯坦因所獲未刊漢文簡牘》，第 60 頁。

虎地秦簡《成相篇》，北大秦簡《隱書》《公子從軍》《酒令》，阜陽漢簡《屈原賦》，銀雀山漢簡《唐勒》，尹灣漢簡《神烏賦》，北大漢簡《妄稽》《反淫》，敦煌漢簡韓朋故事、田章故事、《風雨詩》、四言詩，懸泉漢簡夏育故事，額濟納漢簡晏子故事、田章故事、介子推故事等篇章，其中賦體十八篇，歌詩三首。十八篇賦既有戰國早期的賦體作品，也有戰國晚期的賦體作品，還有西漢晚期的民間文人賦，這些賦對於認識賦體的文體譜系非常重要。簡帛文獻中的漢代歌詩雖然發現較少，但其體式殊具特徵，也有助於認識漢代歌詩文體的譜系源流。

首先來探討這十八篇簡帛賦體作品的文體譜系。《漢書·藝文志》詩賦略分爲屈原賦、陸賈賦、荀卿賦、雜賦和歌詩五小類。其中，班固把賦體分爲屈原賦、陸賈賦、荀卿賦、雜賦四個小類。所著録的賦體作品極爲豐富，但是，我們不難發現，其所著録的賦體作品最早的是屈原的賦。屈原之前的賦體不見著録，因此，我們難以觀察賦體的文體譜系與源流。班固在詩賦略序中對賦體源流譜系作過概説：

> 《傳》曰："不歌而誦謂之賦，登高能賦可以爲大夫。"言感物造耑，材知深美，可與圖事，故可以爲列大夫也。古者諸侯卿大夫交接鄰國，以微言相感，當揖讓之時，必稱詩以諭其志，蓋以別賢不肖而觀盛衰焉。故孔子曰'不學《詩》，無以言'也。春秋之後，周道寖壞，聘問歌詠不行於列國，學詩之士逸在布衣，而賢人失志之賦作矣。大儒孫卿及楚臣屈原，離讒憂國，皆作賦以風，咸有惻隱古詩之義。其後宋玉、唐勒，漢興枚乘、司馬相如，下及揚子雲，競爲侈麗閎衍之詞，没其風諭之義。是以揚子悔之，曰："詩人之賦麗以則，辭人之賦麗以淫。如孔氏之門人用賦也，則賈誼登堂，相如入室矣，如其不用何！"自孝武立樂府而采歌謡，於是有代趙之謳，秦楚之風，皆感於哀樂，緣事而發，亦可以觀風俗，知薄厚云。[1]

按照班固的説法，賦體是春秋以後禮壞樂崩詩不再被重視之後的産

---

① （漢）班固撰、（唐）顏師古注《漢書》，第 6 冊，第 1755~1756 頁。

物。但追溯其源流，也祇上溯到屈原及荀子而已。簡帛文獻中有幾篇賦應該是早期作品，對於探討賦體早期形態非常重要。

上博楚簡《蘭賦》體式不是特別工整，以四言、五言爲主體，雜以六言、九言、十言，用韻也比較寬，不使用成熟賦體語氣詞"兮"，而使用"矣"和"也"，體式介於散體賦與詩體賦之間。從文體譜系源流上看，這種賦體體式的創作有兩種可能，一種是早期楚辭類辭賦作品，一種是戰國晚期楚辭類作品。從早期來看，賦體體制還没有完全形成，這種賦體介於詩體與散體之間，語氣詞也未固定。從戰國晚期賦體來看，也會出現由詩體賦向散體賦過渡的樣態。從上博簡斷代來看，上博楚簡抄寫時間在戰國中期，屈原生活時間大約在公元前 340 年至公元前 278 年，屈原出生時是戰國中期，因此，基本可以斷定上博楚簡《蘭賦》的創作時間應該在屈原作品之前，屬於早期楚辭作品。

上博楚簡《有皇將起》，體式也不工整，以六言、七言爲主體，間以四言、五言、八言、九言，使用語氣詞"兮"，不過在"兮"前又冠以"今"字，作"今兮"。其創作時間應該在屈原作品之前，屬於早期楚辭類作品。

上博楚簡《鷠鷂》祇存七句，六言、七言相間，使用語氣詞"兮"，與上博楚簡《有皇將起》相同，在"兮"前也都冠以"今"字，作"今兮"，體式與上博楚簡《有皇將起》相似，其創作時間也應該在屈原作品之前，屬於早期楚辭類辭賦作品。

上博楚簡《李頌》，體式較爲工整，全篇以四言爲主，間以五言及六言，偶數句用語氣助詞"兮"，偶句之外的句子多用韻，其文體體式與屈原楚辭賦較爲接近，其爲詠物賦，尤其與屈原《橘頌》等詠物賦旨趣相似。其創作時間也應該在屈原作品之前，不過賦體體制已基本成形。

以上四篇賦體作品，上博楚簡《蘭賦》《有皇將起》《鷠鷂》三篇基本上是賦體草創期作品，而上博楚簡《李頌》基本上是賦體成形期作品，這四篇作品基本反映出賦體由草創期向成形期發展的階段性特徵。通過這四篇賦體作品，我們看到了賦體譜系的早期樣態，進一步認識了屈原賦的文體來源。

秦簡《成相篇》是《漢書·藝文志》著録的成相雜賦，屬於賦體的一個特殊類型，體式與傳世文獻中的《荀子·成相篇》完全相同。學界對秦簡《成相篇》的文體性質有不同看法，有學者認爲是一種説唱藝術，有學者認爲是詩體賦。筆者認爲，秦簡《成相篇》是賦體的一種特殊體式，就是《漢書·藝文志》著録的成相雜賦，其有固定的句式及篇章結構，基本由三言＋三言＋七言＋四言＋七言的句式構成，用韻嚴格，且與《詩經》用韻一致，因此，恐怕不是民間説唱體式，應該是戰國中晚期賦體的一個變體。此種體式的創造可能與荀子有關，大概是荀子生活在楚國期間，把《詩經》與楚辭融爲一體而創造的新體制。

銀雀山漢簡《唐勒》賦，從文體體式及譜系來看，是屈原詩體賦走向散體賦的典範性作品，標志着詩體賦解體與散體賦的誕生，散體賦經秦入漢後得到快速發展。

北大漢簡《反淫》全篇大部分内容與漢代枚乘《七發》相合。北大漢簡《反淫》所陳之事多於七件，《反淫》應早於枚乘的《七發》，從文體譜系來看，漢賦中的“七體”應該是由西漢早期《反淫》類作品發展而來。

尹灣漢簡《神烏賦》是漢代下層文人創作的賦體作品，其主題及故事應該來自民間故事或傳説，這種賦體較爲質樸，通常被稱爲漢代俗賦。

敦煌漢簡韓朋故事、田章故事，懸泉漢簡夏育故事，額濟納漢簡晏子故事、田章故事、介子推故事等，從文體形態及文體性質來看，都與尹灣漢簡《神烏賦》相類，通常被稱爲漢代俗賦。北大漢簡《妄稽》是一篇漢代俗體長賦。

以上《唐勒》賦等賦體作品，向我們呈獻了賦體在戰國後期到漢代的發展變化情況，《唐勒》賦標志着戰國後期詩體賦的解體與散體賦的出現，《神烏賦》的出現則説明在西漢不僅有高層王公貴族青睞的堂皇大賦，也有底層文人小吏賴以寄託情懷的質樸小賦。

北大秦簡《公子從軍》從體式上看，雖然是書信形式，但其行文用韻，有賦體特徵，仍屬於賦體範疇。從内容上看，其書寫社會底層悲歡，可以將之看作秦代底層文人小賦。

北大秦簡《隱書》屬於《漢書·藝文志》詩賦略雜賦類，《漢書·藝文志》詩賦略雜賦類著録《隱書》十八篇，都已亡佚。隱書在先秦就已經出現，北大秦簡《隱書》的發現，使我們可以一睹秦代隱書面貌。

北大秦簡《酒令》不能登大雅之堂，姑且算作歌詩俗文學了。敦煌漢簡《風雨詩》雖然僅存八句，但與傳世漢代歌詩有所不同，因此藉此仍可一窺漢代歌詩之一斑。

第十四章　兵書類簡帛文獻的文體形態及文體譜系

兵書類簡帛文獻數量較多，其文體形態多樣，其文體譜系也較爲複雜，因此，很有必要對其作出系統考察與探討。

第一節　兵書類簡帛文獻的文體形態

現在已經發現的兵書類簡帛文獻有幾十種，文體形態較爲豐富。對簡帛兵書文獻的文體形態作出梳理與判斷，有助於對兵書文體作出深入研究。

一　上博楚簡《曹沫之陳》的文體形態

上博楚簡《曹沫之陳》是上海博物館 1994 年 5 月入藏的一批戰國竹簡中的一篇。《曹沫之陳》現存 45 支完整竹簡，20 支殘簡。篇題《曹沫之陳》抄寫在第二支竹簡的背面。①

本篇寫本公布以後，陳劍等學者對本篇寫本竹簡的編連提出不同方案。②本篇寫本記述的内容是魯莊公與曹沫就布陣攻守等用兵之事展開的對話。

學者們對於本篇寫本的文獻性質存在不同意見，主要有儒家説、兵家説等説法。

---

① 參見馬承源主編《上海博物館藏戰國楚竹書》（四），第 241 頁。
② 陳劍：《上博竹書〈曹沫之陳〉新編釋文（稿）》，簡帛研究網，2005 年 2 月 12 日。

從文體形態來看，上博楚簡《曹沫之陳》開篇叙事，接下來爲魯莊公與曹沫的問答，記言兼記事，以記言爲主。

從文獻性質來看，上博楚簡《曹沫之陳》，前一部分論政，後一部分論兵，以論兵爲主，論政衹是論兵的鋪墊，因此，總體上該篇文獻應該屬於兵書類文獻。

二 安大簡《曹沫之陳》的文體形態

安大簡《曹沫之陳》是安徽大學 2015 年初入藏的一批戰國早中期竹簡中的一篇寫本。該篇寫本一共有竹簡 46 支，現存竹簡 44 支。完整竹簡長度大約 48.5 釐米，寬度大約 0.7 釐米。竹簡設有三道編繩，除第十五支竹簡頂格書寫，其餘竹簡皆首尾留白。[①]

本篇寫本內容與上博簡《曹沫之陳》基本相同，本篇没有發現篇題，現篇題爲竹簡整理者參照上博簡《曹沫之陳》所擬加。

三 銀雀山漢簡《孫子兵法》的文體形態

銀雀山漢簡《孫子兵法》，1972 年 4 月在山東省臨沂銀雀山一號漢墓出土。該墓出土竹簡有長、短兩種，本篇寫本用長簡抄寫，完整簡全長 27.5 釐米左右，寬 0.5~0.7 釐米，厚 0.1~0.2 釐米，三道編繩，本篇寫本共有 233 個竹簡編號。本篇寫本有一部分內容見於傳世本《孫子兵法》十三篇，這一部分被整理者編爲上編，還有一部分內容不見於傳世本《孫子兵法》，這部分一共有五篇，被整理者編爲下編。另存書寫篇題的木牘一塊。[②]

《漢書·藝文志》兵書略兵權謀類著録有《吳孫子兵法》八十二篇，顏師古注云："孫武也，臣於闔廬。"[③]銀雀山漢簡寫本《孫子兵法》與今本《孫子》十三篇在篇數及內容上存在較大區別，竹簡寫本《孫子兵法》除

---

① 參見黄德寬、徐在國主編《安徽大學藏戰國竹簡》（二），第 43 頁。
② 《銀雀山漢墓竹簡情況簡介》，銀雀山漢墓竹簡整理小組編《銀雀山漢墓竹簡》（壹），第 5~6 頁。
③ （漢）班固撰、（唐）顏師古注《漢書》，第 6 册，第 1757 頁。

了有今本《孫子兵法》十三篇的内容，還有多篇佚篇，也許這些佚篇就在《漢書·藝文志》著録的《吳孫子兵法》八十二篇之中。銀雀山漢簡寫本《孫子兵法》的出土，不僅可以用來校正今本的訛誤，而且爲研究今本《孫子兵法》的作者及篇數等問題提供了新材料。

從文體形態來看，銀雀山漢簡《孫子兵法》上編每篇以孫子曰領起，爲記言式論體，文體與傳世本《孫子兵法》十三篇相同。下編五篇分別是《吳問》《黄帝伐赤帝》《四變》《地形二》《見吳王》。其中，《吳問》爲問答體，是吳王與孫子的問答。《四變》未見"孫子曰"，應當是一般論體。《黄帝伐赤帝》開篇以孫子曰領起，通過孫子之口叙述黄帝伐赤帝、湯伐桀、武王伐紂之事，並間以議論，爲記言式夾叙夾議體。《地形二》未見"孫子曰"，應當是一般論體。《見吳王》全篇爲叙事體，間以孫子與吳王的對話，而孫子的話實爲議論體。

從文獻性質來看，《見吳王》的文獻性質多有爭論，筆者認爲，《見吳王》雖爲叙事體，但從所記故事内容來看，仍然屬於兵法範疇。

四　銀雀山漢簡《孫臏兵法》的文體形態

銀雀山漢簡《孫臏兵法》，1972 年 4 月在銀雀山一號漢墓出土。[①]銀雀山漢簡《孫臏兵法》目前公布了三種整理版本。第一種是 1975 年銀雀山漢墓竹簡整理小組在《文物》上發表的釋文及同年由文物出版社出版的單行本，兩者都是三十篇，分爲上、下兩編，分別都是十五篇。第二種是 1985 年出版的《銀雀山漢墓竹簡》（壹）修訂本，此本把 1975 年本的上編增加了一篇《五教法》，變爲十六篇，而將下編全部去掉，並將之編入《銀雀山漢墓竹簡》（貳）的《佚書叢殘》中。第三種是 2021 年出版的《銀雀山漢墓簡牘集成》（貳）的十六篇本，與 1985 年出版的《銀雀山漢墓竹簡》（壹）相同。

本篇寫本用長簡抄寫，完整竹簡長約 27.5 釐米，寬 0.5~0.7 釐米，厚 0.1~0.2 釐米，竹簡設有三道編繩，《銀雀山漢墓竹簡》（壹）爲 222 個竹簡

---

① 《銀雀山漢墓竹簡情況簡介》，銀雀山漢墓竹簡整理小組編《銀雀山漢墓竹簡》（壹），第 5~6 頁。

編號,《銀雀山漢墓簡牘集成》(貳)爲 223 個竹簡編號。

《漢書·藝文志》兵書略兵權謀類著録有《齊孫子》八十九篇,顏師古注曰"孫臏"[1]。《漢書·藝文志》著録的《齊孫子》實際上就是《孫臏兵法》,該書早已亡佚,銀雀山漢簡《孫臏兵法》的出土對於揭開圍繞《孫子兵法》的一些疑團意義重大。

從文體形態來看,《孫臏兵法》十六篇的文體形態並不統一:

《擒龐涓》爲叙事體,間以人物對話。全篇叙述的是孫臏在圍魏救趙戰役中,運用"避實擊虛""攻其必救"等戰略戰術,在桂陵大敗魏軍並擒獲龐涓的故事。

《見威王》以叙事開篇,接下來記孫子對威王講的話,孫子之言爲夾叙夾議體。

《威王問》《陳忌問壘》爲問答體。《强兵》爲問答體,全篇爲威王與孫子的問答。

《篡卒》《月戰》《八陣》《地葆》《勢備》《兵情》《行篡》《殺士》《延氣》《官一》《五教法》諸篇以孫子曰領起,皆爲記言式論體。

從文獻性質來看,《孫臏兵法》十六篇爲兵書類著作。

五 銀雀山漢簡《尉繚子》的文體形態

銀雀山漢簡《尉繚子》,1972 年 4 月在銀雀山一號漢墓出土。[2]該墓所出竹簡有長、短兩種,本篇寫本使用長簡抄寫,一共有 72 個竹簡編號,竹簡殘損比較嚴重。竹簡原整理者將本篇寫本分爲五篇。《漢書·藝文志》諸子略雜家類著録有《尉繚子》二十九篇,兵書略兵形勢類著録有《尉繚子》三十一篇。宋代以後,《尉繚子》爲僞書之説開始流行。隨着銀雀山漢簡《尉繚子》的發現,僞書之説已難以成立。不過,銀雀山漢簡《尉繚子》是《漢書·藝文志》所著録的兩種《尉繚子》中的哪一種,學者們尚有不同看法。

---

[1] (漢)班固撰、(唐)顏師古注《漢書》,第 6 册,第 1758 頁。
[2] 《銀雀山漢墓竹簡情況簡介》,銀雀山漢墓竹簡整理小組編《銀雀山漢墓竹簡》(壹),第 5~6 頁。

從文體形態來看，銀雀山漢簡《尉繚子》爲論體。

從文獻性質來看，銀雀山漢簡《尉繚子》應該屬於兵書類著作。

六　銀雀山漢簡《守法守令等十三篇》的文體形態

銀雀山漢簡《守法守令等十三篇》，1972 年 4 月在銀雀山一號漢墓出土。[①]銀雀山一號漢墓出土一方抄寫篇題的完整木牘，其上抄寫的篇題有《守法》《要言》《庫法》《王兵》《市法》《守令》《李法》《王法》《委法》《田法》《兵令》《上篇》《下篇》，竹簡原整理者整理出前十一篇，其中《守法》《守令》合爲一篇，而《委法》僅存篇題。在這方篇題木牘上還計有篇數，竹簡原整理者釋爲"凡十三"，但是，"十"下一字實際上祇殘存一橫筆，整理者是將木牘上抄寫的十一個篇題與"上篇""下篇"加在一起得到十三之和，所以釋爲十三。竹簡公布後，學者們對此提出了不同看法，有學者指出木牘上抄寫的"上篇""下篇"緊接《兵令》抄寫，應該是指《兵令》的上、下篇，所以總計當是十二篇，這一篇數與已經發現的竹簡內容是吻合的。

目前，學者們對於本篇寫本的文獻性質存在不同看法，主要有雜抄說、法律文件說、兵書說等說法。

從文體形態來看，銀雀山漢簡《守法守令等十三篇》，有一部分篇章屬於論體。還有一部分篇章屬於書記體，所記爲守城之法、守城之令等內容。

從文獻性質來看，銀雀山漢簡《守法守令等十三篇》屬於兵書類著作。

七　銀雀山漢簡《地典》的文體形態

銀雀山漢簡《地典》，1972 年 4 月在銀雀山一號漢墓出土。[②]銀雀山漢簡《地典》寫本竹簡殘損嚴重，篇題《地典》抄寫在 1105 號竹簡的背面。

---

① 《銀雀山漢墓竹簡情況簡介》，銀雀山漢墓竹簡整理小組編《銀雀山漢墓竹簡》(壹)，第 5~6 頁。

② 《銀雀山漢墓竹簡情況簡介》，銀雀山漢墓竹簡整理小組編《銀雀山漢墓竹簡》(壹)，第 5~6 頁。

《漢書·藝文志》兵書略兵陰陽類著録有《地典》六篇。本篇寫本記述的内容是黃帝與地典就用兵問題的問答，文體屬於問答體。

從文獻性質來看，本篇屬於兵書類著作。

八　銀雀山漢簡《起師》的文體形態

銀雀山漢簡《起師》，1972 年 4 月在山東省臨沂銀雀山一號漢墓出土。[①] 本篇寫本文獻用長簡抄寫，現僅存 6 支竹簡，篇題《起師》抄寫在 1170 號竹簡的背面。[②]

本篇寫本論述的内容是明君起師的時機問題。本篇寫本提出“明王之起師也必以春”的主張，並具體闡述了這一主張的依據。

從文體形態及性質來看，本篇寫本是論體。從文獻性質來看，本篇屬於兵書類著作。

九　銀雀山漢簡《觀法》的文體形態

銀雀山漢簡《觀法》，1972 年 4 月在山東省臨沂銀雀山一號漢墓出土。[③] 該墓出土竹簡有長、短兩種，本篇寫本使用長簡抄寫，現存 3 支殘簡，篇題《觀法》抄寫在 1198 號竹簡的背面。[④] 本篇寫本殘缺特別嚴重，現存有“不卜而擊也”等語句。“不卜而擊也”與《吳子·料敵》“凡料敵有不卜而與之戰者八”有相似之處。所謂“料敵”就是估量、判斷敵情之意，而本篇寫本的篇題爲“觀法”，也許與“料敵”意思相近，可能是指觀察判斷敵情之法。從文獻性質來看，本篇屬於兵書類著作。

十　銀雀山漢簡《程兵》的文體形態

銀雀山漢簡《程兵》，1972 年 4 月在山東省臨沂銀雀山一號漢墓出

---

① 《銀雀山漢墓竹簡情況簡介》，銀雀山漢墓竹簡整理小組編《銀雀山漢墓竹簡》（壹），第 6 頁。
② 參見銀雀山漢墓竹簡整理小組編《銀雀山漢墓竹簡》（貳），第 154 頁。
③ 《銀雀山漢墓竹簡情況簡介》，銀雀山漢墓竹簡整理小組編《銀雀山漢墓竹簡》（壹），第 5~6 頁。
④ 參見銀雀山漢墓竹簡整理小組編《銀雀山漢墓竹簡》（貳），第 158 頁。

土。①該墓出土竹簡有長、短兩種，本篇寫本使用長簡抄寫，本篇現存1
支殘簡，篇題抄寫在該簡的背面。②

本篇寫本祇存"將受命"三字。"程兵"一詞還出現在銀雀山漢簡
《五度九奪》篇中，《五度九奪》這個篇題是整理者擬定的，因此懷疑《程
兵》與《五度九奪》兩篇寫本本來應該是一篇。《五度九奪》篇現存5支
完、殘簡，應該就是《程兵》篇的内容。"程兵"，這個篇名大概是衡量軍
事行動之義，《五度九奪》所存5支竹簡的内容與之相合。③

從文體形態來看，本篇爲論體。

從文獻性質來看，本篇屬於兵書類著作。

十一　銀雀山漢簡《十陣》的文體形態

銀雀山漢簡《十陣》，1972年4月在山東省臨沂銀雀山一號漢墓出
土。④本篇寫本的篇題抄寫在1531號竹簡的背面，本篇寫本現存25支竹
簡，在篇尾計有全篇字數787字。本篇寫本所記内容爲布陣之法，一共有
十陣。

本篇寫本曾經被編入1975年版的《孫臏兵法》釋文及單行本。1985
年《銀雀山漢墓竹簡》(壹)修訂本《孫臏兵法》將之去除，《銀雀山漢墓
竹簡》(貳)將之編入。

從文體形態及文體性質來看，銀雀山漢簡《十陣》屬於論説體兵書。

十二　銀雀山漢簡《十問》的文體形態

銀雀山漢簡《十問》，1972年4月在山東省臨沂銀雀山一號漢墓出土。
該墓出土竹簡有長、短兩種，本篇寫本使用長簡抄寫，現存23支竹簡，
篇尾記有字數719字。本篇寫本的篇題抄寫在1556號竹簡的背面。⑤

① 《銀雀山漢墓竹簡情況簡介》，銀雀山漢墓竹簡整理小組編《銀雀山漢墓竹簡》(壹)，
　 第5~6頁。
② 參見銀雀山漢墓竹簡整理小組編《銀雀山漢墓竹簡》(貳)，第158頁。
③ 參見銀雀山漢墓竹簡整理小組編《銀雀山漢墓竹簡》(貳)，第162~163頁。
④ 《銀雀山漢墓竹簡情況簡介》，銀雀山漢墓竹簡整理小組編《銀雀山漢墓竹簡》(壹)，
　 第5~6頁。
⑤ 參見銀雀山漢墓竹簡整理小組編《銀雀山漢墓竹簡》(貳)，第193~194頁。

本篇寫本抄寫的内容是圍繞"交和而舍"的各種情況而展開的十組問答，每組問答各自獨立。

從文體形態來看，銀雀山漢簡《十問》爲設問式論體。

從文獻性質來看，銀雀山漢簡《十問》爲兵書類文獻。

十三　銀雀山漢簡《略甲》的文體形態

銀雀山漢簡《略甲》，1972 年 4 月在山東省臨沂銀雀山一號漢墓出土。該墓出土竹簡有長短兩種，本篇使用長簡抄寫，現存 10 支殘簡，篇題抄寫在 1579 號竹簡的背面。[①] 本篇寫本記述的内容是"略甲之法"。

從文體形態來看，銀雀山漢簡《略甲》以記録略甲之法爲主，爲書記體，間有少量論述。

從文獻性質來看，銀雀山漢簡《略甲》屬於兵書類文獻。

十四　銀雀山漢簡《客主人分》的文體形態

銀雀山漢簡《客主人分》寫本，1972 年 4 月在山東省臨沂銀雀山一號漢墓出土。[②] 該墓出土竹簡有長、短兩種，本篇使用長簡抄寫，現存 14 支竹簡，篇題抄寫在第一支竹簡的背面，篇末記全篇字數 514 字。本篇寫本的内容是討論作戰中"客主人分"等問題。[③]

從文體形態來看，銀雀山漢簡《客主人分》爲論體。從文獻性質來看，銀雀山漢簡《客主人分》爲兵書類文獻。

十五　銀雀山漢簡《善者》的文體形態

銀雀山漢簡《善者》，1972 年 4 月在山東省臨沂銀雀山一號漢墓出土。該墓出土竹簡有長、短兩種，本篇寫本使用長簡抄寫，現存 9 支竹簡。本篇寫本的篇題《善者》抄寫在第一支竹簡的背面，篇尾所記全篇字數已殘

---

① 參見銀雀山漢墓竹簡整理小組編《銀雀山漢墓竹簡》（貳），第 196~197 頁。

② 《銀雀山漢墓竹簡情況簡介》，銀雀山漢墓竹簡整理小組編《銀雀山漢墓竹簡》（壹），第 5~6 頁。

③ 參見銀雀山漢墓竹簡整理小組編《銀雀山漢墓竹簡》（貳），第 150 頁。

損，衹存"二百"兩字。① 本篇寫本的主要内容是討論作戰中"善用兵"問題。

從文體形態來看，銀雀山漢簡《善者》爲論體。

從文獻性質來看，銀雀山漢簡《善者》爲兵書類文獻。

十六 銀雀山漢簡《五名五共》的文體形態

銀雀山漢簡《五名五共》，1972 年 4 月在山東省臨沂銀雀山一號漢墓出土。該墓出土竹簡有長、短兩種，本篇寫本使用長簡抄寫，現存 5 支竹簡，實際上是兩篇，五名和五共分別是兩篇的篇題，分別抄寫在兩篇寫本的篇末，竹簡原整理者把這兩篇寫本合爲一篇，並命名爲"五名五共"。全篇篇尾記字數"二百五十六"。②

從文體形態來看，銀雀山漢簡《五名五共》爲論體。

從文獻性質來看，銀雀山漢簡《五名五共》屬於兵書類文獻。

十七 銀雀山漢簡《兵之恒失》的文體形態

銀雀山漢簡《兵之恒失》，1972 年 4 月在山東省臨沂銀雀山一號漢墓出土。③ 該墓出土竹簡有長、短兩種，本篇寫本使用長簡抄寫，現存完、殘竹簡一共 15 支，篇題《兵之恒失》抄寫在第一支竹簡正面。④

本篇寫本論述以我兵所短敵敵兵所長等用兵之失的各種情況。

從文體形態來看，銀雀山漢簡《兵之恒失》爲論體。

從文獻性質來看，銀雀山漢簡《兵之恒失》爲兵書類文獻。

十八 銀雀山漢簡《將義》的文體形態

銀雀山漢簡《將義》，1972 年 4 月在山東省臨沂銀雀山一號漢墓出

---

① 參見銀雀山漢墓竹簡整理小組編《銀雀山漢墓竹簡》（貳），第 151~152 頁。
② 參見銀雀山漢墓竹簡整理小組編《銀雀山漢墓竹簡》（貳），第 153 頁。
③ 《銀雀山漢墓竹簡情況簡介》，銀雀山漢墓竹簡整理小組編《銀雀山漢墓竹簡》（壹），第 5~6 頁。
④ 參見銀雀山漢墓竹簡整理小組編《銀雀山漢墓竹簡》（貳），第 139 頁。

土。①該墓出土竹簡有長、短兩種，本篇寫本使用長簡抄寫，現存完、殘簡一共4支，篇題"義將"抄寫在第一支竹簡的背面，又在篇尾抄寫篇題作"將義"，從全篇内容來看，當以作"將義"爲是。②本篇寫本的主要内容是論説爲將者的德性，提出爲將者不可以不義，不可以不仁，不可以無德。

從文體形態來看，銀雀山漢簡《將義》爲論體。

從文獻性質來看，銀雀山漢簡《將義》爲兵書類文獻。

十九　銀雀山漢簡《將德》的文體形態

銀雀山漢簡《將德》，1972年4月在山東省臨沂銀雀山一號漢墓出土。③該墓出土竹簡有長、短兩種，本篇寫本使用長簡抄寫，現存完、殘竹簡一共8支，未發現篇題，現篇題《將德》爲整理者據寫本内容擬定。④

本篇寫本中有將軍之恒、將軍之知、將軍之敬、將軍之惠、將軍之德等語句，大概討論的是將軍應當如何處理上至君王下至兵士之間的關係問題，寫本中有"君令不入軍門"之句，也許是"將在外君命有所不受"之義。

從文體形態來看，銀雀山漢簡《將德》爲論體。

從文獻性質來看，銀雀山漢簡《將德》爲兵書類文獻。

二十　銀雀山漢簡《將敗》的文體形態

銀雀山漢簡《將敗》，1972年4月在山東省臨沂銀雀山一號漢墓出土。⑤該墓出土竹簡有長、短兩種，本篇寫本使用長簡抄寫，現存完、殘竹簡一共4支，篇題《將敗》抄寫在第一支竹簡的正面。⑥

---

① 《銀雀山漢墓竹簡情況簡介》，銀雀山漢墓竹簡整理小組編《銀雀山漢墓竹簡》(壹)，第5~6頁。
② 參見銀雀山漢墓竹簡整理小組編《銀雀山漢墓竹簡》(貳)，第157頁。
③ 《銀雀山漢墓竹簡情況簡介》，銀雀山漢墓竹簡整理小組編《銀雀山漢墓竹簡》(壹)，第5~6頁。
④ 參見銀雀山漢墓竹簡整理小組編《銀雀山漢墓竹簡》(貳)，第158頁。
⑤ 《銀雀山漢墓竹簡情況簡介》，銀雀山漢墓竹簡整理小組編《銀雀山漢墓竹簡》(壹)，第5~6頁。
⑥ 參見銀雀山漢墓竹簡整理小組編《銀雀山漢墓竹簡》(貳)，第137頁。

本篇寫本論説的内容是"將敗"的根源，指出了不能而自能、驕、貪於位、貪於財等二十個"將敗"的原因。

從文體形態來看，銀雀山漢簡《將敗》爲論體。

從文獻性質來看，銀雀山漢簡《將敗》爲兵書類文獻。

二十一　銀雀山漢簡《將失》的文體形態

銀雀山漢簡《將失》，1972 年 4 月在山東省臨沂銀雀山一號漢墓出土。[①] 該墓出土竹簡有長、短兩種，本篇寫本使用長簡抄寫，現存 13 支竹簡。本篇寫本没有發現篇題，現篇題《將失》是整理者據寫本内容擬定。[②]

本篇簡文論述由於"將失"而遭致"可敗"的三十二種情況，論述嚴密，環環相扣。

從文體形態來看，銀雀山漢簡《將失》爲論體。

從文獻性質來看，銀雀山漢簡《將失》爲兵書類文獻。

二十二　銀雀山漢簡《將過》的文體形態

銀雀山漢簡《將過》，1972 年 4 月在山東省臨沂銀雀山一號漢墓出土。[③] 該墓出土竹簡有長、短兩種，本篇寫本使用長簡抄寫，現存完、殘竹簡 4 支。本篇寫本未發現篇題，現篇題《將過》是整理者據寫本内容擬定。[④] 本篇寫本文獻主要論述如何利用敵將弱點而剋敵制勝之法。

從文體形態來看，銀雀山漢簡《將過》爲論體。

從文獻性質來看，銀雀山漢簡《將過》爲兵書類文獻。

二十三　銀雀山漢簡《曲將之法》的文體形態

銀雀山漢簡《曲將之法》，1972 年 4 月在山東省臨沂銀雀山一號漢墓

---

① 《銀雀山漢墓竹簡情況簡介》，銀雀山漢墓竹簡整理小組編《銀雀山漢墓竹簡》(壹)，第 5~6 頁。

② 參見銀雀山漢墓竹簡整理小組編《銀雀山漢墓竹簡》(貳)，第 137 頁。

③ 《銀雀山漢墓竹簡情況簡介》，銀雀山漢墓竹簡整理小組編《銀雀山漢墓竹簡》(壹)，第 5~6 頁。

④ 參見銀雀山漢墓竹簡整理小組編《銀雀山漢墓竹簡》(貳)，第 159~160 頁。

出土。^①該墓出土竹簡有長、短兩種，本篇寫本使用長簡抄寫，現存完、殘竹簡2支。本篇寫本未發現篇題，現篇題《曲將之法》爲整理者據寫本內容擬定。本篇寫本的主要內容是講軍中用將之法。^②

從文體形態來看，銀雀山漢簡《曲將之法》爲論體。

從文獻性質來看，銀雀山漢簡《曲將之法》爲兵書類文獻。

二十四　銀雀山漢簡《選卒》的文體形態

銀雀山漢簡《選卒》，1972年4月在山東省臨沂銀雀山一號漢墓出土。^③該墓出土竹簡有長、短兩種，本篇寫本使用長簡抄寫，現存5支殘簡。本篇寫本未發現篇題，現篇題《選卒》是整理者據寫本內容擬定。

本篇寫本的主要內容是講精選士卒對於戰爭勝負的重要作用。^④

從文體形態來看，銀雀山漢簡《選卒》爲論體。

從文獻性質來看，銀雀山漢簡《選卒》爲兵書類文獻。

二十五　銀雀山漢簡《雄牝城》的文體形態

銀雀山漢簡《雄牝城》，1972年4月在山東省臨沂銀雀山一號漢墓出土。^⑤該墓出土竹簡有長、短兩種，本篇寫本使用長簡抄寫，現存5支竹簡。本篇寫本沒有發現篇題，現篇題《雄牝城》是整理者據寫本內容擬定。^⑥

本篇寫本主要內容是説明何謂"雄城""虚城"和"牝城"，並提出"雄城"不可攻、"虚城"和"牝城"可攻的攻城用兵法則。

從文體形態來看，銀雀山漢簡《雄牝城》爲論體。

從文獻性質來看，銀雀山漢簡《雄牝城》爲兵書類著作。

---

① 《銀雀山漢墓竹簡情況簡介》，銀雀山漢墓竹簡整理小組編《銀雀山漢墓竹簡》(壹)，第5~6頁。
② 參見銀雀山漢墓竹簡整理小組編《銀雀山漢墓竹簡》(貳)，第161頁。
③ 《銀雀山漢墓竹簡情況簡介》，銀雀山漢墓竹簡整理小組編《銀雀山漢墓竹簡》(壹)，第5~6頁。
④ 參見銀雀山漢墓竹簡整理小組編《銀雀山漢墓竹簡》(貳)，第164頁。
⑤ 參《銀雀山漢墓竹簡情況簡介》，銀雀山漢墓竹簡整理小組編《銀雀山漢墓竹簡》(壹)，第5~6頁。
⑥ 參見銀雀山漢墓竹簡整理小組編《銀雀山漢墓竹簡》(貳)，第161頁。

二十六　銀雀山漢簡《積疏》的文體形態

銀雀山漢簡《積疏》，1972 年 4 月在山東省臨沂銀雀山一號漢墓出土。[①]該墓出土竹簡有長、短兩種，本篇寫本使用長簡抄寫，現存完、殘竹簡一共 8 支。本篇寫本没有發現篇題簡，現篇題《積疏》是整理者據寫本内容擬定。[②]本篇寫本主要内容是講用兵"積疏""盈虚"之道。

從文體形態來看，銀雀山漢簡《積疏》爲論體。

從文獻性質來看，銀雀山漢簡《積疏》爲兵書類著作。

二十七　銀雀山漢簡《奇正》的文體形態

銀雀山漢簡《奇正》，1972 年 4 月在山東省臨沂銀雀山一號漢墓出土。該墓出土竹簡有長、短兩種，[③]本篇寫本使用長簡抄寫，現存 18 支竹簡。本篇寫本的篇題單獨抄寫在 1176 號竹簡的正面，篇尾記全篇字數"四百八十七"。[④]本篇寫本論述用兵的"奇正"之道，即戰争哲學。

從文體形態來看，銀雀山漢簡《奇正》爲論體。

從文獻性質來看，銀雀山漢簡《奇正》爲兵書類著作。

二十八　張家山漢簡《蓋廬》的文體形態

張家山漢簡《蓋廬》，1983 年底在張家山二四七號漢墓出土。墓中出土竹簡一共 1236 支。[⑤]本篇寫本現存 55 支竹簡，簡長 30~30.5 釐米，竹簡有三道編繩，篇題《蓋廬》抄寫在末簡的背面，篇題前書有方墨塊作爲終篇符號。本篇寫本一共分爲九章，每章皆另起一簡抄寫，每章前有圓墨點作爲分章符號。[⑥]

---

① 《銀雀山漢墓竹簡情況簡介》，銀雀山漢墓竹簡整理小組編《銀雀山漢墓竹簡》（壹），第 5~6 頁。
② 參見銀雀山漢墓竹簡整理小組編《銀雀山漢墓竹簡》（貳），第 163 頁。
③ 《銀雀山漢墓竹簡情況簡介》，銀雀山漢墓竹簡整理小組編《銀雀山漢墓竹簡》（壹），第 5~6 頁。
④ 參見銀雀山漢墓竹簡整理小組編《銀雀山漢墓竹簡》（貳），第 154 頁。
⑤ 張家山二四七號漢墓竹簡整理小組編《張家山漢墓竹簡〔二四七號墓〕》，前言，第 1 頁。
⑥ 張家山二四七號漢墓竹簡整理小組編《張家山漢墓竹簡〔二四七號墓〕》，第 275 頁。

本篇寫本記述蓋廬與申胥就治理國家及用兵作戰等問題而展開的問答，全篇強調陰陽、天時、刑德、五行思想，具有明顯的兵陰陽思想特徵。本篇寫本中的蓋廬就是春秋晚期吳王闔閭，申胥，就是伍子胥。《漢書·藝文志》兵書略兵技巧類著錄有《五子胥》十篇，圖一卷；《漢書·藝文志》諸子略雜家類又著錄有《五子胥》八篇。本篇寫本的篇題、篇數同《漢書·藝文志》兵技巧類所著錄的《五子胥》不合。本篇寫本對於研究伍子胥的兵學思想具有重要意義。

從文體形態來看，本篇寫本是問答體。

從文獻性質來看，張家山漢簡《蓋廬》爲兵書類文獻。

二十九　銀雀山漢簡《天地八風五行客主五音之居》的文體形態

銀雀山漢簡《天地八風五行客主五音之居》，1972 年 4 月在山東省銀雀山一號漢墓出土。該墓出土竹簡有長、短兩種，本篇寫本用短簡抄寫，銀雀山漢簡似乎衹有本篇是用短簡抄寫的。全部短簡都已殘斷，估計短簡的整簡長度大約 18 釐米，寬度大約 0.5 釐米，短簡設有兩道編繩。① 本篇寫本現存完、殘竹簡 125 支，篇題《天地八風五行客主五音之居》單獨抄寫在一支短簡上。

本篇寫本記述的內容是以天地、八風、五行、日辰、五音占卜戰爭勝負之法，應該是兵家數術之書。本篇寫本的文本殘缺，不完整，文本結構已經無法恢復，竹簡原整理者依照天地、八風、五行、客主、五音的順序，把本篇寫本的相關內容分爲五組，把難以歸類的分爲第六組。② 本篇寫本爲研究漢代兵學中的數術思想提供了新材料。

從文體形態來看，銀雀山漢簡《天地八風五行客主五音之居》體式屬於書記體。

從文獻性質來看，銀雀山漢簡《天地八風五行客主五音之居》屬於《漢書·藝文志》兵書略中的兵陰陽類文獻。

---

① 《銀雀山漢墓竹簡情況簡介》，銀雀山漢墓竹簡整理小組編《銀雀山漢墓竹簡》（壹），第 5~6 頁。
② 參見銀雀山漢墓竹簡整理小組編《銀雀山漢墓竹簡》（貳），第 231 頁。

三十　敦煌漢簡《力牧》的文體形態

敦煌漢簡《力牧》是斯坦因 20 世紀初在敦煌漢代長城烽燧遺址發現的一批漢文簡牘中的一種。本篇寫本現存 2 支木簡 [①]，第一簡現存文字 10 個，第二簡現存文字 11 個，一共存字 21 個。其中，第二簡據文義還可補出文字 5 個。[②]

《漢書・藝文志》諸子略道家類著録有《力牧》二十二篇。《漢書・藝文志》兵書略兵陰陽類又著録《力牧》十五篇，班固自注云：“黄帝臣，依託也。”[③]敦煌漢簡《力牧》寫本或許就是《漢書・藝文志》兵陰陽所著録的《力牧》十五篇中的文字，本篇寫本中“力牧”作“力墨”。

從文體形態來看，敦煌漢簡《力牧》應當是問答體。

從文獻性質來看，敦煌漢簡《力牧》殘缺嚴重，存字太少，難以斷定屬性。今暫附於兵書類之末。

第二節　兵書類簡帛文獻的文體譜系

兵書類簡帛文獻有幾十篇之多，文體形態多種多樣，極爲豐富複雜，兹對其源流譜系作出初步梳理與探討。

兵書類簡帛文獻的文體大致可以分爲四種：記言體、叙事體、論體、書記體。其中，記言體又可以分爲問答式記言體、獨白式記言體兩類；論體又可分爲直言論述與設問式論述兩類。

問答式記言體兵書類簡帛文獻主要有上博楚簡《曹沫之陳》，安大簡《曹沫之陳》，銀雀山漢簡《孫子兵法》下編的《吴問》，銀雀山漢簡《孫臏兵法》中的《見威王》《威王問》《陳忌問壘》，銀雀山漢簡《地典》，張家山漢簡《蓋廬》等篇章。

獨白式記言體兵書類簡帛文獻主要有銀雀山漢簡《孫子兵法》上編諸

---

① 參見甘肅省文物考古研究所編《敦煌漢簡》，第 300、301 頁，編號 2069、2103。

② 參見羅振玉、王國維《流沙墜簡》，第 82 頁。

③ （漢）班固撰、（唐）顏師古注《漢書》，第 1759 頁。

篇，銀雀山漢簡《孫子兵法》下編的《黃帝伐赤帝》，銀雀山漢簡《孫臏兵法》的《篡卒》《月戰》《八陣》《地葆》《勢備》《兵情》《行篡》《殺士》《延氣》《官一》《五教法》諸篇。

叙事體兵書類簡帛文獻主要有銀雀山漢簡《孫子兵法》下編的《見吳王》、《孫臏兵法》的《擒龐涓》等篇章。

論體兵書類簡帛文獻主要有銀雀山漢簡《孫子兵法》下編的《四變》《地形二》，銀雀山漢簡《尉繚子》及《守法守令等十三篇》部分篇章，銀雀山漢簡《十陣》《十問》《客主人分》《善者》《五名五共》《兵之恒失》《將義》《將德》《將敗》《將失》《將過》《曲將之法》《雄牝城》《積疏》《奇正》等篇章。其中，銀雀山漢簡《十問》爲設問式論體，其他各篇爲直言論體。

書記體兵書類簡帛文獻主要有銀雀山漢簡《守法守令等十三篇》部分篇章、銀雀山漢簡《略甲》。《略甲》以書記略甲之法爲主，間有少量論述。

我國古代兵書文獻極爲豐富，《漢書·藝文志》的圖書六分法中，兵書就占一大類，《漢書·藝文志》兵書略著録兵書一共五十三家，七百九十篇，圖四十三卷。《漢書·藝文志》云："兵家者，蓋出古司馬之職，王官之武備也。《洪範》八政，八曰師。孔子曰爲國者'足食足兵'，'以不教民戰，是謂棄之'，明兵之重也。易曰：'古者弦木爲弧，剡木爲矢，弧矢之利，以威天下'，其用上矣。後世燿金爲刃，割革爲甲，器械甚備。下及湯武受命，以師克亂而濟百姓，動之以仁義，行之以禮讓，《司馬法》是其遺事也。自春秋至於戰國，出奇設伏，變詐之兵並作。漢興，張良、韓信序次兵法，凡百八十二家，删取要用，定著三十五家。諸吕用事而盜取之。武帝時，軍政楊僕捃摭遺逸，紀奏兵録，猶未能備。至于孝成，命任宏論次兵書爲四種。"[1]司馬，是掌管軍政的官員，班固説兵家起源於司馬，是有道理的。班固此處説的是兵家的起源，並不是説後世兵家都來自司馬。班固的諸子略諸子十家並没有兵家，實際上，到了春秋

---

① （漢）班固撰、（唐）顔師古注《漢書》，第 6 册，第 1762~1763 頁。

戰國間，兵家已經是諸子百家之一。

《漢書·藝文志》兵書略將兵書分爲兵權謀、兵形勢、兵陰陽和兵技巧四類。班固並對每一類作了解釋。所謂“權謀者，以正守國，以奇用兵，先計而後戰，兼形勢，包陰陽，用技巧者也”[①]，是屬於兵書中的綜合類。所謂“形勢者，靁動風舉，後發而先至，離合背鄉，變化無常，以輕疾制敵者也”[②]。所謂“陰陽者，順時而發，推刑德，隨斗擊，因五勝，假鬼神而爲助者也”[③]。所謂“技巧者，習手足，便器械，積機關，以立攻守之勝者也”[④]。從今天的認識來看，班固的兵書分類未必科學準確。

簡帛兵書的記言體、叙事體、論體、書記體四種文體從溯源來看，都應該追溯到《尚書》。

簡帛兵書記言體中的獨白式是《尚書》常見體式之一，問答式在《尚書》中雖然不是特別多，但也是《尚書》體式之一。

簡帛兵書的叙事體，多間以人物對話，其體式也當是來自《尚書》。

簡帛兵書的論體，包括直言論述和設問式論述，其起源與《尚書》也有密切關係。《尚書》中的《洪範》等篇與論體起源的關係，前文已經討論過，此不贅述。論體是兵書主要文體，這是由兵書的性質決定的。實際上，簡帛兵書的記言體，從其内容來看，也是論述，尤其是獨白式記言體，比如《孫子兵法》上編，其中各篇都是以孫子曰領起下文，從這一角度來説，其文體屬於記言體。如果從孫子曰以下孫子之言的内容來看，實際上又是論述。因此，可把這種記言體稱爲記言式論體。

書記體也是簡帛兵書的主要文體之一，這也是由兵書的性質決定的。《文心雕龍·書記》云：“夫書記廣大，衣被事體，筆劄雜名，古今多品。是以總領黎庶，則有譜籍簿録；醫歷星筮，則有方術占式；申憲述兵，則有律令法制；朝市徵信，則有符契券疏；百官詢事，則有關刺解牒；萬民達志，則有狀列辭諺：並述理於心，著言於翰，雖藝文之末品，而政事之

---

① （漢）班固撰、（唐）顏師古注《漢書》，第 6 册，第 1758 頁。
② （漢）班固撰、（唐）顏師古注《漢書》，第 6 册，第 1759 頁。
③ （漢）班固撰、（唐）顏師古注《漢書》，第 6 册，第 1760 頁。
④ （漢）班固撰、（唐）顏師古注《漢書》，第 6 册，第 1762 頁。

先務也。"① 劉勰所説的書記文體包括很多體式及種類，具體包括譜、籍、簿、録、方、術、占、式、律、令、法、制、符、契、券、疏、關、刺、解、牒、狀、列、辭、謁。其中，"申憲述兵則有律令法制"，涉及了兵書，兵書中的"法""令"等都是用書記文體記録的。比如，銀雀山漢簡《守法守令等十三篇》，有一部分篇章屬於論體，還有一部分篇章屬於劉勰所説的書記體，所記爲守城之法、守城之令等内容。銀雀山漢簡《略甲》除了少量論述，其餘都爲書記，其所記爲略甲之法。

　　關於書記文體的起源，也應該追溯到《尚書》。劉勰在《文心雕龍》中説："大舜云：'書用識哉！'所以記時事也。蓋聖賢言辭，總爲之書，書之爲體，主言者也。揚雄曰：'言，心聲也；書，心畫也。聲畫形，君子小人見矣。'故書者，舒也。舒布其言，陳之簡牘，取象於夬，貴在明決而已。"② 舜講的"書用識哉"，見於今文《尚書·皋陶謨》。"書用識哉"，"識"，就是記録的意思。書是用來記録的，這是廣義的書，劉勰所説的"書記"，是指一種文體，實際上，這種文體的核心功能就是書記，兵書中的"法""令"，無須論述，書記下來，用於實戰。所以兵書之中書記體與論體一樣，都是很重要的文體。

　　敘事體並不是兵書的主要文體，現在發現的敘事體兵書也非常少，這也是由兵書的性質決定的。

---

① 王利器校箋《文心雕龍校證》，第 177 頁。
② （南朝梁）劉勰撰、（清）黃叔琳注《黃叔琳注本文心雕龍》（二），第 33~34 頁。

第十五章　數術類簡帛文獻的文體形態及文體譜系

《漢書·藝文志》所著録的天文、曆譜、五行、蓍龜、雜占、形法等種類數術文獻，在簡帛文獻中幾乎都有發現，而簡帛文獻中有的種類還不見於《漢書·藝文志》及其他傳世文獻，因此，我們有必要對數術類簡帛文獻的文體形態與文體譜系作出深入探討。

第一節　數術類簡帛文獻的文體形態

數術類簡帛文獻在簡帛文獻中數量占比較高，其種類也較多，文體形態多種多樣，有必要對其文體形態作出梳理與探討。

一　天文類簡帛文獻的文體形態

（一）清華簡《四時》的文體形態

《四時》是清華大學 2008 年入藏的戰國竹簡中的一篇寫本文獻。該篇寫本文獻一共有竹簡 43 支，完整竹簡長度大約 45 釐米，寬度大約 0.6 釐米，竹簡設有三道編繩。在每支竹簡的尾端有次序編號。本篇寫本没有發現篇題，現篇題《四時》是竹簡整理者據寫本内容所擬加。[①] 本篇與《司歲》兩篇寫本連續編號，應該是同一册竹書。

本篇寫本文獻全篇所記爲一年每月的第一、四、七、十、十四、

---

① 參見黄德寬主編《清華大學藏戰國竹簡》（拾），第 127 頁。

十七、二十、二十四、二十七日的星象、氣象、物候及相應的吉凶吝得妖祥等内容。

從文獻性質來看，本篇寫本屬於《漢書·藝文志》數術略天文類數術文獻。

從文體形態來看，本篇寫本的文體以書記爲主，間有少量論述説明。

（二）帛書《五星占》的文體形態

帛書《五星占》，20世紀70年代初在馬王堆三號漢墓出土。[1]抄寫《五星占》的帛高大約48釐米，此幅帛後半部分爲已施畫界欄的空帛。本篇帛書現存文字145行，總計8000多字。帛書現存的前75行主要描述木星、火星、土星、水星、金星的運行與占測，爲本篇帛書的第一部分。帛書現存的後70行，是記録木、金、土三星行度的表格和文字，爲本篇帛書的第二部分。本篇帛書未發現篇題，現篇題《五星占》爲馬王堆漢墓帛書整理小組據寫本内容擬定的。復旦大學重新整理時對本篇帛書的部分殘片作了拼綴，並對釋文作了一定調整。[2]

從文體形態來看，帛書《五星占》主要記星占，有少量天文學内容，屬於説明及書記體。從具體文例體式來看，主要由星象＋占辭構成。

從文獻性質來看，帛書《五星占》屬於《漢書·藝文志》數術略中的天文類文獻。

（三）帛書《天文氣象雜占》的文體形態

帛書《天文氣象雜占》，20世紀70年代初在馬王堆三號漢墓出土。[3]本篇帛書出土時破碎較重，整理小組對本篇帛書進行了拼綴、恢復，本篇帛書長約150釐米，寬約48釐米。本篇帛書的第一部分圖文並茂，從篇幅來看，這部分占帛書的絶大部分篇幅。第二部分祇有文字没有圖。本篇

---

① 湖南省博物館：《長沙馬王堆漢墓簡帛出土與整理情況回顧》，裘錫圭主編《長沙馬王堆漢墓簡帛集成》（壹），第3頁。

② 參見裘錫圭主編《長沙馬王堆漢墓簡帛集成》（肆），第223頁。

③ 湖南省博物館：《長沙馬王堆漢墓簡帛出土與整理情況回顧》，裘錫圭主編《長沙馬王堆漢墓簡帛集成》（壹），第3頁。

原無篇題，現篇題《天文氣象雜占》由帛書原整理者據寫本內容擬定。[1]

從文體形態來看，帛書《天文氣象雜占》記雲、氣、暈、虹和月、星、彗星之占，屬於書記體。從具體文例體式來看，主要由天文、氣象、星象＋占辭構成。

從文獻性質來看，帛書《天文氣象雜占》屬於《漢書·藝文志》數術略中的天文類文獻。

（四）銀雀山漢簡《占書》的文體形態

銀雀山漢簡《占書》，1972年4月在山東省銀雀山一號漢墓出土。[2]該墓出土竹簡有長、短兩種，本篇寫本使用長簡抄寫，現存完、殘竹簡43支。本篇寫本沒有發現篇題，現篇題《占書》爲整理者據寫本內容擬定。本篇寫本所記內容爲天象、物異之占，並及星宿分野，所記部分內容與《開元占經》《乙巳占》等傳世占書相合。[3]

從文體形態來看，銀雀山漢簡《占書》記天象及物異之占，屬於書記體。

從文獻性質來看，銀雀山漢簡《占書》屬於《漢書·藝文志》數術略中的天文類文獻。

（五）肩水金關漢簡《星占》的文體形態

肩水金關漢簡《星占》，1973年在額濟納河流域肩水金關遺址出土，編號爲73EJT22:9。該簡上下均殘，殘存簡文："右角大后宗熒或若月"。[4]右角當是軒轅右角大民星，大后宗即太后宗，軒轅右角大民星主掌太后宗，太后宗即太后家族的外戚。本簡所記是熒惑星明亮如月，犯軒轅右角大民星。[5]熒惑犯軒轅星見於《開元占經》。

從文獻性質來看，肩水金關漢簡《星占》屬於《漢書·藝文志》數術

---

[1] 參見裘錫圭主編《長沙馬王堆漢墓簡帛集成》（肆），第245頁。

[2] 《銀雀山漢墓竹簡情況簡介》，銀雀山漢墓竹簡整理小組編《銀雀山漢墓竹簡》（壹），第5~6頁。

[3] 參見銀雀山漢墓竹簡整理小組編《銀雀山漢墓竹簡》（貳），第241~246頁。

[4] 參見甘肅簡牘保護研究中心等編《肩水金關漢簡》（貳），第94頁。

[5] 參見于弗《肩水金關漢簡中的星占簡》，待刊。

略天文類文獻。從文體形態來看，肩水金關漢簡《星占》屬於書記體。

（六）敦煌漢簡《雲氣占》的文體形態

敦煌漢簡《雲氣占》，1979 年 9 月在敦煌漢代馬圈灣烽燧遺址發掘出土，編號爲 567，其簡文爲："雲氣將出，濕，有理，天不耐雨，空陰耳。"①

從文獻性質來看，敦煌漢簡《雲氣占》屬於《漢書·藝文志》數術略天文類文獻。從文體形態來看，敦煌漢簡《雲氣占》屬於書記體。

二　曆算類簡帛文獻的文體形態

（一）嶽麓秦簡曆譜的文體形態

2007 年 12 月湖南大學嶽麓書院入藏的秦簡中有曆譜三種，分別是秦始皇二十七年曆譜、秦始皇三十四年曆譜、秦始皇三十五年曆譜。②

上揭嶽麓秦簡三種曆譜，原篇題分別是《二十七年質日》《卅四年質日》及《卅五年私質日》。三種質日所載曆譜都是以十月爲歲首，有閏月年份歲尾置閏，稱爲"後九月"。三種曆譜正文每簡皆分六欄書寫，單雙月前後分列。曆譜前一部分爲雙月，第一簡從上至下分六欄分別記十月、十二月、二月、四月、六月、八月的月名及月大小，以下各簡在對應欄中記對應月份的各日干支；曆譜後一部分爲單月，第一簡由上至下六欄分別記十一月、正月、三月、五月、七月、九月月名及月大小，以下各簡在對應欄中記對應月份的各日干支。後九月書寫在九月之後，亦分欄書寫。

從文體形態來看，以上三種曆譜屬於書記體。從曆譜體式來看，三種曆譜均爲編册分欄單雙月分列橫讀式曆譜。③

（二）北大秦簡曆譜的文體形態

2010 年北京大學入藏的秦簡中有曆譜兩種，分別是秦始皇三十一年曆

---

① 參見甘肅省文物考古研究所編《敦煌漢簡》，（上），圖版伍捌，（下），第 241 頁；張德芳：《敦煌馬圈灣漢簡集釋》，第 92 頁。

② 參見朱漢民、陳松長主編《嶽麓書院藏秦簡》（壹）第 3~9、10~18、19~24 頁。

③ 參見拙著《簡帛書籍叙録》天文算法類。

譜、秦始皇三十三年曆譜。①

上揭北大秦簡兩種曆譜都是以十月爲歲首，秦始皇三十一年有閏月，歲尾置閏，稱爲後九月。兩種曆譜正文每簡皆分六欄書寫，單雙月前後分列。曆譜前一部分爲雙月，第一簡從上至下分六欄分別記十月、十二月、二月、四月、六月、八月的月名及月大小，以下各簡在對應欄中記對應月份的各日干支；曆譜後一部分爲單月，第一簡由上至下六欄分別記十一月、正月、三月、五月、七月、九月的月名及月大小，以下各簡在對應欄中記對應月份的各日干支。"後九月"書寫在九月之後，亦分欄書寫。存有建除十二神及嘉平（臘日）、初伏、中伏等曆注，在有的日干支下還有記事。

從文體形態來看，以上兩種曆譜屬於書記體。從曆譜體式來看，兩種曆譜均爲編册分欄單雙月分列橫讀式曆譜。②

（三）周家臺秦簡曆譜的文體形態

1993 年 6 月出土於荆州市沙市區關沮鄉清河村周家臺三〇號秦墓的竹簡木牘中有曆譜三種，分別是秦始皇三十四年曆譜、秦始皇三十六年及三十七年曆譜、秦二世元年曆譜。③

上揭周家臺秦簡三種曆譜都是以十月爲歲首，有閏月年份歲尾置閏，稱爲後九月。但是，三種曆譜體式並不相同。

秦始皇三十四年曆譜體式與嶽麓秦簡曆譜及北大秦簡曆譜相同。曆譜正文每簡皆分六欄書寫，單雙月前後分列。曆譜前一部分爲雙月，第一簡從上至下分六欄分別記十月、十二月、二月、四月、六月、八月的月名及月大小，以下各簡在對應欄中記對應月份的各日干支；曆譜後一部分爲單月，第一簡由上至下六欄分別記十一月、正月、三月、五月、七月、九月月名及月大小，以下各簡在對應欄中記對應月份的各日干支。後九月書寫在九月之後，分五欄書寫。本曆譜未見曆注，衹是在有的日干支下有記

---

① 北京大學出土文獻與古代文明研究所編《北京大學藏秦簡牘》（壹），第 189、231 頁。

② 參見拙著《簡帛書籍叙録》天文算法類。

③ 參見湖北省荆州市周梁玉橋遺址博物館編《關沮秦漢墓簡牘》，第 93、99、103 頁。

事。從曆譜體式來看，爲編册分欄單雙月分列橫讀式曆譜。

秦始皇三十六年、三十七年曆譜體式與孔家坡漢簡後元二年曆譜相近。全曆譜 62 支簡，在每簡簡端從右向左分寫六十干支作爲記日干支，起於壬子，終於辛亥。記日干支之下，在相應干支的各簡上記全年各月份的月名及月大小，未見曆注，祇是在某些干支下有記事。[①] 本曆譜中秦始皇三十六年各月月名在相鄰各簡上書寫的位置由高到低錯落分布，以便觀覽時更醒目。[②] 本曆譜從右向左橫讀，當某月讀至結尾未盡一月時，再返回來從頭繼續向左讀，因此，本曆譜可以稱爲編册往復橫讀式曆譜。

秦二世元年曆譜分兩欄抄寫在一方木牘上，第一欄從右向左分七列記十月、十一月、十二月、端月、二月、三月、四月的月名、月朔干支及月大小，第二欄從右向左分五列記五月、六月、七月、八月、九月的月名、月朔干支及月大小。[③] 從曆譜體式來看，本曆譜祇記秦二世元年各月月朔干支及月大小，屬於單板摘編分欄橫讀式曆譜。

從文體形態來看，以上周家臺秦簡三種曆譜屬於書記體。[④]

（四）張家山漢簡曆譜的文體形態

張家山漢簡曆譜有兩種，第一種是 1983 年底出土於張家山二四七號漢墓的高祖五年至呂后二年曆譜，第二種是 1985 年出土於張家山三三六號西漢墓的漢文帝前元七年曆譜。

上揭兩種曆譜，從體式上看完全不同。

高祖五年至呂后二年曆譜，記每年各月月朔干支，以十月爲歲首，置閏月於歲尾，稱爲後九月。每簡由上至下連續書寫，一年一簡，可稱爲單簡直讀式月朔曆。[⑤]

---

① 參見陳偉主編《秦簡牘合集》（叁），第 48~50、145~151 頁。
② 有學者把月名高低錯落書寫方式稱爲分欄，實際上並不是真正的分欄。本曆譜中三十七年各月月名則是平行書寫，實際上不影響干支排序，因爲干支都書寫在竹簡頂端，因此也就不存在所謂分欄了，所謂分欄祇是月名錯落分布而已。
③ 參見湖北省荆州市周梁玉橋遺址博物館編《關沮秦漢墓簡牘》，第 25、103~104 頁。
④ 參見拙著《簡帛書籍叙録》天文算法類。
⑤ 參見張家山二四七號漢墓竹簡整理小組編著《張家山漢墓竹簡〔二四七號墓〕》，第 129~130 頁。

漢文帝前元七年曆譜，體式與嶽麓秦簡曆譜相同，以十月爲歲首，單雙月分列，每簡從上至下分六欄書寫。第一簡記十月、十二月、二月、四月、六月、八月六個雙月各月月名、月朔干支及月大小，以下 28 簡在對應月份欄内依次記全月第二日起各日干支，第三十簡記十一月、正月、三月、五月、七月、九月六個單月各月月名、月朔干支及月大小，以下 29 簡在對應月份欄内依次記全月第二日起各日干支。存有臘、出種等曆注，此外還有天象記録及私人記事文字。[①] 從曆譜體式來看，本曆譜爲編册分欄單雙月分列横讀式曆譜。

從文體形態來看，以上張家山漢簡兩種曆譜屬於書記體。

（五）睡虎地漢簡漢文帝前元十年至後元七年曆譜的文體形態

睡虎地漢簡漢文帝前元十年至後元七年曆譜，2006 年 11 月在睡虎地七十七號漢墓出土，共有十四種。這十四種曆譜載於西漢文帝前元十年（公元前 170 年）到後元七年（公元前 157 年）共十四年的《質日》上。所謂質日，就是在一年曆表上記寫公私事務而形成的一種文獻形式，曾流行於秦和西漢時期。[②]

漢文帝前元十年至後元七年曆譜，具體包括漢文帝前元十年曆譜、前元十一年曆譜、前元十二年曆譜、前元十三年曆譜、前元十四年曆譜、前元十五年曆譜、前元十六年曆譜、後元元年曆譜、後元二年曆譜、後元三年曆譜、後元四年曆譜、後元五年曆譜、後元六年曆譜、後元七年曆譜。這十四年的曆譜體式完全相同，都是以十月爲歲首，將全年單雙月分開編寫，雙月在前，單月在後，將曆譜分爲前後兩部分，閏年置閏九月於歲尾，全部竹簡都是由上至下分六欄書寫。雙月部分第一簡正面從上至下六欄分別記十月、十二月、二月、四月、六月、八月六個雙月的月名及月大小，其餘各簡在對應欄中記對應月份的各日干支；單月部分第一簡由上至下六欄分別記十一月、正月、三月、五月、七月、九月的月名及月大小，

---

① 參見荆州博物館編《張家山漢墓竹簡〔三三六號墓〕》（上），第 75~80、219~222 頁。

② 湖北省文物考古研究院、武漢大學簡帛研究中心編《睡虎地西漢簡牘（壹）·質日》，前言，第 1~6 頁。湖北省文物考古研究所、雲夢縣博物館：《湖北雲夢睡虎地 M77 發掘簡報》，《江漢考古》2008 年第 4 期，第 31 頁。

其餘各簡在對應欄中記對應月份的各日干支。有閏月的年份（前元十年、十三年、十六年，後元二年、五年），用六支簡書寫後九月，其中，第一簡上端記後九月月名及月大小，第二至第六簡從上至下分六欄記後九月各日干支。見初伏、中伏、後伏、出種、臘、立春、立秋、夏至、冬至等曆注，在有的日干支下還有記事。[①]這種曆譜體式與張家山漢簡漢文帝前元七年曆譜相同，可稱爲編冊分欄單雙月分列橫讀式曆譜，此種曆譜體式爲秦及漢初所采用。

從文體形態來看，以上睡虎地漢簡漢文帝前元十年至後元七年十四種曆譜屬於書記體。

（六）孔家坡漢簡《曆日》的文體形態

孔家坡漢簡《曆日》，2000 年 3 月在湖北省隨州孔家坡墓地第八號漢墓出土。抄寫本篇《曆日》的竹簡一共 60 支，曆日就是曆譜。該曆譜記全年 12 個月之月朔、月大小和各日干支，以及曆注，經推步該曆譜是漢景帝後元二年（公元前 142 年）曆譜。[②]

從曆譜體式來看，該曆譜用 60 支竹簡編排一年曆日，體式與上揭編冊分欄單雙月分列橫讀式曆譜不同，可謂體式簡潔獨到。在全譜 60 簡每簡簡端從右向左分寫六十干支作爲記日干支，起於乙亥，終於甲戌。記日干支之下，全年各月份的月名及月大小記在對應的月朔干支簡上，起於十月，終於九月，並在相應日期干支欄中注有立春、夏至、冬至及初伏、中伏、出種、臘等曆注。[③]另外，本曆譜的月名在相鄰各簡上書寫的位置由高到低錯落分布，以便觀覽時更醒目。本曆譜從右向左橫讀，當某月讀至結尾未盡一月時，再返回來從頭繼續向左讀，因此，本曆譜可以稱爲編冊往復橫讀式曆譜。

從文體形態來看，孔家坡漢簡《曆日》屬於書記體。

---

① 湖北省文物考古研究院、武漢大學簡帛研究中心編《睡虎地西漢簡牘（壹）·質日》，第 5~97 頁。
② 參見湖北省文物考古研究所、隨州市考古隊編《隨州孔家坡漢墓簡牘》，第 35 頁。
③ 參見湖北省文物考古研究所、隨州市考古隊編《隨州孔家坡漢墓簡牘》，第 191~193 頁。

（七）銀雀山漢簡元光元年曆譜的文體形態

銀雀山漢簡元光元年曆譜，1972 年 4 月出土於山東臨沂銀雀山二號漢墓，現存 32 支竹簡，竹簡殘斷爲 42 段。[①]

"第一簡記年，第二簡記月，以十月爲歲首，順序排列至後九月，共十三個月。第三至三十二簡用干支記日，書每月一日至廿九日或三十日。這三十二簡排列起來爲元光元年全年的日曆。"[②]

從曆譜體式來看，本曆譜體式與上揭編册分欄單雙月分列橫讀式曆譜、編册往復橫讀式曆譜都不同。從譜系來看，本曆譜體式是由編册分欄單雙月分列橫讀式曆譜發展而來。本曆譜全年用 32 支簡，第一簡記篇名，第二至第三十二簡均從上至下分十三欄，第二簡從上至下記全年含閏月在内的 13 個月的月名及月大小，分别是十月大、十一月小、十二月大、正月大、二月小、三月大、四月小、五月大、六月小、七月大、八月小、九月大、後九月小。可以看出，本曆譜不再采用單雙月及閏月分列體式，而是將全年 12 個月及閏月都通排在一支簡上，分爲十三欄，以下各簡在對應欄中記每月各日干支。這是對編册分欄單雙月分列橫讀式曆譜體式的改造，這種改造使得全年曆譜竹簡數量減少了將近一半，但同時，竹簡長度也增加了一倍。[③]本篇曆譜體式可以稱爲編册分欄橫讀式曆譜。本篇曆譜以十月爲歲首，置閏九月於歲尾，所用應當還是顓頊曆。

銀雀山漢簡元光元年曆譜作爲編册分欄橫讀式曆譜，與此前編册分欄單雙月分列橫讀式曆譜相比，還有一個改進，那就是在每支記日簡的上端記用數字表示的該日的日名，而此前的編册分欄單雙月分列橫讀式曆譜的記日簡上没有日名，祇有每月該日干支。這一改進一直被此後的編册分欄橫讀式曆譜所延續。

銀雀山漢簡元光元年曆譜除了記元光元年（前 134 年）全年每日干支及冬日至、夏日至、立春、立秋日等節氣，還注有臘、初伏、中伏、後

---

① 參見羅福頤《臨沂漢簡概述》，《文物》1974 年第 2 期，第 34 頁。
② 劉操南：《〈元光元年曆譜〉考釋》，《古籍整理研究學刊》，1995 年第 1、2 期合刊，第 8 頁。
③ 銀雀山漢簡元光元年曆譜竹簡長度爲 69 釐米。參見羅福頤《臨沂漢簡概述》，《文物》1974 年第 2 期，第 34 頁。

伏、反支等曆注，並在九月甲子與丙子二日干支下各附子字等，應該是某種曆注。從文體形態來看，該曆譜屬於書記體。

（八）敦煌漢簡曆譜的文體形態

敦煌漢簡曆譜，目前能夠考知確切年代的大約有十九種，分別是太始二年曆譜、始元四年曆譜、本始三年曆譜、本始四年曆譜、地節元年譜、地節三年曆譜、元康元年曆譜、元康三年曆譜、神爵三年曆譜、五鳳元年曆譜、五鳳二年曆譜、甘露元年曆譜、永光五年曆譜摘編本、陽朔元年曆譜摘編本、鴻嘉四年曆譜、永始四年曆譜、元始五年曆譜、始建國天鳳四年曆譜、永元六年曆譜摘編本。[①]

從曆譜體式來看，以上十九種曆譜可以分爲兩類，第一類是制式曆譜，第二類是非制式曆譜。

制式曆譜包括兩種，一種是編册分欄橫讀式曆譜，一種是編册縱讀（直讀）式曆譜。上述十九種曆譜中編册分欄橫讀式曆譜數量最多，其中太始二年曆譜、始元四年曆譜、本始三年曆譜、本始四年曆譜、地節元年曆譜、地節三年曆譜、元康元年曆譜、元康三年曆譜、神爵三年曆譜、五鳳二年曆譜、甘露元年曆譜、鴻嘉四年曆譜、元始五年曆譜、始建國天鳳四年曆譜等十四種都是編册分欄橫讀式曆譜；而編册縱讀（直讀）式曆譜祇有五鳳元年曆譜一種。

上述十四種敦煌漢簡編册分欄橫讀式曆譜，其記日簡的上端都記有用數字表示的日名。

非制式曆譜，就是摘編式曆譜。上述十九種曆譜中，有三種摘編式曆譜，分別是永光五年曆譜摘編本、陽朔元年曆譜摘編本及永元六年曆譜摘編本。這三種摘編曆譜都是單板摘編式曆譜。

上述十九種曆譜中的永始四年曆譜爲單板曆譜，因殘缺較重，難以判斷其具體體式。[②]

---

① 這十九種敦煌漢簡曆譜的出土、形制、曆日信息等具體情況參見拙著《簡帛書籍叙録》天文算法類。

② 學界對敦煌漢簡永始四年曆譜的復原及體式的討論，參見拙著《簡帛書籍叙録》天文算法類。

從文體形態來看，以上敦煌漢簡十九種曆譜都屬於書記體。

（九）海曲漢簡漢武帝後元二年曆譜的文體形態

海曲漢簡漢武帝後元二年曆譜，2002 年在山東省日照市海曲 M106 號漢墓出土，現存竹簡 39 枚。[①]

從曆譜體式來看，本曆譜與尹灣漢墓竹簡元延二年曆譜體式相同。所有竹簡應該是從上至下分六欄書寫，從現存的第三十一簡由上至下六欄分別記二月、四月、六月、八月、十月、十二月的月名、月朔干支及月大小來看，本曆譜的第一簡由上至下六欄應該分別記的是正月、三月、五月、七月、九月、十一月的月名、月朔干支及月大小，其餘各簡在對應欄中記對應月份的各日干支。尚殘存春分、夏日至、冬日至、立冬等曆注，在某些日干支下記有居處等宜忌內容。[②] 本曆譜大致應該有 62 支竹簡，缺失了 20 多支簡。

本曆譜體式爲編册分欄單雙月分列横讀式曆譜，與此前所見嶽麓秦簡、北大秦簡、周家臺秦簡、張家山漢簡、睡虎地漢簡等編册分欄單雙月分列横讀式曆譜相比有三個主要不同：第一個是以正月爲歲首；第二個是一月、三月、五月、七月、九月、十一月六個單月排在前面，二月、四月、六月、八月、十月、十二月六個雙月排在後面；第三個是在每支記日簡上端標有用數字表示的日名。

從文體形態來看，海曲漢簡漢武帝後元二年曆譜屬於書記體。

（十）肩水金關漢簡曆譜的文體形態

肩水金關漢簡曆譜，目前能够考知確切年代的大約有二十七種，分別是元鳳六年曆譜（第一種）、元鳳六年曆譜（第二種）、元平元年曆譜、本始二年曆譜、元康三年曆譜、五鳳二年曆譜、五鳳三年曆譜（第一種）、五鳳三年曆譜（第二種）、五鳳三年曆譜（第三種）、五鳳四年曆譜、甘露二年

---

① 參見山東省文物考古研究所《山東日照海曲西漢墓（M106）發掘簡報》，《文物》2010 年第 1 期，第 24 頁。

② 參見劉紹剛、鄭同修《日照海曲簡〈漢武帝後元二年視日〉研究》，中國文化遺産研究院編《出土文獻研究》（第九輯），第 49~59 頁。

曆譜（第一種）、甘露二年曆譜（第二種）、黃龍元年曆譜（第一種）、黃龍元年曆譜（第二種）、初元元年曆譜、初元三年曆譜、永光元年曆譜（第一種）、永光元年曆譜（第二種）、永光五年曆譜、永光五年曆譜摘編本、建始元年曆譜、居攝元年曆譜、居攝三年曆譜（第一種）、居攝三年曆譜（第二種）、始建國四年曆譜、始建國天鳳三年曆譜、始建國天鳳五年曆譜。①

從曆譜體式來看，以上二十七種曆譜中編冊分欄橫讀式曆譜有二十四種：元鳳六年曆譜（第一種）、元鳳六年曆譜（第二種）、元平元年曆譜、本始二年曆譜、元康三年曆譜、五鳳三年曆譜（第一種）、五鳳三年曆譜（第二種）、五鳳四年曆譜、甘露二年曆譜（第一種）、甘露二年曆譜（第二種）、黃龍元年曆譜（第一種）、黃龍元年曆譜（第二種）、初元元年曆譜、初元三年曆譜、永光元年曆譜（第一種）、永光元年曆譜（第二種）、永光五年曆譜、建始元年曆譜、居攝元年曆譜、居攝三年曆譜（第一種）、居攝三年曆譜（第二種）、始建國四年曆譜、始建國天鳳三年曆譜、始建國天鳳五年曆譜；編冊縱讀（直讀）式曆譜一種：五鳳二年曆譜；單板環讀式曆譜一種：肩水金關木牘五鳳三年曆譜，即上揭五鳳三年曆譜（第三種）；摘編式曆譜一種：永光五年曆譜摘編本。

上述二十四種肩水金關漢簡編冊分欄橫讀式曆譜，其記日簡的上端都記有用數字表示的日名。

從文體形態來看，以上肩水金關漢簡二十七種曆譜都屬於書記體。

（十一）懸泉漢簡曆譜的文體形態

懸泉漢簡曆譜，目前能夠考知確切年代的大約有十三種，分別是元平元年曆譜、元康二年曆譜、五鳳二年曆譜、五鳳二年至四年曆譜摘抄本、五鳳二年曆譜摘抄本、永光元年曆譜、河平四年曆譜（第一種）、河平四年曆譜（第二種）、陽朔元年曆譜、陽朔三年曆譜（第一種）、陽朔三年曆譜（第二種）、元始元年曆譜、元和二年曆譜。②

① 這二十七種肩水金關漢簡曆譜的出土、形制、曆日信息等具體情況參見拙著《簡帛書籍叙錄》天文算法類。

② 這十三種懸泉漢簡曆譜的出土、形制、曆日信息等具體情況參見拙著《簡帛書籍叙錄》天文算法類。

從曆譜體式來看，以上十三種曆譜中編册分欄橫讀式曆譜有十一種：元平元年曆譜、元康二年曆譜、五鳳二年曆譜、永光元年曆譜、河平四年曆譜（第一種）、河平四年曆譜（第二種）、陽朔元年曆譜、陽朔三年曆譜（第一種）、陽朔三年曆譜（第二種）、元始元年曆譜、元和二年曆譜；摘編式曆譜兩種：五鳳二年至四年曆譜摘抄本、五鳳二年曆譜摘抄本。

上述十一種懸泉漢簡編册分欄橫讀式曆譜，其記日簡的上端都記有用數字表示的日名。

從文體形態來看，以上懸泉漢簡十三種曆譜都屬於書記體。

（十二）居延漢簡曆譜的文體形態

居延漢簡曆譜，目前能够考知確切年代的大約有八種，分别是本始二年曆譜摘編本、本始四年曆譜、神爵元年曆譜摘編本、元延元年曆譜、建平二年曆譜、居攝元年曆譜、居攝三年曆譜、永元十七年曆譜。[①]

從曆譜體式來看，以上八種曆譜中編册分欄橫讀式曆譜有五種：本始四年曆譜、元延元年曆譜、建平二年曆譜、居攝三年曆譜、永元十七年曆譜；編册縱讀（直讀）式曆譜一種：居攝元年曆譜；摘編式曆譜兩種：本始二年曆譜摘編本、神爵元年曆譜摘編本。這兩種摘編式曆譜都是單板摘編橫讀式曆譜。

上述五種居延漢簡編册分欄橫讀式曆譜，其記日簡的上端都記有用數字表示的日名。

從文體形態來看，以上居延漢簡八種曆譜都屬於書記體。

（十三）水泉子漢簡曆譜的文體形態

水泉子漢簡曆譜，2012 年在甘肅省永昌縣水泉子 M8 號漢墓出土，[②]該曆譜有 35 支簡，其中一支爲竹簡，其餘爲木簡。[③]

---

① 這八種居延漢簡曆譜的出土、形制、曆日信息等具體情況參見拙著《簡帛書籍叙録》天文算法類。

② 參見甘肅省文物考古研究所《甘肅永昌縣水泉子漢墓群 2012 年發掘簡報》，《考古》2017 年第 12 期，第 39~54 頁。

③ 參見張存良、王永安、馬洪連《甘肅永昌縣水泉子漢簡“五鳳二年曆日”整理與研究》，《考古》2018 年第 3 期，第 95~97 頁。

從曆譜體式來看，本曆譜爲編册分欄横讀式曆譜。本曆譜有篇題五鳳二年，書寫在第一簡簡端，向下依次記全年 13 個月月名及月大小，其中有閏八月，置於八月之下。注有八節、伏臘等曆注，在五月二十一日干支壬申下注月食。①

本曆譜除了全年曆日，還有四支簡記大小時等神煞及相應出行舉事宜忌、復日具體天干的宜忌。②

本曆譜作爲編册分欄横讀式曆譜，其記日簡的上端都記有用數字表示的日名。

從文體形態來看，水泉子漢簡曆譜屬於書記體。

（十四）額濟納漢簡曆譜的文體形態

額濟納漢簡曆譜，目前能够考知確切年代的大約有四種，分别是竟寧元年曆譜摘編本、元始元年曆譜、始建國三年曆譜、建武八年三月曆譜。③

從曆譜體式來看，以上四種曆譜中編册分欄横讀式曆譜有兩種：元始元年曆譜、始建國三年曆譜；摘編式曆譜兩種：竟寧元年曆譜摘編本、建武八年三月曆譜。

上述兩種編册分欄横讀式曆譜，其記日簡的上端都記有用數字表示的日名。

從文體形態來看，以上額濟納漢簡四種曆譜都屬於書記體。

（十五）居延新簡曆譜的文體形態

居延新簡曆譜，目前能够考知確切年代的大約有八種，分别是建始元年曆譜、始建國天鳳六年曆譜、始建國地皇二年曆譜、建武元年曆譜、建武二年曆譜摘編本、建武六年曆譜、建武七年曆譜、永元二年曆譜摘

---

① 參見張存良、王永安、馬洪連《甘肅永昌縣水泉子漢簡"五鳳二年曆日"整理與研究》，《考古》2018 年第 3 期，第 94~95 頁。

② 參見張存良、王永安、馬洪連《甘肅永昌縣水泉子漢簡"五鳳二年曆日"整理與研究》，《考古》2018 年第 3 期，第 96~101 頁。

③ 這四種額濟納漢簡曆譜的出土、形制、曆日信息等具體情況參見拙著《簡帛書籍叙録》天文算法類。

編本。①

從曆譜體式來看，以上八種曆譜中編册分欄橫讀式曆譜有六種：建始元年曆譜、始建國天鳳六年曆譜、始建國地皇二年曆譜、建武元年曆譜、建武六年曆譜、建武七年曆譜；摘編式曆譜兩種：建武二年曆譜摘編本、永元二年曆譜摘編本。

上述六種編册分欄橫讀式曆譜，其記日簡的上端都記有用數字表示的日名。

從文體形態來看，以上居延新簡八種曆譜都屬於書記體。

（十六）玉門關漢簡鴻嘉二年曆譜的文體形態

玉門關漢簡鴻嘉二年曆譜，1998 年在小方盤城（玉門關）遺址出土，②編號爲Ⅱ98DYT5:24。筆者按該簡殘存曆日信息並綜合考慮西陲漢簡的年代範圍推定該曆譜爲鴻嘉二年曆譜。

書寫該曆譜的載體應爲一件木牘，因殘缺嚴重，曆譜體式難以判斷。③

從文體形態來看，玉門關漢簡鴻嘉二年曆譜屬於書記體。

（十七）尹灣漢簡曆譜的文體形態

尹灣漢簡曆譜，1993 年在江蘇省連雲港市東海縣温泉鎮尹灣村 M6 號漢墓出土，一共有三種，分別是元延元年曆譜、元延二年曆譜、元延三年五月曆譜。④

從曆譜體式來看，尹灣漢簡三種曆譜的體式完全不同。元延元年曆譜爲單板環讀式曆譜，全年曆譜書寫在一方木牘上，其書寫方式是先把全年 13 個月的月名（含閏正月）、月大小及朔日干支分列木牘兩端，然後把六十干支的其他干支分書在兩旁，並將四立、二分、二至、三伏、臘等曆注分別注於相應日期干支之下。⑤元延二年曆譜爲編册分欄單雙月分列橫

---

① 這八種居延新簡曆譜的出土、形制、曆日信息等具體情況參見拙著《簡帛書籍叙録》天文算法類。
② 參見張德芳、石明秀主編《玉門關漢簡》，前言，第 1 頁。
③ 參見張德芳、石明秀主編《玉門關漢簡》，第 41 頁。
④ 參見連雲港市博物館等編《尹灣漢墓簡牘》，前言，第 1、3 頁。
⑤ 參見連雲港市博物館等編《尹灣漢墓簡牘》，第 21~22、127 頁。

讀式曆譜，曆譜篇題“元延二年”單獨書寫在一支簡上。與嶽麓秦簡、北大秦簡等編册分欄單雙月分列橫讀式曆譜不同的是，本曆譜以正月爲歲首，並將六個單月排在前面。① 元延三年五月曆譜爲摘編式曆譜，具體來看屬於單板分欄橫讀式摘編曆譜。②

從文體形態來看，尹灣漢簡三種曆譜都屬於書記體。

（十八）漢簡干支表的文體形態

漢簡干支表，目前發現的主要有敦煌漢簡及居延新簡中的干支表。

敦煌漢簡干支表 20 世紀初發現的有兩支木簡和一件四棱木觚，兩支木簡的編號分別是 1978、1811，四棱木觚編號爲 2114A、2114B。1978 號簡殘存三日干支，③ 1811 號簡殘存四日干支，④ 木觚存兩面，每面書甲子至癸酉十日干支。⑤ 敦煌漢簡中的干支簡還有 1949 年後發現的編號爲 841、951、1458、1495 等簡。

居延新簡中的干支表，在破城子遺址出土，編號爲 EPT65.82，干支表抄寫在該簡的正面和側面。⑥

從文體形態來看，敦煌漢簡及居延新簡干支表都屬於書記體。

（十九）清華楚簡《算表》的文體形態

清華簡《算表》是清華大學 2008 年 7 月入藏的一批戰國竹簡中的一篇。本篇寫本有 18 條朱絲欄綫橫向施劃在 21 支竹簡上，三道編繩也被借作欄綫使用，所有欄綫共同組成表格形態。⑦

從體例及文本結構形態來看，“此表之核心是由乘數、被乘數‘九’至‘一’及乘積‘八十一’至‘一’諸數構成的乘法表。被乘數及乘數爲

---

① 參見連雲港市博物館等編《尹灣漢墓簡牘》，第 61~67、138~144 頁。
② 參見連雲港市博物館等編《尹灣漢墓簡牘》，第 22、128 頁。
③ 參見甘肅省文物考古研究所編《敦煌漢簡》，（上），圖版壹陸壹；（下），第 296 頁。
④ 參見甘肅省文物考古研究所編《敦煌漢簡》，（上），圖版壹伍貳；（下），第 289 頁。
⑤ 參見甘肅省文物考古研究所編《敦煌漢簡》，（上），圖版壹陸陸；（下），第 302 頁。
⑥ 參見甘肅省文物考古研究所等編《居延新簡——甲渠候官》，（上），第 187 頁，（下），第 420 頁；張德芳、韓華：《居延新簡集釋》（六），第 19 頁。
⑦ 參見李學勤主編《清華大學藏戰國竹簡》（肆），第 135 頁。

十位數、分數及其積數皆爲核心部分之延伸擴展。《算表》所見數碼的排列方式與九九術相類，都是按由大到小的順序排列，可見它是當時已廣泛使用的九九術衍生出來的運算工具，在中國乃至世界數學史皆獨具特色。據內容分析，《算表》計數采用十進制，計算時應用了乘法的交換律、乘法對加法的分配律等數學原理和概念"①。

從文體形態來看，清華簡《算表》屬於書記體。

（二十）秦簡牘九九表的文體形態

秦簡牘九九表，目前發現的主要有里耶秦牘《九九術》和北大秦牘《九九術》。

里耶秦牘《九九術》，2002 年 6 月出土於里耶戰國秦代古城遺址一號井第六層，木牘編號爲 5-1，從體式來看，該九九表分六欄抄寫，始於九九八十一，終於一一而二、二半而一。最後記得數總和"凡千一百一十三字"。②

北大秦牘《九九術》是 2010 年北京大學入藏的秦簡中的一篇文獻。從體例來看，本篇九九表分五欄書寫，始於"九九八十一"，終於"二半而一"。最後記得數總和"凡千一百一十三字"。③

從文體形態來看，秦簡牘九九表都屬於書記體。

（二十一）秦簡算書的文體形態

秦簡算書，目前發現的主要有嶽麓秦簡《數》與北大秦簡《算書甲種》《算書乙種》《算書丙種》《成田》《田書》等六種。

嶽麓秦簡《數》是 2007 年 12 月湖南大學嶽麓書院入藏的秦簡中的一篇文獻，④"數"爲原有篇題。⑤從體例及文本結構形態來看，《數》包括

---

① 李均明、馮立昇:《清華簡〈算表〉概述》,《文物》2013 年第 8 期, 第 73~74 頁。

② 參見湖南省文物考古研究所編著《里耶秦簡》(壹), 釋文第 7 頁; 陳偉主編《里耶秦簡牘校釋》(第一卷), 第 17 頁。

③ 參見北京大學出土文獻與古代文明研究所編《北京大學藏秦簡牘》(貳), 第 461、469、471 頁。

④ 參見朱漢民、陳松長主編《嶽麓書院藏秦簡》(壹), 前言。

⑤ 參見朱漢民、陳松長主編《嶽麓書院藏秦簡》(貳), 第 3 頁。

算題八十一例，單獨術文十九例，此外還記録了兑換穀物比率、衡制等内容。全書按照内容可以分爲：租税類算題、面積類算題、營軍之術、合分與乘分、衡制、穀物换算類算題、衰分類算題、少廣類算題、體積類算題、贏不足類算題、勾股算題、其他。本書不是一部經典數學著作，而是一部實用算法彙抄本。①

北大秦簡《算書甲種》《算書乙種》《算書丙種》《成田》《田書》是2010年北京大學入藏的秦簡中的五篇文獻。其中，《田書》爲原有篇題，另外四篇文獻未發現篇題，現篇題爲整理者所擬加。

北大秦簡《算書甲種》，從體例及文本結構形態來看，包括四部分：第一部分是魯久次與陳起二人以問對形式論述古代數學的起源、作用及意義；第二部分抄寫的是九九術口訣表，分五欄抄寫，始於"九九八十一"，終於"一一而二"；第三部分是《算書甲種》的主體部分"算題彙編"，其編次與《九章算術》大多一致，但算題内容却有很多是前所未見的；第四部分内容爲衡制换算。②

北大秦簡《算書乙種》，從體例及文本結構形態來看，屬於"算題彙編"，内容駁雜，編次也没有規律。③

北大秦簡《算書丙種》，從體例及文本結構形態來看，屬於各種算題彙編，算題之間大多有方墨塊分隔，算題内容按照《九章算術》體例，大致可以分爲"少廣""方田""租枲""粟米""商功""衰分"等幾大類。④

北大秦簡《成田》，内容爲田畝的計算方法：以田畝的廣、縱步數相乘來計算田地的畝數，廣、縱步數乘積二百四十步成田一畝。⑤

北大秦簡《田書》，各簡由中間編繩爲分上下兩欄，上欄抄寫田畝計算方法，與《成田》算法相同；下欄抄寫田租計算方法，包括税田比例、税率及田租數額。值得注意的是，下欄抄寫的税田比例均是上欄所記成田

① 參見朱漢民、陳松長主編《嶽麓書院藏秦簡》（貳），前言。
② 參見北京大學出土文獻與古代文明研究所編《北京大學藏秦簡牘》（肆），第747~809頁。
③ 北京大學出土文獻與古代文明研究所編《北京大學藏秦簡牘》（肆），第831~847頁。
④ 參見北京大學出土文獻與古代文明研究所編《北京大學藏秦簡牘》（貳），第367~392頁。
⑤ 參見北京大學出土文獻與古代文明研究所編《北京大學藏秦簡牘》（貳），第413~416頁。

畝數的十二分之一。①

從文體形態來看，以上秦簡算書除了北大秦簡《算書甲種》第一部分，其他都屬於書記題。北大秦簡《算書甲種》第一部分是問答體，其所答又是論體。

（二十二）漢簡牘九九表的文體形態

漢簡牘九九表，目前發現的主要有敦煌木牘九九表、居延漢簡九九表、居延新簡九九表、肩水金關木牘九九表、懸泉木牘九九表、益陽兔子山七號井漢簡九九表、張家界古人堤遺址木牘九九表、烏程漢簡九九表等八種。

敦煌木牘九九表，現存兩件，一件是 20 世紀初在敦煌漢代長城烽燧遺址發現的，編號 2170②，分六欄書寫，始於九九八十一起，最後記 “大凡千一百一十三”，當是全表乘積總和，比今九九表乘積總和 1155 少 42。③另一件是 1979 年在馬圈灣發現的，編號 1062④，分六欄書寫，也是始於九九八十一。⑤

居延漢簡九九表，1930 年在額濟納河流域出土，編號爲 36.5、75.19、271.20B、351.3、435.25。其中，36.5 號簡，殘存九九八十一至六九五十四；⑥75.19 號木牘，殘存四欄，第一欄存五九到九九共五列，第二欄存二九到四九共三列，第三欄存三八到八八共六列，第四欄存二八一列；⑦271.20B 號簡，殘存三五十五、五九四十五兩列；⑧351.3 號簡，殘存六九五十四、

---

① 參見北京大學出土文獻與古代文明研究所編《北京大學藏秦簡牘》（貳），第 449~453 頁。

② 爲《敦煌漢簡》編號。

③ 參見甘肅省文物考古研究所編《敦煌漢簡》，（上），圖版壹柒叁，（下），第 304 頁；羅振玉、王國維：《流沙墜簡》，第 92 頁。

④ 爲《敦煌漢簡》編號。

⑤ 參見甘肅省文物考古研究所編《敦煌漢簡》，（上），圖版玖柒，（下），第 260 頁。

⑥ 參見中國社會科學院考古研究所編《居延漢簡（甲乙編）》，上冊，甲圖版叁叁，下冊，第 23 頁；簡牘整理小組《居延漢簡》（壹），第 114 頁。

⑦ 參見中國社會科學院考古研究所編《居延漢簡（甲乙編）》，上冊，乙圖版陸陸，下冊，第 55 頁；簡牘整理小組《居延漢簡》（壹），第 230 頁。

⑧ 參見中國社會科學院考古研究所編《居延漢簡（甲乙編）》，上冊，乙圖版貳零肆，下冊，第 194 頁；簡牘整理小組編《居延漢簡》（叁），第 182 頁。

五九冊五兩列；^① 435.25 號簡，僅殘存二五十一列。^②

居延新簡九九表，在破城子遺址出土，編號爲 EPT52:189、EPT52: 223A 等。EPT52:189 號爲木牘，殘存四欄；EPT52:223A 號木牘，分六欄書寫，第一欄存六九到八九共三列，第二欄存四八到七八共四列，第三欄存三七到六七共四列，第四欄存三六到五六共三列，第五欄存三四、四四及二五共三列，第六欄存一一而二、二半而一。^③ 一一而二、二半而一也見於里耶秦簡《九九術》。

肩水金關木牘九九表，1973 年在額濟納河流域肩水金關遺址出土，編號爲 73EJT10:7B、73EJT14:24、73EJT26:5A 等。其中，73EJT10:7B 號木牘殘存兩欄，每欄存兩列；^④73EJT14:24 號木牘兩面分欄書寫，正面殘存三欄，每欄存四列，背面殘存一欄三列；^⑤73EJT26:5A 號木牘分六欄書寫，第二欄殘存三列，其他各欄存兩列。^⑥

懸泉木牘九九表，1990 年在懸泉置遺址出土，編號爲 I90DX T0110①:114A，僅存三欄，每欄殘存三列。^⑦

益陽兔子山七號井漢簡九九表，2013 年在湖南益陽出土，^⑧ 存十餘枚，編號爲④ 13、⑤壹 328+ ⑤貳 27+ ⑦ 41 正、⑥ 192、⑥ 220、⑦ 6 背、⑦ 805 等。^⑨其中⑤壹 328+ ⑤貳 27+ ⑦ 41 正較爲完整，從殘存部分來看，該九九表也應是始於九九八十一。^⑩

張家界古人堤遺址木牘九九表，1987 年在湖南張家界古人堤漢代遺址

① 參見中國社會科學院考古研究所編《居延漢簡（甲乙編）》，上冊，乙圖版貳肆叁，下冊，第 232 頁；簡牘整理小組編《居延漢簡》（肆），第 55 頁。

② 參見中國社會科學院考古研究所編《居延漢簡（甲乙編）》，上冊，乙圖版貳伍伍，下冊，第 240 頁；簡牘整理小組編《居延漢簡》（肆），第 85 頁。

③ 參見甘肅省文物考古研究所等編《居延新簡——甲渠候官》，（上），第 103~104 頁，（下），第 223、226 頁；李迎春《居延新簡集釋》（三），第 141、145 頁。

④ 參見甘肅簡牘保護研究中心等編《肩水金關漢簡》（壹），上冊，第 238 頁。

⑤ 參見甘肅簡牘保護研究中心等編《肩水金關漢簡》（貳），第 11 頁。

⑥ 參見甘肅簡牘博物館等編《肩水金關漢簡》（叁），第 69 頁。

⑦ 參見甘肅簡牘博物館等編《懸泉漢簡》（壹），第 67 頁。

⑧ 參見湖南省文物考古研究院等編著《益陽兔子山七號井西漢簡牘》，第 408~410、415 頁。

⑨ 湖南省文物考古研究院等編著《益陽兔子山七號井西漢簡牘》，第 35、84、129、131、139、195 頁。

⑩ 湖南省文物考古研究院等編著《益陽兔子山七號井西漢簡牘》，第 84 頁。

出土，木牘編號爲 12 號，從殘存部分來看，也應是始於九九八十一。[①]

烏程漢簡九九表是 2009 年 3 月下旬浙江省湖州市舊城改造施工中出土漢簡中的一種，[②] 編號 261，該簡正反兩面抄寫，正面四欄，從二八到九九；反面存有七七四十九，其他文字似不是九九表。[③]

從文體形態來看，漢簡九九表都屬於書記體。

（二十三）漢簡算書的文體形態

漢簡算書，目前發現的主要有張家山漢簡《算術書》、銀雀山漢簡《算書》、敦煌漢簡算表、肩水金關漢簡算題、懸泉漢簡算表等五種。

張家山漢簡《算術書》，1983 年底在張家山二四七號漢墓出土，[④]"算術書"爲原有篇題。從體例及文本結構形態來看，本書是一部數學問題集，共有 69 個章題，大多數算題由題文、答案、術構成，内容與《九章算術》前七章接近，二者應該有密切關係。[⑤]

銀雀山漢簡《算書》，1972 年 4 月在山東省臨沂銀雀山一號漢墓出土，未發現篇題，現篇題爲整理者所加。[⑥] 本篇簡文殘損較重，從殘存内容來看應該是算書，具體體例及文本結構形態不明。[⑦]

敦煌漢簡算表現存兩種，一種是 20 世紀初發現的，現存一支簡，編號 2422，[⑧] 此簡殘存有"勾"方面的運算；[⑨] 另一種是 1979 年在馬圈灣發現的，現存一支簡，編號爲 1063，[⑩] 此簡殘存有"負"數方面的運算。[⑪] 這兩

---

① 參見張春龍、李均明、胡平生《湖南張家界古人堤簡牘釋文與簡注》，《中國歷史文物》2003 年第 2 期，第 76 頁。

② 參見曹錦炎等主編《烏程漢簡·烏程漢簡概述》，第 1 頁。

③ 參見曹錦炎等主編《烏程漢簡》，第 286~287 頁。

④ 張家山二四七號漢墓竹簡整理小組編著《張家山漢墓竹簡〔二四七號墓〕》，前言，第 1 頁。

⑤ 參見張家山二四七號漢墓竹簡整理小組編著《張家山漢墓竹簡〔二四七號墓〕》，第 249 頁。

⑥ 參見銀雀山漢墓竹簡整理小組編《銀雀山漢墓竹簡（壹）·銀雀山漢墓竹簡情況簡介》，第 5~6 頁。

⑦ 參見銀雀山漢墓竹簡整理小組編《銀雀山漢墓竹簡》（貳），第 255 頁。

⑧ 爲《敦煌漢簡》編號。

⑨ 參見甘肅省文物考古研究所編《敦煌漢簡》，（下），第 315 頁。

⑩ 爲《敦煌漢簡》編號。

⑪ 參見甘肅省文物考古研究所編《敦煌漢簡》，（上），圖版壹叁玖；（下），第 260 頁。

種算表内容涉及勾股及負數運算。

肩水金關漢簡算題，1973 年在額濟納河流域肩水金關遺址出土，編號 73EJT31:140。簡文爲：“朱濡行，三日行三里，不日行一里，日倍昨，今問：初日行幾何？曰：初日行七分里三。明☑” [①]

懸泉漢簡算表，1990 年在懸泉置遺址出土，編號 I90DXT0111 ③:7，殘存“第二負五、第二負二”等簡文。[②] 此算表涉及負數運算，敦煌漢簡中也有類似算表。

從文體形態來看，漢簡算書屬於書記體。

三　五行類簡帛文獻的文體形態

（一）子彈庫楚帛書的文體形態

子彈庫《楚帛書》是新中國成立前在湖南長沙東南郊子彈庫戰國楚墓盜掘出土的。現藏於美國紐約大都會博物館。[③]

子彈庫出土的楚帛書不止一種，其中有一幅較爲完整，還有幾種殘破比較嚴重，人們通常説的楚帛書就是指較完整的這一種。對於這幅帛書的尺寸存在不同説法，按照李零先生推測，該幅帛書尺寸爲 48×40 釐米。[④]

子彈庫楚帛書總體上由圖像與文字構成。目前，學者對於帛書的結構和内容存在不同看法。李零先生認爲，該帛書的圖像與文字之間是相互説明的關係，其中圖式應該來源於式，並將其文字部分劃分爲甲、乙、丙三篇，中間的長篇部分是甲篇，主要内容是講順令知歲的重要性，中間的短篇部分是乙篇，主要内容是講四時産生的神話，邊文部分是丙篇，主要内容是講每月舉事宜忌。[⑤] 子彈庫楚帛書是目前發現的時代最早的帛書，其内容涉及先秦數術、神話、哲學等諸多領域，是研究先秦思想文

---

① 參見甘肅簡牘保護研究中心等編《肩水金關漢簡》（叁），上册，第 227 頁。
② 參見甘肅簡牘博物館等編《懸泉漢簡》（壹），第 106 頁。
③ 參見李零《楚帛書研究（十一種）》，第 6 頁。
④ 參見李零《楚帛書研究（十一種）》，第 217 頁。
⑤ 參見李零《楚帛書研究（十一種）》，第 228~229 頁。

化的重要史料。

從文體形態來看，子彈庫《楚帛書》是由圖文構成的特殊文體，其文與圖一起共同構成文本。從文字部分來看，其文體體式有論述、說明及書記多種體式。

從文獻性質來看，甲、乙兩篇涉及黃老道家思想，丙篇記各月的舉事宜忌，則爲數術。因此，將之歸入數術五行類文獻。

（二）清華簡《八氣五味五祀五行之屬》的文體形態

《八氣五味五祀五行之屬》是清華大學 2008 年入藏的戰國竹簡中的一篇寫本文獻。該篇寫本文獻現存 7 支竹簡，完整竹簡長度大約 41.6 釐米，寬度大約 0.6 釐米。從簡背劃痕來看，該篇寫本有缺簡，存簡基本完好。本篇寫本文獻沒有發現篇題，也未見竹簡序號，現篇題《八氣五味五祀五行之屬》爲竹簡整理者據文意所擬加。①

本篇寫本文獻記述了八氣的推算、五味的功效，五祀、五神與五行的相配，以及五行各自的特點等內容。從文獻性質來看，本篇寫本應該是數術五行類文獻。從文體形態來看，本篇寫本文體有說明、論述及書記。

（三）清華簡《司歲》的文體形態

《司歲》是清華大學 2008 年入藏的戰國竹簡中的一篇寫本文獻。該篇寫本文獻一共有竹簡 15 支，完整竹簡長度大約 45 釐米，寬度大約 0.6 釐米，竹簡設有三道編繩。在每支竹簡尾端寫有次序編號。本篇寫本文獻沒有發現篇題，現篇題《司歲》是竹簡整理者據簡文內容擬定。本篇寫本文獻接抄在《四時》篇後面，且連續編號，兩篇寫本當爲一册竹書。②

本篇寫本文獻的內容由六辰司歲總說明、十二歲所值之辰說明、十二歲六辰所值之辰吉凶斷占等三部分構成。

從文獻性質來看，本篇寫本文獻屬於術數中的五行類文獻。從文體形態來看，本篇寫本文體有說明及書記。

---

① 參見李學勤主編《清華大學藏戰國竹簡》（捌），第 157 頁。
② 參見黃德寬主編《清華大學藏戰國竹簡》（拾），第 143 頁。

（四）清華簡《行稱》的文體形態

《行稱》是清華大學 2008 年入藏的戰國竹簡中的一篇寫本文獻。該篇寫本文獻現存 10 支簡，完整竹簡長度大約 32.8 釐米，寬度大約 0.6 釐米，在每支竹簡尾端寫有次序編號。本篇寫本没有發現篇題，現篇題《行稱》是竹簡整理者據簡文内容所擬加。①

該篇寫本文獻所記内容是一個月内在布政方面的行事宜忌，即簡文所謂的行稱之道。

從文獻性質來看，本篇寫本屬於五行類數術文獻。從文體形態來看，本篇寫本文體有説明及書記。

（五）帛書《陰陽五行》甲篇的文體形態

帛書《陰陽五行》甲篇出土於馬王堆三號漢墓。② 本篇帛書未發現篇題，舊有《篆書陰陽五行》和《式法》等篇名，復旦大學重新整理改爲《陰陽五行》甲篇。本篇帛書殘損較重，此前一直没有完整公布。復旦大學重新整理時，整理出《天一》《徙》《天地》《女發》《上朔》《諸神吉凶》《室》等十八章。還有七部分内容殘損太過嚴重，復旦大學也没有進一步整理，衹以“雜占”加序號的形式爲之命名。③

從文體形態來看，帛書《陰陽五行》甲篇多記雜占，文體有説明及書記。

從文獻性質來看，帛書《陰陽五行》甲篇内容較爲複雜，其中有的屬於《漢書·藝文志》數術略五行類，也有的屬於形法類，還有雜占類。現歸入五行類。

（六）帛書《陰陽五行》乙篇的文體形態

帛書《陰陽五行》乙篇出土於馬王堆三號漢墓。④ 本篇寫本没有發現

---

① 參見黄德寬主編《清華大學藏戰國竹簡》（拾），第 149 頁。
② 湖南省博物館《長沙馬王堆漢墓簡帛出土與整理情況回顧》，裘錫圭主編《長沙馬王堆漢墓簡帛集成》（壹），第 3 頁。
③ 參見裘錫圭主編《長沙馬王堆漢墓簡帛集成》（伍），第 65~66 頁。
④ 湖南省博物館：《長沙馬王堆漢墓簡帛出土與整理情況回顧》，裘錫圭主編《長沙馬王堆漢墓簡帛集成》（壹），第 3 頁。

篇名，原整理者命名爲《隸書陰陽五行》，復旦大學重新整理改爲《陰陽五行》乙篇。復旦大學重新整理已基本上拼綴恢復出帛書原貌，復原後的帛書長度大約 100 釐米，寬度大約 50 釐米。本篇寫本從内容上可以分爲《刑德占》《擇日表》《五行禁日》《上朔》《刑日》《天地》《天一》《女發》等十章，其主要内容爲兵占。①

從文體形態來看，帛書《陰陽五行》乙篇記刑德日辰、陰陽五行及擇日等内容，文體有説明及書記。

從文獻性質來看，帛書《陰陽五行》乙篇大部分屬於《漢書·藝文志》數術略五行類文獻。

（七）帛書《刑德》的文體形態

帛書《刑德》出土於馬王堆三號漢墓。②此寫本有甲、乙、丙三篇。其中，甲篇帛書長度大約 75 釐米，寬度大約 50 釐米，保存較好。甲篇包括《日月風雨雲氣占》和《刑德占》兩章。《日月風雨雲氣占》章又包括《日月》《風雨雲氣等》和《星宿分野》三節；《刑德占》章又包括《太陰刑德大游圖》《刑德小游圖》和《刑德解説》三部分。③乙篇帛書長度大約 85釐米，寬度大約 45 釐米，保存較好。乙篇也包括《日月風雨雲氣占》和《刑德占》兩章。④丙篇帛書殘損非常嚴重。丙篇帛書包括三幅圖像和四章文字，三幅圖像各配一章文字，分别組成《傳勝占》《刑德占》《地剛占》三種占文。另外一章《天地陰陽》爲本篇帛書占卜體系的總説明。⑤

從文體形態來看，帛書《刑德》主要記日月風雨雲氣刑德之占，文體有説明及書記。

從文獻性質來看，帛書《刑德》大部分屬於《漢書·藝文志》數術略中的五行類文獻。

---

① 參見裘錫圭主編《長沙馬王堆漢墓簡帛集成》（伍），第 117 頁。
② 湖南省博物館：《長沙馬王堆漢墓簡帛出土與整理情況回顧》，裘錫圭主編《長沙馬王堆漢墓簡帛集成》（壹），第 3 頁。
③ 參見裘錫圭主編《長沙馬王堆漢墓簡帛集成》（伍），第 1~3 頁。
④ 參見裘錫圭主編《長沙馬王堆漢墓簡帛集成》（伍），第 31 頁。
⑤ 參見裘錫圭主編《長沙馬王堆漢墓簡帛集成》（伍），第 49 頁。

（八）帛書《出行占》的文體形態

帛書《出行占》出土於馬王堆三號漢墓。[①] 本篇原無篇題，現篇題《出行占》爲整理者所加。本篇帛書正文共四塊帛，帛上有烏絲欄。在《馬王堆帛書藝術》中曾被編入《陰陽五行》乙篇，作爲該篇一部分，又稱爲《隸書陰陽五行》。後來李學勤等將之析出，改名爲《出行占》，復旦大學重新整理沿用其名。《出行占》書寫在一張長方形帛上，共35行，存1300餘字，保存較好。[②]

從文體形態來看，帛書《出行占》記12個月每月神煞運行及相應的出行宜忌，文體有説明及書記。

從文獻性質來看，帛書《出行占》屬於數術五行類文獻。

（九）虎溪山漢簡《閻昭》的文體形態

漢簡《閻昭》，1999年出土於湖南沅陵虎溪山一號漢墓。[③]

《閻昭》殘損嚴重，殘存文本中有論述五行相勝的内容，其餘大部分書記伐木、生子等多種宜忌。[④]

從文獻性質來看，應屬於《漢書·藝文志》數術略五行類文獻。從文體形態來看，虎溪山漢簡《閻昭》有論體和書記體。

（十）銀雀山漢簡《曹氏陰陽》的文體形態

銀雀山漢簡《曹氏陰陽》，1972年4月在山東省臨沂銀雀山一號漢墓出土。[⑤] 該墓出土竹簡有長、短兩種，本篇寫本用長簡抄寫，現存73支殘簡。本篇寫本的篇題單獨抄寫在一支簡上。有學者認爲其内容爲陰陽學説，[⑥] 實際上，該篇内容並不是一般的陰陽理論，而主要講的是事物陰陽屬

---

① 湖南省博物館：《長沙馬王堆漢墓簡帛出土與整理情況回顧》，裘錫圭主編《長沙馬王堆漢墓簡帛集成》（壹），第3頁。

② 參見裘錫圭主編《長沙馬王堆漢墓簡帛集成》（伍），第151頁。

③ 參見湖南省文物考古研究所編著《沅陵虎溪山一號漢墓》，第4頁。

④ 參見湖南省文物考古研究所編著《沅陵虎溪山一號漢墓》，第122~145頁。

⑤ 《銀雀山漢墓竹簡情況簡介》，銀雀山漢墓竹簡整理小組編《銀雀山漢墓竹簡》（壹），第5~6頁。

⑥ 參見銀雀山漢墓竹簡整理小組編《銀雀山漢墓竹簡》（貳），第203頁。

性與吉凶宜忌的關係。

從文體形態來看，銀雀山漢簡《曹氏陰陽》文體有論述和書記。

從文獻性質來看，銀雀山漢簡《曹氏陰陽》大體上屬於《漢書·藝文志》數術略五行類文獻。

（十一）銀雀山漢簡《三十時》的文體形態

銀雀山漢簡《三十時》在銀雀山一號漢墓出土。[①]該墓出土竹簡有長、短兩種，本篇簡文用長簡抄寫，現存完、殘竹簡155支，竹簡抄寫上下不留白，竹簡有兩道編繩，本篇寫本殘損比較嚴重，已經無法恢復簡序。

本篇寫本沒有發現篇題，現篇題《三十時》爲整理者據寫本內容擬定。本篇寫本記一年行事宜忌等內容，以"時"爲單位，十二日爲一"時"，一年共計三十時，上、下半年皆從一時算起至十五時。又把"時"分爲前後兩"節"，並稱爲"上六""下六"。[②]

從文體形態來看，銀雀山漢簡《三十時》記一年行事宜忌等內容，文體有說明及書記。

從文獻性質來看，銀雀山漢簡《三十時》應當屬於《漢書·藝文志》數術略中的五行類文獻。

（十二）銀雀山漢簡《迎四時》的文體形態

銀雀山漢簡《迎四時》在銀雀山一號漢墓出土。[③]該墓出土竹簡有長、短兩種，本篇寫本用長簡抄寫，現存7支殘簡。本篇寫本沒有發現篇題，現篇題《迎四時》爲整理者據寫本內容擬定。[④]本篇寫本中的部分內容與《尚書大傳》部分內容基本相合。

從文體形態來看，銀雀山漢簡《迎四時》記天子迎四時之事，文體有說明及書記。

---

① 《銀雀山漢墓竹簡情況簡介》，銀雀山漢墓竹簡整理小組編《銀雀山漢墓竹簡》（壹），第5~6頁。
② 參見銀雀山漢墓竹簡整理小組編《銀雀山漢墓竹簡》（貳），第211~219頁。
③ 《銀雀山漢墓竹簡情況簡介》，銀雀山漢墓竹簡整理小組編《銀雀山漢墓竹簡》（壹），第5~6頁。
④ 參見銀雀山漢墓竹簡整理小組編《銀雀山漢墓竹簡》（貳），第223~224頁。

從文獻性質來看，銀雀山漢簡《迎四時》涉及陰陽五行，屬於《漢書・藝文志》數術略中的五行類文獻。

（十三）銀雀山漢簡《四時令》的文體形態

銀雀山漢簡《四時令》在山東臨沂銀雀山一號漢墓出土。[①] 該墓出土竹簡有長、短兩種，本篇簡文用長簡抄寫，存完、殘簡 14 支，未發現篇題，現篇題《四時令》爲整理者所加。本篇簡文與《管子・五行》篇後半部分内容接近。[②]

從文體形態來看，銀雀山漢簡《四時令》記天子順四時而出令，文體有説明及書記。

從文獻性質來看，銀雀山漢簡《四時令》涉及陰陽五行思想，屬於《漢書・藝文志》數術略中的五行類文獻。

（十四）銀雀山漢簡《五令》的文體形態

銀雀山漢簡《五令》，1972 年 4 月在山東省臨沂銀雀山一號漢墓出土。[③] 該墓出土竹簡有長、短兩種，本篇簡文用長簡抄寫，存完、殘簡 13 支，未發現篇題，現篇題《五令》爲整理者所加。本篇寫本所謂“五令”，是指與自然季節相配合的“德令”“義令”“惠令”“威令”“罰令”。[④]

從文體形態來看，銀雀山漢簡《五令》記“五令”與自然季節相配，文體有論述及書記。

從文獻性質來看，銀雀山漢簡《五令》講“五令”順應自然季節，涉及陰陽五行思想，屬於《漢書・藝文志》數術略中的五行類文獻。

---

① 《銀雀山漢墓竹簡情況簡介》，銀雀山漢墓竹簡整理小組編《銀雀山漢墓竹簡》（壹），第 5~6 頁。
② 參見銀雀山漢墓竹簡整理小組編《銀雀山漢墓竹簡》（貳），第 224 頁。
③ 《銀雀山漢墓竹簡情況簡介》，銀雀山漢墓竹簡整理小組編《銀雀山漢墓竹簡》（壹），第 5~6 頁。
④ 參見銀雀山漢墓竹簡整理小組編《銀雀山漢墓竹簡》（貳），第 226 頁。

（十五）銀雀山漢簡《禁》的文體形態

銀雀山漢簡《禁》，1972 年 4 月在銀雀山一號漢墓出土。[①]該墓出土竹簡有長、短兩種，本篇寫本用長簡抄寫，現存完、殘竹簡 29 支。本篇寫本的篇題單獨抄寫在一支竹簡上。本篇寫本所記內容爲四時禁令，與傳世文獻《管子·四時》篇的部分內容較爲接近。[②]

從文體形態來看，銀雀山漢簡《禁》記四時禁令，文體有論述及書記。

從文獻性質來看，銀雀山漢簡《禁》屬於《漢書·藝文志》數術略中的五行類文獻。

（十六）銀雀山漢簡《不時之應》的文體形態

銀雀山漢簡《不時之應》，1972 年 4 月在山東省銀雀山一號漢墓出土。[③]該墓出土竹簡有長短兩種，本篇寫本使用長簡抄寫。本篇寫本現存 8 支竹簡，沒有發現篇題，現篇題《不時之應》是整理者據寫本內容擬定。本篇寫本所記內容是一年四季的“不時之應”。所謂“不時之應”，是指行不合時之事而導致的各種災禍之應。在本篇寫本中，一年的春夏秋冬每個季節都有六不時，以及由此導致的相應災禍。[④]

從文體形態來看，銀雀山漢簡《不時之應》文體有説明及書記。

從文獻性質來看，銀雀山漢簡《不時之應》講不順時的災禍後果，屬於《漢書·藝文志》數術略中的五行類文獻。

（十七）銀雀山漢簡《爲政不善之應》的文體形態

銀雀山漢簡《爲政不善之應》，1972 年 4 月在山東省銀雀山一號漢墓出土。[⑤]該墓出土竹簡有長、短兩種，本篇寫本使用長簡抄寫。本篇寫本

---

① 《銀雀山漢墓竹簡情況簡介》，銀雀山漢墓竹簡整理小組編《銀雀山漢墓竹簡》（壹），第 5~6 頁。

② 參見銀雀山漢墓竹簡整理小組編《銀雀山漢墓竹簡》（貳），第 208~210 頁。

③ 《銀雀山漢墓竹簡情況簡介》，銀雀山漢墓竹簡整理小組編《銀雀山漢墓竹簡》（壹），第 5~6 頁。

④ 參見銀雀山漢墓竹簡整理小組編《銀雀山漢墓竹簡》（貳），第 227 頁。

⑤ 《銀雀山漢墓竹簡情況簡介》，銀雀山漢墓竹簡整理小組編《銀雀山漢墓竹簡》（壹），第 5~6 頁。

現存完、殘竹簡 11 支，沒有發現篇題，現篇題《爲政不善之應》由整理者據寫本内容擬定。本篇寫本所記内容是爲政不善導致的各種災禍報應，具有天人感應思想色彩。①

從文體形態來看，銀雀山漢簡《爲政不善之應》文體有説明及書記。

從文獻性質來看，銀雀山漢簡《爲政不善之應》講爲政不善的後果，大致屬於《漢書・藝文志》數術略中的五行類文獻。

（十八）銀雀山漢簡《人君不善之應》的文體形態

銀雀山漢簡《人君不善之應》，1972 年 4 月在山東省銀雀山一號漢墓出土。②該墓出土竹簡有長、短兩種，本篇寫本使用長簡抄寫。本篇寫本現存完、殘竹簡 12 支，沒有發現篇題，現篇題《人君不善之應》爲整理者所加。本篇寫本所記内容是人君不善而導致的各種災禍報應，具有天人感應思想色彩。③

從文體形態來看，銀雀山漢簡《人君不善之應》文體有説明及書記。

從文獻性質來看，銀雀山漢簡《人君不善之應》講人君不善的災難後果，大致屬於《漢書・藝文志》數術略中的五行類文獻。

（十九）北大漢簡《陰陽家言》的文體形態

漢簡《陰陽家言》是北京大學藏西漢竹書中的一篇。該篇文獻現存 17 枚竹簡，綴合後得到 12 支竹簡。竹簡長 29.5~29.6 釐米，寬大約 0.9 釐米。④本篇文獻沒有發現篇題，現篇題《陰陽家言》爲整理者所擬定。

北大漢簡《陰陽家言》現存竹簡文字可以分爲三個部分，其主要内容是講順應時令以及違反時令之應等天人感應，與上述銀雀山漢簡《人君不善之應》等文獻相似，因此，從文獻性質來看應當屬於《漢書・藝文志》數術略五行類文獻。

---

① 參見銀雀山漢墓竹簡整理小組編《銀雀山漢墓竹簡》(貳)，第 228 頁。
② 《銀雀山漢墓竹簡情況簡介》，銀雀山漢墓竹簡整理小組編《銀雀山漢墓竹簡》(壹)，第 5~6 頁。
③ 參見銀雀山漢墓竹簡整理小組編《銀雀山漢墓竹簡》(貳)，第 229 頁。
④ 參見北京大學出土文獻研究所編《北京大學藏西漢竹書》(叁)，第 229 頁。

從文體形態來看，北大漢簡《陰陽家言》多用韻，記違反時令之應，文體有論述及書記。

（二十）北大漢簡《節》的文體形態

漢簡《節》是北京大學藏西漢竹書中的一篇。該篇文獻現存 66 枚竹簡，綴合後得到 54 支竹簡。完整竹簡長 29.8~30 釐米，寬 0.8~0.9 釐米。竹簡設有三道編繩。本篇文獻原有篇題《節》，抄寫在第三支竹簡的背面。全篇内容大致完整。①

北大漢簡《節》全篇以二分二至及四立爲節點將全年分爲八個時節，以陰陽刑德説斷其吉凶宜忌，並擴展至行軍作戰等方面。從全篇内容各部分之間的關聯來看，存在非常明顯的邏輯關聯，應該不是同類文獻的合抄，而應該是一篇系統講四時、陰陽、刑德的著作。從其全篇結構來看，其中既有形而上總論性質的理論上的闡述，又有形而下具體領域的實際運用，甚至還有二至干支速算表純技術方面的内容，可謂形而上與形而下兼備。

就本篇文獻性質來看，應當屬於《漢書·藝文志》數術略五行類文獻。《漢書·藝文志》數術略有《四時五行經》二十六卷及《陰陽五行時令》十九卷，北大漢簡《節》當與上揭二書的内容有相類之處。

從文體形態來看，北大漢簡《節》記時令宜忌等内容，文體有論述及書記。

（二十一）北大漢簡《堪輿》的文體形態

漢簡《堪輿》是北京大學藏西漢竹書中的一篇。本篇文獻現存 79 枚竹簡，綴合後得到 74 支竹簡。完整竹簡長 29.4~29.7 釐米，寬 0.8~0.9 釐米。竹簡設有三道編繩。本篇文獻原有篇題《堪輿》抄寫在第三支竹簡的背面。本篇文獻現存大約 2000 字，全篇内容基本完好。②

北大漢簡《堪輿》全篇内容由兩部分構成，第一部分記述的是堪輿

---

① 參見北京大學出土文獻研究所編《北京大學藏西漢竹書》（伍），第 37 頁。
② 參見北京大學出土文獻研究所編《北京大學藏西漢竹書》（伍），第 131 頁。

神煞值日、相應宜忌及其原理，第二部分記述的是相關推演圖式及占驗實例。本篇寫本以陰陽五行理論爲占法原理，因此，就性質而言當屬於《漢書・藝文志》數術略五行類文獻。《漢書・藝文志》數術略著録有《堪輿金匱》十四卷，此外還著録《泰一陰陽》二十三卷、《泰一》二十九卷、《天一》六卷，上述諸書早已亡佚，從著作名稱來看，内容或都與北大漢簡《堪輿》相類。需要特別説明的是，從北大漢簡《堪輿》來看，早期堪輿數術與後世形法類堪輿數術明顯不相同。北大漢簡《堪輿》爲我們研究堪輿數術發展史提供了新材料。

從文體形態來看，北大漢簡《堪輿》記述堪輿術相關内容，文體有説明及書記。

（二十二）北大漢簡《雨書》的文體形態

漢簡《雨書》是北京大學藏西漢竹書中的一篇。該篇文獻現存 71 枚竹簡，綴合得到 45 支竹簡，其中文字有缺失的竹簡 10 支，完整竹簡長 32.1~32.2 釐米，寬 0.8~0.9 釐米。該批竹簡設有三道編繩。完整竹簡抄寫 36~39 字不等。本篇文獻原有篇題《雨書》抄寫在第二支竹簡背面，全篇正文文字都抄寫在第一道編繩與第三道編繩之間，篇題及分章符號抄寫在第一道編繩之上。全篇内容殘缺比較嚴重。[①]

本篇文獻現存竹簡内容主要包括以二十八宿值日占雨、以干支值日占雨、以日出日入雲象占雨、以候風占雨、以春始雷方位占歲吉凶等幾個方面，與《太平御覽》收録的《師曠占》《易飛候》部分内容相合。宋元人方回發現的《相雨書》殘卷的内容與本篇文獻也多有相合，這爲探討《相雨書》成書年代提供了新材料。值得注意的是，本篇文獻所記以日出日入雲象占雨，實際上來自古人經驗的積累，與後世看雲識天氣有相似之處，並非完全來自某種數術觀念的推論。

本篇文獻當是按照二十八宿及干支的陰陽五行屬性來占雨，因此，從文獻性質來看，應該屬於《漢書・藝文志》數術略五行類文獻。

從文體形態來看，北大漢簡《雨書》記占雨之法，文體有説明及書記。

---

① 參見北京大學出土文獻研究所編《北京大學藏西漢竹書》（伍），第 77 頁。

（二十三）北大漢簡《六博》的文體形態

漢簡《六博》是北京大學藏西漢竹書中的一篇。該篇文獻現存54枚竹簡，綴合得到39支竹簡。完整竹簡長29.8~30釐米，簡背留有劃痕。本篇文獻原有篇題《六博》用朱墨抄寫在第三支竹簡的背面。全篇內容大致可通讀。[①]另外，原整理者將三支抄有入官吉日、衣吉日、衣忌方面擇日宜忌內容的竹簡編入本篇，並放置在問亡人與問行者之間。從上述三支竹簡的內容來看，不屬於博局占範疇，不應該編入本篇。

北大漢簡《六博》，全篇由兩部分內容構成，開篇的博局圖及占卜規則是第一部分，其後記述了亡人、行者、繫及會論、病者、娶婦五個占卜事項的占辭，是全篇的第二部分。本篇文獻六博的具體占法是將六十干支依次布列在博道上，然後根據具體占卜事項發生時間（如不知時間則按照來占時間）的干支在博道上的位置來占卜吉凶。

本篇文獻的性質應該屬於《漢書·藝文志》數術略五行類文獻。

本篇文獻的文體有說明及書記。

（二十四）尹灣漢簡《刑德行時》的文體形態

尹灣漢簡《刑德行時》出土於江蘇省連雲港市尹灣漢墓。1993年2月底至4月底，江蘇省連雲港市東海縣温泉鎮尹灣村的M6號漢墓出土木牘23方，竹簡133枚。竹簡長22.5~23釐米，其中寬簡20枚，寬0.8~1釐米，窄簡113枚，寬0.3~0.4釐米，另有一枚無字簡，屬寬簡。在133枚竹簡當中，第77號簡至第89號簡總計13個編號簡，拼綴爲11支簡，其內容是依據日干和時段占測行事吉凶的一種占法。其先用6支簡組成一個表，據此查知屬某一天干的日子裏某一段時間，屬於端、令、罰、刑、德這五時中的哪一時，再用5支簡分別書寫與這五時相對應的行事吉凶。本篇《刑德行時》爲原有篇題，書寫在第一支簡（77號簡）上。[②]

從文體形態來看，尹灣漢簡《刑德行時》所記爲依據日干和時段占測行事吉凶的一種占法，文體有說明及書記。

---

① 參見北京大學出土文獻研究所編《北京大學藏西漢竹書》（伍），第207~212頁。

② 參見連雲港市博物館等編《尹灣漢墓簡牘》，第4、67~68、145頁。

從文獻性質來看，尹灣漢簡《刑德行時》屬於《漢書·藝文志》數術略五行類文獻。

（二十五）尹灣漢簡《行道吉凶》的文體形態

尹灣漢簡《行道吉凶》，1993 年出土於江蘇省連雲港市尹灣 M6 號漢墓。該墓出土竹簡 133 枚，其中，第 90 號簡至第 113 號簡總計 24 個編號簡，拼綴爲 16 支簡，用單獨一支簡書寫篇題《行道吉凶》，用 10 支簡書寫六十干支日名，將其排成一個橫向的六甲表，在每個干支下注明幾陽、幾陰及某門，再用 5 支簡分別書寫占斷吉凶的説明文字。[①]

從文體形態來看，尹灣漢簡《行道吉凶》所記爲利用六甲表、陰陽數量及是否得其門來占測行路吉凶的一種占法，文體有説明及書記。

從文獻性質來看，尹灣漢簡《行道吉凶》屬於《漢書·藝文志》數術略五行類文獻。

（二十六）玉門關漢簡《出行占》的文體形態

玉門關漢簡《出行占》，1998 年 10 月在小方盤城（玉門關）遺址出土，[②] 編號 II 98DYT4:37，簡文爲："·凡出唯非所出門也必先出其門以三陽出搏其門事大吉毋憂"。該簡所記内容應爲某種選擇類數術的文字部分。[③]

從文體形態來看，玉門關漢簡《出行占》屬於書記體。

（二十七）尹灣木牘《神龜占》的文體形態

尹灣木牘《神龜占》，1993 年出土於江蘇省連雲港市尹灣 M6 號漢墓。木牘出土編號爲 9 號，木牘長度大約 23 釐米，寬度大約 7 釐米。本篇寫本抄寫在木牘正面的上、中段。中段繪有一個神龜圖像，上段書寫的是説明文字。這個神龜圖像分爲八個部位，其占法爲：以後左足爲起始部位，按照右行方向數日數，從當月朔日數至占測之日，看數到的是神龜的哪個

---

① 參見連雲港市博物館等編《尹灣漢墓簡牘》，第 4、69~70、146~147 頁。
② 參見張德芳、石明秀主編《玉門關漢簡》，前言，第 1 頁。
③ 參見張德芳、石明秀主編《玉門關漢簡》，第 32 頁。

部位，以此定占測結果。^①原無篇題，現篇題爲整理者所加。

從文體形態來看，尹灣木牘《神龜占》所記爲一種日序占法，文體屬於書記體。

從文獻性質來看，尹灣木牘《神龜占》屬於數術五行類文獻。

（二十八）尹灣木牘《六甲占雨》的文體形態

尹灣木牘《六甲占雨》，1993 年出土於江蘇省連雲港市尹灣 M6 號漢墓。《六甲占雨》與《神龜占》一同書寫在 9 號木牘正面，《神龜占》書寫在 9 號木牘正面上、中段，《六甲占雨》書寫在下段。《六甲占雨》是將六十干支按六甲排列於一個圖形上，下面另有"占雨"二字。説明文字已經殘缺，具體占法不詳。^②原無篇題，現篇題《六甲占雨》爲整理者所加。

從文體形態來看，尹灣木牘《六甲占雨》屬於書記體。

從文獻性質來看，尹灣木牘《六甲占雨》屬於數術五行類文獻。

（二十九）尹灣木牘《博局占》的文體形態

尹灣木牘《博局占》，1993 年出土於江蘇省連雲港市尹灣 M6 號漢墓。《博局占》書寫在 6 號木牘反面。上段繪有一個標有六十干支的博局圖，在圖的上方標有"南方"二字，下段有五欄與圖相配的文字，分別用來占娶婦嫁女、問行者、問繫者、問病者、問亡者。每欄在標題以外，還有九行，最上邊的娶婦嫁女欄每行起首的"方廉楬道張曲詘長高"等九個字，與《西京雜記》卷四所引許博昌六博口訣的内容基本相同，很可能這九個字是用來統管這五欄的，用來分別表示博局上的各種位置，等到占測時，根據當日干支在博局中的位置，到相應文字欄去查占測結果。^③原無篇題，現篇題《博局占》爲整理者所加。

從文體形態來看，尹灣木牘《博局占》記一種特殊的博局占法，屬於書記體。

從文獻性質來看，尹灣木牘《博局占》屬於數術五行類文獻。

①　參見連雲港市博物館等編《尹灣漢墓簡牘》，第 2、20、123 頁。
②　參見連雲港市博物館等編《尹灣漢墓簡牘》，第 2、20、124 頁。
③　參見連雲港市博物館等編《尹灣漢墓簡牘》，第 3、21、125~126 頁。

（三十）肩水金關漢簡六壬式占《十二月將治晝夜》的文體形態

肩水金關漢簡六壬式占《十二月將治晝夜》，1973 年在額濟納河流域肩水金關遺址出土，編號爲 73EJF3:447。[①]

該木牘所記内容是十二月神將分治十干日晝夜，與隋代蕭吉《五行大義》引《六壬式經》所云十二神將治晝夜相合，[②] 其内容屬於六壬式占範疇。

從文獻性質來看，肩水金關漢簡六壬式占《十二月將治晝夜》屬於《漢書·藝文志》數術略五行類文獻。

從文體形態來看，肩水金關漢簡六壬式占《十二月將治晝夜》爲書記體。

（三十一）武威漢簡《日忌》的文體形態

武威漢簡《日忌》，1959 年 7 月在甘肅武威磨咀子六號漢墓出土。[③] 本篇寫本現存 7 支竹簡，其中，第 1 支簡長度大約 23 釐米，寬度大約 1.3 釐米，第 6 支簡長度大約 23.2 釐米，寬度大約 1.2 釐米。本篇寫本的字體近於草書，没有同出《儀禮》簡書寫嚴謹。本篇寫本所記内容大多是日時禁忌，因此竹簡原整理者命名爲《日忌》。[④] 近年來有學者撰文指出本篇寫本屬於日書範疇。[⑤]

從文體形態來看，武威漢簡《日忌》記日時禁忌，文體屬於書記體。

從文獻性質來看，武威漢簡《日忌》涉及陰陽五行思想，屬於《漢書·藝文志》數術略五行類文獻。

（三十二）九店楚簡《日書》的文體形態

九店楚簡《日書》，在江陵縣九店五六號東周墓葬出土。本篇日書抄寫在整理編號第 13 號至 99 號竹簡上，竹簡有三道編繩，完整竹簡長

---

① 參見甘肅簡牘博物館等編《肩水金關漢簡》（伍），第 84 頁。
② 參見（隋）蕭吉著、錢杭校定《五行大義》，第 289 頁。
③ 甘肅省博物館：《甘肅武威磨咀子 6 號漢墓》，《考古》1960 年第 5 期；甘肅省博物館：《甘肅武威磨咀子漢墓發掘》，《考古》1960 年第 9 期。
④ 甘肅省博物館、中國科學院考古研究所編著《武威漢簡》，第 136~137 頁。
⑤ 何雙全：《漢簡〈日書〉叢釋》，《簡牘學研究》（第二輯）。

46.6~48.2 釐米，寬 0.6~0.8 釐米，厚 0.1~0.12 釐米。本篇日書部分內容見於雲夢睡虎地秦簡《日書》。出土編號第 100 號至 146 號殘簡上抄寫的內容也應該是《日書》。[①]

從文體形態來看，九店楚簡《日書》記選擇時日吉凶，文體屬於書記體。

從文獻性質來看，九店楚簡《日書》不屬於曆書，而屬於擇日數術類文獻。

（三十三）放馬灘秦簡《日書》的文體形態

放馬灘秦簡《日書》，1986 年在甘肅省天水市北道區黨川鄉放馬灘一號秦墓出土。該墓出土 461 支竹簡。目前，學者們對於這批竹簡的性質存在不同看法。竹簡原整理者將竹簡分爲《日書》甲種、《日書》乙種及《志怪故事》三種。《日書》甲種有 73 支竹簡，《日書》乙種有 381 支竹簡，《志怪故事》有 7 支竹簡。[②]孫占宇《天水放馬灘秦簡集釋》與竹簡原整理者的觀點不同，是按照竹簡形制把全部竹簡分爲甲、乙兩種。甲種竹簡一共 73 支，簡長 27~27.5 釐米，乙種竹簡一共 388 支，簡長 23~23.5 釐米。抄寫志怪故事的 7 支竹簡被歸入乙種竹簡之中。從竹簡性質來看，孫占宇把這批秦簡都歸入日書。[③]

從文體形態來看，放馬灘秦簡《日書》記選擇時日吉凶，文體屬於書記體。

從文獻性質來看，放馬灘秦簡《日書》不屬於曆書，而屬於擇日數術類文獻。

（三十四）睡虎地秦簡《日書》的文體形態

睡虎地秦簡《日書》，1975 年 12 月在雲夢睡虎地十一號秦墓出土。[④]本篇《日書》包括甲、乙兩種，甲種《日書》現存 166 支竹簡，文字抄寫

---

① 湖北省文物考古研究所、北京大學中文系編《九店楚簡》，第 153~154 頁。
② 參見甘肅省文物考古研究所編《天水放馬灘秦簡》內容提要。
③ 參見孫占宇《天水放馬灘秦簡集釋》，第 1 頁。
④ 參見睡虎地秦墓竹簡整理小組編《睡虎地秦墓竹簡》（八開精裝本），出版說明，第 1 頁。

在各簡的正面和背面，各簡的正面和背面連續抄寫，字寫得小且密。乙種《日書》現存 259 支竹簡（未計殘簡），文字衹抄寫在正面，字寫得比甲種大一些。①

從文體形態來看，睡虎地秦簡《日書》記選擇時日吉凶，文體屬於書記體。

從文獻性質來看，睡虎地秦簡《日書》不屬於曆書，而屬於擇日數術類文獻。

（三十五）關沮周家臺秦簡《日書》的文體形態

關沮周家臺秦簡《日書》，1993 年 6 月在荆州市沙市區關沮鄉清河村周家臺三〇號秦墓出土。竹簡整理者把該墓出土的竹簡分爲三種，第一種整理者命名爲《曆譜》，第二種整理者命名爲《日書》，第三種整理者命名爲《病方及其它》。其中《日書》現存 178 支竹簡（含 10 支空白簡），簡長 29.3~29.6 釐米，寬 0.5~0.7 釐米，厚 0.08~0.09 釐米，本篇《日書》包括“二十八宿”占、“五時段”占、“五行”占等内容。②

從文體形態來看，關沮周家臺秦簡《日書》記選擇時日吉凶，文體屬於書記體。

從文獻性質來看，關沮周家臺秦簡《日書》不屬於曆書，而屬於擇日數術類文獻。

（三十六）江陵嶽山秦牘《日書》的文體形態

江陵嶽山秦牘《日書》，1986 年在湖北荆州江陵縣嶽山墓地三十六號秦墓出土。該墓出土兩方《日書》木牘，其中一方木牘長約 23 釐米，寬約 5.8 釐米，厚約 0.55 釐米。另一方木牘長約 19 釐米，寬約 5 釐米，厚約 0.55 釐米。文字墨書於木牘正反兩面。③

---

① 參見睡虎地秦墓竹簡整理小組編《睡虎地秦墓竹簡》（八開精裝本），釋文第 179 頁。
② 參見湖北省荆州市周梁玉橋遺址博物館編《關沮秦漢墓簡牘》，前言。
③ 參見湖北省江陵縣文物局、荆州地區博物館《江陵嶽山秦漢墓》，《考古學報》2000 年第 4 期；陳偉主編《秦漢簡牘合集（三）·周家臺秦墓簡牘、嶽山秦墓木牘》，第 95 頁。

從文體形態來看，江陵嶽山秦牘《日書》記時日吉凶宜忌，文體屬於書記體。

從文獻性質來看，江陵嶽山秦牘《日書》不屬於曆書，而屬於擇日數術類文獻。

（三十七）北大秦簡《日書甲種》的文體形態

北大秦簡《日書甲種》是 2010 年北京大學入藏的秦簡中的一篇文獻。本篇文獻未發現篇題，現篇題爲整理者所擬定。[①]

該篇《日書》由"大時小時""穿門""死失圖""星"四部分組成，其中"大時小時""死失圖"爲整理者自擬題，"穿門""星"爲原有題。[②]

從文獻性質來看，北大秦簡《日書甲種》屬於《漢書·藝文志》數術略五行類文獻。

從文體形態來看，北大秦簡《日書甲種》爲書記體。

（三十八）北大秦簡《日書乙種》的文體形態

北大秦簡《日書乙種》是 2010 年北京大學入藏的秦簡中的一篇文獻，本篇文獻未發現篇題，現篇題爲整理者所擬定。[③]

該篇《日書》由"占雨""禾日""禾忌""占禾""建除"五部分組成，其中"建除"篇題爲整理者所擬定，"占雨""禾日""禾忌""占禾"爲原有題。[④]

從文獻性質來看，北大秦簡《日書乙種》屬於《漢書·藝文志》數術略五行類文獻。

從文體形態來看，北大秦簡《日書乙種》爲書記體。

---

① 參見北京大學出土文獻與古代文明研究所編《北京大學藏秦簡牘》（肆），第 741、813 頁。
② 參見北京大學出土文獻與古代文明研究所編《北京大學藏秦簡牘》（肆），第 813 頁。
③ 參見北京大學出土文獻與古代文明研究所編《北京大學藏秦簡牘》（肆），第 741、919 頁。
④ 參見北京大學出土文獻與古代文明研究所編《北京大學藏秦簡牘》（肆），第 921~925 頁。

（三十九）北大秦簡《日書雜抄》的文體形態

北大秦簡《日書雜抄》是 2010 年北京大學入藏的秦簡中的一篇文獻，本篇文獻未發現篇題，現篇題爲整理者所擬定。①

北大秦簡《日書雜抄》由"霽晴""見人""十二辰占行""十二辰占見人""五帝領日占聞"五章組成。其中，"見人"是原章題，其餘四章章題是整理者所擬定。②

從文獻性質來看，北大秦簡《日書雜抄》屬於《漢書·藝文志》數術略五行類文獻。從文體形態來看，北大秦簡《日書雜抄》爲書記體。

（四十）居延漢簡《日書》的文體形態

居延漢簡《日書》是 1930 年西北科學考察團在額濟納河流域發現的一批漢代簡牘中的一種。居延漢簡《日書》殘簡現藏於臺北中研院歷史語言研究所。③

從文體形態來看，居延漢簡《日書》記選擇時日吉凶，文體屬於書記體。

從文獻性質來看，居延漢簡《日書》不屬於曆書，而屬於擇日數術類文獻。

（四十一）居延新簡《日書》的文體形態

居延新簡《日書》殘簡，1972 年至 1974 年在居延甲渠候官出土，編號爲 EPS4T2.105+S4T1.3、EPT5.57、EPT43.185、EPT43.257、EPT48.144、EPT49.3、EPT51.525、EPT51.526、EPT58.21、EPT59.147A、EPT65.21、EPT65.22、EPT65.48、EPT65.57、EPT65.165、EPT65.175、EPT65.196、EPT65.266、EPT65.278、EPT65.542 等，内容包括時、徙時、建除、擇日、厭勝、刑德等。④

---

① 北京大學出土文獻與古代文明研究所編《北京大學藏秦簡牘》（貳），第 277 頁。
② 參見北京大學出土文獻與古代文明研究所編《北京大學藏秦簡牘》（貳），第 279~284 頁。
③ 編號爲 119.33、458.1A 等。
④ 參見魏德勝《居延新簡、敦煌漢簡中的"日書"殘簡》，《中國文化研究》2000 年第 1 期。

從文獻性質來看，居延新簡《日書》屬於《漢書·藝文志》數術略五行類文獻。

從文體形態來看，居延新簡《日書》爲書記體。

（四十二）敦煌漢簡《日書》的文體形態

敦煌漢簡《日書》，主要有 1061、1264、1691、1848、2085、2097、2121、2350、2364、2367A、2367B、2369、3432 等號簡，其中，1061、1264[1]兩支簡於 1979 年出土，其餘都是斯坦因第二、第三次中亞考古時所獲，內容包括建除、擇日、宜忌、生子等。[2]

從文獻性質來看，敦煌漢簡《日書》屬於《漢書·藝文志》數術略五行類文獻。

從文體形態來看，敦煌漢簡《日書》爲書記體。

（四十三）肩水金關漢簡《日書》的文體形態

肩水金關漢簡日書散簡，1972 年至 1973 年在額濟納河流域肩水金關遺址出土，編號爲 73EJT23:992、73EJC:600、72EJC:79AB、73EJT3:70、73EJT3:103、73EJT7:60、73EJT7:63、73EJT23:80、73EJT23:563+643、73EJT29:53、73EJT37:492、73EJT6:114、73EJT26:167+201+296 等。包括小時、刑德、出行、納財、産子等方面内容。

從文獻性質來看，肩水金關漢簡《日書》屬於《漢書·藝文志》數術略五行類文獻。

從文體形態來看，肩水金關漢簡《日書》爲書記體。

（四十四）孔家坡漢簡《日書》的文體形態

孔家坡漢簡《日書》，2000 年 3 月在湖北省隨州孔家坡墓地第八號漢

---

[1] 《玉門關漢簡》對《敦煌漢簡》所收零散采集簡做了重新整理，公布了彩色圖版、紅外綫圖版及釋文。1264 號簡參見《玉門關漢簡》第 101 頁。

[2] 參見甘肅省文物考古研究所編《敦煌漢簡》，（上），圖版玖柒、壹壹叁、壹柒肆、壹陸伍、壹陸陸、壹柒捌、壹柒玖，（下），第 260、267、285、291、300、301、302、312 頁。1061 號簡釋文參見張德芳《敦煌馬圈灣漢簡集釋》，第 159 頁。3432 號簡參見汪濤、胡平生、吳芳思主編《英國國家圖書館藏斯坦因所獲未刊漢文簡牘》，第 43 頁。

墓出土。該墓出土竹簡包括《日書》和《曆日》兩種。本篇《日書》已編連的完、殘簡一共 478 支，另外還有未編連的殘簡 48 段。完整竹簡長約 33.8 釐米，寬 0.7~0.8 釐米，厚約 0.1 釐米，竹簡兩端修整齊平。本篇《日書》用隸書抄寫，書法工整，還有插圖。[①]本篇《日書》包括"建除""伐木日""金錢良日""星官""擊""刑德""徙時""時"等 70 多個篇章，其中的"建除""伐木日"等都是本篇日書原有篇題。[②]

從文體形態來看，孔家坡漢簡《日書》記選擇時日吉凶，文體屬於書記體。

從文獻性質來看，孔家坡漢簡《日書》不屬於曆書，而屬於擇日數術類文獻。

（四十五）懸泉漢簡《日書》的文體形態

懸泉漢簡《日書》，1990 年在懸泉置遺址出土，編號爲 I90DXT 0111 ②：19、I90DXT0112 ① :78、I90DXT0112 ① :79A、I90DXT0112 ① :79B、I90DXT0114 ① :128、I90DXT0205 ② :18、I90DXT0208 ② :13 等。[③]另外，II90DXT0114 ④ :143、II90DXT0114S:257、II90DXT0114 ③ :599、II90DXT0114S:142 等號簡或亦爲《日書》殘簡。[④]

從文獻性質來看，懸泉漢簡《日書》屬於《漢書·藝文志》數術略五行類文獻。

從文體形態來看，懸泉漢簡《日書》爲書記體。

（四十六）懸泉漢簡日書《死吉凶》的文體形態

懸泉漢簡日書《死吉凶》，1991 年在懸泉置遺址出土，編號爲 I91DXT0309 ③ :74AB、I91DXT0309 ③ :146AB、I91DXT0309 ③ :162AB、I91DXT0309 ③ :196、I91DXT0309 ③ :208、I91DXT0309 ③ :209AB、

---

① 參見湖北省文物考古研究所、隨州市考古隊編《隨州孔家坡漢墓簡牘》，第 29~31、35~36 頁。

② 參見湖北省文物考古研究所、隨州市考古隊編《隨州孔家坡漢墓簡牘》，第 65~114、129~188 頁。

③ 參見甘肅簡牘博物館等編《懸泉漢簡》（壹），第 90、123、196、282、296 頁。

④ 參見甘肅簡牘博物館等編《懸泉漢簡》（叄），第 185、208、279、287 頁。

I91DXT0309 ③ :262AB、I 91DXT0309 ③ :265AB、I91DXT0309 ③ :266AB、I91DXT0309 ③ :267+335AB、I91DXT0309 ③ :268+274AB、I91DXT0309 ③ :269 等。另外，I91DXT0309 ③ :83、I91DXT0309 ③ :160、I91DXT0309 ③ :243、I91DXT0309 ③ :290、I91DXT0310 ③ :8、I91DXT0405 ④ A:18、II90DXT0111 ② :185、II90DXT0111 ③ :35 等號簡也是日書散簡，其中前六簡或是上揭日書《死吉凶》的殘簡。

從文獻性質來看，懸泉漢簡日書《死吉凶》屬於《漢書·藝文志》數術略五行類文獻。

從文體形態來看，懸泉漢簡日書《死吉凶》爲書記體。

（四十七）額濟納漢簡《日書》的文體形態

額濟納漢簡《日書》殘簡，2000 年至 2002 年在内蒙古額濟納旗漢代烽燧遺址出土，編號爲 2000ES9SF4:27+2000ES9SF4:26、2002ESCSF1:2、2002ESCSF1:3AB、2002ESCSF1:4、2002ESCSF1:5AB 等。①

從文獻性質來看，額濟納漢簡《日書》屬於《漢書·藝文志》數術略五行類文獻。

從文體形態來看，額濟納漢簡《日書》爲書記體。

（四十八）香港中文大學藏漢簡《日書》的文體形態

香港中文大學藏漢簡《日書》，現存 109 支竹簡，所記内容多能與孔家坡漢簡《日書》、睡虎地秦簡《日書》相對應。竹簡整理者從内容上把本篇《日書》分爲歸行、陷日、娶妻出女、禹須臾等 24 個篇章。②

從文體形態來看，香港中文大學藏漢簡《日書》記選擇時日吉凶，文體屬於書記體。

從文獻性質來看，香港中文大學藏漢簡《日書》不屬於曆書，而屬於擇日數術類文獻。

---

① 參見魏堅主編《額濟納漢簡》，第 254、282~285 頁；孫家洲主編《額濟納漢簡釋文校本》，第 89、103、104 頁。

② 參見陳松長編著《香港中文大學文物館藏簡牘》，第 18~51 頁。

（四十九）張家山漢簡日書《祠馬祺》的文體形態

張家山漢簡日書《祠馬祺》，1985 年在湖北江陵張家山三三六號漢墓出土，本篇寫本原無篇題，現篇題爲整理者所擬定。①

本篇日書由兩部分組成，第一部分記述祠具設置、祠祭禁忌及祭物的處置；第二部分記祠馬祺及諸神祇的祈辭和祝辭。②

從文獻性質來看，張家山漢簡日書《祠馬祺》屬於《漢書·藝文志》數術略五行類文獻。從文體形態來看，張家山漢簡日書《祠馬祺》有叙述、説明文體和祝體。其中，記述祠具設置、祠祭禁忌及祭物的處置部分屬於叙述、説明文體，祈辭和祝辭屬於《文心雕龍》祝盟類的祝體。

（五十）烏程漢簡曆日建除摘記的文體形態

烏程漢簡曆日建除摘記，是 2009 年 3 月下旬浙江省湖州市舊城改造施工中出土漢簡中的一種。③

烏程漢簡曆日建除摘記有三支簡，所記内容應是用於時日吉凶宜忌，性質與日書相類。④

從文獻性質來看，烏程漢簡曆日建除摘記屬於《漢書·藝文志》數術略五行類文獻。

從文體形態來看，烏程漢簡曆日建除摘記爲書記體。

四　蓍龜類簡帛文獻的文體形態

（一）上博楚簡《卜書》的文體形態

上博楚簡《卜書》是上海博物館 1994 年 5 月入藏的一批戰國竹簡中的一篇。本篇寫本現存完、殘竹簡 10 支，其中完簡 4 支，完簡長度大約43.4 釐米，寬度大約 0.6 釐米，厚度大約 0.12 釐米，竹簡兩端修整齊平。

---

① 參見荆州博物館編《張家山漢墓竹簡〔三三六號墓〕》（上），前言，第 1 頁；正文，第 157 頁。
② 參見荆州博物館編《張家山漢墓竹簡〔三三六號墓〕》（上），第 37、157~158 頁。
③ 參見曹錦炎等主編《烏程漢簡·烏程漢簡概述》，第 1 頁。
④ 參見曹錦炎等主編《烏程漢簡》，第 290~293 頁。

竹簡有三道編繩，契口在竹簡右側，第一契口距竹簡頂端大約 1.3 釐米，第一契口與第二契口間距大約 20.5 釐米，第二契口與第三契口間距大約 20.5 釐米，第三契口距竹簡尾端大約 1.1 釐米。文字抄寫在竹黃面，竹簡上下皆留白，竹簡序號書寫在簡尾留白處，全篇現存文字 256 個。本篇寫本未發現篇題，現篇題《卜書》爲整理者據寫本内容擬定。[①]

本篇寫本所記内容爲肥叔、季曾等四人討論龜卜的對話。本篇寫本記録了通過具體兆象進行斷占的情況，非常珍貴，在一定程度上可補傳世文獻之缺。

從文體形態來看，上博楚簡《卜書》不是龜卜實占記録，文體非常特殊，不屬於一般書記體，而是以叙述方式記載了四位龜卜家的對話。

從文獻性質來看，上博楚簡《卜書》是龜卜卜書類文獻。

（二）望山楚簡卜禱辭的文體形態

望山楚簡卜禱辭，1965 年冬在望山一號戰國楚墓出土。竹簡殘損較爲嚴重，殘簡最長的約 39.5 釐米，最短的衹有 1 釐米，大多在 10 釐米以下，竹簡寬度大約 1 釐米，厚度大約 0.1 釐米，竹簡有三道絲綫編繩。整理者拼綴出 207 支竹簡，最長的竹簡爲 52.1 釐米，一般長度在 15 釐米左右，總計殘存文字 1093 個，大多文字較爲清晰。抄寫工整，但書法並不一致，應該是出自多位抄手之手。一號墓出土的卜禱辭主要是爲墓主卜筮祭禱的記録，其所記順序爲卜筮的時間、卜筮工具、卜問事項、卜筮結果，接下來還記有爲墓主的祭禱。從本篇寫本的文例來看，這些記録由卜辭加禱辭構成。其中，卜辭部分是由前辭、命辭和占辭構成的。[②]

從文體形態來看，望山楚簡卜禱辭屬於書記體。

（三）包山楚簡卜禱辭的文體形態

包山楚簡，1987 年在湖北省荆門市包山二號戰國楚墓出土。該墓一共出土 278 有字支竹簡和 1 方竹牘，其内容主要包括司法文書、卜筮祭

---

① 參見馬承源主編《上海博物館藏戰國楚竹書》（九），第 291 頁。
② 參見湖北省文物考古研究所、北京大學中文系編《望山楚簡》，第 3~7 頁。

禱和遺策三種。其中卜筮祭禱簡一共54支，出土編號爲197至250號。在這54支卜筮祭禱簡中，有50支簡其內容是爲墓主卜筮及在卜筮過程中祭禱的記錄，所記順序爲卜筮的時間、卜筮工具、卜問事項及卜筮結果，接下來還記有爲墓主的祭禱，然後記再次占卜及占卜結果。從文例來看，這些記錄由卜辭加禱辭構成。其中，卜辭部分是由前辭、命辭和占辭構成的。另外四支簡僅是祭禱記錄，過程中沒有卜筮。其所記順序爲先記祭禱的時間及祭禱人，接下來是禱辭。從文例來看，是由前辭及禱辭組成的。①

從文體形態來看，包山楚簡卜禱辭屬於書記體。

（四）新蔡楚簡卜禱辭的文體形態

新蔡葛陵楚簡，1994年8月出土於河南省新蔡縣葛陵村戰國楚墓。竹簡出土時已全部殘斷，總計有1571個編號，原簡長度不一，寬0.8釐米左右，窄的約0.6釐米，最寬的1.2釐米左右。文字多數書寫在竹黃面，大部分墨迹清晰，爲多人書寫而成，字體風格或秀麗或奔放，字距或緊湊或疏朗。內容包括卜筮祭禱記錄和遺策兩類，其中，大多數爲卜筮祭禱記錄。②其文例結構與包山楚簡的卜禱辭相近，但占卜形式與包山楚簡有所不同。其中的或貞不同於習卜，有待深入研究。

從文體形態來看，新蔡楚簡卜禱辭屬於書記體。

（五）清華簡《筮法》的文體形態

清華簡《筮法》是清華大學2008年7月入藏的一批戰國竹簡中的一篇。本篇寫本竹簡保存較佳，現存63支竹簡，完整竹簡長度大約35釐米，竹簡序號書寫在每支竹簡的正面下端。③本篇寫本未發現篇題，現篇題《筮法》爲整理者據寫本內容擬定。

本篇寫本命名爲"筮法"，但是全篇記述的內容是斷占方法，實際上並沒有講到具體筮卦或演卦方法。

---

① 參見湖北省荆沙鐵路考古隊《包山楚墓》，又參見《包山楚簡》第4、12頁。
② 參見河南省文物考古研究所編著《新蔡葛陵楚墓》，第173頁。
③ 參見李學勤主編《清華大學藏戰國竹簡》（肆），第75頁。

從文體形態來看，清華簡《筮法》記易筮的斷占之法，屬於書記體。
從文獻性質來看，清華簡《筮法》屬於筮占類文獻。

（六）阜陽漢簡卜辭的文體形態

阜陽漢簡卜辭，1977 年在安徽阜陽雙古堆西漢汝陰侯夏侯竈墓出土。[①]"阜陽《周易》爲竹質，殘破特甚，且字跡也較它簡模糊。保存最長的簡寬 0.5 釐米，長 15.5 釐米，存 23 字。其餘均長短不一，存字多少不等。從殘簡排比，可以推知其書寫格式爲每一卦的卦畫寫在簡的上端，下空一個字格間距再寫卦名，然後書寫卦辭、卜辭，再寫爻題、爻辭和卜辭。爻題前均有圓墨點間隔。卦辭、爻辭和卜辭之間沒有明顯的區分，僅在卜問事項前加一個卜字以示分別；也有卜問數事，每事前加一個卜字，也有直書筮占結果，不加卜字的。"[②]"共整理出 752 片，計 3119 字，其中屬經文的有 1110 字；屬卜辭的 2009 字。經文部分有卦畫五個（大有、林、賁、大過、離），卦名、爻題、卦辭、爻辭等內容。"[③]

阜陽漢簡《周易》在卦爻辭後面附有卜辭，這是其與傳世本《周易》的最大區別。如果按照甲骨卜辭文例，卜辭的主體部分應該包含前辭、命辭和占辭。阜陽漢簡《周易》所附卜辭有命辭，當也有占辭，但是並沒有發現前辭。從阜陽漢簡《周易》的抄寫格式及內容來看，阜陽漢簡《周易》所附卜辭應該是占卜卦師把經常遇到的占卜事項及在筮遇某卦某爻時的斷占結果抄錄在相應卦爻辭之下，以備實占時參看。因此，阜陽漢簡《周易》所附卜辭與包山楚簡、新蔡楚簡中的卜禱辭並不相同，其不應是實占記錄，而屬於占書。不難看出阜陽漢簡《周易》寫本應該主要用於筮占。從寫作動機來看，上博簡《周易》寫本未見有明顯的筮占信息與痕迹，馬王堆帛書《周易》寫本與帛書易傳抄寫在一起，也沒有見到明確的筮占信息與痕迹，因此，可以推斷上博簡《周易》寫本與馬王堆帛書《周易》寫本並不是用於筮占，特別是馬王堆帛書《周易》與帛書易傳抄寫在

---

① 安徽省文物工作隊、阜陽地區博物館、阜陽縣文化局：《阜陽雙古堆西漢汝陰侯墓發掘簡報》，《文物》1978 年第 8 期。

② 韓自强：《阜陽漢簡〈周易〉研究》，第 46 頁。

③ 韓自强：《阜陽漢簡〈周易〉研究》，第 45 頁。

一起，恐怕主要用於《周易》的思想研究。

從文體形態來看，阜陽漢簡卜辭記在每卦卦爻辭之後，有命辭和占辭，屬於書記體。

（七）敦煌漢簡《易占》（第一種）的文體形態

敦煌漢簡《易占》（第一種）是斯坦因 20 世紀初在敦煌漢代長城烽燧遺址第二次考古時發現的一批漢文簡牘中的一種，本篇僅存 1 支簡①，木質。簡文爲："旅，聞盜事，有凶事，有客從遠所來，有所得。"②

從文體形態及文獻性質來看，敦煌漢簡《易占》（第一種）應爲筮占類文獻，文體屬於書記體。

（八）敦煌漢簡《易占》（第二種）的文體形態

敦煌漢簡《易占》（第二種），1979 年 9 月在敦煌漢代馬圈灣烽燧遺址出土，編號爲 387、388。③387 號簡簡文："䷀不川下乾上，希在六三九三九五□□"；388 號簡簡文："䷀離下乾上，易得同人，希在九三，有□於東己半道朝甲正。"④387 號簡上的易占是否卦，388 號簡上的易占是同人卦，都沒有卦爻辭，祇有占辭。

從文體形態來看，敦煌漢簡《易占》屬於書記體。

（九）敦煌漢簡八卦風占的文體形態

敦煌漢簡八卦風占殘簡，1979 年 9 月在敦煌漢代馬圈灣烽燧遺址出土，編號爲 1123A、1179。⑤1179 號簡簡文爲："（風從）東北來，則逆根（艮）傷主，民多疾病；風從東方來，則逆震，五穀傷于震；風從南□"⑥

---

① 《敦煌漢簡》編號 1787。

② 參見羅振玉、王國維《流沙墜簡》，第 95 頁；甘肅省文物考古研究所編《敦煌漢簡》，（上），圖版壹伍壹，（下），第 288 頁。

③ 爲《敦煌漢簡》編號。

④ 參見甘肅省文物考古研究所編《敦煌漢簡》，（上），圖版肆貳，（下），第 234 頁；張德芳《敦煌馬圈灣漢簡集釋》，第 66 頁。此處采用《敦煌馬圈灣漢簡集釋》的釋文。

⑤ 爲《敦煌漢簡》編號。

⑥ 參見甘肅省文物考古所編《敦煌漢簡》，（上），圖版壹零叁、壹零柒，（下），第 262、264 頁；張德芳《敦煌馬圈灣漢簡集釋》，第 168、176 頁。此處采用《敦煌馬圈灣漢簡集釋》的釋文。

從文體形態來看，敦煌漢簡八卦風占屬於書記體。

（十）武威漢簡《雜占》的文體形態

武威漢簡《雜占》，1959 年 7 月在甘肅武威磨咀子六號漢墓出土。[①]
本篇寫本現存 4 支簡，第一支簡長度大約 23.5 釐米，寬度大約 1.5 釐米。
內容當與占卜有關，整理者定爲《雜占》。[②]從文獻性質來看，本篇占書簡
與敦煌漢簡《易占》相類，當是筮占類，但已殘損卦名。

從文體形態來看，本篇文獻爲書記體。

（十一）北大秦簡《禹九策》的文體形態

北大秦簡《禹九策》是 2010 年北京大學入藏的秦簡中的一篇文獻。[③]
本篇文獻包括序説、禹九策及專題性占卜三部分。第一部分序説内容
爲本占法説明；第二部分禹九策，是本篇文獻的核心部分，總計十一章；
第三部分包括 "善" "惡終" "陳頡" "空殆" "弔栗" 等專題性占卜。[④]

從文體形態來看，北大秦簡《禹九策》屬於書記體。

（十二）北大漢簡《荆決》的文體形態

漢簡《荆決》是北京大學藏西漢竹書中的一篇。該篇文獻現存 39 枚
竹簡，綴合後得到 33 支竹簡。本篇文獻原有篇題《荆決》抄寫在第二支
竹簡的背面。全篇内容大部分保存較好，殘缺不多。[⑤]

北大漢簡《荆決》，開篇總論部分將荆決與鑽龜告筮對言，因此 "荆
決" 之 "荆" 應是指筮具，而 "決" 應是 "決疑" 之 "決"。"荆決" 就是
以 "荆" 爲筮具的決疑方法。全篇由兩部分内容構成，開篇先簡述荆決及
其具體筮法原理，這是第一部分内容；接下來記述了十六卦卦形及卦辭，

---

① 甘肅省博物館:《甘肅武威磨咀子 6 號漢墓》,《考古》1960 年第 5 期；甘肅省博物館:
《甘肅武威磨咀子漢墓發掘》,《考古》1960 年第 9 期。

② 甘肅省博物館、中國科學院考古研究所編著《武威漢簡》, 第 136~137 頁。

③ 參見北京大學出土文獻與古代文明研究所編《北京大學藏秦簡牘》(肆), 第 741、
891 頁。

④ 參見北京大學出土文獻與古代文明研究所編《北京大學藏秦簡牘》(肆), 第 891 頁。

⑤ 參見北京大學出土文獻研究所編《北京大學藏西漢竹書》(伍), 第 169 頁。

這是第二部分内容。本篇文獻所記述的荆决筮法是以算籌作爲筮具，一共使用 30 支算籌，具體筮法分爲兩步。第一步：先將 30 支算籌任意分爲三份，按照上中下位置放置，其中上邊的算籌爲横向放置，中間的算籌爲縱向放置，下面的算籌爲横向放置。第二步：將上中下放置的三份算籌分别四個四個拿去，當所剩算籌不足四個或等於四個時就不用去除，最後上中下放置的三份算籌各自剩下的算籌就構成了一卦的卦畫。

本篇文獻所記的荆决十六卦，每卦由卦畫和卦辭構成。每卦卦辭文例統一，具體來説，每卦卦辭由兩部分構成，第一部分是繇辭，第二部分是占辭，即繇辭＋占辭的結構，其繇辭多與《歸藏》有相類之處。可是本篇文獻的筮法原理及卦畫性質與《周易》等三易明顯不同，因此，從文獻性質來看，可以明確的是北大漢簡《荆决》與易筮絶不是一個系統。究其來源，應該是由易筮衍生出來的一種數占法。因此我們將其列於筮占之後。

從文體形態來看，北大漢簡《荆决》第一部分爲論述體，第二部分爲書記體。

（十三）懸泉漢簡《荆决》的文體形態

懸泉漢簡《荆决》，1990 年在懸泉置遺址出土，編號爲 II90DXT 0114 ④:324。[1]

該竹簡簡文爲："·☰·山有玄木，其葉縣離。勞止將死，人莫之知。次興兵合，數見别離。將見寡婦，詐卧詐起。苦止……"

以上簡文，前四句見於北大漢簡《荆决》，文字略有差異；☰，是荆决占的卦畫，本簡殘失左邊一竪筆，兹據北大漢簡《荆决》補出。[2] 本簡簡文是荆决占的繇辭部分，其占辭部分已缺失。[3]

從文體形態來看，懸泉漢簡《荆决》屬於書記體。

---

[1] 參見甘肅簡牘博物館等編《懸泉漢簡》（叁），第 606 頁。
[2] 參見北京大學出土文獻研究所編《北京大學藏西漢竹書》（伍），第 175 頁。
[3] 參見于茀《懸泉漢簡中的荆决占》，待刊。

五　雜占類簡帛文獻的文體形態

（一）清華簡《禱辭》的文體形態

清華簡《禱辭》是清華大學 2008 年入藏的戰國竹簡中的一篇。該篇寫本文獻共有竹簡 23 支，完整竹簡長度大約 44.5 釐米，寬度大約 0.6 釐米，竹簡設有三道編繩。除第二支竹簡尾部稍有殘缺，其他竹簡保存基本完好，在每支竹簡下端寫有次序編號。在全篇八個章節的結尾都寫有章節符號。本篇寫本没有發現篇題，現篇題《禱辭》爲竹簡整理者據簡文内容所擬加。①

本篇寫本記録的是禱祠地祇的告事求福之辭，多用韻語。從文體形態來看，體式屬於《文心雕龍》祝盟類的祝體。

從文獻性質來看，清華簡《禱辭》與《漢書·藝文志》數術略雜占類著録的《請禱致福》應爲同類文獻。

（二）清華簡《祝辭》的文體形態

清華簡《祝辭》是清華大學 2008 年 7 月入藏的一批戰國竹簡中的一篇。《祝辭》與《良臣》連抄在同一編竹簡上，本篇簡文共存竹簡 5 支，簡長 32.8 釐米，每簡各寫一則祝辭。②第一則爲 "恐溺"，第二則爲 "救火"，後三則皆爲有關 "射箭" 的祝辭。原無篇題，現篇題爲整理者所加。清華簡《祝辭》的發現對於研究先秦數術及相關問題具有重要價值。

從文體形態來看，清華簡《祝辭》屬於《文心雕龍》祝盟類的祝體。

從文獻性質來看，清華簡《祝辭》屬於《漢書·藝文志》數術略雜占類。

（三）嶽麓秦簡《占夢書》的文體形態

嶽麓秦簡《占夢書》是 2007 年湖南大學嶽麓書院入藏的秦簡中的一種文獻。③《占夢書》有兩部分内容，一部分内容是用陰陽五行學説闡述夢

---

① 參見黄德寬主編《清華大學藏戰國竹簡》（玖），第 181 頁。
② 參見李學勤主編《清華大學藏戰國竹簡》（叁），第 163 頁。
③ 參見朱漢民、陳松長主編《嶽麓書院藏秦簡》（壹），前言。

占理論，另一部分内容是夢象和占語。①

從文獻性質來看，嶽麓秦簡《占夢書》與《漢書·藝文志》數術略雜占類著録的《黄帝長柳占夢》《甘德長柳占夢》爲同類文獻。

從文體形態來看，嶽麓秦簡《占夢書》有論體和書記體。

（四）北大秦簡《祠祝之道》的文體形態

北大秦簡《祠祝之道》是 2010 年北京大學入藏的秦簡中的一篇，篇題爲整理者所擬加。②本篇文獻内容爲祝禱術及祝禱辭，主要記述祭祀的操作方法及祝禱之辭。祝禱術可分爲祠道旁、入竈祝鼠及祠楔三部分。

從文獻性質來看，北大秦簡《祠祝之道》與《漢書·藝文志》數術略雜占類著録的《請禱致福》等應爲同類文獻。

從文體形態來看，北大秦簡《祠祝之道》主體上屬於叙述、説明及祝體，其中，記述祝禱儀式部分爲叙述、説明文體，祝禱辭部分屬於《文心雕龍》祝盟類的祝體。③

（五）北大秦簡《雜祝方》的文體形態

北大秦簡《雜祝方》是 2010 年北京大學入藏的秦簡中的一種文獻，篇題爲整理者所擬加。④本篇文獻第一章内容爲窒塞鼠穴時的祝禱儀式及祝辭，其餘四章内容爲祝禱“媚道”。⑤

從文獻性質來看，北大秦簡《雜祝方》應屬於《漢書·藝文志》數術略雜占類文獻。

從文體形態來看，北大秦簡《雜祝方》主體上屬於叙述、説明及祝體，其中，記述祝禱儀式部分屬於叙述、説明文體，祝禱辭部分屬於《文心雕龍》祝盟類的祝體。

---

① 參見朱漢民、陳松長主編《嶽麓書院藏秦簡》（壹），第 39~44 頁。
② 參見北京大學出土文獻與古代文明研究所編《北京大學藏秦簡牘》（貳），第 301~305 頁。
③ 參見北京大學出土文獻與古代文明研究所編《北京大學藏秦簡牘》（貳），第 301~304 頁。
④ 參見北京大學出土文獻與古代文明研究所編《北京大學藏秦簡牘》（貳），第 321、325 頁。
⑤ 參見北京大學出土文獻與古代文明研究所編《北京大學藏秦簡牘》（貳），第 323~324 頁。

（六）北大秦簡《避射 死刃》的文體形態

北大秦簡《避射 死刃》是 2010 年北京大學入藏的秦簡中的一種文獻，本篇寫本文獻共兩章，章題分別是"避射""死刃"。[①]本篇記述兩種祝禱，"避射"章祝禱戰場避射，戰而勝敵；"死刃"章或爲鑄造兵器時的祝禱之辭。[②]

從文獻性質來看，北大秦簡《避射 死刃》應屬於《漢書·藝文志》數術略雜占類文獻。

從文體形態來看，北大秦簡《避射 死刃》主體上屬於叙述、説明及祝體，其中，記述祝禱儀式部分屬於叙述、説明文體，祝禱辭部分屬於《文心雕龍》祝盟類的祝體。

（七）北大秦簡《祓除》的文體形態

北大秦簡《祓除》是 2010 年北京大學入藏的秦簡中的一種文獻，篇題爲整理者所擬加。[③]本篇文獻主要内容爲記述祓除儀式及儀式中所使用的祝禱辭，可以大致分爲三部分。第一部分描述主持者召請司命、司祓下臨，由"靈巫"爲祝禱者祓除。第二部分爲"工祝"向名爲"阿蛇"的神祝禱，阿蛇傳授了一套祝辭。第三部分描述用鷄作爲牲牲的一種祓除，其中有對鷄的贊美辭和祝辭。[④]

從文獻性質來看，北大秦簡《祓除》應屬於《漢書·藝文志》數術略雜占類文獻。

從文體形態來看，北大秦簡《祓除》主體上屬於叙述、説明及祝體，其中描述祓除儀式部分爲叙述、説明文體，祝辭部分屬於《文心雕龍》祝盟類的祝體，祝辭多用韻。

---

① 參見北京大學出土文獻與古代文明研究所編《北京大學藏秦簡牘》（肆），第 741、851 頁。
② 參見北京大學出土文獻與古代文明研究所編《北京大學藏秦簡牘》（肆），第 853~854 頁。
③ 參見北京大學出土文獻與古代文明研究所編《北京大學藏秦簡牘》（肆），第 741、911 頁。
④ 參見北京大學出土文獻與古代文明研究所編《北京大學藏秦簡牘》（肆），第 913~916 頁。

（八）居延木剛卯祝辭的文體形態

居延木剛卯祝辭，1930 年在額濟納河流域出土，編號分別爲 371.1
ABCD、446.17ABCD、530.9ABCD。[①] 其中 530.9ABCD 號剛卯銘文爲：
“正月剛卯（既央），靈殳四方。赤青白黃，四色賦當。帝令祝融，以教夔
龍。庶役岡單，莫敢我當。”

從文獻性質來看，居延木剛卯祝辭應屬於《漢書·藝文志》數術略雜
占類文獻。

從文體形態來看，居延木剛卯祝辭屬於《文心雕龍》祝盟類的祝體，
體式采用韻文。

（九）懸泉木剛卯祝辭的文體形態

懸泉木剛卯祝辭，1990 年在懸泉置遺址出土，編號爲 II90DXT
0111 ③ :76ABCD。該枚剛卯銘文爲：“正月剛卯，零疎四方。赤青白黃，
四色是當。帝命沖甬，以教夔龍。庶疫岡單，莫我敢當。”[②]

從文獻性質來看，懸泉木剛卯祝辭應屬於《漢書·藝文志》數術略雜
占類文獻。

從文體形態來看，懸泉木剛卯祝辭屬於《文心雕龍》祝盟類的祝體，
體式采用韻文。

（十）帛書《太一祝圖》的文體形態

帛書《太一祝圖》出土於馬王堆三號漢墓。[③] 帛書《太一祝圖》復原
後長約 43.5 釐米，高約 45 釐米，細絹彩繪，存 10 個圖像，圖像旁大多有
文字題記，沒有發現篇題，舊有《社神圖》《神祇圖》《辟兵圖》《太一辟
兵圖》《社神護魂圖》《太一將行圖》《太一出行圖》等篇名。復旦大學重

---

① 參見中國社會科學院考古研究所編《居延漢簡（甲乙編）》，上冊，乙圖版貳肆肆、乙
圖版貳伍陸、乙圖版貳柒陸，下冊，第 233、241、276 頁；簡牘整理小組編《居延漢
簡》（肆），第 57、91、204 頁。

② 參見甘肅簡牘博物館等編《懸泉漢簡》（貳），第 219 頁。

③ 湖南省博物館：《長沙馬王堆漢墓簡帛出土與整理情況回顧》，裘錫圭主編《長沙馬王堆
漢墓簡帛集成》（壹），第 3 頁。

新整理改稱《太一祝圖》。[①]

從文體形態來看，帛書《太一祝圖》屬於圖文結合的圖書，其中的題記文字主體上是祝辭，屬於《文心雕龍》祝盟類的祝體。

從文獻性質來看，帛書《太一祝圖》主要内容及功能爲祝禱，今按《漢書·藝文志》歸入數術雜占類。

（十一）帛書《木人占》的文體形態

帛書《木人占》在馬王堆三號漢墓出土。[②]本篇原無篇題，現篇題《木人占》爲整理者所加。該帛書寬約 33 釐米，長 50 釐米，文字順緯綫方向書寫，分爲上下兩段，有文有圖，圖占據上半幅右側三分之二的位置，共有 99 個圖形，圖形中有簡略占文，這部分是圖占，在圖占左側，有 12 列文字，記述木人占的占法。下半幅主要是占辭。[③]

從文體形態來看，帛書《木人占》所記爲利用木人進行占卜的方法，屬於書記體。

從文獻性質來看，帛書《木人占》屬於數術雜占類文獻。

（十二）敦煌漢簡《生子占》的文體形態

敦煌漢簡《生子占》，20 世紀初在敦煌漢代長城烽燧遺址出土，編號爲 2056。[④]該簡殘存簡文：“生子，東首者富，南首者貴，西首者貧，北首者不壽·生子，見天者☐”[⑤]

從文獻性質來看，敦煌漢簡《生子占》屬於《漢書·藝文志》數術略雜占類文獻。

從文體形態來看，敦煌漢簡《生子占》屬於書記體。

---

① 參見裘錫圭主編《長沙馬王堆漢墓簡帛集成》（陸），第 103 頁。

② 湖南省博物館：《長沙馬王堆漢墓簡帛出土與整理情況回顧》，裘錫圭主編《長沙馬王堆漢墓簡帛集成》（壹），第 3 頁。

③ 參見裘錫圭主編《長沙馬王堆漢墓簡帛集成》（伍），第 161 頁。

④ 爲《敦煌漢簡》編號。

⑤ 參見甘肅省文物考古所編《敦煌漢簡》，（上），圖版壹陸肆，（下），第 299 頁；羅振玉、王國維《流沙墜簡·小學術數方技書考釋》，第 94 頁。

（十三）居延漢簡《占耳鳴書》《占目瞤書》的文體形態

居延漢簡《占耳鳴書》《占目瞤書》，1930 年在額濟納河流域出土，編號分別是 269.9（甲 1413）、435.6A（乙圖版貳伍伍）。

269.9 號簡簡文爲："未〔遝〕入召之。耳鳴，得事。耳鳴，望行事。目濡，有來事。"[1] 435.6A 號簡簡文爲："目疌，左目潤，右目潤。"[2]

從文獻性質來看，居延漢簡《占耳鳴書》《占目瞤書》與《漢書·藝文志》數術略雜占類著録的《嚏耳鳴雜占》屬於同類文獻。

從文體形態來看，居延漢簡《占耳鳴書》《占目瞤書》屬於書記體。

（十四）地灣漢簡時日占的文體形態

地灣漢簡時日占，1986 年在地灣遺址出土，編號 86EDT43:1。

該簡簡文爲："廿六、廿五、廿四、廿一、十八、十六、十五，得此時大吉。"[3] 簡文内容爲時日占，具體占法不明。

從文獻性質來看，地灣漢簡時日占屬於《漢書·藝文志》數術略雜占類文獻。

從文體形態來看，地灣漢簡時日占屬於書記體。

六　形法類簡帛文獻的文體形態

（一）帛書《宅位宅形吉凶圖》的文體形態

帛書《宅位宅形吉凶圖》出土於馬王堆三號漢墓。[4] 本篇帛書原無篇題，現篇題爲整理者所加。《宅位宅形吉凶圖》現存六張裱爲册頁的殘片，殘存若干圖形及文字。該圖形可能是表示房屋位置及據其進行占卜。《漢書·藝文志》數術略形法類著録《宮宅地形》二十卷，帛書《宅位宅形吉

---

① 參見簡牘整理小組編《居延漢簡》（叁），第 177 頁。

② 參見簡牘整理小組編《居延漢簡》（肆），第 84 頁；中國社會科學院考古研究所編《居延漢簡（甲乙編）》，上册，乙圖版貳伍伍，下册，第 240 頁。"疌"，《居延漢簡》釋爲"疌"，參見《居延漢簡》（肆），第 84 頁。

③ 參見甘肅簡牘博物館等編《地灣漢簡》，第 42 頁。

④ 湖南省博物館：《長沙馬王堆漢墓簡帛出土與整理情況回顧》，裘錫圭主編《長沙馬王堆漢墓簡帛集成》（壹），第 3 頁。

凶圖》可能是與之相似的數術形法類著作。[①]

從文體形態來看，帛書《宅位宅形吉凶圖》圖文結合，屬於書記體。

從文獻性質來看，帛書《宅位宅形吉凶圖》依據住宅方位來斷吉凶，爲相風水範疇，應該屬於數術形法類文獻。

（二）帛書《相馬經》的文體形態

帛書《相馬經》出土於馬王堆三號漢墓。[②]本篇帛書用整幅帛抄寫，高 48 釐米，全文共 77 行，現存 4600 多字，部分殘損。隸書抄寫，相當工整。本篇帛書的帛幅上尚有空白部位，説明本篇可能没有抄寫完成，是不完整的。本篇相馬法主要講相馬眼及其周圍部位的方法。[③]

《漢書·藝文志》數術略形法類著録《相六畜》三十八卷。

從文體形態來看，帛書《相馬經》用賦體寫成，文句工整，多押韻，多用比喻，富有文學色彩，故而亦可稱爲《相馬賦》。[④]

從文獻性質來看，帛書《相馬經》屬於數術形法類文獻。

（三）銀雀山漢簡《相狗方》的文體形態

銀雀山漢簡《相狗方》，1972 年 4 月在山東省臨沂銀雀山一號漢墓出土。[⑤]該墓出土竹簡有長、短兩種，本篇寫本使用長簡抄寫，現存 14 支完、殘簡，篇題"相狗方"書寫在首簡起首。[⑥]

從文體形態來看，銀雀山漢簡《相狗方》記相狗之法，屬於書記體。

從文獻性質來看，銀雀山漢簡《相狗方》屬於數術形法類文獻。

（四）敦煌漢簡《相馬法》的文體形態

敦煌漢簡《相馬法》是斯坦因 20 世紀初在敦煌漢代長城烽燧遺址第

---

① 參見裘錫圭主編《長沙馬王堆漢墓簡帛集成》（伍），第 183 頁。
② 湖南省博物館：《長沙馬王堆漢墓簡帛出土與整理情況回顧》，裘錫圭主編《長沙馬王堆漢墓簡帛集成》（壹），第 3 頁。
③ 參見裘錫圭主編《長沙馬王堆漢墓簡帛集成》（伍），第 169 頁。
④ 參見裘錫圭主編《長沙馬王堆漢墓簡帛集成》（伍），第 169 頁。
⑤ 《銀雀山漢墓竹簡情況簡介》，銀雀山漢墓竹簡整理小組編《銀雀山漢墓竹簡》（壹），第 5~6 頁。
⑥ 參見銀雀山漢墓竹簡整理小組編《銀雀山漢墓竹簡》（貳），第 253 頁。

二次考古時發現的一批漢文簡牘中的一種。《相馬法》現存 1 支木簡 [①]，所記爲相馬之法。[②]

從文體形態來看，敦煌漢簡《相馬法》屬於書記體。

從文獻性質來看，敦煌漢簡《相馬法》屬於數術形法類文獻。

（五）居延破城子漢簡《相劍刀》的文體形態

居延破城子漢簡《相劍刀》，1974 年出土於額濟納旗居延破城子遺址第四十探方中。存簡 6 支 [③]，松木質，簡長 22.6 釐米，寬 1.2 釐米，第五、六簡之間文意不連貫，似有缺失。内容爲相寶劍刀之法。[④]

《漢書·藝文志》數術略形法類著録《相寶劍刀》二十卷。

從文體形態來看，居延破城子漢簡《相劍刀》屬於書記體。

從文獻性質來看，居延破城子漢簡《相劍刀》當屬於數術形法類文獻。

第二節　數術類簡帛文獻的文體譜系

數術類簡帛文獻有天文、曆算、五行、蓍龜、雜占、形法等多種文獻，每種文獻的文體形態均有不同，甚至同一種文獻中的不同篇章文體形態也不盡相同，因此，有必要對其文體譜系作出探討。

一　天文類簡帛文獻的文體譜系

天文類簡帛文獻主要有清華簡《四時》、帛書《五星占》、帛書《天文氣象雜占》、銀雀山漢簡《占書》、肩水金關漢簡《星占》、敦煌漢簡《雲

---

① 《敦煌漢簡》編號 2094。

② 羅振玉、王國維：《流沙墜簡》，第 95 頁；甘肅省文物考古所編《敦煌漢簡》，（下），第 301 頁，（上），圖版壹陸伍。

③ 編號爲 EPT40.202、EPT40.203、EPT40.204、EPT40.205、EPT40.206、EPT40.207。

④ 參見甘肅省博物館漢簡整理組《居延漢簡〈相劍刀〉册釋文》，《敦煌學輯刊》（第 3 輯），1982；甘肅省文物考古研究所等編《居延新簡——甲渠候官與第四燧》，第 98 頁；甘肅省文物考古研究所等編《居延新簡——甲渠候官》，（上），第 40~41 頁，（下），第 79~80 頁。

氣占》等篇。

中國古天文學起源甚早，傳世文獻《尚書·堯典》已經記載觀象授時及二分二至點的觀測與確立。從《尚書》的記載來看，中國早期的古天文學並未與占卜吉凶的數術相結合。三代吉凶之占的主要方式是蓍龜，春秋以降，特別是戰國以來，占卜方式多樣化，天文與占卜結合已經很普遍了。從簡帛天文類文獻來看，清華簡《四時》記星象、氣象、物候及相應的吉凶咎得等内容，天文與占卜已經結合。《漢書·藝文志》數術略天文類著録二十一家，總計四百四十五卷，皆爲天文與占卜結合之作。正如《漢書·藝文志》所云："天文者，序二十八宿，步五星日月，以紀吉凶之象，聖王所以參政也。"[①]戰國以後的天文類數術文獻，多記星象及相應的占卜，其文獻形態與純粹的天文類文獻相比雖然發生變化，但是其文體却基本没有太大變化，仍然以書記體爲主，間有少量論述説明。

二　曆算類簡帛文獻的文體譜系

曆算類簡帛文獻包括曆譜與算書兩種。

曆譜簡帛文獻主要有嶽麓秦簡曆譜、北大秦簡曆譜、周家臺秦簡曆譜、張家山漢簡曆譜、睡虎地漢簡曆譜、孔家坡漢簡曆譜、銀雀山漢簡曆譜、敦煌漢簡曆譜、海曲漢簡曆譜、肩水金關漢簡曆譜、懸泉漢簡曆譜、居延漢簡曆譜、額濟納漢簡曆譜、居延新簡曆譜、水泉子漢簡曆譜、玉門關漢簡曆譜、尹灣漢簡曆譜一共一百餘種。[②]

曆譜，從文體上説屬於書記體中的術類。[③]曆譜包括年、月、日，以及朔晦、二十四節氣等基本要素。有的曆譜還有曆注，見於簡帛曆譜的曆注主要有建除、伏日、吉凶宜忌等内容，後世的曆注還有九九、入梅、出梅、節假日等内容。

簡帛曆譜基本上包括年曆和月曆兩類。年曆大多有各月每日干支，月曆大部分祇有每月朔日干支，大部分曆譜記有節氣。從曆注角度來看，可

---

① （漢）班固撰、（唐）顏師古注《漢書》，第6冊，第1765頁。

② 參見拙著《簡帛書籍叙録》曆譜部分。

③ 參見《文心雕龍·書記》。

以分兩類，一類是沒有曆注，一類是有曆注。從出土簡帛曆譜來看，大部分都有曆注，祇有個別曆譜沒有曆注。簡帛曆譜中建除、伏日等曆注較爲常見。

《漢書·藝文志》云："曆譜者，序四時之位，正分至之節，會日月五星之辰，以考寒暑殺生之實。故聖王必正曆數，以定三統服色之制，又以探知五星日月之會。凶阨之患，吉隆之喜，其術皆出焉。此聖人知命之術也，非天下之至材，其孰與焉！道之亂也，患出於小人而强欲知天道者，壞大以爲小，削遠以爲近，是以道術破碎而難知也。"① 從文體譜系來看，曆譜的起源可以追溯到殷商。商代甲骨文中已經有整版的六十干支日曆，《夏小正》是傳世文獻中最早的曆書。從簡帛曆書本身來看，曆書的各種要素基本上都已具備，體式已經比較完備，後世曆書都是由其發展而來。

曆譜簡帛文獻從文體上看，屬於書記體，但是在具體體式上也有差異，主要有編册横讀式曆譜、編册豎讀式曆譜、編册分欄横讀式曆譜、環讀式曆譜、摘編式曆譜等體式。②

算書，在《漢書·藝文志》中屬於曆譜類。算書的文體總體上也屬於書記體的術類。簡帛文獻主要有清華簡《算表》、里耶秦簡《九九術》、嶽麓秦簡《數》、北大秦簡《算書甲種》《算書乙種》《算書丙種》《成田》《田書》《九九術》、敦煌木牘《九九術》、銀雀山漢簡《算書》、張家山漢簡《算術書》和張家界古人堤遺址木牘《九九乘法表》等二十餘篇。③

簡帛算書大致可以分爲兩類，第一類是算表，算表可以分兩種，一種是九九乘法表，一種是多功能算表；第二類是數學問題集。這兩類算書的文體都屬於書記體中的術類。④ 除此之外，北大秦簡《算書甲種》第一部分是對話體。

從算表來看，清華簡《算表》其功能已經遠遠超過九九乘法表，而能

---

① （漢）班固撰、（唐）顏師古注《漢書》，第 6 册，第 1767 頁。
② 參見拙著《簡帛書籍叙録》曆譜部分。
③ 參見拙著《簡帛書籍叙録》算法部分。
④ 參見（南朝梁）劉勰撰、（清）黃叔琳注《黃叔琳注本文心雕龍》（二），第 37 頁。

進行多種運算，相當於計算器，目前是中國現已發現最早的計算器。

從算題類來看，嶽麓秦簡《數》是一部實用算法彙編；張家山漢簡《算術書》是一部數學問題集，涉及六十九類數學問題，每種問題都有具體算題，算題由題文、答案、術構成。其問題涉及數學領域的分數的性質和四則運算、各種比例問題、盈不足問題、體積問題和面積問題等方面。

劉勰《文心雕龍》云："術者，路也。算歷極數，見路乃明，《九章》積微，故以爲術，《淮南》《萬畢》，皆其類也。"[1]張家山漢簡《算術書》應該是戰國晚期或更早時形成的，是非常珍貴的數學史資料，從源流來看，與《九章算術》關係密切。

三　五行類簡帛文獻的文體譜系

五行類簡帛文獻主要有子彈庫楚帛書，清華簡《八氣五味五祀五行之屬》《司歲》《行稱》，帛書《陰陽五行》《刑德》《出行占》，銀雀山漢簡《曹氏陰陽》《三十時》《迎四時》《四時令》《五令》《禁》《不時之應》《爲政不善之應》《人君不善之應》，北大漢簡《陰陽家言》《節》《堪輿》《雨書》《六博》，敦煌漢簡《吉凶宜忌》《日書》，尹灣漢簡《刑德行時》《行道吉凶》，尹灣木牘《神龜占》《六甲占雨》《博局占》，武威漢簡《日忌》，九店楚簡《日書》，放馬灘秦簡《日書》，睡虎地秦簡《日書》，關沮周家臺秦簡《日書》，江陵嶽山秦牘《日書》，北大秦簡《日書甲種》《日書乙種》《日書雜抄》，居延漢簡《日書》，孔家坡漢簡《日書》，香港中文大學藏漢簡《日書》等篇。[2]

五行類簡帛文獻的文體，除了幾幅圖書，其餘大多爲書記體，還有少量篇章含有叙述、説明、論述及祝體等體式。

五行類簡帛文獻從内容上可以分爲四時宜忌、擇日日書及違反宜忌導致某種後果等幾方面内容。這些文獻在秦漢時期非常流行，推求其原因，恐怕與陰陽五行學説在當時社會盛行密不可分。

---

[1] （南朝梁）劉勰撰、（清）黃叔琳注《黃叔琳注本文心雕龍》（二），第38頁。
[2]　參見拙著《簡帛書籍叙録》數術五行類部分。

《漢書·藝文志》云：“五行者，五常之形氣也。《書》云‘初一曰五行，次二曰羞用五事’，言進用五事以順五行也。貌、言、視、聽、思心失，而五行之序亂，五星之變作，皆出於律曆之數而分爲一者也。其法亦起五德終始，推其極則無不至。而小數家因此以爲吉凶，而行於世，寖以相亂。”① 五行理論可以溯源到《尚書》。《尚書》云：“五行。一曰水，二曰火，三曰木，四曰金，五曰土。水曰潤下，火曰炎上，木曰曲直，金曰從革，土爰稼穡。潤下作鹹，炎上作苦，曲直作酸，從革作辛，稼穡作甘。”② 陰陽學説可以追溯到《周易》。《周易》的易卦是由陰陽爻構成，《周易》哲學是把世界分爲陰陽兩種要素，五行學説則是把世界分爲五種要素。無論《周易》的陰陽，還是五行學説的木火土金水，從其産生之初，都具有樸素唯物性質，並不是迷信的。當陰陽五行被數術家所利用，已不再是哲學上的學説了，而是一種迷信的數術了。這種文體，隨着五行數術而興盛，隨着五行數術没落而衰敗。

四　蓍龜類簡帛文獻的文體譜系

蓍龜類簡帛文獻主要有上博楚簡《卜書》、望山楚簡卜禱辭、包山楚簡卜禱辭、新蔡楚簡卜禱辭、清華簡《筮法》、阜陽漢簡卜辭、敦煌漢簡《易占》兩種、武威漢簡《雜占》等。

蓍龜類簡帛文獻包括龜卜和筮占兩類卜辭。《漢書·藝文志》云：“蓍龜者，聖人之所用也。《書》曰：‘女則有大疑，謀及卜筮。’《易》曰：‘定天下之吉凶，成天下之亹亹者，莫善於蓍龜。’‘是故君子將有爲也，將有行也，問焉而以言，其受命也如嚮，無有遠近幽深，遂知來物。非天下之至精，其孰能與於此！’及至衰世，解於齊戒，而婁煩卜筮，神明不應。故筮瀆不告，易以爲忌；龜厭不告，詩以爲刺。”③ 從文體形態來看，蓍龜卜辭大多屬於書記體。④

---

① （漢）班固撰、（唐）顏師古注《漢書》，第 6 册，第 1769 頁。
② （唐）孔穎達撰《宋本尚書正義》（四），第 84~85 頁。
③ （漢）班固撰、（唐）顏師古注《漢書》，第 6 册，第 1771 頁。
④ 參見（南朝梁）劉勰撰、（清）黃叔琳注《黃叔琳注本文心雕龍》（二），第 37 頁。

　　上博楚簡《卜書》並不是龜卜實占記録，而是以叙述方式記録了四位龜卜家的對話，並不是一般的書記體，文體較爲特殊，其主要内容是如何通過兆象及兆色來斷占，出現了兆辭。所謂兆辭就是描述兆象之辭，甲骨文中的兆辭，現在發現的内容非常有限，祇有小告、二告、不玄冥等，没有見到對兆象進行描述的兆辭，而上博簡《卜書》中的兆辭則是對兆象形態的描述。從性質來看，上博楚簡《卜書》並不是一般意義上的實占卜辭，而是卜書。商代的龜卜卜書都已亡佚，現在能够見到的較爲系統的龜卜卜書祇有《史記》中褚少孫補寫的《龜策列傳》了。

　　望山楚簡卜禱辭，其中的卜辭部分，從其所用卜筮工具來看，也是龜卜的卜辭，另外，在卜辭中也未見到易卦，也證明其爲龜卜。望山楚簡卜辭，是由前辭、命辭、占辭構成，這與甲骨卜辭文例是一致的。不過，望山楚簡卜辭中還間記有禱辭，常常是卜後不吉進行禱告，然後再占。

　　包山楚簡卜禱辭及新蔡楚簡卜禱辭都是蓍龜並用的卜辭，筮占時除了有易卦出現，使用的卜筮工具與龜卜也不同。包山楚簡卜禱辭及新蔡楚簡卜禱辭的文體體式與望山楚簡卜禱辭基本相同，多是由前辭、命辭、占辭構成，也間記有禱辭。

　　阜陽漢簡卜辭是筮占卜辭。卜辭記在每卦卦爻辭之後，從殘存部分來看，有命辭和占辭，其體式與包山簡等楚簡卜辭大體相同。但是，阜陽漢簡卜辭並不是實占記録，而是具有占書性質。

　　從文體譜系來看，簡帛卜辭來源可以追溯到甲骨卜辭。望山簡龜卜卜辭實際上就是寫在竹簡上的“甲骨文”。從上博簡、望山簡等楚簡來看，龜卜一直到戰國時期還是存在的。

　　從包山楚簡卜禱辭及新蔡楚簡卜禱辭來看，其占卜是蓍龜並用的。傳世文獻中蓍龜並用的最早記載是《尚書》。《尚書·洪範》云：“稽疑：擇建立卜筮人，乃命卜筮。曰雨，曰霽，曰蒙，曰驛，曰克，曰貞，曰悔，凡七。卜五，占用二，衍忒。立時人作卜筮，三人占，則從二人之言。汝則有大疑，謀及乃心，謀及卿士，謀及庶人，謀及卜筮。汝則從，龜從，筮從，卿士從，庶民從，是之謂大同，身其康彊，子孫其逢，吉。汝則從，龜從，筮從，卿士逆，庶民逆，吉。卿士從，龜從，筮從，汝則逆，庶民逆，吉。庶民從，龜從，筮從，汝則逆，卿士逆，吉。汝則從，龜從，筮逆，卿士逆，庶民逆，作內吉，作外凶。龜筮共違于人，用靜吉，用作凶。"[①]在甲骨上發現有易卦，在一定程度上是蓍龜並用的證據，但並不能確證。現在，我們通過包山楚簡卜禱辭及新蔡楚簡卜禱辭就可以明確證明蓍龜並用問題。

除此之外，北大秦簡《禹九策》、北大漢簡《荊決》、懸泉漢簡《荊決》雖不是易筮，但都屬於簡易數占範疇，是秦漢時期占卜民間化趨勢的產物。

五 雜占類簡帛文獻的文體譜系

雜占類簡帛文獻主要有清華簡《禱辭》《祝辭》，嶽麓秦簡《占夢書》，北大秦簡《祠祝之道》《雜祝方》《避射 死刃》《袚除》，帛書《太一祝圖》《木人占》，居延漢簡《占耳鳴書》《占目瞤書》等篇章。

所謂雜占，就是使用蓍龜、天文等主流占卜之外的占卜方法所進行的占卜。《漢書·藝文志》："雜占者，紀百事之象，候善惡之徵。《易》曰：'占事知來。'眾占非一，而夢爲大，故周有其官。而《詩》載熊羆虺蛇眾魚旐旟之夢，著明大人之占，以考吉凶，蓋參卜筮。《春秋》之說訞也，曰：'人之所忌，其氣炎以取之，訞由人興也。人失常則訞興，人無釁焉，訞不自作。'故曰：'德勝不祥，義厭不惠。'桑穀共生，大戊以興；鴝雉登鼎，武丁爲宗。然惑者不稽諸躬，而忌訞之見，是以詩刺'召彼故老，訊之占夢'，傷其舍本而憂末，不能勝凶咎也。"[②]按照《漢志》，雜占之中夢占爲大，嶽麓秦簡中就有《占夢書》。簡帛文獻雜占除了占夢，還有祝禱及木人、嚏耳鳴、目瞤等占卜方法，可見雜占之雜。

從文體體式上看，簡帛雜占文獻除了圖書，主要有書記、叙述、說明、論述及祝體等體式。從簡帛文獻來看，雜占在秦漢之際很盛行，該種文體隨着雜占的興盛而興盛，當然也隨着雜占在後世的衰落而衰敗。

---

① （唐）孔穎達撰《宋本尚書正義》（四），第115~118頁。
② （漢）班固撰、（唐）顏師古注《漢書》，第6冊，第1773頁。

六　形法類簡帛文獻的文體譜系

形法類簡帛文獻主要有帛書《宅位宅形吉凶圖》、帛書《相馬經》、銀雀山漢簡《相狗方》、敦煌漢簡《相馬法》、居延破城子漢簡《相劍刀》等篇。

《漢書·藝文志》：“形法者，大舉九州之勢以立城郭室舍形，人及六畜骨法之度數、器物之形容以求其聲氣貴賤吉凶。猶律有長短，而各徵其聲，非有鬼神，數自然也。然形與氣相首尾，亦有有其形而無其氣，有其氣而無其形，此精微之獨異也。”①

形法類簡帛文獻從内容來看主要爲相法，有相馬、相狗、相寶刀和相宅等相法。其文體大多屬於書記體，也有圖書。另外，帛書《相馬經》文體較爲特殊，全篇以賦體寫成，語句工整，多用韻，亦多用比喻，文學色彩强烈，因此亦可稱之爲《相馬賦》。②當然，這屬於例外，實際上大多數形法著作都是以書記體寫成。

關於形法類文體的來源，《漢書·藝文志》著録的形法類著作首録《山海經》，可見形法起源也是非常早的。關於相宅，傳世文獻中最早的記載是《尚書》和《詩經》。《尚書·周書·召誥》和《尚書·周書·洛誥》記周公相宅，《詩經·大雅·緜》記周人定居周原時相宅。從文體譜系來看，形法類文獻作爲一種形法活動的記録，是隨形法的産生而産生，隨形法的興盛而興盛，當然後世隨着形法的衰敗而衰敗。

---

① （漢）班固撰、（唐）顔師古注《漢書》，第 6 册，第 1775 頁。
② 參見裘錫圭主編《長沙馬王堆漢墓簡帛集成》（伍），第 169 頁。

第十六章 方技類簡帛文獻的文體形態及文體譜系

《漢書·藝文志》方技略把方技分爲醫經、經方、房中、神仙四類，這四類文獻在簡帛文獻中均有發現，這爲我們探討方技類簡帛文獻的文體形態與文體譜系提供了可能。

第一節 方技類簡帛文獻的文體形態

方技類簡帛文獻包括醫經、經方、房中、神仙四類文獻，各類文獻的文體形態並不統一，涉及書記、論述等文體，下面我們將對各篇文獻的文體形態作出探討。

一 醫經類簡帛文獻的文體形態

（一）帛書《足臂十一脈灸經》的文體形態

帛書《足臂十一脈灸經》出土於馬王堆三號漢墓。[①] 本篇寫本未發現篇名，現有篇題《足臂十一脈灸經》是整理者據寫本內容擬定的。本篇帛書與《陰陽十一脈灸經》甲本、《脈法》、《陰陽脈死候》、《五十二病方》一共五篇合抄在兩張帛上，本篇帛書接抄在《五十二病方》後面。本篇寫本中有"足""臂"兩個標題，分別抄寫在所屬文字起首上端空白處。[②]

---

① 湖南省博物館：《長沙馬王堆漢墓簡帛出土與整理情況回顧》，裘錫圭主編《長沙馬王堆漢墓簡帛集成》（壹），第3頁。
② 參見裘錫圭主編《長沙馬王堆漢墓簡帛集成》（伍），第187頁。

本篇寫本所記内容爲經脈，"足"章講下肢經脈，"臂"章講上肢經脈。本篇寫本的出土，爲研究中國古代經絡學提供了新材料。

從文體形態來看，帛書《足臂十一脈灸經》論說足臂十一脈的走向、所主疾病的部位及病症，以及治療方法。其治療方法爲灸療法，具體方法是灸引發疾病的相關經脈。文體屬於論述體。

從文獻性質來看，帛書《足臂十一脈灸經》屬於《漢書・藝文志》方技略中的醫經類文獻。

（二）帛書《陰陽十一脈灸經》的文體形態

帛書《陰陽十一脈灸經》，在馬王堆三號漢墓出土。[①] 本寫本未發現篇題，有甲、乙兩本，帛書整理者據寫本内容分別擬定爲《陰陽十一脈灸經》甲本及《陰陽十一脈灸經》乙本。《陰陽十一脈灸經》甲本與《足臂十一脈灸經》《脈法》《陰陽脈死候》《五十二病方》一共五篇合抄在兩張帛上，《陰陽十一脈灸經》甲本接抄在《足臂十一脈灸經》後面。[②]《陰陽十一脈灸經》乙本與《去穀食氣》《導引圖》等合抄在一張帛上，《陰陽十一脈灸經》乙本接抄在《去穀食氣》後面。[③]

從文體形態來看，帛書《陰陽十一脈灸經》論說陰陽十一脈的走向、所主疾病的部位及病症，其中少陰脈還講了治療方法，文體屬於論述體。

從文獻性質來看，帛書《陰陽十一脈灸經》屬於《漢書・藝文志》方技略中的醫經類文獻。

（三）帛書《脈法》的文體形態

帛書《脈法》出土於馬王堆三號漢墓。[④] 本篇寫本未發現篇名，現篇題《脈法》是整理者據寫本内容擬定的。本篇帛書與《足臂十一脈灸經》、《陰陽十一脈灸經》甲本、《陰陽脈死候》、《五十二病方》等篇合抄在兩張

---

① 湖南省博物館：《長沙馬王堆漢墓簡帛出土與整理情況回顧》，裴錫圭主編《長沙馬王堆漢墓簡帛集成》（壹），第 3 頁。
② 參見裴錫圭主編《長沙馬王堆漢墓簡帛集成》（伍），第 195 頁。
③ 參見裴錫圭主編《長沙馬王堆漢墓簡帛集成》（陸），第 9 頁。
④ 湖南省博物館：《長沙馬王堆漢墓簡帛出土與整理情況回顧》，裴錫圭主編《長沙馬王堆漢墓簡帛集成》（壹），第 3 頁。

帛上，本篇帛書接抄在《陰陽十一脈灸經》甲本後面。①

帛書《脈法》"以脈法明教下"開篇，結尾有"書而熟學之"等語，當是强調該篇文獻抄寫的目的。從主體内容來看，該篇論述灸砭經脈療病的辯證方法，並闡述了砭療不當的四種危害，以及灸療時的注意事項等脈法問題。

從文體形態來看，該篇屬於論述體。

從文獻性質來看，帛書《脈法》屬於《漢書·藝文志》方技略中的醫經類文獻。

（四）帛書《陰陽脈死候》的文體形態

帛書《陰陽脈死候》出土於馬王堆三號漢墓。② 本篇帛書未發現篇題，現篇題《陰陽脈死候》是整理者據寫本内容擬定的。本篇寫本與《足臂十一脈灸經》、《陰陽十一脈灸經》甲本、《脈法》、《五十二病方》等篇合抄在兩張帛上，本篇帛書接抄在《脈法》後面。③

帛書《陰陽脈死候》論述人體的太陽、陽明、少陽三陽脈病，則導致折骨裂膚，不至於死；人體的太陰、少陰、厥陰爲死脈，三陰病亂，則不過十日而死，並説明了五種死徵。

從文體形態來看，該篇屬於論述體。

從文獻性質來看，帛書《陰陽脈死候》屬於《漢書·藝文志》方技略中的醫經類文獻。

（五）張家山漢簡《脈書》的文體形態

張家山漢簡《脈書》，1983 年底在張家山二四七號漢墓出土。④ 本篇寫本現存 66 支竹簡，簡長 34.2~34.6 釐米，竹簡有三道編繩，篇題《脈書》抄寫在第一支竹簡的背面。

---

① 參見裘錫圭主編《長沙馬王堆漢墓簡帛集成》（伍），第 205 頁。
② 湖南省博物館：《長沙馬王堆漢墓簡帛出土與整理情况回顧》，裘錫圭主編《長沙馬王堆漢墓簡帛集成》（壹），第 3 頁。
③ 參見裘錫圭主編《長沙馬王堆漢墓簡帛集成》（伍），第 209 頁。
④ 張家山二四七號漢墓竹簡整理小組編著《張家山漢墓竹簡〔二四七號墓〕》，前言，第 1 頁。

本篇寫本包括兩部分，第一部分抄寫 60 種疾病名稱，60 種疾病名稱依照從頭至足的次序排列；第二部分抄寫的是人體經脈走向及其所主病症。這一部分所記内容與馬王堆帛書《陰陽十一脈灸經》《脈法》《陰陽脈死候》相合。①

從文體形態來看，張家山漢簡《脈書》第一部分記 60 種疾病的名稱，第二部分論述人體經脈走向及所主病症，該篇主體上屬於論述體。

從文獻性質來看，張家山漢簡《脈書》屬於《漢書·藝文志》方技略中的醫經類文獻。

（六）天回漢簡《脈書·上經》的文體形態

成都文物考古研究院於 2012 年對成都市金牛區天回鎮漢墓進行搶救性發掘，在三號墓中出土 930 支竹簡，包括多種醫書，《脈書·上經》是其中一種。② 本篇醫書寫本經整理綴合共有 54 支竹簡，竹簡全部殘斷，整理者推測原簡應設有兩道編繩，竹簡平均長度大約 27.8 釐米，寬度大約 0.84 釐米，厚度大約 0.1 釐米，竹黄面書寫文字，編痕處未發現明顯契口。本篇寫本原無篇題，現篇題由整理者據寫本内容及傳世文獻相關記載而擬加。③

從文體形態來看，本篇文獻雖然多次引敝昔之言，但就其内容而言仍以論述爲主要表達方式。

從文獻性質來看，本篇文獻多次出現“敝昔曰”，“敝昔”即“扁鵲”，因此推斷本篇醫書主要内容應源於扁鵲《脈書》，應屬於《漢書·藝文志》方技略中的醫經類文獻。

（七）天回漢簡《脈書·下經》的文體形態

天回漢簡《脈書·下經》是 2012 年在成都市金牛區天回鎮三號漢墓中出土的 930 支竹簡中的一篇文獻。④ 本篇寫本文獻經整理綴合存有 254 支竹簡，竹簡設有兩道編繩，竹簡平均長度大約 35.8 釐米，寬度大約 0.77

① 參見張家山二四七號漢墓竹簡整理小組編著《張家山漢墓竹簡〔二四七號墓〕》，第 235 頁。
② 參見《天回醫簡的發現與整理》，天回醫簡整理組編著《天回醫簡》（上），第 3、6 頁。
③ 參見天回醫簡整理組編著《天回醫簡》（下），第 4 頁。
④ 參見《天回醫簡的發現與整理》，天回醫簡整理組編著《天回醫簡》（上），第 3、6 頁。

釐米，厚度大約 0.1 釐米，竹黃面書寫文字，編痕處未發現明顯契口，極
少數竹簡背面有劃痕。本篇寫本文獻原無篇題，現篇題由整理者根據寫本
內容及傳世文獻相關記載所擬加。[①]

本篇寫本"以經脈爲基礎類分疾病，描述疾病病狀，闡釋病之變化，
分析疾病預後，提供診斷法則，以辨察諸病同異"[②]。

從文體形態來看，該篇文獻主體上屬於論述體。

從文獻性質來看，本篇文獻應屬於《漢書·藝文志》方技略中的醫經
類文獻。

（八）天回漢簡《經脈》的文體形態

天回漢簡《經脈》是 2012 年在成都市金牛區天回鎮三號漢墓中出土
的 930 支竹簡中的一篇醫書文獻。[③]本篇文獻屬於出土編號爲 M3:137 竹簡
中的一部醫書，經綴合整理共有 32 支竹簡，其中有 3 支完整竹簡，竹簡
設有三道編繩，竹黃面書寫文字。本篇寫本文獻原無篇題，現篇題是竹簡
整理者根據寫本內容所擬加。[④]

本篇寫本體例與馬王堆帛書《陰陽十一脈灸經》《足臂十一脈灸經》、
張家山漢簡《脈書》及天回漢簡《脈書·下經》等"脈書"相同，但多出
相應病症的刺灸之法。[⑤]

從文體形態來看，該篇文獻主體上屬於論述體。

從文獻性質來看，應屬於《漢書·藝文志》方技略中的醫經類文獻。

（九）天回漢簡《逆順五色脈臟驗精神》的文體形態

天回漢簡《逆順五色脈臟驗精神》是 2012 年在成都市金牛區天回鎮
三號漢墓中出土的 930 支竹簡中的一篇文獻。[⑥]本篇文獻經整理綴合共有
61 支竹簡，全部殘斷，經整理者推測應有兩道編繩，竹簡平均長度大約

---

① 參見天回醫簡整理組編著《天回醫簡》（下），第 18 頁。
② 參見天回醫簡整理組編著《天回醫簡》（下），第 18~51 頁。
③ 參見《天回醫簡的發現與整理》，天回醫簡整理組編著《天回醫簡》（上），第 3、6 頁。
④ 參見天回醫簡整理組編著《天回醫簡》（下），第 148 頁。
⑤ 參見天回醫簡整理組編著《天回醫簡》（下），第 148~152 頁。
⑥ 參見《天回醫簡的發現與整理》，天回醫簡整理組編著《天回醫簡》（上），第 3、6 頁。

30 釐米，寬度大約 0.77 釐米，厚度大約 0.1 釐米，竹黃面書寫文字，編痕處未發現明顯契口。本篇寫本原無篇題，現篇題是整理者根據寫本內容所擬加。①

"本篇內容與《脈書·上經》有相承關係，包括五色脈診、表裏逆順、五藏虛實、脈藏配屬及石、灸法之運用等，而語言較爲通俗淺易，似爲《上經》之訓詁。"②

從文體形態來看，該篇文獻主體上屬於論述體。

從文獻性質來看，本篇文獻應屬於《漢書·藝文志》方技略中的醫經類文獻。

（十）天回漢簡《灸理》的文體形態

天回漢簡《灸理》是 2012 年在成都市金牛區天回鎮三號漢墓中出土的 930 支竹簡中的一篇文獻。③本篇經整理綴合共存 76 支竹簡，竹簡設有兩道編繩，平均長度大約 27.8 釐米，寬度大約 0.84 釐米，厚度大約 0.1 釐米，文字書於竹黃面，編痕處未見明顯契口。本篇文獻未發現篇題，現篇題爲整理者根據寫本內容所擬加。④

本篇寫本醫書"內容包括'灸理''四時''五痹''五風''五死'等章，主要論述諸病診候與石、灸兩種古治法"⑤。

從文體形態來看，該篇文獻主體上屬於論述體。

從文獻性質來看，本篇文獻應屬於《漢書·藝文志》方技略中的醫經類文獻。

（十一）天回漢簡《刺數》的文體形態

天回漢簡《刺數》是 2012 年在成都市金牛區天回鎮三號漢墓中出土的 930 支竹簡中的一篇文獻。⑥本篇共存 48 支竹簡，其中完整竹簡 25 支，

---

① 參見天回醫簡整理組編著《天回醫簡》（下），第 54 頁。
② 參見天回醫簡整理組編著《天回醫簡》（下），第 54~64 頁。
③ 參見《天回醫簡的發現與整理》，天回醫簡整理組編著《天回醫簡》（上），第 3、6 頁。
④ 參見天回醫簡整理組編著《天回醫簡》（下），第 66 頁。
⑤ 參見天回醫簡整理組編著《天回醫簡》（下），第 66~75 頁。
⑥ 參見《天回醫簡的發現與整理》，天回醫簡整理組編著《天回醫簡》（上），第 3、6 頁。

竹簡設有三道編繩，簡背有連貫劃痕，竹簡平均長度大約 30.2 釐米，寬度大約 0.8 釐米，厚度大約 0.1 釐米，竹黃面書寫文字。本篇寫本文獻未發現篇題，現篇題是整理者根據寫本內容所擬加。①

刺數，即刺法。本篇醫書寫本內容較爲完整，全篇論述刺法，包括總論和分論兩部分，記載了刺法總則和四十餘種病症的刺法。②

從文體形態來看，該篇文獻文體主體上屬於論述體。

從文獻性質來看，本篇文獻應屬於《漢書·藝文志》方技略中的醫經類文獻。

（十二）天回漢簡《療馬書》的文體形態

天回漢簡《療馬書》是 2012 年在成都市金牛區天回鎮三號漢墓中出土的 930 支竹簡中的一篇文獻。③ 本篇寫本文獻屬於出土編號爲 M3：137 竹簡中的一部治療馬病的專書，經綴合整理共存 172 支竹簡，竹簡設有三道編繩，部分簡背面有劃痕，竹簡平均長度大約 30.3 釐米，寬度大約 0.7 釐米，厚度大約 0.1 釐米，竹黃面書寫文字。本篇寫本文獻未發現篇題，現篇題是整理者根據寫本內容所擬加。④

本篇寫本的主要內容爲馬病的理、法、方、藥的彙集。⑤

從文體形態來看，本篇文獻以論述說明爲主。

從文獻性質來看，《漢書·藝文志》方技略中的醫經、經方類文獻未見治療馬病的醫書，本篇文獻應與《隋書·經籍志》所著錄的《伯樂治馬雜病經》《療馬方》等醫書相類。

二　經方類簡帛文獻的文體形態

（一）清華簡《病方》的文體形態

清華簡《病方》是清華大學 2008 年入藏的戰國竹簡中的一篇寫本文

---

① 參見天回醫簡整理組編著《天回醫簡》（下），第 78 頁。
② 參見天回醫簡整理組編著《天回醫簡》（下），第 78~89 頁。
③ 參見《天回醫簡的發現與整理》，天回醫簡整理組編著《天回醫簡》（上），第 3、6 頁。
④ 參見天回醫簡整理組編著《天回醫簡》（下），第 130 頁。
⑤ 參見天回醫簡整理組編著《天回醫簡》（下），第 130~146 頁。

獻。該篇現存竹簡兩支，殘存文字 33 個。本篇寫本没有發現篇題，現篇題《病方》是竹簡整理者據簡文内容所擬加。本篇寫本與《行稱》篇抄寫在同一册竹書上。①

本篇寫本記兩種内服酒劑和一種外用湯劑共計三種病方。三種病方適應症分别爲肩背疾、熱和目疾。

從文獻性質來看，本篇寫本文獻屬於醫家經方類方技文獻。

從文體形態來看，本篇寫本文獻屬於書記體。

（二）里耶秦簡《醫方》的文體形態

里耶秦簡《醫方》，2002 年 6 月出土於里耶戰國秦代古城遺址一號井。目前已經公布的主要有一號井第八層的 258、298、792、837、876、1040、1042、1057、1221、1224、1230、1243、1290、1329、1363、1369、1376、1397、1620、1718、1766、1772、1918、1937、1976 等號簡，②第九層的 244、1569、1590、1630、1633、1954、2097、2296 等號簡。③

里耶秦簡《醫方》，包括治心腹痛方、治暴心痛方、令金傷勿痛方、治煩心方、脈痔方等多種醫方。

從文獻性質來看，里耶秦簡《醫方》屬於醫家經方類文獻。

從文體形態來看，里耶秦簡《醫方》屬於書記體。

（三）關沮秦簡《醫方》的文體形態

關沮周家臺秦簡《醫方》，1993 年 6 月在荆州市沙市區關沮鄉清河村周家臺三〇號秦墓出土。本篇寫本原無篇題，現篇題《病方及其它》爲整理者據寫本内容擬定。本篇寫本現存 73 支竹簡，簡長 21.7~23 釐米，寬 0.4~1 釐米，厚 0.06~0.15 釐米。本篇寫本記有病方、祝由術、擇吉避凶占卜、農事等方面内容。④本篇寫本中的祝由術是作爲醫方出現的。

---

① 參見黄德寬主編《清華大學藏戰國竹簡》（拾），第 154 頁。

② 參見陳偉主編《里耶秦簡牘校釋》（第一卷）、湖南省文物考古研究所編著《里耶秦簡》（壹）。

③ 周波：《里耶秦簡（貳）醫方校讀》，復旦大學出土文獻與古文字研究中心網站，2019 年 4 月 2 日。又參見湖南省文物考古研究所編著《里耶秦簡》（貳）。

④ 參見湖北省荆州市周梁玉橋遺址博物館編著《關沮秦漢墓簡牘》前言，第 126 頁。

關沮秦簡《醫方》記多種藥方，藥方包括藥名、劑量、服用方法及適應病症等内容，從文體形態來看，屬於書記體。

從文獻性質來看，關沮秦簡《醫方》屬於《漢書·藝文志》方技略中的經方類文獻。

（四）北大秦簡《病方》的文體形態

北大秦簡《病方》是 2010 年北京大學入藏秦簡中的一種。[①] 本篇寫本没有發現篇題，現篇題《病方》是竹簡整理者據簡文内容所擬加。

北大秦簡《病方》包括祝由術、藥方及祝禱方。

從文獻性質來看，北大秦簡《病方》屬於醫家經方類文獻。

從文體形態來看，北大秦簡《病方》屬於書記體。

（五）帛書《五十二病方》的文體形態

帛書《五十二病方》出土於馬王堆三號漢墓。[②] 本篇寫本未發現篇題，現篇題《五十二病方》是整理者據寫本内容擬定。本篇寫本與《足臂十一脈灸經》、《陰陽十一脈灸經》甲本、《脈法》、《陰陽脈死候》一共五篇合抄在兩張帛上，每張帛寬度大約 48 釐米，長度大約 110 釐米。[③] 本篇寫本記 52 個病方，爲研究中醫醫藥學史提供了重要材料。

帛書《五十二病方》病方抄寫形式特殊，分爲目録和正文兩部分。目録是五十二種疾病名稱，也就是以疾病名稱編目，正文部分，以每種疾病名稱作爲標題，每個標題下面記治療該疾病的病方，少的一二方，多的二三十方。每個藥方包括組方藥物名稱、劑量及治療或服用方法。[④] 從文體形態來看，該篇文獻屬於書記體。

從文獻性質來看，帛書《五十二病方》屬於《漢書·藝文志》方技略中的經方類文獻。

---

① 北京大學出土文獻與古代文明研究所編《北京大學藏秦簡牘》（肆），第 857 頁。
② 湖南省博物館：《長沙馬王堆漢墓簡帛出土與整理情況回顧》，裘錫圭主編《長沙馬王堆漢墓簡帛集成》（壹），第 3 頁。
③ 參見裘錫圭主編《長沙馬王堆漢墓簡帛集成》（伍），第 213 頁。
④ 參見裘錫圭主編《長沙馬王堆漢墓簡帛集成》（伍），第 213 頁。

（六）帛書《療射工毒方》的文體形態

帛書《療射工毒方》出土於馬王堆三號漢墓。[①]本篇帛書與《房內記》抄寫在同一卷帛上。帛書原整理者曾將這兩篇寫本作爲一篇，題名爲《雜療方》。復旦大學重新整理時把這兩篇寫本分開各自獨立成篇，並分別命名爲《療射工毒方》和《房內記》。本篇帛書施畫朱絲欄，文字抄寫在欄內，其字體是帶有篆意的隸書。在朱絲欄外書有墨點，當是分段符號。[②]本篇寫本所記內容是治療及防治蝕毒的藥方，藥方包括藥物名稱、劑量、治療或服用方法。藥方中也有祝由術。

從文體形態來看，該篇文獻屬於書記體。

從文獻性質來看，帛書《療射工毒方》屬於《漢書·藝文志》方技略中的經方類文獻。

（七）馬王堆漢簡《雜禁方》的文體形態

馬王堆漢簡《雜禁方》出土於馬王堆三號漢墓東槨箱五十七號漆盒內。[③]本篇寫本現存11支木簡，簡長22~23釐米，寬1.1~1.2釐米，每支木簡抄寫13~15字。本篇寫本未發現篇題，現篇題《雜禁方》爲整理者據寫本內容擬定。[④]本篇寫本所記內容爲祝由術。復旦大學重新整理時對原整理者的簡序、釋文及注釋做了調整。

從文體形態來看，馬王堆漢簡《雜禁方》屬於書記體。

從文獻性質來看，馬王堆漢簡《雜禁方》屬於祝由方。

（八）天回漢簡《治六十病和齊湯法》的文體形態

《治六十病和齊湯法》是2012年在成都市金牛區天回鎮三號漢墓中出土的930支竹簡中的一篇。[⑤]本篇經綴合整理共有212個竹簡編號，三道編

① 湖南省博物館:《長沙馬王堆漢墓簡帛出土與整理情況回顧》，裘錫圭主編《長沙馬王堆漢墓簡帛集成》（壹），第3頁。
② 參見裘錫圭主編《長沙馬王堆漢墓簡帛集成》（陸），第73、87頁。
③ 湖南省博物館:《長沙馬王堆漢墓簡帛出土與整理情況回顧》，裘錫圭主編《長沙馬王堆漢墓簡帛集成》（壹），第3頁。
④ 參見裘錫圭主編《長沙馬王堆漢墓簡帛集成》（陸），第159、163頁。
⑤ 參見《天回醫簡的發現與整理》，天回醫簡整理組編著《天回醫簡》（上），第3、6頁。

繩，上契口距竹簡頂端 1.4 釐米，下契口距竹簡尾端 1.7 釐米，中契口位於上下契口正中間，極少數簡背面有劃痕，平均簡長約 34.3 釐米，寬約 0.8 釐米，厚約 0.1 釐米，文字書於竹黃面。本篇寫本未見篇題，現篇題《治六十病和齊湯法》是整理者據寫本内容及傳世文獻相關記載而擬定。①

本篇寫本由目録與正文兩部分構成。目録簡一共 15 支，從上至下分四欄書寫，每欄從右向左排序，每欄十五種病，連續編號，共六十種病。涵蓋風、痹、疝、内癉、消渴、傷中、金傷、女子瘕、嬰兒癇等内、外、婦、兒各科疾病。正文中每病下列一方至數方不等，共計一百零五方，包括藥方一百零一首，祝由方四首。②

從文獻性質來看，天回漢簡《治六十病和齊湯法》主體上屬於《漢書·藝文志》方技略中的經方類文獻。

從文體形態來看，天回漢簡《治六十病和齊湯法》記多種藥方及少量祝由方，文體屬於書記體。

（九）敦煌漢簡《醫方》的文體形態

敦煌漢簡《醫方》現存 15 支簡，有 11 支簡是斯坦因 20 世紀初在敦煌漢代長城烽燧遺址考古時發現的③，其中，第三、七、八、九、十、十一簡一共 6 簡是獸醫方，其他各簡因殘損嚴重，難以判斷是否爲獸醫方。④另外 4 支醫方簡是 1979 年在敦煌西北馬圈灣漢代烽燧遺址發現的，這四支簡所記爲人醫方。⑤

從文體形態來看，敦煌漢簡《醫方》記藥物名稱、劑量、治療方法或服用方法，以及所療病症，文體屬於書記體。

① 參見天回醫簡整理組編著《天回醫簡》(下)，第 78 頁。
② 參見天回醫簡整理組編著《天回醫簡》(下)，第 93~127 頁。
③ 《敦煌漢簡》編號爲 1996、1997、2000、2001、2004、2008、2012、2013、2030、2034、2052。
④ 參見羅振玉、王國維《流沙墜簡》，第 95~97 頁；甘肅省文物考古研究所編《敦煌漢簡》，(下)，第 297、298、299 頁，(上)，圖版壹陸貳、壹陸零、壹陸貳、壹陸叁、壹陸伍。
⑤ 《敦煌漢簡》編號 505、563、564、1060+1177。參見甘肅省文物考古研究所編《敦煌漢簡》，(上)，圖版伍貳、伍柒、伍捌、玖柒、壹零柒，(下)，第 238、241、260、264 頁；張德芳《敦煌馬圈灣漢簡集釋》，第 91、159 頁。

從文獻性質來看，敦煌漢簡《醫方》中的人醫方屬於《漢書·藝文志》方技略中的經方類文獻。

（十）居延漢簡《醫方》的文體形態

居延漢簡《醫方》是西北科學考察團 1930 年在額濟納河流域發現的，編號爲 89.20、136.3、136.25、149.32、155.8、265.2、265.41、350.44、403.18、454.12、455.19、488.1、497.20 等。[1]其中 155.8 號簡記寫的醫方是醫馬方，其餘當都是人醫方。

從文獻性質來看，居延漢簡《醫方》中的人醫方屬於醫家經方類文獻。從文體形態來看，居延漢簡《醫方》屬於書記體。

（十一）居延新簡《醫方》的文體形態

居延新簡《醫方》，1972 年至 1974 年出土於破城子遺址及甲渠塞第四隧遺址，現存十餘支簡，編號爲 EPT9.3、EPT9.7AB、EPT10.8、EPT40.191AB、EPT50.26、EPT53.141、EPT54.14、EPT56.228、EPT59.695AB、EPT65.476、EPF22.817、EPS4T2.65 等。[2]

從文獻性質來看，居延新簡《醫方》屬於醫家經方類文獻。

從文體形態來看，居延新簡《醫方》屬於書記體。

（十二）武威漢簡《治百病方》的文體形態

武威漢簡《治百病方》，1972 年 11 月在甘肅省武威旱灘坡漢墓出土。武威旱灘坡漢墓總計出土 92 枚木質醫簡牘，其中木簡 78 枚，木牘 14 方。木簡長 23~23.4 釐米，木簡有 1 釐米和 0.5 釐米兩種寬度，寬度 1 釐米的木簡 41 枚，寬度 0.5 釐米的木簡 37 枚，每簡抄寫 20~40 字，抄寫字體爲

---

①　參見中國社會科學院考古研究所編《居延漢簡（甲乙編）》，上冊，乙圖版柒陸 -89.20、甲圖版伍壹 -509、乙圖版壹零零 -136.3、乙圖版壹零壹 -136.25、甲圖版柒拾 -855、乙圖版壹壹壹 -155.8、乙圖版壹玖捌 -265.2、甲圖版壹叁貳 -1785、乙圖版貳伍柒 -455.12、乙圖版貳伍捌 -455.19、甲圖版壹伍 -1827、甲圖版壹叁玖 -1885；下冊，第 66、96、106、108、188、190、236、242、252、255 頁。

②　參見甘肅省文物考古研究所等編《居延新簡——甲渠候官》。

隸書兼草，抄寫内容爲醫方，篇題抄寫在 78 號木簡上。[①] 這批醫方的出土，爲研究中國醫藥學提供了珍貴材料。

武威漢簡《治百病方》的體式是開始記病方適應症，繼之記組方藥物名稱、劑量、炮製方法、服用或治療方法等項内容。從文體形態來看，該篇文獻屬於書記體。

從文獻性質來看，武威漢簡《治百病方》屬於《漢書·藝文志》方技略中的經方類文獻。

（十三）武威漢代木牘《醫方》的文體形態

武威漢代木牘《醫方》，1972 年 11 月在甘肅省武威旱灘坡漢墓出土。該墓共出土木醫方木牘 14 方，木牘上寫有治久咳上氣喉中如百蟲鳴狀卅歲以上方、治久咳逆上氣湯方、治痹手足臃腫方、公孫君方、東海白水侯所奏男子有七疾七傷方、治惡病大風方、治婦人膏藥方、百病膏藥方、建威耿將軍方等醫方。其中，《白水侯方》抄寫在 84 號甲、85 號甲乙木牘上。《白水侯方》主治男子七疾七傷，[②] 該藥方流傳較廣，影響較大。

武威漢代木牘《醫方》記有病方的組方藥物名稱、劑量、炮製方法、服用方法等項内容。從文體形態來看，該篇文獻屬於書記體。

從文獻性質來看，武威漢代木牘《醫方》屬於《漢書·藝文志》方技略中的經方類文獻。

（十四）張家界古人堤遺址《治赤穀方》的文體形態

張家界古人堤遺址《治赤穀方》，1987 年在湖南張家界古人堤漢代遺址出土。該墓出土簡牘總計 90 支，本篇藥方抄寫在 1 號及 3 號木牘上。其中，1 號木牘比較完整，篇名“治赤穀方”抄寫在 1 號木牘上。[③]

張家界古人堤遺址《治赤穀方》的體式是，首記藥方適應症，以下記組方藥物名稱、劑量、炮製方法、服用方法等項内容。

---

① 參見甘肅省博物館、武威縣文化館編《武威漢代醫簡》，第 20~21 頁。
② 參見甘肅省博物館、武威縣文化館編《武威漢代醫簡》，第 14、15 頁。
③ 參見張春龍、李均明、胡平生《湖南張家界古人堤簡牘釋文與簡注》，《中國歷史文物》
　2003 年第 2 期。

從文體形態來看，該篇文獻體式屬於書記體中的方體。

從文獻性質來看，張家界古人堤遺址《治赤穀方》屬於《漢書·藝文志》方技略中的經方類文獻。

（十五）未央宫遺址漢簡《醫方》的文體形態

未央宫遺址漢簡《醫方》，1980 年在陝西西安漢長安城未央宫遺址出土，現存木簡 115 枚，抄寫内容大多爲病例醫方。[①]

從文獻性質來看，未央宫遺址漢簡《醫方》屬於醫家經方類文獻。從文體形態來看，未央宫遺址漢簡《醫方》屬於書記體。

（十六）肩水金關漢簡《醫方》的文體形態

肩水金關漢簡《醫方》，1973 年在額濟納河流域肩水金關遺址出土，編號爲 73EJT1:168、73EJT2:79、73EJT2:80A、73EJT4:61、73EJT5:70、73EJT21:24、73EJT23:704 、73EJT23:711、73EJT30:193、73EJT37:942AB、73EJF2:47AB、73EJF3:339+609+601、72EJC:116B 等。[②] 其 中 73EJT21:24 簡記寫的醫方當爲醫馬方，其他各簡抄寫内容應是人醫方。

從文獻性質來看，肩水金關漢簡《醫方》中的人醫方屬於醫家經方類文獻。

從文體形態來看，肩水金關漢簡《醫方》屬於書記體。

（十七）羅布泊漢簡《醫方》的文體形態

羅布泊漢簡《醫方》是西北科學考察團的黄文弼於 1930 年和 1934 年調查羅布淖爾湖北岸的土垠遺址時發現的，編號爲 L39AB、L48AB、L49AB。[③]

從文獻性質來看，羅布泊漢簡《醫方》屬於醫家經方類文獻。

---

① 參見中國社會科學院考古研究所《漢長安城未央宫 1980~1989 年考古發掘報告》，中國大百科全書出版社，1996 年 11 月第 1 版，第 238~248 頁。

② 參見《肩水金關漢簡》（壹），上册，第 21、53、86、112 頁;《肩水金關漢簡》（貳），上册，第 25、202、203 頁;《肩水金關漢簡》（叁），上册，第 199 頁;《肩水金關漢簡》（肆），上册，第 146 頁;《肩水金關漢簡》（伍），上册，第 6、68、186 頁。

③ 參見簡牘整理小組編《居延漢簡》（肆），第 280 頁。

從文體形態來看，羅布泊漢簡《醫方》屬於書記體。

（十八）懸泉漢簡《醫方》的文體形態

懸泉漢簡《醫方》，1990 年出土於懸泉置遺址，編號爲 I90DXT0112 ① :57、II90DXT0114 ② :28A、II90DXT0114 ③ :559 等。

I90DXT0112 ① :57 號爲木牘，抄寫多種醫方、丸劑炮製方法及服用禁忌等内容；① II90DXT0114 ② :28A 號爲木簡，殘存 "甘草三分" "烏喙三分" 等簡文；② II90DXT0114 ③ :559 號爲木牘，殘存 "蜀" "細辛" 等味藥。③

從文獻性質來看，懸泉漢簡《醫方》屬於醫家經方類文獻。

從文體形態來看，懸泉漢簡《醫方》屬於書記體。

（十九）地灣漢簡《醫方》的文體形態

地灣漢簡《醫方》，1986 年在地灣遺址出土，編號爲 86EDT8:9。該醫方殘簡記有附子、參、細辛等多味藥及劑量。④

從文獻性質來看，地灣漢簡《醫方》屬於醫家經方類文獻。

從文體形態來看，地灣漢簡《醫方》屬於書記體。

（二十）玉門關漢簡《絕子方》的文體形態

玉門關漢簡《絕子方》，1998 年 10 月在小方盤城（玉門關）遺址出土，編號爲 II98DYT5:81，殘存簡文："吞十丸，不知，稍益，以知爲度。身毒使人其煩時欲嘔，至十五丸，服百日，絕字。十三歲，八歲已☐" 該簡殘存内容爲絕子方丸劑的服用方法。⑤

從文體形態來看，玉門關漢簡《絕子方》屬於書記體。

---

① 參見甘肅簡牘博物館等編《懸泉漢簡》（壹），第 120 頁。
② 參見甘肅簡牘博物館等編《懸泉漢簡》（叁），第 65 頁。
③ 參見甘肅簡牘博物館等編《懸泉漢簡》（叁），第 181 頁。
④ 參見甘肅簡牘博物館等編《地灣漢簡》，第 18 頁。
⑤ 參見張德芳、石明秀主編《玉門關漢簡》，第 49 頁。

（二十一）額濟納漢簡《醫方》的文體形態

額濟納漢簡《醫方》，2000 年在内蒙古額濟納旗漢代烽燧遺址出土，編號爲 2000ES14SF1:5。該《醫方》簡殘存石膏、厚朴、杏核等幾味藥。[①]

從文獻性質來看，額濟納漢簡《醫方》屬於醫家經方類文獻。

從文體形態來看，額濟納漢簡《醫方》屬於書記體。

（二十二）天長紀莊漢牘《醫方》的文體形態

天長紀莊漢牘《醫方》，2004 年在天長市安樂鎮紀莊村漢墓出土，該醫方抄寫在 M19:40-13 號木牘上。[②]

從文獻性質來看，天長紀莊漢簡《醫方》屬於醫家經方類文獻。

從文體形態來看，天長紀莊漢簡《醫方》屬於書記體。

（二十三）烏程漢簡《醫方》的文體形態

烏程漢簡《醫方》，2009 年在浙江省湖州市出土，編號爲 269。[③]

該醫方由二十六味中藥組成，正反兩面抄寫，正面抄寫大黄、人參、亭歷、防己、防風、桔梗、玄參、白沙參、苦參、沙參、署虫、薑、桂、附子、甘遂、大戟、烏喙、王孫、盧茹、前胡、細辛等二十一味，反面抄寫芍藥、芫華、巴豆、杏核、臧堵等五味。[④]該醫方應該是爲同出《診籍》所記疾瘟而開的。

從文獻性質來看，烏程漢簡《醫方》屬於醫家經方類文獻。

從文體形態來看，烏程漢簡《醫方》屬於書記體。

（二十四）長沙尚德街東漢木牘《治百病通明丸方》的文體形態

長沙尚德街東漢木牘《治百病通明丸方》，2011 年底於在長沙市尚德

---

① 參見魏堅主編《額濟納漢簡》，第 272 頁；孫家洲主編《額濟納漢簡釋文校本》，第 98 頁。

② 參見天長市文物管理所、天長市博物館《安徽天長西漢墓發掘簡報》，《文物》2006 年第 11 期，第 15、20 頁。

③ 參見曹錦炎等主編《烏程漢簡·烏程漢簡概述》，第 1 頁。

④ 參見曹錦炎等主編《烏程漢簡》，第 296~297 頁。

街 J482 號古井出土，木牘編號爲 181。[1]

該木牘基本完整，簡文爲："治百病通明丸方：用甘草八分，弓窮四分，當歸三分，方風☒，乾地黄三分，黄芪三分，桂二分，前胡三分，五未二分，乾薑四分，玄參三分，伏令二分。凡十八物，皆治。合和丸以白蜜。"[2] 該木牘僅右下角殘損一味藥的一個字及劑量，方文中總計十二味藥，因此方中的"凡十八物"的"十八"應是"十二"之誤。

從文獻性質來看，長沙尚德街東漢木牘《治百病通明丸方》屬於醫家經方類文獻。

從文體形態來看，《治百病通明丸方》屬於書記體。

（二十五）阜陽漢簡《萬物》的文體形態

阜陽漢簡《萬物》，1977 年在安徽阜陽雙古堆西漢汝陰侯夏侯竈墓出土。[3] 本篇寫本現存 130 多片殘簡，其中，最長的殘簡 21.6 釐米。本篇寫本的主要内容是叙事記物，大致一句一讀，兩句之間由墨點分隔。本篇寫本抄寫風格基本一致，[4] 所記内容大多是藥物。

從文體形態來看，阜陽漢簡《萬物》記多種藥物及其功效，文體屬於書記體。

從文獻性質來看，阜陽漢簡《萬物》不是藥方，屬於藥書，是後世本草類圖書的源頭。《漢書·藝文志》未著録藥書。現附於經方類文獻之後。

（二十六）烏程漢簡《診籍》的文體形態

烏程漢簡《診籍》，2009 年在浙江省湖州市出土，編號 270。[5]

---

① 參見長沙市文物考古研究所編《長沙尚德街東漢簡牘》，第 10、236 頁。
② 參見長沙市文物考古研究所編《長沙尚德街東漢簡牘》，第 97、133、236 頁。另，該方名"治百病通明丸方"整理者斷句爲"治百病通，明丸方"，誤。方中當歸下面的藥物"方"後面一字，整理者没有釋出，細觀圖版，從殘存筆畫看該字當是"風"字。
③ 安徽省文物工作隊、阜陽地區博物館、阜陽縣文化局：《阜陽雙古堆西漢汝陰侯墓發掘簡報》，《文物》1978 年第 8 期。
④ 參見文化部古文獻研究室、安徽阜陽地區博物館阜陽漢簡整理組《阜陽漢簡〈萬物〉》，《文物》1988 年第 4 期。
⑤ 參見曹錦炎等主編《烏程漢簡·烏程漢簡概述》，第 1 頁。

該簡簡文爲：“高平里公乘莊誦，年十五。迺五月戊申疾温（瘟），飲藥，積八日厠。弟公士譚，年九。迺五月己酉疾温（瘟）。”①

診籍，就是現今的病例，是醫案的組成部分。《史記·扁鵲倉公列傳》：“今臣意所診者，皆有診籍。所以别之者，臣意所受師方適成，師死，以故表籍所診，期决死生，觀所失所得者合脈法，以故至今知之。”②

從文體形態來看，烏程漢簡《診籍》的文體屬於叙述説明文體。本篇寫本對於研究古代中醫診籍、醫案的文體形態等問題具有重要意義。

三　房中類簡帛文獻的文體形態

（一）帛書《養生方》的文體形態

帛書《養生方》，在馬王堆三號漢墓出土。③帛書《養生方》單獨抄寫在一卷帛上，帛高約 24 釐米。本篇寫本未發現篇題，現篇題《養生方》爲整理者據寫本内容擬定。復旦大學重新整理時，新綴合了十多片殘片，並糾正了原釋文的一些錯誤。帛書《養生方》所記有一般補益類藥方、房中術及祝由方等方面内容。④

從文體形態來看，帛書《養生方》寫本抄寫體式特殊，全篇由目録和正文兩部分構成，在篇首先抄寫目録，目録分上中下四欄抄寫，從右至左橫讀。正文按目録順序抄寫，起始書寫篇題，領起下文。一篇抄畢，下一篇重起一行抄寫。帛書《養生方》中的藥方，記藥物名稱、劑量、服用或治療方法及功效等内容，藥方各篇都屬於書記體。藥方以外，還有一篇是叙事文體，叙述禹與群河探討房中術之事，有叙述，有對話，對話中也言及房中藥方。

從文獻性質來看，帛書《養生方》屬於《漢書·藝文志》方技略中的房中類文獻。

---

① 曹錦炎等主編《烏程漢簡》，第 298 頁。
② （漢）司馬遷撰、（宋）裴駰集解、（唐）司馬貞索隱、（唐）張守節正義《史記》，第 9 册，第 2813 頁。
③ 參湖南省博物館《長沙馬王堆漢墓簡帛出土與整理情況回顧》，裘錫圭主編《長沙馬王堆漢墓簡帛集成》（壹），第 3 頁。
④ 參見裘錫圭主編《長沙馬王堆漢墓簡帛集成》（陸），第 35~36 頁。

（二）帛書《房内記》的文體形態

帛書《房内記》出土於馬王堆三號漢墓。[①] 帛書《房内記》與《療射工毒方》書寫在同一卷帛上，本卷帛施畫朱絲欄，文字抄寫在朱絲欄内，字體是帶有篆意的隸書。在朱絲欄外書有墨點，作爲分段符號。本篇帛書未發現篇題，現篇題《房内記》是復旦大學重新整理時據寫本内容擬定的。[②] 本篇寫本主要内容爲房中術，記男女性保健方面的内容，全篇記外敷内服多種食物及藥物。

從文體形態來看，帛書《房内記》屬於書記體。

從文獻性質來看，該篇文獻屬於《漢書·藝文志》方技略中的房中類文獻。

（三）馬王堆漢簡《十問》的文體形態

馬王堆漢簡《十問》出土於馬王堆三號漢墓東槨箱五十七號漆奩内。[③] 本篇寫本現存 101 支竹簡，簡長約 23 釐米，寬約 0.6 釐米，竹簡有兩道編繩。本篇寫本未發現篇題，現篇題《十問》爲整理者據寫本内容擬定。[④] 本篇寫本一共包括十個部分，分別記述了黄帝與天師的問答、黄帝與大成的問答、黄帝與曹煞的問答、黄帝與容成的問答、堯與舜的問答、王子巧父與彭祖的問答、帝磐庚與耇老的問答、禹與師癸的問答、文摯與齊威王的問答、王期與秦昭王的問答，内容涉及起死食鳥精之道、接陰治神氣之道、接陰食神氣之道、食神氣之道、治神氣之道、接陰治氣之道等房中術方面的内容。

從文體形態來看，馬王堆漢簡《十問》體式爲問答體，其答話之言又爲論述體式。

---

① 湖南省博物館:《長沙馬王堆漢墓簡帛出土與整理情況回顧》，裘錫圭主編《長沙馬王堆漢墓簡帛集成》（壹），第 3 頁。

② 參見裘錫圭主編《長沙馬王堆漢墓簡帛集成》（陸），第 73 頁。

③ 湖南省博物館:《長沙馬王堆漢墓簡帛出土與整理情況回顧》，裘錫圭主編《長沙馬王堆漢墓簡帛集成》（壹），第 3 頁。

④ 參見裘錫圭主編《長沙馬王堆漢墓簡帛集成》（陸），第 139 頁。

從文獻性質來看，馬王堆漢簡《十問》屬於《漢書·藝文志》方技略中的房中類文獻。

（四）馬王堆漢簡《合陰陽》的文體形態

馬王堆漢簡《合陰陽》出土於馬王堆三號墓東槨箱五十七號漆奩內。[①] 本篇寫本現存 32 支竹簡，簡長約 23 釐米，寬約 0.9 釐米，每簡大約抄寫 20 字，竹簡有兩道編繩。本篇寫本未發現篇題，現篇題《合陰陽》爲整理者據寫本內容擬定。[②] 本篇寫本所記主要內容爲房中術。

從文體形態來看，馬王堆漢簡《合陰陽》總體上爲論述體。

從文獻性質來看，馬王堆漢簡《合陰陽》屬於《漢書·藝文志》方技略中的房中類文獻。

（五）馬王堆漢簡《天下至道談》的文體形態

馬王堆漢簡《天下至道談》出土於馬王堆三號墓東槨箱五十七號漆奩內。[③] 本篇寫本現存 56 支竹簡，簡長約 29 釐米，寬約 0.5 釐米，每簡抄寫 31~34 字，本篇寫本未發現篇題，現篇題《天下至道談》爲整理者據寫本內容擬定。[④] 復旦大學重新整理時糾正了原整理者釋文中的部分錯誤，並對個別注釋提出了不同看法。本篇寫本所記主要內容爲房中術。

從文體形態來看，馬王堆漢簡《天下至道談》各條目文體體式不統一。第一條目是黃神與左神的問答，其餘各條目爲論述體，內容都是房中術。

從文獻性質來看，馬王堆漢簡《天下至道談》屬於《漢書·藝文志》方技略中的房中類文獻。

---

① 湖南省博物館:《長沙馬王堆漢墓簡帛出土與整理情況回顧》，裘錫圭主編《長沙馬王堆漢墓簡帛集成》（壹），第 3 頁。
② 參見裘錫圭主編《長沙馬王堆漢墓簡帛集成》（陸），第 153 頁。
③ 湖南省博物館:《長沙馬王堆漢墓簡帛出土與整理情況回顧》，裘錫圭主編《長沙馬王堆漢墓簡帛集成》（壹），第 3 頁。
④ 參見裘錫圭主編《長沙馬王堆漢墓簡帛集成》（陸），第 163 頁。

（六）帛書《胎産書》的文體形態

帛書《胎産書》出土於馬王堆三號漢墓。[①]本篇寫本没有發現篇題，現篇題《胎産書》是整理者據寫本内容擬定。[②]帛書《胎産書》分爲三部分，第一部分記述禹與幼頻的對話，叙述禹問幼頻如何纔能懷胎産子之事；第二部分是優生優育的藥方；第三部分是兩幅圖，一幅是根據新生兒出生時日預測命運的，一幅是爲新生兒埋藏胞衣測定方位的。

從文體形態來看，《胎産書》第一部分屬於問答式記言體，第二部分屬於書記體，第三部分屬於圖書。

從文獻性質來看，帛書《胎産書》不能算是嚴格意義上的房中類文獻，涉及優生優育、養胎等内容，現附於房中類之後。

四　神仙類簡帛文獻的文體形態

（一）帛書《去穀食氣》的文體形態

帛書《去穀食氣》出土於馬王堆三號漢墓東槨箱五十七號漆奩内。[③]帛書《去穀食氣》與《陰陽十一脈灸經》乙本、《導引圖》合抄在同一幅帛上，帛高約 50 釐米。本篇帛書未發現篇題，原整理者命名爲《却穀食氣》，復旦大學重新整理時改篇名爲《去穀食氣》。[④]本篇寫本論述去穀和食氣兩方面内容，去穀就是不吃穀物，而改食石韋，食氣實際上是氣功導引之類。

從文體形態來看，帛書《去穀食氣》爲論述體。

從文獻性質來看，帛書《去穀食氣》所記主要爲行氣或氣功方面的内容，大致屬於《漢書·藝文志》方技略中的神仙類文獻。

[①] 湖南省博物館：《長沙馬王堆漢墓簡帛出土與整理情況回顧》，裘錫圭主編《長沙馬王堆漢墓簡帛集成》（壹），第 3 頁。

[②] 參見裘錫圭主編《長沙馬王堆漢墓簡帛集成》（陸），第 93 頁。

[③] 湖南省博物館：《長沙馬王堆漢墓簡帛出土與整理情況回顧》，裘錫圭主編《長沙馬王堆漢墓簡帛集成》（壹），第 3 頁。

[④] 參見裘錫圭主編《長沙馬王堆漢墓簡帛集成》（陸），第 1 頁。

（二）帛書《導引圖》的文體形態

帛書《導引圖》出土於馬王堆三號漢墓。[①]帛書《導引圖》與《去穀食氣》《陰陽十一脈灸經》乙本合抄在同一幅帛上，本幅帛高約 50 釐米，長度大約 140 釐米，帛的前段抄寫的是《去穀食氣》和《陰陽十一脈灸經》乙本兩篇古佚書，大約占用帛長 40 釐米，帛的後段繪有 44 個人物的圖像，大約占用帛長 100 釐米。本篇寫本未發現篇題，現篇題《導引圖》爲整理者據寫本內容擬定。[②]帛書《導引圖》由三部分構成，第一部分是題記目錄，第二部分爲人物圖，第三部分爲圖像的説明性文字。

從文體形態來看，本篇文獻圖文結合，屬於書記體。

從文獻性質來看，帛書《導引圖》爲導引養生一類文獻，大致屬於《漢書・藝文志》方技略中的神仙類文獻。

（三）張家山漢簡《引書》的文體形態

張家山漢簡《引書》，1983 年底在張家山二四七號漢墓出土。[③]本篇寫本現存 112 支竹簡，簡長 30~30.5 釐米，本篇寫本的篇題《引書》抄寫在第一支竹簡的背面。本篇寫本包括三部分，第一部分爲四季養生之道，第二部分爲導引術式及其治病之法，第三部分爲導引養生理論。[④]

從文體形態來看，張家山漢簡《引書》第一部分、第二部分屬於書記體；第三部分闡述導引養生理論，屬於論述體。

從文獻性質來看，張家山漢簡《引書》大致屬於《漢書・藝文志》方技略中的神仙類文獻。

（四）張家山漢簡《徹穀食氣》的文體形態

張家山漢簡《徹穀食氣》，1985 年在湖北江陵張家山三三六號西漢

---

① 湖南省博物館：《長沙馬王堆漢墓簡帛出土與整理情況回顧》，裘錫圭主編《長沙馬王堆漢墓簡帛集成》（壹），第 3 頁。
② 參見裘錫圭主編《長沙馬王堆漢墓簡帛集成》（陸），第 15 頁。
③ 張家山二四七號漢墓竹簡整理小組編著《張家山漢墓竹簡〔二四七號墓〕》，前言，第 1 頁。
④ 參見張家山二四七號漢墓竹簡整理小組編著《張家山漢墓竹簡〔二四七號墓〕》，第 285 頁。

墓出土。①

　　張家山漢簡《徹穀食氣》全篇包括《綦氏》《載氏》《擇氣》三章。《綦氏》和《載氏》當是以學說創立者姓氏爲章題。篇中的"徹穀"，又稱辟穀，馬王堆漢墓帛書稱"去穀"，去穀就是不吃穀物，徹穀食氣之術又稱爲"穀道"，實際上就是行氣或氣功方面的內容。②

　　從文獻性質來看，張家山漢簡《徹穀食氣》大致屬於《漢書·藝文志》方技略中的神仙類文獻。

　　從文體形態來看，張家山漢簡《徹穀食氣》論述去穀和食氣兩方面內容，文體爲論述體。

第二節　方技類簡帛文獻的文體譜系

　　方技類簡帛文獻主要有醫經、經方、房中、神仙等種類，各類文獻的文體也存在一定差別，有必要對其文體譜系作出探討。

一　醫經類簡帛文獻的文體譜系

　　醫經類簡帛文獻主要有帛書《足臂十一脈灸經》《陰陽十一脈灸經》《脈法》《陰陽脈死候》，張家山漢簡《脈書》，天回漢簡《脈書·上經》《脈書·下經》《經脈》《逆順五色脈臧驗精神》《友理》《刺數》等十餘篇。③

　　《漢書·藝文志》："醫經者，原人血脈經絡骨髓陰陽表裏，以起百病之本，死生之分，而用度箴石湯火所施，調百藥齊和之所宜。至齊之得，猶慈石取鐵，以物相使。拙者失理，以瘉爲劇，以生爲死。"④醫經類簡帛文獻主要記載人體經脈的走向、所主疾病及相應診療手段等內容，這與《漢書·藝文志》所言完全一致。

①　參見荆州博物館編《張家山漢墓竹簡〔三三六號墓〕》，前言，第1頁。
②　參見荆州博物館編《張家山漢墓竹簡〔三三六號墓〕》（上），第21~28、129~140頁。
③　參見拙著《簡帛書籍叙錄》醫家類。
④　（漢）班固撰、（唐）顏師古注《漢書》，第6冊，第1776頁。

醫經類簡帛文獻的文體主要爲論述體，既有論述也有説明。作爲論述體，與一般論述體來源是一樣的，此不贅述。從醫經本身的源流來看，《漢書·藝文志》著録《黄帝内經》十八卷，《黄帝外經》三十七卷，《扁鵲内經》九卷，《扁鵲外經》十二卷，《白氏内經》三十八卷，《白氏外經》三十六卷，《白氏旁經》二十五卷，總計七家二百一十六卷。按照班固的排序，《黄帝内經》最早。關於《黄帝内經》的成書時間，自古以來有異議，晚成説似乎很占上風。帛書《足臂十一脈灸經》《陰陽十一脈灸經》《脈法》《陰陽脈死候》及張家山漢簡《脈書》等篇的内容，很多與《黄帝内經》有關，而上述帛書《足臂十一脈灸經》《陰陽十一脈灸經》《脈法》《陰陽脈死候》等幾篇醫經，成書時間較早，應該在漢代以前就成書了。從譜系上看，《黄帝内經》成書時間似乎應該早於上述帛書各篇醫經。在《漢書·藝文志》中，扁鵲醫經位於《黄帝内經》之後，天回漢簡醫經從内容譜系來看應該傳承自扁鵲一脈。

二 經方類簡帛文獻的文體譜系

經方類簡帛文獻主要有清華楚簡《病方》、里耶秦簡《醫方》、關沮秦簡《醫方》、北大秦簡《病方》、帛書《五十二病方》、帛書《療射工毒方》、馬王堆漢簡《雜禁方》、天回漢簡《治六十病和齊湯法》、敦煌漢簡《醫方》、居延漢簡《醫方》、居延新簡《醫方》、武威漢簡《治百病方》、武威漢代木牘《醫方》、張家界古人堤遺址《治赤穀方》、未央宮遺址漢簡《醫方》、肩水金關漢簡《醫方》、羅布泊漢簡《醫方》、懸泉漢簡《醫方》、地灣漢簡《醫方》、玉門關漢簡《絶子方》、額濟納漢簡《醫方》、天長紀莊漢簡《醫方》、烏程漢簡《醫方》等二十餘篇。[①]

《漢書·藝文志》云："經方者，本草石之寒温，量疾病之淺深，假藥味之滋，因氣感之宜，辯五苦六辛，致水火之齊，以通閉解結，反之於平。及失其宜者，以熱益熱，以寒增寒，精氣内傷，不見於外，是所獨失也。故諺曰：'有病不治，常得中醫。'"[②]

---

① 參見拙著《簡帛書籍叙録》醫家類。
② （漢）班固撰、（唐）顏師古注《漢書》，第6冊，第1778頁。

上述簡帛經方分別記有多種藥方，藥方包括藥名、劑量、服用方法及適應病症等内容。《文心雕龍》云：“方者，隅也。醫藥攻病，各有所主，專精一隅，故藥術稱方。”[①] 簡帛經方體式屬於書記體中的方類。

《漢書·藝文志》著録經方十一家，二百七十四卷，全部亡佚，其成書時間均不可考。清華楚簡《病方》是戰國時期的藥方，處於經方譜系的早期階段。帛書經方作爲成書時間較早的醫方，亦彌足珍貴。《五十二病方》等帛書醫方成書時間應當在漢代之前，就其與後世醫方譜系關係來看，其也應該處於譜系的早期階段。

阜陽漢簡《萬物》記載了多種藥物及其功效，文體屬於書記體，但是其並不是醫方，性質與後世本草類藥書相似，應該是後世本草類藥書的源頭。

三　房中類簡帛文獻的文體譜系

房中類簡帛文獻主要有帛書《養生方》《房内記》，馬王堆漢簡《十問》《合陰陽》《天下至道談》等篇。

《漢書·藝文志》：“房中者，情性之極，至道之際，是以聖王制外樂以禁内情，而爲之節文。傳曰：‘先王之作樂，所以節百事也。’樂而有節，則和平壽考。及迷者弗顧，以生疾而隕性命。”[②]

房中類簡帛文獻主要内容爲房中養生方及房中術。其文體多種多樣，有書記體，有叙事體，有對話體，有論述體，還有圖書。從文體譜系來看，其叙事體、對話體等文體，當來自黄老道家文體。

四　神仙類簡帛文獻的文體譜系

神仙類簡帛文獻主要有帛書《去穀食氣》《導引圖》，張家山漢簡《引書》《徹穀食氣》等篇。[③]

《漢書·藝文志》云：“神僊者，所以保性命之真，而游求於其外者也。

---

① （南朝梁）劉勰撰、（清）黄叔琳注《黄叔琳注本文心雕龍》（二），第 38 頁。
② （漢）班固撰、（唐）顏師古注《漢書》，第 6 册，第 1779 頁。
③ 參見拙著《簡帛書籍叙録》醫家類。

聊以盪意平心，同死生之域，而無怵惕於胸中。然而或者專以爲務，則誕欺怪迂之文彌以益多，非聖王之所以教也。孔子曰：'索隱行怪，後世有述焉，吾不爲之矣。'"①

神仙類簡帛文獻主要爲食療保健、氣功引導等方面的内容。文體有論述體、書記體及圖書，多與黃老道家文體有關。

《漢書·藝文志》云："方技者，皆生生之具，王官之一守也。太古有岐伯、俞拊，中世有扁鵲、秦和，蓋論病以及國，原診以知政。"②按照班固的講法，方技者也是一種王官，因此，根本上講，方技之文還是來自王室及官學，後來纔散入民間。

---

① （漢）班固撰、（唐）顏師古注《漢書》，第6册，第1780頁。
② （漢）班固撰、（唐）顏師古注《漢書》，第6册，第1780頁。

參考文獻

一 古代文獻

（清）阮元校刻《十三經注疏》，中華書局，2009 年 10 月第 1 版。

（三國魏）王弼、（晉）韓康伯注，（唐）陸德明釋文《宋本周易》，國家圖書館出版社，2017 年 2 月第 1 版。

（唐）孔穎達撰《宋本尚書正義》，國家圖書館出版社，2017 年 9 月第 1 版。

（清）皮錫瑞撰《尚書大傳疏證》，吳仰湘點校，中華書局，2022 年 3 月第 1 版。

（漢）毛亨傳，（漢）鄭玄箋，（唐）陸德明釋文《宋本毛詩詁訓傳》，國家圖書館出版社，2017 年 5 月第 1 版。

（宋）朱熹集傳《詩集傳》，趙長征點校，中華書局，2011 年 1 月第 1 版。

（漢）鄭玄注，（唐）賈公彥疏《宋本周禮疏》，國家圖書館出版社，2019 年 4 月第 1 版。

（漢）鄭玄注，（唐）陸德明釋文《宋本禮記》，國家圖書館出版社，2017 年 9 月第 1 版。

方向東：《大戴禮記匯校集解》，中華書局，2008 年月第 1 版。

（晉）杜預撰，（唐）陸德明音釋《宋本春秋經傳集解》，國家圖書館出版社，2017 年 12 月第 1 版。

（唐）陸德明撰《經典釋文》，上海古籍出版社影北京圖書館藏宋刻宋元遞修本，1985 年 10 月第 1 版。

（清）皮錫瑞：《經學通論》，中華書局，1954 年 10 月第 1 版。

（清）皮錫瑞：《經學歷史》，中華書局，2004 年 7 月第 1 版。

（清）阮元：《揅經室集・一集》，中華書局，1993 年 5 月第 1 版。

（宋）朱熹集注《宋本論語集注》，國家圖書館出版社，2016 年 4 月第 1 版。

《四部要籍注疏叢刊・論語》，中華書局，1998 年 12 月第 1 版。

（宋）朱熹集注《宋本孟子集注》，國家圖書館出版社，2013 年 8 月第 1 版。

（漢）司馬遷撰，（宋）裴駰集解，（唐）司馬貞索隱，（唐）張守節正義
　　《史記》，中華書局，1982 年第 2 版。

（漢）班固撰，（唐）顏師古注《漢書》，中華書局，1962 年 6 月第 1 版。

（清）沈欽韓：《漢書疏證》，上海古籍出版社，2006 年 4 月第 1 版。

（漢）班固撰，（清）王先謙補注，上海師範大學古籍整理研究所整理《漢
　　書補注》，上海古籍出版，2012 年 6 月第 1 版。

（唐）魏徵等撰《隋書》，中華書局，1973 年 8 月第 1 版。

（清）錢大昕：《廿二史考異》，方詩銘、周殿傑校點，上海古籍出版社，
　　2014 年 3 月第 1 版。

（西晉）孔晁注，（清）盧文弨校定《逸周書》，浙江大學出版社據清乾隆
　　五十一年刻抱經堂叢書本影印，2021 年 6 月第 1 版。

黃懷信、張懋鎔、田旭東撰《逸周書彙校集注》，上海古籍出版社，2007
　　年 3 月第 1 版。

（三國吳）韋昭注《宋本國語》，國家圖書館出版社，2017 年 5 月第 1 版。

（漢）高誘注，（宋）鮑彪校注《宋本戰國策》，國家圖書館出版社，2017
　　年 10 月第 1 版。

（宋）鄭樵撰《通志二十略》，王樹民點校，中華書局，1995 年 11 月第
　　1 版。

（宋）馬端臨撰《文獻通考》，中華書局，2011 年 9 月第 1 版。

（宋）王應麟：《漢藝文志考證》，王承略、劉心明主編《二十五史藝文經籍
　　志考補萃編》第一卷，清華大學出版社，2014 年 3 月第 1 版。

（宋）王堯臣等編次《崇文總目》，《叢書集成初編》，中華書局，1985 年北
　　京新一版。

（清）紀昀等：《欽定四庫全書總目》，四庫全書整理所整理，中華書局，
　　1997 年 1 月第 1 版。

（唐）劉知幾著，（清）浦起龍通釋，王煦華整理《史通通釋》，上海古籍
　　出版社，2009 年 12 月第 1 版。

（清）章學誠撰，葉瑛校注《文史通義》，中華書局，2014 年 7 月第 1 版。

高尚舉等校注《孔子家語校注》，中華書局，2021 年 9 月第 1 版。

楊朝明注説《孔子家語》，河南大學出版社，2008 年 3 月第 1 版。

（戰國）荀況撰、（唐）楊倞注《宋本荀子》（一），國家圖書館出版社，
　　2017 年 4 月第 1 版。

（唐）楊倞注，耿芸標校《荀子》，上海古籍出版社，2016 年 4 月第 1 版。

（漢）桓譚撰，朱謙之校輯《新輯本桓譚新論》，中華書局，2009 年 9 月第
　　1 版。

（漢）王符撰，（清）汪繼培箋，彭鐸校正《潛夫論箋校正》，中華書局，
　　1985 年 9 月第 1 版。

（漢）劉向撰，向宗魯校正《説苑校正》，中華書局，1987 年 7 月第 1 版。

（晉）郭象注，（唐）成玄英疏《南華真經注疏》，中華書局，1998 年 7 月
　　第 1 版。

（清）王先謙集解《莊子》，方勇點校，上海古籍出版社，2013 年 8 月第
　　1 版。

黎翔鳳撰，梁運華整理《管子校注》，中華書局，2004 年 6 月第 1 版。

（清）王先慎集解《韓非子》，姜俊俊校點，上海古籍出版社，2015 年 12
　　月第 1 版。

許維遹撰，梁運華整理《吕氏春秋集釋》，中華書局，2009 年 9 月第 1 版。

（隋）蕭吉著，錢杭校定《五行大義》，中華書局，2022 年 9 月第 1 版。

王震集解《六韜集解》，中華書局，2022 年 4 月第 1 版。

（唐）徐堅等撰《初學記》，中華書局，1962 年 1 月第 1 版。

（清）馬國翰輯《玉函山房輯佚書》，上海古籍出版社，1990 年 12 月第 1 版。

（清）郝懿行撰《山海經箋疏》，欒保羣點校，中華書局，2019 年 8 月第
　　1 版。

（晉）郭璞注《宋本山海經》，國家圖書館出版社，2017 年 12 月第 1 版。

（晉）干寶撰、汪紹楹校注《搜神記》，中華書局，1979 年第 1 版。

（宋）朱熹集注《宋端平本楚辭集注》，國家圖書館出版社，2017 年 3 月第
　　1 版。

（清）嚴可均校輯《全上古三代秦漢三國六朝文》，中華書局，1958 年 12
　　月第 1 版。

（南朝梁）劉勰撰、（清）黄叔琳注《黄叔琳注本文心雕龍》，國家圖書館
　　出版社，2017 年 6 月第 1 版。

王利器校箋《文心雕龍校證》，上海古籍出版社，1980 年 8 月第 1 版。

二　發掘報告及出土文獻著録類文獻

A

安徽省文物工作隊、阜陽地區博物館、阜陽縣文化局：《阜陽雙古堆西漢汝
　　陰侯墓發掘簡報》，《文物》，1978 年第 8 期。

安徽大學漢字發展與應用研究中心編《安徽大學藏戰國竹簡》（一），中西
　　書局，2019 年 8 月第 1 版。

安徽大學漢字發展與應用研究中心編《安徽大學藏戰國竹簡》（二），中西
　　書局，2022 年 4 月第 1 版。

B

北京大學出土文獻研究所編《北京大學藏西漢竹書》（壹），上海古籍出版
　　社，2015 年 9 月第 1 版。

北京大學出土文獻研究所編《北京大學藏西漢竹書》（貳），上海古籍出版
　　社，2012 年 12 月第 1 版。

北京大學出土文獻研究所編《北京大學藏西漢竹書》（叁），上海古籍出版
　　社，2015 年 9 月第 1 版。

北京大學出土文獻研究所編《北京大學藏西漢竹書》（肆），上海古籍出版
　　社，2015 年 10 月第 1 版。

北京大學出土文獻研究所編《北京大學藏西漢竹書》（伍），上海古籍出版
　　社，2014 年 12 月第 1 版。

北京大學出土文獻與古代文明研究所編《北京大學藏秦簡牘》（全五冊），
　　上海古籍出版社，2023 年 5 月第 1 版。

C

陳松長編著《香港中文大學文物館藏簡牘》，香港中文大學文物館，2001
年初版。

陳偉主編《秦簡牘合集》（壹）、（貳）、（叁）、（肆），武漢大學出版社，
2014年12月第1版。

陳松長主編《嶽麓書院藏秦簡（壹—叁）釋文修訂本》，上海辭書出版社，
2018年6月第1版。

長沙市文物考古研究所編《長沙尚德街東漢簡牘》，嶽麓書社，2016年12
月第1版。

曹錦炎等主編《烏程漢簡》，上海書畫出版社，2022年10月第1版。

D

定縣漢墓竹簡整理組：《定縣40號漢墓出土竹簡簡介》，《文物》，1981年
第8期。

定州漢墓竹簡整理小組：《定州漢墓竹簡論語》，文物出版社，1997年7月
第1版。

敦煌市博物館：《敦煌清水溝漢代烽燧遺址出土文物調查及漢簡考釋》，《簡
帛研究》（第二輯），法律出版社，1996年9月第1版。

F

阜陽漢簡整理組：《阜陽漢簡〈楚辭〉》，《中國韻文學刊》（創刊號），
1987年。

傅舉有、陳松長編著《馬王堆漢墓文物》，湖南出版社，1992年第1版。

G

甘肅省博物館：《甘肅武威磨咀子6號漢墓》，《考古》，1960年第5期。

甘肅省博物館：《甘肅武威磨咀子漢墓發掘》，《考古》，1960年第9期。

甘肅省博物館、武威縣文化館編《武威漢代醫簡》，文物出版社，1975年
10月第1版。

國家文物局古文獻研究室編《馬王堆漢墓帛書》（壹），文物出版社，1980
年3月第1版。

甘肅省博物館漢簡整理組：《居延漢簡〈相劍刀〉册釋文》，《敦煌學輯刊》

（第 3 期），1982 年。

甘肅省文物考古研究所、天水市北道區文化館：《甘肅天水放馬灘戰國秦漢
　　墓群的發掘》，《文物》，1989 年第 2 期。

甘肅省文物考古研究所、甘肅省博物館、文化部古文獻研究室、中國社會
　　科學院歷史研究所編《居延新簡——甲渠候官與第四燧》，文物出版
　　社，1990 年 7 月第 1 版。

甘肅省文物考古所編《敦煌漢簡》，中華書局，1991 年 6 月第 1 版。

甘肅省文物考古研究所、甘肅省博物館、文化部古文獻研究室、中國社會
　　科學院歷史研究所編《居延新簡——甲渠候官》，中華書局，1994 年
　　12 月第 1 版。

甘肅省博物館、中國科學院考古研究所編著《武威漢簡》，中華書局，
　　2005 年 9 月第 1 版。

甘肅省文物考古研究所：《甘肅永昌水泉子漢墓發掘簡報》，《文物》，2009
　　年第 10 期。

甘肅省文物考古研究所編《天水放馬灘秦簡》，中華書局，2009 年 8 月第
　　1 版。

甘肅省文物考古研究所：《甘肅永昌縣水泉子漢墓群 2012 年發掘簡報》，
　　《考古》，2017 年第 12 期。

甘肅簡牘保護研究中心等編《肩水金關漢簡》（壹），中西書局，2011 年 8
　　月第 1 版。

甘肅簡牘保護研究中心等編《肩水金關漢簡》（貳），中西書局，2012 年
　　12 月第 1 版。

甘肅簡牘博物館等編《肩水金關漢簡》（叁），中西書局，2013 年 12 月第
　　1 版。

甘肅簡牘博物館等編《肩水金關漢簡》（肆），中西書局，2015 年 11 月第
　　1 版。

甘肅簡牘博物館等編《肩水金關漢簡》（伍），中西書局，2016 年 8 月第
　　1 版。

甘肅簡牘博物館等編《地灣漢簡》，中西書局，2017 年 12 月第 1 版。

甘肅簡牘博物館等編《懸泉漢簡》（壹），中西書局，2019 年 11 月第 1 版。

甘肅簡牘博物館等編《懸泉漢簡》（貳），中西書局，2020 年 12 月第 1 版。

甘肅簡牘博物館等編《懸泉漢簡》（叁），中西書局，2023 年 5 月第 1 版。

H

湖南省博物館、中國科學院考古研究所：《長沙馬王堆二、三號漢墓發掘簡報》，《文物》，1974 年第 7 期。

河南省文物研究所編《信陽楚墓》，文物出版社，1986 年 3 月第 1 版。

湖北省荆沙鐵路考古隊編《包山楚墓》，文物出版社，1991 年 10 月第 1 版。

湖北省荆沙鐵路考古隊編《包山楚簡》，文物出版社，1991 年 10 月第 1 版。

胡平生：《阜陽漢簡〈年表〉整理札記》，《文物研究》（第七輯），黄山書社，1991 年 12 月第 1 版；又，《胡平生簡牘文物論集》，蘭臺出版社，2000 年 3 月初版。

湖北省江陵縣文物局、荆州地區博物館：《江陵嶽山秦漢墓》，《考古學報》，2000 年第 4 期。

韓自强、韓朝：《阜陽出土的〈莊子·雜篇〉漢簡》，《道家文化研究》（第十八輯），三聯書店，2000 年 8 月第 1 版。

湖北省文物考古研究所、北京大學中文系編《望山楚簡》，中華書局，1995 年 6 月第 1 版。

湖北省文物考古研究所、北京大學中文系編《九店楚簡》，中華書局，2000 年 5 月第 1 版。

湖北省荆州市周梁玉橋遺址博物館編《關沮秦漢墓簡牘》，中華書局，2001 年 8 月第 1 版。

河南省文物考古研究所編《新蔡葛陵楚墓》，大象出版社，2003 年 10 月第 1 版。

湖北省文物考古研究所、隨州市考古隊編《隨州孔家坡漢墓簡牘》，文物出版社，2006 年 6 月第 1 版。

湖南省文物考古研究所編《里耶秦簡》（壹），文物出版社，2012 年 1 月第 1 版。

湖南省文物考古研究所編《里耶秦簡》（貳），文物出版社，2017 年 12 月第 1 版。

湖南省文物考古研究所編著《沅陵虎溪山一號漢墓》，文物出版社，2020 年 11 月第 1 版。

黃德寬主編，清華大學出土文獻研究與保護中心編《清華大學藏戰國竹簡》（玖），中西書局，2019 年 11 月第 1 版。

黃德寬主編，清華大學出土文獻研究與保護中心編《清華大學藏戰國竹簡》（拾），中西書局，2020 年 11 月第 1 版。

黃德寬主編，清華大學出土文獻研究與保護中心編《清華大學藏戰國竹簡》（拾壹），中西書局，2021 年 11 月第 1 版。

黃德寬主編，清華大學出土文獻研究與保護中心編《清華大學藏戰國竹簡》（拾貳），中西書局，2022 年 10 月第 1 版。

黃德寬主編，清華大學出土文獻研究與保護中心編《清華大學藏戰國竹簡》（拾叁），中西書局，2023 年 11 月第 1 版。

湖北省文物考古研究院、武漢大學簡帛研究中心編《睡虎地西漢簡牘》（壹），中西書局，2023 年 10 月第 1 版。

湖南省文物考古研究院、益陽市文物考古研究所、中國人民大學歷史系編著《益陽兔子山七號井西漢簡牘》，上海古籍出版社，2023 年 12 月第 1 版。

J

季勳:《雲夢睡虎地秦簡概述》，《文物》，1976 年第 5 期。

荊州地區博物館:《江陵王家臺 15 號秦墓》，《文物》，1995 年第 1 期。

荊門市博物館編《郭店楚墓竹簡》，文物出版社，1998 年 5 月第 1 版。

簡牘整理小組編《居延漢簡》（壹），臺北中研院歷史語言研究所，2014 年 12 月初版。

簡牘整理小組編《居延漢簡》（貳），臺北中研院歷史語言研究所，2015 年 12 月初版。

簡牘整理小組編《居延漢簡》（叁），臺北中研院歷史語言研究所，2016 年 10 月初版。

簡牘整理小組編《居延漢簡》（肆），臺北中研院歷史語言研究所，2017 年

11 月初版。

荆州博物館編《張家山漢墓竹簡〔三三六號墓〕》，文物出版社，2022 年
　　11 月第 1 版。

L

勞榦：《居延漢簡考釋（釋文之部）》，商務印書館，1949 年 11 月初版。

勞榦：《居延漢簡（圖版之部）》，臺北中研院歷史語言研究所，1957 年 3
　　月初版。

李零：《楚帛書研究（十一種）》，中西書局，2013 年 12 月第 1 版。

李零：《北大秦牘〈泰原有死者〉簡介》，《文物》，2012 年第 6 期。

李均明、馮立升：《清華簡〈算表〉概述》，《文物》，2013 年第 8 期。

李學勤主編，清華大學出土文獻研究與保護中心編《清華大學藏戰國竹
　　簡》（壹），中西書局，2010 年 12 月第 1 版。

李學勤主編，清華大學出土文獻研究與保護中心編《清華大學藏戰國竹
　　簡》（貳），中西書局，2011 年 12 月第 1 版。

李學勤主編，清華大學出土文獻研究與保護中心編《清華大學藏戰國竹
　　簡》（叁），中西書局，2012 年 12 月第 1 版。

李學勤主編，清華大學出土文獻研究與保護中心編《清華大學藏戰國竹
　　簡》（肆），中西書局，2013 年 12 月第 1 版。

李學勤主編，清華大學出土文獻研究與保護中心編《清華大學藏戰國竹
　　簡》（伍），中西書局，2015 年 4 月第 1 版。

李學勤主編，清華大學出土文獻研究與保護中心編《清華大學藏戰國竹
　　簡》（陸），中西書局，2016 年 4 月第 1 版。

李學勤主編，清華大學出土文獻研究與保護中心編《清華大學藏戰國竹
　　簡》（柒），中西書局，2017 年 4 月第 1 版。

李學勤主編，清華大學出土文獻研究與保護中心編《清華大學藏戰國竹
　　簡》（捌），中西書局，2018 年 11 月第 1 版。

羅福頤：《臨沂漢簡概述》，《文物》，1974 年第 2 期。

羅振玉、王國維：《流沙墜簡》，中華書局，1993 年 9 月第 1 版。

連雲港市博物館、東海縣博物館、中國社會科學院簡帛研究中心、中國文

物研究所編《尹灣漢墓簡牘》，中華書局，1997 年 9 月第 1 版。

M

馬王堆漢墓帛書整理小組編《馬王堆漢墓出土帛書〈春秋事語〉釋文》，
《文物》，1977 年第 1 期。

馬王堆漢墓帛書整理小組編《馬王堆漢墓帛書》（叁），文物出版社，1983
年 10 月第 1 版。

馬王堆漢墓帛書整理小組編《馬王堆漢墓帛書》（肆），文物出版社，1985
年 3 月第 1 版。

馬承源主編《上海博物館藏戰國楚竹書》（一），上海古籍出版社，2001 年
11 月第 1 版。

馬承源主編《上海博物館藏戰國楚竹書》（二），上海古籍出版社，2002 年
12 月第 1 版。

馬承源主編《上海博物館藏戰國楚竹書》（三），上海古籍出版社，2003 年
12 月第 1 版。

馬承源主編《上海博物館藏戰國楚竹書》（四），上海古籍出版社，2004 年
12 月第 1 版。

馬承源主編《上海博物館藏戰國楚竹書》（五），上海古籍出版社，2005 年
12 月第 1 版。

馬承源主編《上海博物館藏戰國楚竹書》（六），上海古籍出版社，2007 年
7 月第 1 版。

馬承源主編《上海博物館藏戰國楚竹書》（七），上海古籍出版社，2008 年
12 月第 1 版。

馬承源主編《上海博物館藏戰國楚竹書》（八），上海古籍出版社，2011 年
5 月第 1 版。

馬承源主編《上海博物館藏戰國楚竹書》（九），上海古籍出版社，2012 年
12 月第 1 版。

Q

裘錫圭主編《長沙馬王堆漢墓簡帛集成》（壹），中華書局，2014 年 6 月第
1 版。

裘錫圭主編《長沙馬王堆漢墓簡帛集成》（貳），中華書局，2014 年 6 月第
　　1 版。

裘錫圭主編《長沙馬王堆漢墓簡帛集成》（叁），中華書局，2014 年 6 月第
　　1 版。

裘錫圭主編《長沙馬王堆漢墓簡帛集成》（肆），中華書局，2014 年 6 月第
　　1 版。

裘錫圭主編《長沙馬王堆漢墓簡帛集成》（伍），中華書局，2014 年 6 月第
　　1 版。

裘錫圭主編《長沙馬王堆漢墓簡帛集成》（陸），中華書局，2014 年 6 月第
　　1 版。

裘錫圭主編《長沙馬王堆漢墓簡帛集成》（柒），中華書局，2014 年 6 月第
　　1 版。

S

睡虎地秦墓竹簡整理小組編《睡虎地秦墓竹簡》，文物出版社，1990 年 9
　　月第 1 版。

孫占宇：《天水放馬灘秦簡集釋》，甘肅文化出版社，2013 年 3 月第 1 版。

山東博物館、中國文化遺産研究院編《銀雀山漢墓簡牘集成》（貳），文物
　　出版社，2021 年 12 月第 1 版。

山東博物館、中國文化遺産研究院編《銀雀山漢墓簡牘集成》（叁），文物
　　出版社，2021 年 12 月第 1 版。

T

田河：《武威漢簡集釋》，甘肅文化出版社，2020 年 8 月第 1 版。

天回醫簡整理組編《天回醫簡》（上、下），文物出版社，2022 年 11 月第
　　1 版。

W

文物局古文獻研究室、安徽省阜陽地區博物館阜陽漢簡整理組：《阜陽漢簡
　　〈蒼頡篇〉》，《文物》，1983 年第 2 期。

文化部古文獻研究室、安徽阜陽地區博物館阜陽漢簡整理組：《阜陽漢簡
　　〈萬物〉》，《文物》，1988 年第 4 期。

吳礽驤等釋校《敦煌漢簡釋文》，甘肅人民出版社，1991 年 1 月第 1 版。

汪濤、胡平生、吳芳思主編《英國國家圖書館藏斯坦因所獲未刊漢文簡
　　牘》，上海辭書出版社，2007 年 12 月第 1 版。

魏堅主編《額濟納漢簡》，廣西師範大學出版社，2005 年 3 月第 1 版。

吳鎮烽編著《商周青銅器銘文暨圖像集成》，上海古籍出版社，2012 年 9
　　月第 1 版。

吳鎮烽編著《商周青銅器銘文暨圖像集成續編》，上海古籍出版社，2016
　　年 9 月第 1 版。

Y

于豪亮:《帛書〈周易〉》，《文物》，1984 年第 3 期。

銀雀山漢墓竹簡整理小組編《銀雀山漢墓竹簡》(壹)，文物出版社，1985
　　年 9 月第 1 版。

銀雀山漢墓竹簡整理小組編《銀雀山漢墓竹簡》(貳)，文物出版社，2010
　　年 1 月第 1 版。

于茀:《簡帛書籍叙録》，社會科學文獻出版社，2024 年 6 月第 1 版。

Z

中國科學院考古研究所、湖南省博物館寫作小組:《馬王堆二、三號漢墓發
　　掘的主要收穫》，《考古》，1975 年第 1 期。

中國社會科學院考古研究所編《居延漢簡 (甲乙編)》，中華書局，1980 年
　　7 月第 1 版。

中國社會科學院考古研究所:《漢長安城未央宫 1980—1989 年考古發掘報
　　告》，中國大百科全書出版社，1996 年 11 月第 1 版。

張家山二四七號漢墓竹簡整理小組編《張家山漢墓竹簡〔二四七號墓〕》，
　　文物出版社，2001 年 11 月第 1 版。

中國簡牘集成編輯委員會編《中國簡牘集成》(第一輯)，敦煌文藝出版
　　社，2001 年 6 月第 1 版。

中國文物研究所、湖北省文物考古研究所編《龍崗秦簡》，中華書局，
　　2001 年 8 月第 1 版。

張春龍、李均明、胡平生:《湖南張家界古人堤簡牘釋文與簡注》，《中國歷

史文物》，2003 年第 2 期。

朱鳳瀚：《北大漢簡〈蒼頡篇〉概述》，《文物》，2011 年第 6 期。

朱鳳瀚、韓巍、陳侃理：《北京大學藏秦簡牘概述》，《文物》，2012 年第 6 期。

張德芳：《敦煌馬圈灣漢簡集釋》，甘肅文化出版社，2013 年 12 月第 1 版。

張德芳、石明秀主編《玉門關漢簡》，中西書局，2019 年 11 月第 1 版。

朱漢民、陳松長主編《嶽麓書院藏秦簡》（壹），上海辭書出版社，2010 年 12 月第 1 版。

朱漢民、陳松長主編《嶽麓書院藏秦簡》（貳），上海辭書出版社，2011 年 12 月第 1 版。

朱漢民、陳松長主編《嶽麓書院藏秦簡》（叁），上海辭書出版社，2013 年 6 月第 1 版。

張德芳主編《居延新簡集釋》（一、二、三、四、五、六、七），甘肅文化出版社，2016 年 6 月第 1 版。

中國社會科學院歷史研究所等編《英藏敦煌文獻》（第七卷），四川人民出版社，1992 年 12 月第 1 版。

三　近現代論著

B

白軍鵬：《“敦煌漢簡”整理與研究》，博士學位論文，吉林大學，2014 年 4 月。

C

陳國慶編《漢書藝文志注釋彙編》，中華書局，1983 年 6 月第 1 版。

曹學群：《馬王堆漢墓〈喪服圖〉簡論》，《湖南考古輯刊》（第六集），1994 年 4 月。

陳東：《關於定州漢墓竹簡〈論語〉的幾個問題》，《孔子研究》，2003 年第 2 期。

陳劍：《上博簡〈容成氏〉的竹簡拼合與編連問題小議》，上海大學古代文明研究中心、清華大學思想文化研究所編《上博館藏戰國楚竹書研究續編》，上海書店出版社，2004 年 7 月第 1 版。

曹旅寧：《睡虎地秦簡〈編年記〉性質探測》，《史學月刊》，2010 年第 2 期。

陳侃理：《上博楚簡〈魯邦大旱〉的思想史坐標》，《中國歷史文物》，2010 年第 6 期。

陳劍：《〈上博（八）·王居〉復原》，復旦大學出土文獻與古文字研究中心網站，2011 年 7 月 20 日。

曹峰：《〈保訓〉的"中"即"公平公正"之理念説——兼論"三降之德"》，《清華簡研究》（第一輯），中西書局，2012 年 12 月第 1 版。

陳民鎮：《〈繫年〉"故志"説——清華簡〈繫年〉性質及撰作背景芻議》，《邯鄲學院學報》，2012 年第 2 期。

程浩：《清華簡〈金縢〉性質與成篇辨證》，《上海交通大學學報》（哲學社會科學版），2013 年第 4 期。

曹建墩：《上博簡（九）〈陳公治兵〉初步研究》，《黄河文明與可持續發展》（第 8 輯），河南大學出版社，2014 年 3 月第 1 版。

陳偉：《清華大學藏竹書〈繫年〉的文獻學考察》，《史林》，2013 年第 1 期。

陳鵬宇：《清華簡〈芮良夫毖〉套語成分分析》，《深圳大學學報》（人文社會科學版），2014 年第 2 期。

程少軒：《〈肩水金關漢簡（壹）〉曆譜簡初探》，復旦大學出土文獻與古文字研究中心網站，2011 年 9 月 1 日。

程少軒：《肩水金關漢簡"元始六年（居攝元年）曆日"復原》，李學勤主編《出土文獻》（第五輯），中西書局，2014 年 10 月第 1 版。

程少軒：《肩水金關漢簡"元始六年（居攝元年）曆日"的最終復原》，復旦大學出土文獻與古文字研究中心網站，2016 年 8 月 27 日。

陳侃理：《出土秦漢曆書綜論》，《簡帛研究》（二〇一六·秋冬卷），廣西師範大學出版社，2017 年 1 月第 1 版。

D

董珊：《敦煌漢簡風雨詩新探》，復旦大學出土文獻與古文字研究中心編《出土文獻與傳世典籍的詮釋》，上海古籍出版社，2010 年 10 月第 1 版。

杜勇：《從清華簡〈耆夜〉看古書的形成》，《中原文化研究》，2013 年第

6 期。

杜勇:《從清華簡〈金縢〉看周公與〈鴟鴞〉的關係》,《理論與現代化》,
　　2013 年第 3 期。

F

傅斯年:《詩經講義稿》,中國人民大學出版社,2004 年月第 1 版。

復旦吉大古文字專業研究生聯合讀書會:《上博八〈子道餓〉校讀》,復旦
　　大學出土文獻與古文字研究中心網站,2011 年 7 月 17 日。

馮時:《〈鄭子家喪〉與〈鐸氏微〉》,《考古》,2012 年第 2 期。

G

甘肅省博物館:《武威漢簡在學術上的貢獻》,《考古》,1960 年第 8 期。

郭沫若:《公孫尼子與其音樂理論》,《郭沫若全集》(歷史編第一卷),人民
　　出版社,1982 年 9 月第 1 版。

工藤元男、薛夢瀟:《具注曆的淵源——“日書”·“視日”·“質日”》,《簡
　　帛》(第九輯),上海古籍出版社,2014 年 10 月第 1 版。

H

胡厚宣:《甲骨學緒論》,成都齊魯大學國學研究所,石印本,1945 年。

何直剛:《〈儒家者言〉略說》,《文物》,1981 年第 8 期。

胡平生、韓自强:《阜陽漢簡〈詩經〉簡論》,《文物》,1984 年第 8 期。

胡平生、韓自强:《阜陽漢簡詩經研究》,上海古籍出版社,1988 年 5 月第
　　1 版。

何雙全:《漢簡〈日書〉叢釋》,《簡牘學研究》(第二輯),甘肅人民出版
　　社,1998 年 10 月第 1 版。

韓自强:《阜陽漢簡〈周易〉研究》,上海古籍出版社,2004 年 7 月第 1 版。

黄侃:《〈文心雕龍〉札記》,《黄侃文集》,中華書局,2006 年月第 1 版。

黄懷信:《清華簡〈保訓〉篇的性質、時代及真偽》,中國歷史文獻研究會
　　編《歷史文獻研究》(總第 29 輯),華東師範大學出版社,2010 年 9
　　月第 1 版。

黄懷信:《清華簡〈金縢〉校讀》,《古籍整理研究學刊》,2011 年第 3 期。

黄懷信:《由清華簡〈尹誥〉看〈古文尚書〉》,《魯東大學學報》(哲學社會

科學版），2012 年第 6 期。

黃懷信:《清華簡〈祭公〉篇校釋》,《清華簡研究》(第一輯),中西書局,
2012 年 12 月第 1 版。

黃懷信:《清華簡〈蟋蟀〉與今本〈蟋蟀〉對比研究》,《詩經研究叢刊》
(第二十三輯),學院出版社,2013 年 11 月第 1 版。

侯文學、李明麗:《清華簡〈繫年〉的叙事體例、核心與理念》,《華夏文化
論壇》,2012 年第 2 期。

黃艷萍:《〈肩水金關漢簡(叁)〉紀年簡校考》,《敦煌研究》,2015 年第 2 期。

胡永鵬:《西北邊塞漢簡編年及相關問題研究》,博士學位論文,吉林大學,
2016 年 6 月。

J

金景芳:《周易通解》,長春出版社,2007 年 1 月第 1 版。

姜廣輝:《上博藏簡〈容成氏〉的思想史意義》,《中國社會科學院院報》,
2003 年 1 月 23 日。

姜廣輝、付贊:《清華簡〈尹誥〉獻疑》,《湖南大學學報》(社會科學版),
2014 年第 5 期。

L

羅振玉、王國維:《流沙墜簡》,中華書局,1993 年 9 月第 1 版。

李宗鄴:《中國歷史要籍介紹》,上海古籍出版社,1982 年 8 月第 1 版。

李學勤:《帛書〈春秋事語〉與〈左傳〉的傳流》,《古籍整理研究學刊》,
1989 年第 4 期。

連劭名:《江陵王家臺秦簡與〈歸藏〉》,《江漢考古》,1996 年第 4 期。

劉操南:《〈元光元年曆譜〉考釋》,《古籍整理研究學刊》,1995 年第 1、2
期合刊。

林永健等編《夢幻尼雅》,民族出版社,1995 年 4 月第 1 版。

李家浩:《王家臺秦簡"易占"爲〈歸藏〉考》,《傳統文化與現代化》,
1997 年第 1 期。

羅見今、關守義:《〈居延新簡——甲渠候官〉六年曆譜散簡年代考釋》,
《文史》(第四十六輯),中華書局,1998 年 12 月第 1 版。

羅見今：《敦煌漢簡中曆譜年代之再研究》，《敦煌研究》，1999 年第 3 期。

李學勤：《小臣牆骨牘的幾點思考》，《三代文明研究》，商務印書館，2011
　　年 11 月第 1 版。

李學勤：《郭店簡與〈樂記〉》，《中國哲學的詮釋和發展——張岱年先生 90
　　壽慶紀念文集》，北京大學出版社，1999 年月第 1 版。

李學勤：《簡帛佚籍與學術史》，江西教育出版社，2001 年 9 月第 1 版。

廖名春：《郭店簡〈性自命出〉的編連與分合問題》，《中國哲學史》，2000
　　年第 4 期。

廖名春：《王家臺秦簡〈歸藏〉管窺》，《周易研究》，2001 年第 2 期。

李學勤：《〈詩論〉的體裁和作者》，上海大學古代文明研究中心、清華大
　　學思想文化研究所編《上博館藏戰國楚竹書研究》，上海書店出版社，
　　2002 年 4 月第 1 版。

李學勤：《試釋楚簡〈鮑叔牙與隰朋之諫〉》，《文物》，2006 年第 9 期。

劉樂賢：《額濟納漢簡數術資料考》，《歷史研究》，2006 年第 2 期；又載
　　孫家洲主編《額濟納漢簡釋文校本》，文物出版社，2007 年 10 月第
　　1 版。

勞榦：《漢簡研究文獻四種》，北京圖書館出版社，2007 年 12 月第 1 版。

羅見今：《敦煌馬圈灣漢簡年代考釋》，《敦煌研究》，2008 年第 1 期。

李學勤：《論清華簡〈保訓〉的幾個問題》，《文物》，2009 年第 6 期。

劉偉：《馬王堆帛書〈春秋事語〉性質論略》，《古代文明》，2010 年第 2 期。

廖名春：《清華簡〈尹誥〉研究》，《史學史研究》，2011 年第 2 期。

李學勤：《〈程寤〉〈保訓〉"日不足"等語的讀釋》，《清華大學學報》（哲學
　　社會科學版），2011 年第 2 期。

李學勤：《先秦儒家著作的重大發現》，《郭店楚簡研究》（《中國哲學》第
　　20 輯），遼寧教育出版社，1999 年 1 月第 1 版。

劉國忠：《從清華簡〈金縢〉看傳世本〈金縢〉的文本問題》，《清華大學學
　　報》（哲學社會科學版），2011 年第 4 期。

來國龍：《清華簡〈楚居〉所見楚國的公族與世系——兼論〈楚居〉文本的
　　性質》，簡帛網，2011 年 12 月 3 日。

李學勤:《清華簡〈繫年〉及有關古史問題》,《文物》, 2011 年第 3 期。

李學勤:《由清華簡〈繫年〉論〈紀年〉的體例》,《深圳大學學報》(人文社會科學版), 2012 年第 2 期。

李學勤:《論清華簡〈耆夜〉的〈蟋蟀〉詩》,《中國文化》, 2011 年第 1 期。

李學勤:《論清華簡〈説命〉中的卜辭》,《華夏文化論壇》, 2012 年第 2 期。

羅見今、關守義:《〈額濟納漢簡〉年代考釋》,《敦煌研究》, 2012 年第 2 期。

羅見今、關守義:《〈肩水金關漢簡（壹）〉八枚曆譜散簡年代考釋》,《敦煌研究》, 2012 年第 5 期。

李忠林:《嶽麓書院藏秦簡〈質日〉曆朔檢討——兼論竹簡日志類記事簿册與曆譜之區别》,《歷史研究》, 2012 年第 1 期。

李學勤:《論清華簡〈周公之琴舞〉的結構》,《深圳大學學報》(人文社會科學版), 2013 年第 1 期。

劉全志:《論清華簡〈繫年〉的性質》,《中原文物》, 2013 年第 6 期。

李學勤:《重説〈保訓〉》,《深圳大學學報》(人文社會科學版), 2014 年第 1 期。

李均明、馮立升:《清華簡〈算表〉的形制特徵與運算方法》,《自然科學史研究》, 2014 年第 1 期。

連劭名:《定州八角廊漢簡〈文子〉新證》,《文物春秋》, 2014 年第 1 期。

羅見今、關守義:《〈肩水金關漢簡（貳）〉曆簡年代考釋》,《敦煌研究》, 2014 年第 2 期。

羅見今、關守義:《〈肩水金關漢簡（叁）〉曆簡年代考釋》,《敦煌研究》, 2015 年第 4 期。

龍仕平:《"質日"釋詁》,《簡帛研究》(二〇一八·春夏卷), 廣西師範大學出版社, 2018 年 6 月第 1 版。

P

彭裕商:《〈尚書·金滕〉新研》,《歷史研究》, 2012 年第 6 期。

Q

錢玄:《三禮通論》, 南京師範大學出版社, 1996 年 10 月第 1 版。

裘錫圭:《馬王堆〈老子〉甲乙本卷前後佚書與"道法家"——兼論〈心術

上〉〈白心〉爲慎到田駢學派作品》，原載《中國哲學》（第二輯），三聯書店，1980年3月第1版；又收入裘錫圭《中國出土古文獻十講》，復旦大學出版社，2004年12月第1版。

裘錫圭：《漢簡中所見韓朋故事的新資料》，《復旦學報》（社會科學版），1999年第3期。

裘錫圭：《釋厄》，王宇信、宋鎮豪主編《紀念殷墟甲骨文發現一百周年國際學術研討會論文集》，社會科學文獻出版社，2003年3月第1版。

裘錫圭：《〈天子建州〉（甲本）小札》，簡帛網，2007年7月16日。

裘錫圭：《〈上海博物館藏戰國楚竹書（四）·相邦之道〉釋文注釋》，《裘錫圭學術文集》，復旦大學出版社，2012年6月第1版。

R

饒宗頤：《居延漢簡數術耳鳴目瞤解》，《選堂集林·史林》，中華書局香港分局，1982年1月初版，又《大陸雜誌》第13卷第12期。

S

蘇俊林：《關於"質日"簡的名稱與性質》，《湖南大學學報》（社會科學版），2010年第4期。

沈培：《〈上博（六）〉和〈上博（八）〉竹簡相互編聯之一例》，復旦大學出土文獻與古文字研究中心網站，2011年7月17日。

斯琴畢力格、羅見今：《嶽麓書院秦簡三年〈質日〉初探》，《內蒙古師範大學學報》（哲學社會科學版），2012年第3期。

孫亞冰：《殷墟花園莊東地甲骨文例研究》，上海古籍出版社，2014年3月第1版。

孫占宇、趙丹丹：《〈懸泉漢簡（壹）〉曆表類殘冊復原——兼談"曆日"與"質日"》，《敦煌研究》，2021年第6期。

T

唐蘭：《馬王堆出土〈老子〉乙本卷前古佚書的研究——兼論其與漢初儒法鬥爭的關係》，《考古學報》，1975年第1期。

W

王國維：《觀堂集林》，中華書局，1959年6月第1版。

王國維:《古本竹書紀年輯校 今本竹書紀年疏證》,國家圖書館出版社,
　　2021 年 11 月第 1 版。

吳闓生撰、白兆麟校注《左傳微》,黃山書社,1995 年 12 月第 1 版。

王明欽:《試論〈歸藏〉的幾個問題》,《一劍集》,中國婦女出版社,1996
　　年 11 月第 1 版。

王炳華:《精絕春秋:尼雅考古大發現》,浙江文藝出版社,2003 年 4 月第
　　1 版。

王明欽:《王家臺秦墓竹簡概述》,艾蘭、邢文編《新出簡帛研究:新出簡
　　帛國際學術研討會文集》,文物出版社,2004 年 12 月第 1 版。

王輝:《楚竹書〈吳命〉綴連編排新考》,《中原文化研究》,2013 年第 2 期。

王青:《"命"與"語":上博簡〈吳命〉補釋——兼論"命"的文體問
　　題》,《史學集刊》,2013 年第 4 期。

吳光:《探討性與天道——〈郭店儒簡〉的作者歸屬及其思想辨析》,《湖南
　　大學學報》(社會科學版),2013 年第 3 期。

X

許兆昌、齊丹丹:《試論清華簡〈繫年〉的編纂特點》,《古代文明》,2012
　　年第 2 期。

許名瑲:《〈肩水金關漢簡(叁)〉73EJT26:6 曆日簡年代考釋》,簡帛網,
　　2015 年 1 月 29 日。

許名瑲:《〈肩水金關漢簡(叁)〉探方 T32 曆日簡牘年代考釋三則》,簡帛
　　網,2015 年 3 月 5 日。

許名瑲:《〈肩水金關漢簡(叁)〉73EJT30:187 曆日簡年代考釋》,簡帛網,
　　2015 年 3 月 10 日。

許名瑲:《〈肩水金關漢簡(叁)〉〈甘露二年曆日〉簡册復原》,簡帛網,
　　2015 年 4 月 27 日。

許名瑲:《〈肩水金關漢簡(肆)〉曆日校注》,簡帛網,2016 年 3 月 7 日。

許名瑲:《肩水金關漢簡〈元始六年(居攝元年)曆日〉簡册再復原》,簡
　　帛網,2016 年 8 月 29 日。

許名瑲:《〈肩水金關漢簡(肆)〉曆日綜考》,《簡帛》(第十四輯),上海古

籍出版社，2017 年 5 月第 1 版。

許名瑲：《〈肩水金關漢簡（伍）〉曆日綜考》，《出土文獻與古文字研究》（第七輯），上海古籍出版社，2018 年 5 月第 1 版。

夏商周斷代工程專家組編著《夏商周斷代工程報告》，科學出版社，2022 年 6 月第 1 版。

Y

楊樹達：《漢書窺管》，上海古籍出版社，2006 年 12 月第 1 版。

余嘉錫：《目錄學發微 古書通例》，中華書局，2007 年 10 月第 1 版。

于豪亮：《于豪亮著作二種·馬王堆帛書〈周易〉釋文校注》，上海古籍出版社，2013 年 12 月第 1 版。

姚小鷗：《詩經三頌與先秦禮樂文化》，北京廣播學院出版社，2000 年 1 月第 1 版。

于茀：《從〈詩論〉看〈關雎〉古義及分章》，《光明日報》，2004 年 2 月 25 日。

于茀：《金石簡帛詩經研究》，北京大學出版社，2004 年 10 月第 1 版。

于茀：《上海博物館藏戰國楚簡詩論與〈詩經〉古義》，《學習與探索》，2005 年第 2 期。

虞萬里：《由清華簡〈尹誥〉論〈古文尚書·咸有一德〉之性質》，《史林》，2012 年第 2 期。

楊振紅：《從清華簡〈金縢〉看〈尚書〉的傳流及周公歷史記載的演變》，《中國史研究》，2012 年第 3 期。

楊善群：《清華簡〈尹誥〉引發古文〈尚書〉真偽之爭》，《學習與探索》，2012 年第 9 期。

姚小鷗：《〈清華大學藏戰國竹簡·芮良夫毖·小序〉研究》，《中州學刊》，2014 年第 5 期。

姚小鷗：《〈周公之琴舞〉諸篇釋名》，趙敏俐主編《中國詩歌研究》（第十輯），社會科學文獻出版社，2014 年 4 月第 1 版。

Z

《座談長沙馬王堆漢墓帛書》，《文物》，1974 年第 9 期。

張政烺:《春秋事語解題》,《文物》,1977 年第 1 期。

張政烺:《馬王堆帛書〈周易〉經傳校讀》,中華書局,2008 年 4 月第 1 版。

曾磊:《額濟納漢簡所見曆譜年代考釋》,孫家洲主編《額濟納漢簡釋文校本》,文物出版社,2007 年 10 月第 1 版。

張存良、吳葒:《水泉子漢簡初識》,《文物》,2009 年第 10 期。

朱曉海:《〈尹至〉可能是百篇〈尚書〉中前所未見的一篇》,復旦大學出土文獻與古文字研究中心網站,2010 年 6 月 17 日。

趙爭:《馬王堆帛書〈春秋事語〉性質再議——兼與劉偉先生商榷》,《古代文明》,2011 年第 1 期。

朱鳳瀚:《讀清華楚簡〈皇門〉》,《清華簡研究》(第一輯),中西書局,2012 年 12 月第 1 版。

趙平安:《芮良夫初讀》,《文物》,2012 年第 8 期。

張存良、王永安、馬洪連:《甘肅永昌縣水泉子漢簡“五鳳二年曆日”整理與研究》,《考古》,2018 年第 3 期。

左勇:《尊銘文與商代詩樂》,《出土文獻》(第十五輯),中西書局,2019 年 10 月第 1 版。

張強、董立梅:《清華簡〈蟋蟀〉與〈唐風·蟋蟀〉之異同考》,《西北民族大學學報》,2020 年第 5 期。

圖書在版編目（CIP）數據

簡帛文獻的文體形態與譜系 / 于茀著 . -- 北京：
社會科學文獻出版社 , 2024. 10. -- ISBN 978-7-5228
-3875-5

Ⅰ. K877.5；K877.9

中國國家版本館 CIP 數據核字第 2024PZ0786 號

簡帛文獻的文體形態與譜系

著　　者 / 于　茀

出 版 人 / 冀祥德
組稿編輯 / 宋月華
責任編輯 / 胡百濤
責任印製 / 王京美

出　　版 / 社會科學文獻出版社 · 人文分社（010）59367215
　　　　　 地址：北京市北三環中路甲29號院華龍大廈　郵編：100029
　　　　　 網址：www. ssap. com. cn
發　　行 / 社會科學文獻出版社（010）59367028
印　　裝 / 北京聯興盛業印刷股份有限公司

規　　格 / 開　本：787mm × 1092mm　1/16
　　　　　 印　張：32　字　數：491千字
版　　次 / 2024年10月第1版　2024年10月第1次印刷
書　　號 / ISBN 978-7-5228-3875-5
定　　價 / 168. 00圓

讀者服務電話：4008918866